economía

Savia

sm

1 bachillerato

W0400971

Entrar en Saviadigital es fácil:

1. Escribe en internet la siguiente dirección: **smsaviadigital.com**
2. Regístrate e introduce el número de licencia que encontrarás en la página anterior.
3. Como solo debes registrarte una vez, anota tu **identificador** y **contraseña**.

Presentación

La mayor parte de las ideas fundamentales de la ciencia son esencialmente sencillas y pueden ser expresadas en un lenguaje comprensible para todos. **Albert Einstein**

La economía no es una cuestión reservada a los expertos, sino algo que nos atañe a todos. De hecho, se ha convertido en un lenguaje social necesario para comprender las noticias, para valorar qué nos dicen los políticos o para defender ante los demás nuestros propios intereses. ¿Qué hay detrás del PIB o del déficit público? ¿Por qué sube o baja la prima de riesgo? ¿Dónde van nuestros impuestos o en qué se diferencia una tarjeta de crédito de una de débito?

Precisamente porque la economía nos toca muy de cerca, en la elaboración de este libro hemos intentado seguir el consejo de Einstein. Todos agradecemos las explicaciones sencillas, formuladas en un lenguaje que conecte con nuestras experiencias y evite tecnicismos. Aquí encontrarás la información necesaria, expresada de una manera cercana y siempre complementada con ejemplos, casos prácticos y referencias a la realidad económica que más te afecta. Hemos tratado de evitar la excesiva formalización de los contenidos económicos y, aunque hay matemáticas, siempre se utilizan en paralelo al acercamiento intuitivo.

Pero no solo pretendemos que este libro te sea útil. Además y sobre todo, deseamos que a través de él disfrutes con la economía. De pequeños aprendemos con historias y cuentos que nos transmiten las ideas estimulando nuestra imaginación y estableciendo conexiones con nuestra vida y nuestras experiencias. Y, en cambio, de jóvenes parece que tengamos que aprender a base de sofisticadas exposiciones conceptuales, frías y racionales. En este libro hemos tratado de acercarte la economía buscando tu complicidad, recurriendo a relatos y supuestos que te permitirán recordar mejor los conceptos aprendidos.

Todos los que enseñamos economía, alguna vez hemos contado a los estudiantes más teoría de la que les interesaba –o necesitaban– saber, convirtiendo la asignatura en un saber poco práctico, en nuestro afán de cubrir toda la materia. En el libro hemos tratado de evitar este error porque sabemos que en la mente solo se fijan aquellas ideas que nos han servido para algo. Por ello, los conceptos económicos se explican integrados en la realidad económica. En las secciones *En la práctica* o *Estudio de casos*, o en las múltiples actividades de aplicación, encontrarás muchos ejemplos y problemas extraídos de la prensa diaria o de tu propia experiencia económica. Con ello pretendemos que lo que aprendas este curso sobre economía puedas aplicarlo a tu vida cotidiana.

Por último, integrar el "saber" con el "saber aplicar" es importante, pero también lo es el "saber opinar". La economía no es solo un conjunto de conceptos, también es una forma de mirar la realidad y de posicionarse sobre ella. No todos los economistas piensan lo mismo sobre muchos temas económicos. Por ello, en el libro hemos reservado un lugar para las actividades de debate, en las que siempre encontrarás opiniones distintas para que, al conocerlas, te formes las tuyas propias: las actitudes y valores son algo que cada uno debe ir adquiriendo reflexiva y libremente.

Andrés Cabrera

CONOCE TU LIBRO

Entrada

Una imagen y un documento, muchas veces de economistas o escritores reconocidos, presentan el tema que se va a desarrollar. Además, un breve texto introductorio explica la importancia de los contenidos que vas a aprender.

Preguntas relacionadas con la imagen y el documento. Te proponen una reflexión para entender la relevancia de los contenidos de la unidad y para buscar tus propias respuestas.

Índice con los epígrafes de la unidad didáctica.

Epígrafes

Las páginas de desarrollo de contenidos se estructuran en epígrafes y subepígrafes para facilitarte su aprendizaje. En el texto encontrarás las ideas centrales destacadas con color y los principales conceptos resaltados en negrita.

Gráficos que te ayudan a entender los conceptos abordados.

Enlaces a actividades interactivas de **Savia**digital.com para que puedas trabajar mejor las ideas aprendidas.

Fotografías que ilustran los contenidos estudiados.

Estudio de casos. Expone las peculiaridades de un caso real relacionado con el tema estudiado para que lo analices.

Ideas principales destacadas para que las encuentres rápidamente.

Definiciones que te aclaran el significado de algunos términos económicos importantes.

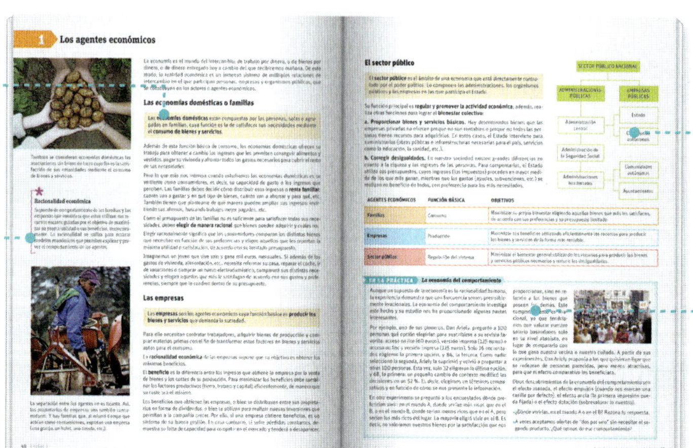

Esquemas para facilitarte la comprensión de los textos.

En la práctica. Te ofrece ejercicios resueltos y modelos prácticos sobre conceptos económicos clave. *Actividades de aplicación* para que afiances los contenidos estudiados.

Actividades

Se dividen en tres apartados, en función de su tipología.

Actividades de síntesis para que recapitules, ordenes y compruebes lo aprendido en la unidad.

En la autoevaluación de **Savia**digital.com encontrarás actividades interactivas con preguntas sobre toda la unidad.

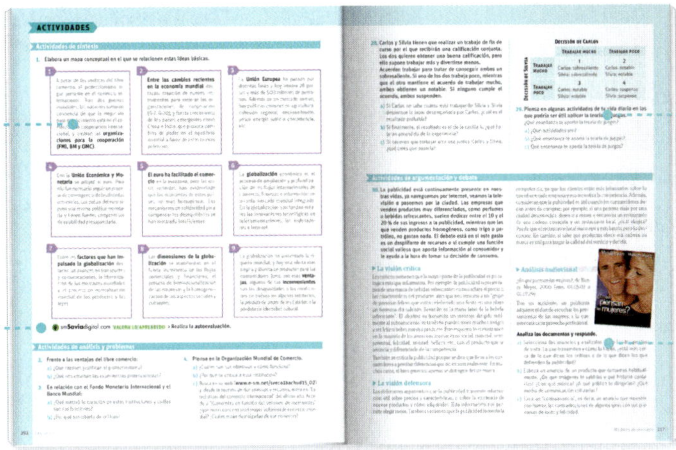

Actividades de análisis y problemas para que repases la unidad y afiances conceptos, fórmulas e ideas. En algunas unidades encontrarás más ejercicios en **Savia**digital.com.

Actividades de argumentación y debate. En este apartado te ofrecemos varios textos, imágenes y elementos audiovisuales para que te formes tu propio punto de vista.

Econojoven

En esta sección te mostraremos aspectos económicos presentes en tu vida y sobre los que tendrás que decidir tarde o temprano. Queremos ofrecerte instrumentos que te ayuden a tomar decisiones de forma razonada, informada y consciente.

Incluimos una actividad de **Savia**digital.com en la que te proponemos un ejercicio y te facilitamos diversas herramientas y enlaces para que puedas crear tu propia carpeta de direcciones web.

Glosario

Al final del libro encontrarás un glosario con los términos económicos clave de la asignatura.

CONOCE **Savia**digital www.sm**Savia**digital.com

Saviadigital te ofrece más recursos y actividades para aprender y profundizar en los contenidos.

PRACTICA	Actividades para repasar y profundizar en algunos contenidos.
VALORA LO APRENDIDO	Actividades interactivas sobre los epígrafes de la unidad.
INVESTIGA	Actividades con enlaces web.

En tu libro aparecen llamadas para que sepas qué recursos hay en **Savia**digital.

sm**Savia**digital.com
PRACTICA
Analiza el gráfico de la **composición del PIB mundial.**

Para acceder a **Savia**digital sigue los pasos que encontrarás nada más abrir este libro.

Índice

1 Los principios básicos de la economía

Para satisfacer las necesidades humanas es preciso disponer de medios o recursos que nos permitan obtener todo aquello que necesitamos. El problema está en que estos recursos son escasos en relación a nuestras necesidades. La actividad económica surge, precisamente, para superar este problema de la "escasez" de recursos de la sociedad. Escasez que no todos sentimos de la misma forma. De hecho, a pesar del progreso económico alcanzado, una gran parte de la población no tiene cubiertas las necesidades más básicas para sobrevivir.

Economía somos nosotros

Para presentar la economía, me encanta comenzar con la pregunta:

"¿Qué es economía? ¿Y tú me lo preguntas? Economía eres tú".

En efecto, si vas a una discoteca, si te compras una novela, si disfrutas de unas vacaciones, si te inscribes en algún curso, estás haciendo economía en cuanto compres o pagues: e incluso indirectamente también, aunque no manejes dinero. En realidad, al referirme a cualquiera de tus actividades, lo más probable es que tu comportamiento tenga repercusiones económicas.

Entonces, me dirás, ¿acaso todo es economía? Confío me concederás que la vida consiste en algo más. Por mi parte, pienso que no todo es economía; más aún, creo que lo más importante de nuestras vidas no lo es. Ahora bien, sí es cierto que casi todo acto humano tiene un componente económico. En rigor, mi respuesta "economía eres tú" encierra una trampa que hemos de evitar. Pues si bien es cierto que la gran mayoría de los actos humanos presenta algún aspecto económico, ello ocurre solamente cuando actuamos en sociedad. En otras palabras: la economía es una actividad social. Presenta aspectos técnicos, jurídicos, psicológicos y otros análogos, pero no se debe confundir con ninguno de ellos. Sobre todo, no se reduce a una técnica.

Para entenderlo mejor, adviértase que Robinson Crusoe planeaba su ocio y distribuía el empleo de su tiempo, pero no hacía economía. Cuando cavaba en la tierra un canalillo desde el manantial a su choza, en vez de ir todos los días a buscar agua, estaba sin duda tratando de obtener la máxima satisfacción con el mínimo esfuerzo, que es el objetivo atribuido a la economía. Pero también ese es un fin de la técnica y eso es lo que hacía Robinson: resolver un problema técnico más propio del ingeniero que del economista. Este interviene cuando convivimos con otras personas, con las que intercambiamos bienes o servicios. Al aparecer su compañero Viernes es cuando empieza a haber economía en la isla de Robinson, porque la economía es una actividad social: "Economía eres tú" es falso; la verdad es: "Economía somos nosotros".

Adaptado de SAMPEDRO, José Luis: *La economía*.

ANALIZA LA IMAGEN

1. Observa la imagen, ¿cuáles crees que son las necesidades comunes que tienen las dos personas que aparecen en ella? ¿Cuáles piensas que son diferentes? ¿Qué otras diferencias observas entre estos dos mundos?
2. Métete en la piel de los dos personajes e imagina su biografía económica: tipo de trabajo, estudios realizados, dónde viven, patrimonio o riqueza, entorno familiar, proyectos de futuro...

ANALIZA EL TEXTO

- ¿Cuál es tu idea de economía? Señala tres actos diarios de tu vida que tengan un componente económico y otros tres que no lo tengan.
- Piensa en ejemplos de situaciones de la vida en las que se trata de obtener la máxima satisfacción con el mínimo esfuerzo. ¿Qué tienen en común?
- Para José Luis Sampedro, ¿qué es la economía? ¿En qué se diferencia de la técnica?

1 Economía y vida cotidiana

Alfred Marshall (1842-1924), economista inglés de espíritu abierto y muy preocupado por los problemas sociales, decía tener siempre a la vista una foto de las zonas industriales más desfavorecidas para no perder el sentido de la realidad. Según él, los principios económicos debían divulgarse para que cualquier ciudadano los entendiera.

El término *economía* proviene del griego y significa 'la administración de la casa'. Aunque en principio este origen nos parezca peculiar, en realidad los hogares y las economías tienen mucho en común. En un hogar se toman decisiones sobre reparto de tareas, o sobre ingresos y gastos: a veces hay que endeudarse y en ocasiones se puede ahorrar, etc.

Pero la economía ha desbordado el ámbito del hogar y se ha transformado en algo que está continuamente presente en la vida cotidiana, aunque no siempre seamos plenamente conscientes de ello.

La mayor parte de los actos humanos tiene un componente económico: la decisión de estudiar o no una carrera universitaria, alquilar o comprar un piso, tener un hijo o no tenerlo, aceptar o no un nuevo trabajo, etc., son decisiones que tienen una implicación económica.

Por ello, la economía puede entenderse como "el estudio de la humanidad en sus quehaceres cotidianos". Así la definió Alfred Marshall, un gran economista del siglo XIX, y a pesar de que como ciencia ha experimentado un gran desarrollo, la definición es tan cierta hoy como en 1890.

Aunque nacida hace algo más de doscientos años, la economía se considera una ciencia joven. Su punto de partida se puede situar en la obra *La riqueza de las naciones*, escrita en 1776 por Adam Smith, considerado como el "padre" de la economía. Si comparamos esta fecha con las de algunos escritos o teoremas de otras disciplinas como las matemáticas o la física, que datan de varios siglos antes de Cristo, entenderemos la consideración de la economía como una ciencia joven.

La economía, una ciencia útil

La economía nos puede ayudar a **comprender el mundo en el que vivimos**. Hay muchas cuestiones que suscitan nuestra curiosidad. ¿Por qué ganan tanto las estrellas del fútbol?; ¿cómo funciona la bolsa?; ¿por qué todo el mundo acepta un papel llamado dinero?; ¿por qué en unos sitios las personas se mueren de hambre y en otros se siguen dietas de adelgazamiento?; ¿por qué 100 euros valen hoy mucho menos que hace 10 años?

Además, en la vida tendremos que afrontar situaciones en las que saber algo de economía puede ayudarnos a **tomar decisiones**. Ahora, como estudiante, ¿qué estudios me interesan: formación profesional o estudios universitarios? Más adelante, como trabajador, ¿qué será mejor, alquilar o comprar una vivienda?; ¿ahorrar o invertir?; ¿cuánto me va a costar pedir un préstamo?; ¿qué impuestos tengo que pagar y cómo puedo calcularlos?

La economía también permite entender mejor las medidas de política económica que toman los gobiernos y **tener opinión propia** sobre muchas cuestiones que nos afectan como ciudadanos: ¿cómo se distribuyen la renta y la riqueza?; ¿cómo podría mejorar el empleo?; ¿deben pagar más impuestos los que más tienen?; ¿se deben hacer más viviendas sociales?; ¿cómo proteger el medioambiente y preservarlo para las generaciones futuras?; ¿qué es el PIB?

En ocasiones, la actividad económica genera daños medioambientales que comprometen el futuro de nuestra sociedad. Por ello, una de las preocupaciones actuales es conseguir que el bienestar económico de hoy no impida el bienestar de las próximas generaciones.

Como vemos, los conocimientos de economía pueden aplicarse a muchas situaciones de la vida diaria. Es decir, la economía es un conocimiento práctico que nos puede ayudar a resolver problemas, a entender el mundo en el que vivimos y a participar para mejorarlo.

Para abordar este conocimiento práctico, nos apoyaremos en otras ciencias como la sociología, la historia, el derecho o la psicología, puesto que para entender los fenómenos económicos debemos tener en cuenta sus condicionamientos históricos y sociológicos, o los aspectos jurídicos y psicológicos que los rodean.

Asimismo, nos ayudaremos de otras ciencias como las matemáticas o la estadística como instrumentos imprescindibles para el análisis de la realidad económica.

2 La escasez de recursos y la necesidad de elegir

La base del **"problema económico"** radica en que los seres humanos tienen una serie de necesidades y disponen de unos recursos escasos para satisfacerlas.

Los recursos son escasos

Para poder obtener los bienes y servicios que necesita una sociedad, es preciso disponer de una serie de recursos con los que producirlos. Por ejemplo, para satisfacer la necesidad de alimentarnos se requiere tierra, maquinaria y agricultores para cultivar el trigo, que a su vez se transformará en harina, y que finalmente servirá para producir la *pizza* que satisface nuestra necesidad.

El problema es que estos recursos son escasos. Un recurso es escaso cuando su cantidad disponible no es suficiente para satisfacer todas las necesidades de una sociedad. Seguramente recuerdas situaciones familiares o personales en las que el presupuesto no daba para todo. Lo que os ocurre a tu familia o a ti sucede también en el conjunto de la sociedad. La sociedad tiene necesidades colectivas como vivienda, transporte, educación, sanidad, etc., y al igual que ocurre con las personas, hay más necesidades que recursos o medios para satisfacerlas.

Hay muchos recursos escasos: el tiempo y la energía de los trabajadores, la maquinaria, los minerales, la madera o el petróleo, por ejemplo, son insuficientes para satisfacer las crecientes necesidades sociales. Y en una economía global, con una población en continuo aumento, incluso el aire puro y el agua se han convertido en recursos escasos. El tiempo también lo es: el día tiene 24 horas.

La escasez también está presente en las sociedades ricas, como las occidentales. Nunca tenemos suficiente tiempo, dinero o energía para hacer todo lo que queremos.

La necesidad de elegir

La **economía** estudia el modo en que la sociedad gestiona sus recursos escasos para lograr el bienestar material de sus miembros.

La actividad económica surge precisamente para superar el problema de la escasez de recursos. La imposibilidad de obtener todo lo que deseamos nos obliga a elegir qué bienes y servicios se van a producir y en qué cantidades, es decir, debemos decidir a qué necesidades vamos a dedicar nuestros recursos y cuáles vamos a dejar insatisfechas. Los responsables de elegir son los **agentes económicos**, que son los protagonistas de la economía en sus decisiones diarias:

a. Las familias y los individuos. Con unos ingresos limitados, tendrán que elegir, por ejemplo, entre disfrutar de más vacaciones o reformar la vivienda, entre un nuevo ordenador o una bicicleta, si dedicar más tiempo al trabajo o al ocio, etc.

b. Las empresas. Deciden qué producir, y cuántos trabajadores y equipos utilizar para ello, teniendo en cuenta que disponen de un capital limitado.

c. El Estado, las comunidades autónomas y los ayuntamientos. Con el presupuesto de que disponen, deberán decidir si lo emplean en más hospitales o más carreteras, en más becas o en una mejora en las pensiones, etc.

Tomar decisiones económicas, por tanto, es enfrentarse a disyuntivas en las que un euro más para una cosa es un euro menos para otra.

Escasez
Carácter limitado de los recursos de una sociedad.

ACTIVIDADES DE APLICACIÓN

1. Comenta estos esquemas, señalando ejemplos para cada uno de ellos:
   - Recursos → Transformación → Bienes y servicios → Satisfacción de necesidades
   - Escasez de recursos → Necesidad de elegir → Agentes económicos

3 Los distintos tipos de necesidades

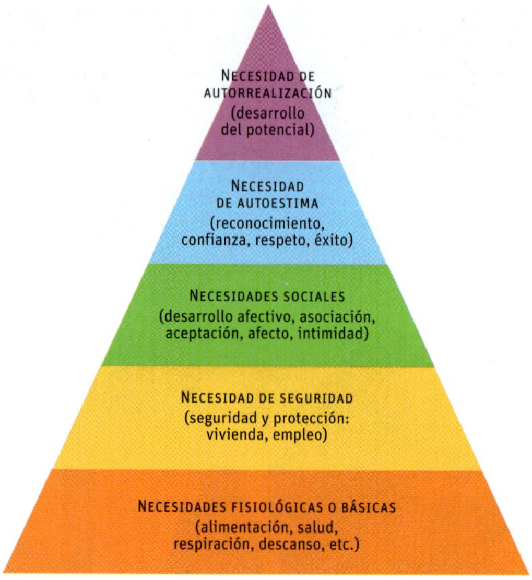

Según el psicólogo humanista Abraham Maslow, las necesidades humanas están jerarquizadas y pueden representarse en forma de pirámide. Conforme se satisfacen las necesidades más básicas (parte inferior de la pirámide), los seres humanos desarrollan necesidades y deseos más elevados (parte superior de la pirámide).

Las **necesidades** se manifiestan como la sensación de carencia de algo unida al deseo de satisfacerla. La economía se interesa especialmente por aquellas necesidades cuya satisfacción requiere el empleo de recursos escasos.

Necesidades primarias y secundarias

No todas las necesidades que experimentamos tienen el mismo carácter. Por un lado, existen las que son comunes a cualquier ser humano, tales como alimentarse, vestirse y tener una vivienda. Son las llamadas **necesidades básicas o primarias**, aquellas que es imprescindible satisfacer para poder sobrevivir. En una sociedad desarrollada, estas necesidades están prácticamente cubiertas para la mayoría de la población. Sin embargo, existen muchos países en los que no están garantizadas, con lo que el problema económico se manifiesta con toda su crudeza.

La evolución y el bienestar de las sociedades desarrolladas han propiciado la ampliación del concepto de necesidades primarias. Por ejemplo, la educación o la sanidad, que actualmente nos parecen fundamentales, no fueron consideradas como tales durante muchos siglos, ya que la preocupación principal del ser humano era cubrir sus necesidades más básicas. De esta manera, hoy día se entienden como necesidades primarias todas aquellas que hay que satisfacer para poder vivir dignamente como ciudadano. Por tanto, el bienestar humano no consiste solo en la mera supervivencia, sino en el desarrollo integral (económico, social y cultural) de la persona.

Aparte de las básicas, el ser humano, como ser social, tiene otro tipo de necesidades cada vez más evolucionadas, como el ocio, la comunicación, etc. Estas **necesidades secundarias**, que surgen con la evolución y el desarrollo de la sociedad, tienden a aumentar el nivel de satisfacción y bienestar del individuo, como se aprecia en el gráfico al margen.

La escasez, un concepto relativo

La evolución de las necesidades y el modo de satisfacerlas dependen, entre otros factores, de la clase o grupo social a los que se pertenece, del momento histórico en que se vive, del área geográfica en la que se nace, del grado de desarrollo de un país y del modo como esté repartida la riqueza entre sus habitantes.

Estas circunstancias hacen que la escasez de recursos para satisfacer todo lo que necesitamos (problema básico de toda economía) no se perciba de la misma manera por las distintas personas que integran una sociedad, ni todos los países lo vivan de la misma forma. Por tanto, aunque la escasez está presente en el seno de todas las sociedades, el grado con el que se manifiesta entre países y personas es sustancialmente diferente. Es decir, **la escasez es un término relativo**.

EN LA PRÁCTICA ¿Escasez o mala gestión?

El Worldwatch Institute (organismo independiente de investigación sobre medioambiente y sostenibilidad) remarca en sus informes que, para acabar con el hambre, no basta con generar más comida, pues hoy ya se producen alimentos suficientes para toda la población del planeta. Pero solo la mitad de las cosechas mundiales va a parar al consumo humano, el resto se dedica a piensos y a agrocombustibles.

El mito de la escasez , por tanto, se cuestiona. En Europa, alrededor del 50 % de la comida se pierde: en la cosecha, en el transporte, en el mercado, en las casas, etc. Y entre un 30 y un 35 % de la pesca se descarta por no tener valor comercial. Además, en los países del Sur, entre el 25 y el 50 % de las cosechas se pierde o acaba contaminado por hongos o plagas; por eso los expertos consideran que lo importante es invertir en conservación y en mejorar la distribución.

- A partir del texto, señala las diferencias que existen entre pobreza y escasez.
- Propón medidas para reducir el hambre en el mundo (puedes consultar la dirección **www.e-sm.net/sveco1bachud01_01**).

4 Los bienes y servicios que satisfacen necesidades

Podemos definir los **bienes y servicios** como todas aquellas cosas que se consideran adecuadas para satisfacer las necesidades humanas.

Junto con los bienes materiales (alimentos, ropa, etc.), hay otro tipo de bienes inmateriales (atención sanitaria, transporte, etc.) que llamamos servicios.

Conviene aclarar que un bien puede considerarse como libre o gratuito en algunas épocas o zonas geográficas, y puede dejar de serlo en otros tiempos o circunstancias. Por ejemplo, existen zonas en las que el agua es prácticamente un recurso gratuito, mientras que en otras es un bien escaso y costoso de obtener.

Clasificación de los bienes y servicios

- **Según su escasez o abundancia.** Los **bienes libres o gratuitos**, también denominados **bienes no económicos**, son aquellos que están disponibles de forma libre en la naturaleza. Son abundantes y se obtienen sin esfuerzo económico (el aire, el sol, el agua del mar, etc.). Por su parte, los **bienes económicos** se caracterizan porque no se hallan disponibles en la naturaleza, es decir, hay que transformarlos para que sirvan a las necesidades humanas. Son bienes escasos cuya obtención requiere un esfuerzo. El agua que fluye de un manantial en la montaña es un bien libre; el agua depurada y canalizada hasta tu vivienda es un bien económico.
- **Según su función.** Los bienes económicos se pueden clasificar en **bienes de consumo**, que sirven para satisfacer directamente una necesidad (muebles, alimentos, juguetes) y **bienes de producción o de capital**, que no procuran una satisfacción inmediata, pero sirven para producir otros bienes (máquinas, herramientas).
- En los bienes de consumo, a su vez, podemos distinguir entre **bienes duraderos**, que nos permiten un uso prolongado en el tiempo (electrodomésticos, vivienda), y **bienes perecederos** o de consumo inmediato, que desaparecen una vez consumidos (alimentos).
- **Según su grado de elaboración.** Los **bienes intermedios** son los que requieren de una transformación para llegar a ser **bienes finales** o bienes que ya son aptos para el consumo. Un ejemplo de ellos es la madera que se transforma en papel (bien intermedio) con el que obtenemos el libro (bien final). Algunos pueden ser intermedios o finales en función del uso que les demos: la leche puede ser un bien intermedio para producir queso o un bien final cuando la bebemos.
- **Según la relación que mantienen entre sí.** Los **bienes complementarios** son aquellos que es necesario consumir conjuntamente (lavadora y detergente, coche y gasolina), mientras que los **bienes sustitutivos** son aquellos que satisfacen una misma necesidad (avión y AVE, peras y manzanas).
- **Según su carácter público o privado.** Los **bienes públicos** son aquellos que pertenecen a la sociedad y de cuyo consumo no se excluye a nadie (parques, bibliotecas, etc.), y los **bienes privados** son los que pertenecen a un individuo o familia (teléfono móvil, coche particular, etc.).

TIPOS DE NECESIDADES
- Básicas
- Secundarias

Se satisfacen por medio de

BIENES Y SERVICIOS

Según su escasez o abundancia	– Bienes económicos – Bienes libres
Según su función	– Bienes de consumo: duraderos o perecederos – Bienes de producción
Según su grado de elaboración	– Bienes intermedios – Bienes finales
Según la relación que mantienen entre sí	– Bienes complementarios – Bienes sustitutivos
Según su carácter	– Bienes privados – Bienes públicos

5 Cómo elegir en economía (I)

Si un gobierno debe decidir entre invertir en más seguridad o mejorar la medicina preventiva, y decide lo primero, está renunciando a que los ciudadanos tengan una mejor salud en el futuro, que es el coste de oportunidad de su decisión.

Si tenemos que decidir entre ir al cine o a la bolera, valoraremos primero la satisfacción que obtendremos en uno u otro sitio, para después elegir la opción que nos aporte un mayor valor. De forma similar decidimos si tomar un zumo o un café, o si estudiamos o trabajamos. En resumen, elegir es siempre establecer un orden de prioridades entre las diversas formas de usar el dinero y el tiempo disponibles.

Muchas de las cuestiones que iremos viendo en próximas unidades tienen que ver con una serie de principios básicos referidos a cómo elegir.

1.er principio: El coste de oportunidad de nuestras decisiones

Que los recursos sean escasos significa que cuando elegimos producir un bien decidimos, al mismo tiempo, no producir otros bienes que podrían producirse con los mismos recursos. Es decir, al decantarnos por una opción, tenemos que asumir que perdemos la oportunidad de disfrutar de otras. Esto es lo que caracteriza las decisiones económicas: más de una cosa es menos de otra.

El **coste de oportunidad** de algo es aquello a lo que se debe renunciar para conseguirlo.

Aunque a veces pueda pasar inadvertido, el coste de oportunidad existe siempre que hay elección entre usos alternativos. Por ejemplo, si no dispongo de dinero para asistir a un concierto y además comprarme unas deportivas, ¿qué decisión tomo? No tener dinero para ambas cosas (escasez de recursos) te lleva a elegir y, por tanto, a renunciar a algo (coste de oportunidad).

Tus escasos ingresos te obligan a elegir entre
- Ir al concierto → Si tu elección es ir al concierto → El coste de oportunidad son las deportivas que no tienes
- Comprar unas deportivas

Esto también sucede en el conjunto de la sociedad, ya que existen múltiples necesidades colectivas y las administraciones disponen de unos recursos limitados. Por ejemplo, si un ayuntamiento solo tiene presupuesto para hacer un hospital o un parque, y se opta por construir el parque, el coste de oportunidad estará en que los vecinos no dispondrán de los servicios sanitarios. El coste de oportunidad de producir cualquier bien se mide por los bienes a los que se renuncia.

EN LA PRÁCTICA Cómo se mide el coste de oportunidad

A veces, el coste de oportunidad de una acción no es tan evidente como parece. Si te preguntaran cuánto cuesta ir al cine, probablemente responderías lo que pagaste la última vez. Es el coste visible. Pero nuestro tiempo disponible (coste no visible) también es un recurso escaso que debe figurar en el cálculo. Tanto el dinero como el tiempo representan oportunidades perdidas por haber ido al cine.

Analicemos el caso de Carlos, que va a la universidad de una ciudad distinta de la que vive su familia. En principio, sus costes son los de matrícula y alojamiento. Pero estos costes no representan la totalidad de la renuncia de Carlos. Un economista nos preguntaría: ¿qué podría ganar este estudiante si, en lugar de ir a la universidad, se pusiera a trabajar en ese año? Es decir, ¿qué ingresos deja de recibir por estudiar? El coste de oportunidad de ir a la universidad, por tanto, es lo que paga por la matrícula y el alojamiento (es el coste visible, imaginemos que 15 000 euros), más el salario al que renuncia al no trabajar (coste no visible, supongamos que 20 000 euros).

Veamos ahora la otra cara. Si Carlos decidiera trabajar y abandonar sus estudios, su coste de oportunidad se mediría por lo que renuncia al dejar de estudiar: mejor formación y mejores expectativas de empleo y de ingresos futuros.

- Un estudiante pensaba pasar el próximo fin de semana trabajando de canguro, pero una amiga le pide que vayan al teatro. ¿Cuál es el coste de oportunidad si decide ir al teatro?

2.º principio: Los costes irrecuperables

Otro principio que nos ayuda a entender las decisiones económicas es que si ya se ha realizado un gasto, debemos olvidarlo, puesto que su coste es irrecuperable.

> Los **costes del pasado** son costes irrecuperables y no deben interferir en nuestras decisiones actuales.

Supongamos que vamos al cine y pagamos por ver una película que no sabemos si merece la pena. Estamos en el cine, la película nos aburre y tenemos ganas de marcharnos de la sala. ¿Debemos irnos?

Para tomar esta decisión, hay que olvidarse del dinero pagado por la entrada, pues es irrecuperable y ya no vamos a poder disponer de él, independientemente de que nos vayamos o no. El economista nos preguntaría: "¿Qué harías si te regalaran una entrada para ver una película que ya sabes que no te interesa?". Si tu respuesta es "No, gracias", lo razonable es que te vayas del cine y dediques tu tiempo a otra cosa.

Pero muchas personas aguantan hasta el final de la película, argumentando que ya han pagado el dinero. Esta idea de aprovechar el dinero es absurda. El dinero ya se perdió al comprar la entrada. En realidad, quedándonos en el cine incurrimos en un segundo coste: el tiempo perdido en algo que no nos gusta y no optar por otra actividad. No asumir la pérdida incurrida conlleva otra nueva pérdida.

Apliquemos este principio a una situación frecuente: las compras por impulso. Imagina que Juan compra compulsivamente una nueva bicicleta y enseguida se arrepiente. ¿Qué debe hacer? Podría pensar: "Cometí un error y me aguanto". Pero también podría revenderla, por ejemplo, por la mitad de lo que costó.

Muchas personas no razonan así y tienden a retener la bicicleta, aunque no la usen. Justifican su comportamiento diciendo: "No puedo perder tanto". Piensan que una bicicleta con telarañas en el garaje vale lo mismo que pagaron por ella. Un economista les diría que el único coste relevante es la oportunidad perdida no vendiendo. Puede ser una gran ocasión para reflexionar sobre los riesgos de la compra compulsiva, pero deberían olvidarse de lo que les costó. Ahora la decisión está en comparar si el uso que le daremos a la bicicleta vale más o menos de lo que nos ofrecen por ella. Si pienso que el uso será mínimo, merece la pena venderla. Es decir, lo que costó es irrelevante para la decisión de venderla o no.

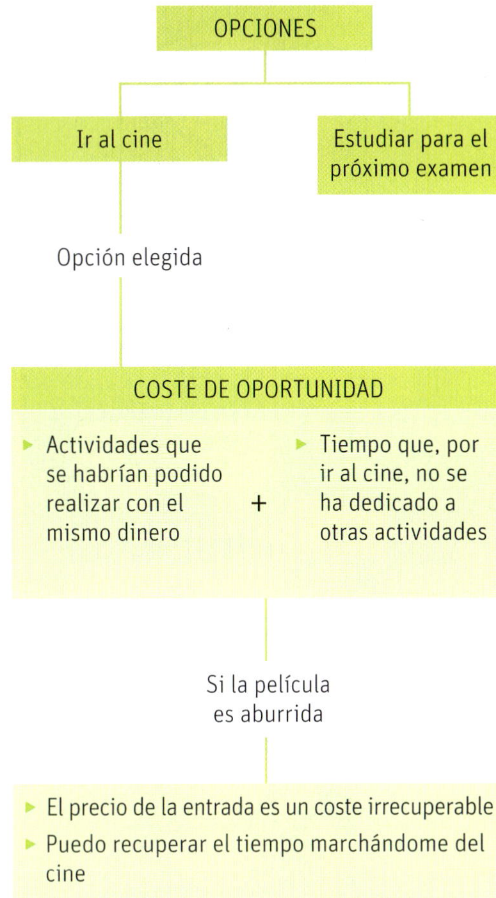

smSaviadigital.com **PRACTICA**
¿Cuál es el **coste de tus decisiones**?

ESTUDIO DE CASOS **El peso del pasado en nuestras decisiones**

Imagina que eres el responsable de una conocida multinacional que va a invertir 10 millones de euros para diseñar unas revolucionarias zapatillas de deporte "inteligentes", autorregulables en función del tipo de terreno y de las características del usuario. Cuando ya has invertido el 80 %, otra empresa, también importante, empieza a vender unas zapatillas similares, que funcionan mejor y cuestan menos.

Pregunta: ¿invertirías el 20 % restante para acabar el proyecto?

Cerca del 85 % de los sujetos que se han sometido a este experimento responde que invertiría los dos millones restantes para terminar el proyecto, aunque el producto no podrá competir con el rival y la inversión solo puede generar una mayor pérdida de dinero. Pero si se vuelve a proponer un escenario parecido, con el único cambio de que aún no se han producido costes, y se pregunta quién estaría dispuesto a invertir dos millones de euros para diseñar un producto muy inferior a uno rival, el porcentaje de aquellos que invertirían el propio dinero cae drásticamente.

Adaptado de MOTTERLINI, M.: *Economía emocional.* Barcelona, Paidós Ibérica, 2008.

- ¿Cuál sería tu respuesta a la primera pregunta? ¿Y a la segunda?
- ¿Por qué crees que nos dejamos condicionar por los gastos pasados? ¿Qué papel crees que juega la incapacidad para asumir el fracaso?

5 Cómo elegir en economía (II)

3.er principio: El análisis marginal

Algunas decisiones implican elegir entre, por ejemplo, ir a la universidad o empezar a trabajar, comprar un nuevo ordenador o ahorrar para el próximo viaje, etc. Son decisiones alternativas (una de dos), en las que tener en cuenta el concepto de coste de oportunidad puede ayudarnos en nuestra elección.

Pero muchas de las cuestiones en economía –y, por tanto, en la vida real– no consisten en hacer o no hacer algo, sino en cuánto hacemos. Si necesitamos un coche para ir a trabajar, la decisión no está en comprar o no comprar, sino en si gastarnos más o menos. Una vez en el concesionario de automóviles, el vendedor nos muestra un modelo que nos convence, pero por 500 euros más nos ofrece otro que lleva incorporado un sistema de seguridad más fiable. ¿Merece la pena pagar algo más (coste adicional o marginal) por un modelo que tiene algo mejor (beneficio adicional o marginal)?

El economista nos aconsejaría que comparemos el coste marginal (500 euros) con el beneficio marginal que supone la mayor seguridad. Si el beneficio es superior a su coste, debemos elegir esa opción.

El **análisis marginal** supone que las personas toman sus decisiones sopesando los beneficios adicionales frente a los costes adicionales en el momento en el que se toma la decisión.

Si ya hemos elegido comprarnos unos vaqueros, lo siguiente es decidir si nos gastamos algo más por unos de la marca conocida o adquirimos otros que son más baratos pero de marca desconocida. ¿Merece la pena pagar algo más (coste marginal) por tener esa marca (beneficio marginal)? Estos y otros ejemplos ponen de relieve que en muchas de nuestras decisiones nos enfrentamos a disyuntivas en el margen (en el límite) en las que no se trata de todo o nada, sino de comparar los beneficios extras que consigo con el coste adicional de obtener esos beneficios.

EN LA PRÁCTICA El análisis marginal en el día a día

Imagina que eres la chica de la viñeta. En este caso no estamos comparando el "valor de una persona" frente al "valor de la asignatura de Economía". Antes bien, la pregunta es si dos horas adicionales de ocio son más valiosas que dos horas adicionales de estudio, justo en el momento del último repaso.

El amigo que te propone ir al cine comete un error: al plantearte la disyuntiva entre la Economía o él, piensa en términos de "todo o nada". Pero esta no es la elección cuando te llama para salir la tarde antes del examen. De hecho, casi nunca las decisiones que tomamos se plantean así. Normalmente se trata de más o menos de esto, frente a menos o más de aquello, considerado desde la situación en que nos encontramos al decidir.

¿Cómo explicarías tu negativa a ir al cine sin ofender a tu amigo? Podrías hacerlo contando el ejemplo del agua y los diamantes: el precio (valor) del agua y los diamantes es muy distinto según el momento en que nos encontremos; en nuestra vida diaria, rodeados de grifos por todas partes, los diamantes valen muchísimo más que el agua, a pesar de que el agua es mucho más útil. Pero es su valor ahora, en el margen. Sin embargo, si nos llevan al desierto y nos dejan sin agua durante una semana, lo que pagaríamos por el agua y los diamantes cambiaría radicalmente.

- ¿Has tenido experiencias similares a la descrita? ¿Qué pasó?
- Señala otros ejemplos en los que el cambio de circunstancias hace que variemos nuestra escala de valores.

4.º principio: Las personas se mueven por incentivos

Cuando se anuncia que al día siguiente subirá la gasolina, se forman largas colas en las gasolineras. ¿Por qué? Porque si las personas tienen la oportunidad de comprar hoy más barato que mañana, seguro que la aprovechan.

Al predecir el comportamiento económico de las personas, algo es casi seguro: que aprovecharán todas las oportunidades para mejorar su situación. Si el precio de la gasolina se mantiene elevado, aumentarán las compras de coches que gastan menos combustible. O si hoy empiezan las rebajas, habrá aglomeraciones de gente esperando que abran los grandes almacenes.

Cuando las personas cambian su comportamiento para obtener algún tipo de recompensa, se dice que responden ante **incentivos**.

Una consecuencia importante de este principio es que no debemos esperar que las personas hagan esfuerzos por cambiar la conducta si no tienen incentivos. Por ejemplo, si el gobierno pide a los empresarios reducir voluntariamente la contaminación, probablemente no conseguirá nada; pero si compensa financieramente a los que la reduzcan, tiene más probabilidad de éxito. Lo mismo se consigue con incentivos negativos, por ejemplo, imponiendo impuestos ecológicos y multas a las empresas que contaminan.

No todos los incentivos son monetarios. El prestigio o el reconocimiento social, o la satisfacción de actuar de acuerdo con compromisos éticos o ecológicos son un importante móvil para las personas.

Otras claves que intervienen en nuestras decisiones

Este modelo de persona racional, que elige teniendo en cuenta todos los principios analizados, es solo un punto de vista, o perspectiva económica. De hecho, estos principios son la base de muchas de las predicciones en economía.

Pero, a veces, nuestras decisiones obedecen a motivos muy distintos de los que se suponen en el modelo. Así, muchas de nuestras elecciones responden a impulsos emocionales o a influencias de la publicidad, más que a criterios de racionalidad.

Esta racionalidad tampoco es trasladable a situaciones en las que la pobreza no permite elegir o en las que no tenemos la información suficiente para valorar las distintas posibilidades.

Por tanto, entendamos la perspectiva económica solo como un punto de vista que nos puede ayudar a comprender algo más nuestras decisiones.

ESTUDIO DE CASOS El efecto manada

En una misma calle hay dos restaurantes italianos: Alba's y Beatrice. Ambos tienen platos muy similares y precios casi idénticos. Los dos comienzan a servir sus pastas a partir de las nueve de la noche y los dos se enfrentan a esta velada sin ninguna reserva previa en sus libros.

La crisis aprieta. Pero el capricho quiere que la primera pareja de viandantes que pasa por la puerta decida entrar en la opción A (Alba's), sin ni siquiera asomarse al segundo restaurante. Al cabo de un rato, una segunda pareja [...] pasa por la puerta del segundo, lo encuentra vacío y sigue andando. La compañía en el primero la lleva a quedarse ahí. A lo largo de la noche, otros comensales viven la misma sensación: se preguntan por qué está vacío uno de los dos locales y deciden entrar en el que tiene clientela.

Al terminar la noche, Alba's cierra una suculenta caja mientras que Beatrice tiene que cerrar sus puertas porque solo registra pérdidas. Lo que acaba de ocurrir es puramente aleatorio y nada tiene que ver con la supuesta lógica que debiera regir una decisión económica. La casualidad ha querido que se opte por uno u otro y, tras ello, un efecto manada ha reforzado esa primera decisión. Quienes han optado por A y no por B simplemente razonan: "Si no hay nadie cenando en ese restaurante, por algo será".

RUIZ, Javier: *Psiconomía*. Madrid, Aguilar, 2009.

- ¿Crees que el caso descrito se trata de un hecho fortuito o es más habitual de lo que parece?
- ¿Has tenido experiencias similares? ¿Qué ocurrió?
- ¿Qué estrategia podría seguir el restaurante Beatrice al día siguiente?

6 La perspectiva social: la interacción económica

Nuestras decisiones no son independientes de las de los demás. Cuando elegimos la camiseta del estante de la tienda, ya ha habido una elección del gerente que mandó colocarla allí y, previamente, del fabricante que decidió confeccionarla. Para fabricarla tuvo que contratar a sus proveedores de materias primas que, a su vez, coordinaron las decisiones de cientos de agricultores, transportistas y un sinfín de profesionales que propiciaron que el producto llegara a la tienda.

Veamos ahora cómo influyen nuestras decisiones en los demás y cómo interactuamos con ellos a partir de otros tres principios.

1. El comercio mejora nuestro bienestar

La realidad económica es un vasto sistema de millones de relaciones de intercambio (compras y ventas) diarias en cada territorio. Intercambiamos porque una de las características de nuestra sociedad es la división del trabajo y la consiguiente especialización de las personas. Hoy nadie produce todos los bienes que necesita para satisfacer sus necesidades. Nos especializamos como agricultores, médicos, etc., consiguiendo unos bienes y servicios que, mediante el intercambio, sirven para cubrir las necesidades de otros miembros de la sociedad.

Si alguien se aislara del resto, necesitaría cultivar sus alimentos, confeccionar su ropa, etc. Es evidente que le interesa especializarse en la actividad que mejor sabe hacer, y aprovechar las **ventajas del comercio** para comprar una mayor cantidad y variedad de bienes, y a un menor coste.

2. El mercado facilita el comercio

Nadie se especializaría si no estuviera seguro de poder obtener lo que necesita a cambio de lo que produce; una doctora o un maestro que no obtuviera comida suficiente a cambio de sus servicios, abandonaría su trabajo especializado y se dedicaría a cultivar lo necesario para sobrevivir. Pero ambos saben que todo lo que necesitan pueden encontrarlo en el mercado.

¿Cuál es el secreto del éxito del mercado? Podría parecer que las decisiones de millones de familias y empresas movidas por su interés personal conducirían al caos. Pero a diario, millones de decisiones independientes de compras y ventas no solo no conducen al caos, sino que facilitan nuestra vida. Salimos de casa sabiendo que encontraremos el pan tierno en la tienda, el autobús en la parada y así con todos los bienes que consumimos. Y ello ocurre sin un acuerdo previo entre quienes intercambian esos bienes: el mercado conduce a ese resultado.

Las empresas, decidiendo qué producir, y las familias, decidiendo qué comprar, interactúan en el mercado, guiados por los precios y por su interés personal. En *La riqueza de las naciones*, Adam Smith describe la clave de este misterioso funcionamiento: familias y empresas interactúan en los mercados como si fueran guiados por una "mano invisible" que los lleva a obtener el bienestar económico general.

EN LA PRÁCTICA **La mano invisible en funcionamiento**

Cada mañana encontramos pan tierno en la panadería de nuestro barrio. ¿Alguna vez te has preguntado por qué ocurre esto? La fascinante respuesta a esta pregunta representa la esencia de la economía de mercado.

Aunque parezca mentira, a la panadera nadie le ha dicho qué tipo de pan ni qué cantidad debe hacer diariamente. La señora tampoco se levanta cada día de madrugada porque se siente solidaria y quiere que sus vecinos tengan pan recién salido del horno para desayunar. Es posible que sea una mujer muy solidaria, pero esa no es la razón por la que hace pan. Cuando decidió montar una panadería no lo hizo pensando en sus vecinos, sino movida por el deseo de ganarse la vida y asegurar su futuro económico.

Seguramente la historia empezó cuando la señora observó que en el barrio no había ninguna panadería y pensó que aquello podría ser un buen negocio. Calculó cuánto le costaría alquilar el local y comprar el horno. Se informó sobre los precios de la harina, del agua, de la levadura, de la electricidad y de las demás materias primas necesarias para hacer el pan. También calculó cuánto le costaría contratar a un par de dependientas. Hizo cálculos sobre el precio al que podría vender el pan. Con toda esa información, le pareció que obtendría beneficios y decidió montar la panadería. Y así facilitó la vida de los vecinos del barrio, que han podido disfrutar de pan tierno cada mañana.

Adaptado de SALA i MARTÍN, Xavier: *Economía liberal para no economistas y no liberales*. Barcelona, Debolsillo, 2005.

- ¿Qué crees que ocurriría con tus necesidades si no existiera el mercado? Imagina sistemas alternativos de intercambio sin mercado y comenta sus ventajas e inconvenientes con tus compañeros.

3. Las disyuntivas entre eficiencia y equidad

Si los recursos son escasos y hay necesidades insatisfechas, es lógico que nos preocupe que los recursos se utilicen de la forma más eficiente y se obtenga de ellos el mejor provecho posible. De hecho, un valor importante de la sociedad actual es el de **eficiencia** u obtención de la máxima producción con los recursos disponibles.

Pero junto con la eficiencia, también se busca la **equidad**, que significa que los beneficios de esos recursos se están distribuyendo equitativamente entre toda la sociedad.

Como hemos visto, con la especialización y el mercado una sociedad es capaz de producir una mayor cantidad y variedad de bienes y servicios que si sus ciudadanos intentaran ser autosuficientes. En este sentido, el mercado y su mano invisible es un mecanismo eficiente para organizar la actividad económica y para conseguir el crecimiento económico.

Pero no es tan eficiente para garantizar, por ejemplo, que todo el mundo tenga alimentos suficientes, una ropa digna y una asistencia sanitaria o una educación adecuadas. Estas cuestiones son lo que los economistas llaman **fallos del mercado**.

Cuando el mercado tiene fallos, el Estado interviene en la economía tomando medidas para corregirlos. Por ejemplo, las becas o el subsidio por desempleo tratan de ayudar a los miembros de la sociedad más necesitados. Otras, como el impuesto sobre la renta de las personas, piden a los que ganan más que contribuyan en mayor medida que otros a financiar el Estado. Estas y otras medidas como la sanidad o la educación públicas tratan de mejorar la equidad entre los miembros de la sociedad.

A veces, **más de una cosa es menos de otra**, y la sociedad se enfrenta a disyuntivas entre eficiencia y equidad. Los ejemplos son abundantes. Subir los impuestos de las personas que obtienen altos salarios mejora la equidad, puesto que permite financiar las ayudas sociales, pero disminuye los incentivos al trabajo y al ahorro, perjudicando la eficiencia. Construir accesos especiales a los edificios para personas discapacitadas, aunque su uso sea escaso y nos parezca poco eficiente, se trata de un bien necesario y que favorece la equidad.

Para los preocupados por la eficiencia, lo importante es que crezca "la tarta" de los bienes y servicios producidos, mientras que para los interesados en la equidad, la clave está en cómo se reparte "la tarta" entre los que han contribuido a producirla. Los primeros piensan que las reglas de mercado no deben alterarse, mientras que los segundos opinan que esas reglas hay que corregirlas para conseguir una sociedad más justa. Como vemos, cuando se toman medidas económicas, lo habitual es que surjan conflictos entre estos dos valores, y de ahí la necesidad de buscar un equilibrio entre ambos.

El 1 % de la población disfruta de las mejores viviendas, la mejor educación, los mejores médicos y el mejor nivel de vida, pero hay una cosa que el dinero no puede comprar: la comprensión de que su destino está ligado a cómo vive el otro 99 %.

Joseph Stiglitz,
premio nobel de Economía en 2001.

EN LA PRÁCTICA Una mirada crítica a la mano invisible

Algunas teorías nos dicen que son los consumidores los que determinan qué bienes y servicios deben producirse. De ahí que se hable de "soberanía del consumidor". Según estas teorías, se produce todo aquello que los consumidores demandan en el mercado. Las empresas toman nota de los deseos de los consumidores y lo producen para que se distribuya entre los solicitantes. Pero, en realidad, las necesidades solo se convierten en consumo, es decir, se satisfacen, cuando se tiene la capacidad adquisitiva suficiente para comprar los bienes y servicios que se necesitan.

Esta es la explicación de que, a pesar del progreso económico constante, el consumo se distribuya tan desigualmente y de que aún queden muchas necesidades humanas insatisfechas. Los ejemplos son abundantes: ofrecer alimentos suficientes, agua potable y educación básica a los más pobres del mundo costaría menos que la cantidad invertida cada año en cosméticos.

- Señala otros ejemplos que reflejen ese contraste.
- Piensa en situaciones de conflicto entre la eficiencia y la equidad, y plantea una solución de equilibrio.

ACTIVIDADES

Actividades de síntesis

1. Elabora un mapa conceptual sobre los contenidos de la unidad a partir de estas ideas básicas.

1 La base del "problema económico" está en que tenemos distintas **necesidades**, para cuya satisfacción disponemos de unos **recursos escasos**. La **economía** surge para ayudarnos a gestionar esos recursos escasos y lograr nuestro bienestar material.

2 Existen **necesidades primarias**, comunes a cualquier ser humano e imprescindibles para poder sobrevivir, y **necesidades secundarias**, que tratan de aumentar el nivel de bienestar de las personas.

3 Nuestras necesidades se satisfacen por medio de **bienes** (alimentos, ropa, muebles, libros, etc.) y **servicios** (educación, atención sanitaria, transporte, etc.) de muy diversa naturaleza.

4 La **imposibilidad** de obtener todo aquello que se necesita obliga a las personas a tener que elegir entre recursos susceptibles de usos alternativos.

5 Como los recursos son escasos, cuando **elegimos una cosa** decidimos **renunciar a otras**. A lo que renunciamos es el **coste de oportunidad** de nuestra decisión.

6 Los gastos ya realizados –**costes del pasado**– son irrecuperables y, por tanto, debemos olvidarlos para que no interfieran y nos confundan en nuestras próximas decisiones.

7 En muchas decisiones nos enfrentamos a disyuntivas en las que habrá que comparar los beneficios extra de la decisión con el coste adicional que conlleva esa decisión en el momento en que elegimos: son **decisiones marginales**.

8 Las personas aprovechan cualquier estímulo para mejorar: responden a **incentivos**. Si se pretende cambiar el comportamiento de las personas, habrá que generar incentivos, ya que todas las personas aprovecharán las oportunidades que tengan para mejorar su situación.

9 En nuestra sociedad, la división del trabajo nos permite obtener más bienes que si fuéramos autosuficientes. Cada cual se especializa y aprovecha las **ventajas del comercio** para adquirir una mayor cantidad y variedad de bienes, y a un menor coste.

10 El desarrollo del comercio requiere un mecanismo eficiente como el **mercado** para facilitar los múltiples intercambios diarios que se producen entre empresas y familias.

11 El mercado suele ser un mecanismo eficiente para organizar la actividad económica y para crecer económicamente ("tamaño de la tarta"). Pero no es tan eficiente en la distribución equitativa de los resultados ("reparto de la tarta"), lo cual obliga al Estado a intervenir para favorecer una sociedad más justa. En muchas ocasiones, ambos objetivos no son compatibles y la sociedad se enfrenta a disyuntivas entre la **eficiencia y la equidad**.

smSaviadigital.com **VALORA LO APRENDIDO** > Realiza la **autoevaluación**.

Actividades de análisis y problemas

2. Lee estos hipotéticos titulares y contesta a las preguntas siguientes.

El Gobierno recorta los presupuestos para educación

El Ayuntamiento decide la construcción de una piscina en lugar de una biblioteca

Un problema aún sin resolver: miles de personas viven sin techo en España

a) ¿Qué tienen en común las informaciones que aparecen en estos titulares?

b) ¿Puedes señalar otros ejemplos que reflejen el mismo problema?

c) ¿Crees que siempre ha sido así?

3. ¿Crees que tendría sentido la economía si los recursos fueran ilimitados? En caso de que existiera ese paraíso de la prosperidad, ¿piensas que habría bienes económicos? Razona tu respuesta.

4. Imagina que tuvieras que ir a pasar tres días en una cabaña de alta montaña en la que no tienes absolutamente nada. Piensa en las necesidades más básicas e imprescindibles para sobrevivir y haz una lista con las 10 cosas que te llevarías en la mochila. Compara la lista con la de tus compañeros.

5. ¿En qué se diferencian las necesidades primarias de las secundarias? Clasifica las siguientes necesidades: comer, viajar, ir a la moda, escuchar música, ir al médico, navegar por internet, ir al cine, estar informado.

6. Señala ejemplos de circunstancias o factores que hacen que unas personas vivan la escasez de forma tan diferente de otras. ¿Es lo mismo escasez que pobreza?

7. Imagina que con una máquina del tiempo retrocedes hasta épocas pasadas y responde:
   a) Si pudieras comunicarte con un joven del Neolítico o del antiguo Egipto y obtener información sobre sus necesidades básicas, ¿qué tendrían en común con las tuyas?
   b) Si comparas tus necesidades secundarias con las de tus abuelos cuando tenían tu edad, ¿en qué se parecen y en qué son diferentes?

8. Indica ejemplos de diferentes tipos de bienes, distinguiendo entre:
   a) bienes y servicios,
   b) bienes de consumo y de producción,
   c) duraderos y perecederos,
   d) públicos y privados,
   e) intermedios y finales,
   f) complementarios y sustitutivos.

9. Existen zonas en las que el agua es prácticamente un bien gratuito, mientras que en otras es un recurso escaso y costoso.
   a) ¿Sabrías nombrar otros ejemplos similares?
   b) Como consecuencia de la contaminación y del deterioro medioambiental: ¿podrá llegar a ser el aire un bien económico escaso y por el que tendremos que pagar? Razona tu respuesta.

10. Seguramente conocerás personas que siguen dietas para perder peso. Asimismo, sabrás que en algunas ocasiones, los agricultores destruyen sus cosechas. Al mismo tiempo, habrás oído o leído que en muchos países mueren de hambre miles de personas cada día. ¿Cómo se explican estos hechos tan distintos en un contexto de escasez?

11. ¿Recuerdas ejemplos en los que hayas tenido la necesidad de elegir una cosa en detrimento de otra? Describe lo que pasó y señala, en cada ejemplo, su coste de oportunidad. ¿Cuál es el coste de oportunidad de la decisión de haber optado por la modalidad de Bachillerato que estás estudiando?

12. Elige entre las opciones que se presentan y comenta el coste de oportunidad de tu opción.
   a) Asistir o no a un partido para el que te han regalado la entrada.
   b) Quieres ir a un próximo concierto y puedes elegir entre comprar la entrada por internet, por 25 euros, o ponerte en cola unas dos horas para adquirirla por 20 euros.
   c) Imagina que a tu familia le toca un premio de 5000 euros y que tenéis que decidir entre un viaje de turismo o depositar el dinero durante un año en un banco que paga un tipo de interés del 5 %.

13. Señala ejemplos de cambios de comportamiento motivados por incentivos. ¿Cuáles son tus incentivos para estudiar? Hay muchas personas que colaboran como voluntarios en actividades humanitarias y ecológicas. ¿Cuáles crees que son sus incentivos?

14. Tu ayuntamiento debe decidir entre construir un polideportivo o un centro para mayores, pues su presupuesto solo le permite hacer una cosa. ¿Qué harías tú si tuvieses que tomar la decisión y cómo la explicarías a las personas afectadas? ¿Cuál es el coste de oportunidad si se decide construir el polideportivo?

15. Busca dos fotografías que reflejen dos mundos por completo diferentes: uno de pobreza y necesidades primarias sin cubrir, y otro donde las necesidades primarias y secundarias estén sobradamente cubiertas. Por ejemplo:

Enfrenta las imágenes, elige un titular para cada una y coméntalas con un *tuit*.

ACTIVIDADES

16. Piensa en alguna ocasión en la que ibas a adquirir algo que finalmente cambiaste por otra cosa. Explica qué pasó utilizando los principios de la perspectiva económica.

17. Identifica qué principio sobre cómo elegir en economía ilustra cada uno de estos casos:

a) Una persona gana 25.000 € por año en su actual trabajo, pero le ofrecen uno nuevo en el que le pagan 30.000 € por una hora más diaria.

b) Hay restaurantes que siempre están llenos mientras que otros están medio vacíos.

c) Para decidir cuántas horas semanales va al gimnasio, una alumna compara el beneficio para su salud de una hora más de ejercicio, con el efecto sobre sus notas de una hora menos de estudio.

d) Hace un año te compraste una camiseta que no usas. Tu hermano te pide que se la regales y le dices que no, porque te costó muy cara.

18. El año pasado compraste por 100 € un reproductor de música que nunca usas. Uno similar costaría hoy 120 € nuevo, pero por el tuyo de segunda mano te darían hoy 50 €.

a) ¿Cuál es el coste de oportunidad de mantener tu dispositivo?
1) 20 € 2) 50 € 3) 100 € 4) 120 €

b) ¿Cuál es el coste irrecuperable?
1) 20 € 2) 50 € 3) 100 € 4) 120 €

19. Un instituto en precarias condiciones, tanto en mantenimiento (limpieza, pintura) como en material (laboratorios, ordenadores), recibe una ayuda económica insuficiente para resolver todos los problemas al mismo tiempo. Elabora un plan sobre cómo usar esta ayuda para sacarle el máximo provecho posible, es decir, con eficiencia.

20. Tres estudiantes comparten un apartamento alquilado y deben repartirse las tareas domésticas. Pedro es buen cocinero, Marcos es muy organizado y se le dan bien las tareas de limpieza, y a Manuel le gusta ir al mercado y es muy bueno en informática. ¿Qué ventajas tendrían si se especializaran en lo que mejor saben hacer? ¿Qué criterios deben establecer para que los intercambios sean justos?

21. En el alquiler que pagan los tres estudiantes se incluye el gasto de electricidad. Aunque Marcos se lo recuerda continuamente, sus compañeros suelen dejar las luces y ordenadores encendidos la mayor parte del tiempo. ¿Qué principio económico se incumple en esta situación? ¿Qué sugerencia propones para que se cumpla?

22. Valora si en estas medidas hay conflicto o equilibrio entre eficiencia y equidad. ¿Qué harías para mejorar el conflicto, si lo hubiera?

a) Suben las tasas de matrícula universitaria de todos los estudiantes.

b) Disminuyen los impuestos sobre la renta de las personas que más ganan.

23. Observa las viñetas y responde.

a) Ponte en el papel del chico y analiza el caso expuesto ateniéndote a los siguientes pasos:

- ¿Cuáles son las opciones que tiene antes de tomar la decisión?
- ¿Cuál es el coste de oportunidad de las distintas opciones?
- ¿Qué otros motivos (incentivos) no económicos están influyendo en su decisión?

b) Ahora ponte en el lugar de sus padres y contesta a las mismas cuestiones.

c) Valora tú las distintas opciones y decide cuál aconsejarías como mediador en el conflicto.

24. Indica si son verdaderas o falsas las siguientes afirmaciones, razonando tu respuesta.

a) Los regalos de cumpleaños son bienes libres porque no hay que pagar por ellos.

b) Los bienes de producción no procuran una satisfacción inmediata.

c) Si te invitan al cine, no tienes ningún coste de oportunidad, puesto que no te gastas nada.

25. ¿Estás de acuerdo con esta frase? Argumenta tu respuesta y debátela con tus compañeros.

El hombre feliz no es aquel que tiene muchas cosas, sino el que tiene pocas necesidades.

EPICURO, filósofo griego.

26. Observa la viñeta y contesta a las preguntas.

Fuente: El Roto, *El País, 26-10-2002.*

Como se ve en la viñeta, la mayoría de nuestras decisiones tiene un componente económico.

a) Utilizando el principio de análisis marginal (comparando beneficios y costes de la decisión), explica las dudas de esta pareja.

b) Elabora la continuidad de este diálogo con tres razones favorables para tener un hijo (beneficios) y otras tres contrarias (costes). Para ello, podemos suponer que las personas que protagonizan la viñeta están en un país desarrollado y ambos trabajan.

c) ¿Crees que en otras sociedades y culturas menos desarrolladas, social y económicamente, la decisión de tener o no tener un hijo se plantea de otra forma? Argumenta tu respuesta y ponla en común con la de tus compañeros.

Actividades de argumentación y debate › Escasez y sociedad de consumo

27. Frente a la escasez que reina en gran parte del planeta, se desarrolla en paralelo la sociedad de consumo de masas. En estas sociedades es preciso consumir cada vez más para que no se detenga el crecimiento económico. Para ello se crean artificialmente nuevas necesidades a través de sofisticados medios de *marketing* y se acorta la vida útil de los productos mediante la obsolescencia programada, que consiste en diseñar los bienes para que, a partir de un número determinado de usos, se estropeen.

¿Necesidades o deseos?

Seguramente crees que eres tú quien eliges cuando compras. Veamos cómo nos inducen a pensar así. Los expertos en *marketing* nos observan al microscopio para descubrir qué es lo que nos sorprende y cómo fabricar nuestros deseos. Una vez descubiertos, nos inducen a aspirar a ser o, al menos, a parecer una persona que no somos, con el cuerpo, la casa, el *look* y el equipamiento que deseamos. Para unos puede ser el coche todoterreno o una cocina de diseño. Para otros, una liposucción, o un crucero, o el último móvil inteligente, o una pantalla de plasma de 50 pulgadas. Son cosas que, aunque no las necesitemos, nos hacen pensar que son imprescindibles.

Los publicistas han conseguido que ya no compremos tanto un producto como una experiencia. Se trata de emocionar al comprador, dicen estos expertos. De seducirlo, tentarlo. Y, sobre todo, de que el mensaje incida en insistir en que con ese producto que nos venden, obtendremos aquello que nos falta: el poder mágico del coche que hace que me acepten los demás, el perfume que me transforma en la persona más deseada, la bebida que nos introduce en el club de los privilegiados, etc.

El equilibrio necesario

No tengo nada contra el bienestar [...] Lo importante es tener las cosas, pero que estas no terminen adueñándose de la persona. Hay bienes estupendos que hacen la vida mucho más confortable y grata, que hacen los viajes mucho más rápidos, y eso está muy bien hasta que todo ello se convierte en estorbos.

Para nuestra vida normal hay dos impedimentos: uno, carecer de cosas; el otro, tener tantas que uno no se puede mover. [...]

Si te gusta la música, disfrutas con la música, no con el aparato; si eres un descerebrado, lo único que te interesará son los botoncitos y que tenga muchos. Si te gusta escribir, con un bolígrafo y una hoja de papel te puedes arreglar; de lo contrario necesitarás un ordenador lleno de cosas que tape el hecho de que tú no tienes nada que decir [...].

Entrevista a Fernando Savater en WAGMAN, D. E.: *Vivir mejor con menos.* Madrid, Aguilar, 1997.

Análisis audiovisual

Comprar, tirar, comprar. La historia secreta de la obsolescencia programada, de Cosima Dannoritzer, 2010 (min. 28.29 a 37.10).

Las impresoras, las bombillas, los dispositivos electrónicos, etc., se diseñan para fallar. Este premiado documental aborda el tema de la obsolescencia programada.

Analiza los documentos anteriores y responde.

a) ¿Cómo logra la sociedad crear nuevas necesidades? En tu caso, ¿crees que eres tú el que eliges cuando consumes?

b) Explica este diagrama en relación con el problema económico básico.

NUEVOS PRODUCTOS DE CONSUMO

crean — crean

NUEVAS NECESIDADES DE CONSUMO

c) ¿Dónde está la frontera entre consumo y consumismo?

d) ¿Te parece ético el sistema de producción global actual y del que se habla en el documental? Argumenta tu opinión.

¿EN TU CASA O EN LA MÍA?

La juventud en los países occidentales, como prolongación de la adolescencia y retraso de la madurez, es un período contradictorio en el que la plenitud física más vital e impetuosa convive con una dependencia económica casi absoluta.

Cuándo y cómo emanciparse: una decisión no solo económica

Sin trabajo, sin ayudas, sin independencia

La difícil coyuntura económica es un lastre para la juventud española que quiere emanciparse. La alta tasa de paro juvenil en España (que durante años ha rebasado el 50 %) retrasa la decisión de marcharse de la casa familiar, contribuyendo a que los españoles, junto con los italianos, sean los europeos que más tarde se van de casa: se independizan, de media, en torno a los 30 años.

Otro factor que explica este fenómeno es la ausencia de políticas públicas de ayuda a la juventud, como pueden ser las medidas de apoyo al mercado de alquiler juvenil, las ayudas a la emancipación, etc. Así, si en España solo alrededor de un 5 % de los jóvenes de 15 a 30 años recibe algún tipo de beca o ayuda social o al desempleo, este porcentaje supera el 40 % en Suecia y el 20 % en Dinamarca, Alemania o Reino Unido.

¿Es solo la economía?

Además de la coyuntura económica, existen otras razones culturales y familiares que contribuyen a este fenómeno. Las conclusiones de las investigaciones sociológicas nos dicen que en nuestra cultura, los padres no quieren que sus hijos se vayan de casa "de cualquier manera" y los jóvenes no abandonan el hogar "si es para perder calidad de vida". Los jóvenes valoran la comodidad que encuentran en casa y temen que, si se independizan, perderán beneficios materiales. Esta situación es plenamente asumida por los padres, que aceptan la autonomía de sus hijos (sin horarios, control o responsabilidades en casa) y optan por la permisividad.

Parecería que en estos tiempos se madura antes, se decide sin presiones con quién y cómo salir, qué estudiar, etc. Y al mismo tiempo, parece también darse el fenómeno contrario, el de una infantilización propiciada por el hecho de que las exigencias, las obligaciones y responsabilidades son escasas. Maduros para unas cosas y más dependientes e infantilizados para otras.

¿Emancipado o independiente?

Se considera emancipado al joven que ha abandonado el hogar familiar, al margen del grado de independencia económica que tenga. Así, están emancipados los jóvenes que tienen independencia domiciliar pero no económica (como los que se emancipan por estudios, aunque sean sus familias quienes los mantienen), o los que, viviendo en otro domicilio, reciben ayuda monetaria. Quedarían excluidos los jóvenes que tienen independencia económica (tienen ingresos propios) pero continúan conviviendo en el hogar familiar.

Son independientes los que tienen recursos suficientes para no depender económicamente de nadie.

Una peculiaridad de la juventud española no emancipada es su alto grado de autonomía, entendida como la capacidad de vivir según las normas que uno se pone. Y esto nos diferencia de otros modelos de emancipación en Europa: solo tenemos que observar la cantidad de jóvenes treintañeros que conviven en el hogar familiar y que difícilmente aguantarían esa situación si no se sintieran autónomos.

Fuentes:

– *Jóvenes y emancipación*. Fundación Contra la Drogadicción (FAD) y Obra Social Caja Madrid (www.e-sm.net/sveco1bachud01_02).

– GAVIRIA, Sandra (2011). *Dime cómo te construyes y te diré cómo te irás de casa. La emancipación de los/las jóvenes en Europa* (<www.e-sm.net/sveco1bachud01_03>).

Modelos de emancipación en Europa

Entre los diferentes modelos de emancipación europeos destacamos cuatro: el continental (Francia, por ejemplo), el nórdico (Dinamarca o Suecia), el latino-mediterráneo (España, Italia) y el anglosajón (Reino Unido). Se diferencian entre sí por el papel que juegan el Estado y la familia, y por la actitud y expectativas de los jóvenes en el proceso, es decir, si con la emancipación buscan descubrirse, asumirse, situarse o instalarse.

España

Los jóvenes españoles se emancipan si logran instalarse teniendo casa, trabajo y pareja. Las ayudas del Estado no son importantes y los jóvenes dependen de sus familias de origen durante años, hasta que consiguen tener empleo estable, una pareja y un piso.

Dinamarca

La juventud danesa se emancipa hacia los 18 años, para descubrirse a sí misma. La emancipación no se vive como ruptura, sino como continuidad en las relaciones autónomas. Existen cheques de formación de hasta seis años que permiten alternar trabajo y formación. Este sistema es posible gracias a las ayudas del Estado, a un mercado de trabajo muy flexible y a la baja tasa de paro.

Francia

En el caso de la juventud francesa, quienes se emancipan buscan situarse. Los jóvenes viven con la presión de saber que su formación es determinante para su trayectoria, ya que de ella depende el lugar que ocuparán más tarde en el mundo laboral. Aunque el Estado ayuda a la emancipación juvenil (pero menos que en el modelo nórdico), la familia también contribuye.

Reino Unido

Para los británicos, emanciparse es asumirse: es importante irse de casa, ya que la familia es vista como una institución muy protectora de la que hay que alejarse. Para facilitar el proceso, se conceden préstamos asequibles a los estudiantes y jóvenes. La salida del hogar no se ve como una continuidad, sino como una ruptura con la familia. Hay que trabajar pronto y rápido para rembolsar el préstamo que permitió financiar los estudios.

ANALIZA TU ENTORNO

1. smSaviadigital.com INVESTIGA > El **Instituto de la Juventud** elabora periódicamente informes titulados *Juventud en cifras* que recogen información sobre el colectivo juvenil. Busca la información y contesta a las preguntas.
   a) ¿De qué viven los jóvenes y cuáles son sus medios? ¿En qué gastan su presupuesto?
   b) ¿Qué porcentaje de ellos trabaja, estudia o está en paro? ¿Cuántos jóvenes no estudian ni trabajan?
   c) De los que se han independizado, ¿cuántos optan por comprar una casa y qué pagan mensualmente de hipoteca? ¿Cuántos viven de alquiler y qué pagan por ello?
2. En relación al colectivo de jóvenes que ni estudia ni trabaja (generación "nini"), ¿qué razones y circunstancias crees que han propiciado que sea un colectivo tan numeroso en nuestro país? ¿Qué coste de oportunidad supone su opción?
3. Debate con tus compañeros sobre las ventajas e inconvenientes de los distintos modelos de emancipación.
4. Comenta la siguiente frase: "El primer paso para emanciparnos es difícil. Consiste en atrevernos a asumir el protagonismo de tomar las decisiones por nosotros mismos".

2 La producción y el crecimiento económico

1 Los factores de producción

Cualquiera de los bienes que consumimos ha sido elaborado a partir de unos recursos llamados factores de producción. Su escasez nos exige utilizarlos de forma eficiente para conseguir el mayor número posible de bienes. Con el fin de medir la eficiencia, los economistas han ideado el concepto de productividad, que nos permite saber el grado de eficiencia de un país o de una empresa, así como su evolución. Con la mejora de la productividad, los países crecen y, por tanto, conocer cómo mejorarla se convierte en un tema clave en economía.

¿Cómo hemos llegado hasta aquí?

Imagina una comunidad agrícola que trabaja su propia tierra. Cada familia produce justo lo necesario para su sustento y no quedan tierras sin cultivar. Dedican su tiempo a las tareas domésticas: confeccionan su propia ropa, educan a sus hijos, fabrican y reparan el instrumental agrícola que necesitan, etc. Imagina que llega una persona al pueblo buscando trabajo, pero que no tiene ninguna habilidad especial que aportar. Al no haber tierra disponible por cultivar, decide volver a subir al tren porque en el pueblo no hay puestos de trabajo.

Veamos ahora otro supuesto. La persona que llega al pueblo es experta en agronomía y ha diseñado un arado que mejora el rendimiento agrícola. Vende su arado a los granjeros a cambio de una pequeña parte de sus cosechas. Todo el mundo mejora: los granjeros tienen más que comer y se ha creado un empleo nuevo. Poco después, llega un carpintero al pueblo y se ofrece para reparar el instrumental agrícola de los granjeros, lo que aumenta su rendimiento porque tienen más tiempo para hacer lo que mejor saben, que es cultivar la tierra. Además, se ha creado otro empleo nuevo.

Como los granjeros cosechan más de lo que pueden consumir, deciden gastar su superávit en contratar a una maestra para el pueblo. Es otro empleo. La maestra enseña a los niños, lo que mejora el grado de formación de la siguiente generación de granjeros, que serán más productivos que sus padres. Con el tiempo, nuestro pequeño pueblo agrícola, que no tenía puestos de trabajo al principio, tiene novelistas, bomberos, enfermeras e incluso ingenieros que diseñan naves espaciales.

Adaptado de WHEELAN, C.: *La economía al desnudo*. Barcelona, Ediciones Gestión 2000, 2008.

ANALIZA LA IMAGEN

1. Describe qué están haciendo las personas que aparecen en la ilustración y cómo lo hacen.
2. ¿Cómo definirías la forma de trabajo que reflejan las imágenes?
3. Señala qué ventajas e inconvenientes tiene cada manera de producir.

ANALIZA EL TEXTO

- ¿Qué factores han impulsado los cambios más importantes en la comunidad que describe el texto?
- ¿Cuál crees que ha sido el factor más determinante en su evolución?
- ¿Por qué crees que la siguiente generación será más productiva que la de sus padres?

1 Los factores de producción

Aunque hemos vivido mucho tiempo como si los recursos naturales fueran inagotables, hoy sabemos que gran parte de ellos solo se renueva si respetamos las leyes de la naturaleza.

Para obtener los bienes y servicios que necesita una sociedad es preciso disponer de recursos con los que producirlos. Por ejemplo, para hacer una tortilla, los recursos son los huevos, la sal, el fuego, la sartén y el trabajo del cocinero. La tortilla es el bien que satisface nuestra necesidad. Estos recursos se denominan factores de producción y, aunque son muy diversos, podemos clasificarlos en cuatro grandes grupos: tierra o recursos naturales, trabajo, capital e iniciativa empresarial.

El factor tierra o los recursos naturales

Para producir cualquier bien son imprescindibles los recursos naturales: para cultivar verduras se necesita tierra donde plantarlas y agua para regarlas; para producir un teléfono móvil se utilizan plásticos derivados del petróleo, así como una gran cantidad de minerales para sus diversos componentes, etc. Además, de la naturaleza obtenemos la mayor parte de la energía necesaria para impulsar la actividad económica.

El **factor tierra** agrupa todos aquellos recursos o materias primas que se extraen de la naturaleza y que, a través de su transformación, nos permiten satisfacer nuestras necesidades. Incluye la tierra productiva –rústica o urbana–, el petróleo, el agua, el aire, los minerales, la fauna, etc.

En función de su carácter más o menos finito, estos recursos pueden ser:

- **No renovables.** Son aquellos que se van agotando a medida que se utilizan. Algunos ejemplos son los minerales y combustibles fósiles (petróleo, gas natural, carbón, hierro, etc.), cuyas reservas son finitas. Aunque puedan encontrarse nuevas reservas, solo permitirán alargar su período de utilización.
- **Renovables.** Son recursos que se pueden regenerar mediante procesos naturales, de manera que podremos seguir utilizándolos siempre que al explotarlos no se sobrepase su capacidad de regeneración. La tierra cultivable, por ejemplo, se agotaría si no se cuidara su renovación con abonos y cultivos apropiados. La ganadería o la pesca también proporcionan recursos renovables, siempre que se exploten de manera razonable y sostenible. Cuando estos recursos se sobrexplotan se pone en peligro su conservación, por ejemplo, con la tala de bosques sin cuidar su regeneración, o con la pesca sin control.
- **Inagotables.** Se trata de fuentes de energía que no están condicionadas por la actividad humana. Las principales son el sol, el aire y la gravedad, que nos proporcionan energía solar, eólica e hidroeléctrica.

El inventario de formación, educación, habilidades e incluso la salud de la gente constituyen cerca del 75 % del bienestar de una economía moderna. No son los diamantes, los edificios, el petróleo ni los billeteros de diseño, sino lo que tenemos dentro de la cabeza. Si bien todas las formas de capital, capital físico –como maquinaria y fábricas–, capital financiero y capital humano son importantes, el capital humano es el más importante. De hecho, en una economía moderna el capital humano es, sin ninguna duda, la forma más importante de capital creador de bienestar y crecimiento.

GARY BECKER, premio nobel de Economía en 1992, por su trabajo sobre el capital humano.

El trabajo

El segundo factor comprende el trabajo humano necesario para transformar los recursos naturales en los bienes y servicios que demanda la sociedad. Cualquier bien o servicio necesita, para ser elaborado, una actividad humana física o intelectual. Por ejemplo, no se pueden cosechar verduras o fabricar teléfonos móviles sin que medie la intervención de las personas. Aunque en ocasiones pensemos que una determinada actividad ha sido realizada por una máquina, siempre existe una persona que está detrás.

El **factor trabajo** comprende la intervención humana necesaria para obtener los bienes y servicios que satisfacen nuestras necesidades.

Cuando hablamos de trabajo como factor de producción de un país, nos referimos no solo al número de trabajadores que hay en él, sino también a su formación profesional y experiencia. El conjunto formado por la población trabajadora junto con su nivel de formación y experiencia se denomina **capital humano**.

El capital

El capital incluye desde la más sencilla herramienta, como un martillo, hasta la más compleja instalación petroquímica o aeronáutica, pasando por aparatos de laboratorio, autopistas, embalses, bibliotecas y cuantos instrumentos usamos para producir. En nuestro ejemplo, para cosechar verduras se necesitan arados, tractores, etc.; para que el móvil llegue a tus manos, debe existir una nave industrial y maquinaria, medios de transporte y una tienda donde comprarlo, etc.

El **factor capital** lo constituyen los instrumentos o medios que nos ayudan a transformar los recursos naturales en bienes y servicios. Se trata de bienes que no se dedican al consumo, sino a la producción, y que por ello se conocen también como bienes de producción.

La iniciativa empresarial

Muchos autores incluyen un cuarto factor cuya función es reunir y organizar los tres factores anteriores para producir bienes y servicios, aplicando la tecnología disponible a través de la innovación, la creatividad y el riesgo.

Las **personas que tienen iniciativa empresarial** detectan nuevas oportunidades, idean nuevos productos y son capaces de reunir los recursos necesarios para producirlos, asumiendo el riesgo de posibles fracasos.

El proceso de producción

El empresario combina los tres factores clásicos (tierra, trabajo y capital) en un proceso que transforma esos factores en bienes y servicios, utilizando para ello la tecnología disponible.

La **tecnología** es el conjunto de métodos, procedimientos, equipos y maquinaria utilizados para producir bienes y servicios.

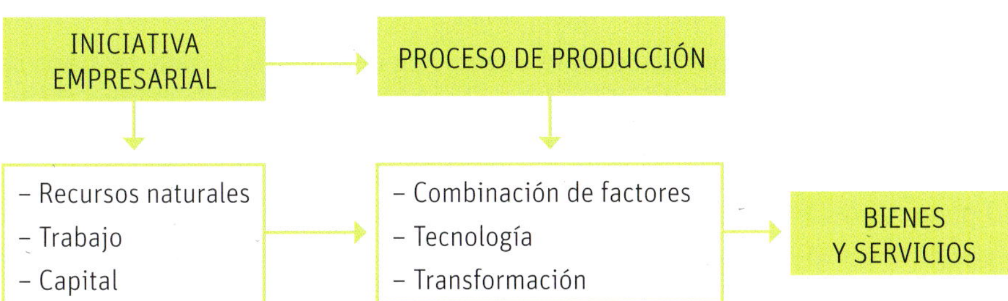

La forma en que se combinan la tierra, el trabajo y el capital para producir bienes depende de la tecnología utilizada. Un mismo tipo de producto puede ser elaborado de manera artesanal (con mucho trabajo y poco capital) o puede ser fabricado en grandes series con mucha maquinaria y con menos trabajo. En las últimas décadas, la creciente automatización de los procesos productivos y el empleo de robots han supuesto una continua sustitución de trabajo por capital.

EN LA PRÁCTICA Capital físico, humano y financiero

En economía, el término *capital* designa diferentes conceptos. El capital como factor de producción se refiere al **capital físico** o bienes de producción (edificios, máquinas, etc.). Pero para adquirir estos bienes se han necesitado fondos monetarios (dinero), que son el **capital financiero**. Así, el dinero o capital financiero se invierte (se materializa), transformándose en capital físico. Por ejemplo, si dos socios montan una empresa y cada uno aporta 50 000 euros, esta dispone de 100 000 euros (capital financiero) para comprar el local, los equipos, etc., que forman sus bienes de producción o capital de la empresa.

El **capital humano**, por último, es la suma total de las habilidades que posee una persona y que abarcan la formación, la inteligencia, el carisma, la perseverancia, la creatividad, la experiencia, la iniciativa emprendedora, etc. Es lo que le quedaría a alguien si le quitasen su empleo, su dinero y sus posesiones.

- Cita un ejemplo para diferenciar capital financiero y físico.
- ¿Qué tres habilidades personales del capital humano consideras más importantes? ¿Por qué? Ilustra tus respuestas con ejemplos de personas famosas del mundo empresarial.

2 Eficiencia y productividad

Productividad laboral

Mide la cantidad de bienes y servicios producidos en un período de tiempo por cada trabajador. Como la jornada laboral es distinta en cada país, es más preciso utilizar la productividad por hora trabajada.

Productividad laboral por hora trabajada

Se refiere a la cantidad de bienes y servicios que produce un trabajador en cada hora de trabajo.

División técnica del trabajo

Método de organizar la producción mediante el cual cada trabajador se especializa en una fase o tarea pequeña del proceso, consiguiendo con ello un incremento de la producción.

Si dos países cuentan con los mismos factores de producción (misma cantidad de trabajadores, de bienes de capital y de recursos naturales), y uno de ellos obtiene una cantidad de producción muy superior, sin duda será porque aprovecha mejor sus recursos y ello le permite ser más eficiente.

La **eficiencia** consiste en lograr, con unos determinados recursos, la mayor cantidad posible de bienes. El indicador utilizado para medir la eficiencia es la **productividad**, un concepto análogo al de rendimiento y que se define por la relación entre la producción obtenida en un período y los factores utilizados para su obtención:

Productividad = producción obtenida / factores utilizados

Normalmente, para simplificar, se suele utilizar la productividad de uno de los factores, en concreto, del factor trabajo:

Productividad laboral = producción obtenida / trabajadores empleados

El cálculo de la productividad es más fácil de entender si nos referimos a la producción de un bien concreto. Así, si queremos conocer la productividad de una fábrica de camisetas que ha producido en un año 10 000 unidades y tiene 50 trabajadores, su productividad sería: $P = 10\,000 / 50 = 200$ unidades por trabajador y año.

Con este dato, la empresa puede comparar su productividad con la de otras empresas del sector, o conocer la evolución de su eficiencia a lo largo del tiempo. Si el año siguiente los trabajadores son 55 y la empresa ha producido 12 100 unidades, la productividad sería: $P = 12\,100 / 55 = 220$ unidades por trabajador y año.

Como vemos, la productividad ha aumentado, o lo que es lo mismo, ha mejorado la eficiencia de la empresa. Si queremos conocer en cuánto, comparamos ambos datos mediante una tasa de variación:

Tasa de variación = (220 – 200) / 200 = 0,1, es decir, ha aumentado un 10 %.

La división del trabajo y la productividad

Los primeros economistas ya resaltaron la importancia de la división del trabajo como medio de aumentar la cantidad y calidad de los bienes que una sociedad es capaz de producir. Adam Smith, a finales del siglo XVIII, en su obra *La riqueza de las naciones*, describe una fábrica de alfileres como ejemplo de la división del trabajo. En ella, unos obreros se limitan a estirar el alambre, otros a cortarlo, otros a sacarle punta, y así hasta 18 operaciones diferentes, y cada cual se especializa en una operación, sin que ninguno fabrique por sí solo un alfiler completo. De esta forma, 10 obreros podían llegar a fabricar más de 48 000 alfileres en un solo día, mientras que si todos hubieran trabajado por separado, y sin ser especialistas, quizá ninguno de ellos hubiese podido fabricar un solo alfiler.

EN LA PRÁCTICA **La utilidad de la productividad para comparar procesos de producción**

Imaginemos que Bea y Juanjo tienen sendas empresas familiares de repostería-bollería. En la de Bea trabajan 4 personas y producen 320 unidades de bollería al día, mientras que en la de Juanjo, más grande, son 8 trabajadores y elaboran 576 unidades diarias. Si en ambos casos la jornada laboral es de ocho horas diarias, ¿qué empresa es más eficiente?

Podemos calcular la productividad laboral por hora de trabajo:

– Bea: $P = 320 / (4 \cdot 8) = 10$ unidades / hora-trabajador.

– Juanjo: $P = 576 / (8 \cdot 8) = 9$ unidades / hora-trabajador.

Como vemos, la empresa de Bea es más eficiente porque tiene una mayor productividad: cada trabajador de Bea consigue producir en una hora más cantidad que un trabajador de Juanjo en el mismo tiempo.

• Comenta qué razones pueden explicar esta mayor eficiencia.

Los determinantes de la productividad

En el siglo XIX, la **división del trabajo en diferentes tareas** –surgida en Europa y Estados Unidos– propició un gran aumento de la productividad. Pero a partir del siglo XX, la mejora de la productividad se debe más a otros factores, ya que la división de la producción en tareas cada vez más pequeñas tiene su límite y llega un momento en que no se puede subdividir más. Entre los factores actuales determinantes de la productividad destacan:

a. La inversión en bienes de capital (edificios, instalaciones, maquinaria, etc.), que constituyen el capital productivo del país. Si los trabajadores tienen mejores herramientas y equipos, podrán hacer su trabajo más deprisa y con mayor precisión, y su productividad aumentará. Así, un trabajador equipado con una excavadora puede abrir una zanja mayor y en menos tiempo que otro que solo tiene una pala manual. Actualmente, los tractores, las segadoras trilladoras, etc., permiten a los agricultores realizar en una hora lo que llevaba semanas hace cincuenta años.

b. La mejora del capital humano, es decir, de los conocimientos y las cualificaciones que adquieren los trabajadores por medio de la educación, la formación profesional y la experiencia. Aunque la formación y la experiencia son menos tangibles que las máquinas y los edificios, el capital humano aumenta la capacidad de un país para producir bienes y servicios. En general, las personas con más formación son más productivas. No es suficiente que el trabajador tenga un buen equipamiento si no sabe cómo obtener de él sus mejores prestaciones.

c. El progreso o conocimiento tecnológico, adquirido a través de la Investigación y Desarrollo (I+D), sobre las mejores formas de producir bienes y servicios. Las mejoras tecnológicas se traducen en mejores productos, mejores maneras de producir bienes y mejores modos de organizar la producción. Y el progreso es continuo: si en su momento, la cadena de montaje ideada por Henry Ford multiplicó la productividad en un solo año, hoy, los robots montan los principales componentes de los automóviles a una velocidad inalcanzable para la fuerza física humana.

d. Instituciones eficaces. Un país también es más productivo si funcionan sus instituciones. Un mal gobierno, una regulación excesiva y burocrática (o su carencia total), la falta de democracia, la corrupción, unas estructuras legales y fiscales ineficientes, etc., también afectan al crecimiento de la productividad. Por ejemplo, en algunos países ricos en recursos naturales, la inestabilidad política o los conflictos étnicos hacen desaconsejable realizar inversiones productivas.

La mejora de la productividad no solo ha sido impulsada por los grandes avances tecnológicos como el ferrocarril o internet, sino también por cientos de pequeñas innovaciones aplicadas a la producción, como los envases *tetrabrik*, que facilitan la conserva de comestibles y mantienen las propiedades de los alimentos por mucho más tiempo sin necesidad de aditivos.

ESTUDIO DE CASOS **La invención de la I+D**

Thomas A. Edison es muy conocido como inventor de la bombilla incandescente o del fonógrafo. Pero su mayor invento fue la I+D. Antes de Edison hubo, por supuesto, muchos otros inventores [...], pero en 1875 Edison creó algo nuevo: su laboratorio en Menlo Park (Nueva Jersey). Allí empleaba a 25 personas a tiempo completo para generar nuevos productos y procesos para la actividad económica. En otras palabras, su plan no era perseguir una idea en particular hasta hacerla efectiva. Lo que hizo fue crear una organización cuyo propósito era el de forjar nuevas ideas año tras año.

El laboratorio de Edison en Menlo Park ahora es un museo. Entre los productos que se desarrollaron en él [...] están el micrófono de carbón para los teléfonos, el fonógrafo, la bombilla incandescente, el sistema de distribución de electricidad, el tren eléctrico, el telégrafo móvil, etc.

Antes del laboratorio de Edison [...] no existía una planificación para generar un progreso tecnológico continuado. Ahora, las actividades de I+D son una práctica normal en el mundo empresarial.

KRUGMAN, Paul: *Fundamentos de economía.* Barcelona, Reverté, 2012.

- ¿Qué crees que aporta el trabajo en equipo, frente al investigador individual?
- ¿Qué relación existe entre la mejora del capital humano y el progreso tecnológico?

3 Los modelos económicos y su lenguaje

Al igual que los arquitectos elaboran planos de edificios para representar de forma simplificada su diseño o la distribución interior y facilitar la construcción, los economistas emplean modelos que simulan la realidad para estudiar las cuestiones del mundo económico de una forma sencilla.

Alguna vez habrás comprobado la utilidad de un plano para moverte por una ciudad que no conoces. De nada nos serviría si estuviera a escala 1:1 y aparecieran las señales de tráfico a tamaño natural. Los planos tienen una escala manejable y en ellos se señala todo lo importante: en los planos turísticos aparecen el trazado urbano, los monumentos, las paradas de metro o autobús, etc. Naturalmente, omiten muchos detalles, pero gracias a su esquematismo son de una gran ayuda para orientarnos en la ciudad o para el trabajo de arquitectos, ingenieros o geógrafos.

En economía también existen herramientas que esquematizan la realidad para ayudarnos a conocer el mundo económico. Son los **modelos económicos**, formados por gráficos y ecuaciones la mayor parte de las veces. Veamos cómo se elaboran.

Los supuestos del modelo y su representación gráfica

Los modelos para analizar cuestiones económicas se basan en supuestos. En ellos se prescinde de muchos detalles de la economía que no son importantes para la cuestión que nos interesa estudiar. Al igual que en un plano urbano, en los modelos económicos se simplifica la realidad para resaltar lo que es realmente importante.

Los **modelos** son simplificaciones de la realidad que nos permiten comprender el mundo económico más fácilmente. Para elaborarlos, se seleccionan unos pocos factores (normalmente dos) y los demás suponemos que permanecen constantes.

Veamos uno de los más sencillos, llamado **frontera de posibilidades de producción**, a partir de un ejemplo. Supongamos que tus estudios se reducen a dos asignaturas, Economía y Geografía (supuesto claramente irreal, ya que tienes más asignaturas); que dispones de un máximo de cuatro horas diarias para estudiar, y que tus habilidades para ambas materias son las mismas. Cuanto más estudies Economía, más alta será la nota que obtengas en esa materia; igualmente ocurrirá en Geografía.

En este mundo simplificado de tus estudios, si pusieras todo tu tiempo disponible y tus recursos (inteligencia, concentración, motivación, técnicas de estudio, etc.) en la Economía, podrías llegar a obtener un 10. En este caso obtendrías un 0 en Geografía, puesto que todos tus recursos los emplearías en Economía. Por el contrario, si todos tus recursos los empleases estudiando Geografía, obtendrías un 10 en Geografía y un 0 en Economía. Son las posibilidades extremas.

Pero lo lógico es que dividas tu tiempo entre ambas asignaturas. Puedes dedicar, por ejemplo, tres horas a Economía y una a Geografía, con lo que sacrificarás tu nota de Economía (pasarías a un 7,5), pero al menos tendrás un 2,5 en Geografía. Si dedicas el mismo tiempo a ambas materias, dos horas, tendrás un 5 en las dos. Dedicando tres horas a Geografía y una a Economía, los resultados serían 7,5 y 2,5, respectivamente. Estas combinaciones se pueden reflejar en una tabla de datos, que muestra los distintos resultados máximos en función de tu dedicación a cada asignatura.

Combinaciones	A	B	C	D	E
Nota de Economía	10	7,5	5	2,5	0
Nota de Geografía	0	2,5	5	7,5	10

Gráfico 1: Frontera de posibilidades de producción (FPP)

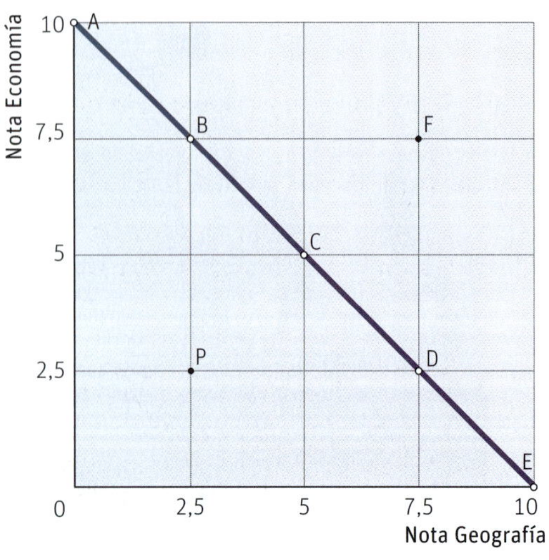

Estos datos podemos representarlos en un gráfico, en el que la nota esperada en Economía se sitúa en el eje vertical, y la de Geografía, en el eje horizontal. La línea que une las distintas combinaciones (A, B, C, D, E) se conoce como la **frontera de posibilidades de producción** (FPP) y muestra las distintas posibilidades de resultados máximos que puedes obtener con tus recursos actuales.

Aplicaciones del modelo

a. Se dice que un resultado es eficiente si estás sacando el mayor provecho posible a los recursos de que dispones. Los puntos situados en la FPP (A, B, C, D, E) representan resultados eficientes. Podrías llegar a conseguir cualquiera de ellos, pero no más. Por ejemplo, el punto F (gráfico 1) no es un resultado factible porque está fuera de tu frontera de posibilidades, dados los recursos que tienes en este momento. Es decir, las notas esperables estarán, como máximo, en cualquier punto situado en la FPP o por debajo de ella, pero no puedes tener un rendimiento por encima de la frontera.

El punto P (gráfico 1) representa un resultado ineficiente. Por alguna razón, quizá por falta de concentración o falta de motivación, o porque no se utilizan todos los recursos (por ejemplo, estudias menos horas), rindes menos de lo que podrías: suspenderías las dos materias (2,5 y 2,5). Si eliminas la causa de la ineficiencia (aprovechas mejor tus recursos), podrás trasladarte del punto P al C, aumentando la nota tanto en Economía como en Geografía y aprobando ambas.

b. En el punto C (gráfico 1) apruebas las dos, pero si estas interesado en obtener un notable en Geografía, tu coste de oportunidad es suspender Economía. Es decir, cada elección sobre el uso de tu escaso tiempo tiene su coste de oportunidad. Una vez que has alcanzado los puntos eficientes de la frontera, la única forma de subir una de las notas es bajar la otra. Cuando te trasladas del punto C al D, por ejemplo, mejoras en Geografía, pero a costa de empeorar en Economía. La FPP muestra, por tanto, el **coste de oportunidad de nuestras decisiones**.

c. El modelo muestra las posibilidades en un determinado momento y bajo los supuestos enunciados al principio, pero esta situación puede variar con el paso del tiempo. Por ejemplo, podrías dedicar más tiempo a estudiar o mejorar tus técnicas de trabajo. Estos nuevos recursos y habilidades aumentarían tu rendimiento. Como consecuencia, la FPP se desplaza hacia la derecha (gráfico 2). Gracias a esta mejora, podrías pasar del punto C al F y disfrutar de un notable en ambas materias. O de un sobresaliente, si sigues mejorando tus recursos y vuelves a desplazar la FPP.

El modelo de frontera de posibilidades de producción es un sencillo instrumento para estudiar la eficiencia, el coste de oportunidad y la mejora de tu rendimiento en el estudio o en cualquier otra actividad.

Gráfico 2: Desplazamiento de la FPP

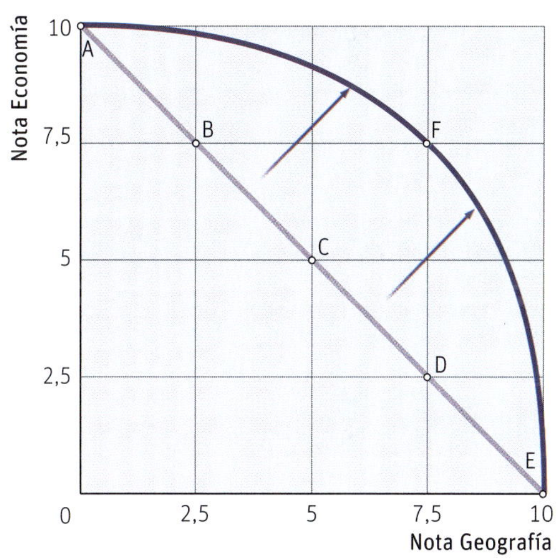

ACTIVIDADES DE APLICACIÓN

1. Un estudiante ha suspendido las asignaturas de Economía y Matemáticas y debe hacer ejercicios para practicar en verano. Dedicando cinco horas de trabajo diarias y utilizando de forma eficiente sus recursos (tiempo, materiales, capacidad, etc.), podría llegar a realizar cada día los ejercicios que se muestran en la tabla 1.
   - Con esta información, representa la FPP y explica su significado.
   - En este supuesto, ¿podría realizar ocho ejercicios de cada materia en un día? ¿Por qué? ¿Si un día solo hace cuatro ejercicios de cada materia, ¿qué crees que ha ocurrido?
   - Casi siempre hace la combinación D. ¿Cuál es el coste de oportunidad si un día hace el doble de ejercicios de Matemáticas?
   - Cuando faltan 15 días para el examen decide incrementar el número de horas de trabajo y consigue realizar los ejercicios mostrados en la tabla 2. Representa la FPP de esta nueva situación en el mismo gráfico anterior y comenta los resultados.

TABLA 1

Combinaciones	A	B	C	D	E	F
Ejercicios de Matemáticas	20	16	12	8	4	0
Ejercicios de Economía	0	2	4	6	8	10

TABLA 2

Combinaciones	A	B	C	D	E	F	G
Ejercicios de Matemáticas	24	20	16	12	8	4	0
Ejercicios de Economía	0	2	4	6	8	10	12

4 Las posibilidades de producción de un país

Algunos países africanos poseen una gran riqueza petrolífera. Sin embargo, las guerras, los enfrentamientos civiles y los conflictos sociales han impedido su crecimiento económico.

¿Cuánto puede llegar a producir un país? En principio, si cuenta con una gran población trabajadora, con unos recursos naturales abundantes y con una buena dotación de bienes de capital (maquinaria e instalaciones, infraestructuras, medios de transporte, etc.), podrá llegar a producir una mayor cantidad de bienes que otro que disponga de menos recursos.

Por tanto, el primer determinante del potencial productivo de un país es la **cantidad de factores de producción** con los que cuenta.

Sin embargo, los recursos naturales disponibles solo explican parte de las diferencias entre países.

Por ejemplo, Kuwait y Arabia Saudí tienen una gran riqueza económica gracias a que en su subsuelo existen grandes reservas de petróleo; pero en otros países, como Nigeria o Sudán, la abundancia de petróleo apenas se percibe en su economía.

Otro ejemplo es Japón, que está entre los países más ricos del mundo a pesar de que sus recursos naturales son escasos. Gracias a su nivel tecnológico, Japón exporta sus bienes industriales y, a cambio, importa los recursos naturales que necesita, como el petróleo.

Por tanto, aunque disponer de recursos es importante, para que una economía sea más productiva es determinante que la totalidad de **esos recursos se utilicen de forma eficiente**, es decir, obteniendo de ellos la máxima productividad.

La frontera de posibilidades de producción de un país

Los modelos, como vimos en el apartado anterior, nos permiten ilustrar las posibilidades de producción de un país a partir de unos supuestos.

Imaginemos una pequeña comunidad que vive en una isla y que se mantiene con la agricultura y la pesca.

Sus habitantes disponen de recursos limitados: los recursos naturales de la isla, unos pocos utensilios para ayudarse en sus tareas y, por supuesto, su tiempo y su trabajo.

Como en cualquier economía, sus recursos son escasos y tienen que elegir entre varias alternativas. Por ejemplo, si dedican más tiempo a pescar, tendrán menos para la agricultura, y viceversa.

Este supuesto es claramente irreal, pues cualquier economía, incluso la de esa pequeña comunidad agrícola, produciría, además de comida, otros bienes diferentes, como ropa y vivienda. Pero esta simplificación del modelo nos permite analizar las elecciones mediante un gráfico y centrar la atención en aquello que nos interesa.

Veamos qué **opciones de organizar su economía** tiene esta comunidad.

Las personas que forman esta comunidad saben, por su experiencia, que si dedicaran todos sus recursos a la pesca, podrían llegar a obtener 60 kg de pescado a la semana, pero a cambio no obtendrían verduras, puesto que no quedarían recursos para cultivarlas (punto A).

Por el contrario, si dedicaran todos sus recursos a las tareas agrícolas, podrían recoger hasta 80 kg de verdura, pero no pescarían un solo pez (punto D).

Como en esta comunidad la mitad de la población es vegetariana, prefieren combinaciones menos extremas y más cercanas a sus gustos. Por ejemplo, el punto B indica que si deciden pescar 40 kg de pescado, podrán recoger 30 kg de verdura como máximo. Si deciden capturar 18 kg de pescado, pueden obtener 56 kg de verdura (punto C).

La imagen 1 muestra la frontera de posibilidades de producción de esta comunidad, en la que la frontera está representada por la curva del gráfico.

Gráfico 1: Frontera de posibilidades de producción

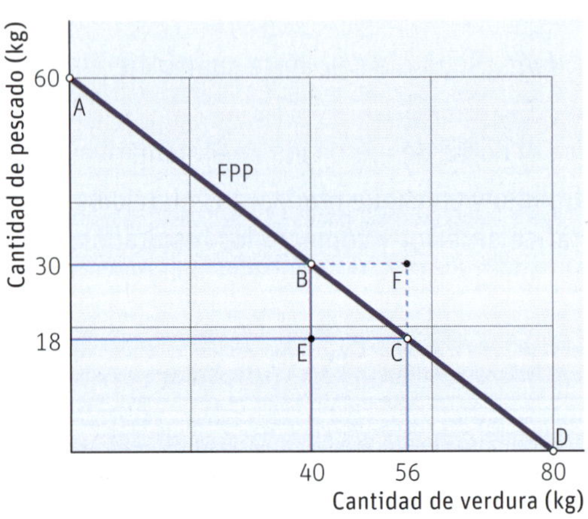

Producción potencial y producción efectiva o real

Los puntos A, B, C y D están sobre la frontera y representan combinaciones de producción eficientes.

Una característica de la eficiencia es que los recursos están siendo plenamente utilizados. Es, por tanto, la producción de pleno empleo y representa el máximo de producción o **producción potencial** que se puede llegar a alcanzar con los recursos actuales.

En el punto B, por ejemplo, las cantidades de pescado o verdura son las máximas que se pueden obtener; lo mismo ocurre en los puntos A, C y D o en cualquiera de los otros puntos situados en la frontera.

Si un punto está dentro de la frontera o sobre ella, como los puntos C o E, la producción que representa es alcanzable.

En cambio, un punto como el F (30 kg y 56 kg), situado fuera de la frontera, nos indica que esa producción es inalcanzable, porque está por encima de nuestras posibilidades con nuestros recursos actuales.

El punto E (40 kg de verdura y 18 kg de pescado) está por debajo de la frontera de posibilidades. En ese caso, esta economía no es eficiente en la producción: podría producir más cantidad de ambos bienes, pero por alguna razón no llega a producirlos (o no se utilizan todos los recursos, o bien se hace de un modo ineficiente, o ambas cosas a la vez). Esta es una situación muy frecuente en las economías de la realidad, en las que su **producción efectiva o real** suele estar por debajo de su producción potencial. Las causas de esta situación son múltiples, como la existencia de personas en paro, de tierras que no se cultivan, de yacimientos sin explotar, de capitales que no se invierten, una organización ineficiente, huelgas y cierres de empresas, etc.

La frontera de posibilidades de producción también nos permite ilustrar **el coste de oportunidad** de nuestras decisiones. Si en el ejemplo de la comunidad se quisiera pasar de B a C, se obtendrían 16 kg más de verdura, pero se capturarían 12 kg menos de pescado. Por tanto, el coste de oportunidad de esos 16 kg de verdura adicionales son los 12 kg de pescado a los que habría que renunciar.

El crecimiento económico

La frontera refleja la situación de una economía en un momento determinado. Pero las economías pueden crecer con el tiempo.

Como se observa en el gráfico 2, el crecimiento económico se representa como una expansión de las posibilidades de producción de la economía. Por ejemplo, con el crecimiento económico, el punto B (30 kg y 40 kg) se mueve al punto F (30 kg y 56 kg), que inicialmente era inalcanzable. Lo que ocurre con la combinación B ocurre también con todas las posibles combinaciones, lo que se traduce en un desplazamiento a la derecha de la frontera de posibilidades. La nueva situación que se refleja en el gráfico supone que crece el potencial productivo del país.

¿Qué puede haber sucedido para que esa economía crezca? Las causas del crecimiento económico son básicamente dos:

1. El **aumento de los factores de producción** utilizados. Si aumenta la población de la isla o sus habitantes tienen más cañas de pescar y más utensilios agrícolas, o si descubren nuevas zonas pesqueras o tierras más fértiles, etc., podrán aumentar su pesca y su cosecha.

2. El **aumento de la productividad**. Si en esta comunidad se mejoran las técnicas pesqueras o agrícolas, por ejemplo, al inventar un anzuelo o un arado, o si sus habitantes ganan en experiencia y son mejores en sus artes de pesca y cultivo, o se organizan mejor en la distribución de sus tareas, serán capaces de producir más.

Producción potencial

Máximo nivel de producción de bienes y servicios que puede llegar a alcanzar un país en un período de tiempo, utilizando plenamente todos sus recursos y de una forma eficiente.

Eficiencia

Consiste en producir la mayor cantidad posible de bienes y servicios con unos factores de producción determinados.

Crecimiento económico

Capacidad de una economía para producir cada vez más bienes y servicios. Se puede conseguir de dos formas: mediante el incremento de los factores de producción o a través de la mejora de la eficiencia en el uso de esos factores, es decir, mejorando la productividad.

Gráfico 2: Desplazamiento de la FPP (crecimiento económico)

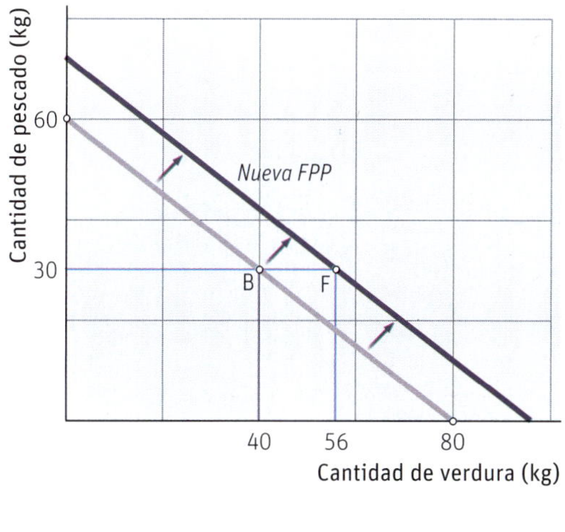

5 Las claves del crecimiento económico

Estudiar una economía tan sencilla como la de Robinson Crusoe nos permite utilizarla como un modelo económico, es decir, simplificamos la realidad a partir de unos supuestos, para poder centrarnos en el aspecto que nos interesa. Examinando las decisiones económicas de Robinson Crusoe, podemos entender algunas cuestiones que también son válidas en las economías más complejas y reales.

El crecimiento económico de un país depende en gran medida de su progreso tecnológico y de la calidad de su capital humano. Pero ¿qué circunstancias impulsan el progreso tecnológico?, ¿cuáles son sus claves?

La explicación de estas cuestiones se comprende si pensamos en una economía tan sencilla como la de Robinson Crusoe.

En la novela de Daniel Defoe, Robinson Crusoe es un náufrago perdido en una isla desierta, que captura su carne o su pescado, cultiva sus verduras y confecciona su ropa. Sus razones para crecer están claras: como solo consume lo que produce, si consigue producir más bienes, mejora su bienestar, ya que tendrá más necesidades cubiertas.

Veamos los dilemas que se plantean en su crecimiento.

Supongamos que, al principio, Crusoe necesita dedicar todo su tiempo para obtener el alimento que necesita y que para ello solo dispone de sus habilidades manuales, pero que un día, su caza o su pesca son abundantes y tiene más de lo que puede consumir en esa jornada. Es decir, ese día tiene un excedente o exceso de producción respecto de su consumo.

¿Qué hacer con el excedente: consumir o invertir?

Si Crusoe piensa en los posibles usos de su excedente, tiene tres opciones:

a. Podría guardar su exceso de comida, que supongamos es suficiente para un día más, y no trabajar al día siguiente; en este caso ha decidido dedicar su excedente a **aumentar su ocio**, disminuyendo su tiempo de trabajo.

b. También podría dedicarlo a cubrir otras necesidades, por ejemplo, construir una cabaña. De esta forma, Crusoe **aumenta su riqueza en forma de bienes de consumo duradero**. Si consigue excedentes habitualmente, podrá producir otros bienes, como pieles para cubrirse del frío, una cama, una flauta, etc.

c. Otra opción del náufrago es reservar su excedente de comida para mantenerse mientras construye un arpón y una trampa para pescar y cazar más eficazmente. No los construye para satisfacer directamente sus necesidades, sino para obtener en el futuro más bienes: el arpón y la trampa son **bienes de producción o capital físico**. Con ello ha ampliado su riqueza y, además, **ha aumentado su capacidad para producir bienes**.

Con la segunda opción, su capacidad de producción no varía, mientras que la construcción del arpón y la trampa le permite aumentar su productividad y la obtención de mayores excedentes en el futuro.

Un aspecto interesante de la tercera opción es su relación con el **progreso tecnológico**. Para que Crusoe pueda producir un arpón o una trampa, previamente debe inventarlos y ser consciente de sus ventajas técnicas.

Por tanto, el progreso tecnológico es previo a la obtención de bienes de producción. La actividad inventiva (I+D) que da lugar al progreso técnico es también un trabajo que requiere una dedicación (pensar, diseñar, construir, experimentar, etc.), que exige disponer de algún excedente como condición previa.

No siempre el progreso tecnológico se concreta en capital físico. Por ejemplo, pensar en las condiciones más favorables para alimentarse y encontrar los lugares donde la caza y la pesca son más abundantes y fáciles de obtener es otra forma de aumentar la productividad mediante la mejora del capital humano y de la organización del trabajo.

Por tanto, la clave del crecimiento económico futuro está en la respuesta a **cuánto invertir hoy**, es decir, qué parte de la producción del período se dedica a aumentar los bienes de producción o a idearlos, innovar, etc.: cuanto más se invierta en ello, mayor será la capacidad de producir y generar excedentes en el futuro.

Los dilemas del crecimiento

¿Cómo debería usar su excedente Robinson Crusoe para mejorar su bienestar? La primera opción le permite disfrutar de más ocio; la segunda le da más posibilidad de consumo actual, y la tercera le garantiza su economía en el futuro. Este es uno de los dilemas más importantes a los que se enfrentan las economías que quieren crecer y aumentar su bienestar: ¿más consumo actual o más bienes de producción para aumentar el bienestar futuro?

El dilema, presente tanto en la economía de un joven estudiante como en la de una familia, una empresa o un país, está en que las inversiones requieren una renuncia en el presente para poder obtener beneficios en el futuro: ¿debes abandonar tus estudios para ganar dinero o vale la pena invertir en formación para tener mejores perspectivas profesionales más adelante?; de forma parecida, una empresa tiene que decidir entre repartir sus beneficios a sus propietarios o reinvertirlos en el desarrollo de un producto nuevo y mejor; y cuando el gobierno recauda impuestos, nos priva de un cierto grado de consumo actual, a cambio de poder financiar la investigación genética, por ejemplo, que puede mejorar nuestra salud en el futuro.

En cada caso estamos invirtiendo recursos actuales para ser más productivos o tener más bienestar en el futuro.

Un punto de reflexión importante en economía es si estamos invirtiendo lo suficiente como país o como personas para seguir mejorando nuestro nivel de vida. ¿Invierten lo suficiente nuestros gobernantes en educación o en I+D? ¿Tengo claro que con mis decisiones actuales sobre el uso de mi tiempo y mi energía estoy diseñando correctamente mi pasaporte para el futuro?

Los saltos del crecimiento: las revoluciones industriales

Los economistas consideran que desde el siglo XVIII hemos asistido a tres revoluciones industriales o grandes saltos de la productividad y del crecimiento económico, con importantes repercusiones en la sociedad y en la vida de las personas.

- **La primera revolución industrial** (1750-2.ª mitad del siglo XIX) se inicia en el Reino Unido. Fue la era del vapor y del ferrocarril y en ella aparecieron las primeras fábricas. En esta fase, la dependencia total que tenía el trabajo humano de la fuerza de la naturaleza (viento, agua, etc.) y de la tracción animal desapareció gracias a la máquina de vapor y al uso del carbón como fuente de energía.
- **La segunda revolución industrial** (1870-2.ª mitad del siglo XX) se caracteriza por el desarrollo de la electricidad, el motor de explosión, la canalización de agua corriente y el alcantarillado doméstico, las comunicaciones (radio, teléfono e inicio de la TV) y el transporte (coche y avión), los productos químicos y el petróleo. El poder económico se traslada del Reino Unido a Estados Unidos y Alemania.
- **La tercera revolución industrial** (de 1970 a nuestros días), en la que vivimos, es la era de la información, cuyas tecnologías son el ordenador e internet, que han cambiado por completo las comunicaciones y el comercio globales. Junto a los anteriores centros de poder económico emergen nuevas potencias económicas como China y la India.

EN LA PRÁCTICA **¿Cómo ha cambiado el progreso nuestras vidas?**

De las tres revoluciones, la segunda tuvo un gran impacto sobre la economía y la sociedad. La energía motorizada revolucionó el transporte; el agua corriente llegó a las viviendas; el petróleo y la electricidad transformaron los hogares y los centros de producción. Los aparatos eléctricos revolucionaron las comunicaciones, el entretenimiento y, sobre todo, el trabajo doméstico, facilitando la liberación de la mujer. La sociedad se industrializó y se urbanizó. La esperanza de vida se disparó.

Las vidas de los estadounidenses, los europeos y, más tarde, los japoneses cambiaron por completo.

Por su parte, la tercera revolución, con internet, la informática y las telecomunicaciones móviles, nos sorprende cada día con nuevos y fascinantes dispositivos de información y comunicación, que han transformado la forma de relacionarnos; los avances en biotecnología o robótica son continuos y su impacto en la vida de las personas es ya tan significativo como el que tuvieron las innovaciones de la segunda revolución.

- ¿Qué innovaciones crees que han transformado más la vida de las personas? ¿Qué elegirías si tuvieras que decidir entre conservar tu móvil y tus redes sociales o el agua corriente y la luz en tu vivienda?

6 Sectores económicos e interdependencia

La economía española está especializada en el sector turístico, en el que somos una gran potencia. Esto se explica por las excelentes infraestructuras que tenemos (redes de alta velocidad ferroviaria y autopistas, puertos y aeropuertos modernos, etc.), que se complementan con una posición geográfica privilegiada, un clima magnífico, gran cantidad de costa, y una rica y variada oferta cultural y gastronómica.

Sectores económicos

Conjuntos de actividades económicas que tienen alguna característica en común y que, por ello, pueden agregarse. Tradicionalmente, se suelen considerar tres grandes sectores: primario, secundario y terciario.

Evolución de la estructura del empleo en España, por sectores, 1970-2010

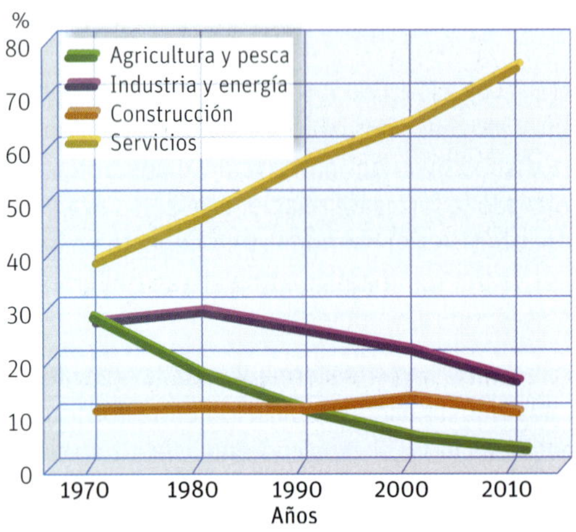

Las diversas actividades económicas de un país suelen agruparse en función de sus características comunes, dando lugar a tres grandes sectores:

a. El sector primario comprende las actividades de **extracción directa de bienes de la naturaleza**, sin llegar a transformarlos. Forman parte de este sector la agricultura, la ganadería, la minería, la silvicultura (producción y/o conservación de bosques), la pesca y la minería. Si se excluye la minería, estas actividades componen lo que se denomina **sector FAO** (Organización de las Naciones Unidas para los Alimentos y la Agricultura).

Históricamente, el sector primario es el que más personas emplea en las economías de los países menos desarrollados. En la medida que estos países se desarrollan, su importancia va reduciéndose.

La agricultura ocupa un lugar destacado dentro de este sector. En las últimas décadas, su restructuración y modernización en los países desarrollados han producido un incremento significativo de la productividad agrícola. Las mejoras de producción se explican por la intensificación en los cultivos, cada vez más mecanizados e intensivos en factor capital.

b. El sector secundario comprende las actividades de **transformación de materias primas y elaboración de productos**. En él se incluyen las industrias mecánica (automóvil, por ejemplo), química (plásticos, medicamentos, etc.), textil, siderúrgica, la producción de bienes de consumo (zapatos, muebles, etc.), el *hardware* informático, etc. También abarca los subsectores de la construcción y la energía, aunque por su importancia suelen contabilizarse aparte.

La industrialización ha constituido una de las claves del crecimiento económico reciente. De hecho, todos los países desarrollados han pasado por un **proceso de industrialización** o fase de crecimiento de este sector.

Sin embargo, hoy, la economía de los países más desarrollados se orienta claramente hacia el sector terciario.

c. El sector terciario incluye la producción de servicios muy diversos y especializados, cuya característica más común es que producen **algo intangible**. Dada su heterogeneidad, suele definirse a través de la enumeración de los múltiples subsectores que abarca: transporte, comercio, turismo, comunicaciones, servicios financieros y de seguros, sanidad, enseñanza, etc.

Tiene una importancia creciente en los países desarrollados, en los que el sector servicios emplea a más del 70 % de la población trabajadora, sobre todo como consecuencia del crecimiento de actividades relacionadas con la calidad de vida de las personas (salud, cultura, turismo, etc.).

El peso o importancia de cada sector dentro de la estructura económica de un país suele expresarse o por el porcentaje de población ocupada en cada uno de ellos, o por su aportación a la producción nacional.

Con el desarrollo económico ha ido cambiando la importancia de cada sector en la economía. Uno de los cambios más importantes ha sido la creciente transferencia de trabajadores y de producción de la agricultura (sector primario), primero a la industria (secundario), y de ahí al sector terciario, con la consiguiente disminución del peso del sector primario, en beneficio del secundario y, sobre todo, del terciario. El resultado de este proceso se denomina **terciarización** de la economía.

ACTIVIDADES DE APLICACIÓN

1. Observa el gráfico y comenta cómo ha variado la evolución del empleo por sectores económicos en España en las últimas décadas.
2. Actualiza el gráfico, consultando en internet. ¿Cuál es la tendencia?

Interdependencia económica

Una de las características de las economías actuales es la interdependencia. La división del trabajo nos permite ser más productivos, a cambio de que haya una enorme dependencia de unos individuos respecto de otros. En este contexto, la producción es un fenómeno social, al igual que la satisfacción de nuestras necesidades, lo que plantea varias consecuencias. En primer lugar, que al estudiar un sector económico sea necesario tener en cuenta las relaciones de ese sector con el resto. En segundo lugar, que cualquier desajuste en algún sector de la economía produzca **efectos en cadena** en otros sectores que, en principio, no parecían interrelacionados, lo que explica que se produzcan desequilibrios frecuentes en sociedades con fuerte división del trabajo. Por ejemplo, una huelga del sector del transporte puede paralizar la actividad económica de un país en solo unos días, como consecuencia del desabastecimiento de comercios, fábricas, etc.

Esta interdependencia puede analizarse desde varios puntos de vista:

a. Interdependencia funcional. Aunque hemos dividido la economía en sectores, existe una fuerte interrelación entre ellos. Si seguimos la pista a cualquiera de los bienes que consumimos, observaremos que ha pasado por los distintos sectores. Por ejemplo, la industria del calzado requiere de empresas ganaderas que críen los animales (sector primario), de los cuales se extrae la piel que se convertirá en cuero curtido y teñido por empresas industriales (secundario). A su vez, la fábrica de calzado necesitará de servicios financieros y de distribución (transporte y comercio) para poder llevar los zapatos a la tienda.

Una consecuencia de la interdependencia funcional es el papel que juegan en la economía los **sectores estratégicos**. Por ejemplo, aunque el peso de los sectores energético, de transportes o financiero de un país no sea destacable en el conjunto de su economía, son sectores clave en la producción total, puesto que su actividad es necesaria para todas las ramas de la actividad económica. Cualquier desajuste en estos sectores lleva a estrangulamientos en el conjunto de la economía.

b. Interdependencia geográfica. En un mundo globalizado, unas economías necesitan de otras para funcionar. Por ejemplo, en España, el sector energético no es autosuficiente y dependemos de las importaciones de petróleo y gas natural.

El sector energético es estratégico para cualquier economía. La energía es un factor imprescindible en la vida de las familias y en todos los sectores y actividades económicas. En España, tres cuartas partes de la energía consumida se importan.

ESTUDIO DE CASOS **Las consecuencias económicas de una huelga de transporte aéreo**

En diciembre de 2010, una huelga de controladores aéreos en España paralizó el tráfico aéreo en el inicio de un largo puente, frustrando las expectativas turísticas de cientos de miles de personas. Cientos de aviones intentaban aterrizar y despegar de los aeropuertos. Los que esperaban aterrizar daban vueltas en círculo durante horas. Aviones procedentes de aeropuertos internacionales con destino España esperaban en tierra hasta que los retrasos se convirtieron en cancelaciones.

Los viajeros quedaron atrapados (o en casa, o en los aeropuertos o en los aviones), miles de reservas hoteleras se cancelaron, y restaurantes, comercios y actividades de ocio de los lugares de destino perdieron oportunidades de negocio. Además, durante aquellos días, las expectativas de próximos viajes se hundieron y las agencias de viajes solo tramitaban anulaciones. Después del caos, las cancelaciones y retrasos aún permanecían, por lo que miles de viajeros que tenían reuniones de trabajo, citas y compromisos tuvieron que anularlos o posponerlos.

- Analiza los efectos de la huelga desde el punto de vista del uso eficiente de los recursos. Piensa en las compañías aéreas y en el sector turístico.
- ¿Cuál es el coste de oportunidad para los viajeros (tanto de los que volaban por vacaciones como de los que lo hacían por trabajo)?
- ¿Cuál es el coste de oportunidad para las diversas actividades del sector turístico en España?
- Elabora un esquema con el origen del conflicto y sus sucesivos efectos en cadena.

ACTIVIDADES

Actividades de síntesis

1. Elabora un mapa conceptual a partir de estas ideas básicas.

1

Los bienes y servicios se producen a partir de unos recursos o **factores de producción**: tierra, trabajo, capital e iniciativa empresarial.

Los recursos que extraemos de la naturaleza (tierra) se transforman en bienes y servicios a través de un proceso en el que interviene el factor humano (trabajo) con la ayuda de una serie de medios o instrumentos (capital).

Quien reúne y organiza estos tres factores, a partir de una idea del producto, es el cuarto factor o iniciativa empresarial.

2

La **eficiencia** consiste en producir la mayor cantidad de bienes con unos determinados recursos.

Para medir la eficiencia se utiliza el concepto de **productividad**, que se obtiene como relación entre la producción de un período y los factores utilizados para su obtención.

3

El **aumento de la productividad** significa que producimos más con los mismos recursos y así se pueden satisfacer más necesidades, objetivo de toda sociedad. La división técnica del trabajo propició una gran mejora de la productividad en el siglo XIX; los aumentos posteriores se deben al incremento del **capital productivo** a través de nuevas inversiones, por la mejora del **capital humano** mediante la formación y la experiencia, por el progreso tecnológico propiciado por la I+D, y por un mejor funcionamiento de las instituciones.

4

En economía se utilizan **modelos o simplificaciones de la realidad** que nos permiten comprender cuestiones económicas de una forma sencilla. Muchos de ellos utilizan herramientas matemáticas, como los **gráficos**, y todos están basados en **supuestos**. Un supuesto importante es que cuando estudiamos una cuestión que nos interesa, todo lo demás no varía, lo que permite analizar el efecto de un cambio en un factor manteniendo todo lo demás constante.

5

La **frontera de posibilidades de producción (FPP)** es un modelo que ilustra la **eficiencia** en el uso de los recursos (la eficiencia máxima se sitúa en la frontera o potencial productivo), o el de **coste de oportunidad** (lo que hay que dejar de producir de un bien para producir más de otro) y el de **crecimiento** (desplazamiento de la frontera). Hay dos fuentes básicas de crecimiento: aumentar los factores de producción y mejorar la productividad.

6

Sea cual sea la fuente del crecimiento económico, la clave para entender cómo se produce ese crecimiento en el futuro está en **cuánto invertimos hoy** en mejorar los bienes de producción o el capital humano, o en avanzar en el campo de la tecnología.

Cuanto más se invierta en ello en el presente, mayor será la capacidad de producir y **generar crecimiento en el futuro**.

7

Podemos clasificar las distintas actividades económicas en función de los rasgos que tienen en común y que dan lugar a los **tres sectores económicos** clásicos. El sector primario o extractivo, el sector secundario o transformador y el sector terciario o de servicios. El estudio de los sectores económicos nos ayuda a comprender la estructura de una economía, la **interdependencia** de unas actividades respecto de otras y cuáles juegan un papel estratégico dentro del conjunto.

smSaviadigital.com VALORA LO APRENDIDO > Realiza la **autoevaluación**.

Actividades de análisis y problemas

2. Identifica en qué tipo de factor de producción clasificarías los siguientes recursos.
   a) Un profesor.
   b) El aire.
   c) Una furgoneta de reparto.
   d) Un cajero automático.
   e) Un abogado de una multinacional.
   f) El instrumental de un laboratorio.
   g) El cobre.
   h) Un abogado que monta su propio bufete.

Actividades de análisis y problemas

3. Copia en tu cuaderno el cuadro que presentamos a continuación y complétalo señalando los factores de producción que son necesarios para producir los bienes y servicios que se indican en él.

	TIERRA	TRABAJO	CAPITAL
Tomates	●●●	●●●	●●●
Jersey de lana	●●●	●●●	●●●
Ordenador	●●●	●●●	●●●
Aceite de oliva	●●●	●●●	●●●
Libro	●●●	●●●	●●●
Educación emocional	●●●	●●●	●●●

4. Hay distintos tipos de recursos naturales. Sirviéndote de ejemplos, explica sus características principales y en qué se diferencian unos de otros. ¿Qué riesgos existen en su utilización?

5. Imagina que quieres organizar tu fiesta de cumpleaños. Como tu presupuesto es escaso, crees que puedes comprar los ingredientes y elaborar en casa sándwiches mixtos, pinchos de tortilla y otros alimentos que consideres. En la preparación te ayudan tus dos mejores amigos, pero tú diriges y financias el evento, además de colaborar en todas las tareas. Tendréis que comprar las materias primas necesarias y disponer de los utensilios de cocina para cortar, preparar y cocinar, y de algún sitio para almacenar todo. Como seréis 15 en la fiesta, debes planificar algunas cuestiones: el espacio, el mobiliario, la música, la decoración y lo que tu imaginación añada.
   a) ¿Con qué recursos cuentas? Haz una lista de todas las cosas que necesitas, clasificándolas en factores productivos.
   b) ¿Cómo os vais a organizar? ¿Qué hará cada uno de vosotros y por qué?
   c) ¿Cuál es el bien o servicio que ofreces a tus amigos?

6. ¿En qué consiste la división técnica del trabajo y cuál es su principal efecto? ¿Sigue teniendo ese efecto en nuestros días?

7. Imagina un país que produce al año bienes y servicios por valor de un billón de euros y tiene 20 millones de trabajadores.
   a) ¿Cuál es su productividad laboral?
   b) Si al año siguiente, la producción se incrementa en un 10 % y la población trabajadora en un 2 %, ¿en cuánto ha mejorado su productividad? ¿Qué circunstancias han podido determinar esa mejora?

8. Compara estas dos imágenes y responde.

   a) ¿Qué diferencias observas en el sistema de producción?
   b) ¿Qué factor es el predominante en cada caso?
   c) ¿En cuál de los dos sistemas crees que la productividad será mayor? ¿Por qué?

9. ¿Por qué crees que los países pobres tienen una productividad laboral muy baja frente a otros países más ricos?

10. Señala si estas noticias que afectan a la economía de un país influyen positiva o negativamente en la productividad e identifica el factor sobre el que inciden, razonando tu respuesta.

El Gobierno aprueba nuevas medidas para reducir la burocracia y facilitar la creación de empresas

El Gobierno recorta los presupuestos de educación

Las empresas de aplicaciones informáticas presentan los nuevos avances del sector

Crece la red de infraestructuras de transporte

Un nuevo código de barras mejora el control de almacenes de los grandes distribuidores

11. ¿Qué es un modelo económico y para qué se utiliza? ¿En qué consisten los supuestos de un modelo?

ACTIVIDADES

12. **El modelo de la FPP te permite analizar si eres más o menos eficiente en tus estudios.**

a) ¿Crees que tu actual rendimiento está en la frontera de tus posibilidades o por debajo de ella?

b) ¿Qué tendrías que hacer para ser más eficiente y situarte en la frontera?

c) ¿Qué tendrías que hacer para mover tus límites, es decir, para desplazar la frontera?

13. **Silvia es traductora y puede traducir dos páginas de textos técnicos en una hora, y si se trata de sociología, puede acabar cuatro páginas en una hora. Trabaja ocho horas diarias, de lunes a viernes, dedicándole la mitad del tiempo a cada tarea.**

a) Dibuja la FPP correspondiente a sus traducciones.

b) ¿Cuál es el coste de oportunidad de Silvia si dedica una hora más diaria a sociología?

c) Si le piden un trabajo urgente y su producción aumenta en un 50 %, ¿qué soluciones tiene para poder resolverlo? ¿Cómo se reflejaría en su FPP?

14. **¿Cuáles son las causas que determinan las posibilidades de producción de un país? ¿Existen países ricos que sean pobres en recursos naturales? ¿Y países pobres que sean ricos en recursos naturales? ¿Cómo se explican esas situaciones?**

15. **¿Por qué la producción real de una economía no suele coincidir con la producción potencial? Señala algunas circunstancias que lo expliquen.**

16. **Suponiendo que un país ha alcanzado su producción potencial (está en su FPP), comenta de forma razonada cómo afectarían a la FPP de ese país los hechos que se mencionan a continuación.**

a) El aumento del paro.

b) La invención de nuevas técnicas de producción.

c) El aumento de la inversión extranjera en el país.

17. **Los países crecen económicamente porque aumentan sus recursos productivos o porque mejora su productividad. Indica cuál es la causa del crecimiento en los siguientes supuestos: a) la formación de los trabajadores ha mejorado; b) se han descubierto nuevos yacimientos mineros; c) las inversiones en I+D han aumentado; d) la inmigración legal ha crecido; e) el número de empresas se ha incrementado.**

18. **Los datos muestran que existe una relación positiva entre la estabilidad política de un país y su crecimiento económico. ¿Qué factores explican esa relación causa-efecto?**

19. **¿Cuál es el coste de oportunidad para un país, de no invertir lo suficiente en capital humano y en investigación y desarrollo?**

20. **Indica si son verdaderas o falsas las siguientes afirmaciones, razonando tu respuesta.**

a) En la actualidad, el determinante más importante en el incremento de la productividad es la división del trabajo.

b) Todos los puntos de la FPP nos indican que se está produciendo de una manera eficiente.

c) La productividad relaciona la producción obtenida en un período con la producción obtenida en el período anterior.

d) El crecimiento económico puede lograrse aumentando los factores de producción.

e) A medida que los países progresan, el sector secundario pierde peso en beneficio del sector terciario.

21. **Comenta estos titulares a partir de lo que has aprendido en la unidad.**

La educación no es un gasto más, es inversión

Por segundo año consecutivo, disminuye el gasto en I+D: empeoramos como país

22. **En nuestra sociedad nos beneficiamos de saber prevenir enfermedades o de producir móviles inteligentes. ¿Qué claves han propiciado este progreso tecnológico?**

23. **Según datos de Eurostat, la productividad laboral por hora trabajada en los Estados Unidos es muy superior a la de la media de la UE. Ello se debe a que sus trabajadores tienen mejor formación, cuentan con medios más avanzados, etc. Dentro de la UE, España está por debajo de la media, ya que el gasto en I+D o en educación está muy por debajo del gasto medio europeo.**

a) Señala algunas medidas que permitirían mejorar la productividad en nuestro país.

b) Entra en **www.e-sm.net/sveco1bachud02_01** y averigua si se mantiene esta tendencia o en qué sentido ha evolucionado.

24. **Observa la viñeta. ¿A qué factor determinante de la productividad se refiere la ironía de Forges?**

Fuente: Forges, *El País*, 17-4-2007.

25. Observa el gráfico y responde a las preguntas.

Peso, en porcentaje, de los distintos sectores económicos, según el nivel de ingresos de los países

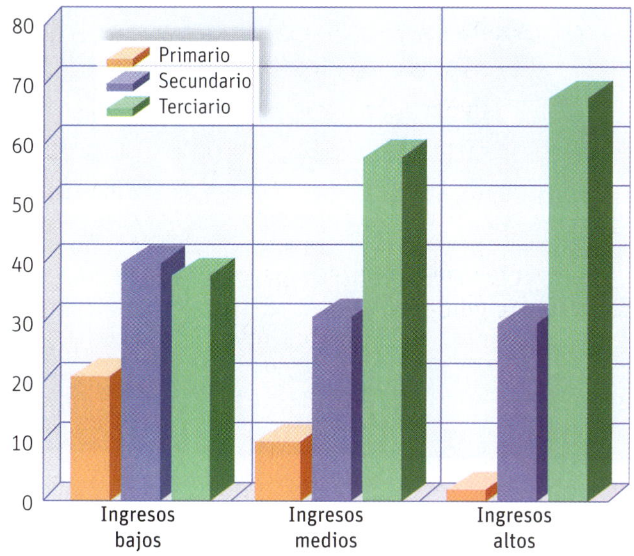

a) ¿Qué relación percibes entre la riqueza de los países y la importancia de cada uno de los sectores en su economía?

b) ¿Qué causas crees que explican esa relación?

26. **¿Cuál es la relación entre división del trabajo e interdependencia económica? Explica qué son los sectores estratégicos de una economía.**

27. **Señala los principales rasgos diferenciales entre la sociedad que vivieron tus abuelos y la tuya, en los siguientes ámbitos.**

a) Los dispositivos tecnológicos a nuestro alcance.

b) Los sistemas de comunicación interpersonal.

c) El capital humano disponible.

d) Las formas de entretenimiento.

¿Cuál es tu balance personal? ¿Qué hemos perdido y qué hemos ganado?

smSaviadigital.com PRACTICA > Analiza la actualidad y **ponte al día.**

Actividades de argumentación y debate › Los límites al crecimiento

28. **Si la cantidad de recursos no renovables que existe en el mundo es limitada, ¿es posible seguir creciendo a los ritmos actuales? ¿No acabarán por agotarse las reservas de petróleo y de minerales? Cuando estos recursos escaseen, ¿no saltarán las alarmas y descenderán los niveles de vida? ¿No sería más razonable frenar el crecimiento y hacerlo más sostenible para las generaciones futuras? Se trata de un debate en el que los economistas discrepan.**

▶ El vaso medio lleno

Algunos economistas, **los optimistas**, sostienen que el progreso tecnológico encontrará la manera de evitar estos límites. Argumentan que la tecnología está mejorando el uso de los recursos naturales. Así, los automóviles actuales consumen menos gasolina, se han desarrollado combustibles alternativos renovables como el etanol; las nuevas viviendas están mejor aisladas y necesitan menos energía; además, el reciclaje permite reutilizar algunos recursos no renovables, etc. Ya ocurrió cuando hace algunas décadas existía preocupación por la excesiva utilización del cobre porque era una materia prima crucial para fabricar alambre telefónico. Actualmente, en las modernas redes de telecomunicaciones, el cobre ha sido sustituido por cables de fibra óptica, que se hacen con materiales renovables.

▶ El vaso medio vacío

Otros economistas, **menos optimistas y más críticos**, sostienen que no serán suficientes esos esfuerzos para que el crecimiento económico continúe. Nos advierten de que el crecimiento del mundo desarrollado se realiza a costa de la explotación sistemática de los recursos del resto del planeta. Y nos aportan algunos datos: el 20 % de la población mundial, que es la que se localiza en los llamados países desarrollados, consume más del 80 % de los recursos naturales del mundo; tan solo en China vive otro 20 % de la población y su economía crece a un ritmo cercano al 10 %. Si el nivel de vida europeo o norteamericano se generalizase a toda la población de la Tierra, precisaríamos tres planetas. ¿Qué pasará cuando los asiáticos se acerquen a nuestros niveles de consumo? También argumentan que el crecimiento económico de un país no implica necesariamente que sus ciudadanos vivan mejor.

▶ Análisis audiovisual

La historia de las cosas, de Annie Leonard. 2007 (min. 00:00 a 11:44).

Este documental presenta una visión crítica de la sociedad de consumo a partir del ciclo de vida de los bienes y servicios.

Analiza los documentos anteriores y responde a las cuestiones que se plantean a continuación.

a) Investiga en internet en qué consiste el decrecimiento económico, cuáles son sus argumentos y qué propuestas hacen las personas que lo defienden.

b) Sitúate en el lado optimista y elige el argumento que consideres más convincente. Haz lo mismo respecto del lado crítico y de los defensores del decrecimiento. ¿Cuál te convence más y por qué?

¿GESTIONAS BIEN TU TIEMPO?

Nunca antes hemos tenido tantas herramientas de planificación: calendarios *on-line* o de pared, teléfonos móviles y tabletas digitales, ordenadores, etc. Y, sin embargo, seguimos teniendo problemas para gestionar el tiempo. ¿Por qué?

La gestión del tiempo y la eficiencia

No tengo tiempo

Suena el despertador a las seis y media. Pongo una lavadora para que me dé tiempo de tenderla antes de salir de casa. Me agobio y no han pasado ni 15 minutos desde que he abierto los ojos. En mi cabeza se agolpa todo lo que no puedo olvidar: la merienda de los niños, la reunión con el director financiero [...]; recoger el pescado [...]; llamar al pediatra, [...] la tos de Violeta cada vez va a más; la tintorería... [...]; y en casa... deberes y actividades extraescolares; tengo que acabar sin falta el informe para [...] esta semana... que, por cierto, esta semana acaba mañana. No puedo olvidarme tampoco de la farmacia, hacer la lista de la compra, que el sábado tengo que ir [...]. Y luego mis amigas me dicen: "Chiqui, haz un poquito de deporte, que la edad no perdona y es bueno para la salud". De verdad, nadie se da cuenta de que ¡no tengo tiempo!

Ya quisiera yo, no solo hacer deporte, sino poder tomar tranquilamente un café [...]. Pero no hay manera. [...] Son las 6.45 y solo de pensarlo voy con la lengua fuera.

RAMÍREZ, Patricia: "No tengo tiempo", en *EPS*, n.º 24, junio 2012.

Muchas personas se quejan de no tener tiempo, frente a otras a las que el tiempo parece cundirles más. En realidad, el tiempo es igual para todas, sencillamente, hay gente que se organiza mejor y es más eficiente. Pero ¿cómo lo hacen?

Ideas para organizar mejor tu tiempo

1. Ser consciente del uso que haces del tiempo. Para ello, hemos de identificar en qué y cómo lo gastamos. Si reflexionas sobre cómo usas tu tiempo durante un día, te sorprenderás de la cantidad de asuntos y cuestiones sin importancia en los que *tiras* tu tiempo.

2. Tener claras tus metas. Para gestionar tu tiempo, primero debes saber realmente qué quieres hacer con él, cuáles son las metas que quieres conseguir. Son personales y solo tú puedes marcártelas. Deben ser precisas y realistas: hacer deporte a diario; reservar tiempo para tus relaciones personales; dedicar dos horas al día a estudiar, etc. Una vez planteadas, tus metas deben ser tus prioridades.

3. Planifica lo que haces. Planificar significa organizar tus prioridades y llevar una agenda diaria. Cuanto más se planifica, menos se deja a la improvisación. No podemos estar pendientes de recordar todos los detalles que tenemos que atender a lo largo de la semana. Aunque te pueda parecer aburrido o una pérdida de tiempo, irás comprobando poco a poco sus beneficios. Anotar en tu agenda qué y cuándo tienes que hacer algo te dará seguridad y confianza. Y si detectas una nueva necesidad, podrás saber dónde tienes un hueco. Además, cuando anotas los planes, aumenta la motivación y el compromiso con ellos.

4. Concéntrate en lo que estás haciendo. Cuando hayas decidido qué tienes que hacer ahora, hazlo y olvida todo lo demás: rendirás más. Si tienes varias cosas que hacer, piensa que en este preciso momento solo puedes hacer una. Céntrate en ella, incluso si la tarea no te motiva. Si le dedicas toda tu atención, acabarás antes y podrás dedicarte a otra que te motive más. Centrarse en la tarea supone poner los cinco sentidos en ella.

5. Aprende a decir 'no'. Si no sabes decir 'no' a algo que no te interesa, menosprecias tu tiempo y traicionas tus prioridades. Cuando tenemos algo importante que hacer, pero nos piden que hagamos otra cosa, tenemos derecho a decir que no. Podemos hacerlo amablemente, pero siendo inflexibles: "Te agradezco que cuentes conmigo, pero hoy no puedo". Los demás tienen que entender que en ese momento tus prioridades son más importantes.

Cómo ser más eficiente en las tareas

El tiempo se malgasta porque no lo valoramos. Solo aprendemos lo que vale, lo importante que es, cuando ya es irrecuperable: cuando suspendemos un examen y miramos atrás y nos damos cuenta del tiempo que perdimos en tonterías; o cuando perdemos un amigo porque no le dedicábamos el tiempo suficiente. La reflexión sobre que no hay una próxima vez, una segunda oportunidad, debería motivarnos a gestionar mejor y disfrutar más cada segundo de nuestro tiempo.

Las ideas para mejorar nuestra eficiencia son sencillas y de sentido común, por eso las olvidamos con tanta facilidad. A continuación señalamos las más destacadas.

ANALIZA TU ENTORNO

1. **Lee atentamente las ideas para organizar tu tiempo que se recogen en el texto de la página anterior y realiza los siguientes ejercicios.**

a) Anota todas tus actividades semanales y el tiempo que les dedicas. Puedes agruparlas en: personales, familiares, sociales, estudios, deporte, ocio, etc.

b) Escribe tus prioridades, tanto en tus estudios como en tu vida personal, familiar y social.

c) Comprueba qué porcentaje de tiempo dedicas a cada actividad semanal y valora si esto es coherente con tus prioridades. Si no es así, ¿qué consejos e ideas de las expuestas te pueden resultar útiles?

d) smSaviadigital.com INVESTIGA > Busca tu propio **sistema de planificación** en internet y anota tus actividades.

e) ¿Tienes facilidad para concentrarte en los estudios? Si te cuesta, piensa en qué cosas te distraen más y elabora un plan para intentar evitarlas.

f) Piensa en alguna experiencia en la que hayas tenido que decir "no". A partir de ella comenta esta frase: *Tan importante es ser amable como auténtico.*

2. **Intenta ser más eficiente en tus tareas:**

a) ¿Qué puedes hacer que no estás haciendo ahora y que, si lo hicieras regularmente, representaría un gran cambio positivo en tu vida personal?

b) ¿Qué produciría un gran cambio positivo en tus estudios?

3 Agentes y sistemas económicos

1 Los agentes económicos

2 Las relaciones entre los agentes económicos

En el mundo de la economía se producen intercambios constantes protagonizados por los agentes económicos, que son las familias, las empresas y el sector público. Cada uno de ellos cumple funciones distintas, pero complementarias. En el desarrollo de sus funciones, los agentes económicos establecen relaciones mutuas y se organizan para resolver los problemas sobre qué, cómo y para quién producir.

Para responder a estas cuestiones existen básicamente tres mecanismos o sistemas económicos: el mercado, la planificación central y los sistemas mixtos. Como consecuencia de los fallos de la economía de mercado y de la ineficiencia de la planificación central, la mayor parte de los países optan por los sistemas de economía mixta, que combinan las ventajas del mercado con la intervención del Estado como corrector de los fallos del mercado.

El pescador satisfecho

El rico industrial se horrorizó cuando vio a un pescador tranquilamente recostado en su barca y fumando su pipa.

–¿Por qué no has salido a pescar? –preguntó el industrial.

–Porque ya he pescado bastante por hoy –respondió el pescador.

–¿Y por qué no pescas más de lo que necesitas? –insistió el industrial.

–¿Y qué iba a hacer con ello? –preguntó a su vez el pescador.

–Ganarás más dinero –fue la respuesta–. De ese modo, podrías poner un motor a tu barca. Entonces podrías ir a aguas más profundas y pescar más peces. Ganarías lo suficiente para comprarte unas redes de nailon. Pronto ganarías para tener dos barcas... y hasta una verdadera flota. Entonces serías rico como yo.

–¿Y qué podría hacer entonces? –preguntó de nuevo el pescador.

–Podrías sentarte y disfrutar de la vida –respondió el industrial.

–¿Y qué estoy haciendo en este preciso momento? –respondió satisfecho el pescador.

DE MELLO, A.: *El canto del pájaro.* Santander, Sal Terrae, 1998.

ANALIZA LA IMAGEN

1. En el mundo económico que se refleja en la imagen, ¿qué objetivos persiguen las personas que van de un lado para otro?
2. ¿Cuáles son los objetivos económicos que persiguen las empresas?
3. ¿Cómo se relacionan las personas con las empresas? ¿Qué buscan y a cambio de qué?

ANALIZA EL TEXTO

- ¿Qué valores simboliza el pescador que protagoniza el texto?
- ¿Y el rico industrial?
- ¿Qué consecuencias tendría para la sociedad y para el planeta que todos adoptáramos los consejos del industrial?
- ¿Y si todos adoptáramos la posición del pescador?

1 Los agentes económicos

También se consideran economías domésticas las asociaciones sin ánimo de lucro cuyo fin es la compra colectiva de bienes. Con ello evitan intermediarios y consiguen mejores precios.

*

Racionalidad económica

Supuesto de comportamiento de las familias y las empresas que considera que estas utilizan sus recursos escasos guiadas por el fin de maximizar su propia utilidad o sus beneficios, respectivamente. La racionalidad se utiliza para realizar modelos económicos que permiten explicar y prever el comportamiento de los agentes.

La separación entre los agentes no es tajante. Así, los propietarios de empresas son también consumidores. Y hay familias que, al mismo tiempo que actúan como consumidores, explotan una empresa (una granja, un hotel, una tienda, etc.).

La economía es el mundo del intercambio: de trabajo por dinero, o de bienes por dinero, o de dinero entregado hoy a cambio del que recibiremos mañana. De este modo, la realidad económica es un inmenso sistema de múltiples relaciones de intercambio en el que participan personas, empresas y organismos públicos, que se constituyen en los actores o agentes económicos.

Las economías domésticas o familias

Las **economías domésticas** están compuestas por las personas, solas o agrupadas en familias, cuya función es la de satisfacer sus necesidades mediante el **consumo de bienes y servicios**.

Además de esta función básica de consumo, las economías domésticas ofrecen su trabajo para obtener a cambio los ingresos que les permiten conseguir alimentos y vestidos, pagar su vivienda y afrontar todos los gastos imprescindibles para cubrir el resto de sus necesidades.

Pero lo que más nos interesa cuando estudiamos las economías domésticas es su vertiente como consumidores, es decir, su capacidad de gasto o los ingresos que perciben. Las familias deben decidir cómo distribuir esos ingresos o **renta familiar**: cuánto van a gastar y en qué tipo de bienes, cuánto van a ahorrar y para qué, etc. También tienen que plantearse de qué manera pueden ampliar sus ingresos: invirtiendo sus ahorros, buscando trabajos mejor pagados, etc.

Como el presupuesto de las familias no es suficiente para satisfacer todas sus necesidades, deben **elegir de manera racional** qué bienes pueden adquirir y cuáles no.

Elegir racionalmente significa que los consumidores comparan los distintos bienes que necesitan en función de sus preferencias y eligen aquellos que les reportan la máxima utilidad o satisfacción, de acuerdo con su limitado presupuesto.

Imaginemos un joven que vive solo y gana mil euros mensuales. Si además de los gastos de vivienda, alimentación, etc., necesita reformar su casa, reparar el coche, ir de vacaciones o comprar un nuevo electrodoméstico, comparará sus distintas necesidades y elegirá aquellas que más le satisfagan de acuerdo con sus gustos y preferencias, siempre que le cuadren dentro de su presupuesto.

Las empresas

Las **empresas** son los agentes económicos cuya función básica es **producir los bienes y servicios** que demanda la sociedad.

Para ello necesitan contratar trabajadores, adquirir bienes de producción y comprar materias primas con el fin de transformar estos factores en bienes y servicios aptos para el consumo.

La **racionalidad económica** de las empresas supone que su objetivo es obtener los máximos beneficios.

El **beneficio** es la diferencia entre los ingresos que obtiene la empresa por la venta de bienes y los costes de su producción. Para maximizar los beneficios debe combinar los factores productivos (tierra, trabajo y capital) eficientemente, de manera que su coste sea el mínimo.

Los beneficios que obtienen las empresas, o bien se distribuyen entre sus propietarios en forma de dividendos, o bien se utilizan para realizar nuevas inversiones que permitan a la compañía crecer. Por ello, si una empresa obtiene beneficios, es un síntoma de su buena gestión. En caso contrario, si sufre pérdidas constantes, demuestra su falta de capacidad para competir en el mercado y tenderá a desaparecer.

El sector público

> El **sector público** es el ámbito de una economía que está directamente controlado por el poder político. Lo componen las administraciones, los organismos públicos y las empresas en las que participa el Estado.

Su función principal es **regular y promover la actividad económica**; además, realiza otras funciones para lograr el **bienestar colectivo**:

a. Proporcionar bienes y servicios básicos. Hay determinados bienes que las empresas privadas no ofrecen porque no son rentables o porque no todas las personas tienen recursos para adquirirlos. En estos casos, el Estado interviene para suministrarlos (obras públicas e infraestructuras necesarias para el país, servicios como la educación, la sanidad, etc.).

b. Corregir desigualdades. En nuestra sociedad existen grandes diferencias en cuanto a la riqueza y los ingresos de las personas. Para compensarlas, el Estado utiliza sus presupuestos, cuyos ingresos (los impuestos) proceden en mayor medida de los que más ganan, mientras que los gastos (ayudas, subvenciones, etc.) se realizan en beneficio de todos, con preferencia para los más necesitados.

AGENTES ECONÓMICOS	FUNCIÓN BÁSICA	OBJETIVOS
Familias	Consumo	Maximizar su propio bienestar eligiendo aquellos bienes que más les satisfacen, de acuerdo con sus preferencias y su presupuesto limitado.
Empresas	Producción	Maximizar sus beneficios utilizando eficientemente los recursos para producir los bienes y servicios de la forma más rentable.
Sector público	Regulación del sistema	Maximizar el bienestar general utilizando los recursos para producir los bienes y servicios públicos necesarios y reducir las desigualdades.

EN LA PRÁCTICA La economía del comportamiento

Aunque un supuesto de la economía es la racionalidad humana, la experiencia demuestra que con frecuencia **somos previsiblemente irracionales**. La economía del comportamiento investiga este hecho y su estudio nos ha proporcionado algunas pautas interesantes.

Por ejemplo, uno de sus pioneros, Dan Ariely, preguntó a 100 personas qué opción elegirían para suscribirse a su revista favorita: acceso *on-line* (60 euros), versión impresa (125 euros) o acceso *on-line* y versión impresa (125 euros). Solo 16 encuestados eligieron la primera opción, y 84, la tercera. Como nadie seleccionó la segunda, Ariely la suprimió y volvió a preguntar a otras 100 personas. Esta vez, solo 32 eligieron la última opción, y 68, la primera: un pequeño cambio de contexto modificó las decisiones en un 52 %. Es decir, elegimos en términos comparativos y en función de cómo se nos presenta la información.

En otro experimento se preguntó a los encuestados dónde preferirían vivir: en el mundo A, donde serían más ricos que en el B, o en el mundo B, donde serían menos ricos que en el A, pero serían los más ricos del lugar. La mayoría eligió vivir en el B. Es decir, no valoramos nuestros bienes por la satisfacción que nos proporcionan, sino en relación a los bienes que poseen los demás. Este comportamiento es irracional, ya que tendríamos que valorar nuestro salario basándonos solo en su nivel absoluto, en lugar de compararlo con lo que gana nuestra vecina o nuestro cuñado. A partir de sus experimentos, Dan Ariely proponía a los que quisieran ligar que se rodearan de personas parecidas, pero menos atractivas, para que el efecto comparativo les beneficiara.

Otros descubrimientos de la economía del comportamiento son el efecto manada, el efecto empujón (cuando nos marcan una casilla por defecto), el efecto ancla (la primera impresión queda fijada) o el efecto dotación (sobrevalorar lo nuestro).

- ¿Dónde vivirías, en el mundo A o en el B? Razona tu respuesta.
- A veces aceptamos ofertas de "dos por uno" sin necesitar el segundo producto. ¿Qué opinas de ese comportamiento?

2 Las relaciones entre los agentes económicos

Las funciones de los agentes económicos están interrelacionadas. Lo que compran los consumidores es lo que venden las empresas. A su vez, los impuestos que pagan los consumidores y las empresas al Estado vuelven a ellos en forma de ayudas, asistencia sanitaria, educación, etc. En resumen, entre los agentes económicos se establecen unas relaciones circulares en las que el dinero fluye continuamente.

Los agentes económicos se relacionan a través de los mercados, a los que acuden para realizar los innumerables intercambios que se producen diariamente en la economía.

Para entender la naturaleza de estos intercambios es preciso distinguir dos tipos de mercados:

- El **mercado de productos**, a través del cual los consumidores adquieren los bienes y servicios que ofrecen las empresas.
- El **mercado de factores**, en el que los agentes compran o venden tierra, trabajo o capital para su utilización en la producción. Cuando buscamos un empleo, ponemos a disposición de las empresas nuestro trabajo. Las empresas nos contratan (compran nuestros servicios) a cambio de un salario.

Mercado de productos

En el mercado de productos se realizan los intercambios de bienes y servicios que satisfacen alguna necesidad a cambio de un determinado precio.

Mercado de factores

En él se intercambian los recursos utilizados en el proceso productivo (trabajo, tierra y capital) a cambio de un precio o renta en forma de salarios, alquileres, intereses y beneficios.

Las relaciones entre familias y empresas

La **primera relación** se da en el **mercado de productos**. En él se intercambian los bienes y servicios que venden las empresas por el dinero que pagan las familias. Por ejemplo, al comprar un ordenador, la empresa nos entrega un bien, y nosotros, a cambio, le pagamos el dinero que vale (su precio). Como vemos en el gráfico 1, se generan dos flujos equivalentes de sentido contrario. Uno real, de bienes (línea azul), y, a cambio, otro monetario (línea roja).

Gráfico 1: Mercado de productos

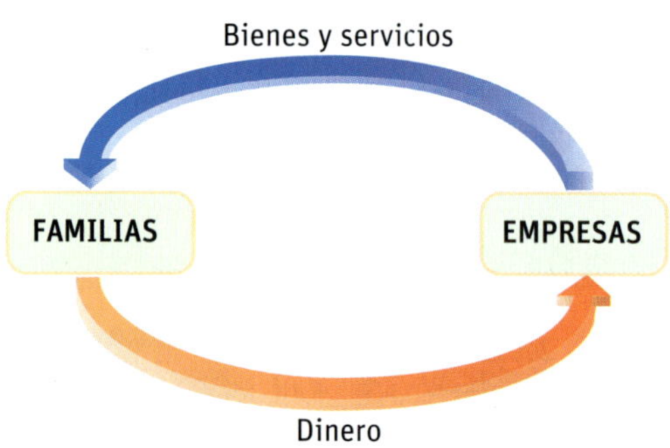

La **segunda relación** se produce en el **mercado de factores**. En él, las familias ofrecen su trabajo a las empresas a cambio de un salario que les permita comprar los bienes y servicios que necesitan. Asimismo, las familias poseen dinero ahorrado, terrenos, casas, etc., que ponen a disposición de las empresas a cambio de una remuneración o renta: alquileres a cambio de la tierra, beneficios o intereses a cambio del capital, etc.

En el gráfico 2 se observa un flujo real en forma de trabajo, tierra y capital, y en contraprestación, un flujo monetario en forma de salarios, alquileres e intereses y beneficios.

En el gráfico 3 se integran las dos relaciones entre las familias y las empresas. En este esquema simplificado de una economía se observan dos **circuitos de sentido contrario**: uno monetario o corriente de dinero entre las economías domésticas y las empresas, y otro real, que recoge los movimientos de bienes y servicios y factores de producción entre las empresas y las familias.

Gráfico 2: Mercado de factores

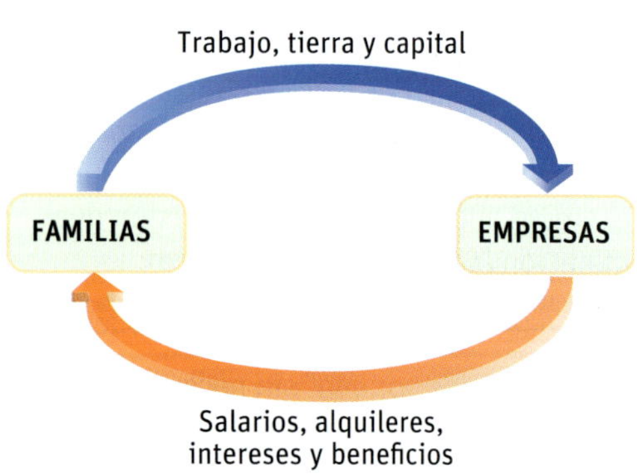

Gráfico 3

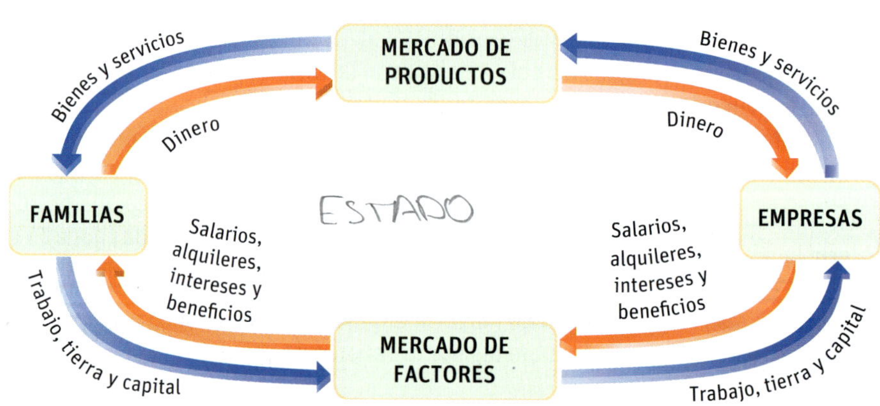

El flujo circular de la renta

Como se observa en el gráfico 3 (página anterior), el dinero que pagan las familias a las empresas por sus compras retorna luego a las familias al cobrar un salario por su trabajo; este salario, a su vez, regresará a las empresas cuando se realicen nuevas compras. Así se produce un flujo circular de la renta y de la actividad económica.

El **flujo circular de la renta** está constituido, por un lado, por la corriente de bienes y servicios y factores entre las familias y las empresas, y por otro, por sus correspondientes pagos en dinero.

El flujo circular de la renta y el sector público

El sector público también mantiene relaciones económicas con las familias y con las empresas. Como se ve en el gráfico 4, estas relaciones son de dos tipos.

Gráfico 4

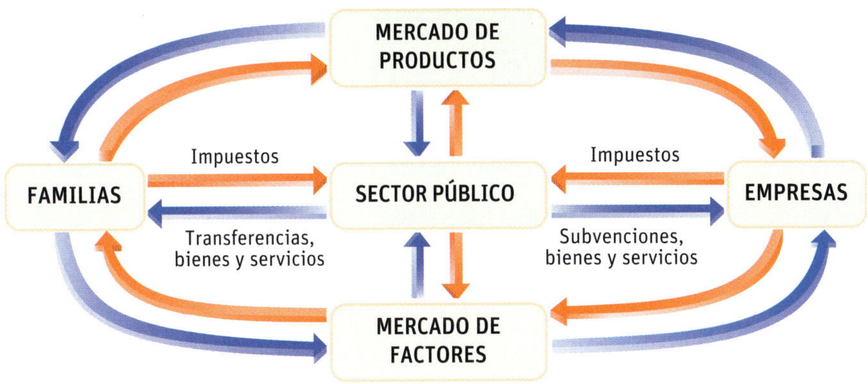

En la primera relación (flechas verticales), el sector público actúa o bien como una empresa, ofreciendo bienes y servicios en el mercado de productos, y demandando factores productivos en el mercado de factores, o bien como una familia, adquiriendo bienes y servicios en el mercado de productos a cambio de un precio.

La segunda relación (flechas horizontales) es específica del sector público, ya que recauda impuestos de familias y empresas, consiguiendo así unos ingresos que utiliza para ofrecer bienes y servicios (autovías, educación, parques, hospitales, etc.), y conceder ayudas a familias y subvenciones a empresas. El hecho de que las flechas no pasen por el mercado nos indica que las familias no compran directamente servicios hospitalarios o educativos públicos, ni peajes por el uso de autovías, etc.; estas compras se realizan indirectamente a través del pago de impuestos.

El flujo circular y la oferta y la demanda

Todas las transacciones que se llevan a cabo en el mercado implican dos caras o dimensiones, denominadas **oferta** y **demanda**: *ofrecemos* nuestro trabajo en el mercado de factores a cambio de salario, pero *demandamos* bienes cuando compramos en el mercado a cambio de dinero; y las empresas *ofrecen* bienes y servicios en los mercados de productos al tiempo que *demandan* trabajo en los mercados de factores.

ACTIVIDADES DE APLICACIÓN

1. A partir de estos ejemplos, identifica los agentes económicos que intervienen y el mercado en el que actúan, y representa gráficamente el flujo circular que se establece entre los agentes:
   - José Luis compra el pan diariamente.
   - Carmen ha conseguido trabajo de economista.
   - La compañía Reparaciones Eléctricas, S. A., arregla una avería en la casa de Juan y pasa la factura.
   - Muchos estudiantes reciben becas para pagar sus estudios.
   - En época de rebajas, unos grandes almacenes contratan nuevos dependientes.
   - Los ciudadanos pagan sus impuestos a la Hacienda pública.

3 Los sistemas económicos

Cada respuesta a qué, cómo y para quién producir tiene su coste de oportunidad: más de una cosa es menos de otra. Por esta razón, las sociedades, al decidir su organización económica, se enfrentan a disyuntivas entre valores como eficiencia-equidad, crecimiento-respeto ambiental, libertad económica-solidaridad, etc.

Todas las economías deben afrontar y resolver los tres problemas básicos de la sociedad, es decir, han de tomar decisiones sobre:

1. **Qué bienes producir y en qué cantidades.** Habrá que decidir a qué necesidades dedicaremos nuestros recursos escasos: ¿se construirán viviendas de protección oficial o solo viviendas libres?; ¿la sanidad será pública o privada?; ¿se producirán bienes de lujo o tendrán prioridad los bienes básicos y necesarios?; ¿cuánto invertiremos en progreso tecnológico y en I+D?; ¿aumentarán los gastos militares o se destinará más presupuesto a las bibliotecas?; ¿se producirán más bienes de consumo para hoy o más bienes de producción para aumentar el consumo futuro?

2. **Cómo van a producirse esos bienes.** Puesto que existen distintos procedimientos, habrá que decidir con qué recursos y con qué técnicas se producirán: ¿se utilizarán las tecnologías más avanzadas y con pocos trabajadores, o las más artesanales y con mucha mano de obra?; ¿se permitirán técnicas y recursos que dañan el medioambiente o se favorecerán los métodos más ecológicos?; ¿las empresas serán gestionadas por el Estado o tendrán libertad de actuación?

3. **Para quién van a producirse esos bienes.** Una vez decidido qué bienes se producirán, debemos determinar cómo distribuirlos: ¿quiénes van a disfrutar de los bienes y servicios del país? O, dicho de otro modo, ¿debe recibir todo el mundo la misma proporción de bienes, o se repartirán solo entre aquellos que puedan pagarlos?; ¿se tendrán en cuenta las distintas necesidades?; ¿las diferencias entre los salarios serán grandes o pequeñas?

Aunque estos tres problemas son comunes a todas las economías, la forma con la que cada sociedad trata de resolverlos varía.

Un **sistema económico** es la forma en que una sociedad se organiza para resolver sus problemas económicos básicos: qué producir, cómo y para quién.

Para responder a estas cuestiones existen básicamente tres mecanismos o sistemas económicos: el **mercado**, la **planificación central** y los **sistemas mixtos**. De hecho, la organización económica de la mayoría de las naciones durante el último siglo ha venido marcada por alguno de estos sistemas.

ESTUDIO DE CASOS Los sistemas económicos basados en la tradición

En los sistemas "tradicionales", las decisiones se toman según costumbres y creencias cuyo origen se pierde en el pasado. El esquema productivo se basa en la asignación de tareas a determinados grupos sociales, que se perpetúa de padres a hijos. De esta forma, el qué y el cómo producir se resolverán siempre de la misma manera y de acuerdo con la tradición. El para quién lo deciden por medio de reglas, respetadas por todos, sobre cómo distribuir lo producido entre sus miembros.

Este tipo de sistemas se encuentra en economías muy primarias, predominantemente agrarias (las economías tribales de algunos pueblos actuales son un ejemplo). No son sistemas compatibles con el crecimiento económico, ya que la tradición presupone que "las cosas son así porque siempre han sido así y siempre lo serán". Se toman las decisiones básicas, pero no se invierte en futuro, porque supondría un cambio incompatible con el "hacer las cosas como siempre".

Curiosamente, algunos efectos de estos sistemas económicos se mantienen en la sociedad actual. Piensa en la influencia que tiene la profesión del padre a la hora de decidir la de los hijos, o en la discriminación de las mujeres, a las que se les suele pagar menos que a los hombres por el mismo trabajo.

- ¿Cómo sería tu vida en estos sistemas? ¿Qué necesidades actuales estarían cubiertas y cuáles no?
- ¿Por qué crees que estos sistemas son incompatibles con el desarrollo económico?

4 El sistema de economía de mercado o sistema capitalista

En el **sistema de economía de mercado** o sistema capitalista, las decisiones económicas las toman las empresas y los consumidores a través del sistema de precios. Y la intervención del Estado se reduce a garantizar el libre funcionamiento del mercado.

En cuanto a **qué se produce**, es el mercado el que lo decide. Veámoslo con un ejemplo: ¿cómo se decide cuántos automóviles deben fabricarse en un determinado país?

En el sistema de mercado, millones de personas indican su deseo de tener un automóvil acudiendo a los concesionarios y solicitando información. Sus compras actúan como señal para las empresas, que observan las posibilidades de obtener más beneficios. En consecuencia, aumentan la producción de los vehículos que fabrican. Si los consumidores dejaran de solicitar automóviles y prefirieran otros bienes, se reduciría su producción (al desaparecer los beneficios) y se incrementaría la de otros bienes.

El mecanismo del mercado también resuelve **cómo producir**. Para maximizar sus beneficios, los productores tratan de utilizar los recursos y los métodos de producción que supongan el menor coste posible. Para ello observan los precios vigentes en el mercado y eligen los más baratos.

Finalmente, el mercado también decide **para quién se producen** los bienes. Los precios de los productos, influidos por la ley de la oferta y la demanda, asignan los bienes al mejor postor, es decir, a quien puede pagarlos.

En el mercado, los precios y las ventas desempeñan un papel fundamental, ya que son señales que permiten a los consumidores y a las empresas organizar sus preferencias y actuar.

En el sistema de mercado, los consumidores son los que deciden libremente qué bienes y servicios han de ser producidos para su consumo. Es lo que se denomina soberanía del consumidor. Las críticas a esta teoría señalan que son las grandes empresas y sus campañas de publicidad y *marketing* quienes imponen a los consumidores (teóricamente libres) sus propias demandas.

Ventajas e inconvenientes

Entre las **ventajas** de la economía de mercado, sus defensores destacan las siguientes:

- La **eficiencia** en su funcionamiento. El mercado motiva a los individuos a utilizar cuidadosamente los recursos y bienes escasos, porque los precios actúan como frenos al despilfarro. A su vez, el mercado permite obtener los bienes al mejor precio gracias a la competencia entre las empresas; además ajusta la oferta total a la demanda, consiguiendo el equilibrio económico.
- La **libertad económica**. Empresas y personas pueden elegir libremente qué producir o consumir según sus preferencias o disponibilidades.

En cuanto a los **inconvenientes**, los críticos resaltan:

- Los ingresos y la riqueza **se reparten muy desigualmente**, y de este modo quedan desatendidos los más necesitados.
- **No siempre el mercado es eficiente.** El mercado falla cuando no hay competencia, es decir, si hay monopolios o acuerdos entre empresas para fijar precios y obtener beneficios extraordinarios. Asimismo, si las empresas eligen los métodos de producción en función solo de su coste, esos métodos pueden dañar más el medioambiente que otros más limpios, aunque más caros.
- Las economías de mercado son **inestables** y sufren periódicamente fuertes crisis y paro.
- La creación de **necesidades artificiales**. La publicidad nos induce a comprar cada vez más bienes, aunque sean innecesarios.
- **La libertad económica es discutible.** En el mercado, nadie es libre si carece de dinero. Hay libertad para los pudientes, y tanta más cuanto más posean.

El mercado no tiene en cuenta los daños medioambientales, ya que los precios de los bienes solo recogen los costes privados de la empresa, despreocupándose de los costes que provoca en la sociedad o el medioambiente la producción de esos bienes.

5 El sistema de planificación central o sistema socialista

En la actualidad, el sistema de planificación central está vigente en Cuba, Corea del Norte y, parcialmente, en China. En el caso de China, el país se ha transformado espectacularmente a partir de la década de 1980, cuando se inició un proceso de liberalización y de apertura de la economía al mercado, a partir de una economía de planificación central, que culminó en 2007 con la legalización de la propiedad privada.

Los fallos del mercado propiciaron la búsqueda de alternativas al capitalismo. Una de ellas fue la economía de planificación central, aplicada por primera vez tras la Revolución rusa de 1917, en el este de Europa.

El **sistema de planificación central** sustituye las decisiones del mercado por las establecidas en un plan fijado por el Estado, que es quien dirige el funcionamiento de la economía y controla el poder económico.

En ese sistema, los tres agentes económicos quedan reducidos a dos: los consumidores-trabajadores y el Estado-empresa. Los bienes de producción (fábricas, instalaciones, etc.) son propiedad del Estado, que fija las decisiones sobre qué, cómo y para quién producir, a través de una agencia de planificación o poder central. Esta agencia establece los objetivos y distribuye las tareas a los diferentes centros de producción. Los agentes económicos carecen de iniciativa y se limitan a cumplir los planes estatales.

Ventajas e inconvenientes

El mayor **éxito** de este sistema fue conseguir un gran desarrollo económico en unas circunstancias históricas muy complicadas (tras los desastres de las guerras mundiales). El sistema proporcionó a toda la población **trabajo**, **sanidad** y **educación gratuitas**, así como una distribución de la **renta más igualitaria** que en las economías de mercado.

Entre sus **inconvenientes** destaca que, al fijar el Estado los precios y los salarios, **no existen incentivos** para que las empresas reduzcan sus costes ni para que los trabajadores incrementen su productividad. Además, el control centralizado de la producción requiere un enorme aparato administrativo que aumenta a medida que crece el sistema productivo, complicando el control sobre las empresas y haciendo menos fiable la información que suministran, con el resultado de una **burocracia** creciente y múltiples errores de previsión.

Los inconvenientes mencionados arriba generaron una planificación cada vez más alejada de las necesidades reales de la sociedad, con el consiguiente despilfarro de recursos e **ineficiencia**. Todo ello y la falta de libertad política y de democracia provocaron el fracaso del sistema en la mayoría de los países que lo habían implantado, a finales de los años ochenta del siglo XX.

ESTUDIO DE CASOS **La economía de Cuba**

Desde 1959, Cuba se mantiene bajo un régimen comunista cuyo balance presenta luces y sombras. Por un lado, se ha logrado un sistema sanitario muy valorado por la OMS. La mortalidad infantil es similar a la europea, y la esperanza de vida, de 78,5 años, es muy superior a las de Centroamérica y Suramérica. Además, la alfabetización es del 99,8 %, por encima de países vecinos como México o Costa Rica, y la población ostenta un buen nivel de formación general.

En contraste con estos logros, hay una fuerte carencia de bienes de consumo, la alimentación está racionada y las precarias condiciones en vivienda, transportes y comunicaciones son evidentes. La caída de los regímenes comunistas en el este de Europa provocó una profunda crisis económica en Cuba, porque al bloqueo comercial impuesto por Estados Unidos desde 1959, se sumó la pérdida de las ayudas exteriores que la isla recibía de aquellos países. Hoy, su precaria economía se mantiene gracias al turismo y a la agricultura.

De la experiencia cubana se extraen dos conclusiones: por un lado, que los regímenes comunistas pueden rescatar a un país de la miseria y obtener conquistas sociales, pero son incapaces de generar riqueza en condiciones de aislamiento económico. Por otro lado, como ocurrió en el este de Europa, en Cuba ha surgido una clase dirigente que se ha instalado en el poder, vive en el inmovilismo y se resiste a los cambios.

Es opinión general que solo una apertura comercial y económica permitirá a Cuba abrirse políticamente.

- Identifica en el texto ventajas e inconvenientes de la planificación central.

6 Los sistemas de economía mixta

Como consecuencia de los fallos de la economía de mercado y de la ineficiencia de la planificación central, la mayor parte de los países aplican un sistema intermedio o de economía mixta.

> Los **sistemas de economía mixta** combinan las virtudes del mercado con la intervención del Estado como corrector de sus fallos.

En este sistema, la mayoría de las decisiones económicas las toman los consumidores y las empresas. Estos agentes, persiguiendo sus propios intereses, responden a las preguntas de qué, cómo y para quién producir.

Pero el Estado desempeña un papel importante como **regulador del mercado** y como **complemento del mismo**, produciendo bienes básicos para la sociedad, como la sanidad o la educación, o promoviendo un reparto equitativo de la renta a través de subvenciones y ayudas sociales o prestaciones por desempleo. Además, regula el mercado para limitar el poder de las grandes empresas, prohibiendo, por ejemplo, los monopolios, o planifica sectores estratégicos (energía, finanzas, etc.), o impulsa el desarrollo tecnológico o las infraestructuras del país.

En estos sistemas mixtos, el **mayor o menor peso del Estado** en la economía es diferente en cada país. Así, Estados Unidos se guía más por las señales del mercado que, por ejemplo, Suecia. Y también varía con el tiempo dentro de cada país, como consecuencia de cambios en los gobiernos, crisis, etc. Por ejemplo, cuando se privatizan empresas públicas o disminuyen los gastos sociales, el Estado pierde peso. Por el contrario, si se invierte más en la sanidad pública y en infraestructuras, se incrementa el peso del sector público en la economía.

El equilibrio entre mercado y Estado

Los objetivos de estos sistemas son la eficiencia en la producción y la equidad en la distribución de la renta. Cuando el mercado no los consigue, decimos que hay **fallos del mercado**: desempleo, deterioro ambiental, falta de equidad, etc.

Pero también existen **fallos del Estado** cuando su intervención no mejora los resultados del mercado o los empeora. Por ejemplo, si el Gobierno sube en exceso los impuestos a los ciudadanos con salarios más altos para favorecer la equidad, es probable que estos ciudadanos tengan menos incentivos para trabajar. Es decir, la buena intención de repartir la riqueza de forma justa podría acabar reduciéndola. El reto de las economías mixtas es, por tanto, reducir ambos tipos de fallos, buscando el **equilibrio** entre el libre mercado y la intervención estatal.

Dentro de las economías mixtas, cabe distinguir el modelo escandinavo (Suecia, Noruega, Dinamarca y Finlandia), con una fuerte presencia de un Estado regulador de la vida social y económica, que ha alcanzado unas altas cotas de bienestar y equidad social. Además, están el sistema anglosajón, con vigencia en Estados Unidos, Reino Unido e Irlanda, en el que predomina el mercado, y un modelo intermedio o economía social de mercado, que se da en Alemania, Holanda, Francia, España, etc., y que es el que plantea la Unión Europea para sus Estados miembros.

ECONOMÍA DE MERCADO

- Toma de decisiones
  - Consumidores y empresas, a través del mercado
- Ventajas
  - Empresas y consumidores eligen libremente qué producir o qué consumir en función de sus recursos
  - Eficiencia
- Inconvenientes
  - Distribución desigual de la riqueza
  - Problemas medioambientales
  - Necesidades básicas no cubiertas
  - Inestabilidad económica
  - Abusos de poder de algunas empresas

PLANIFICACIÓN CENTRAL

- Toma de decisiones
  - El Estado, a través de la Agencia de Planificación Central
- Ventajas
  - Altos niveles de empleo
  - Necesidades básicas de la población cubiertas
- Inconvenientes
  - Falta de incentivos
  - Excesiva burocracia
  - Falta de eficiencia

ECONOMÍA MIXTA

- Toma de decisiones
  - Los agentes privados, junto con la intervención del Estado
- Ventajas
  - Libertad de acción para consumidores y empresas
  - El Estado corrige los fallos del mercado
- Inconvenientes
  - Puede tener los mismos inconvenientes que los otros dos sistemas si no hay un equilibrio entre el funcionamiento del mercado y del Estado

7 El pensamiento económico y los sistemas económicos

Déjese al mercado autorregularse, y este hallará naturalmente un punto de equilibrio que producirá estabilidad y prosperidad.

ADAM SMITH (1725-1790). Para este autor, el mercado era el lugar donde la "mano invisible", junto a la tendencia natural del ser humano al "canje, al trueque y al comercio", conciliaba estas actividades individuales.

Aunque con la caída del muro de Berlín en 1989 y el hundimiento de la Unión Soviética se desacreditó la teoría marxista, la contribución del marxismo sigue siendo valiosa para comprender la economía capitalista moderna. La crítica de Marx al capitalismo proporciona aún un punto de vista muy revelador para entender las desigualdades actuales.

Los distintos sistemas económicos se han inspirado en una serie de doctrinas que parten de concepciones de la economía muy distintas y cuyos autores han generado escuelas de pensamiento que llegan hasta hoy.

El liberalismo económico

Adam Smith, fundador del liberalismo económico (*La riqueza de las naciones*, 1776), describe cómo el mercado y su "mano invisible" resuelven las cuestiones básicas de toda economía: qué, cómo y para quién producir. La "mano invisible", para este autor, no era una extraña criatura de ciencia ficción, sino una forma de describir el "milagroso" funcionamiento de los mercados.

Su funcionamiento es sencillo. Si hay muchas personas que demandan un determinado producto, aumentan sus ventas y quizá también su precio. Las empresas, al observar que aumentan las ventas y los precios, tratan de aprovechar la oportunidad produciendo más unidades de ese producto.

No hace falta ninguna comunicación directa entre consumidores y empresas; **los precios** y las ventas **actúan como señales** (mensajes) que dirigen el mercado, de forma parecida a como lo haría una "mano invisible".

A Adam Smith le impresionaba cómo el mercado llevaba a la sociedad a una especie de armonía natural. Todos los días se realiza el "milagro" de que millones de decisiones independientes (adoptadas por cada ciudadano en sus compras y ventas) no conducen al caos, sino que permiten organizar nuestras vidas y aprovecharnos del progreso de la división del trabajo. Cada día salimos a la calle con la seguridad de que encontraremos lo que necesitamos en el supermercado, y de que tomaremos el autobús a la hora prevista o podremos entrar en algún restaurante para comer, y así sucesivamente.

Todo ello ocurre sin que se hayan puesto de acuerdo los que intercambian esos bienes; es decir, es el mercado el que conduce a ese resultado.

Desde esta confianza en el mercado, se recomienda al Gobierno "dejarlo estar" (*laissez faire*) y reducir al mínimo su intervención, ya que las señales de los precios y las respuestas del mercado asignan los recursos mejor que el Estado.

El marxismo

Si Adam Smith abogó por el mercado y el capitalismo, Karl Marx (*El capital*, 1867) fue su mayor crítico y el gran defensor de la intervención del Estado y de la creación de una sociedad socialista.

El marxismo pone en duda la forma en la que el mercado resuelve la cuestión de qué producir. La "mano invisible" destina inmensos recursos al consumo ostentoso, dejando insatisfechas las necesidades básicas de la mayoría de la población.

Por esta razón, el Estado debe intervenir y garantizar que toda la población tenga cubiertas sus necesidades básicas: vivienda, alimentación, sanidad y educación.

En cuanto a cómo producir, el Estado evitaría elegir los métodos de producción solo en función del coste, y tendría en cuenta valores ecológicos y sociales.

Marx también critica la forma en la que el mercado decide la cuestión de para quién producir. En el sistema capitalista, el trabajo humano es una mercancía más, explotada por los empresarios. La base de esta explotación reside en la diferencia entre lo que aporta el trabajador a la producción y el salario que percibe. Esta diferencia o **plusvalía** se la apropia el empresario, generando salarios de miseria, mientras que los ricos acaban apropiándose de la mayor parte de la producción.

A partir de estas contradicciones, el marxismo anima a los trabajadores a transformar la sociedad mediante un cambio de sistema.

Las teorías keynesianas

La "mano invisible" de Adam Smith y la "mano visible" del Estado representan dos formas opuestas de tomar las decisiones. **John M. Keynes** propone utilizar conjuntamente las señales del mercado y las directrices del Estado para resolver los problemas económicos, dando lugar a una economía mixta entre el sistema de economía de mercado y el sistema de economía planificada.

Keynes aceptaba las reglas del mercado, pero pensaba que era necesaria la intervención estatal, sobre todo en momentos de crisis económicas. Sus ideas surgen durante la Gran Depresión de 1929.

Según Keynes, cuando las expectativas de las empresas son buenas, las inversiones aumentan, la economía crece y se genera empleo. Pero si las expectativas son malas, cae la demanda y las empresas no invierten, lo cual provoca crisis económica y paro. En este caso, Keynes recomienda la intervención del Estado para impedir la caída de la demanda, a través del aumento del gasto público (obras públicas), como palanca para estimular la economía de empresas y familias.

Estas propuestas influyeron en los gobiernos de los países industrializados, que iniciaron una política de aumento del peso del sector público, que propició un período importante de crecimiento económico (1945-1973).

Las principales ideas de Keynes (1883-1946) surgieron para dar respuesta a los problemas derivados de la Gran Depresión, que sumieron en la pobreza a millones de personas en Estados Unidos. Para Keynes, los gobiernos tenían un deber: ayudar a mantener la economía a flote en tiempos de crisis.

La corriente neoliberal

El éxito de las ideas keynesianas empezó a cuestionarse con la crisis de la década de los setenta del siglo XX, produciéndose una reacción contraria, de vuelta a la confianza en el mercado y de recuperación del liberalismo, conocida como **neoliberalismo**. Dentro de esta corriente destacan los **monetaristas**, liderados por **Milton Friedman**, que critican el excesivo peso del Estado y sus medidas fiscales, y proponen alternativas basadas en la eficiencia económica del mercado y en medidas de tipo monetario.

El neoliberalismo considera que la forma de mejorar la economía es fomentar la iniciativa de las empresas privadas y evitar la intervención estatal y el excesivo gasto de los gobiernos. Son los propios individuos quienes deben resolver los problemas sin la ayuda del Estado.

Este pensamiento, muy presente en el mundo actual, mantiene una fuerte controversia con los seguidores de Keynes (neokeynesianos) en muchas de las cuestiones económicas, ya que representan ideas radicalmente opuestas. De hecho, se trata de la batalla ideológica fundamental de la economía de los últimos cincuenta años, y ha hecho falta otra crisis como la Gran Recesión de 2008 para que las ideas de Keynes regresen a escena con fuerza.

ACTIVIDADES DE APLICACIÓN

Realiza un debate por grupos, de acuerdo con el siguiente procedimiento:

- **a.** Se formarán cuatro grupos. Tres de ellos defenderán, respectivamente, las ideas liberales, marxistas y keynesianas, apoyándose en las experiencias de los sistemas económicos que representan: economía de mercado, planificación central y sistemas mixtos. Y otro grupo hará el papel de expertos observadores.
- **b.** Cada grupo preparará una ficha con los argumentos propios y la previsión de réplicas a los argumentos contrarios. Por ejemplo, quien defienda la economía de mercado debe escribir los argumentos de su defensa, pero también la crítica de las otras dos teorías. Los argumentos deberán estar apoyados en ejemplos, hechos y datos.
- **c.** Debate: el equipo que lo inicie expondrá los argumentos propios y, en el turno de réplica, los otros dos grupos responderán. Podrá haber un turno de contrarréplica, en la que el equipo inicial tendrá derecho a una intervención para cada réplica. Una vez haya finalizado el primer equipo, se seguirá con los otros.
- **d.** El grupo de expertos valorará el trabajo de cada grupo y expondrá las razones de su evaluación.

ACTIVIDADES

Actividades de síntesis

1. Elabora un mapa conceptual en el que se relacionen estas ideas básicas.

1

Los agentes económicos son los protagonistas de los intercambios producidos a diario en una economía: las **economías domésticas** (consumidores) buscan mejorar su bienestar; las **empresas** (productoras) tratan de maximizar sus beneficios, y el **sector público** (regulador de la vida económica) busca mejorar el bienestar colectivo.

2

Todo **intercambio** relaciona, al menos, dos **agentes económicos**:

- Las familias compran a las empresas, y estas, a su vez, las contratan como trabajadores.

- Los impuestos que pagan familias y empresas al Estado vuelven a ellas en ayudas, subvenciones y bienes públicos.

3

Todo intercambio genera dos tipos de flujos o corrientes:

- Uno real, de bienes y servicios y factores de producción.

- Y otro monetario como pago de esos bienes, servicios y factores.

De esta forma, continuamente se produce un **flujo circular de la renta** en la economía.

4

Los **sistemas económicos** son la forma en la que las sociedades se organizan para decidir qué producir, cómo y para quién.

Para dar respuesta a estas cuestiones existen tres fórmulas: las señales del mercado, la autoridad del Estado y las fórmulas mixtas.

5

La **economía de mercado** resuelve las cuestiones básicas a través de las señales que ofrecen los precios. Mientras sus defensores resaltan su eficiencia y la libertad económica, sus críticos las cuestionan y destacan su falta de equidad, su inestabilidad y la creación de necesidades artificiales.

6

En los sistemas de **planificación central**, el Estado dirige y controla la economía.

Entre sus logros destacan el empleo, la igualdad, la educación y la sanidad, mientras que sus defectos son la falta de incentivos, la burocracia excesiva y la ineficiencia.

7

Los inconvenientes del mercado y de la planificación central han generado los **sistemas de economía mixta**, que conjugan las virtudes del capitalismo con la regulación de la economía por parte del Estado para corregir los fallos del mercado.

8

En el pensamiento económico, el **liberalismo** propugna que el mercado sea quien resuelva los problemas económicos, reduciendo la intervención del Estado; para el **marxismo**, el mercado no satisface las necesidades de la mayoría y debe sustituirse por un sistema de planificación centralizado.

9

En la actualidad, el **keynesianismo** propone utilizar conjuntamente las señales del mercado y las directrices del Estado para resolver las cuestiones económicas.

Por su parte, el **neoliberalismo** defiende una vuelta a los principios básicos del mercado y su "mano invisible".

smSaviadigital.com VALORA LO APRENDIDO > Realiza la **autoevaluación**.

Actividades de análisis y problemas

2. ¿Con qué agentes económicos se asocian estos ejemplos?
   a) El instituto o colegio en el que estudias.
   b) Un concesionario de coches.
   c) El Ayuntamiento de tu pueblo o ciudad.
   d) Carlos, estudiante de Medicina.
   e) Un gran supermercado.
   f) La oficina del SEPE de tu localidad.
   g) La familia del ministro de Economía y Hacienda.

3. ¿Cuál es el supuesto de racionalidad económica de las familias? ¿Crees que siempre se cumple?

4. Explica cuál es la función básica de las empresas. ¿Qué objetivos persiguen y qué medios utilizan para lograrlos?

5. En relación con el sector público:
   a) Defínelo y elabora un esquema con sus componentes.
   b) ¿Cuáles son sus principales funciones?
   c) ¿Qué función social tienen los impuestos?

6. En las economías de mercado existen determinados bienes que las empresas privadas no producen. Sirviéndote de ejemplos, explica por qué actúan así.

7. Los parques y las bibliotecas son servicios públicos, mientras que la alimentación y la ropa hay que pagarlas en el mercado. ¿Cuáles crees que son las razones que explican este hecho?

8. Las familias reciben ingresos o rentas de distintas fuentes. Explica cada una de ellas, señalando ejemplos.

9. Expón las diferencias que existen entre los mercados de productos (bienes y servicios) y los mercados de factores. Especifica qué agentes los componen y qué ofrecen y demandan.

10. ¿Qué es el flujo circular de la renta? ¿Por qué se utilizan las palabras "flujo", "circular" y "renta" para denominar este concepto?

11. Supón que un amigo tuyo trabaja de voluntario en una ONG. ¿Por qué no existe flujo circular de la renta en esta relación?

12. ¿Cuáles son las principales relaciones entre el sector público y las familias? ¿Y entre el sector público y las empresas?

13. A partir de los ejemplos, identifica los agentes económicos que intervienen, así como el mercado en el que actúan, y representa gráficamente el flujo circular que se establece entre los agentes:

   a) Carmen compra un frigorífico en una empresa de electrodomésticos.
   b) El Ayuntamiento presta el servicio de recogida de basuras y cobra por ello un impuesto.
   c) Unos grandes almacenes han vendido todas sus existencias en rebajas.
   d) Una entidad bancaria contrata trabajadores para sus nuevas oficinas.
   e) Una empresa paga sus impuestos a Hacienda.
   f) Juan recibe un préstamo del banco.

14. ¿Cuáles son las cuestiones económicas a las que debe responder toda sociedad? Señala ejemplos que ilustren posibles respuestas para cada una.

15. Con relación a los tres sistemas económicos que conoces, contesta a las siguientes cuestiones:

   a) ¿Quién es el propietario de los medios de producción en cada uno de ellos?
   b) ¿Quién toma las decisiones económicas?
   c) ¿Cómo se fijan los precios?
   d) ¿Qué funciones cumple el Estado?
   e) Señala ejemplos de países que en la actualidad siguen estos sistemas.

16. ¿Quiénes toman estas decisiones en cada uno de los sistemas económicos que conoces?

   a) Producir más o menos ordenadores.
   b) Conceder becas.
   c) Comprar un nuevo coche o ir de vacaciones.
   d) Trabajar más o menos horas.
   e) Dar subvenciones a empresas.

17. ¿Por qué crees que la inmensa mayoría de los países desarrollados siguen en la actualidad sistemas de economía mixta? ¿Cuáles son sus ventajas?

18. Lee el artículo 131.1 de la Constitución española.

> *El Estado, mediante ley, podrá planificar la actividad económica general para atender a las necesidades colectivas, equilibrar y armonizar el desarrollo regional y sectorial y estimular el crecimiento de la renta y de la riqueza y su más justa distribución.*

   a) ¿Qué sistema económico existe en España?
   b) Pon ejemplos de actuaciones del Estado que ilustren cómo se lleva a la práctica este artículo.

19. ¿A qué se refiere Adam Smith con su idea de la "mano invisible"? ¿Cómo describe su funcionamiento?

20. ¿En qué consistió básicamente la aportación de Keynes a la economía? ¿Coinciden con esta visión todos los economistas en la actualidad?

21. ¿Cuál es el objetivo de las empresas privadas? ¿Y el de las públicas? ¿En qué se diferencian los objetivos que persigue un directivo de una fábrica de jabones de los de un directivo del Instituto Nacional de Estadística?

22. Comenta la viñeta. ¿Qué factores crees que llevan a la situación que refleja y qué consecuencias puede tener esta en el futuro de su protagonista?

Fuente: El Roto, *El País*, 7-3-2001.

ACTIVIDADES

23. **Lee el texto y responde a las preguntas.**

China ha experimentado en las últimas décadas un desarrollo espectacular. La transición del socialismo a una economía mixta se ha visto acompañada de un fuerte crecimiento económico que hace hoy de China la segunda economía del mundo. Según sus dirigentes, costó decenas de años lograr la marca "made in China", pero este logro también ha generado costes sociales importantes: grandes diferencias entre el nivel de vida urbano y el rural, escasa protección social y deterioro ambiental. La estrategia del Gobierno para atraer empresas extranjeras ha consistido en ofrecer incentivos fiscales y exigir poco en materia de derechos laborales y protección ambiental, lo que, unido a los bajos salarios, ha convertido China en el primer destino de muchas empresas multinacionales de "ética dudosa".

a) Muchos productos que consumes son "made in China". ¿Por qué crees que estos productos se venden cada vez más en cualquier lugar del mundo?

b) Identifica ventajas en el texto.

24. **Indica si son verdaderas o falsas las siguientes afirmaciones, razonando tu respuesta.**

a) La racionalidad económica de las familias consiste en obtener los máximos ingresos posibles.

b) La función principal de las empresas es dar trabajo a la población.

c) Cuando buscamos trabajo, acudimos al mercado de factores.

d) En los sistemas de planificación central, los bienes de producción son propiedad del Estado.

e) En las economías mixtas, las decisiones se toman al 50 % entre las empresas y el Estado.

25. **Observa la viñeta y responde.**

a) ¿Qué responderías tú a la pregunta que se plantea? Argumenta tu respuesta.

b) ¿Qué razones esgrimiría alguien que no coincida con tu opinión?

26. **Comenta estos titulares relacionándolos con los contenidos de la unidad.**

Las familias españolas salen menos de vacaciones

La privatización de servicios sanitarios es un paso atrás en el Estado de bienestar

Se amplían las iniciativas empresariales privadas en Cuba en la agricultura, el turismo y la vivienda

Las crisis resucitan las ideas keynesianas

27. **Con este cuadro-resumen, explica las principales escuelas de pensamiento económico.**

ESCUELAS	PRINCIPALES APORTACIONES	VIGENCIA HOY
Liberalismo	•••	•••
Marxismo	•••	•••
Keynesianismo	•••	•••

28. **Entra en la página web del INE (www.e-sm.net/sveco1bachud03_01), busca la encuesta de condiciones de vida (ECV) sobre la economía de las familias españolas y lee la "Nota de prensa" del último año.**

a) ¿Cuáles son los ingresos medios de las familias españolas?

b) ¿Cuánto gastan y en qué? ¿Qué dificultades sortean para llegar a fin de mes?

c) ¿Cómo están de endeudadas las familias y cuál ha sido la evolución de su endeudamiento en los últimos años?

29. **Infórmate en cualquiera de los organismos y asociaciones mencionados en el texto y responde a las preguntas que se plantean.**

Cada vez existen más reclamaciones y quejas de los consumidores en España. El Instituto Nacional de Consumo (www.consumo-inc.es), las oficinas municipales de información al consumidor (OMIC) o las distintas asociaciones de consumidores ofrecen información sobre nuestros derechos y consejos prácticos para que seamos más conscientes y responsables en nuestras compras.

a) ¿Cuáles son tus derechos como consumidor?

b) ¿Cuáles son las quejas más frecuentes expresadas por los consumidores?

c) ¿Qué ayudas nos dan las instituciones para defender nuestros derechos?

d) ¿Qué entiendes por consumo responsable? Señala ejemplos concretos.

Actividades de argumentación y debate › ¿Consumo o consumismo?

30. **Muchas personas se encuentran atrapadas en una espiral de compras por impulso, endeudamiento para consumir y necesidad de trabajar más para pagar las deudas. ¿Existen alternativas? Para unos, es el sistema y difícilmente se puede ir contra él. Pero también existen los que empiezan a preguntarse si su calidad de vida no mejoraría cambiando su estilo de vida.**

▶ Reducir el consumo para vivir mejor

Frente a quienes son incapaces de controlar su tendencia a comprar sin medida están los que practican una forma de vida más sencilla, conocida como *downshifting*, que significa simplificar o desacelerar.

Esta tendencia, que nació en Estados Unidos y se extiende por Europa, incluye desde la reducción del consumo hasta el reciclado de materiales, sin olvidar una actitud ecologista, preocupada por la conservación del planeta.

Su diagnóstico de la sociedad occidental parte de dos premisas: "el dinero no garantiza la calidad de vida" y "la economía no puede crecer indefinidamente, porque llegará un momento en que los recursos naturales se agotarán".

¿Cómo dejar de ser esclavo del dinero y mejorar la calidad de vida? Lo primero que hay que hacer es averiguar el grado de satisfacción que nos producen las cosas, para distinguir "una ilusión pasajera de la verdadera satisfacción". Con esta fórmula, cada uno puede detectar los valores que le proporcionan bienestar y descubrir, paso a paso, un nuevo estilo de vida más satisfactorio. Para los defensores de la reducción del consumo, esto "se puede hacer sin perder calidad de vida; al contrario, mejora, porque lo que compramos nos gusta de verdad".

▶ El consumo es necesario

La mayoría de las personas de las sociedades desarrolladas, por una parte, trabaja para empresas y, por otra, mantiene a las empresas consumiendo sus productos.

De hecho, dado que nuestras vidas se asientan y se desarrollan sobre una economía de mercado, las empresas nos necesitan como empleados y como consumidores. Es decir, como medios para garantizar su supervivencia.

Y es precisamente esta acción de comprar bienes lo que permite que el sistema se perpetúe. Para que la economía no se desmorone es necesario que todos sigamos consumiendo. En otras palabras, si dejáramos de consumir, el sistema se colapsaría y volveríamos a las cavernas.

▶ ¿Tener o ser?

Consumir tiene cualidades ambiguas: alivia la angustia, porque lo que tiene el individuo no se lo pueden quitar, pero también requiere consumir más, porque el consumo previo pronto pierde su carácter satisfactorio. Los consumidores modernos pueden identificarse con la fórmula siguiente: yo soy igual a lo que tengo y lo que consumo.

FROMM, E.: *Tener o ser.*

▶ ¿Racional o compulsivo?

Contesta el cuestionario de compra compulsiva elaborado por J. Gándara. Puntúa cada pregunta según esta escala: Nunca: 1. Algunas veces: 2. Bastantes veces: 3. Casi siempre: 4. Siempre: 5.

¿Salir de compras te ayuda a olvidar disgustos o problemas?	1	2	3	4	5
¿Utilizas las compras para sentirte una persona más segura y satisfecha?	1	2	3	4	5
¿Alguna vez has tenido dificultades familiares o económicas por las compras?	1	2	3	4	5
¿Empleas las compras para sentirte más seguro ante los demás?	1	2	3	4	5
¿Compras ropa u objetos que luego no usas?	1	2	3	4	5
¿Empleas excesivo tiempo, dinero o energía para vestir a la moda o imitar con ella a personas famosas?	1	2	3	4	5
¿Tienes deseos de comprar cosas desproporcionadas a tus necesidades o posibilidades económicas?	1	2	3	4	5

Puntuación: si la suma sobrepasa los 10 puntos, lo cual es probable, debes empezar a revisar tu manera de consumir. Cuantos más puntos se obtengan en el cuestionario, mayor riesgo de adicción a las compras presenta la persona.

▶ Análisis audiovisual

El concursante, de Rodrigo Cortés. 2007 (min 00:17:40 a 00:18:32).

Un profesor se hace millonario gracias a un premio que incluye un coche de lujo, una avioneta y un chalé. El problema llega cuando no puede mantenerlos. Como dice un proverbio chino: "Algún dinero evita las preocupaciones. Mucho, las atrae".

Analiza los documentos y responde.

a) Algunos jóvenes creen que el dinero y el consumo no dan la felicidad, pero ayudan a conseguirla. Otros consideran que comprar mucho no es necesario para sentirse bien y que el consumismo, además de incompatible con el medioambiente e insolidario, es una atadura que nos hace dependientes de las modas y esclavos del dinero. Busca argumentos para justificar ambas posiciones.

b) ¿De cuál te sientes más cerca? Antes de definirte, piensa en hechos, datos y experiencias que apoyen tus argumentos.

¿VIVIMOS POR ENCIMA DE NUESTRAS POSIBILIDADES?

Al escritor Josep Pla, un maestro de la ironía y del sentido común, le preguntaron una vez cuál era el secreto de una buena economía. Su respuesta fue clara y sencilla: "Si tienes dos y gastas dos, vas bien. Si tienes dos y gastas tres, entonces no vas bien".

La economía familiar

El presupuesto familiar

Muchas familias saben cuánto dinero ingresan, pero no tienen tan claro cuánto gastan cada mes ni en qué. Sin duda, les gustaría llegar a fin de mes sin problemas, pero si surgiera una avería importante en casa o dejara de funcionar el coche, ¿contarían con un fondo de dinero para gastos imprevistos? Y si algún miembro de la familia perdiera su trabajo, ¿podrían seguir pagando sus gastos actuales?

Solo en ocasiones en las que hay gastos importantes o problemas financieros nos ponemos a "echar cuentas". Este es un error muy común que suele traer sorpresas y disgustos. Para ayudarnos a poner orden en nuestra economía, existe una herramienta muy útil: el presupuesto. Es un instrumento que sirve para planificar los ingresos y los gastos previstos de un período (un mes, por ejemplo).

A través del presupuesto podemos tomar el control de nuestras finanzas, ya que nos ayuda a:

1. Mantener los gastos en función de los ingresos y, en caso necesario, priorizar, reducir o eliminar gastos.
2. Saber cuál es la situación de nuestra economía en cada momento y evitar problemas de endeudamiento.
3. Hacer previsiones de futuro, ahorrando algo todos los meses para disponer de un fondo para emergencias.

Evaluar los gastos y hacer ajustes

Una vez elaborado el presupuesto, el siguiente paso es evaluar nuestra situación financiera. Si los ingresos superan a los gastos, se ahorra. Si sucede lo contrario, habrá que analizar si se trata de una cuestión accidental (un mes con grandes gastos imprevistos) o es lo habitual. En este último caso se agotarán los ahorros (si los hay) y habrá que decidir entre iniciar una espiral de endeudamiento para atender los pagos (préstamos, compras a plazos, tarjetas de crédito, números rojos, etc.) o ajustar el presupuesto (que es la opción más recomendable).

¿De dónde reducir gastos?

Si los gastos superan a los ingresos, habrá que equilibrarlos. Para ello, la clave está en identificar los tipos de gasto y saber establecer prioridades:

1. Cuando hay que recortar, se debe empezar por los **gastos no necesarios**. Se trata de gastos prescindibles (actividades de ocio, regalos, compras innecesarias, etc.) y habrá que decidir a cuáles renunciamos. Aunque sean importantes para la persona, si los ingresos no cubren los gastos, se trata de lujos.
2. Los **gastos variables necesarios** (facturas de la luz y del agua, gastos de transporte, alimentación, vestido, etc.) solo podemos reducirlos si hacemos un uso racional. Por ejemplo, podemos ahorrar en la factura de la luz apagando lámparas, ajustando el termostato y utilizando bombillas de bajo consumo, o viajar más en transporte público, o comprar solo lo necesario (y, a ser posible, en rebajas), comparar precios, etc.
3. Los **gastos fijos** (como el alquiler de la vivienda o la hipoteca, los seguros, los impuestos, etc.) no son recortables y son los primeros que hay que pagar.

Una vez ajustado el presupuesto, es fundamental comprometerse a cumplirlo. Y también a mantenerlo vivo, ya que la situación familiar varía y es necesario adaptarlo a los cambios.

Nuestro límite de endeudamiento

¿Hasta dónde pueden llegar nuestros gastos mensuales por deudas? Para responder, debemos saber que el límite máximo de endeudamiento está en el 40 % de los ingresos netos.Por debajo de ese porcentaje, nuestra economía tiene capacidad para afrontar nuevas deudas, pero si superamos ese límite, incurrimos en riesgo de sobrendeudamiento.

Situación presupuestaria familiar
Ingresos > Gastos → Superávit: ahorro
Ingresos = Gastos → Equilibrio
Ingresos < Gastos → Déficit: deudas
Límite máximo de endeudamiento: 40 % ingresos

¿Cómo hacer un presupuesto?

Lo primero es recopilar información: recibos, facturas, extractos de bancos, nóminas, etc. Una vez que tenemos los datos, debemos clasificarlos entre gastos e ingresos. Para ello suele utilizarse un cuadro de doble entrada como el modelo de presupuesto que te presentamos abajo. Pero como cada familia es un mundo, este modelo debe ser adaptado a cada situación concreta.

¿De dónde proceden los ingresos?

- Los salarios que reciben los trabajadores.
- Los ingresos por invertir los ahorros (rentas del capital). Si los ahorros se colocan en depósitos bancarios o en bonos del Estado, se obtienen intereses; si se invierten en acciones de empresas, se obtienen beneficios (dividendos).
- Si se poseen pisos o terrenos y estos se alquilan, se reciben ingresos por alquileres.
- Pensiones por jubilación.
- Subsidios o prestaciones por desempleo y ayudas familiares.

¡! Se trata de ingresos netos, es decir, descontados la seguridad social y lo que nos retienen del impuesto sobre la renta. Si hay 14 pagas al año, multiplicaremos por 14 la paga o pensión mensual y lo dividiremos por 12 para obtener los ingresos medios mensuales.

¿De dónde proceden los gastos?

- Gastos fijos: vivienda (hipoteca o alquiler, gastos de comunidad), pago de préstamos (letra del coche, etc.), seguros, impuestos, etc.
- Gastos variables necesarios: alimentación, cuidado personal (ropa, calzado y accesorios; gastos médicos, etc.), educación/cuidado de hijos (material escolar, matrícula de universidad, etc.), suministros (electricidad, agua, teléfono, etc.), transporte (bono transporte, gasolina, mantenimiento del coche, etc.).
- Gastos variables no necesarios o discrecionales: ocio (bares, restaurantes, cine, aficiones, etc.), regalos, vacaciones, etc.
- Gastos imprevistos y ocasionales: averías, reformas domésticas, dentista, etc. Para ellos conviene reservar una cierta cantidad como fondo de emergencia y de ahorro.

¡! Como unos meses se gasta más que otros (más electricidad en enero que en mayo), calcularemos un promedio del año. Y cuidado con los gastos de carácter anual (seguro del coche o la vivienda, impuestos, etc.), pues como se pagan una vez al año, habrá que reservar una cantidad mensual para ello.

Presupuesto del mes de ....

Ingresos	**Gastos**
– Salario .... €	Fijos .... €
– Pensiones .... €	– Vivienda .... €
– Rentas del capital .... €	– Préstamos, tarjetas .... €
– Rentas de inmuebles .... €	– Seguros .... €
– Prestaciones y ayudas .... €	– Impuestos .... €
– Otros ingresos .... €	Variables necesarios .... €
	– Alimentación .... €
	– Cuidado personal/familiar .... €
	– Suministros .... €
	– Transporte .... €
	Variables no necesarios .... €
	– Ocio .... €
	– Regalos y compras personales .. €
	– Vacaciones .... €
	Imprevistos y ocasionales .... €
	– Averías, reformas .... €
	– Otros gastos extras .... €
Total ingresos .... €	**Total gastos** .... €

ANALIZA TU ENTORNO

1. Piensa en diez ejemplos de gastos que tiene tu familia.
   a) Clasifícalos en fijos, variables (tanto necesarios como discrecionales) e imprevistos.
   b) Haz lo mismo con tus gastos.
2. smSaviadigital.com INVESTIGA › Elabora un presupuesto de un mes con ayuda de esta **herramienta de presupuesto personal.**
   a) ¿Qué porcentaje destinas a cada concepto?
   b) ¿Los gastos son superiores a los ingresos?
   c) ¿Consigues ahorrar?
3. Habla con tus padres y proponles la elaboración del presupuesto familiar. Si ya lo hacen, será una forma de contrastarlo; si no, tendrás que justificarles la conveniencia de hacerlo y después ayudarles en ello. Algunos programas informáticos y servicios de banca *on-line* nos facilitan esta tarea, aunque también se puede hacer con lápiz y papel.

4 La empresa y sus funciones

1 Especialización y necesidad de coordinación

2 Las funciones de la empresa

3 Funcionamiento objetivos y componentes de la empresa

Las empresas producen los bienes y servicios que necesitamos y los ponen a nuestra disposición en el lugar adecuado y en el momento oportuno. Para conseguir ese propósito, transforman los factores de producción en bienes útiles que satisfacen nuestras necesidades, e intentan hacerlo de la forma más eficiente posible.

Pero ¿cómo funcionan las empresas y qué objetivos persiguen? ¿En qué se distinguen unas de otras? ¿Cómo calculan sus beneficios? ¿Cuáles son sus responsabilidades sociales? Sin duda, las respuestas a estas y otras cuestiones nos permitirán entender mejor el mundo de la producción y el papel que desempeña la empresa en nuestra sociedad.

El libro que tienes en tus manos

De la misma forma que se anilla a las cigüeñas para conocer el recorrido que hacen, podemos "anillar" un producto (imaginariamente) para seguirle la pista desde el lugar donde se extrajo la materia prima hasta la tienda en que lo compramos. Veamos cómo:

"En principio, el libro proviene seguramente de una librería y su compra exigió la existencia de un dependiente y probablemente de un cajero, mientras que entre bastidores quedaban el gerente y sus empleados administrativos. Además, la compra del libro exigió la existencia física de la librería, con lo que tendremos un ejército de carpinteros, albañiles, arquitectos y obreros implicados en su construcción, más el conjunto de trabajadores, imposible de enumerar, que produjeron el vidrio, cemento, ladrillos, madera, etc., necesarios para construirla.

Sin haber agotado esta vía, volvamos al libro en sí. Este libro llegó a la librería en un camión de transporte fabricado por un conjunto de trabajadores del sector del automóvil, que utilizaron acero, plástico, aluminio, maquinaria, etc., producidos por otras personas. El camión iba conducido por un chofer y consumía gasolina proveniente de algún pozo petrolífero posiblemente situado en un país lejano, cuya extracción exigía una refinería, una red de tuberías y una red de distribución. Hasta ahora, hay ya miles de personas implicadas en la producción del libro y aún no hemos llegado al impresor; puedes intentar seguir el cuento con la imprenta, la producción de papel, tintas y máquinas de imprimir, y quizá en algún momento llegues hasta el autor del libro y el ordenador y el papel con que lo escribió. En resumen, para identificar a toda la gente cuyo esfuerzo contribuyó a producir el libro, tendríamos que incluir una gran parte de la población trabajadora española y un porcentaje importante de la extranjera".

Adaptado de SUITS, Daniel B.: *Principles of Economics*. Nueva York, Harper & Row, 1970.

ANALIZA LA IMAGEN

1. Observa a través del cristal cómo funciona una empresa. ¿Qué crees que hacen las personas que se ven y para qué se reúnen?

2. ¿Qué elementos de la empresa se reflejan en la imagen? ¿Qué elementos o componentes no están reflejados? ¿Es una empresa grande o pequeña? ¿A qué crees que se dedica?

ANALIZA EL TEXTO

- Si en lugar de un solo objeto, el libro, pensáramos en los cientos de bienes y servicios que consumimos diariamente, ¿cuántas personas estarían implicadas?
- ¿Cómo se coordinan esas personas para que todo funcione?

1 Especialización y necesidad de coordinación

Ya Adam Smith señalaba las causas por las que la división del trabajo aumentaba la productividad:

- La habilidad que un trabajador adquiere al especializarse en una tarea parcial y realizarla repetidamente.
- El ahorro de tiempo que se consigue evitando los períodos de pasar de una tarea a otra.
- La posibilidad de que un especialista, concentrado en la realización de su tarea, incorpore invenciones y procedimientos que mejoren su técnica para realizarla.

Un rasgo fundamental de nuestra sociedad actual es la fuerte división del trabajo y la consiguiente especialización de las personas. Hoy nadie produce todos los bienes que requiere para satisfacer sus necesidades. Nos especializamos en diferentes oficios (agricultores, transportistas, médicos, electricistas, ingenieros, músicos, administrativos, etc.) con objeto de producir distintos bienes y servicios que, mediante el intercambio y el comercio, sirven para cubrir las necesidades de otros miembros de la sociedad.

Consecuencias de la especialización

El proceso de especialización tiene la ventaja de aumentar la productividad y, por tanto, incrementa la cantidad de bienes y servicios que produce un país.

Pero junto con esta ventaja, la división del trabajo hace más complejas nuestras relaciones y genera una gran interdependencia entre las personas que forman una sociedad. La división del trabajo nos permite progresar económicamente a cambio de una enorme dependencia de unos individuos respecto de otros.

Esta dependencia la entenderemos mejor si comparamos nuestra economía con la de un hipotético Robinson Crusoe que caza, pesca y cultiva para alimentarse; teje su ropa y construye su vivienda. Él satisface sus necesidades de forma autónoma e independiente. En cambio, cualquiera de nosotros dependemos de los miles de personas que contribuyen a producir los bienes y servicios que habitualmente necesitamos.

Interdependencia y necesidad de coordinación

Cuanto más se desarrolla la división del trabajo en una sociedad, más complejos son sus mecanismos de intercambio y, por tanto, más necesidad habrá de organizarlos. Pensemos, por ejemplo, en un libro: si repasamos la cantidad de tareas, especialistas, empresas, intercambios, transportes y comercio que han sido necesarios para su fabricación, comprenderemos la necesidad de coordinación de un proceso tan complejo.

¿Cómo se coordinan todas las personas que contribuyen a que el libro llegue a nuestras manos?

a. En primer lugar, si una persona no produce prácticamente nada de lo que necesita para su consumo, tiene que haber mecanismos que pongan en contacto a productores y consumidores, para asegurar que lo que unos producen coincida con lo que otros desean consumir. El mercado y el dinero son esos mecanismos.

b. En segundo lugar, al subdividir la producción de un bien en múltiples tareas parciales es necesario coordinar las acciones de todas las personas que contribuyen a su fabricación. En la elaboración de un automóvil, por ejemplo, habrá que asegurar que los diversos componentes producidos por los distintos especialistas sean los adecuados para que, una vez ensamblados, constituyan un vehículo completo, y que además esté terminado en el tiempo y lugar adecuados para que cuando acudamos al concesionario nos lo muestre el agente de ventas.

2 Las funciones de la empresa

Las empresas desarrollan dos importantes funciones en nuestra sociedad: coordinar los factores de producción y crear o aumentar la utilidad de los bienes.

Coordinar los factores de producción

Para cubrir nuestras necesidades es preciso poner de acuerdo y coordinar a múltiples especialistas; contratar maquinaria y equipos adecuados, y adquirir las materias primas indispensables. Por ello, tal como está organizada nuestra sociedad, es fundamental que existan instituciones que lleven a cabo esa tarea de coordinación. Estas instituciones son las **empresas**, cuya primera función consiste en coordinar los factores de producción (tierra, trabajo y capital) con objeto de producir los bienes y servicios que necesitamos.

Además de coordinar los factores de producción y aumentar la utilidad de los bienes, las empresas crean riqueza y generan empleo, asumiendo riesgos en su actividad.

Crear o aumentar la utilidad de los bienes

Al transformar las materias primas en productos elaborados, las empresas cumplen la importante función de crear o aumentar la utilidad de los bienes, es decir, incrementar su capacidad para satisfacer las necesidades humanas.

Esta función es necesaria porque los bienes no existen en la naturaleza en la forma adecuada para su consumo: hay que transformarlos en bienes capaces de satisfacer nuestras necesidades. Por ejemplo, el árbol no nos sirve como mesa hasta que se transforma en tablero y patas, y estos se ensamblan en muebles que, posteriormente, alguien transporta y distribuye hasta cerca de donde vivimos. Desde este punto de vista, crean utilidad tanto la empresa que produce la madera como la fábrica que monta el mueble, como la agencia de transportes que lo traslada hasta el establecimiento comercial que nos lo sirve en el tiempo y lugar adecuados.

Las empresas, al crear utilidad, añaden valor a los bienes. Cuanto más útiles son, más aumenta su valor y, por tanto, el precio que se está dispuesto a pagar por ellos.

El **valor añadido de una empresa** es la diferencia entre el valor de los bienes producidos y el coste de las materias primas que se utilizan para su producción.

*** Utilidad de los bienes**

Capacidad que tienen los bienes para satisfacer las necesidades humanas.

Entradas	EMPRESA	Salidas	MERCADO
FACTORES: ▸ Materias primas ▸ Mano de obra ▸ Capital	→ TRANSFORMACIÓN QUE AÑADE VALOR (creación de utilidad)	→ Bienes y servicios	→ SATISFACCIÓN DE NECESIDADES

EN LA PRÁCTICA Lo que no vemos del mundo de la producción

Si nos preguntan qué producen las empresas, nos vienen a la cabeza imágenes de coches, ropa, calzado, móviles, alimentos y otros muchos productos de consumo. Pero aunque esta sea la parte visible de la producción (la punta del iceberg), representa una idea equivocada de lo que realmente se produce en un país.

Por lo general, las empresas no parten de las materias primas y realizan todas las transformaciones necesarias hasta obtener un bien final. Así, las empresas fabricantes de calzado no producen el cuero, ni realizan las operaciones de curtido y teñido de las pieles, ni elaboran las colas, tintes, plásticos y tejidos que utilizan para producir zapatos. La mayor parte de las empresas producen bienes intermedios, es decir, bienes que son utilizados por otras empresas para producir los bienes finales que consumimos.

- Piensa en una empresa que fabrica automóviles y señala ejemplos de materias primas y bienes intermedios (producidos por otras empresas) necesarios para producir un coche.

3 Funcionamiento, objetivos y componentes de la empresa

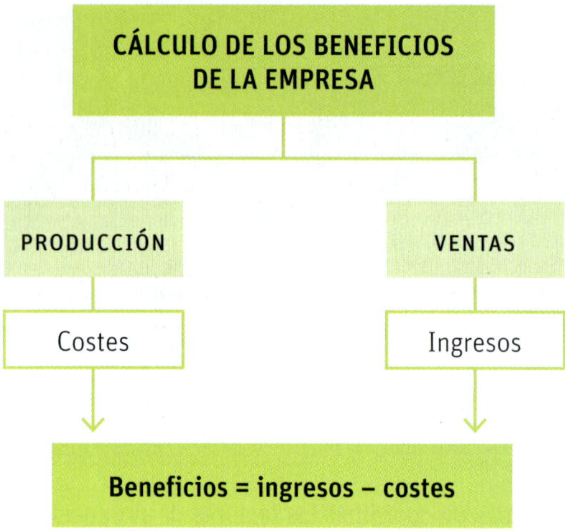

Una empresa nace por la voluntad de un emprendedor o grupo de emprendedores que descubren en el mercado una necesidad insatisfecha y deciden producir el bien o servicio que podría satisfacerla. Una vez tomada esta decisión, hay que reunir los factores de producción y ponerla en marcha.

Para poder producir, las empresas compran las materias primas que necesitan, contratan trabajadores, adquieren maquinaria y equipos, contratan servicios de agua, energía, etc. Los precios que pagan por todo ello son los **costes de producción** de la empresa.

La empresa obtiene sus ingresos de la venta en el mercado de los bienes que produce. La diferencia entre estos ingresos y los costes de producción es el **beneficio de la empresa**.

Los objetivos de la empresa

Las empresas buscan **maximizar los beneficios**, tratando de obtener los máximos ingresos por la venta de sus productos con los mínimos costes de producción. Junto con este objetivo clásico o tradicional, en la actualidad las empresas también persiguen:

- Objetivos de **crecimiento** y de **poder en el mercado**, para asegurar futuros y mayores beneficios.
- Objetivos de **estabilidad y adaptabilidad al medio**. Para mantenerse y crecer, las empresas deben estar abiertas a los cambios en el mercado y a las innovaciones tecnológicas.
- Objetivos de **naturaleza social**. Cada vez es más frecuente que las empresas incorporen objetivos de responsabilidad social, tanto hacia los colectivos de los que dependen (empleados, accionistas, clientes, proveedores) como hacia la sociedad y el medioambiente.

El ciclo de producción

Si se observa el funcionamiento típico de una empresa, comprobamos que una y otra vez se repite el mismo ciclo, que podemos representar de la forma que aparece en el siguiente esquema.

El ciclo de producción de una empresa

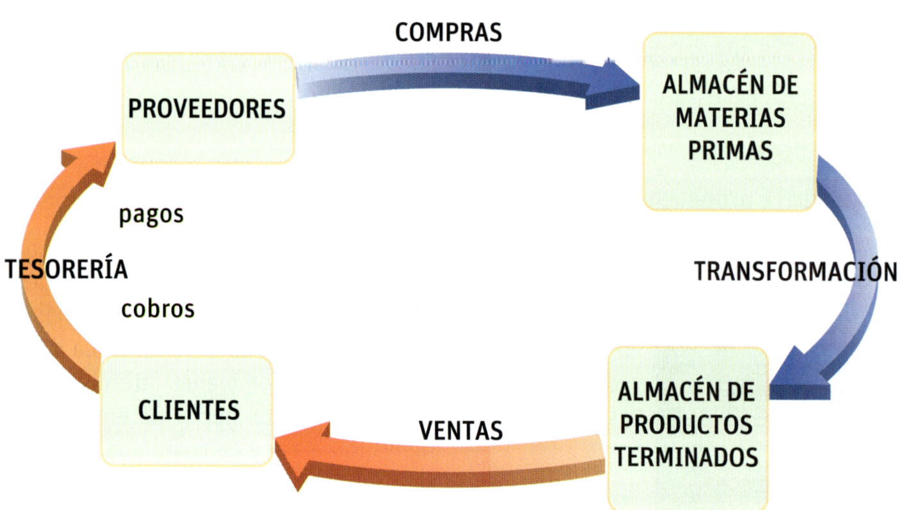

- La empresa adquiere materias primas de sus proveedores, que son almacenadas y posteriormente pasan a fabricación.
- Una vez transformadas en productos terminados, se almacenan hasta que salen para su comercialización.
- En los puntos de venta son adquiridos por clientes que pagan por ellos.
- Con ese dinero, las empresas pagan a sus proveedores y vuelve a reproducirse el ciclo.

El gráfico representa el ciclo de producción de una empresa industrial o transformadora. Si se tratara de una empresa comercial, como una tienda de ropa o de calzado, ese ciclo se simplificaría, ya que no existiría ni almacén de materias primas ni proceso de transformación.

Los componentes de la empresa

En toda empresa se observan los siguientes elementos comunes:

a. El grupo humano interno, formado por los trabajadores o empleados, los propietarios del capital o socios de la empresa y los administradores o directivos.

b. El patrimonio o conjunto de bienes económicos que son necesarios para desarrollar su actividad. Constituyen el capital de la empresa: los edificios, la maquinaria y los equipos, las naves industriales, las materias primas, el dinero en bancos o en caja, etc.

c. La organización o conjunto de relaciones de coordinación y de comunicación que se dan dentro del grupo humano de la empresa.

d. El entorno o marco externo que rodea a la empresa, en el que esta influye y del que recibe influencias. La empresa está influenciada por las medidas del Gobierno, las crisis económicas, los tipos de interés, los avances tecnológicos, los cambios en las modas y los hábitos de consumo, etc. Pero también la empresa influye en ese entorno y debe cuidar los efectos que su actividad produce sobre la sociedad y el medioambiente, o sobre los colectivos de los que depende: trabajadores, clientes, etc.

La empresa puede considerarse como un sistema abierto al entorno en el que desarrolla su actividad, en el que influye y del que recibe influencias.

EN LA PRÁCTICA **La iniciativa empresarial de los jóvenes**

Muchos jóvenes inician cada año proyectos de creación de miniempresas para acceder al empleo. ¿Qué pasos deben darse?

1. La idea. Toda empresa parte de una idea sobre una necesidad que el mercado no satisface. Las ideas surgen de la observación de tendencias sociales y modas locales; de las propias aficiones, de nuevos usos para productos ya existentes o de las posibilidades que ofrecen las nuevas tecnologías, etc.

2. Las cualidades personales. Se necesita capacidad emprendedora para asumir riesgos y responsabilidades; iniciativa para liderar proyectos, creatividad y autoconfianza, y conocimientos profesionales de la actividad que se va a emprender.

3. El plan de negocio o valoración de la idea. Hay que analizar todos los ángulos del negocio para comprobar su **viabilidad**:

a) Qué ofrecemos. El proyecto debe describir el producto o el servicio que se ofrece, sus características y las necesidades que cubre, así como las novedades o ventajas que aporta

b) Un estudio del mercado. ¿A qué clientes nos dirigimos y cuántos son? ¿Existen otras empresas que ofrecen lo mismo? Si es así, ¿cómo les va?

c) ¿Qué medios materiales (local, transporte, etc.) y humanos se necesitan? ¿Dónde obtener financiación? ¿Qué ayudas económicas existen?

d) El plan comercial: marca y presentación del servicio o producto, precio, publicidad y promoción.

e) Estudio económico-financiero. Estimación de costes e ingresos. ¿Se cubren costes? ¿Hay beneficios?

4. Decisión de crear la empresa. Si la valoración es positiva, habrá que pensar en dos aspectos, referidos a continuación.

a) La forma jurídica de la empresa. ¿Empresario individual o sociedad? ¿Qué tipo de sociedad?

b) Las gestiones iniciales. Obtención de financiación y trámites administrativos de creación de la empresa.

- Busca una idea de empresa y elabora un esquema del plan de negocio. Las administraciones locales, autonómicas y europea o las asociaciones de Jóvenes Empresarios (AJE) ofrecen ayuda a los jóvenes en sus proyectos. Una de ellas es: **www.e-sm.net/sveco1bachud04_01**

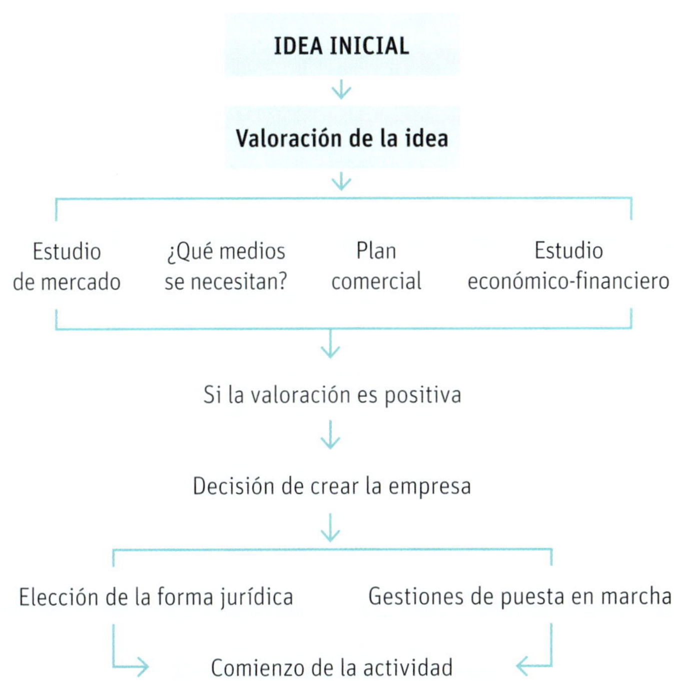

4 La eficiencia en la producción

Tecnología

Conjunto de procedimientos, equipos y maquinaria que se utilizan en el proceso de producción, así como la forma de combinar medios humanos y materiales en ese proceso.

Eficiencia técnica

Obtención de la máxima producción con unos recursos dados.

Eficiencia económica

Obtención de la máxima producción con el mínimo coste posible.

Una vez que las empresas han elegido qué bien o servicio producir, deben decidir **cómo producir**, es decir, qué tecnología utilizarán y cómo combinarán los factores de producción.

Eficiencia técnica

En su búsqueda de la eficiencia, las empresas tratan de elegir la técnica que les permita producir la mayor cantidad posible de bienes con los recursos existentes. Por ejemplo, a Robinson Crusoe, antes de inventar el arpón, su técnica solo le dejaba pescar con sus habilidades manuales. Sin embargo, desde que conoció la existencia del arpón (bien de capital) dispuso de dos formas diferentes de obtener la pesca que necesitaba para su sustento diario: podía dedicarle 10 horas de trabajo sin utilizar capital u 8 horas empleando un arpón.

Supongamos ahora que Robinson descubre la pesca con caña y, después, la pesca con red; cuando pesca con caña necesita 5 horas de trabajo para obtener su sustento diario, y pescando con red, solo 3 horas. De las cuatro posibilidades mostradas en la tabla, la técnica 4 es la más eficiente.

FACTORES DE PRODUCCIÓN	Técnica 1	Técnica 2	Técnica 3	Técnica 4
Horas de trabajo	10	8	5	3
Capital	0	1 arpón	1 caña	1 red

De la misma forma, si una empresa puede fabricar 100 pantalones con 4 máquinas en 100 horas de trabajo, es más eficaz que otra empresa que elabora solo 75 pantalones con las mismas máquinas y horas de trabajo. Por tanto, un método es técnicamente eficiente si la producción que se obtiene es la máxima posible con una cantidad de factores dada.

Eficiencia económica

Pero en la práctica de las empresas, lo habitual es que sean posibles varias combinaciones igualmente eficientes desde el punto de vista técnico. Así, se pueden fabricar los mismos 100 pantalones del ejemplo anterior en 150 horas de trabajo, pero con tres máquinas. No se puede decir si esta técnica es más o menos eficiente que la primera porque exige más trabajo, pero con menos máquinas.

Cuando existen varias combinaciones posibles para lograr la misma cantidad de producto, la elección depende del coste de los factores de producción. Calculando sus costes y comparándolos (ver la tabla siguiente), observamos que es preferible la técnica 1 porque es menos costosa. Es decir, su eficiencia económica es mayor.

	N.º de horas	Precio/hora	Máquinas	Coste máquina	Coste total
Técnica 1	100	30 u. m.	4	1000 u. m.	7000 u. m.
Técnica 2	150	30 u. m.	3	1000 u. m.	7500 u. m.

Dado que las empresas persiguen la obtención del máximo beneficio, elegirán la combinación de factores que minimice sus costes. Los precios de los factores varían a lo largo del tiempo y esto hace que las empresas sustituyan aquellos factores que se van encareciendo por los que son comparativamente más baratos. Así, al elegir la técnica 1 frente a la 2, se sustituye mano de obra por capital, lo cual coincide con una tendencia en nuestra sociedad hacia procesos de producción cada vez más sofisticados e intensivos en capital.

Los cajeros automáticos ocuparon el lugar de los cajeros del banco, las gasolineras de autoservicio eliminaron a los empleados de los surtidores, y las modernas líneas de montaje de coches sustituyeron a los operarios por ordenadores y robots sofisticados que montan los principales componentes de los vehículos.

La función de producción y los rendimientos decrecientes

Una vez elegida la técnica más eficiente, hay que decidir **cuánto producir**. Para responder a esta cuestión, las empresas estudian su **función de producción**, cuyo propósito es conocer cómo varía la producción cuando aumenta alguno de los factores, manteniendo constantes los demás.

Veamos el caso de una peluquería. ¿Cuántos clientes se podrán atender diariamente en este negocio? Si se dispone de un local pequeño con dos puestos de corte de pelo y un punto de lavado, los clientes dependerán lógicamente del número de trabajadores contratados.

Factor trabajo (n.º de peluqueros)	0	1	2	3	4	5	6
Producción (clientes diarios)	0	10	25	40	50	56	60
Producto marginal (clientes adicionales)	0	10	15	15	10	6	4

Con el primer trabajador se pasa de cero a diez clientes al día. Este aumento refleja el **producto marginal** (PM) de ese trabajador, es decir, lo que añade a la producción. Con un segundo trabajador se atiende a 25 clientes. Mientras que el PM del primero era de 10, el segundo eleva la producción en 15 clientes.

El mayor PM del segundo trabajador no se debe a su talento o esfuerzo, sino a la organización del trabajo. El primero no solo tenía que cortar el pelo, sino también lavar, teñir, limpiar, cobrar, atender el teléfono, etc., con la consiguiente pérdida de tiempo en el cambio de tareas. Cuando pasamos a dos (o tres) trabajadores, mientras uno lava el pelo, limpia o cobra, el otro puede continuar cortando el pelo, aumentando significativamente la producción.

Con cuatro trabajadores, la producción aumenta, pero solo en 10 clientes. Por tanto, el PM del cuarto trabajador (10) es menor que el del tercero (15). Esta disminución se debe a que la limitación de espacio y de equipos hace que se molesten unos a otros (dos personas no pueden lavar al mismo tiempo) y se pierda tiempo en esperas. Esta limitación es más evidente con cinco trabajadores y aún más con seis. La producción sigue aumentando, pero cada vez menos.

Según **el principio económico de los rendimientos decrecientes**, el PM del factor trabajo (o de cualquier otro factor) comienza a disminuir a partir de un determinado punto a medida que se utiliza una mayor cantidad del mismo, pero manteniendo constantes los demás factores.

Este principio solo se cumple a corto plazo. A largo plazo, se podría ampliar el local y las instalaciones, aumentando así las posibilidades de producción.

*** Función de producción**

Analiza qué ocurre con la cantidad producida cuando se incrementa alguno de los factores productivos, manteniendo constantes los demás factores.

La función de producción

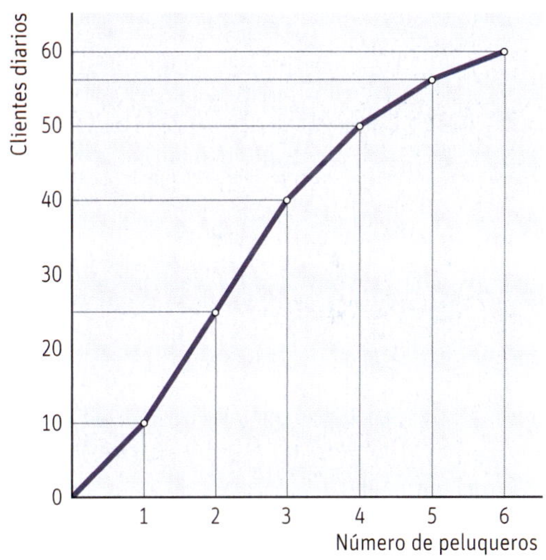

ESTUDIO DE CASOS **Los rendimientos decrecientes en la panadería**

Cerca de donde vivo hay una panadería. Yo compro el pan, como mucha gente, el sábado por la mañana. No es sorprendente que sea el día más atareado de la semana para la panadería y que por esa razón contrate más dependientes.

Durante la semana, solo un dependiente atiende a los clientes, pero el sábado por la mañana hay cinco. ¿Pueden atender al quíntuple de clientes? No. El trabajo tiene rendimientos decrecientes. El problema se halla en que algunos factores de producción de la panadería son fijos:

- *El local tiene unas dimensiones fijas. Se llena el sábado por la mañana. Los dependientes a veces tienen que esperar mientras los clientes se apiñan para llegar a la caja. Los propios dependientes se molestan unos a otros.*
- *Solo hay una caja. Los dependientes tienen que esperar frecuentemente a que terminen de utilizarla sus compañeros.*

De esa forma, es posible que el quinto e incluso el cuarto dependiente atiendan a muy pocos clientes adicionales.

Adaptado de SLOMAN, J.: *Introducción a la microeconomía.* Madrid, Prentice-House, 1997.

- ¿Le aconsejarías al panadero que siguiera contratando un quinto dependiente? ¿Y un cuarto?
- ¿Debería ampliar su tienda para atender a más clientes el sábado por la mañana? Si lo hiciera, ¿qué ocurriría el resto de la semana?

5 Costes, ingresos y beneficios

A veces hay costes que no es preciso pagar. Si una persona abre su propio negocio de bicicletas en un local de su propiedad, aunque no tenga que pagar nada en concepto de alquiler, sí debe tener en cuenta su coste de oportunidad: está renunciando a lo que podría cobrar si lo alquilara por el precio que se paga en la zona. La cantidad a la que renuncia es un coste más de su negocio, aunque no exija desembolso.

Para poder producir, las empresas compran materias primas, pagan salarios, adquieren maquinaria y equipos, utilizan agua y energía, pagan seguros y alquileres, etc. Es decir, soportan ciertos costes. La suma de todos ellos da lugar al **coste de producción** de la empresa.

Costes fijos y variables a corto plazo

Entre los costes de producción, hay que distinguir entre fijos y variables:

a. Costes fijos. Para comenzar a producir, una empresa necesita un local o edificio, máquinas, mobiliario, etc. Con independencia de que se produzca más o menos cantidad, debe asumir unos costes que, precisamente por ello, se consideran fijos. Se trata, por tanto, de unos costes independientes de la cantidad producida. Algunos ejemplos son el alquiler del local, la amortización de la maquinaria, la mano de obra fija, los seguros, determinados impuestos, etc.

b. Costes variables. Pero en la empresa existen otros costes, llamados variables porque cambian con la producción, y son tanto mayores cuanto mayor sea la cantidad producida. Las materias primas o los componentes de los productos varían en proporción directa a la cantidad de bienes fabricados. Así, el valor de la madera consumida en la fabricación de muebles se incrementa a medida que producimos más unidades.

No obstante, **a largo plazo todos los costes son variables**. Con el tiempo, las empresas crecen y aumentan sus instalaciones, contratan a más trabajadores e incrementan su producción; de este modo, sus costes fijos también se incrementan, es decir, los costes que a corto plazo eran fijos se convierten, a largo plazo, en variables.

En el gráfico, los costes fijos se representan por medio de una línea recta que, partiendo del eje de ordenadas, va paralela al eje de abscisas, lo que nos indica que estos costes son constantes sea cual sea la cantidad producida. Los costes variables parten del origen de coordenadas (punto 0,0) porque si la producción es cero, no existen costes variables. A medida que la cantidad producida aumenta, crece el valor de estos costes.

Los costes de la empresa

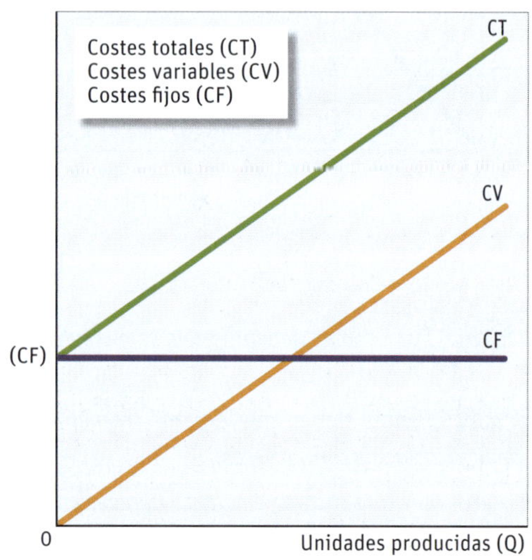

Los costes totales

La suma de los costes fijos (CF) y de los costes variables (CV) de una empresa determina el coste total de producción (CT):

CT = CF + CV

La representación gráfica de la función de costes totales parte del eje de ordenadas a la altura de los costes fijos y va paralela a la curva de costes variables. La pendiente de la curva de costes totales es la misma que la de los costes variables, ya que se obtiene sumando los costes fijos, que son constantes, a los costes variables.

El coste medio o coste por unidad

Dividiendo el coste total de un período entre el número de unidades producidas (Q) en ese período, obtenemos el coste medio o coste unitario (CMe), es decir, lo que cuesta producir una unidad de producto por término medio:

CMe = CT / Q

Asimismo, el coste variable medio (CVMe) será el cociente entre el coste variable del período y las unidades producidas:

CVMe = CV / Q

Los beneficios de la empresa

De la venta de los bienes y servicios que produce, la empresa obtiene sus **ingresos**, que se calculan multiplicando la cantidad de productos vendidos por su precio:

Ingresos = p · Q

La diferencia entre estos ingresos (I) y los costes totales es el **beneficio** de la empresa:

Beneficios = I – CT

Para que existan beneficios, los ingresos deben ser superiores a los costes, ya que en caso contrario habrá pérdidas. Si una empresa tiene unos ingresos anuales de 10 millones y sus costes anuales suman 8 millones, sus beneficios son el resultado de restar a los ingresos los costes, es decir, 2 millones al año. Pero si sus costes fueran de 11 millones, no habría beneficios, sino pérdidas de 1 millón.

Por otra parte, los beneficios, al igual que los costes y los ingresos, siempre se refieren a un período de tiempo, un mes, un trimestre o un año. No es correcto decir, por ejemplo, que una empresa ha obtenido 100 millones de beneficios, sino 100 millones anuales, trimestrales, etc.

Para aumentar los beneficios hay varias vías: aumentar los ingresos (incrementando las ventas), reducir costes (mayor eficiencia económica) o ambas cosas.

EN LA PRÁCTICA Cálculo de costes, ingresos y beneficios

Para financiarse un viaje, un grupo de alumnos y alumnas de una clase se plantea comprar camisetas a un fabricante a tres euros y venderlas a cinco. Para ello alquilan un local que les cuesta 500 euros y contratan publicidad en prensa de sus camisetas por 200 euros. Además, pagan un impuesto municipal de 100 euros por la actividad.

Con estos datos, ¿cuál sería su beneficio si llegasen a vender 1000 unidades?

Para iniciar esta actividad deben hacer frente a unos costes fijos de alquilar un local, publicidad e impuestos, es decir, son costes independientes de que vendan más o menos unidades:

CF = 500 + 100 + 200 = 800 euros

Los costes variables, en este caso, son solo el valor de las 1000 camisetas que compran al fabricante. Si cada camiseta cuesta 3 euros, el coste variable total será:

CV = 1000 · 3 = 3000 euros

Los costes totales, por tanto, son:

CT = CF + CV = 800 + 3000 = 3800 euros

Para calcular los ingresos, multiplicamos el número de camisetas vendidas por su precio:

I = p · Q = 5 · 1000 = 5000 euros

Si vendiesen 1000 unidades, sus beneficios serían:

Beneficios = I – CT = 5000 – 3800 = 1200 euros

El gráfico representa las funciones de ingresos y costes de este negocio. Los ingresos parten del origen, porque si las ventas son cero, no existen ingresos. A medida que aumentan las ventas, los ingresos crecen. Para unas ventas de 1000 camisetas, los ingresos son de 5000 euros y superan los costes en 1200 euros, que son los beneficios obtenidos.

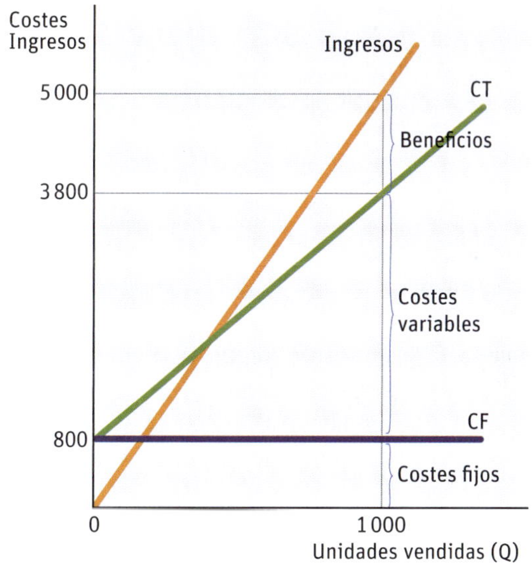

- Una empresa produce al año 20 000 unidades de un bien, con unos costes fijos de 180 000 euros y unos costes variables de 300 000. Si vende cada unidad a 30 euros, ¿cuál es su coste medio, su beneficio anual y su ganancia en cada unidad vendida?
- Representa gráficamente las funciones de costes e ingresos de esta empresa.

6 El umbral de rentabilidad

Gráfico 1: El umbral de rentabilidad

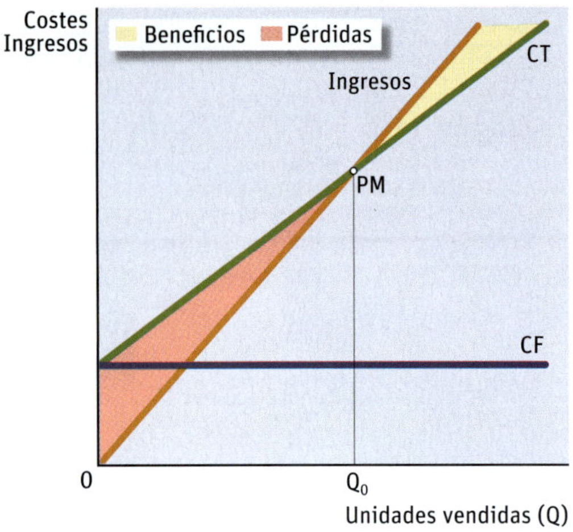

Las empresas están especialmente interesadas en saber cuánto necesitan vender para cubrir sus costes, es decir, para que sus ingresos igualen a sus costes. Este nivel de ventas se conoce como **umbral de rentabilidad** porque a partir de esa cifra se empiezan a obtener beneficios; también se denomina **punto muerto** (PM) porque en ese punto la empresa ni pierde ni gana (beneficio cero).

El **umbral de rentabilidad** nos indica qué volumen de ventas tiene que realizar la empresa para cubrir todos sus costes, tanto fijos como variables. A partir de esa cifra de ventas, la empresa comienza a obtener beneficios, mientras que por debajo de ese nivel tendrá pérdidas.

Para calcularlo se deben tener en cuenta:

a. Por un lado, los ingresos por ventas: $I = p \cdot Q$.

b. Por otro, los costes: $CT = CF + CV = CF + (CVMe \cdot Q)$.

Como el umbral de rentabilidad viene dado por un determinado volumen de ventas (es decir, un volumen de Q, que llamaremos Q_0), en el que se cumple que los ingresos coinciden con los costes, igualamos ambas expresiones:

En $Q_0 \rightarrow I = CT$. Desarrollando ambos miembros de la igualdad:

$p \cdot Q_0 = CF + (CVMe \cdot Q_0)$,

$p \cdot Q_0 - (CVMe \cdot Q_0) = CF$,

$Q_0 (p - CVMe) = CF$.

$$\mathbf{Q_0} = CF / (p - CVMe)$$

Q_0 suele expresarse en unidades vendidas y representa el nivel de ventas para el que los ingresos y los costes totales de la empresa coinciden. Como se ve en el gráfico 1, en Q_0 las curvas de costes totales e ingresos se cortan (coinciden). Por debajo de esa cantidad, la curva de costes totales está por encima (zona de pérdidas), mientras que a partir de ella, los ingresos superan los costes (zona de beneficios).

EN LA PRÁCTICA Cálculo del umbral de rentabilidad

En el ejemplo de la página anterior, un grupo de alumnos compraban camisetas a 3 euros y las vendían a 5, con unos costes fijos de 800 euros. Si vendían 1000 camisetas, obtenían 1200 euros de beneficios. Pero ¿cuántas camisetas necesitan vender para cubrir sus costes?:

$$Q_0 = CF / (p - CVMe) = 800 / (5 - 3) = 400 \text{ unidades}$$

Si venden 400 camisetas, su beneficio es cero. A partir de 400 empezarán a obtener beneficios. Por tanto, su umbral de rentabilidad se encuentra en ese nivel de ventas, como podemos comprobar:

$$\text{Beneficio (400 unidades)} = I - CT = (400 \cdot 5) - (800 + 3 \cdot 400) = 2000 - 2000 = 0$$

En el gráfico de la derecha observamos que, para unas ventas de 400 unidades, las curvas de costes totales e ingresos se cortan, es decir, en ese punto, los ingresos coinciden con los costes totales ($I = CT = 2000$), y no se obtendrá ni beneficio ni pérdida.

Por encima de esa cifra de ventas, la curva de ingresos supera la de costes: cada unidad de producto vendida a partir de 400 unidades aportará beneficios. Por debajo de 400 unidades se obtendrán pérdidas.

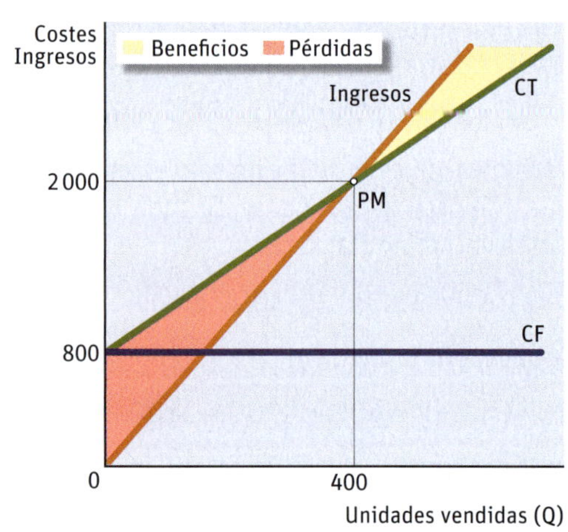

- ¿Cuál es el beneficio para unas ventas de 800 unidades? ¿Y para unas ventas de 300?

7 Tipos de empresa

Las empresas son muy diversas. Unas son pequeñas, como las tiendas de barrio, y otras son tan grandes que su número de empleados supera la población de algunos países. Algunas tienen un único propietario, mientras que otras pertenecen a múltiples socios.

Según en qué aspectos nos fijemos, podemos clasificarlas desde distintos puntos de vista.

Criterios de clasificación de las empresas

a. Según la naturaleza de la **actividad económica** que desarrollan:

- Empresas del **sector primario**, que crean utilidad al obtener los recursos de la naturaleza (empresas agrícolas, mineras, pesqueras, etc.).
- Empresas del **sector secundario** o transformadoras, que desarrollan una actividad productiva al transformar físicamente unos bienes en otros más útiles para su uso. Son las empresas industriales y de construcción.
- Empresas del **sector terciario** o de servicios, que podemos agrupar en:
  - Comerciales. Aumentan la utilidad de los bienes al ofrecerlos a los consumidores en el lugar y momento en que los necesiten.
  - De servicios. Satisfacen necesidades muy diversas: transporte, turismo, financieras, sanidad, enseñanza, comunicaciones, asesoría, etc.

b. Según su **tamaño o dimensión**. Los principales indicadores para medir la dimensión de la empresa son: el volumen de ventas, el número de trabajadores, los beneficios obtenidos, etc. Un criterio muy utilizado por su sencillez es el número de trabajadores: son microempresas si tienen menos de 10 trabajadores; pequeñas empresas si tienen menos de 50; medianas si poseen entre 50 y 250, y grandes si superan los 250 trabajadores.

c. Según la **titularidad de su capital**, las empresas pueden ser privadas si su propiedad y control están en manos de particulares, y públicas si su capital y control son estatales. Son mixtas cuando la propiedad es compartida.

d. Por su **forma jurídica**, las empresas pueden ser:

- **Empresario individual.** Cuando la actividad empresarial la desarrolla una persona física (autónomo) que, como propietario, responde con todos sus bienes de las deudas de la empresa. Es la forma más sencilla de establecer un negocio y, por lo general, suelen ser empresas pequeñas.
- **Empresas societarias o sociedades.** Las constituyen varias personas que, mediante un contrato, se obligan a poner en común dinero, bienes o trabajo, originando una persona jurídica nueva y distinta de las personas físicas que componen la sociedad. Sus formas más frecuentes son:
  - La **sociedad anónima (S. A.)**. Su capital está formado por las aportaciones de los socios. Este capital se divide en partes iguales, llamadas acciones, y a cada socio le corresponde un número de acciones según su aportación. Los socios, cuya responsabilidad se limita al capital aportado, tienen el derecho a participar en los beneficios de la empresa en función de las acciones que posean. Las acciones son fácilmente transmisibles si su poseedor quiere venderlas, lo que da a este tipo de sociedades una gran flexibilidad en su financiación, siendo por ello la forma más utilizada por las grandes empresas.
  - En la **sociedad limitada (S. L.)**, al igual que en la S. A., la responsabilidad de los socios queda limitada a sus aportaciones a la sociedad, en este caso, llamadas participaciones. La principal diferencia con la S. A. es que la transmisión de las participaciones está limitada, con objeto de mantener el control de la empresa, lo que otorga a este tipo de sociedades un carácter más familiar.

Empresas españolas, por sectores

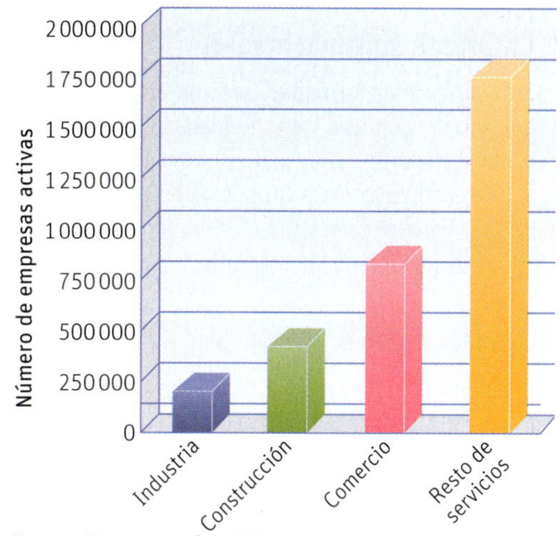

Fuente: *España en cifras*. INE

Empresas españolas, por número de asalariados

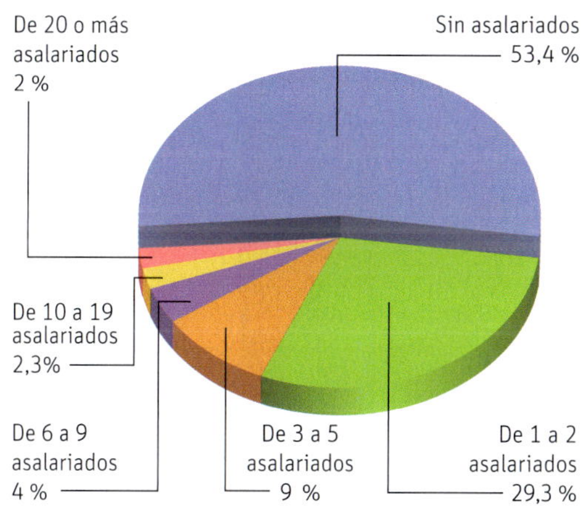

Fuente: *España en cifras*. INE

Pymes

Son las pequeñas y medianas empresas, es decir, todas aquellas que tienen menos de 250 trabajadores.

Acciones

Títulos que representan cada una de las partes iguales en que se divide el capital de una S. A. y que dan a su poseedor la condición de socio accionista y el derecho a participar en la gestión de la empresa y en sus beneficios.

8 El crecimiento de las empresas

Empresas multinacionales

Son compañías formadas por una empresa matriz que cuenta con una serie de filiales que operan en diferentes países del mundo y que comparten unos mismos objetivos; la matriz es la empresa originaria del Estado donde inició su actividad y donde radica la gestión de la compañía.

Una característica de la economía actual es la tendencia de las empresas a crecer mediante procesos de unión y concentración. Estas uniones consisten en fusiones entre empresas o en compras y absorciones de unas compañías por otras, dando lugar a empresas gigantes, cuya producción supera en muchas ocasiones la de algunos países.

Las empresas crecen para obtener determinadas ventajas. En unos casos, se persigue controlar el mercado y conseguir un mayor poder frente a sus competidores; en otros, se busca reducir los costes y obtener economías de escala.

Las **economías de escala** se obtienen al disminuir el coste medio (coste por unidad) a medida que crece la empresa y aumenta la cantidad de producción.

Las empresas multinacionales (EM)

El crecimiento de las empresas hace que los mercados nacionales se queden pequeños y que las compañías busquen ampliar sus fronteras.

El fenómeno de internacionalización de la empresa es antiguo, aunque su amplitud es nueva debido al proceso actual de globalización. La reducción de barreras al comercio, junto con la mejora de las comunicaciones, ha abierto los mercados para los productos de cualquier empresa y país. Por ejemplo, la ropa española se vende en los países más diversos y los productos electrónicos japoneses se pueden encontrar en cualquier lugar del mundo.

La globalización ha dado lugar a **empresas multinacionales** que operan en mercados cada vez más amplios, con fuertes economías de escala, y que producen para un consumo masivo, ya sea de ropa, electrónica, comida rápida, muebles, música, automóviles, etc.

Algunas grandes empresas globales disponen de recursos financieros superiores a los de muchos Estados. Sus objetivos están por encima de las fronteras, por lo que entran o abandonan un país en función de sus intereses económicos, condicionando así a los propios gobiernos de esos países.

Las EM y los países en los que se instalan

Las EM reparten sus actividades entre diferentes países en función de las ventajas que obtienen. Fabrican donde los factores son menos costosos y accesibles (bajos salarios y abundancia de materias primas), venden en cualquier mercado del mundo, y declaran sus beneficios donde haya menos exigencias fiscales.

Para los países receptores, la implantación de EM tiene algunas **ventajas**: favorece el crecimiento nacional al aumentar la actividad económica y el empleo; se benefician de la tecnología avanzada que incorporan las empresas multinacionales a sus procesos de producción, etc.

Pero esta aportación tecnológica extranjera también presenta **inconvenientes**, porque genera dependencia al no ir acompañada de actividades propias de investigación y desarrollo. Asimismo, la necesidad de capital que tienen los países en vías de desarrollo hace que sus gobiernos sean poco exigentes con las EM, ofreciéndoles unas condiciones muy permisivas en aspectos sociales, fiscales o medioambientales. Son frecuentes los casos de sobrexplotación de recursos naturales o de condiciones de trabajo abusivas.

En resumen, si bien las EM producen efectos beneficiosos sobre la economía de los países en los que se instalan, también presentan aspectos negativos. Las reacciones contra estos aspectos por parte de los organismos internaciones o de los movimientos antiglobalización son cada vez más exigentes y reclaman una conducta más responsable de las EM hacia estas naciones.

Estas exigencias están más justificadas cuando se constata que las multinacionales siguen aumentando sus beneficios al mismo tiempo que crecen las desigualdades entre países ricos y pobres.

9 Responsabilidad social de las empresas

A medida que las empresas crecen, se convierten en poderosos instrumentos de influencia, que producen efectos beneficiosos para la sociedad (beneficios sociales) o perjudiciales (costes sociales). Ejemplos de **costes sociales** son el deterioro ambiental por emisiones contaminantes, los abusos laborales, los productos fraudulentos, etc. Y ejemplos de **beneficios sociales** son la investigación para prevenir enfermedades, la colaboración con causas solidarias o culturales, etc.

Cuando los efectos son perjudiciales, la empresa traslada a la sociedad unos costes que debería asumir ella misma: son los costes sociales, aquellos provocados por la actividad privada de la empresa pero que soporta la sociedad en su conjunto. En torno a estos costes, la sociedad es cada vez más consciente de la necesidad de que las empresas adopten una actitud de mayor responsabilidad y más ética, cuidando las consecuencias sociales y medioambientales de sus actuaciones.

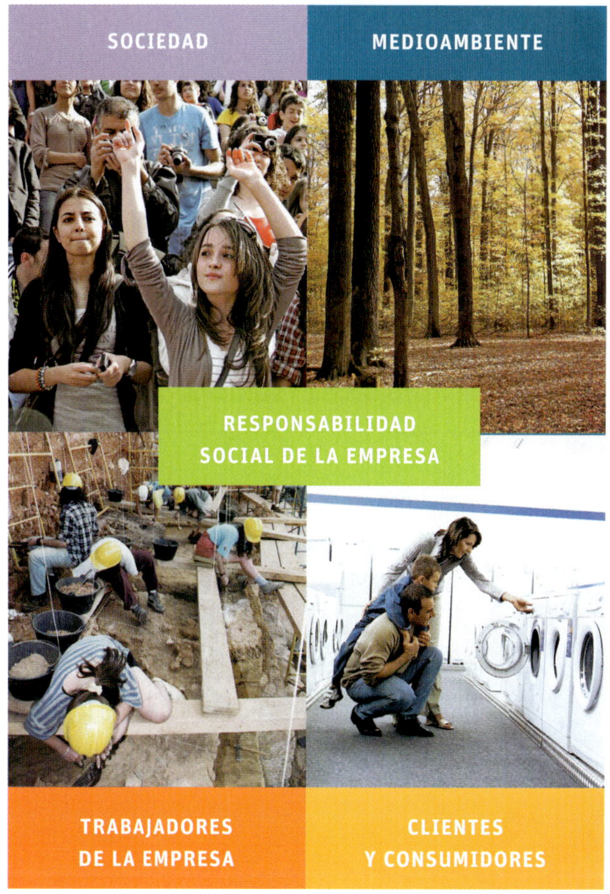

Los ámbitos de responsabilidad social

Esta mayor sensibilidad social se centra en los siguientes ámbitos:

- **Respeto al medioambiente.** Se exige a las empresas que usen técnicas eficaces para tratar las emisiones y vertidos contaminantes; la recuperación de materiales y el desarrollo de estrategias de ahorro energético, y la creación de productos más duraderos y fáciles de reparar, etc.
- **Compromiso con la sociedad** en general y con la comunidad local en la que se instalan. Se demanda que las empresas se comprometan con el desarrollo económico, social y cultural de la zona, manteniendo y generando empleo, y evitando el despido de trabajadores o la huida a otros países (deslocalización).
- **Clima de confianza con los trabajadores.** Los trabajadores y sindicatos plantean a las empresas una gestión que genere un clima de cooperación, motivación y participación de los trabajadores, y la mejora de las condiciones laborales: salarios, salud y seguridad laboral; igualdad entre hombres y mujeres; formación profesional y promoción, etc.
- **Credibilidad ante clientes y consumidores.** Las asociaciones de consumidores exigen a las empresas mayor respeto a sus derechos y mayor claridad y fiabilidad de la información que proporcionan sobre los productos que venden. Asimismo, se demanda calidad y precios razonables, garantías posteriores a la venta, etc.

EN LA PRÁCTICA Los costes de la deslocalización

Una compañía se deslocaliza al trasladar la producción de un país a otro para reducir costes. En España, es el caso de Hewlett-Packard, Samsung, Levi's, Panasonic, Philips, Delphi, Yamaha, etc.

El cierre de las fábricas afecta a sus empleados, pero también a otros trabajadores de empresas auxiliares; es decir, supone la pérdida de empleo para miles de familias.

Además, antes del cierre, es frecuente que las multinacionales hayan recibido subvenciones y ayudas de la Administración a cambio del compromiso de mantenerse en el país. Pero muchas no cumplen y lo abandonan. Por ello, los sindicatos denuncian el incumplimiento de los compromisos y reclaman mayor responsabilidad a estas empresas.

- ¿Qué ámbitos de responsabilidad social no tienen en cuenta estas empresas?
- ¿Por qué crees que son tan frecuentes los casos de deslocalización? ¿Qué medidas deberían tomarse para evitarlos?
- ¿Crees que hay conflictos entre la responsabilidad social y la eficiencia?

ACTIVIDADES

Actividades de síntesis

1. Elabora un mapa conceptual en el que se relacionen estas ideas básicas.

1 La división del trabajo implica coordinar las tareas, materiales y trabajadores que intervienen en la producción. De esta manera, la primera función de las empresas es **coordinar los factores** de producción, y la segunda, crear o **aumentar la utilidad de los bienes**, de tal forma que satisfagan las necesidades humanas.

2 Las empresas buscan **maximizar sus beneficios**, pero también el crecimiento, la adaptabilidad a los cambios y mejorar su compromiso con el entorno. Para conseguir estos fines, cuentan con un grupo humano, un patrimonio, una organización y un entorno influyentes.

3 En la decisión sobre cómo producir, la clave está en la **eficiencia**, tanto técnica, tratando de obtener la máxima producción con unos recursos dados, como económica, buscando esa máxima producción con el mínimo coste.

4 Una vez elegida la técnica más eficiente, se decide cuánto producir. La **función de producción** nos muestra qué ocurre con la cantidad producida si se incrementa alguno de los factores, manteniendo constantes los demás.

5 Para producir, las empresas incurren en costes: pago de materias primas, salarios, equipos, suministros, etc. Unos son fijos (independientes de cuánto se produzca) y otros son variables (cambian con la producción). La suma de ambos da lugar al **coste total de producción**.

6 Las empresas obtienen sus ingresos vendiendo sus productos. Si a esos ingresos les restamos los costes totales, obtenemos los **beneficios** del período. El nivel de ventas que permite cubrir los costes producidos se conoce como **umbral de rentabilidad**.

7 Los **criterios de clasificación** de las empresas más destacados son: el sector en el que actúan, su tamaño (medido por los ingresos, el número de trabajadores, los beneficios, etc.), su titularidad pública o privada y su forma jurídica (empresario individual o sociedades).

8 Las empresas tienden al crecimiento y a la internacionalización, formando **empresas multinacionales**. Al crecer, se benefician de las **economías de escala** que se obtienen con la disminución del coste medio cuando aumenta la producción.

9 A veces, las empresas provocan perjuicios a la sociedad, originando costes sociales. Por ello se les exige **responsabilidad social** con el medioambiente, con la sociedad y con los consumidores, así como con sus trabajadores.

smSaviadigital.com VALORA LO APRENDIDO › Realiza la **autoevaluación**.

Actividades de análisis y problemas

2. Observa la empresa en la que pasas tantas horas al día, tu centro escolar.
   a) Describe la división del trabajo existente.
   b) Define el bien o servicio que se produce.
   c) ¿Cuáles son sus objetivos y componentes?
   d) Clasifícala según los distintos criterios de tipos de empresa.

3. Trata de enumerar los tipos de actividades, materiales y especialistas necesarios para producir tu cuaderno. ¿Cómo se consigue que te llegue cuando lo necesitas?

4. Imagina un sistema económico en el que se decidiera suprimir la empresa tal como hoy la conocemos, pero sin renunciar a las ventajas de la división del trabajo.
   a) ¿Cómo se coordinaría la producción?
   b) ¿Qué consecuencias tendría para la sociedad y para ti?
   c) ¿Puedes imaginar algún mecanismo alternativo a la empresa?

5. Explica las funciones de las empresas en nuestra sociedad. Usa como ejemplos un restaurante y una fábrica de automóviles.

6. Señala cinco ejemplos de bienes intermedios y de sus bienes finales correspondientes. ¿Qué es el valor añadido de una empresa?

7. Piensa en una empresa industrial y en otra comercial. ¿Qué objetivos y componentes tienen en común? Ayudándote de un esquema, explica el funcionamiento del ciclo de producción en ambos casos. ¿En qué son diferentes?

8. ¿Qué diferencia hay entre eficiencia técnica y económica? Si entre varias técnicas, una resulta más eficiente técnicamente, ¿es también la de mayor eficiencia económica? Razona tu respuesta.

9. Comenta el significado de la viñeta utilizando los conceptos de eficiencia técnica y económica.

Fuente: El Roto, *El País, 21-11-1997.*

10. Ana decide montar una pizzería. Conociendo las características del local y de la cocina, ha hecho un estudio de la relación entre el número de trabajadores que contrate y la venta de *pizzas*.

Número de trabajadores	Producción: *pizzas* vendidas
0	0
1	25
2	75
3	125
4	150
5	160
6	166

a) Añade a la tabla una columna con el producto marginal de cada trabajador adicional que contrata.

b) ¿Qué principio económico se observa en estos datos y cuáles son las causas que lo motivan?

c) Representa gráficamente la función de producción, explicando para qué se utiliza.

11. Con relación a los costes de las empresas, ¿en qué se diferencian los costes fijos de los variables? ¿Cuál es la relación entre los costes totales y los costes medios?

12. Piensa en una empresa que produzca un bien concreto (como tu mesa de trabajo). Señala ejemplos de costes fijos y variables de la empresa.

13. Una compañía dedicada a la edición y venta de libros vende 12 000 libros al año a un precio de 15 euros. Sus costes variables suponen 58 000 euros, y sus costes fijos, 72 000.

a) Calcula sus beneficios anuales, su coste medio y su beneficio por libro vendido.

b) Representa gráficamente las funciones de ingresos y costes (fijos, variables y totales).

14. Para producir 1000 unidades de un bien, una empresa tiene que pagar 90 000 euros en salarios y 120 000 en materias primas y otros gastos. ¿A qué precio debe vender cada unidad para obtener unos beneficios de 30 000 euros?

15. Unos estudiantes financiarán su viaje de estudios vendiendo artesanía en un mercadillo navideño.

a) Partiendo de los datos que se presentan a continuación, ¿qué beneficios obtendrían vendiendo 500 objetos?

- Los objetos artesanos se comprarán a 10 euros y se venderán a 15.
- El alquiler de un puesto en el mercadillo vale 350 euros y contratar a un dependiente les sale por 600 euros. Además, pagarán 50 euros por consumo eléctrico del puesto.

b) ¿Cuántos objetos necesitan vender para empezar a obtener beneficios?

c) Representa gráficamente las funciones de ingresos y costes y el umbral de rentabilidad del negocio.

16. Entra en www.e-sm.net/sveco1bachud04_01, accede a la sección *España en cifras* y al capítulo "Empresas".

a) Averigua cuántas empresas hay en España, en qué sectores participan y cuál es su número de asalariados.

b) ¿Cuántas son microempresas? ¿Cuántas son pequeñas y medianas? ¿Y grandes?

17. Clasifica estas empresas según el sector económico, el tamaño, la titularidad del capital y la forma jurídica: El Corte Inglés, Correos, Autoescuela Ramírez, S. L.; Farmacia Carmen, Iberia, Repsol YPF, Construcciones Rodríguez, Nissan Motor.

18. Busca en internet la clasificación de las mayores empresas mundiales por ingresos anuales.

a) ¿Qué país tiene un mayor número de empresas en esta clasificación?

b) ¿Qué otros países destacan?

c) ¿Qué lugar ocupan las empresas españolas?

19. Comenta las principales semejanzas y diferencias entre una sociedad anónima (S. A.) y una sociedad limitada (S. L.).

ACTIVIDADES

20. ¿Cuáles son las características de las empresas multinacionales? ¿Cómo se benefician de las economías de escala? ¿Cuáles son las principales ventajas e inconvenientes para el país en el que se instalan?

21. ¿Qué se entiende por costes y beneficios sociales? Señala ejemplos de actuaciones empresariales que impliquen beneficios y costes para la sociedad.

22. Indica si son verdaderas o falsas estas afirmaciones. Razona tu respuesta.

a) El ciclo de producción se repite periódicamente.

b) La eficiencia técnica se da cuando se obtiene la máxima producción con el mínimo coste.

c) A largo plazo, los costes fijos se vuelven variables.

d) Cuantos más ingresos tenga la empresa, mayores serán sus beneficios.

e) Las empresas grandes tienen más de 50 trabajadores.

f) Las economías de escala se obtienen al aumentar los ingresos cuando crece la empresa.

23. Las líneas aéreas de bajo coste siguen creciendo frente a las aerolíneas tradicionales. Su secreto es reducir costes para ofrecer precios inferiores a los de la competencia.

a) Lee esta información sobre cómo logran sus objetivos estas compañías y señala, de los costes que reducen, cuáles son fijos y cuáles variables.

- Trabajan con plantillas reducidas y sin oficinas.
- Recortan costes de intermediarios: no pagan comisiones a las agencias de viajes.
- No emiten billetes, ahorrando papel y administración. Los clientes reciben solo un localizador.
- Usan intensivamente los aviones, reduciendo estancias en tierra, y viajan a aeropuertos secundarios para ahorrar tasas.
- Eliminan servicios gratuitos en el vuelo (prensa, etc.).

b) Analiza las ventajas de estas aerolíneas desde el punto de vista de la eficiencia.

c) Observa la viñeta y comenta sus inconvenientes.

Fuente: Forges, *El País*, 13-7-2008.

smSaviadigital.com PRACTICA > Analiza la actualidad y **ponte al día**.

24. Observa las viñetas y responde.

a) ¿Qué conflicto reflejan las viñetas? Identifica los distintos intereses económicos en juego.

b) ¿Qué opciones existen? ¿Cuál es el coste de oportunidad de cada una de ellas?

c) Elige la mejor opción, argumentando tus razones.

25. Comenta estos titulares de noticias a partir de lo que has aprendido en la unidad.

Los agricultores se quejan de que con los precios actuales no cubren costes

Aunque crecen las ventas y los ingresos, los beneficios se mantienen

La mayor parte de las empresas españolas no tiene asalariados

Las grandes marcas del sector textil español trasladan la producción al sureste asiático

26. **Hoy día se pide a las empresas una actitud más responsable en su actuación. Ante esta demanda, mientras algunas empresas responden desde la ética, otras lo hacen como cosmética, para mejorar su imagen y como estrategia de *marketing*.**

▶ Una experiencia de banca ética: Triodos Bank

Triodos Bank se fundó en 1980 en Holanda y opera en España desde 2004. El origen de su nombre, del griego 'tri hodos' (triple vía), define su modelo de negocio, basado en unir lo social, lo ético y lo financiero. Este enfoque es compatible con obtener beneficios, que, según sus responsables, son satisfactorios.

Está claro que no es un banco corriente. Tampoco es una ONG. A diferencia de otros bancos, "aquí solo invertimos los ahorros de nuestros clientes en proyectos de energías renovables, agricultura ecológica, turismo sostenible, cooperación al desarrollo, etc.", explica un directivo de Triodos.

Las condiciones de sus préstamos son claras: "Tiene que ser una buena idea de negocio, disponer de un equipo capaz de llevarlo a cabo y cubrir una demanda social". Microcréditos para mujeres en Sudáfrica, complejos turísticos para discapacitados en Canarias, plantas solares en Madrid, etc., son algunos proyectos para los que presta su dinero.

Además, Triodos ofrece modalidades de ahorro para quienes buscan tanto la rentabilidad de sus ahorros como invertir en un mundo mejor. De esta forma, las personas pueden saber cómo se utiliza su dinero e influir, por tanto, en la sociedad.

▶ Análisis visual

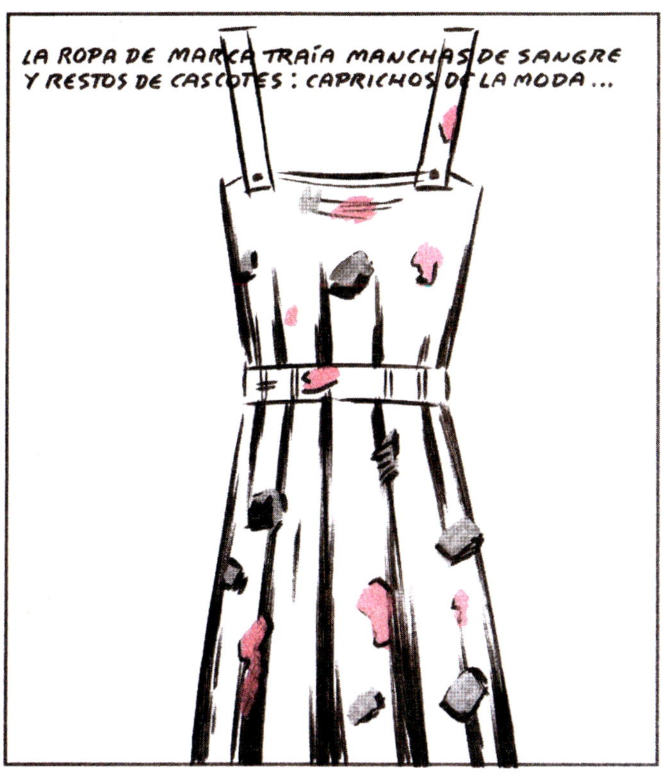

Fuente: El Roto, *El País*, 17-5-2013.

▶ Las grandes marcas, bajo sospecha

Las grandes marcas textiles están en el punto de mira de ONG y medios de comunicación, que denuncian las condiciones de trabajo de sus fábricas. Son multinacionales que huyeron a Bangladesh cuando los costes laborales en China empezaron a subir. Entre ellas, algunas españolas muy conocidas.

Bangladesh, con sueldos de 38 euros al mes de media, fue noticia en 2013 por el derrumbe de un edificio-fábrica que causó más de mil muertos y miles de heridos. Esta tragedia reabría el debate sobre las condiciones en las que las empresas producen la ropa que vestimos.

La red internacional Ropa Limpia denuncia que, a pesar de que las grandes marcas tienen departamentos de responsabilidad social corporativa, las miserables condiciones en las que millones de personas cosen para ellas no mejoran. Y señalan: "Las empresas deben replantearse la conflictiva lógica de buscar precios más baratos y, al mismo tiempo, pretender el cumplimiento de unos mínimos laborales".

Recientemente, empresas muy conocidas han firmado acuerdos colectivos, junto con dos sindicatos de ámbito mundial y la red Ropa Limpia, para mejorar las condiciones laborales y las inspecciones. Algunos medios creen que estas empresas solo tratan de proteger sus marcas de la mala publicidad y del boicot de los consumidores. Lo cierto es que ahora conocemos algo más de la "trastienda" de esas marcas debido a que hay más presión sobre ellas. Así que tendrán que informar más y mejor sobre cómo fabrican sus productos.

▶ Análisis audiovisual

Una verdad incómoda, de Davis Guggenheim. 2006 (min 01:17:22 a 01:20:50).

Documental muy premiado en el que el exvicepresidente de los Estados Unidos, Al Gore, expone los devastadores efectos del calentamiento global. Se trata de un preocupante retrato de la situación medioambiental del planeta.

Analiza los cuatro documentos y responde a las cuestiones que se plantean.

a) ¿Crees que "los negocios son los negocios" y que todas las empresas son iguales? ¿Por qué?

b) ¿Qué valores subyacen en los tipos de empresas que se mencionan en los documentos sobre banca ética y marcas textiles? ¿En qué se diferencian?

c) ¿Qué preguntas harías y qué aspectos observarías para saber si una empresa es o no responsable desde un punto de vista social?

d) Si fueras empresario, ¿actuarías con responsabilidad social? ¿Lo harías "por ética o por cosmética"? Expón argumentos que justifiquen tus respuestas.

¿DE DÓNDE SURGEN LAS IDEAS?

Si tú tienes una manzana y yo tengo una manzana y las intercambiamos, entonces ambos aún tendremos una manzana. Pero si tú tienes una idea y yo tengo una idea y las intercambiamos, entonces ambos tendremos dos ideas.

GEORGE BERNARD SHAW

La cultura emprendedora

La RAE define *emprender* como "acometer y comenzar una obra, un negocio, un empeño, especialmente si encierran dificultad o peligro". Según esta definición, todos somos emprendedores en mayor o menor medida. Y es que, en el fondo, emprender está en la raíz misma de nuestra evolución. Sin la capacidad de emprender, iniciar cosas nuevas, asumir riesgos, enfrentarse a la incertidumbre, perseverar en conseguir metas, etc., nuestra especie no estaría donde está. Todos tenemos objetivos y sueños en la vida que se iniciaron con una pequeña idea.

Una mirada al futuro

En **Silicon Valley** (California) concurren inventores, emprendedores e inversionistas cuya simbiosis es capaz de generar ideas innovadoras que cambian la vida de millones de personas (WhatsApp, Google, Facebook...).

Hablar de ideas en Silicon Valley es como hablar de pan en una panadería: es lo que se hace allí. De eso viven y en eso piensan. Es una cultura de jóvenes que vienen de todas partes, donde lo que importa es lo que uno sabe o puede aportar, no su color de piel, su acento o su ropa. Esta cultura desdeña la jerarquía, prefiere la informalidad, y apuesta por el talento y por la propensión al riesgo, es decir, a **no temer al fracaso**.

La cultura emprendedora

¿Qué tienen en común Silicon Valley en Estados Unidos, Cambridge en Reino Unido o Helsinki en Finlandia? Una cultura emprendedora que favorece el talento desde la escuela a la universidad, que está dotada de organismos e instituciones para captar y aprovechar las capacidades de sus estudiantes, y en la que las nuevas ideas encuentran el apoyo financiero y la tutela que necesitan.

Silicon Valley, por ejemplo, nació en la Universidad de Stanford durante la década de 1950. Se creó como **parque tecnológico para que sus alumnos formaran empresas**; después se unió la Universidad de Berkeley. Pero esta región no habría llegado a ser lo que es hoy, si no existiera un nuevo tipo de inversor que, además de financiar, tiene experiencia en el sector y presta su apoyo a las empresas donde invierte: los *venture capitalists*.

La cultura emprendedora se ha extendido a otros lugares. En Helsinki, la School of Creative Entrepreneurship, creada en 2005, busca **desarrollar el potencial creativo y emprendedor de sus estudiantes**. Además, también influye que desde el sistema educativo existe una clara apuesta por el **desarrollo del talento**, con una enseñanza menos informativa y memorística y más creativa y práctica.

Redes emprendedoras

Detrás de estos espacios innovadores hay redes que tienden puentes entre los distintos agentes.

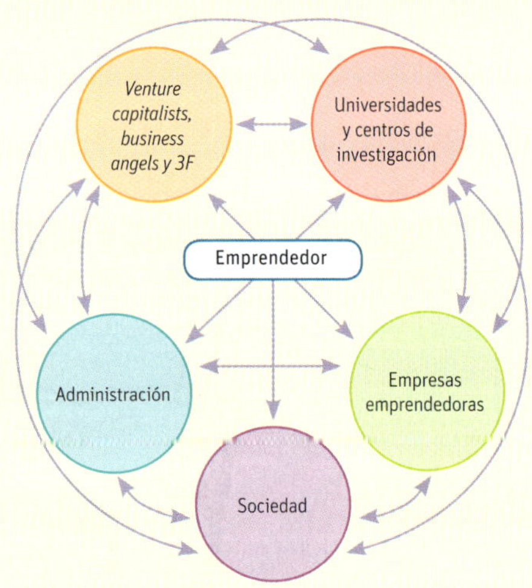

1. El emprendedor (el capital humano es el centro).
2. El capital emprendedor, *venture capitalists, business angels y las 3F* (*Famiy, Friends & Fools*) es clave para impulsar proyectos e ideas innovadoras.
3. Las universidades están fuertemente vinculadas con la investigación y generación de conocimiento, en colaboración con empresas tecnológicas.
4. Las empresas consolidadas mantienen la capacidad de emprender a través de la investigación e innovación.
5. La sociedad favorece una cultura de riesgo y de aceptación del fracaso empresarial.
6. La Administración facilita las infraestructuras, leyes educativas favorecedoras de la iniciativa emprendedora, poca burocracia, etc.

Las claves personales de la cultura emprendedora

Ante los numerosos obstáculos que se pueden presentar, tanto en la vida personal como profesional, una actitud proactiva y emprendedora ayuda a buscar alternativas, a encontrar soluciones: nos permite la posibilidad de conseguir las cosas que uno sueña. Pero, ¿de qué depende esa actitud?, ¿cómo se consigue? Las investigaciones demuestran que la inteligencia emocional es mucho más importante que el coeficiente intelectual al afrontar obstáculos y resolverlos. La inteligencia emocional se compone de distintas capacidades; todas ellas se pueden adquirir con el suficiente entrenamiento.

La inteligencia emocional: entrenando capacidades

CAPACIDADES INTERNAS

AUTOCONOCIMIENTO

Si descubres tus puntos fuertes (tu formación, tus habilidades) serás consciente de tus posibilidades y límites. Es fundamental saber identificar tus reacciones ante cada situación, entender cómo y cuándo se desatan tus emociones, y averiguar tus tendencias emocionales. Haz una lista de tus debilidades y fortalezas. Después, tu entorno más cercano hará otra para compararla con la tuya. Conocerte te ayudará a sortear tus debilidades y centrarte en tus fortalezas. Y, poco a poco, ganarás autoconfianza.

AUTOMOTIVACIÓN

Da prioridad a lo positivo. Eres el máximo responsable de tu bienestar y depende de ti ver la vida como un continuo problema o como una continua oportunidad para aprender. Mientras más motivación propia tengas, más persistirás, y cuanto más persistas, más posibilidades de éxito tendrás. Consiguen las cosas quienes perseveran cuando los demás abandonan.

CONTROL EMOCIONAL

Observa tus emociones, pues son signos que te transmiten información; estate atento a ellas, pero sin permitir que gobiernen tus actos. Solo conociéndolas se pueden controlar. Para ello, hay que afrontarlas (no negarlas o huir de ellas) y averiguar qué nos dicen.

SENTIDO

Finalmente, piensa cuál es tu propósito y haz algo que tenga significado para ti. Los tres consejos anteriores son cruciales, pero quienes verdaderamente triunfan son los que sirven a algo más grande que ellos mismos, aquellos que dejan a sus empresas o comunidades mejor que cuando las encontraron.

CAPACIDADES EXTERNAS

EMPATÍA

Solo al conocer tus propias emociones entiendes las de los demás, desarrollando así la empatía o capacidad para "ponerte en los zapatos del otro" y comprender qué se siente estando en su lugar.

HABILIDADES SOCIALES

Si entrenas las cuatro habilidades anteriores, mejorarás tu capacidad para relacionarte con la gente, comunicar lo que necesitas, tomar decisiones sin que te paralicen las dudas, liderar un grupo, trabajar en equipo, etc.

ANALIZA TU ENTORNO

1. Mientras que en España un fracaso marca negativamente la reputación de una persona, en Silicon Valley el fracaso es un valioso aprendizaje que ayuda a evitar errores en el futuro. ¿Por qué crees que hay visiones tan distintas? ¿Cuál de ellas te parece que ayuda más a las personas en su educación y desarrollo vital y profesional?
2. smSaviadigital.com INVESTIGA > Averigua qué inventos han cambiado tu vida a partir de ideas generadas en **Silicon Valley.**
3. Comenta esta frase de Winston Churchill: *Todas las personas cometen fallos, pero solo las inteligentes aprenden de ellos.*
4. Elabora un cuadro con tus fortalezas y debilidades, ¿qué medidas y acciones te ayudarían a potenciar tus fortalezas y a disminuir tus debilidades?

5 La oferta, la demanda y el equilibrio de mercado

¿Por qué unos restaurantes están siempre llenos y otros medio vacíos? ¿Por qué los precios de la vivienda suben espectacularmente durante unos años para bajar después? ¿Por qué un bien tan vital como el agua vale mucho menos que los diamantes? Todas estas preguntas tienen una respuesta sencilla: en las economías de mercado, las variaciones en los precios vienen determinadas por el juego de la oferta y la demanda. En este juego, los compradores buscan obtener el bien que necesitan al mejor precio; por su parte, las empresas buscan vender sus productos y obtener beneficios. En el mercado, ambas partes se ponen en contacto y negocian acuerdos sobre precios y cantidades según sus intereses. Por tanto, conocer cómo se comportan compradores y vendedores y cómo se forman los precios resulta básico para entender el funcionamiento de la economía.

Un curioso experimento de transición del trueque al mercado

En los campos de concentración de la Segunda Guerra Mundial estábamos internadas entre 1200 y 2500 personas, alojadas en barracones. Nuestro aprovisionamiento consistía en raciones suministradas por las autoridades del campo y en paquetes proporcionados por la Cruz Roja (leche condensada, jamón, mantequilla, galletas, carne enlatada, chocolate, azúcar y cigarrillos).

Al poco tiempo nos dimos cuenta de que era tanto innecesario como inconveniente, en vista de la escasez de bienes, el dar o aceptar regalos de cigarrillos o comida. La "buena voluntad" evolucionó hacia el intercambio como forma de maximizar la satisfacción individual.

Enseguida, el número de intercambios se multiplicó. Partiendo del simple trueque del no fumador que cambia sus cigarrillos a su amigo fumador por chocolate, pronto empezaron a realizarse operaciones más complicadas; en dos semanas, a medida que el intercambio se generalizaba, comenzaron a surgir valores de cambio aproximados para los bienes más intercambiados; nos dimos cuenta de que una lata de jamón valía media libra de mantequilla y algo más, y que una ración de cigarrillos valía varias raciones de chocolate, mientras que una lata de zanahoria no valía apenas nada.

Después de un mes existía ya un activo comercio y los precios empezaron a expresarse en términos de cigarrillos. El cigarrillo se convirtió en medio de cambio y los precios pronto fueron conocidos por todos. Aunque la moneda-cigarrillo era peculiar, la verdad es que cumplió con todas las funciones del dinero. Los cigarrillos eran homogéneos, razonablemente duraderos y de tamaño adecuado, en unidades para las pequeñas transacciones y en paquetes para las grandes, y además eran voluntariamente aceptados. El problema era la inestabilidad de su valor, amenazada tanto por la no llegada de suministros de la Cruz Roja como por los bombardeos, que provocaban un exceso de consumo de cigarrillos entre los fumadores, y disminuía considerablemente la cantidad de ellos que se usaban para intercambiar. Al final, cuando los bombardeos fueron continuos y los aprovisionamientos llegaban de forma imprevista, el sistema dejó de funcionar.

Traducido y adaptado de RADFORD, R. A.: "The Economic Organization of a P. O. W. Camp", en *Economica*, vol. XII, noviembre de 1945.

ANALIZA LA IMAGEN

1. El mercado reúne a compradores y vendedores, ya sea en un lugar físico, como el de la imagen, o en un espacio virtual, como una página web. ¿Qué tienen en común estos espacios de intercambio?
2. ¿Qué ventajas e inconvenientes tiene cada uno de ellos?
3. Observa los puestos de la imagen. Como verás, unos están llenos y otros no. ¿Cómo interpretas ambas situaciones?

ANALIZA EL TEXTO

- ¿Qué inconvenientes tiene el trueque? ¿Qué requisitos son necesarios para que los intercambios funcionen?
- ¿Por qué el intercambio maximiza la satisfacción individual?
- ¿Qué cualidades reunían los cigarrillos para ser elegidos como dinero?
- Relaciona la inestabilidad del valor de la moneda-cigarrillo con el final del sistema.

1 Intercambio y mercado

Mercado

En una primera acepción, el mercado es el lugar donde compramos lo que necesitamos a diario (mercado de bienes y servicios). Pero también es un mercado el banco donde pedimos un crédito (mercado financiero) o la oficina de empleo en la que solicitamos trabajo (mercado de trabajo). Hay también mercados inaccesibles para los consumidores, ya que los intercambios tienen lugar entre las empresas (mercado de materias primas y otros factores).

Trueque

Intercambio directo de bienes y servicios, sin que medie la intervención del dinero.

Adam Smith, en *La riqueza de las naciones*, declaraba: "No puede florecer largo tiempo el comercio en un Estado que no disponga de una ordenada administración de la justicia, donde el pueblo no se sienta seguro en la posesión de su propiedad, en que no se sostenga y proteja, por imperativo legal, la honradez en los contratos". En resumen, el comercio solo puede desarrollarse si existe un Estado que garantice la propiedad privada de los bienes y que disponga de un derecho que regule los contratos de compraventa.

Al especializarnos en lo que mejor sabemos hacer, producimos una mayor cantidad y variedad de bienes y a un menor coste, aumentando de este modo el bienestar de la sociedad.

Pero nadie se especializaría en producir helados, por ejemplo, si no existiera un mecanismo que le garantizase que puede obtener el resto de los bienes que necesita. Es obvio que el trueque no lo garantiza; de hecho, vivimos en una economía en la que sería imposible obtener todo lo que necesitamos mediante el trueque directo de un bien por otro.

Por ello, los mercados han evolucionado y con la aparición del dinero se han simplificado extraordinariamente los intercambios.

El mercado de bienes y servicios

En este tipo de mercado hay, por un lado, unas empresas que venden productos y, por otro, unos consumidores que necesitan esos productos y los compran con sus ingresos.

La forma más tradicional de este mercado son los mercados o plazas públicas: los vendedores llevan allí sus bienes y los compradores comparan y eligen.

Pero hoy los productos llegan al consumidor a través de las redes de distribución moderna: grandes almacenes, cadenas de supermercados, centros comerciales o tiendas pequeñas, etc. A su vez, los consumidores pueden acceder a estas redes de distribución tanto física como virtualmente, a través de internet.

Sea cual sea la forma, el mercado aparece como un medio a través del cual los vendedores y compradores se informan mutuamente de lo que tienen, de lo que necesitan y de los precios que piden y ofrecen. Negocian y llegan a acuerdos en los que ambas partes tratan de conseguir sus propios intereses.

El **mercado** es el medio a través del cual los compradores y vendedores de un producto se ponen en contacto y acuerdan los precios y cantidades que se intercambian.

De la definición que acabamos de formular podemos deducir cuáles son los **elementos básicos** del mercado:

a. La **demanda**. Está constituida por el conjunto de compradores o demandantes (consumidores).

b. La **oferta**. La forman los vendedores u oferentes (empresas).

c. El **bien** o **servicio**. Es el objeto del intercambio.

d. El **precio** del bien o servicio. Es la cantidad de dinero que pagamos por ese bien o servicio.

Los mercados competitivos

Si analizamos el funcionamiento de los mercados, lo primero que observamos es la diversidad de formas que adoptan. Por ejemplo, el mercado de los helados se caracteriza por ser muy disperso, con muchos vendedores y muchos compradores. Por el contrario, el mercado de la telefonía móvil está concentrado en un número reducido de empresas. Hay también mercados en los que solo hay una empresa que tiene el monopolio de venta.

En esta unidad didáctica nos centraremos en un tipo de mercado en el que nos resultará más fácil entender el comportamiento de compradores y vendedores y cómo se fijan los precios. Se trata del mercado de **competencia perfecta**, en el que los bienes que se ofrecen en venta son similares, y los compradores y vendedores son tan numerosos que ninguno de ellos puede influir en el precio de mercado.

2 La demanda

En principio utilizaremos el concepto de demanda de un bien para describir cómo se comportan los consumidores cuando cambia su precio. Naturalmente, la demanda de un bien no solo depende del precio. Hay otros factores, como el aumento de los ingresos de las personas, los cambios en la moda, etc., que influyen en el comportamiento de los compradores.

Si tuviéramos que pensar en todos los elementos que pueden influir en la demanda de un bien, la tarea sería muy compleja. Por ello nos fijaremos en una variable cada vez y mantendremos todas las demás constantes. Primero nos centraremos en los cambios en el precio para observar cómo reaccionan los consumidores.

Las rebajas son un claro ejemplo para ilustrar la ley de la demanda.

La curva de demanda de mercado

Veamos cómo se comporta Carmen cuando cambia el precio de uno de los bienes que consume habitualmente: una lata de refresco. Si el precio fuera de 2 euros, es posible que no comprara ninguna. Si fuera de 1,25, quizá comprara alguna como algo especial. Si fuera de 0,75, es posible que comprara unas cuantas, y si bajara por alguna razón a 0,25, probablemente compraría muchas.

Además de Carmen, hay otros muchos consumidores de refrescos en el mercado que se comportan de forma similar. Si sumamos para cada precio las cantidades de refrescos que todos los consumidores de una economía estarían dispuestos a comprar, obtendremos la demanda de mercado que se refleja en la tabla. En ella vemos, por ejemplo, que a un precio de 0,75 euros, la demanda de mercado es de 6 millones, y que si el precio baja a 0,50, la cantidad demandada sube a 8 millones.

Demanda del mercado de refrescos, a diferentes precios

Precio (euros)	1,25	1	0,75	0,50	0,25
Cantidad demandada (millones de refrescos)	2	4	6	8	10

Con la información de este cuadro podemos elaborar un gráfico que muestre la cantidad que se demanda a los diferentes precios. Las cantidades se miden en el eje de abscisas, y los precios, en el de ordenadas. Estos puntos pueden unirse en una curva, denominada **curva de demanda (D)**, que nos indica la cantidad demandada para cada precio. Por ejemplo, para un precio de 1 euro, la demanda total es de 4 millones de refrescos (punto A).

Observa que cuanto más bajo es su precio, mayor es la cantidad que se desea comprar; cuanto más alto, menor es la cantidad que se está dispuesto a comprar. Dicho de otra forma, existe una **relación inversa entre el precio y la cantidad**, lo que hace que la curva de demanda sea decreciente.

La **ley de la demanda** establece que si sube el precio de un bien, manteniendo constante todo lo demás, las personas demandan una cantidad menor de ese bien, y viceversa.

Pero ¿por qué disminuye la cantidad demandada cuando sube el precio? Los motivos son dos: el primero se denomina **efecto sustitución**, y quiere decir que siempre que sube el precio de un bien, de las manzanas, por ejemplo, lo puedo sustituir por otro más barato (otras frutas) que cubra la misma necesidad. El segundo motivo se conoce como **efecto renta**, que significa que si sube el precio de los bienes que suelo comprar, y mis ingresos se mantienen, mi capacidad económica disminuye y, por tanto, mi demanda de esos bienes descenderá.

La curva de demanda (D)

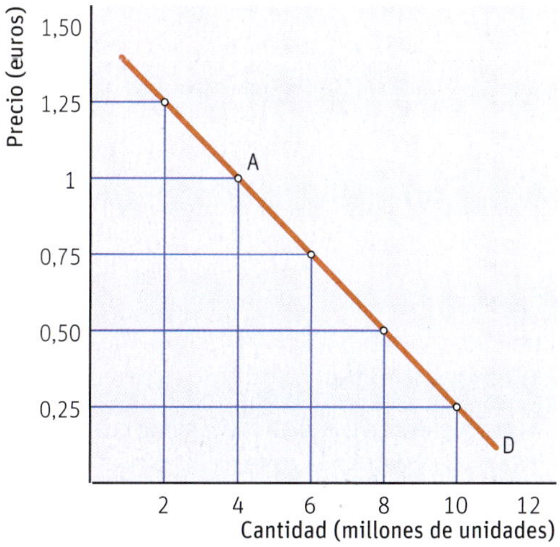

La curva de demanda muestra la cantidad demandada de un bien a cada uno de los precios.

3 Desplazamientos de la curva de demanda

Gráfico 1: Desplazamiento de la curva de demanda hacia la izquierda

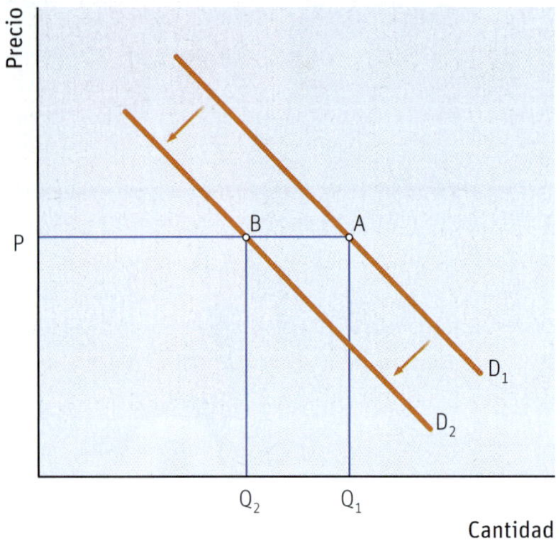

Hasta ahora hemos analizado las variaciones de la cantidad demandada de un bien cuando cambia su precio. Pero ¿cómo influyen los demás factores que afectan a la demanda, como los ingresos o los gustos de las personas?

El gráfico 1 muestra dos curvas de la demanda de helados, correspondientes a dos años consecutivos. El primer año fue muy caluroso y las personas demandaron una gran cantidad de helados (D_1), mientras que el segundo fue un año normal y las ventas descendieron (D_2) porque disminuyó la necesidad de su consumo. Como vemos en el gráfico, la curva del año 2 se ha desplazado hacia la izquierda, lo que significa que la demanda es menor para cada precio. Por ejemplo, vemos que a un mismo precio (p), la demanda disminuye de Q_1 (punto A) a Q_2 (punto B). Lo mismo sucede para cualquier otro precio, lo que se refleja en que todos los puntos de la curva se desplazan a la izquierda.

Siempre que varía cualquier factor que afecta a la demanda, que no sea el precio, la curva de demanda se desplaza. Si la variación aumenta la demanda, sea cual sea el precio, la curva de demanda se desplaza a la derecha. Si la variación reduce la demanda para cualquier precio, la curva se desplaza a la izquierda.

Gráfico 2: Desplazamiento de la curva de demanda hacia la derecha

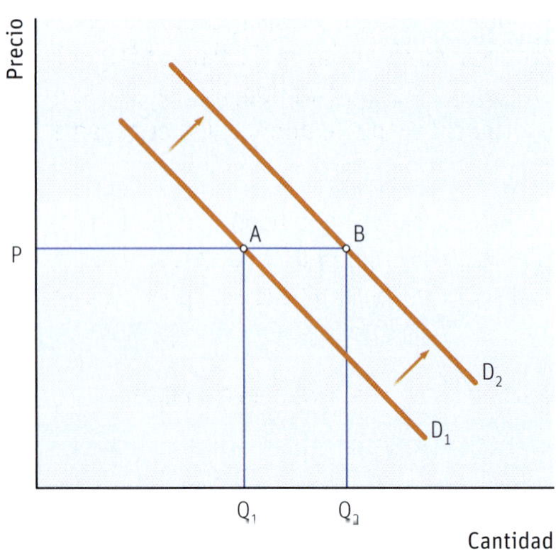

Causas de los desplazamientos de la curva de demanda

a. Cambios en la renta o dinero disponible. Las personas compran más bienes cuando suben sus ingresos, y viceversa. Un aumento de la renta o dinero disponible provoca un incremento de la cantidad demandada de un bien a cada uno de los precios, lo que se representa por medio de un desplazamiento de la curva de demanda hacia la derecha, como se observa en el gráfico 2. Esto es lo que ocurre con la mayoría de los bienes, y por ello son considerados **bienes normales**.

Sucede lo contrario con los **bienes inferiores**, que se caracterizan porque cuando aumenta la renta, su demanda disminuye. Por ejemplo, si aumentan los ingresos de las personas, se demandan más coches nuevos o pescado fresco (bienes normales), pero se demandan menos coches de segunda mano o pescado congelado (bienes inferiores). Los bienes inferiores suelen ser productos sustitutivos de bienes normales, y de inferior calidad, por lo que su demanda aumenta, por ejemplo, en épocas de crisis.

b. Las variaciones del precio de otros bienes relacionados. Cuando dos bienes son **sustitutivos** (es decir, ambos satisfacen una necesidad similar), una subida del precio de uno de ellos hace aumentar la demanda del otro, y viceversa. Por ejemplo, si sube el precio de los billetes de avión, aumenta la demanda de los del AVE. O si baja el precio de las tabletas, compraremos menos ordenadores portátiles y, por tanto, su curva de demanda se desplazará hacia la izquierda (la demanda de portátiles es menor a cada uno de los precios).

Cuando los bienes son **complementarios** (es decir, se consumen conjuntamente), el efecto es el contrario. Coche y gasolina, videoconsolas y juegos, ordenadores y aplicaciones, etc., son bienes complementarios, es decir, la subida del precio de uno de ellos reduce la demanda de ambos (y viceversa), ya que los consumidores piensan en el gasto conjunto que tendrán que hacer. Si baja el precio de los ordenadores, habrá más demanda de aplicaciones. Si aumenta el precio de las videoconsolas, habrá menos demanda de los juegos.

c. Los gustos y preferencias. Quizá sean el mayor determinante de la demanda, junto con la renta. Si un producto se pone de moda, aumentará su demanda, desplazándose la curva de demanda a la derecha. Lo contrario ocurre cuando las preferencias por un producto empiezan a decaer. Los gustos cambian con el tiempo por diversas razones; por ejemplo, hoy han cambiado los gustos en favor de los productos ecológicos y en detrimento de la comida "basura". A veces, las preferencias varían debido a campañas informativas de prevención de riesgos; así ha sucedido con el aumento de la demanda de productos bajos en colesterol.

*

Bienes normales

Son aquellos cuya demanda aumenta cuando mejoran los ingresos o la renta de los consumidores.

Bienes inferiores

Son aquellos bienes cuya demanda disminuye cuando aumentan los ingresos o la renta de los consumidores.

d. Otras causas. Lo que demandamos hoy depende no solo de la renta y de los precios actuales, sino también de nuestras **expectativas sobre el futuro**. Si hay crisis y nuestro trabajo no es seguro, reduciremos el gasto en general, y la curva de demanda de determinados bienes se desplazará a la izquierda. Asimismo, si sabemos que dentro de un mes habrá rebajas, disminuiremos nuestra demanda actual (ahorraremos) y esperaremos hasta las rebajas.

Los **cambios demográficos** también se reflejan en la demanda: si aumenta la población, crece la demanda de bienes porque hay más gente que los necesita.

Por su parte, las **condiciones meteorológicas** cambian la demanda de algunos bienes: un invierno lluvioso y frío dispara las ventas de paraguas, calefactores, etc.

Otra causa de la variación de la demanda es el cambio en las **condiciones de los créditos bancarios**, que los consumidores suelen pedir para comprar bienes como automóviles, viviendas, etc. Si se reduce el crédito, disminuirá su demanda.

Hay, por último, muchos **productos estacionales**, cuya demanda crece significativamente en determinadas épocas del año, como Navidades, verano, etc.

El turrón o los juguetes, en Navidades, son ejemplos de productos estacionales.

EN LA PRÁCTICA — Cambios en la cantidad demandada frente a cambios de la demanda

Es importante distinguir entre un desplazamiento de toda la curva de demanda y un movimiento a lo largo de la curva. Veamos un ejemplo en el que se dan ambos cambios. Si un Ayuntamiento trata de reducir la contaminación, los atascos y el ruido en una gran ciudad, puede utilizar los dos mecanismos:

- Por una parte, puede favorecer el transporte público bajando los precios. La consecuencia es un **movimiento a lo largo de la curva de demanda**. El gráfico 1 muestra este movimiento desde el punto A hasta el B: al bajar el precio, el número de viajeros en transporte público aumenta (de Q_0 a Q_1). Un movimiento a lo largo de la curva de demanda es, simplemente, un **cambio en la cantidad demandada** cuando varía el precio.
- Por otra, el Ayuntamiento puede promover campañas de sensibilización de la población sobre las ventajas del transporte público. Si los consumidores toman conciencia y se convencen de las ventajas, optarán más por el transporte público. El efecto es un **desplazamiento de la curva de demanda** hacia la derecha, o sea, un **cambio de la demanda**, lo que se traduce en que se utilizará más transporte público sea cual sea el precio (gráfico 2).

Con ambas medidas se ha conseguido aumentar el número de usuarios del transporte público, que ha pasado de Q_0 a Q_1, primero, y de Q_1 a Q_2, después, y de este modo se mejoran la contaminación, el ruido y los atascos.

Gráfico 1: Movimiento a lo largo de la curva de demanda

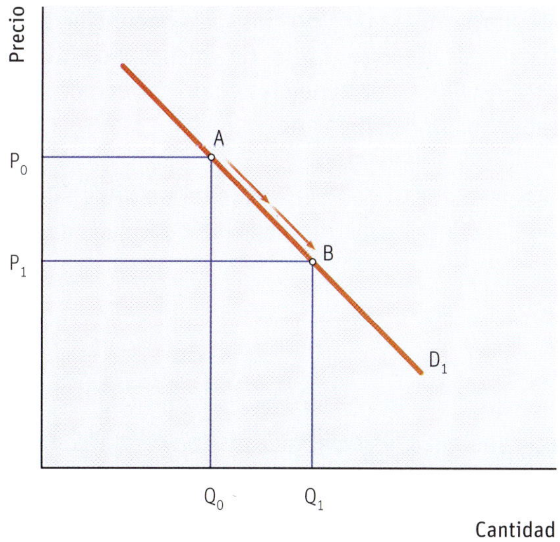

Gráfico 2: Desplazamiento de la curva de demanda

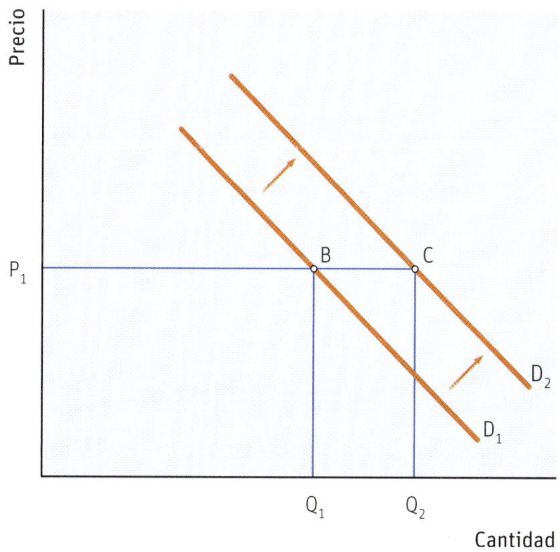

- Propón dos medidas que afecten a la demanda de bicicletas y que traten de favorecer su uso urbano; una que afecte a su precio y otra que afecte a cualquier factor que pueda influir en su demanda. Representa gráficamente cada una.

4 La oferta

Los consumidores y las empresas observan los precios desde intereses bien distintos. Mientras que para los consumidores unos precios altos desalientan la demanda, para las empresas, esos precios elevados suponen un incentivo para producir y vender más.

Mientras la demanda de un bien refleja los deseos de los consumidores, la oferta expresa el comportamiento de las empresas: describe la cantidad de un bien que a las empresas les gustaría vender a cada uno de los precios. Al igual que ocurre con la demanda, la oferta no solo depende del precio. Otros factores influyen en lo que están dispuestas a ofrecer las empresas: un aumento de los costes o una mejora tecnológica pueden condicionar la cantidad ofrecida de un producto. Ahora nos fijaremos en el precio, manteniendo constante el resto de factores.

La curva de oferta de mercado

¿Cuántos refrescos estarían dispuestas a producir y vender las empresas fabricantes a cada uno de los precios? Por menos de 0,25 euros no les resulta rentable producir. A 0,75 euros les gustaría vender 6 millones, y a 1 euro, 8 millones. La oferta de mercado de un bien, por tanto, refleja las cantidades del bien que las empresas están dispuestas a ofrecer a cada uno de los precios. Estos datos se recogen en la tabla de oferta, en la que observamos, por ejemplo, que a un precio de 1,25 euros, las empresas llegarían a ofrecer 10 millones.

Oferta del mercado de refrescos, a diferentes precios

Precio (euros)	1,25	1	0,75	0,50	0,25
Cantidad ofrecida (millones de refrescos)	10	8	6	4	2

La curva de oferta (O)

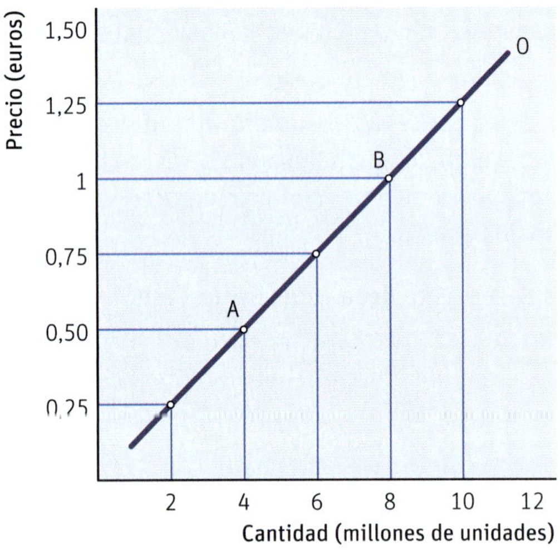

La curva de oferta muestra la cantidad que se ofrece a cada uno de los precios.

Si pasamos los datos a un gráfico, la curva que une los puntos se denomina **curva de oferta** (O) y muestra la cantidad de un bien que las empresas están dispuestas a ofrecer a cada uno de los precios. El precio se representa en el eje de ordenadas, y la cantidad ofrecida, en el de abscisas. El punto A de la curva de oferta indica que, a un precio de 0,50 euros, a las empresas solo les interesa vender 4 millones de refrescos. Cuando sube el precio, aumenta la cantidad ofrecida. Así, el punto B muestra que a un precio de 1 euro, las empresas querrían ofrecer 8 millones de refrescos.

Al contrario que ocurre con la demanda, existe una **relación directa entre el precio y la cantidad**, lo que hace que la curva de oferta sea creciente. Cuando los precios suben, las empresas están dispuestas a producir más, y hay más alicientes para que nuevas empresas entren en el mercado para producir el bien. Como su finalidad es obtener beneficios, cuanto mayores sean los precios, más beneficios esperan obtener. Cuando los precios bajan, sucede lo contrario. Hay menos incentivos, dado que la producción no resulta tan rentable, por lo que las empresas empezarán a reducir su producción y algunas abandonarán el mercado.

La **ley de la oferta** establece que si sube el precio de un bien, manteniendo constante todo lo demás, las empresas ofrecen una cantidad mayor de ese bien, y viceversa.

EN LA PRÁCTICA ¿Quién recibe lo que tú pagas por un refresco?

Mientras que es fácil identificar al comprador y lo que paga por un producto, desde el lado de la oferta la cuestión es más compleja. Cuando hablamos de empresas que producen y venden productos, como si se tratara de una misma cosa, estamos simplificando la realidad.

Desde que el fabricante produce el refresco hasta que lo consumes, ha habido unos intermediarios que compran a los productores y venden a los compradores con un margen de ganancia. Por tanto, del precio que tú pagas, una parte va para el productor; otra, para los intermediarios, y otra, para Hacienda en concepto de IVA.

- Comenta la siguiente noticia: *Los agricultores destruyen sus cosechas en el centro de la ciudad en protesta por los precios que les pagan las grandes cadenas de distribución.*

5 Desplazamientos de la curva de oferta

Supongamos que baja el precio del maíz. ¿Cómo afectará este cambio a la oferta de palomitas? Como el maíz es un factor que se utiliza para producir palomitas, el descenso de su precio hace disminuir los costes, por lo que aumentan los beneficios de las ventas de palomitas, lo cual hace que los vendedores estén dispuestos a producir una cantidad mayor. Por tanto, la curva de oferta se desplaza hacia la derecha (gráfico 1), lo que significa que es mayor la cantidad que las empresas están dispuestas a ofrecer a cada uno de los precios.

Siempre que varía cualquier factor que afecta a la oferta, que no sea el precio, la curva de oferta se desplaza. Si la variación aumenta la oferta, sea cual sea el precio, la curva de oferta se desplaza a la derecha. Si la variación reduce la oferta para cualquier precio, la curva de oferta se desplaza a la izquierda.

Gráfico 1: Desplazamiento de la curva de oferta

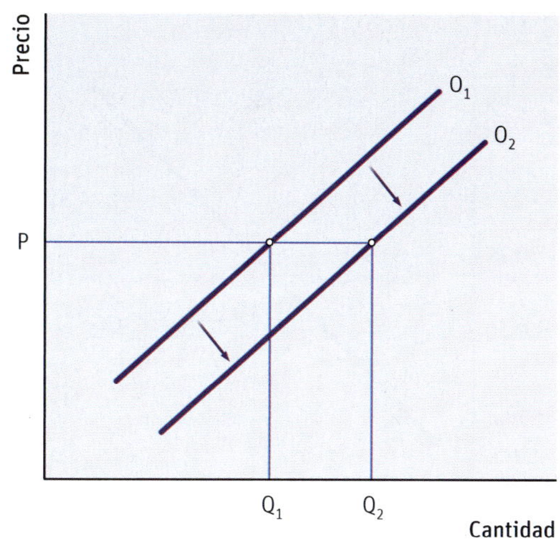

Causas de los desplazamientos de la curva de oferta

a. El coste de los factores de producción. El gráfico 1 muestra que la curva de oferta de palomitas se ha desplazado hacia la derecha. Su producción cuesta menos, por lo que las empresas están dispuestas a ofrecer una mayor cantidad cualquiera que sea el precio. Por el contrario, si a los fabricantes les sale más caro el maíz, el salario de los trabajadores, la electricidad, etc., mayores serán sus costes de producción y menores sus beneficios, y eso les llevará a ofrecer menos cantidad para cada precio (desplazamiento hacia la izquierda).

b. Tecnología disponible. El avance tecnológico permite producir más con los mismos costes; así, el margen de beneficios aumenta y, en consecuencia, las empresas estarán interesadas en incrementar su producción y vender más, lo que provoca un desplazamiento de la curva de oferta hacia la derecha.

c. Las expectativas. Cuando las empresas deciden cuánto producir, piensan en lo que ocurre hoy en la economía y en lo que previsiblemente ocurrirá en el futuro. Si existen buenas expectativas y se prevé una mejora de la demanda, las empresas producen más y aumentan su oferta (desplazamiento a la derecha). Si las previsiones no son buenas, ocurre lo contrario.

d. Otras causas. Hay más factores que afectan a la oferta. Por ejemplo, la agricultura está muy condicionada por las **condiciones meteorológicas** (si son buenas, aumentan las cosechas y la curva de oferta se desplaza a la derecha, y viceversa). Otra causa que influye en la oferta es el **crédito**: si los bancos lo reducen, las empresas disminuirán la oferta (desplazamiento a la izquierda).

EN LA PRÁCTICA **Cambios en la cantidad ofrecida frente a cambios de la oferta**

Es necesario distinguir entre un movimiento a lo largo de la curva y un desplazamiento de toda la curva. El gráfico 2 muestra un **aumento de la cantidad ofrecida** (de Q_0 a Q_1) provocado por una subida del precio, es decir, un movimiento a lo largo de la curva de oferta desde el punto A hasta el B.

El gráfico también muestra un **aumento de la oferta**, como consecuencia, por ejemplo, de una nueva técnica de producción que permite producir más barato, por lo que se ofrece una cantidad mayor para cada precio de mercado: al mismo precio P_1, la cantidad aumenta de Q_1 a Q_2. La curva de oferta se desplaza hacia la derecha (el punto B se desplaza a C, al igual que el resto de puntos).

- Imagina que en el mercado de la vivienda se producen dos nuevos hechos: por una parte, el precio de la vivienda baja y, por otra, las expectativas empresariales empeoran debido a una crisis inmobiliaria. Comenta y representa de forma gráfica los efectos que estos dos hechos tendrían sobre la oferta de nuevas viviendas.

Gráfico 2: Movimiento a lo largo de la curva de oferta y desplazamiento posterior

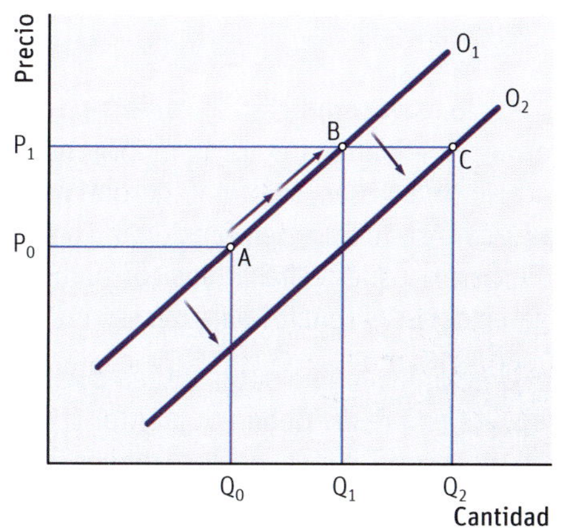

6 El equilibrio de mercado

Gráfico 1: Equilibrio de mercado

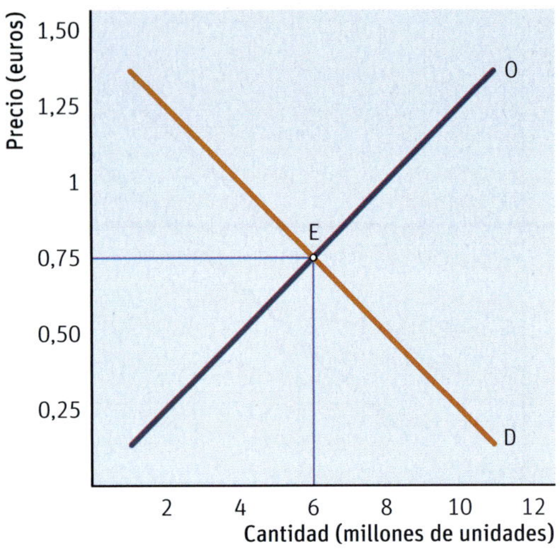

El precio de equilibrio se determina por medio de las fuerzas de la oferta y la demanda.

Gráfico 2: La tendencia al equilibrio

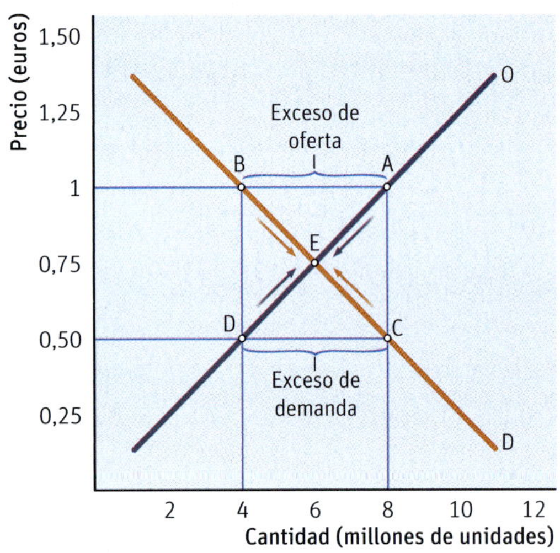

¿Cómo se ponen de acuerdo compradores y vendedores para determinar los precios y las cantidades que se intercambian? Para verlo representaremos en un mismo gráfico las curvas de oferta y de demanda (gráfico 1). El precio de equilibrio de mercado viene determinado por el punto de corte de las dos curvas. Este punto lo denominaremos E, por equilibrio, y sus proyecciones sobre los ejes nos señalan el precio de equilibrio (0,75 euros) y la cantidad de equilibrio (6 millones).

En esta situación **coinciden los deseos de ambas partes**. Al precio de equilibrio, los consumidores podrán comprar exactamente la cantidad del bien que quieren obtener a ese precio, y las empresas podrán vender exactamente la cantidad que querían a ese precio. Así, ni empresas ni consumidores tienen motivos para cambiar la situación. A cualquier otro precio surgen incentivos para cambiarla.

La ley de la oferta y la demanda o la tendencia al equilibrio

Observa en el gráfico 2 qué ocurre cuando el precio es de 1 euro. A ese precio, la curva de oferta nos indica (punto A) que las empresas quieren ofrecer 8 millones de refrescos. Ahora, si nos fijamos en la curva de demanda (punto B), vemos que a 1 euro, los consumidores solo quieren comprar 4 millones. A ese precio, en consecuencia, hay un **exceso de oferta**. Como las empresas no pueden vender tanto como les gustaría a ese precio, algunas lo bajarán con la intención de atraer consumidores y vender más. Y cuando algunas bajen el precio, las demás harán lo mismo por temor a quedarse sin ventas. Esta bajada de precios animará a los consumidores, que empezarán a comprar más, y así se inicia una dinámica que tiende al equilibrio, es decir, hasta alcanzar un precio que iguala las cantidades que se ofrecen y las que se demandan.

Veamos qué sucede cuando el precio es inferior al de equilibrio, por ejemplo, 0,50. A ese precio, los consumidores desean comprar 8 millones de refrescos (punto C), mientras que las empresas solo quieren producir 4 millones (punto D). Hay una situación de **exceso de demanda** o demanda insatisfecha. Como hay muchos consumidores que no pueden comprar lo que quieren, algunos estarán dispuestos a pagar algo más; otros les imitarán ante el temor de quedarse sin nada. Al empezar a subir los precios, las empresas tienen más incentivos para producir más y aumentarán su oferta. Es la misma dinámica anterior, pero ahora en sentido contrario: el mercado tiende a la situación de equilibrio.

La tendencia al equilibrio en los mercados competitivos se denomina **ley de la oferta y la demanda**, que establece que cuando el mercado no se halla en equilibrio, hay fuerzas que ajustan el precio del bien hasta equilibrar la cantidad ofrecida y la demandada.

EN LA PRÁCTICA Precios y asignación de recursos

Los precios son como grandes anuncios de neón transmitiendo información. Cuando los consumidores están dispuestos a pagar el precio de un bien, informan de que quieren que ese bien se produzca. Así, los precios funcionan como señales que indican qué quieren y qué rechazan los consumidores. Los productores se guían por esas señales para decidir qué les conviene producir.

Si el precio de un bien sube, indica que hay escasez y que, por tanto, las empresas deben aumentar su producción. Si el precio baja, significa que no hay mucho interés por comprarlo, señal para que los fabricantes dejen de producirlo.

El mercado y los precios funcionan como una **brújula** indicadora de las preferencias de los consumidores, encauzando la actividad empresarial hacia aquellos bienes que resultan más útiles para la colectividad. De ese modo se evita producir bienes que no tienen salida en el mercado y se garantiza un uso eficiente de los recursos escasos.

- Hay bienes que desaparecen del mercado, al mismo tiempo que se produce el lanzamiento de otros nuevos. Explica estos movimientos desde la perspectiva del funcionamiento del mercado y los precios.

Los cambios en las condiciones del mercado

Al estudiar la situación de equilibrio hemos mantenido constantes los demás factores que pueden afectar a la demanda o a la oferta. Pero ¿qué ocurre con el equilibrio alcanzado cuando mejoran los ingresos de las personas o cuando se produce un cambio en los gustos de los consumidores? ¿Y si suben los costes de las empresas o una sequía estropea la cosecha?

Cualquiera de los factores mencionados antes provoca un desplazamiento de las curvas de demanda o de oferta, que alterará la situación de equilibrio y hará que el punto de equilibrio se traslade. Para saber en qué dirección lo hace y conocer las **consecuencias sobre los precios y las cantidades de equilibrio**, primero debemos averiguar si el cambio afecta a la oferta o a la demanda; lo siguiente es determinar si se trata de un aumento (desplazamiento a la derecha) o una disminución (desplazamiento a la izquierda); y, finalmente, reflejaremos en un gráfico el desplazamiento para comprobar el nuevo corte de las curvas de oferta y demanda y la nueva situación de equilibrio.

Veamos dos ejemplos, uno con cambios en la demanda y otro que afecta a la oferta. Imaginemos que en el mercado de la carne de pollo se parte de una situación de equilibrio (E_0), reflejada en el gráfico 1; si se producen noticias de alarma sobre una enfermedad de la carne de vacuno (ambos bienes son sustitutivos), aumentarán las preferencias de los consumidores por la de pollo, y así aumentará su demanda, desplazándose hacia la derecha. La nueva situación de equilibrio (E_1) ha producido dos efectos: el precio de equilibrio es más alto y la cantidad de equilibrio es mayor (aunque sube el precio, se compra más carne de pollo).

Si en este mismo mercado, y partiendo de la situación de equilibrio inicial (E_0) reflejada en el gráfico 2, baja el precio del pienso, disminuyen los costes de los productores de carne de pollo, lo cual les anima a producir y ofertar más cantidad, desplazándose la curva de oferta hacia la derecha. La nueva situación de equilibrio (E_1) produce también dos efectos: el precio de equilibrio es más bajo, pero la cantidad de equilibrio es mayor (se compra más carne de pollo y a menor precio).

Gráfico 1: Cambio en el equilibrio provocado por un cambio de la demanda

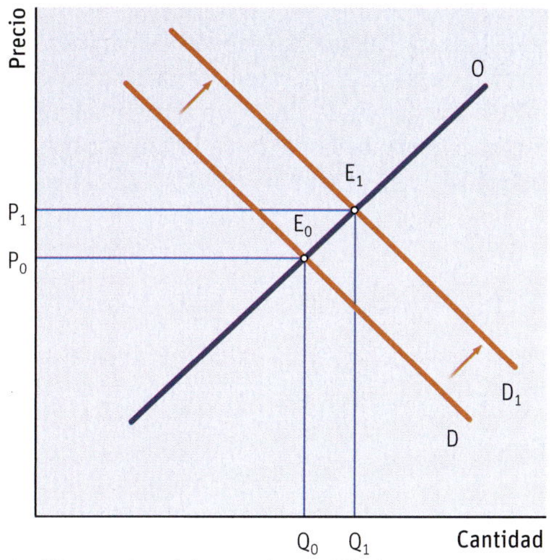

Gráfico 2: Cambio en el equilibrio provocado por un cambio de la oferta

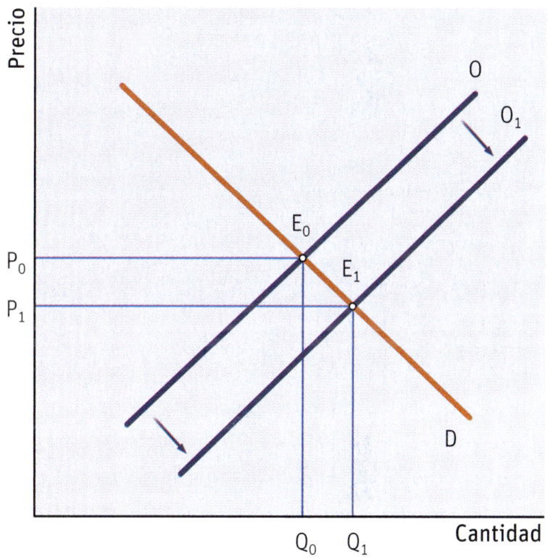

EN LA PRÁCTICA **El precio y el valor de las cosas**

El precio de un producto es la cantidad de dinero que pagamos por él, mientras que el valor es la satisfacción o utilidad que obtenemos con su consumo. Parece lógico pensar que el precio de un bien tendría que ser directamente proporcional a su valor, pero no siempre es así. El precio de un producto puede venir determinado por diversos factores, entre otros, su escasez en el mercado.

¿Por qué tiene el agua, esencial para la supervivencia, un precio mucho más bajo que los diamantes, de los que podríamos prescindir fácilmente? La ley de la oferta y la demanda explica esta paradoja. En muchas zonas habitadas hay agua abundante, por lo que se ofrece a bajos precios. Por contra, la oferta de diamantes es muy baja en relación a su demanda, y de ahí sus altos precios. Si cambiaran las condiciones, variarían sus precios relativos: sin duda, alguien sediento en el desierto cambiaría su bolsa de diamantes por un vaso de agua. El que los diamantes sean caros y el agua barata solo refleja la ley de la oferta y la demanda, no que los diamantes sean más importantes o que tengan un valor superior al del agua.

Sucede lo mismo con los cuadros de muchos pintores, que se revalorizan una vez que mueren sus autores. La explicación está en la sensación de escasez que se produce cuando se constata que ya no habrá más cuadros tras el fallecimiento del artista. No eran peores pintores antes de morir, sino que, simplemente, las condiciones del mercado han variado.

- Señala otros ejemplos similares en los que valor y precio no se correspondan.
- A veces, la tendencia a valorar las cosas por su precio nos hace confundir valor con precio. Si alguien compra algo que está rebajado al 50 % porque le parece barato, aunque no le valga para nada, ¿qué consejo le darías?
- Según Antonio Machado, "solo un necio confunde valor y precio". ¿Crees que hay muchos necios en nuestra sociedad? Argumenta tu respuesta.

7 La elasticidad-precio de la demanda y de la oferta

Elasticidad-precio de la demanda

Mide el grado en que la cantidad demandada de un bien responde a una variación de su precio; se calcula dividiendo la variación porcentual de la cantidad demandada por la variación porcentual del precio.

Según la ley de la demanda, si baja el precio de un bien un 10 %, aumenta la cantidad demandada. Pero si analizamos esos aumentos para distintos bienes, observaremos que son muy diferentes según sea el tipo de bien. De hecho, si mañana todas las tiendas del país bajaran un 20 % el precio del pan, de la sal o de la leche, la cantidad demandada de estos artículos apenas aumentaría. Sin embargo, si todos los restaurantes o joyerías ofrecieran la misma reducción en sus precios, la demanda aumentaría de manera tan significativa que, seguramente, se formarían colas para entrar.

¿Por qué las variaciones de los precios a veces producen unos efectos tan pequeños y otras tan grandes? La respuesta reside en la forma de las curvas de demanda, o lo que es lo mismo, en la distinta **sensibilidad de los consumidores** ante cambios en los precios.

Hasta ahora hemos visto el sentido en que varía la cantidad demandada, pero no la magnitud de la variación. Para ver cuánto responde la demanda a los cambios de sus determinantes, los economistas emplean el concepto de elasticidad o sensibilidad de la respuesta a las variaciones de los precios.

Gráfico 1: Demanda elástica, Ep > 1

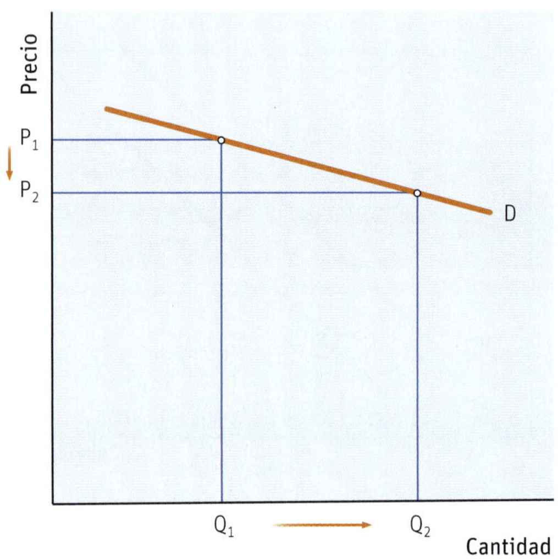

Gráfico 2: Demanda inelástica, Ep < 1

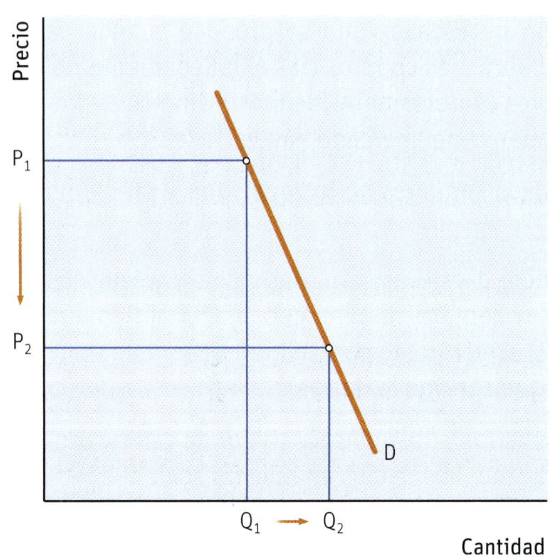

¿Cómo se mide la elasticidad-precio de la demanda?

La elasticidad-precio de la demanda (Ep) se calcula dividiendo la variación porcentual de la cantidad demandada entre la variación porcentual del precio:

Ep de la demanda = % de cambio en Q / % de cambio en P

Por ejemplo, si ante un incremento del precio de los donut de un 10 %, la cantidad demandada desciende un 5 %, la elasticidad es 0,5 (Ep = 5 /10 = 0,5); o para ser más exactos, es −0,5, ya que el precio y la cantidad siempre varían en sentido inverso y tienen, por tanto, signo contrario. Pero para simplificar, las elasticidades se expresan como valores positivos (en valor absoluto).

Olvidándonos de los signos, si la cantidad demandada aumenta un 6 %, en respuesta a una bajada del precio de un 3 %, la elasticidad-precio de la demanda es 2. Una vez conocido este dato, podemos prever qué ocurrirá con la demanda cuando haya un cambio de precios. En este caso, por ejemplo, si los precios suben un 10 %, podemos prever un descenso en la cantidad demandada de un 20 %.

Los economistas clasifican las curvas de demanda en tres tipos, de acuerdo con su elasticidad:

a. La demanda de un bien es **elástica**, o sea, sensible a los cambios del precio, cuando la elasticidad es mayor que 1, por lo que la cantidad varía proporcionalmente más que el precio.

b. La demanda de un bien es **inelástica** o rígida, o sea, insensible a las variaciones del precio, cuando la elasticidad es menor que 1, por lo que la cantidad varía, proporcionalmente, menos que el precio.

c. Si la elasticidad es exactamente 1, de tal manera que la cantidad varía, proporcionalmente, en la misma cuantía que el precio, se dice que la demanda tiene **elasticidad unitaria**.

Por la **forma de la curva de demanda** también podemos conocer su elasticidad.

La demanda de coches, por ejemplo, es más sensible (elástica) a las variaciones de los precios que la de un alimento básico como la leche, lo que se refleja en la forma de sus curvas de demanda, como muestran los gráficos. La curva de demanda de coches es más plana (gráfico 1), lo que significa que una variación pequeña del precio produce un gran efecto en la cantidad consumida. En cambio, cuando la curva de demanda es muy inclinada (gráfico 2), como la de la leche, significa que una variación importante del precio influye poco en la cantidad.

¿De qué depende la elasticidad-precio de la demanda?

a. La disponibilidad de bienes sustitutivos. Si un bien tiene buenos sustitutos, su demanda será elástica porque es más fácil para los consumidores cambiarlo por otros. Por ejemplo, las manzanas son fácilmente sustituibles por otras frutas. Una pequeña subida de su precio, si el precio de otras frutas se mantiene, causa una gran disminución de la cantidad demandada. En cambio, los huevos o la sal son difíciles de sustituir y, por tanto, su demanda es muy inelástica.

b. El gasto que representan. En los bienes cuyo precio es bajo (golosinas, etc.), una subida no afecta demasiado a nuestro bolsillo, por lo que no influirá mucho en la cantidad demandada (demanda inelástica). En bienes cuyo desembolso es importante (automóviles, etc.) y que tienen una demanda más elástica, sucede lo contrario.

c. Bienes necesarios y bienes de lujo. Los bienes necesarios tienen una demanda inelástica: si sube el precio del bono transporte, las personas no suelen reducir su uso. Sucede lo contrario con los bienes de lujo, cuya demanda es elástica: si sube el precio de las joyas, la cantidad demandada disminuye considerablemente.

BIENES DE DEMANDA INELÁSTICA		
Huevos:		0,1
Carne de ternera:	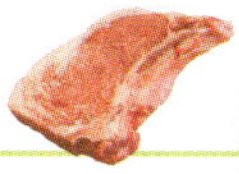	0,4
Gasolina:	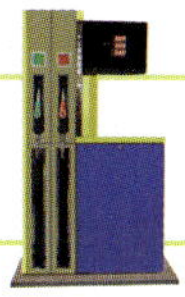	0,4

BIENES DE DEMANDA ELÁSTICA		
Vivienda:		1,2
Comida preparada:		2,3
Viajes al extranjero:		4,1

Elasticidad-precio de la oferta

Al igual que los consumidores, las empresas también son más o menos sensibles ante cambios en los precios. Si suben los precios, las empresas ofrecerán más cantidad (y viceversa); pero para saber cuánto más o cuánto menos ofrecerán, se utiliza el concepto de elasticidad-precio de la oferta, que mide la variación porcentual de la cantidad ofrecida de un bien ante un cambio porcentual de su precio.

Ep de la oferta = % de cambio en Q / % de cambio en P

EN LA PRÁCTICA Aplicaciones de la elasticidad-precio de la demanda

Un restaurante, que ofrece un menú por 10 euros y tiene 100 clientes al día, está considerando subir sus precios un 10 % y desea saber cómo afectará a sus ingresos. Sus ingresos ahora son: I = p · Q = 10 · 100 = 1000 €.

Como la Ep de su demanda es 2, sabe que si sube el precio un 10 %, tendrá un 20 % menos de clientes. Con esa subida, el precio será de 11 €. Si los clientes disminuyen en un 20 %, ahora serán 80. Por tanto, los ingresos se reducen a 880 € (11 · 80). En consecuencia, subir el precio disminuye los ingresos.

¿Y si baja los precios un 10 %, es decir, a 9 €? Los clientes ascenderían un 20 %, es decir, a 120. Por tanto, los ingresos aumentarían a 1080 € (9 · 120).

Así, si la Ep > 1, una subida del precio disminuye el ingreso total. Como los ingresos resultan de multiplicar p por Q, una subida del precio los reduce, porque la disminución de Q es, proporcionalmente, mayor que la subida de p. Por el contrario, si baja el precio aumentan los ingresos, pues el incremento de Q es, proporcionalmente, mayor que la reducción de p.

Si la demanda de un bien es inelástica (entre 0 y 1), como la del petróleo, cuya Ep = 0,5, un incremento de su precio de un 10 % (por ejemplo, de 100 a 110 € el barril) supondrá una reducción en sus ventas del 5 %, pasando de 1000 a 950 barriles; esto hace que los ingresos de los productores aumenten de 100 000 € a 104 500 €.

- Si Ep < 1: una subida del precio eleva el ingreso total y un descenso del precio lo reduce.
- Si Ep > 1: una subida del precio reduce el ingreso total y un descenso del precio lo eleva.

Esto explica **algunas paradojas**, como que los ingresos de los agricultores bajen en años de grandes cosechas. Como la demanda de los productos agrícolas suele ser inelástica, el exceso de oferta hace disminuir los precios en mayor proporción que el aumento de las ventas. También explica algunos comportamientos, como el de destruir parte de sus cosechas. La reducción de la oferta hace subir los precios y aunque vendan menos, sus ingresos totales aumentan.

- Las entradas de un concierto cuestan 20 € y, a ese precio, suelen asistir 5000 espectadores. El empresario quiere aumentar los ingresos y decide modificar los precios. Si la elasticidad de la demanda-precio de este espectáculo suele ser superior a la unidad (demanda elástica), ¿debería subir o bajar los precios para aumentar los ingresos? Compruébalo para una modificación del precio del 20 % y una Ep = 1,5.

ACTIVIDADES

Actividades de síntesis

1. Lee la información que se presenta a continuación y, a partir de los factores que afectan a la demanda y a la oferta, explica el significado de cada una de las filas de las tablas, dando ejemplos.

LA DEMANDA

La función de demanda

La curva de demanda es la expresión gráfica de la función de demanda:

Dx = f (Px, Y, Py, Pz..., G...)

En ella:

- Dx: demanda del bien x.
- Px: precio del bien x.
- Y: renta de los consumidores.
- Py, Pz...: precio de bienes que están relacionados con el bien x.
- G: gustos y preferencias.

Si mantenemos constante todo lo demás, excepto el precio:

Dx = f (Px)

Los factores que influyen en la demanda

Factor	Cambio o causa	Efecto sobre la cantidad demandada
Precio del bien x	Px ↑	La cantidad disminuye
	Px ↓	La cantidad aumenta
Factor	**Cambio o causa**	**Efecto sobre la demanda**
Renta (siendo x un bien normal)	Renta ↑	La Dx aumenta
	Renta ↓	La Dx disminuye
Renta (siendo x un bien inferior)	Renta ↑	La Dx disminuye
	Renta ↓	La Dx aumenta
Bienes sustitutivos x e y	Py ↑	La Dx aumenta
	Py ↓	La Dx disminuye
Bienes complementarios x e y	Py ↑	La Dx disminuye
	Py ↓	La Dx aumenta
Gustos o preferencias por x	G ↑	La Dx aumenta
	G ↓	La Dx disminuye

LA OFERTA

La función de oferta

La curva de oferta es la expresión gráfica de la función de oferta:

Ox = f (Px, C, T, Ex...)

En ella:

- Ox: oferta del bien x.
- Px: precio del bien x.
- C: coste de los factores de producción.
- T: tecnología.
- Ex: expectativas empresariales.

Si mantenemos constante todo lo demás, excepto el precio:

Ox = f (Px)

Los factores que influyen en la oferta

Factor	Cambio o causa	Efecto sobre la cantidad ofrecida
Precio del bien x	Px ↑	La cantidad aumenta
	Px ↓	La cantidad disminuye
Factor	**Cambio o causa**	**Efecto sobre la oferta**
Costes	C ↑	La Ox disminuye
	C ↓	La Ox aumenta
Tecnología	T ↑	La Ox aumenta
Expectativas	Ex ↑	La Ox aumenta
	Ex ↓	La Ox disminuye

smSaviadigital.com VALORA LO APRENDIDO › Realiza la **autoevaluación**.

Actividades de análisis y problemas

2. Explica qué es un mercado. ¿Cuáles son los componentes del mercado de bienes y servicios?

3. En relación con la demanda de un bien:

a) ¿Qué muestra la curva de demanda y qué características tiene?

b) ¿Qué establece la ley de la demanda?

c) ¿Cuáles son los motivos por los que un aumento de precios hace que disminuya la cantidad demandada?

4. Cuando aumentan sus ingresos, las personas compran más de unos bienes y menos de otros. ¿Cómo explicas este doble comportamiento? Señala ejemplos de ambos casos y dibuja gráficamente cómo afectan a sus curvas de demanda.

5. Copia la tabla y complétala.

	DEFINICIÓN	EJEMPLOS
BIENES SUSTITUTIVOS	•••	•••
BIENES COMPLEMENTARIOS	•••	•••

a) ¿Cómo afectan los cambios de precio de un bien sustitutivo en la demanda del otro?

b) ¿Cómo afectan los cambios de precio de un bien complementario en la demanda del otro?

6. Explica la diferencia existente entre cambios de la demanda y cambios en la cantidad demandada. ¿Cómo se reflejan gráficamente?

7. Comenta cómo afectarán estas noticias a la demanda de ordenadores portátiles (o en su caso, a la cantidad demandada). Razona tu respuesta verbal y gráficamente.

Mejoran las preferencias por las tabletas en detrimento de los ordenadores portátiles

Aumenta el precio de los programas y aplicaciones informáticos

Disminuyen los precios de los ordenadores portátiles

Los avances tecnológicos hacen disminuir el precio de las nuevas tabletas

Se conceden subvenciones en la compra de portátiles para estudiantes

8. Con relación a la oferta:

a) ¿Qué muestra la curva de oferta y qué características tiene?

b) ¿Qué establece la ley de la oferta?

c) ¿Qué razones explican que un aumento de precios haga aumentar la cantidad ofrecida?

9. En relación con los cambios de la oferta:

a) ¿Cómo influyen los costes en la oferta?

b) ¿Cómo afecta la tecnología?

c) ¿Qué son las expectativas y cómo influyen en la oferta?

d) ¿Qué otras causas pueden afectar a la oferta?

10. Explica la diferencia entre cambios de la oferta y cambios en la cantidad ofrecida. ¿Cómo se reflejan gráficamente?

11. Indica cómo afectan las siguientes noticias a la oferta de pasteles o magdalenas (o en su caso, a la cantidad ofrecida). Justifica siempre tu respuesta y dibuja la gráfica correspondiente.

Sube el precio de la harina

La crisis económica empeora las expectativas empresariales

Aumenta el precio de las magdalenas

Se inventan nuevos hornos que permiten producir más en menos tiempo

12. Define la situación de equilibrio de mercado. Explica por qué, si el precio de un bien es superior al de equilibrio, las fuerzas de la oferta y la demanda tienden a llevarlo al equilibrio. Explica por qué, si es inferior, el mercado tiende a ajustarse hasta alcanzar el equilibrio. Ayúdate de la correspondiente representación gráfica.

13. Los gustos de la población han cambiado en detrimento de la carne de vacuno y en favor de la carne de pollo. Partiendo de una situación de equilibrio de mercado, analiza cómo afectará este cambio al precio y a la cantidad de equilibrio en el mercado de carne de vacuno y en el de carne de pollo. Dibuja los gráficos correspondientes.

14. Partiendo de una situación de equilibrio de mercado, comenta qué sucederá con los precios y la cantidad de equilibrio en los supuestos siguientes. Dibuja el gráfico correspondiente para cada caso.

a) En el mercado de la fresa, si la cosecha es mayor de la esperada.

b) En el mercado de los paraguas, cuando hay un invierno muy lluvioso.

c) En el mercado del cine, si las nuevas películas gustan a los consumidores.

d) En el mercado de juguetes, en Navidad.

e) En el mercado de hamburguesas, si sube el precio de la carne de vacuno.

ACTIVIDADES

15. Observa las viñetas y responde.

a) ¿Cómo calificarías la situación de mercado del primer mes? ¿Y la del siguiente?

b) ¿Qué movimientos crees que se producirán en el siguiente mes?

16. Una pequeña ciudad experimenta un crecimiento de la tasa de natalidad. Usando las curvas de oferta y demanda, comenta los efectos de este hecho sobre el precio de una hora de servicio de canguro.

17. Un grupo de alumnos está pensando financiar su viaje de estudios vendiendo pinchos de tortilla en el recreo. Como están cursando Economía, deciden hacer un estudio de mercado. Analizan sus costes y se plantean cuántas unidades estarían dispuestos a elaborar y vender diariamente según distintos precios. Después hacen una encuesta entre sus compañeros para saber cuántos estarían dispuestos a comprar a esos precios. La información obtenida se recoge en la tabla.

Precio/unidad	1	1,20	1,40	1,60	1,80
Unidades ofrecidas	30	50	75	100	130
Unidades demandadas	130	100	75	50	30

a) Representa gráficamente la función de demanda y de oferta e identifica el precio y la cantidad de equilibrio. Según estos datos, ¿qué decisión deben tomar?

b) Indica a qué precios se producen excesos de oferta y excesos de demanda.

c) ¿Qué tipo de elasticidad tiene la demanda cuando subimos el precio de 1 a 1,20 euros?

18. Los precios son como grandes anuncios transmitiendo información. ¿Qué tipo de información proporcionan a consumidores y empresas y para qué sirve?

19. Indica si son verdaderas o falsas las siguientes afirmaciones, razonando tu respuesta.

a) Un cambio en el precio de un bien provoca un cambio en la cantidad ofrecida y, por tanto, un desplazamiento de la curva de oferta.

b) Cuando un producto se pone de moda, su curva de demanda se traslada hacia la derecha.

c) Una disminución de la renta generará una disminución de la cantidad demandada de bienes inferiores.

d) En una situación de exceso de demanda, los precios tenderán a bajar.

e) La demanda es más elástica en la medida en que los bienes son más necesarios.

f) Si dos bienes son sustitutivos, el aumento del precio de uno de ellos hará que aumente la demanda del otro.

20. Los agricultores suelen obtener mayores ingresos en épocas de malas cosechas, mientras que las buenas cosechas suelen reducir sus ingresos. ¿Qué razones explican tales hechos?

21. La inauguración del tren de alta velocidad entre Madrid y Barcelona afectó de forma importante al mercado de transporte aéreo entre ambas ciudades.

a) Partiendo de una situación de equilibrio de mercado anterior a la inauguración de la línea de tren de alta velocidad, analiza y representa mediante un gráfico los efectos producidos sobre el precio y las cantidades de equilibrio del servicio aéreo entre estas dos ciudades.

b) Sabiendo que la demanda de este tipo de vuelos es elástica ($Ep > 1$), ¿qué política de precios aconsejarías a las compañías aéreas para aumentar sus ingresos? Razona tu respuesta y explica por qué crees que es elástica.

22. Lee y comenta los siguientes titulares.

La mala cosecha de aceite de oliva provoca un aumento de precios

La crisis económica causó una fuerte caída de la venta de gasoil y gasolina

El aumento de las tasas universitarias en casi un 25 % apenas reduce los alumnos matriculados

23. ¿Qué bien de las siguientes parejas crees que tiene una demanda más elástica y por qué?

a) Los libros de texto obligatorios o las novelas policiacas.

b) Los diamantes o el bono transporte.

c) Los refrescos de sabor a naranja de una marca determinada o el agua.

24. Supón que la elasticidad demanda-precio del pan y del vino es, respectivamente, 0,2 y 2,3. Si los precios de estos bienes suben un 10 %, ¿en cuánto cambiará la demanda de ambos productos y cómo afectará a los ingresos de las empresas productoras? ¿Y si bajan sus precios un 10 %?

25. Las autoridades sanitarias quieren reducir el consumo de tabaco y para ello han realizado estudios que indican que la elasticidad-precio de la demanda de cigarrillos es, aproximadamente, de 0,4. Con estos datos, responde a las preguntas que se plantean.

a) Si un paquete de cigarrillos cuesta hoy 4 euros y el Gobierno quiere reducir el consumo de tabaco un 20 %, ¿cuánto deberá subir el precio?

b) Los estudios también han comprobado que los adolescentes tienen una elasticidad-precio superior a la de los adultos. ¿Qué razones piensas que podrían explicar esta situación?

26. El Gobierno ha aumentado el impuesto especial que grava los automóviles de lujo. Esta medida supondrá que los compradores de este tipo de bienes tendrán que pagar un mayor precio por ellos. Con esta medida, ¿aumentarán necesariamente los ingresos de Hacienda? Explica tu respuesta.

27. En el mercado, los consumidores expresan sus deseos sobre qué necesitan y las empresas responden produciendo y poniendo a su disposición lo que aquellos han solicitado.

a) ¿Qué tiene de cierto y qué tiene de falso esta afirmación? Comenta tu respuesta.

b) Observa la viñeta y cambia la frase para que refleje lo que interpretas en ella.

Fuente: Erlich, *El País*, 31-1-2013.

Actividades de argumentación y debate › Ventajas y desventajas del mercado

28. Mientras algunos economistas hablan de los efectos milagrosos del mercado, y de cómo la "mano invisible" conduce al beneficio colectivo, para sus críticos, el mercado es un mecanismo ciego que no entiende de cuestiones sociales, o como diría el premio nobel Paul Samuelson, "podría ocurrir que el precio de la leche ajustara, en efecto, la oferta a la demanda, pero a un nivel tan alto, si escaseara el producto, que los ricos pudieran pagar la leche para sus gatos, mientras que los pobres no podrían adquirir la necesaria para sus hijos".

▸ Los milagros del mercado

Cada día podemos observar el milagro de cómo millones de decisiones independientes no conducen al caos, sino que, muy al contrario, organizan nuestras vidas. Nos levantamos todos los días con la seguridad de que podremos disfrutar del desayuno de la mañana. Agricultores, ganaderos, camioneros, panaderos, banqueros y empleados del supermercado son solamente algunas de las personas cuyos esfuerzos han contribuido a la producción, la elaboración, el transporte y la distribución de los cereales o tostadas del desayuno. ¿Cómo se incitó a todas estas personas a llevar a cabo su labor exacta en el momento correcto y en el lugar apropiado? ¿Quién coordinó todas estas tareas? No hay nadie detrás, es el mercado en funcionamiento quien dirige los hilos y nos trae el desayuno a nuestra mesa.

Adaptado de HEYNE, Paul: *Conceptos de Economía*. Madrid, Prentice Hall, 1997.

▸ Las críticas al mercado

Esperar del mercado comportamientos solidarios es como pedir peras al olmo. La solidaridad implica hacer correcciones a los efectos de un mercado que, a diferencia del mercado ideal de los liberales ingenuos, no conduce, como por una mano invisible, al bien de la sociedad en su conjunto, sino a beneficios de grupos muy particulares. El mercado, en general, distribuye mal y necesita una corrección por parte de la sociedad para servir al principio de equidad. En algunos casos importantes, el mercado asigna mal los recursos, los destina a actividades claramente antisociales o de gran coste social. En el ámbito internacional, el mercado aumenta y profundiza las diferencias entre ricos y pobres.

Adaptado de DE SEBASTIÁN, Luis: *Mundo rico, mundo pobre*. Santander, Sal Terrae, 1993.

▸ Análisis audiovisual

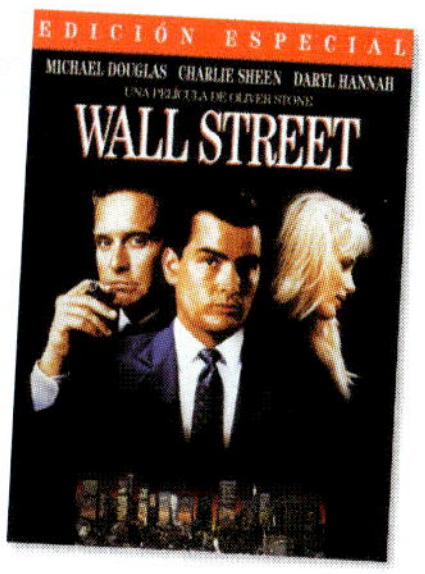

Wall Street, de Oliver Stone. 1987 (min. 01:28:03 a 01:34:00).

En esta película, un ambicioso magnate utiliza todos sus medios para intervenir en los precios del mercado y aumentar su riqueza.

Analiza los documentos y responde.

a) Piensa y señala ejemplos en los que el equilibrio del mercado pueda generar efectos sociales no deseables. Ahora piensa y señala sus efectos positivos. ¿Cuál es el balance?

b) ¿Cómo se podrían corregir sus efectos no deseables?

¿ALQUILAR O COMPRAR?

Una de las formas que ha tomado la esclavitud moderna se llama "hipoteca". Su traducción al inglés es *mortgage*, término que procede del francés *mort* (muerto) más la palabra *gage* (de origen germánico, que significa señal, prenda). Es decir, un acuerdo hasta la muerte.

El mercado de la vivienda

Como opción para emanciparse, un 78,9 % de los jóvenes españoles dice que preferiría tener su casa en propiedad, frente al 16,7 %, que se decanta por el alquiler. Sin duda, en esta mayoritaria preferencia pesan varias creencias muy instaladas en la sociedad española y que hacen que seamos el país con mayor porcentaje de vivienda en propiedad (85 %), casi el doble que en Alemania (42 %).

¿Cuáles son las creencias de los españoles sobre la vivienda?

La primera es que el **alquiler** de la vivienda se interpreta como **"tirar" dinero**. Con frecuencia, la gente se hace este razonamiento: "Conviene comprar, ya que al cabo de 30 años de hipoteca tendremos una casa, y si, por el contrario, la alquilamos, al final de los 30 años no tendremos nada".

Pero esta puede ser una percepción errónea. Un economista argumentaría que pedir prestado el dinero para comprar una vivienda es una operación típica de alquiler. Es decir, quien se hipoteca no puede decir que alquilar es tirar el dinero, pues está alquilando no una casa, pero sí el dinero que ha pedido al banco para comprar la casa. El precio por **alquilar el dinero** es el **interés** que habrá que pagar cada mes. Será preciso comparar, por tanto, el ahorro del alquiler con los intereses del préstamo.

La segunda creencia es que **el precio de las viviendas siempre sube** y, por tanto, con el paso del tiempo "tendremos un bien de mayor valor". Sobre esta creencia, solo hay que observar lo ocurrido en nuestro país en las distintas burbujas inmobiliarias. **Los precios suben, pero también bajan.** Además debe tenerse en cuenta que junto con la subida del precio de la vivienda, sube el precio del resto de bienes y también los salarios, con lo que podría darse el caso de que aun subiendo su precio, valga realmente menos.

Análisis comparativo

Para decidir entre comprar o alquilar una vivienda, se deben tener en cuenta diversos factores de racionalidad económica, que apuestan por el alquiler como opción para la emancipación. Son los siguientes:

1. Generalmente, el **precio del alquiler es menor** de lo que serían las **cuotas de la hipoteca** del mismo piso.

2. Con la compra, **los gastos** de formalización de la hipoteca, las escrituras, los impuestos, etc., suelen ascender **al 10 % del precio** de la vivienda. En el caso del alquiler no existen gastos significativos.

3. Comprar supone disponer de importantes **ahorros** para hacer frente, junto con el préstamo, al pago de la vivienda. Estos ahorros deberían ser, como mínimo, del **20 % del valor** de la vivienda, incluidos los gastos iniciales. En el caso del alquiler, solo se tendrá que depositar una fianza inicial (que después se recupera).

4. Existen, además, **otros gastos obligatorios** y periódicos –menos visibles en el momento de comprar– derivados **de ser propietarios**, como el seguro del hogar, los impuestos, el mantenimiento del inmueble y la comunidad de vecinos, que se deben tener en cuenta al comparar.

5. Finalmente, la compra de vivienda **ata a un lugar** geográfico y a una hipoteca durante un número importante de años, justo lo contrario de lo que demanda el mercado de trabajo actual, que es la movilidad geográfica. Con el alquiler se puede ir adaptando la casa donde vivimos a nuestras necesidades en tamaño, lugar, precio, etc. Esta falta de ataduras para moverse de zona, ciudad o país hace que mejore la **empleabilidad** de las personas, es decir, que se tengan mayores posibilidades de encontrar empleo.

El *boom* de la vivienda en España: burbujas y desahucios

El mercado de la vivienda contradice lo que hemos estudiado sobre el equilibrio entre oferta y demanda. En un mercado ideal, cuando los precios aumentan (y más si es de forma excesiva), los consumidores dejan de comprar y se produce un exceso de oferta que hace que los precios bajen. Pero en el mercado de la vivienda suelen incidir otros factores. Si los gobiernos ofrecen incentivos a los compradores de vivienda (pagar menos a Hacienda), y los tipos de interés son muy bajos y los bancos ofrecen créditos hipotecarios fáciles de obtener y, además, una gran parte de la población tiene la creencia de que es mejor comprar que alquilar, las bases de la burbuja están creadas.

Con la deuda al cuello

Mientras que el valor de una casa varía (sube o baja), el pago de la hipoteca es una obligación contraída que nunca cambia durante los 20, 30 o 40 años que dura. Si además se compra en un mal momento (poco antes de que se pinche la burbuja inmobiliaria), cuando empiezan a bajar los precios, es probable que nos arruinemos (en 2012 hubo en España 159 desahucios diarios). El 83 % de los hogares de este país son de propiedad, si bien muchos de ellos todavía están por pagar, con lo que de momento el propietario es el banco que les ha concedido la hipoteca. Si hay una crisis y aumenta el desempleo, muchas familias dejan de pagar la cuota mensual y descubren bruscamente quién es el verdadero dueño.

ANALIZA TU ENTORNO

1. Una pareja está planteándose alquilar o comprar. Ambos trabajan y sus ingresos conjuntos ascienden a 2500 euros mensuales. Tienen 15 000 euros ahorrados y la casa en la que están interesados se vende por 150 000 euros o se alquila por 600 euros mensuales.
   a) Entra en este simulador de hipotecas **www.e-sm.net/sveco1bachud05_01** y calcula la cuota mensual que tendrían que pagar si solicitan un préstamo a 30 años a un tipo de interés del 7 %. Entra en detalles y evolución de la hipoteca y observa los intereses totales que se pagarán en los 30 años y el gráfico de su evolución.
   b) Compara la cuota del préstamo con el precio del alquiler y coméntales el resto de las ventajas e inconvenientes de ambas opciones. Analiza ahora la cuestión desde el punto de vista de la capacidad y límite de endeudamiento familiar y aconséjales.
   c) En el supuesto de que tuvieran capacidad para endeudarse con una hipoteca a 30 años, ¿seguirán trabajando durante todo ese tiempo?, ¿sus ingresos se mantendrán? Piensa posibles respuestas a estas cuestiones y argumentos de réplica.
2. smSaviadigital.com INVESTIGA > ¿Sabes qué es la **plataforma de afectados por la hipoteca** (PAH)?, ¿cuáles son sus principales reivindicaciones?, ¿cómo las valoras? Elabora un informe y explícalo.

6 Modelos de mercado

1 La estructura de los mercados

La realidad de los mercados es muy diversa. Si necesitamos contratar un servicio de conexión a internet, solo unas pocas empresas nos lo ofrecen, pero si deseamos comprar ropa, tenemos a nuestra disposición multitud de marcas y productos distintos en una diversidad de lugares y empresas. Si de lo que se trata es de renovar el bono transporte, solo hay una empresa a la que dirigirnos, mientras que si queremos comprar fruta, en cualquier tienda de alimentación o supermercado nos la ofrecen.

Esta diversidad nos afecta como consumidores, ya que en unos casos podemos elegir entre una variedad de productos, comparar precios y calidades, y en otros, el producto es el mismo, sea cual sea el sitio en que lo compremos, y tiene siempre el mismo precio. En unos casos, la publicidad del producto está en todas partes y las empresas nos hacen continuas ofertas, mientras que en otros no existen las marcas ni la publicidad. ¿A qué se debe esta diversidad de formas de mercado y cuáles son sus ventajas e inconvenientes para los consumidores? En esta unidad abordaremos estas cuestiones.

El poder de las marcas

Yo estaba en cuarto año de primaria cuando los vaqueros ajustados eran la última moda, y junto con mis amigos me pasaba el tiempo observando los traseros de los demás para ver de qué marca eran. "No hay nada entre mis Calvin y yo", nos aseguraba Brooke Shields. Hacia la misma época, Romi, la Victoria Beckham de nuestro colegio, hacía sus rondas entre las filas de bancos de las aulas dando la vuelta al cuello de nuestros jerséis y nuestros polos. No le bastaba ver la figura de un caimán o de un hombre a caballo; podía ser una falsificación. Quería ver la etiqueta que había tras el *logo*. Solo teníamos ocho años, pero el terror de las marcas ya había comenzado.

Unos nueve años más tarde conseguí un trabajo que consistía en doblar jerséis en una tienda de ropa de marca Esprit en Montreal. Las madres acudían con sus hijas de seis años y exigían ver solamente ropas cuyas etiquetas ostentaran la palabra "Esprit" escrita con grandes letras. "No quiere ponerse nada de otra marca", se disculpaban las mamás cuando hablábamos con ellas en los probadores. No es un secreto que las marcas se han vuelto ahora más ubicuas e invasoras.

Baby Gap y Gap Newborn desarrollan la conciencia de la marca en los bebés y los convierten en pequeños anuncios ambulantes. Mi amiga Mónica me dice que cuando su hijo de nueve años hace los deberes, no utiliza el marcador, sino el *logo* de Nike de color rojo.

KLEIN, Naomi: *No logo*. Madrid, Paidós Ibérica, 2002.

ANALIZA LA IMAGEN

1. Los rincones más visitados de las grandes ciudades son el escaparate perfecto para la publicidad de las grandes empresas, como se observa en esta imagen de Times Square, en Nueva York. Aunque un anuncio en esos lugares es muy caro, parece que resulta una inversión rentable para las compañías. Pero ¿quién termina pagando esos costes?

2. Piensa en los distintos productos que usas a diario. De algunos de ellos no existe publicidad, mientras que de otros encuentras anuncios en todas partes. Señala tres ejemplos de cada caso. ¿A qué crees que se debe este hecho?

ANALIZA EL TEXTO

- Las empresas gastan importantes sumas de dinero en establecer una marca y mantenerla en el tiempo. ¿Quién paga esos gastos? ¿Se han vuelto más ubicuas e invasoras las marcas? ¿Cómo las percibes tú?
- *No logo* nos cuenta cómo las "marcas de productos" se han transformado en "marcas de estilos de vida" que venden identidad personal o de grupo y prometen aquellas cosas que faltan en la vida de las personas. En tu caso, ¿las marcas te marcan?
- Averigua qué son las marcas blancas y los productos genéricos. ¿En qué se diferencian estos últimos de los productos de marca?

1 La estructura de los mercados

En los mercados podemos observar productos diferenciados conviviendo con sus productos homogéneos equivalentes. Por ejemplo, en las estanterías del supermercado encontramos marcas muy conocidas de leche, zumos, refrescos o detergentes al lado de esos mismos productos de marca blanca, con precios bien distintos.

En el modelo de mercado que vimos en la unidad anterior se suponía que había tantos compradores y vendedores que ninguno de ellos podía influir en el precio. Pero si observamos los mercados que nos rodean, ese supuesto casi nunca se cumple. Lo habitual es que sean las empresas las que establezcan las reglas del juego, fijando precios, influyéndonos con su publicidad y sus marcas, o estableciendo acuerdos entre ellas para repartirse el mercado. Entender cómo funcionan los mercados, por tanto, supone observar cómo se comportan las empresas y el grado de competencia existente entre ellas.

¿En qué se diferencian los mercados?

Al analizar los mercados, nos fijaremos primero en su estructura, es decir: ¿cuántas empresas participan?, ¿qué poder tienen?, ¿cómo son los productos que nos ofrecen?, ¿qué obstáculos hay para salir o entrar al mercado?, etc. En concreto, los principales rasgos diferenciadores de un mercado son los siguientes:

a. Número de participantes. El número de vendedores y compradores es un factor fundamental de la estructura del mercado, ya que influye en la forma en que se determinan los precios. Si hay muchas empresas, cada una produce una parte tan insignificante que apenas afecta a la oferta del mercado y, por tanto, no influirá en los precios. En esta unidad analizaremos las estructuras de mercado desde el lado de la oferta, es decir, teniendo en cuenta solo las empresas que participan.

b. Dimensión del mercado y cuota de mercado. La dimensión o importancia de un mercado viene determinada por la cantidad global de ventas que se genera en ese mercado en un período de tiempo. A su vez, la cuota de mercado de una empresa representa el porcentaje de ventas que tiene esa empresa respecto de las ventas totales del mercado.

Cuota de mercado = Ventas de la empresa / Ventas totales del mercado

c. Poder de mercado. En unos mercados las empresas se adaptan a las condiciones del mercado y son precio-aceptantes, y en otros, las empresas pueden influir en esas condiciones. Cuando una empresa tiene capacidad para influir en los precios, decimos que tiene poder de mercado.

d. Producto homogéneo o diferenciado. En un mercado, el producto es homogéneo si los bienes que ofrecen las distintas empresas son idénticos. La diferenciación del producto consiste en dotarlo de alguna característica que lo distinga de los de sus competidores. Cereales como el maíz o el trigo son productos homogéneos; los consumidores no distinguirían los de un productor de los de otro. Sin embargo, los cereales para el desayuno de una marca determinada son un producto diferenciado y fácilmente distinguible de los de otras marcas. Para diferenciar un producto se utilizan variables como la marca, la calidad, el diseño, el envase, el servicio posventa, etc., que suelen reforzarse con la publicidad.

e. Existencia de barreras de entrada. En un mercado existen barreras de entrada cuando hay obstáculos o dificultades que impiden o limitan la entrada a ese mercado de nuevas empresas. Estas barreras pueden ser de tipo legal (como la exigencia de una licencia) o económicas (como la necesidad de realizar fuertes inversiones al inicio de la actividad, etc.).

Cuota de mercado

Proporción de ventas de una empresa respecto de las ventas totales de mercado.

ACTIVIDADES DE APLICACIÓN

1. Busca ejemplos de productos diferenciados y sus equivalentes más homogéneos. ¿En qué se diferencian?
2. El sobreprecio que se paga por el producto diferenciado de marca, ¿está justificado? Argumenta tu respuesta.
3. Reflexiona sobre la fidelidad que tienes a determinadas marcas que usas, ¿cómo crees que las empresas la consiguen?

Tipos de mercado según el grado de competencia

El análisis de los mercados según el nivel de competencia se suele basar en el número de empresas que los abastecen (una, pocas o muchas) y en su capacidad para controlar los precios.

La estructura del mercado competitivo que hemos visto, en el que hay un elevado número de empresas, cada una de las cuales es precio-aceptante, se denomina **competencia perfecta**. Por ejemplo, en el sector del trigo hay tantos agricultores que ninguno de ellos puede alterar por sí solo el precio del trigo determinado por la ley de la oferta y la demanda.

En la realidad, los mercados no son tan competitivos. En algunos de ellos, como es el caso de la telefonía móvil, un pequeño puñado de empresas domina el mercado y controla los precios. En otras ocasiones existe una única empresa con poder absoluto sobre el mercado. Como consecuencia de ello, estas empresas no son precio-aceptantes: son ellas las que **fijan los precios**. Estos mercados en los que las empresas tienen ese poder se conocen como de **competencia imperfecta** o competencia limitada.

La **competencia** es **perfecta** solo cuando las empresas no tienen ninguna capacidad para controlar el precio. La mayor parte de empresas y productos pertenecen a mercados de **competencia imperfecta**, en los que las empresas sí tienen capacidad para fijar los precios.

Las condiciones de acceso al mercado para nuevas empresas determinan la existencia de una, pocas o muchas compañías en el mercado. Cuando hay grandes dificultades para acceder al mercado (barreras de entrada), los mercados tienden a ser de una empresa (monopolio) o de unas pocas (oligopolio).

Los mercados de competencia imperfecta

En estos mercados, las empresas tienen cierto poder de influencia sobre los precios debido a que ofrecen productos diferenciados y/o controlan la cantidad ofrecida. Suelen ser mercados en los que la información que existe es incompleta, por lo que las empresas utilizan la publicidad para informar o persuadir a los consumidores de las características y beneficios de sus productos.

Los tres tipos de competencia imperfecta son:

a. Monopolio (del griego *monos*, 'uno', y *polein*, 'vender'). Es el ejemplo extremo de falta de competencia, ya que en él hay una única empresa que controla todo el mercado y, por tanto, puede decidir o cuánto producir o a qué precio. Las compañías de transporte ferroviario o de suministro de agua suelen tener el monopolio en sus respectivos mercados. Supone una situación privilegiada para la empresa monopolista, que se mantiene porque existen barreras que impiden la entrada de otras empresas al mercado.

b. Oligopolio (del griego *oligo*, 'pocos'). En este mercado participa un reducido número de grandes empresas. Un ejemplo es el mercado automovilístico, en el que solo compiten unos cuantos productores. Una característica que define los oligopolios es la interdependencia entre las empresas: como solo hay unas pocas, cada una tiene que preocuparse tanto por sus acciones como por las reacciones de sus rivales a sus acciones. Por ejemplo, si una empresa reduce los precios, las demás se ven obligadas a hacer lo mismo, por lo que antes de lanzar esa oferta, la empresa tendrá que valorar sus consecuencias.

c. Competencia monopolística. En este tipo de mercado hay muchas empresas que satisfacen una misma necesidad pero con productos diferenciados. Un ejemplo es el mercado de las cadenas de tiendas de ropa, en el que cada una fabrica y vende sus propias prendas, tratando de diferenciarlas de las de la competencia (en calidad, diseño, etc.). Esta diferenciación permite a la empresa tener cierto poder para fijar los precios de la ropa de su marca, aunque se trata de un poder limitado, ya que debe tener en cuenta que el producto de sus competidores es similar y fácilmente sustituible.

Si no existen barreras o son poco importantes, los mercados tienden a ser de muchas empresas (competencia perfecta o competencia monopolística).

2 Los mercados de competencia perfecta

En la realidad es difícil encontrar mercados de competencia perfecta, pues las empresas buscan estrategias para influir en los precios. Tradicionalmente, los mercados de productos agrícolas se consideraban ejemplos de este modelo, pero tras la creación de las denominaciones de origen, la agricultura ecológica, etc., se introdujo en ellos la diferenciación y, por tanto, la posibilidad de que las empresas puedan influir en el precio.

La **competencia perfecta** es un tipo de mercado en el que existen muchas pequeñas empresas que venden un producto homogéneo, cuyo precio viene determinado por el mercado y sobre el que no pueden influir.

Los mercados de productos agrícolas (frutas, etc.), de algunas materias primas (cobre, etc.) o la bolsa de valores funcionan en condiciones cercanas a la competencia perfecta. Las **características** de los mercados de competencia perfecta son:

- **Hay muchos pequeños productores.** Al ser tantos, cada uno produce una cantidad insignificante del mercado total, y así ninguno tiene poder para influir sobre el precio de mercado. Las empresas son, por tanto, **precio-aceptantes**.
- **Existe libertad de entrada y salida.** No existen barreras que impidan la entrada al mercado de un nuevo productor, ni obstáculos para abandonarlo. Por ejemplo, es fácil para cualquier agricultor dejar de producir trigo y empezar a cultivar maíz.
- **El producto es homogéneo.** El bien o servicio que venden las empresas es idéntico, es decir, no existe diferenciación. Como no existen diferencias en calidad o diseño, a los consumidores les es indiferente comprar a un vendedor u otro.
- **Existe plena información.** Productores y consumidores conocen bien las características del producto y su precio. Si un empresario decide subir el precio, perderá los clientes, ya que estos saben que pueden comprar más barato en otro lugar.

Con estos requisitos, la competencia perfecta es difícil de encontrar en estado puro en la realidad: entendámosla como un modelo teórico, cuyo estudio nos servirá como paradigma ideal con el que comparar los demás tipos de mercado.

Equilibrio a corto plazo en competencia perfecta

El precio de equilibrio viene determinado por el punto de corte de las curvas de oferta y de demanda (ver gráfico 1). Aunque la curva de demanda del mercado es decreciente, la demanda particular a la que se enfrenta cada empresario individual tiene un carácter diferente. Como cada empresa individual tiene que aceptar el precio de mercado, su curva de demanda es totalmente elástica (horizontal), y se sitúa a la altura del precio de equilibrio del mercado (ver gráfico 2). Esto significa que a ese precio, cada empresa puede vender la cantidad que desee, es decir, podrá producir la cantidad que decida libremente siempre que la venda al precio de mercado.

Gráfico 1: Equilibrio de mercado

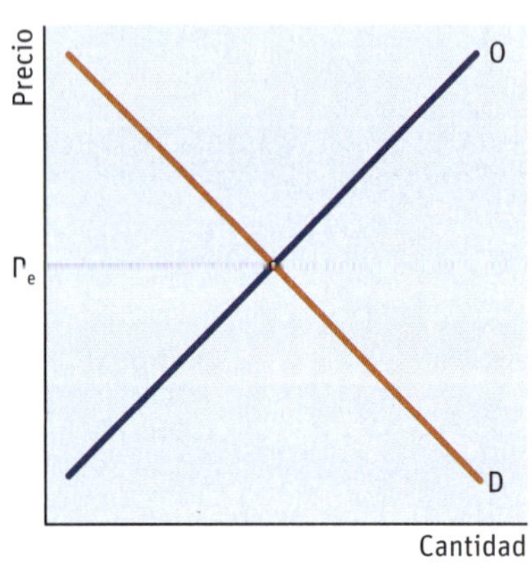

Gráfico 2: Demanda del empresario

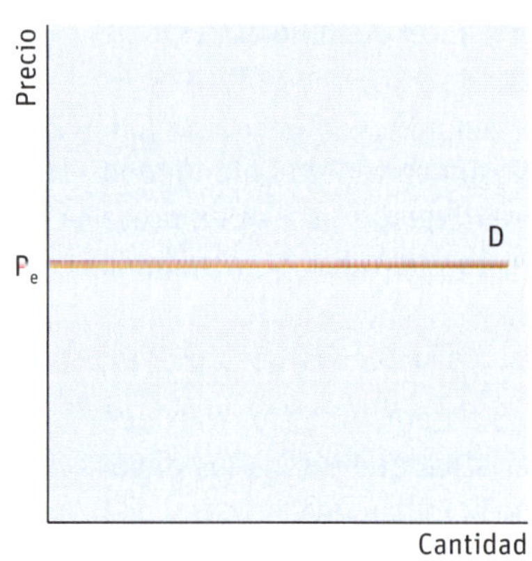

¿Por qué la curva de demanda de un productor concreto es horizontal? Porque su producción es tan pequeña que, aunque la aumente, no alterará las condiciones del mercado. Si un agricultor decide producir más tomates, eso no influirá en su precio.

ESTUDIO DE CASOS **El mercado de valores (la bolsa)**

La bolsa, como mercado, cumple varios supuestos de la competencia perfecta. Las acciones que se compran y venden en el mercado son todas iguales (producto homogéneo). No existen barreras de entrada y de salida del mercado (cualquiera puede vender o comprar en él sus acciones). Los vendedores son precio-aceptantes, ya que deben vender al precio que tengan las acciones en el mercado. En cambio, el último supuesto no está tan claro, porque aunque se supone que todos los agentes tienen plena información sobre las acciones y el mercado, la información de los grandes accionistas (que controlan la empresa) no la tienen los pequeños accionistas o los nuevos inversores.

- ¿Quiénes son los demandantes y los oferentes de este mercado? ¿Cómo se determina el precio de las acciones?

Equilibrio a largo plazo en competencia perfecta

El precio de equilibrio alcanzado en competencia perfecta se mantiene estable a corto plazo, pero, como vimos en la unidad anterior, las condiciones del mercado pueden cambiar a medio y largo plazo, y cuando se alteran esas condiciones, cambian los precios de equilibrio.

Por ejemplo, si en el mercado agrícola el precio del trigo está muy alto, los productores de trigo no solo cubrirán sus costes de producción, sino que además obtendrán unos beneficios extraordinarios. Estos beneficios son un incentivo para otros agricultores, que se sentirán motivados a sustituir sus cultivos actuales por el trigo. Como en este tipo de mercado no existen barreras de entrada, resulta fácil que nuevas empresas se incorporen, con lo que la producción total de trigo del mercado aumentará, desplazando la curva de oferta hacia la derecha (gráfico 1), y, consecuentemente, el precio bajará (de P_e a P'_e), provocando la desaparición de los beneficios extras.

Si muchos agricultores decidieran cambiar su cultivo actual por el trigo, la oferta se incrementaría hasta tal punto que podría suceder que el precio de mercado del trigo llegase a ser tan bajo que, en lugar de obtener beneficios, se obtuvieran pérdidas. En este caso, las empresas empezarían a abandonar el mercado, disminuiría la oferta y aumentaría el precio del trigo. El proceso sería análogo al anterior, aunque a la inversa (gráfico 2).

¿Cuándo se estabilizaría el mercado? Solo cuando se llegase a un precio que hiciera desaparecer los beneficios extraordinarios o las pérdidas, pues a ese precio no existiría ningún incentivo para que nuevas empresas entrasen o saliesen del mercado. Es el precio que permite obtener unos **beneficios ordinarios** o normales, que **cubren todos los costes incluido el salario del agricultor**. Es, por tanto, el precio que puede mantenerse estable durante un largo período de tiempo.

Gráfico 1: Incremento de la oferta

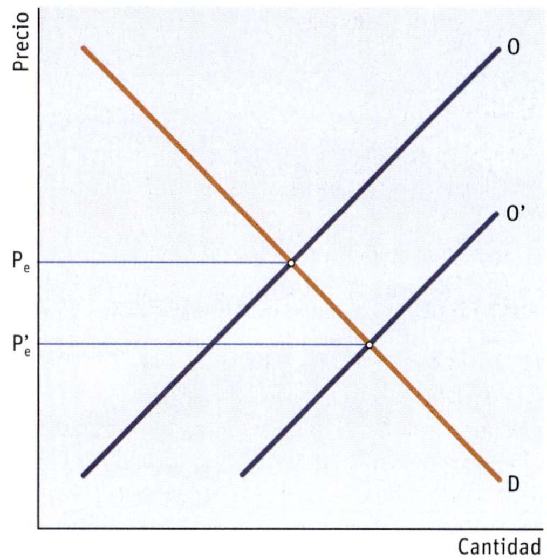

Gráfico 2: Disminución de la oferta

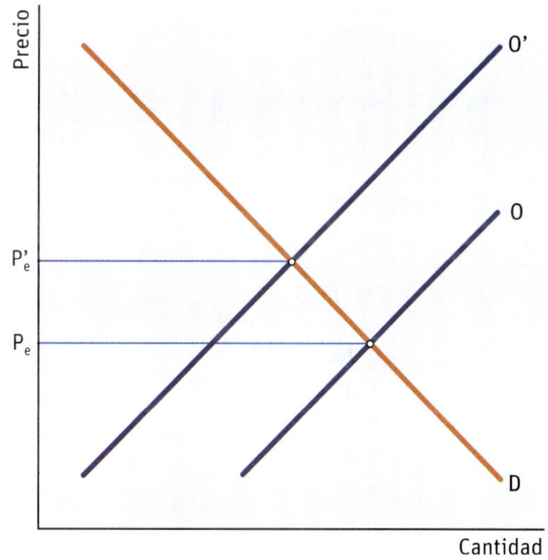

Competencia perfecta y eficiencia

Para alcanzar el equilibrio a largo plazo, el juego del propio mercado determina qué empresas sobreviven y cuáles no; las supervivientes serán las más eficientes, es decir, aquellas que producen con menores costes. La razón está en que, como las empresas no pueden subir los precios, si pretenden aumentar sus beneficios, solo pueden conseguirlo produciendo más barato (mejorando las técnicas productivas o la organización de la producción). Así, las empresas que lo logran (gracias a una innovación tecnológica, una mejora de la organización, etc.) son las que obtienen el mayor rendimiento de los recursos empleados, es decir, las más eficientes. Gracias a esa eficiencia, el precio alcanzado es el más bajo al que los productores pueden ofrecer sus bienes, lo que beneficia al consumidor, que encuentra en este tipo de mercado las mejores condiciones de precio y cantidad disponible.

EN LA PRÁCTICA **¿Modelo ideal o el mercado del futuro?**

Para algunos economistas, internet está fomentando la competencia perfecta, ya que, gracias a sus potentes buscadores, comprar comparando precios es más fácil. Los consumidores pueden consultar precios y luego utilizar esa información para negociar precios más bajos en la tienda convencional. Además, en la red hay productos casi idénticos de diversas empresas y los compradores potenciales tienen amplia información para tomar sus decisiones.

Así, internet está teniendo un enorme impacto en los precios y en la información disponible de los consumidores. Para estos economistas, los mercados de competencia perfecta no son solo una "situación ideal" y más conveniente, sino que son una realidad ya y lo serán más en un futuro cercano, debido a la mayor presencia de internet en la vida de las personas y de las empresas.

Adaptado de STANTON, W.; ETZEL, M., y WALKER, B.: *Fundamentos de marketing*. Madrid, McGraw-Hill, 2007.

- Investiga en internet las ofertas de un producto que te interese. Compáralas con las de una tienda convencional. ¿Qué ventajas e inconvenientes tienen ambas formas de compra?

3 El monopolio

El monopolio de Renfe comenzó en 1941 al crearse este organismo estatal ferroviario. Desde entonces, Renfe ha tenido el monopolio del transporte de viajeros (hoy en proceso de liberalización). Su producto estrella, las líneas de alta velocidad AVE, es un proyecto que se ha ampliado en nuestro país, convirtiéndose en la red de alta velocidad más extensa de Europa.

El **monopolio** es un tipo de mercado en el que solo hay una empresa que produce un bien que no tiene sustitutivos.

Entre sus **características** destacan:

a. Existe una **única empresa** que vende un producto que no tiene sustitutivos cercanos, es decir, los consumidores no tienen alternativas de compra.

b. Al no haber competencia, el monopolista controla el mercado y **fija precios**.

c. Existen **fuertes barreras de entrada** al mercado, que permiten conservar la situación privilegiada que supone el monopolio.

Causas que explican los monopolios

La existencia de monopolios va siempre acompañada de **grandes barreras de entrada** que impiden que otras empresas compitan. Estas barreras se producen como consecuencia de las siguientes circunstancias:

a. El acceso exclusivo de una empresa a un recurso productivo escaso.

b. Concesión de una patente. Cuando una empresa inventa un producto y lo patenta, la legislación le concede el **derecho exclusivo** a comercializarlo durante un tiempo (20 años); por tanto, durante ese período se le otorga el monopolio de su venta. Este derecho supone un incentivo y una compensación al esfuerzo innovador de la empresa, lo que le permite recuperar la inversión en investigación realizada. Por ejemplo, cuando una empresa descubre un nuevo fármaco, el Estado le concede el derecho en exclusiva de su venta.

c. Monopolios legales. El Estado puede establecer que determinados **bienes y servicios esenciales para la sociedad** sean suministrados directamente por el propio Estado, dando lugar a monopolios estatales (Correos y Telégrafos), o mediante la concesión de licencia a una sola empresa para su suministro en régimen de monopolio (servicio de suministro de aguas, recogida de basuras, etc.). A cambio, la empresa accede a que el Estado regule los precios y controle la calidad del servicio. A veces, la finalidad es puramente recaudatoria (monopolios fiscales), como en el caso del tabaco, la lotería nacional, etc.

d. Monopolios naturales. Hay ciertos bienes y servicios que requieren de grandes infraestructuras como redes de agua potable, de electricidad, de telecomunicaciones, de gas natural, ferroviarias, etc., y que exigen una gran inversión inicial. En estos casos es más barato que haya una única empresa que realice toda la instalación para llevar la electricidad a una población o para canalizar una red local de agua potable. Estas infraestructuras son de un coste tan elevado (costes fijos) que una sola empresa puede realizarlas a un coste mucho más bajo que si las realizaran entre varias, ya que se obtienen fuertes **economías de escala**. Tradicionalmente, la mayor parte de este tipo de monopolios ha estado en manos de empresas públicas, por ejemplo, Renfe.

ESTUDIO DE CASOS El monopolio de la compañía De Beers

La empresa sudafricana De Beers, dedicada a la producción de diamantes, fue creada en 1888 por Cecil Rhodes. Con anterioridad existían muchas compañías mineras en Sudáfrica que dominaban la oferta mundial de diamantes y que competían entre sí. Rhodes compró la mayor parte de esas minas y creó una única compañía, De Beers. Desde entonces, la compañía ha controlado la oferta mundial, propiciando un estado de escasez artificial que ha contribuido a mantener alto el precio de los diamantes.

En las últimas décadas, el monopolio De Beers se ha debilitado tanto por las leyes antimonopolio como porque han aparecido otras compañías en otros países africanos y porque los diamantes sintéticos, de alta calidad y muy baratos, se han convertido en alternativa a los naturales. No obstante, De Beers aún controla casi el 50 % de la oferta mundial de diamantes.

- ¿Qué pretendía De Beers al propiciar la escasez de diamantes? ¿Crees que deben permitirse esas prácticas? ¿Por qué?

Funcionamiento del monopolio

En el monopolio, una única empresa satisface toda la demanda del mercado: la demanda del mercado coincide con la oferta del monopolista. Cuando el monopolista fija el precio, la cantidad que venderá le viene dada, ya que ambas variables se relacionan a través de la curva de demanda. Como se ve en el gráfico, si fija el precio alto (P_1), tendrá una determinada demanda (Q_1), pero si reduce los precios (P_2), su demanda aumentará y venderá más (Q_2). Por ejemplo, si Renfe baja sus precios, tendrá más viajeros, lo que beneficiará a la compañía.

Por tanto, aunque el monopolista tiene un gran poder de mercado, no puede decidir al mismo tiempo cuánto vende y a qué precio. Por ello, elegirá la cantidad de producción o el precio que le permita obtener el máximo beneficio de acuerdo con sus costes.

La curva de demanda en el monopolio

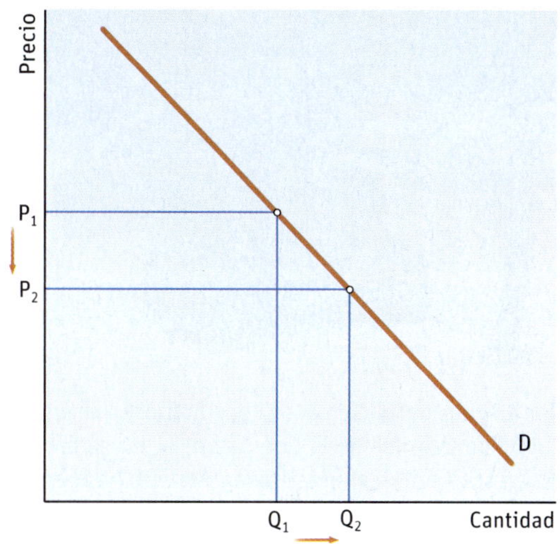

El monopolista tiene que hacer frente a toda la demanda del mercado. La curva de demanda, que es decreciente, le pone límites a la hora de decidir la producción y los precios.

Comparación entre el monopolio y la competencia perfecta

En los mercados de competencia perfecta hay **mayor eficiencia** que en el monopolio. Como en competencia perfecta el precio viene fijado por el mercado, si las empresas quieren aumentar sus beneficios, tendrán que reducir sus costes, lo que les exige aprovechar mejor los recursos eligiendo la combinación de factores productivos que sea más eficiente.

Esa reducción de costes en los mercados competitivos permite que los **precios** sean más bajos que en el monopolio. Además, las **cantidades ofrecidas** serán superiores en la competencia perfecta, ya que al ser menores los precios, la cantidad demandada será mayor.

Podemos concluir que los monopolios son perjudiciales para los consumidores; primero, porque estos no pueden elegir entre unos u otros productos, y segundo, porque se ven obligados a pagar unos precios más altos de los que habría en un mercado competitivo y las cantidades disponibles son menores. Para defender a los consumidores, los gobiernos toman **medidas** que regulan o impiden las prácticas monopolísticas. Entre ellas están:

a. Las leyes antimonopolio, que tratan de impedir que las empresas grandes se fusionen, o de introducir competencia donde antes existía un monopolio estatal, al dividirlo en varias empresas (como sucedió, por ejemplo, con la telefonía fija y la electricidad en nuestro país).

b. El **establecimiento de precios máximos** para determinados bienes y servicios (tarifas del agua, transporte público, electricidad, etc.).

c. La creación de **instituciones de defensa de la competencia** con el fin de vigilar y sancionar los acuerdos y las prácticas contrarias a la competencia.

EN LA PRÁCTICA Medicamentos de marca y genéricos

Al comprar medicamentos podemos comprobar que los precios son más altos en el monopolio que en competencia perfecta. Cuando una empresa descubre un nuevo medicamento, la legislación sobre patentes le otorga el monopolio de su venta. Pero cuando vence la patente, cualquier empresa puede fabricar y vender el fármaco. En ese momento, el mercado deja de ser monopolio y se convierte en competitivo. Nuevas empresas entran en el mercado y comienzan a vender productos genéricos, que son químicamente idénticos al producto de marca del antiguo monopolista, a precios muy inferiores al que cobraba este.

Sin embargo, cuando expira una patente, el monopolista no pierde todo su poder de mercado. Algunos consumidores siguen siendo leales al medicamento de marca, debido tal vez a que temen que los genéricos no sean realmente iguales. Como consecuencia, el antiguo monopolista puede continuar cobrando un precio algo superior para seguir diferenciando su producto de los genéricos.

Adaptado de MANKIW, G.: *Principios de economía*, 1998.

- A India la llaman la farmacia de los pobres por su producción de genéricos. Investiga su "batalla" contra las farmacéuticas.

4 El oligopolio

Para evitar perjuicios a los consumidores, la ley de 2007 de Defensa de la Competencia, en su artículo 1, establece: "Están terminantemente prohibidos los acuerdos entre competidores que tengan como objeto la fijación de precios o de cuotas de producción o de venta, así como el reparto de mercados".

En el **oligopolio** existe un reducido número de empresas que producen un bien similar. Cada empresa tiene un cierto poder de influencia sobre el precio y, al ser pocas, son muy interdependientes.

Sus principales **características** son:

- **Existen pocas empresas.** En general, suelen ser grandes empresas y cada una tiene un porcentaje significativo de cuota de mercado. Un caso particular de oligopolio es el duopolio, que se produce cuando hay dos oferentes.
- Al ser pocas empresas, se da una fuerte **interdependencia mutua**. Si una compañía telefónica lanza una nueva oferta, provocará una reacción de sus competidores. Por ello, antes de tomar una decisión, las empresas valoran la mejor estrategia: ¿competir o cooperar? En función de la estrategia adoptada, existen dos variantes en este mercado: de fuerte competencia (telefonía móvil, servicios bancarios, automóviles, etc.) o de cooperación y acuerdos (petróleo).
- El producto puede ser homogéneo (petróleo) o diferenciado (automóviles).
- Existen **importantes barreras de entrada**. En unos casos se deben a la gran inversión necesaria para acceder al mercado (automóvil, sector bancario, etc.) o a los requisitos legales exigidos (en telefonía móvil se exige una licencia estatal).

La estrategia de los oligopolistas: ¿rivalidad o cooperación?

Las empresas que forman parte del oligopolio tienen dos opciones:

a. Competir en precios. Si una empresa baja el precio, las demás se ven forzadas a bajarlo también, lo que suele originar una guerra de precios. Si todas bajan su precio en la misma proporción, venderán lo mismo, pero obtendrán menos ingresos y los únicos beneficiados serán los consumidores.

b. Cooperar. Ante los riesgos de una guerra de precios, la estrategia más frecuente de las empresas es coordinar sus decisiones mediante **acuerdos que restringen la competencia** en el mercado. Estos acuerdos pueden ser:

- Formación de un **cartel**. Varias empresas acuerdan fijar un precio único o repartirse el mercado, eliminando la competencia y actuando como un auténtico monopolio, y perjudicando así a los consumidores. El ejemplo más conocido es la Organización de Países Exportadores de Petróleo (OPEP).
- Hoy, como el cartel está prohibido, las empresas, sin necesidad de pactos formales, mediante la complicidad y **acuerdos ocultos (colusión tácita)**, pactan precios o el reparto del mercado, y solo compiten mediante la diferenciación del producto a través de la publicidad, la calidad, la marca, etc.
- Otra forma de acuerdo tácito se da cuando una gran **empresa actúa como líder** y el resto de las empresas acepta seguir su política de precios.

*

Cartel

Acuerdo negociado entre varias empresas para la fijación conjunta de precios, de cuotas de producción o de un reparto geográfico del mercado. Así, las empresas, manteniendo su propia identidad, se comportan como si en conjunto fueran un monopolio. Estos acuerdos no están legalmente permitidos salvo casos excepcionales, como el cartel de la OPEP, ya que no existe legislación supranacional que obligue a países soberanos.

Colusión tácita

Situación dada en un oligopolio cuando, sin que medie acuerdo formal, las empresas competidoras pactan de forma oculta los precios o el reparto del mercado para mantener sus beneficios.

EN LA PRÁCTICA La defensa de la competencia

La legislación prohíbe todo tipo de acuerdos que limiten la competencia en perjuicio del consumidor. En muchas ocasiones, el problema está en que, al ser acuerdos ocultos, resulta difícil probar su existencia. En los países de la UE, la Comisión Europea es la encargada de investigar y sancionar estos comportamientos. Algunos ejemplos recientes de las actuaciones de la Comisión son:

– Sanción de 1470 millones de euros a siete fabricantes de tubos catódicos para pantallas (LG, Philips, Samsung, Panasonic, Toshiba, Technicolor y MTPD) por pactar precios y repartirse el mercado mediante acuerdos ilegales.

– Multa a Microsoft de 561 millones de euros por no promover los navegadores de la competencia al no dar alternativas al navegador que viene de serie en Windows.

- Las noticias sobre este tema son habituales. Consulta las últimas sanciones de la UE y comenta el motivo de la infracción: **www.e-sm.net/sveco1bachud06_01**.

La teoría de juegos

¿Debería Microsoft anunciar el lanzamiento de su último producto si sabe que Apple está a punto de sacar un producto similar? Esta y otras disyuntivas similares son decisiones estratégicas que individuos y empresas deben tomar a diario. Precisamente, la teoría de juegos estudia el **comportamiento de los individuos en situaciones estratégicas**, en las que las acciones de un participante influyen en el resultado que él obtiene y en el que obtienen los demás.

El modelo clásico de la teoría de juegos plantea una prisión en la que se interroga por separado a dos cómplices en un delito (Frank y Harry). Cualquiera de ellos tiene dos opciones: confesar el delito o guardar silencio. Si ambos guardan silencio, cada uno recibirá una condena de dos años (casilla A). Si Harry confiesa y Frank no, Harry queda absuelto y Frank va a la cárcel diez años (casilla B). Lo contrario sucede si es Frank solo el que confiesa (casilla C). Si ambos confiesan, pasarán cinco años en la cárcel.

La mejor opción para ambos es guardar silencio (casilla A). Pero según la teoría de juegos, el egoísmo los llevará a traicionarse, pues el incentivo de evitar la condena más larga, sumado a la posibilidad de quedar en libertad, es más atractivo que no confesar y arriesgarse a ser traicionado. El resultado es malo para ambos (casilla D). Pero ¿y si el juego se repite varias veces? Los prisioneros aprenden por su experiencia que la cooperación es una táctica más beneficiosa que la traición.

La teoría de juegos tiene **múltiples aplicaciones** y se ha convertido en una de las ideas económicas más influyentes. La utilizan empresas y sindicatos para pactar salarios, gobiernos en la negociación de acuerdos internacionales o empresas oligopolistas en sus dilemas de cooperar o competir.

Teoría de juegos

Teoría que estudia el comportamiento de los agentes económicos en situaciones de interdependencia estratégica.

		HARRY	
		No confiesa	Confiesa
FRANK	No confiesa	2-2 (A)	10-0 (B)
	Confiesa	0-10 (C)	5-5 (D)

EN LA PRÁCTICA **La teoría de juegos aplicada al oligopolio**

Consideremos un duopolio formado por dos países (A y B) productores de petróleo, que acuerdan mantener baja la producción con el fin de mantener alto el precio. Tras el acuerdo, cada uno debe decidir si coopera y cumple el trato o lo rompe por su cuenta, aumentando la producción. Si ambos mantienen el acuerdo, cada país obtiene unos beneficios de 5000 millones (casilla 1). Si A rompe el acuerdo y aumenta la producción, y B no lo hace, su beneficio pasaría a ser de 6000, mientras que el de B bajaría a 3000 (casilla 3).

Sucedería a la inversa si es B el que rompe el acuerdo (casilla 2). Si ambos rompen el acuerdo aumentando la producción, obtienen 4000 millones cada uno (casilla 4).

La tentación para cada país consiste en que si solo él rompe el acuerdo, obtendrá mayores beneficios; el riesgo está en que si el otro también lo incumple, ambos salen perdiendo. Si ambos cumplen el acuerdo (casilla 1), la situación es de duopolio colusivo o cooperativo, y es la de mayores beneficios para ambos. Los perjudicados serán los consumidores, que pagarán altos precios al haber menos producción en el mercado. Si ambos países rompen el acuerdo y suben la producción (casilla 4), los dos países salen perjudicados.

El ejemplo muestra que la cooperación es la mejor decisión para las empresas oligopolistas, pero eso no asegura la estabilidad de los acuerdos; como cada empresa tiene incentivos para hacer trampa y obtener beneficios extras, lo que caracteriza el oligopolio cooperativo es la inestabilidad y la ruptura de los acuerdos, la opción más deseable desde el punto de vista de los consumidores.

		PAÍS B	
		Mantener el acuerdo	Aumentar la producción
PAÍS A	Mantener el acuerdo	5000-5000 (1)	3000-6000 (2)
	Aumentar la producción	6000-3000 (3)	4000-4000 (4)

- Imagina dos empresas que dominan el mercado de coches de un país y dudan si lanzar una nueva campaña publicitaria. Si ninguna lo hace, ambas obtienen 400 millones de beneficios. Si las dos la lanzan, obtienen 300 millones cada una, ya que deben pagar el coste de la campaña. Si solo una hace publicidad, atraerá clientes de la otra y conseguirá 500 millones de beneficios, mientras que la otra solo obtendrá 200 millones. Representa en una tabla de doble entrada las distintas opciones y argumenta cuál es la mejor para estas empresas.
- ¿Será muy estable el acuerdo? ¿Por qué?

5 La competencia monopolística

Algunos ejemplos de diferenciación pueden ser el tamaño, el diseño, la tecnología y los complementos que incorpore el producto, por los que el cliente está dispuesto a pagar un precio superior.

La **competencia monopolística** es un tipo de mercado en el que existen muchas empresas que venden productos similares, pero diferenciados y bajo marcas distintas.

En mercados en los que muchas empresas venden productos similares es habitual que los productores busquen fórmulas para diferenciarse del resto. Por ejemplo, entre los restaurantes de una ciudad, cada uno de ellos trata de jugar con ciertos factores para conseguir la fidelidad de sus clientes: la calidad del menú, la atención al cliente, el ambiente, etc. Estos factores tratan de proporcionar al local un cierto carácter diferente frente a sus competidores.

La diferenciación del producto pretende lograr que el bien o servicio ofrecido se perciba en el mercado como único o exclusivo. Así, los clientes están dispuestos a pagar incluso algo más para obtener este producto diferenciado. Esto le proporciona al productor un cierto poder de mercado, ya que puede fijar sus precios por encima de los de sus competidores. La diferenciación puede estar basada en características del propio producto (mayor calidad, diseño exclusivo, imagen de marca, etc.) o en aspectos complementarios (atención al cliente, servicio posventa, etc.).

Este mercado tiene **rasgos de la competencia perfecta y del monopolio**. Al igual que en competencia perfecta, hay múltiples empresas que ofrecen productos que satisfacen un mismo tipo de necesidad. Pero cuando las empresas consiguen la fidelidad de una parte de los consumidores a su marca, bien sea la de un perfume o la de unas zapatillas de deporte, esa fidelidad da a la empresa un cierto poder para fijar los precios, lo que le permite actuar como si se tratara de un pequeño monopolio de esa marca. El mercado de ropa o calzado, el de electrodomésticos, el de múltiples servicios (restaurantes, peluquerías, etc.) o el de productos agrícolas con denominación de origen son ejemplos de competencia monopolística.

Las **características** de los mercados de competencia monopolística son:

- Existen **muchas empresas** que venden productos similares pero no idénticos, es decir, el **producto es diferenciado**. Las empresas suelen apoyarse en la imagen de marca para diferenciar su producto. Para ello, la publicidad juega un papel muy importante, tanto para crear la marca como para resaltar sus atributos.
- Las empresas tienen un **cierto poder para fijar el precio**. Aquellas que consiguen que los consumidores identifiquen su producto como diferente y mejor poseen un cierto control sobre el precio. Pero este poder es limitado, pues hay muchos competidores vendiendo productos fácilmente sustituibles.
- Existen **pocas barreras de entrada y de salida**. Solo la diferenciación de los productos y la imagen de marca son obstáculos que cualquier empresa nueva debe salvar para entrar en este mercado.

*

Producto diferenciado

Bien o servicio que los consumidores perciben como distinto respecto de otros que cumplen la misma función. Para conseguir esta percepción diferente, las empresas suelen apoyarse en su imagen de marca a través de la publicidad.

EN LA PRÁCTICA La competencia monopolística en el centro comercial

Los centros comerciales son un buen observatorio del funcionamiento de la competencia monopolística. Suelen disponer de una gran variedad de restaurantes, tiendas, locales de ocio, etc., y ello atrae a los consumidores (por la gran diversidad de la oferta, en precios, calidad, etc.).

Entre las tiendas de ropa, hay muchas de marcas más o menos conocidas, y cada una tiene un cierto poder para decidir sus precios, pero este poder es limitado, pues hay mucha competencia. Sus productos, aunque satisfacen una misma necesidad, están claramente diferenciados (calidad, diseño, marca, etc.); mientras más conseguida esté la diferenciación y mejor establecida la marca, más poder tendrán para fijar los precios.

- Zara trata de diferenciarse a través del concepto de "ropa de diseño a precios moderados". Piensa en otras marcas de ropa o calzado e identifica en una frase corta en qué son diferentes de sus competidoras.

6 La discriminación de precios

Hasta ahora hemos supuesto que las empresas cobran el mismo precio a todos sus clientes por el mismo producto. Sin embargo, es cada vez más frecuente que las empresas traten de vender el mismo bien a los diferentes clientes a precios distintos, en función de lo que estén dispuestos a pagar por él. Esta práctica se denomina **discriminación de precios**.

Pero la discriminación de precios no es posible cuando el bien se vende en un mercado de competencia perfecta, en el que el precio viene fijado por el mercado. Para que una empresa practique la discriminación de precios debe tener algún tipo de poder de mercado. Aunque la discriminación de precios se suele estudiar como una estrategia de la empresa monopolista, en realidad se trata de una **práctica muy extendida** en cualquier mercado de competencia imperfecta.

Veamos el ejemplo de una compañía aérea. Con frecuencia, los pasajeros de un vuelo han pagado por sus billetes precios muy distintos, a veces el doble o el triple. Las compañías distinguen los viajeros de negocios, dispuestos a pagar más, de los viajeros por turismo, que tienen presupuestos más limitados. Si la aerolínea pone una tarifa alta, perderá gran parte de los turistas. Si fija la tarifa baja, perderá parte de los ingresos que los viajeros de negocios estarían dispuestos a pagar. ¿Qué hacer? Aplicar una tarifa distinta a cada uno de ellos, esto es, discriminar precios. ¿Y cómo los distinguen? Las compañías aéreas saben que las personas que se van de vacaciones compran con antelación y pasan la noche del sábado fuera, mientras que los viajeros de negocios a menudo compran el billete a última hora y no suelen quedarse el fin de semana. Por tanto, comprar el billete con semanas de antelación e incluyendo el fin de semana es mucho más barato.

La discriminación de precios se da en los campos más insospechados. Un mismo medicamento contra la artritis se vende con un precio para los perros y otro para las personas. Es la misma filosofía: las personas están dispuestas a pagar más por sus propios medicamentos que por los de sus mascotas. Igual ocurre en muchos cines, que cobran precios más bajos a niños y personas de la tercera edad. Y también sucede cuando se ofrece un precio inferior a los clientes que compran por internet.

Los jóvenes suelen beneficiarse de la discriminación de precios, ya sea en el bono transporte o en el carné joven europeo, con descuentos en viajes, alojamientos, museos, festivales, compras, etc.

Discriminación de precios

Estrategia de las empresas consistente en vender el mismo producto a precios diferentes a los distintos clientes, en función de la capacidad económica que tengan.

EN LA PRÁCTICA **Los modelos de mercado y los mercados reales**

La realidad es siempre más compleja que la simplificación de un modelo. De hecho, es difícil encontrar mercados reales que se correspondan fielmente con alguno de los modelos presentados. Por ello, al analizar un mercado real, no se trata tanto de descubrir qué modelo es, sino a cuál se parece más. A veces, según qué rasgo se observe, puede asemejarse más a uno u otro modelo. Por ejemplo, el mercado de comida rápida (*pizzas*, hamburguesas, bocadillos, etc.) nos puede parecer, en principio, de competencia monopolística porque en él participan muchas empresas con productos diferenciados.

Pero si se observa con más detenimiento, se comprueba que solo unas cuantas producen bienes perfectamente sustitutivos: pocas producen hamburguesas como Burger King y McDonald's. A estas empresas les preocupan sobre todo las reacciones de sus rivales cercanos. Si Burger King baja el precio, teme que su rival haga lo mismo. Este rasgo, más propio de un oligopolio, suele darse en sectores en los que, aunque haya muchas empresas compitiendo, unas pocas dominan el mercado.

Veamos otros ejemplos en los que los mercados reales no encajan en el modelo. Aunque el servicio de transporte aéreo esté catalogado como de oligopolio, si una compañía aérea cubre una ruta en exclusiva (Madrid-Bogotá, por ejemplo), está ofreciendo ese servicio como monopolio. Asimismo, aunque la empresa monopolista la hemos dibujado como una empresa poderosa, existen multitud de situaciones en las que empresas pequeñas actúan en condiciones de monopolio: si en una pequeña localidad solo hay una tienda de ultramarinos, podemos intuir que sus decisiones no están lejanas de las de la empresa monopolista. Como vemos, los modelos simplifican la realidad para poder entenderla mejor, pero no debemos confundir la realidad con el modelo.

- Si en una pequeña localidad solo hay dos buenos restaurantes, ¿en qué tipo de mercado actúan y cómo crees que funcionan?

ACTIVIDADES

Actividades de síntesis

1. Redacta la definición de cada uno de los tipos de mercado utilizando la información de la tabla, pero eligiendo ejemplos distintos de los que aparecen en ella.

	TIPOS DE MERCADO			
	Competencia perfecta	**Competencia monopolística**	**Oligopolio**	**Monopolio**
Número de oferentes	Multitud de pequeñas empresas	Muchas empresas	Pocas empresas, que pueden actuar de dos formas: rivalidad o cooperación	Existe una única empresa
Barreras	Libertad de entrada y salida al mercado	Libertad de entrada y salida al mercado	Fuertes barreras de entrada al mercado	Fuertes barreras de entrada al mercado
Producto	El producto es homogéneo, sin diferenciar	Los productos son semejantes, pero se diferencian a través de la publicidad y las marcas	El producto puede ser similar o diferenciado	Hay un único bien o servicio
Grado de competencia	La competencia es total	Existe una fuerte competencia	Mucha competencia (rivalidad) o ninguna (cooperación)	No existe competencia
Influencia sobre precios	Las empresas no influyen en el precio	Las empresas tienen cierta influencia sobre los precios	Las empresas tienen poder para influir en el precio	La empresa tiene el control absoluto de los precios
Ejemplos	Productos agrícolas, lonjas de pescado, materias primas	Electrodomésticos, hostelería, servicios personales	Banca, petróleo, automóviles	Correos, agua, gas, transporte público

smSaviadigital.com VALORA LO APRENDIDO > Realiza la **autoevaluación**.

Actividades de análisis y problemas

2. Responde a las cuestiones que se plantean.
   a) ¿En qué se diferencian la competencia perfecta y la competencia imperfecta?
   b) ¿Cuál es el tipo de competencia habitual que existe en los mercados?
   c) ¿Por qué las empresas que trabajan en mercados de competencia perfecta tratan de salir de esa situación?

3. Explica los siguientes conceptos y relaciónalos: dimensión de un mercado, cuota de mercado, poder de mercado y líder de mercado.

4. Elige un producto de los que utilizas habitualmente y del que te consideras fiel. Compáralo con otros similares y responde a las cuestiones.
   a) ¿En qué consiste la diferenciación de un producto? ¿Qué variables suelen utilizarse para ello?
   b) En el producto que has elegido, ¿cómo han conseguido diferenciarlo de sus rivales? Compara los precios y justifica las posibles diferencias.

5. Explica las características teóricas del modelo de competencia perfecta y señala algunos ejemplos. ¿Suelen cumplirse esos requisitos en los mercados de la realidad? ¿Por qué?

6. Imagina que con tus ahorros decides comprar unas acciones de una empresa que cotiza en bolsa.
   a) ¿Te podrán negar la entrada como comprador? Y si un día te cansas, ¿podrás salir libremente vendiéndolas?
   b) Si decides vender tus acciones, ¿tendrás que aceptar el precio de mercado o podrás fijarlo tú?
   c) ¿En qué tipo de mercado clasificarías la bolsa y cómo lo justificarías?

7. Ayudándote de su representación gráfica, explica el funcionamiento de la oferta y la demanda en competencia perfecta. ¿Cómo es la demanda del empresario individual y por qué?

8. ¿Por qué las empresas que participan en mercados de competencia perfecta son más eficientes?

9. En relación a los monopolios:

a) Indica sus principales características.

b) Explica las distintas causas que dan origen a un monopolio, señalando ejemplos.

c) ¿Por qué están prohibidos o regulados los monopolios por la legislación de defensa de la competencia? ¿Qué medidas existen para ello?

d) Explica las características de un monopolio natural.

10. Tras varios años de investigación, una empresa tecnológica ha diseñado unas gafas que permiten estudiar en 10 minutos lo que antes se estudiaba en una hora y ha registrado la patente como Vesquefácil. Su rival, Telocopio, se ha hecho con el diseño y trata de comercializarlas a mitad de precio.

a) ¿Cómo describirías la posición de la empresa innovadora y cuál podría ser su funcionamiento?

b) ¿Qué razones justifican su situación privilegiada?

c) ¿Debería permitirse que la empresa Telocopio venda el producto a mitad de precio? Razona tu respuesta.

11. Con respecto a los mercados oligopolistas:

a) ¿Cuáles son sus principales características?

b) ¿Cuál es el dilema al que se enfrentan las empresas oligopolistas y por qué?

c) ¿Qué es un oligopolio cooperativo o colusivo? ¿Por qué están prohibidos por la legislación de defensa de la competencia? ¿Cuáles son las distintas fórmulas de cooperación entre las empresas?

12. Con frecuencia aparecen noticias sobre la OPEP, informando, en unos casos, de las dificultades para ponerse de acuerdo en reducir la producción de petróleo, y, en otros, de la ruptura de un acuerdo por parte de algunos países miembros.

a) ¿Por qué crees que tratan de ponerse de acuerdo para reducir la producción?

b) Si lo más ventajoso para los oligopolistas es el cartel, ¿por qué suelen romperse los acuerdos?

13. ¿Qué consecuencias tiene para la empresa el participar en un tipo de mercado u otro? ¿Qué consecuencias tiene para el consumidor? ¿Por qué el monopolio perjudica al consumidor? Razona tu respuesta comparando el monopolio con la competencia perfecta.

14. ¿Crees que el modelo de consumo responsable contribuye a disminuir el poder de mercado de las empresas? Razona tu respuesta para cada tipo de mercado.

15. Supón que una compañía de telefonía móvil ofreciera una rebaja de un 10 % en las tarifas de todos sus servicios. ¿Cuál sería el objetivo de esa estrategia? ¿Cómo reaccionarían sus competidores? ¿Cuáles crees que serían las consecuencias finales sobre el mercado de la telefonía móvil?

16. Clasifica los mercados de estos productos en cada uno de los modelos estudiados, razonando tu respuesta.

1

2

3

17. Piensa en el mercado de servicios bancarios (bancos y entidades financieras). ¿Qué rasgos tiene y cómo lo catalogarías? ¿Cuáles son sus barreras de entrada?

18. Sobre los mercados de competencia monopolística:

a) Señala sus principales características.

b) ¿En qué sentido se trata de una mezcla entre el monopolio y la competencia perfecta?

c) ¿Por qué es tan importante la publicidad en ellos?

19. Imagina una pequeña ciudad en la que muchas tiendas de alimentación y supermercados independientes fueron adquiridos hace algunos años por varias cadenas de alimentación. En la actualidad, estas cadenas están pensando en fusionarse en una única cadena de supermercados, para lo cual han solicitado permiso a las autoridades que velan por la competencia. Si llegaran a fusionarse:

a) ¿Cómo calificarías las tres situaciones de mercado?

b) ¿Qué ventajas e inconvenientes surgirían, tanto para la empresa resultante como para los consumidores?

c) Según tu criterio y razonando la respuesta, ¿debería autorizarse la fusión?

20. **Dos empresas de transporte aéreo compiten por el mismo vuelo internacional Madrid-Pekín. Las dos mantienen una política de precios altos, pero para la próxima temporada, ambas dudan sobre qué política seguir.**

a) Elabora una tabla con las distintas opciones que se mencionan a continuación y los beneficios que se obtendrían: si las dos mantuviesen unos precios altos, como los actuales, ambas lograrían unos beneficios de 75 millones de euros; si una de las dos decidiese bajar el precio mientras que la otra lo mantuviese alto, la primera obtendría unos beneficios de 100 millones, mientras que la segunda solamente lograría 50; pero si las dos bajasen el precio, obtendrían 60 millones de euros cada una.

b) ¿Cuál es la mejor política para las dos empresas? ¿Cómo se denomina esta situación?

c) ¿Cuál beneficia más a los consumidores?

21. **Indica si son verdaderas o falsas las siguientes afirmaciones, razonando tu respuesta.**

a) En competencia perfecta, como las empresas venden al mismo precio, obtienen los mismos beneficios.

b) La competencia imperfecta se caracteriza porque las empresas tienen algún poder para fijar los precios.

c) En un oligopolio, cada productor tiene dos opciones: cooperar o formar un cartel.

d) En los mercados de competencia monopolística, el producto es diferenciado.

22. **Observa la viñeta y responde a las preguntas.**

Fuente: El Roto, *El País*, 26-9-2011.

a) ¿En qué tipos de mercado existe más publicidad y por qué crees que es así?

b) Haz una réplica al texto del anuncio para que exprese lo que el consumidor contestaría al productor.

23. **Lee y comenta los siguientes titulares.**

La Comisión Europea expedienta a tres compañías españolas de telefonía móvil por pactar precios

Internet mejora la transparencia informativa de los mercados

Los agricultores españoles se imponen en los mercados europeos

Renfe baja los precios del AVE para mejorar su ocupación

24. **Investiga en la red cuál es la institución española encargada de la defensa de la competencia. Señala qué conductas están prohibidas y busca ejemplos de sanciones recientes: www.e-sm.net/sveco1bachud06_02.**

25. **Una cooperativa agrícola decide cambiar su producción habitual por productos ecológicos y los registra con la denominación "Ecohuerta". Además consigue, por medio de la publicidad, que los consumidores identifiquen sus productos como de una calidad superior a la de otros productos similares.**

a) ¿En qué tipo de mercado se ha introducido la cooperativa con ese cambio?

b) ¿Cuáles son ahora las reglas de funcionamiento en este nuevo mercado?

26. **Busca en internet las diversas ofertas de las principales empresas de telefonía móvil en España para un mismo servicio.**

a) Elabora un cuadro con las características de las distintas ofertas: compañía, nombre del producto, destinatarios, condiciones y precio.

b) Compara los precios de las distintas empresas y las características del servicio, y comenta las diferencias. ¿Cuál es la mejor oferta?

c) ¿Cómo calificarías el mercado: seguidismo a una empresa líder, rivalidad o cooperación?

d) ¿Cómo es la publicidad?

27. **Una editorial va a lanzar al mercado europeo y norteamericano un nuevo libro. El autor es famoso en Europa, y sus potenciales lectores estarían dispuestos a pagar un precio alto por el libro; pero es poco conocido en Estados Unidos, y sus potenciales clientes solo lo comprarían a un precio más moderado.**

a) Si fueras un directivo de esta empresa, ¿qué estrategia recomendarías, poner un precio más alto en Europa y uno más asequible en Estados Unidos, o fijar un único precio de venta? Razona tu respuesta comparando los ingresos previstos de ambas opciones.

28. Carlos y Silvia tienen que realizar un trabajo de fin de curso por el que recibirán una nota conjunta. Los dos quieren obtener una buena calificación, pero ello supone trabajar más y divertirse menos.
Acuerdan trabajar para tratar de conseguir ambos un sobresaliente. Si uno de los dos trabaja poco, mientras que el otro mantiene el acuerdo de trabajar mucho, ambos obtienen un notable. Si ninguno cumple el acuerdo, ambos suspenden.

a) Si Carlos no sabe cuánto está trabajando Silvia y Silvia desconoce la labor desempeñada por Carlos, ¿cuál es el resultado probable?

b) Si finalmente, el resultado es el de la casilla 4, ¿qué habrían aprendido de la experiencia?

c) Si tuvieran que trabajar otra vez juntos Carlos y Silvia, ¿qué crees que pasaría?

Decisión de Silvia	Decisión de Carlos: Trabajar mucho	Decisión de Carlos: Trabajar poco
Trabajar mucho	**1** Carlos: sobresaliente Silvia: sobresaliente	**2** Carlos: notable Silvia: notable
Trabajar poco	**3** Carlos: notable Silvia: notable	**4** Carlos: suspenso Silvia: suspenso

29. Piensa en algunas actividades de tu vida diaria en las que podría ser útil aplicar la teoría de juegos y contesta a las preguntas.

a) ¿Qué actividades son?

b) ¿Qué tienen en común esas actividades?

c) ¿Qué enseñanza te aporta la teoría de juegos?

Actividades de argumentación y debate › ¿Qué nos aporta la publicidad?

30. La publicidad está continuamente presente en nuestras vidas, ya naveguemos por internet, veamos la televisión o paseemos por la ciudad. Las empresas que venden productos muy diferenciados, como perfumes o bebidas refrescantes, suelen dedicar entre el 10 y el 20 % de sus ingresos a la publicidad, mientras que las que venden productos homogéneos, como trigo o petróleo, no gastan nada. El debate está en si este gasto es un despilfarro de recursos o si cumple una función social valiosa que aporta información al consumidor y le ayuda a la hora de tomar su decisión de consumo.

▸ La visión crítica

Los críticos sostienen que la mayor parte de la publicidad es psicológica más que informativa. Por ejemplo, la publicidad representativa de una marca de bebidas refrescantes no nos aclara el precio o las características del producto, sino que nos muestra a un 'grupo de personas felices que están celebrando una fiesta en una playa un hermoso día soleado, llevando en la mano latas de la bebida refrescante'. El objetivo es transmitir un mensaje dirigido sutilmente al subconsciente: tú también puedes tener muchos amigos y ser feliz si bebes nuestro producto. Este esquema se encuentra en la mayoría de los anuncios: asociar éxito social, material, sexo, juventud, felicidad, amistad, belleza, etc., con el producto que se anuncia y diferenciarlo de la competencia.

También se critica la publicidad porque se dice que lleva a los consumidores a percibir diferencias que no existen realmente. En muchos casos, el bien genérico apenas se distingue del de marca.

▸ La visión defensora

Los defensores argumentan que la publicidad transmite información útil sobre precios y características, o sobre la existencia de nuevos productos y cómo adquirirlos. Esta información nos permite elegir mejor. También sostienen que la publicidad fomenta la competencia, ya que los clientes están más informados sobre lo que ofrece cada empresa y eso incentiva la competencia. Además, consideran que la publicidad es útil cuando los consumidores dudan antes de comprar; por ejemplo, si una persona viaja por una ciudad desconocida, desea ir a comer y encuentra un restaurante de una cadena conocida y un restaurante local, ¿cuál elegirá? Puede que el restaurante local sea mejor y más barato, pero lo desconoce. En cambio, sí sabe qué productos ofrece esa cadena: su marca es útil para juzgar la calidad del servicio y decidir.

▸ Análisis audiovisual

¿En qué piensan las mujeres?, de Nancy Meyer. 2000 (min. 01:05:02 a 01:07:29).

Tras un accidente, un publicista adquiere el don de escuchar los pensamientos de las mujeres, a lo que intentará sacar provecho profesional.

Analiza los documentos y responde.

a) Selecciona dos anuncios y analízalos desde los dos puntos de vista. Lo que transmiten y cómo lo hacen, ¿está más cerca de lo que dicen los críticos o de lo que dicen los que defienden la publicidad?

b) Esboza un anuncio de un producto que consumas habitualmente. ¿De qué imágenes te valdrías y qué historia contarías? ¿Con qué música? ¿A qué público te dirigirías? ¿Qué medio de comunicación utilizarías?

c) Crea un "contraanuncio", es decir, un anuncio que muestre, con humor, las contradicciones de algunos *spots* con sus promesas de éxito y felicidad.

¿QUÉ ESTÁ HACIENDO INTERNET CON NUESTRAS MENTES?

La imparable robotización humana por internet cambiará la vida cultural y hasta cómo opera nuestro cerebro. Cuanto más inteligente sea nuestro ordenador, más tontos seremos nosotros.

MARIO VARGAS LLOSA

La economía de la atención

Saturados de información

Disponía de media hora antes de salir. Así que Elena aprovechó para encender el ordenador y buscar una noticia que creía que podía serle útil para su próxima reunión. Tecleó el nombre en Google y los primeros puestos del listado que le apareció en pantalla parecían interesantes. Abrió uno de ellos y leyó unas cuantas líneas y descubrió que había varios enlaces hacia otros que consideró leer. Mientras pensaba en guardarlos, apareció la señal de que le habían mandado un *e-mail*, así que abrió el programa y comprobó que tenía muchos mensajes sin abrir. Por los asuntos, todos parecían de los que tenía que responder y que le llevarían trabajo. Se agobió. Sonó el teléfono. Era una teleoperadora que le quería informar de una oferta de móvil. Muy educadamente le dijo que no le interesaba.

Adaptado de MOIX, Jenny: "Saturados de información", en *EPS*, 8 de enero de 2012.

"Infoxicados"

La red nos permite mostrar creaciones, compartir pensamientos, estar en contacto con los amigos o acceder a cualquier tipo de información. Internet y las nuevas tecnologías son útiles y entretenidas, y por eso nos sentimos tan atraídos por ellas. Sin embargo, no todo son ventajas. Buena parte del día, el cerebro se encuentra en red, buscando o procesando información de internet, correos, redes sociales, conociendo nuevos programas y aplicaciones, tecleando, hablando por teléfono. Es una situación de intoxicación por exceso de información y que algunos denominan "infoxicación": tienes más información de la que puedes procesar y, como consecuencia, surge la ansiedad.

La nueva moneda: el tiempo de atención

Mientras que la información en la red crece y crece, el tiempo disponible es el mismo. Es decir, el tiempo de atención de las personas se ha convertido en un recurso cada vez más escaso. Para Michael H. Goldhaber, asistimos a la transición de una economía de base material, donde la moneda es el dinero, a una economía de la atención, donde la moneda es el tiempo de atención. El problema, según Goldhaber, es que "el ancho de banda de información que recibimos no para de crecer, porque la tecnología permite enviar más en menos tiempo, y porque hay más emisores de mensajes. Pero, en paralelo, la atención personal, o sea, el tiempo que una persona dedica a cada información que recibe, disminuye cada vez más. Como ambas variables son inversas, a mayor ancho de banda, menor capacidad de atención personal.

¿Cómo reaccionan las empresas?

Esta situación de escasez de atención afecta tanto a las empresas como a las personas. Si antes, para conseguir la atención del consumidor, a las empresas les bastaba con invertir en publicidad, ahora eso ya no funciona. Ante este reto, los creativos publicitarios señalan la necesidad de adaptarse a un nuevo consumidor más activo y exigente, que prefiere prácticas menos agresivas, más sutiles y menos molestas y que no interrumpan los programas. De ahí el éxito de la publicidad por emplazamiento o *product placement*, que consiste en la inserción de un producto, marca o mensaje dentro de la narrativa del programa (mostrado, citado o utilizado por los actores), y que se emplea en programas y series de TV, radio, cine, vídeos musicales, videojuegos, etc. También apuntan que el soporte de mayor potencial está en los dispositivos móviles, en un contexto de consumo de publicidad multipantalla.

¿Somos más superficiales?

Cada vez más personas tienen la sensación de que les cuesta mucho concentrarse en la lectura de un libro. Los expertos concluyen que el problema está en las multitareas digitales: pasamos muchas horas frente al ordenador, saltando de una pantalla a otra, mientras suena el móvil, etc. La multitarea erosiona la capacidad de controlar nuestros pensamientos y de pensar de forma autónoma, y nos convierte en seres más superficiales. El problema está en que la capacidad de concentración es clave en la memoria, en el pensamiento crítico y en la creatividad. Incluso las emociones precisan tiempo para ser procesadas. Si no invertimos ese tiempo, nos deshumanizamos. Un primer paso para escapar es ser conscientes de ello.

ANALIZA TU ENTORNO

1. Lee el texto titulado "Saturados de información" y narra una experiencia de tu vida similar a la de Elena, con humor y creatividad. Busca un título para tu historia y una moraleja.
2. smSaviadigital.com INVESTIGA > Realiza una **encuesta sobre la publicidad** que más capta la atención de tus compañeros y amigos y elabora un informe con los resultados.
3. Lee los cinco consejos sobre qué hacer para mejorar la atención.
   a) Elige los que te pueden ayudar más, dadas tus circunstancias, y márcate un plan para llevarlos a cabo.
   b) Analiza los mensajes, llamadas, tareas, etc., que reclaman tu atención en un día. Clasifícalas dentro de las casillas de un cuadro similar al que presentamos a la derecha. ¿Cuál es el cuadrante predominante? En teoría, los cuadrantes 1 y 2 representan dónde debería estar tu atención. ¿Consideras que tienes el mando de tu atención? ¿Qué filtros o decisiones te ayudarían a poner el foco de tu atención donde tú realmente quieres o necesitas?

1 Urgente e importante	**2** Importante y no urgente
3 Urgente y no importante	**4** No urgente y no importante

7 El mercado de trabajo y el empleo

1 El mercado de trabajo y sus componentes

Todo lo que ocurre en el mercado de trabajo nos afecta porque en él se deciden los salarios y las condiciones laborales, y esto incide directamente en la calidad de vida del conjunto de la sociedad. Por esta razón, cuando existe desempleo, el problema se convierte en una cuestión vital para las personas afectadas y en una de las prioridades de la política de los gobiernos.

En la determinación de los salarios influye la productividad o rendimiento de los trabajadores, pero también es clave el papel de los sindicatos, que tratan de mejorar las condiciones de los empleados, y el papel del Estado, que interviene garantizando unas condiciones dignas de contratación y de salarios mínimos para todos.

La mujer trabajadora

Una de las grandes transformaciones sociales del siglo XX fue el cambio en la naturaleza del trabajo de la mujer. En 1900, solo el 6 % de las mujeres casadas eran asalariadas. A principios del siglo XXI, el número es aproximadamente del 60 %.

¿Qué ha causado esta transformación? El cambio de actitud sobre el trabajo femenino fuera del hogar ha jugado un papel importante: en la primera mitad del siglo XX se consideraba poco digno que una mujer casada trabajase fuera del hogar, mientras que hoy día esto es normal. Una de las causas de la incorporación de la mujer al mercado de trabajo fue la invención y disponibilidad de electrodomésticos, sobre todo las lavadoras.

Antes de esta innovación, las labores domésticas suponían un trabajo verdaderamente duro, mucho más que un empleo a tiempo completo. En 1945, investigadores del gobierno norteamericano cronometraron a la esposa de un granjero cuando realizaba el lavado semanal a mano; se pasó cuatro horas lavando ropa, cuatro horas y media planchando, y caminó más de dos kilómetros. Después de equiparla con una lavadora, tardó 41 minutos en hacer el mismo lavado, el planchado duró 1 hora y tres cuartos, y la distancia que recorrió se redujo un 90 %. La cuestión es que antes de disponer de electrodomésticos, el coste de oportunidad de trabajar fuera de casa era muy alto: era algo que las mujeres solamente hacían ante insalvables necesidades financieras. Con los nuevos aparatos, las oportunidades para las mujeres cambiaron y el resto es historia.

KRUGMAN, P.: *Microeconomía*. Barcelona, Reverté, 2006.

ANALIZA LA IMAGEN

1. En la imagen se observan distintos tipos de trabajo. ¿En qué se diferencian? ¿Qué aspectos tienen en común?

2. ¿Qué factores se tienen en cuenta en el salario de estos trabajos? ¿Cuáles crees que necesitan más cualificación?

ANALIZA EL TEXTO

- ¿Por qué el coste de oportunidad de trabajar fuera de casa era tan alto antes de disponer de electrodomésticos?
- ¿Cuál crees que es la razón por la que aún hoy, en los países desarrollados, se paga menos a las mujeres por el mismo trabajo, o tienen menos oportunidades de promoción profesional?

1 El mercado de trabajo y sus componentes

El estudio del mercado de trabajo tiene un interés especial porque el bien que se intercambia es el trabajo humano, que es una parte esencial en la vida de las personas. En el mercado de trabajo se fijan el salario y las condiciones laborales de los trabajadores, lo que determina su nivel y calidad de vida y afecta a su satisfacción profesional y a su autoestima. Si además consideramos que el salario es la principal fuente de ingresos de la mayoría de las familias, podemos entender la importancia social, política y económica que tiene el buen funcionamiento de este mercado.

El **trabajo** es la aportación tanto física como intelectual que realiza el ser humano para contribuir a la producción de bienes y servicios. Y el **salario** es la remuneración que reciben los trabajadores por su aportación a la producción.

Quién es quién en el mercado de trabajo

En este mercado, el papel de las empresas y las economías domésticas es el inverso del que tienen en los mercados de bienes y servicios. En el mercado de bienes, como el de los automóviles, por ejemplo, los bienes los ofertan las empresas del sector y los demandan las familias; sin embargo, en el mercado de trabajo, son las empresas las que buscan (demandan) trabajadores y las familias las que ofrecen su trabajo.

Para entender el funcionamiento de este mercado, debemos distinguir cómo se clasifica la población en función de su acceso al trabajo:

a. Población de 16 o más años. Es la población total que está en edad legal para poder trabajar.

b. Población activa. Está formada por las personas en edad de trabajar y que quieren trabajar. Incluye, por tanto, a los que tienen empleo y a los que no. Por ello, dentro de la población activa hay que distinguir entre:

- **Población ocupada.** Son aquellas personas activas que tienen un trabajo por cuenta ajena o propia.
- **Población desempleada o parada.** Son aquellas personas activas que buscan trabajo pero no lo consiguen.

c. Población inactiva. La integran aquellos que tienen edad para trabajar (16 años o más) y que por diferentes motivos no buscan trabajo: estudiantes, personas que padecen alguna incapacidad laboral, los que se dedican a las labores del hogar, jubilados, etc.

smSaviadigital.com PRACTICA

Analiza la **población activa** en España a partir de un gráfico.

Evolución del mercado laboral en España

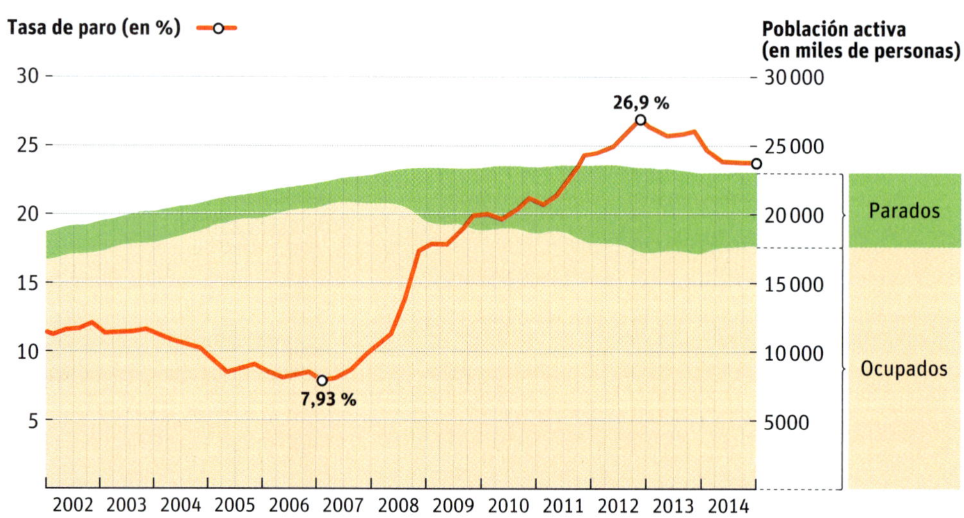

La oferta y la demanda de trabajo

Si observamos los salarios de distintos trabajadores de un mismo país, encontramos grandes diferencias. El salario de un alto directivo de una multinacional puede ser 15 o 20 veces superior al de un trabajador de la limpieza de esa misma empresa. A pesar de las diferencias, en cada país existe un nivel medio de salarios. Para comprender cómo se determinan estos salarios, hay que analizar el funcionamiento del mercado de trabajo.

Supongamos que es un mercado de competencia perfecta (veremos más adelante sus imperfecciones): ni trabajadores ni empresarios tienen suficiente poder para influir en el salario; los empleos son similares, y no hay barreras para cambiar de trabajo. En este modelo de mercado ideal, las características de la oferta y la demanda son las que se señalan a continuación:

a. La oferta de trabajo. La cantidad de trabajo que se ofrece depende de:

- El volumen de **población activa**. Cuanto mayor sea, más oferta de trabajo habrá.
- El **número de horas** que las personas estén dispuestas a trabajar, que dependerá, fundamentalmente, del **salario** percibido. Los trabajadores ofrecen su trabajo a las empresas a cambio de un salario y, mientras trabajan, renuncian a realizar otras actividades (ocio, familia, etc.). Si aumentan los salarios, las personas estarán más motivadas para trabajar; lo contrario sucede cuando los salarios disminuyen. Por tanto, la curva de oferta de trabajo en función del salario es creciente. Pero cuando los salarios son ya suficientemente altos, muchas personas prefieren trabajar menos y ganar menos, y disponer de más tiempo libre.

b. La demanda de trabajo. Las empresas necesitan trabajadores para desarrollar su actividad. Los empresarios estarán dispuestos a contratar nuevos empleados siempre que los ingresos conseguidos gracias a su labor sean mayores que el salario que se les tiene que pagar. Es decir, que la demanda depende fundamentalmente del **salario** y de la **productividad de los trabajadores**. Si los salarios aumentan, las empresas reducirán la demanda de trabajo, ya que resulta más caro contratar. La curva de demanda de trabajo en función del salario, por tanto, es decreciente.

En el gráfico vemos que la curva de demanda de trabajo refleja el número de trabajadores que las empresas están dispuestas a contratar para cada salario. La curva de oferta señala cuántas personas están dispuestas a trabajar para cada salario. **El salario de equilibrio** (S_e), punto donde ambas curvas se cortan, es el salario para el que la cantidad de trabajadores dispuestos a trabajar coincide con la cantidad que los empresarios desean contratar (N_e).

Contrato de trabajo

Es un acuerdo de voluntades por el que una persona (trabajador) se obliga a realizar personal y voluntariamente un trabajo bajo la organización y dirección de otra (empresario) a cambio de una remuneración.

Salario

Es la suma de dinero y otros pagos en especie que un trabajador recibe periódicamente de su empresa por trabajar durante un tiempo determinado (suele ser un mes). El salario está formado por una parte fija o salario base más los complementos salariales como la antigüedad, la peligrosidad, la productividad, las comisiones, etc.

El mercado de trabajo

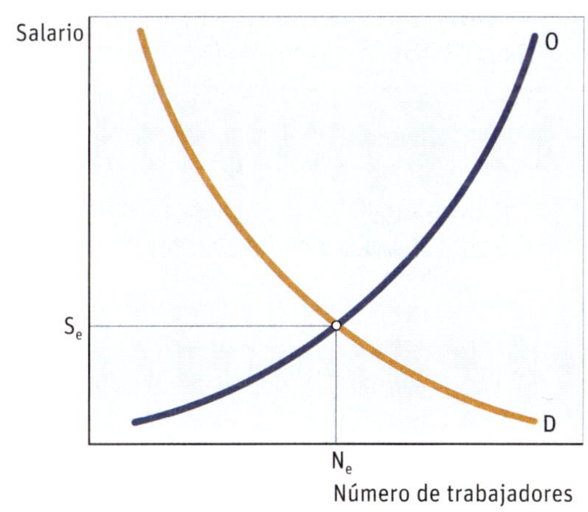

ACTIVIDADES DE APLICACIÓN

1. Clasifica a las siguientes personas en inactivas o activas, y a estas últimas, en ocupadas o paradas.

- Pedro, estudiante de Bachillerato, de 17 años.
- Lucía, directora de una sucursal de banco.
- Miguel, dejó de trabajar para cuidar a sus hijos.
- Pablo, albañil; busca trabajo desde hace un mes.
- Luisa, taxista que trabaja como autónoma.
- Pilar, trabajó como delineante y ahora ya está jubilada.
- Santiago, enfermero.

2. En estos casos, indica quiénes son oferentes y quiénes son demandantes en el mercado de trabajo.

- Una licenciada en Derecho desea trabajar en un despacho de abogados.
- Un camarero desea cambiar de trabajo.
- Una empresa de seguros quiere contratar a un técnico informático.
- Una economista busca trabajo.

2 Mercado de trabajo, productividad y salarios

Productividad marginal del trabajo

Incremento que se obtiene en la producción como consecuencia de la incorporación de un nuevo trabajador.

El mercado de trabajo es muy complejo y no se explica simplemente por el juego de la oferta y la demanda. De su análisis se derivan bastantes interrogantes: ¿por qué se les paga tanto a los deportistas de élite? ¿Por qué, en general, las mujeres cobran salarios inferiores a los de los hombres? ¿Qué ocurre con los salarios si aumenta la productividad?

La productividad marginal del trabajo y los salarios

El salario que están dispuestos a pagar los empresarios depende, en parte, de lo que los trabajadores aporten a la producción, es decir, de su **productividad marginal** o **rendimiento**. Y el rendimiento del factor trabajo es decreciente a partir de un determinado nivel si se mantienen fijos los demás factores.

Veamos en un ejemplo por qué disminuye el rendimiento del factor trabajo, y cómo influye esto en la decisión de las empresas sobre el número óptimo de trabajadores que deben contratar.

EN LA PRÁCTICA ¿Cuántos trabajadores conviene contratar?

El dueño de una autoescuela podría pensar que cuantos más profesores contrate, más clases se darán y, por tanto, más ingresos obtendrá. Pero como dispone de un número limitado de coches, cada nuevo profesor que contrate podrá dar menos clases, ya que los coches disponibles tendrán que repartirse entre más profesores. En la tabla aparecen los ingresos en función del número de profesores contratados, suponiendo que las clases se cobran a 20 euros la hora.

Con un profesor, los ingresos son de 160 euros diarios. Si añadimos un segundo profesor, los ingresos aumentan en 140 euros. Un tercero los aumenta en 120, un cuarto en 100, etc. Con cada nuevo profesor contratado, los ingresos aumentan, pero estos aumentos son cada vez menores, es decir, cada nuevo trabajador es menos productivo que el anterior (aporta menos ingresos).

¿Cuántos profesores deberían contratarse? Depende del salario que se pague. Si es de 160 euros o menos, solo se podrá contratar un trabajador. Para un salario de 140 euros o menos, se podrán contratar dos, y así sucesivamente. De este modo, la curva de ingreso marginal es al mismo tiempo la curva de demanda de la empresa, porque nos indica, para cada nivel de salarios, cuántos trabajadores se contratan.

Por su parte, la oferta de trabajo en función del salario es creciente. A medida que aumentan los salarios, habrá más trabajadores dispuestos a trabajar, tal como se puede observar en el gráfico. El salario de equilibrio (según la oferta y la demanda) es de 100 euros al día.

Con estos datos se deberían contratar cuatro profesores, porque al contratar un quinto, su salario sería superior a su productividad marginal o a los ingresos que aportase.

En resumen, mientras el valor de la producción que añade el nuevo trabajador sea superior a su salario, la empresa estará interesada en contratarle porque aumentará su beneficio. Pero cuando el salario supere ese valor, dejará de interesarle su contratación.

- Ayudándote del ejemplo, explica qué significa la frase: "El factor trabajo tiene rendimientos decrecientes si se mantienen fijos los demás factores de producción".
- Si mejorase la organización de la autoescuela y el ingreso marginal de los profesores aumentase en un 10 %, ¿cómo se reflejaría en el gráfico y cómo afectaría al salario de equilibrio y al número de profesores contratados?

Número de horas trabajadas	Horas de clase diarias	Ingreso total diario (euros)	Ingreso marginal diario (euros)
1	8	160	160
2	15	300	140
3	21	420	120
4	26	520	100
5	30	600	80
6	33	660	60

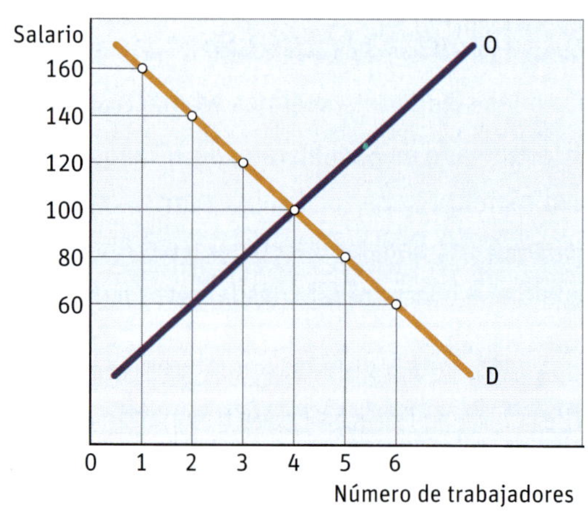

Los salarios y la mejora de la productividad

Si los empleados producen más en el mismo tiempo, los empresarios estarán dispuestos a pagar más por su trabajo. Como se observa en el gráfico, un incremento de la productividad del factor trabajo hace que aumente la demanda de trabajadores, y así, la curva de demanda se traslada a la derecha provocando una subida del salario de equilibrio.

La **productividad** del factor trabajo depende del **capital humano** (formación y experiencia), de la calidad de los **bienes de producción** disponibles y de los **avances tecnológicos**. La mejora de la formación de los trabajadores y de los equipos productivos y el progreso tecnológico han impulsado la productividad del trabajo en los países desarrollados en las últimas décadas.

La mejora de la productividad explica los elevados salarios de los países ricos frente a los de otros países en los que esos avances no se han producido y en los que el nivel salarial general está muy por debajo.

Productividad y salarios

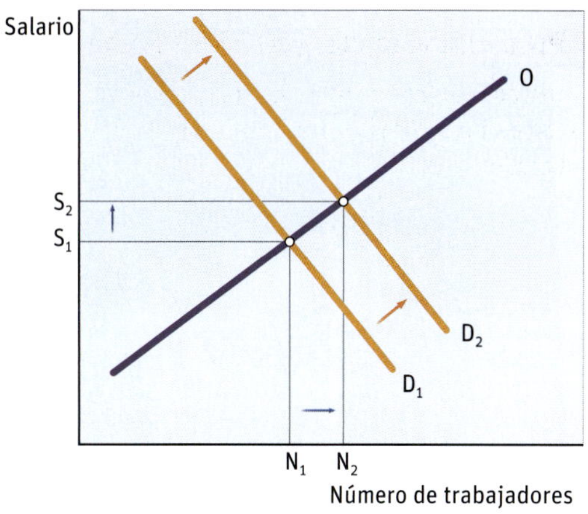

Imperfecciones del mercado de trabajo

Hemos visto la influencia del juego de la oferta y la demanda en la determinación de los salarios. Pero en los mercados de trabajo reales influyen otros factores que los alejan del modelo de competencia perfecta:

a. Tanto **las empresas como los sindicatos influyen en los salarios** a través de las negociaciones colectivas. También el **Estado** influye legislando sobre normativa laboral, fijando el salario mínimo, etc.

b. El trabajo no es un producto homogéneo. Ni los puestos de trabajo ni los trabajadores son iguales. Por ello hay disparidades salariales. La teoría de la productividad marginal explica parte de la desigualdad, pero en ocasiones es de dudosa justificación. Entre los factores que determinan la desigualdad salarial están:

- **Las diferencias compensatorias.** Los salarios de trabajadores con empleos nocturnos, desagradables o peligrosos (mineros, etc.) suelen ser más altos que los de otros de cualificación similar pero que no tienen este tipo de inconvenientes.
- **Las diferencias en talento y habilidades** especialmente valoradas por la sociedad. Los deportistas de élite, las estrellas de cine, etc. aportan algo especial en su trabajo, lo que hace que sean muy cotizados.
- **La diferencia en el capital humano.** Una persona más preparada y experimentada, por ejemplo, un ingeniero con experiencia, normalmente aporta más a la producción y por ello obtiene altos salarios. A mayor nivel de estudios, remuneraciones más elevadas.
- **Salarios de eficiencia.** Son un tipo de incentivos que utilizan algunas empresas para motivar a los trabajadores e incrementar su productividad.
- **Discriminación.** Para cualquier nivel de estudios, los hombres obtienen salarios más elevados. Este hecho no tiene justificación alguna y se debe a la pervivencia de prácticas del pasado, a la legislación de algunos países o, simplemente, a prejuicios sociales.

*

Capital humano

La formación y experiencia de una persona, o de los trabajadores de una empresa o de un país constituyen su capital humano.

ACTIVIDADES DE APLICACIÓN

1. La mejora de la productividad del trabajo cambia la situación de equilibrio de mercado. ¿Qué factores determinan esa mejora y cómo repercute esta en los salarios? Explica las diferencias de salarios entre países.
2. ¿Cómo se reflejaría gráficamente un descenso de la productividad? ¿Cómo influiría en los salarios?

3 El problema del desempleo

Cuando una persona se queda en el paro tiene derecho a una prestación o ayuda por desempleo durante un tiempo. Si se termina el período de la prestación y aún está en paro, existe un subsidio asistencial para los parados que carecen de otros ingresos y tienen cargas familiares.

La **población en paro o desempleada** está constituida por las personas que se hallan en condiciones de trabajar y buscan empleo, pero no lo encuentran.

El desempleo es uno de los principales problemas económicos y sociales. En España, la evolución del paro en la historia reciente ha tenido altibajos cíclicos. El último se produjo con la crisis económica de 2008, cuando, tras alcanzar un mínimo de un 8 % de población activa desempleada entre 2006 y 2007, el paro se triplicó con rapidez hasta alcanzar una de las tasas más altas de la Unión Europea.

El desempleo tiene importantes **costes económicos** porque supone una pérdida de producción potencial y un despilfarro de recursos: una economía con paro produce por debajo de su capacidad. Pero son más nocivos sus **costes sociales** por la pérdida de calidad de vida y autoestima que produce en las personas afectadas. Los desempleados, además de no obtener los ingresos necesarios para vivir, pueden sufrir otros problemas sociales y psicológicos debidos a la falta de aceptación social, la sensación de fracaso y pérdida de confianza, la ansiedad sobre el futuro, etc.

La medición del desempleo

Las cifras de paro aparecen periódicamente en los medios de comunicación, pero, en función del organismo que las difunda, varían considerablemente. Por esta razón, muchas personas se preguntan: ¿cómo es posible que hace unos días hubiera un millón menos de parados que hoy? La explicación está en que en España se utilizan dos procedimientos distintos para calcular el desempleo:

a. La Encuesta de Población Activa (EPA). La realiza trimestralmente el Instituto Nacional de Estadística (INE) entre la población de 16 o más años que está disponible para trabajar y no encuentra trabajo. En esta encuesta se considera parada a la persona con más de 16 años sin trabajo, disponible para trabajar y que busca activamente empleo.

b. El paro registrado. Otra forma de medir el desempleo es la que realiza cada mes el Servicio Público de Empleo Estatal (SEPE). El SEPE solo tiene en cuenta a aquellos desempleados que se registran en sus oficinas (paro registrado); no contabiliza, por ejemplo, a personas que, al no haber encontrado trabajo durante un largo período de tiempo, están desanimadas y renuncian a seguir inscritas en el SEPE, o a los que buscan su primer empleo al terminar los estudios, pero no se registran. Por esta razón, las cifras de paro registrado son muy inferiores a las de la EPA.

Los expertos utilizan los datos que proporciona la Encuesta de Población Activa por su mayor fiabilidad y por estar homologada internacionalmente.

Las tasas de actividad y de paro

Los principales indicadores para conocer la situación del mercado de trabajo son:

a. La tasa de actividad. Es la proporción o porcentaje de población activa con respecto a la población total en edad de trabajar. Se calcula dividiendo la población activa (PA) entre la población total de 16 o más años (PT).

$$\mathbf{TA} = \frac{PA}{PT} \cdot 100$$

b. La tasa de paro. Es la proporción o porcentaje de personas paradas con respecto a la población activa. Se halla dividiendo la población parada (PP) entre la población activa (PA).

$$\mathbf{TP} = \frac{PP}{PA} \cdot 100$$

INE

Instituto Nacional de Estadística. Es la oficina que, desde 1939, centraliza toda la información estadística de España, como el índice de precios al consumo, la Encuesta de Población Activa, los cambios demográficos, etc.

SEPE

Servicio Público de Empleo Estatal (antiguo INEM). Es el organismo público, adscrito al Ministerio de Empleo y Seguridad Social, que se ocupa de impulsar las políticas de empleo, gestionar las prestaciones por desempleo y realizar estudios y estadísticas sobre el mercado de trabajo, como, por ejemplo, la del paro registrado en nuestro país.

Las causas del desempleo

El desempleo se produce cuando las personas que desean trabajar por un determinado salario son más que las que los empresarios están dispuestos a contratar por ese salario; es decir, hay exceso de oferta. Ante este hecho, los economistas discrepan al explicar sus causas.

a. Para el **liberalismo económico** (defensores del libre mercado), el paro se produce porque el mercado de trabajo no funciona libremente. Si los salarios fueran flexibles para bajar o subir en función de la oferta y la demanda, no habría paro. En un mercado flexible, un exceso de oferta de trabajadores haría bajar los salarios y las empresas contratarían a más trabajadores, con lo que el paro desaparecería.

Según esta teoría, **los salarios no son flexibles** porque los sindicatos y el Gobierno intervienen en el mercado de trabajo. Los sindicatos buscan mejorar las condiciones de los trabajadores, tratando de impedir que bajen los salarios cuando en el mercado existe un exceso de oferta (desempleo). Por su parte, el Estado fija **un salario mínimo (SMI)**, por debajo del cual los salarios no pueden bajar, limitando de esta forma la flexibilidad salarial. El Estado también regula la normativa laboral (indemnizaciones por despido, negociación colectiva de salarios, etc.), aumentando los costes laborales de las empresas.

La receta del liberalismo para disminuir el paro es flexibilizar el mercado laboral. Para lograrlo, el Estado debe reducir su intervención reguladora del mercado, y hay que poner límites al poder de los sindicatos con el objetivo de que las fuerzas de la oferta y la demanda actúen más libremente.

b. Según la **teoría keynesiana**, la causa principal del desempleo no se encuentra en el mercado de trabajo, sino en el mercado de bienes y servicios. Es así porque la cantidad de trabajadores que necesitan las empresas está condicionada por el volumen de la producción de bienes y servicios que esperan vender en el mercado. A mayor demanda de bienes y servicios, mayor producción y mayor empleo. Pero cuando **no hay demanda suficiente**, las empresas disminuyen su nivel de actividad y así se genera desempleo.

Esta teoría critica las propuestas del liberalismo económico, argumentando que si se bajan los salarios para reducir el paro, caerá la renta disponible de los trabajadores y con ello el consumo, lo que provocará un descenso de la demanda de bienes, generando un mayor desempleo. Por esta razón, en épocas de crisis y paro, el Estado debe convertirse en el motor de la economía y de la creación de empleo.

*

Salario mínimo interprofesional (SMI)

Es una cantidad que fija el Gobierno como el mínimo salario que un trabajador debe percibir, cualquiera que sea su trabajo o sector de actividad (por eso se llama interprofesional). Con ello se garantiza un salario digno y se evitan posibles abusos empresariales.

Sindicatos

Organizaciones de trabajadores que tratan de mejorar las condiciones laborales de sus miembros. Actúan de portavoces de los trabajadores y negocian con la patronal y el Gobierno.

Patronal

Colectivo de empresarios que se organizan para defender sus intereses. En España, la Confederación Española de Organizaciones Empresariales (CEOE) actúa como portavoz de la patronal en sus negociaciones con los sindicatos y con el Gobierno.

EN LA PRÁCTICA — La negociación colectiva

La negociación entre empresarios y trabajadores forma parte del diálogo social entre agentes económicos. Su objetivo es llegar a acuerdos o **convenios colectivos** entre los representantes de los trabajadores y de los empresarios para fijar las condiciones de trabajo en un ámbito laboral determinado. Su cumplimiento es obligatorio para ambas partes.

En un convenio colectivo se regulan, entre otros: **aspectos económicos** (como salario, complementos de productividad, antigüedad, peligrosidad, horas extraordinarias, etc.), **aspectos laborales** (jornada laboral, descansos, categorías profesionales, duración y tipos de contratos, rendimiento exigible a los trabajadores, etc.), otras **medidas** de prestación asistencial y de promoción profesional, etc.

- Infórmate sobre los objetivos de las principales organizaciones que representan a los trabajadores y a los empresarios en España.
- Si se incumple el convenio (o no se llega a él por falta de acuerdo), suelen originarse enfrentamientos que pueden acabar en huelgas y manifestaciones de los trabajadores o, también, en cierres patronales. Busca en las noticias ejemplos de conflictos recientes.

4 Tipos de desempleo

Dentro de la Unión Europea, la tasa media de paro juvenil está por encima del 20 %. En un extremo se encuentran España y Grecia, con tasas que superan el 50 %, mientras que en el otro se hallan Alemania y Austria, con cifras inferiores al 10 %. Para tener alguna alternativa laboral, muchos jóvenes españoles emigran a Alemania o a otros países de la UE.

El desempleo afecta de manera desigual a los distintos colectivos de la sociedad. Además, las situaciones de paro son diferentes y las expectativas de salir de ellas dependen del tipo de desempleo de que se trate.

Colectivos especialmente afectados por el desempleo

Las personas que sufren más el desempleo son los jóvenes, las mujeres, los mayores de 45 años y quienes carecen de cualificación profesional.

a. Desempleo juvenil. Es el que afecta a los menores de 25 años. En España, la tasa de paro juvenil supera el 50 %, es decir, del colectivo de jóvenes en edad y disposición de trabajar, más de la mitad no tiene empleo, aproximadamente el doble de la tasa de paro general del país. Entre los que trabajan, muchos están en situación de precariedad laboral, ya que tienen contratos temporales.

$$\textbf{Tasa de paro juvenil} = \frac{\text{Población parada juvenil}}{\text{Población activa juvenil}} \cdot 100$$

b. Desempleo femenino. El colectivo de mujeres en paro ilustra el carácter discriminatorio del mercado de trabajo. En España, los datos muestran que la tasa de paro de los varones es inferior a la de las mujeres. Este carácter discriminatorio también se manifiesta en los salarios y en las expectativas de promoción laboral.

$$\textbf{Tasa de paro femenino} = \frac{\text{Población parada femenina}}{\text{Población activa femenina}} \cdot 100$$

c. Mayores de 45 años. Quienes pierden su empleo con más de 45 años suelen convertirse en parados de larga duración, ya que les resulta más difícil adaptarse a los cambios que demanda el mercado. Conforme se incrementa el tiempo que permanece un trabajador desempleado, se agravan sus dificultades económicas y psicológicas. Un parado de larga duración es la persona que lleva más de un año sin trabajar.

d. Personas con bajo nivel educativo y sin cualificación profesional. Las tasas de paro más altas se dan entre las personas que abandonaron sus estudios de Secundaria sin ninguna cualificación. Sus oportunidades de inserción laboral son escasas.

EN LA PRÁCTICA La formación y el mercado de trabajo

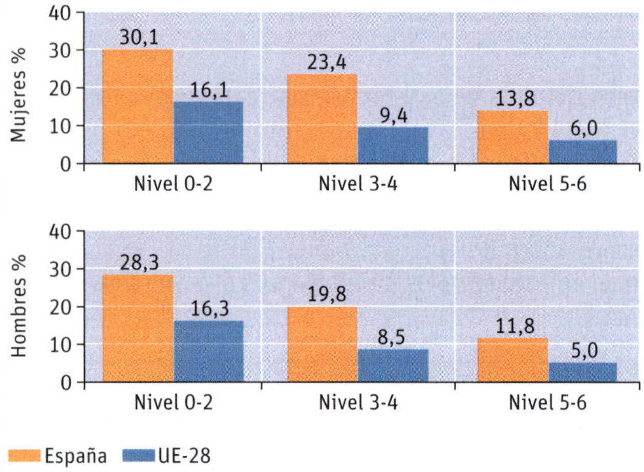

Fuente: *Encuesta Europea de Fuerza de Trabajo* (LFS). Eurostat.

Como vemos en el gráfico, existe una clara relación entre los estudios realizados y la probabilidad de encontrar trabajo. Las tasas de paro más bajas se producen entre las titulaciones universitarias (nivel 5-6), tanto en la Unión Europea como en España, y tanto en hombres como en mujeres. Por el contrario, los más castigados por el paro son quienes no han terminado la ESO (nivel 0-2), y en lugar intermedio están los que terminan la postsecundaria, ya sea en Bachillerato o en Formación Profesional (nivel 3-4).

Además, se observa que los varones tienen más facilidad para encontrar trabajo, tanto en España como en la Unión Europea, y sea cual sea su nivel de estudios. Asimismo, las tasas medias de la Unión Europea son significativamente más bajas que en España, en hombres y en mujeres, en cualquier nivel de estudios.

- Averigua en internet cuáles son las titulaciones, tanto universitarias como de formación profesional, que más demandan las empresas.

Tipos de desempleo según las causas que lo provocan

a. Desempleo friccional o transitorio. Se produce cuando las personas cambian de trabajo y están temporalmente en paro; o si se busca el primer empleo al terminar los estudios; o cuando se prefiere estar un tiempo sin trabajar para mejorar la formación profesional o para cuidar de los hijos. El paro en estas circunstancias no supone un problema social.

b. Desempleo estacional. Se genera en determinadas épocas del año. Por ejemplo, en España es frecuente en el sector hostelero de zonas turísticas costeras, al terminar el verano, o en los trabajos agrícolas cuando acaba la recolección.

c. Desempleo cíclico. Se produce en épocas de crisis económica, cuando la producción disminuye y, por tanto, aumenta el desempleo hasta que la actividad económica se recupera.

d. Desempleo estructural. Lo causan desajustes en la cualificación entre los puestos de trabajo ofrecidos y los demandados. Mientras unos sectores económicos están en auge (nuevas tecnologías, geriatría, etc.), otros se hallan en declive y necesitan reconvertirse (minería, siderurgia, etc.). El trasvase de trabajadores de sectores en declive a otros en auge no es fácil. En estos procesos, hay desempleo mientras que las personas se adaptan y se forman (o cambian de localidad) para adecuarse a las exigencias de los nuevos trabajos.

A veces, las empresas buscan trabajadores con una determinada cualificación y no los encuentran; al mismo tiempo, hay profesionales que el mercado ya no demanda. Por ello es importante analizar el mercado de trabajo antes de elegir los estudios.

EN LA PRÁCTICA **El primer empleo y los contratos de trabajo**

Seguramente el primer contrato laboral que firmes será temporal formativo. Se trata de un tipo de contrato pensado para adquirir experiencia y formación, que es especialmente importante en épocas de alto paro juvenil. Con él, ambas partes ganan: las empresas porque reciben ayudas al contratar, y los jóvenes porque consiguen su primer contacto con el mundo laboral. Entre las modalidades de contrato temporal formativo están:

- **El contrato en prácticas.** Su finalidad es introducir en el mundo laboral a la persona que ya posee la formación necesaria pero carece de experiencia profesional. Está diseñado para titulados universitarios o de formación profesional de grado medio o superior (o títulos homologados) menores de 30 años. Para los mayores de 30 años deben haber transcurrido menos de cinco años desde la terminación de los estudios. El puesto de trabajo debe estar relacionado con esos estudios y su duración máxima es de dos años y nunca inferior a seis meses (aunque existe la posibilidad de prórrogas con algunos requisitos).
- **El contrato para la formación y el aprendizaje.** Su objetivo es la cualificación profesional de jóvenes sin formación ni experiencia laboral. Está pensado para personas de entre 16 y 25 años, y es ampliable hasta los 30 años si la tasa de paro supera el 15 %. Su duración mínima es de un año, y la máxima, de tres. Las empresas contratantes se obligan a facilitar formación teórica y práctica: al menos un porcentaje de la jornada debe dedicarse a la formación (un 25 % el primer año y un 15 % los siguientes).
- Evalúa si las personas de la viñeta, que quieren acceder a su primer empleo, pueden hacerlo con un contrato formativo, y señala, en su caso, qué tipo de contrato se les podría hacer.

5 Política de empleo y evolución del mercado de trabajo

El Parlamento Europeo ha aprobado medidas para favorecer la movilidad de los trabajadores en la Unión Europea, entre ellas, la creación de una "tarjeta profesional europea" que facilita el reconocimiento en toda la UE de las cualificaciones profesionales. Con ello se pretende que los europeos que buscan empleo se desplacen con mayor facilidad al lugar donde se encuentra la demanda.

*

Jornada laboral

Número de horas de trabajo a la semana. Su duración en España no puede ser superior a la establecida en el convenio colectivo aplicable y su tope máximo se sitúa en 40 horas semanales, con un límite del tiempo de trabajo diario (nueve horas) y unas vacaciones anuales retribuidas (30 días).

Horas extraordinarias

Son las que se realizan excediendo la duración máxima de la jornada laboral. La existencia de las horas extraordinarias va en contra del objetivo de trabajar menos para trabajar todos.

La creación de empleo y la protección de los desempleados deben ser objetivos prioritarios de los gobiernos. Para conseguirlos, se aplican distintas medidas: unas actúan sobre la oferta y la demanda de trabajo, otras tratan de mejorar la información y la formación de los trabajadores, y otras protegen a los parados.

a. Medidas sobre la demanda de trabajo. Potencian la actividad productiva facilitando la creación de empleo en las empresas y el sector público. Son:

- Las inversiones públicas con creación de nuevos puestos de trabajo.
- Las ayudas para la creación y desarrollo de pequeñas y medianas empresas, la reducción de impuestos y otros incentivos a empresas que crean puestos de trabajo para colectivos desfavorecidos, etc.

b. Medidas sobre la oferta de trabajo. Inciden sobre el reparto del empleo mediante la reducción de la jornada laboral (trabajar menos horas para que trabajen más personas) o la eliminación de las horas extraordinarias y del pluriempleo. También se fomenta el trabajo a tiempo parcial y temporal para personas que quieren un empleo de media jornada o estudiantes que desean trabajar solo en verano.

c. Medidas en materia de información y formación. Su finalidad es adecuar la formación de los trabajadores a las exigencias del mercado y proporcionar orientación sobre el empleo. Dentro de ellas están:

- El fomento de servicios que actúen de intermediarios entre la oferta y la demanda de empleo. Estos servicios ponen en contacto a la persona que busca un empleo acorde con sus características profesionales con la empresa que busca ese perfil; también informan y orientan a los demandantes de empleo, y asesoran a desempleados para constituirse como trabajadores autónomos.
- Actuaciones que tienen por objeto facilitar formación profesional a los trabajadores. Entre ellas destacan las dirigidas a personas con dificultades para encontrar su primer empleo o para reincorporarse al mercado de trabajo, como los parados de larga duración.

d. Prestaciones por desempleo. Son una medida de protección social para los trabajadores que pierden su empleo. Se trata de una ayuda o prestación temporal concedida por el Estado al desempleado (de cuantía siempre inferior al salario que se tenía) mientras busca un nuevo empleo. Su duración es proporcional al tiempo trabajado con anterioridad.

EN LA PRÁCTICA ¿Son una alternativa los *minijobs*?

Los *minijobs* o minitrabajos son contratos de baja remuneración y un máximo de 15 horas de trabajo semanales que funcionan en Alemania desde 2003. Una cuarta parte de los trabajadores alemanes tiene este tipo de contrato. Un *minijob* tipo consiste en un salario de unos 450 euros al mes libres de impuestos y cotizaciones a la Seguridad Social.

Suelen usarse en empleos para los que no se requiere cualificación. Los colectivos que más se acogen a este contrato son jóvenes que logran así un empleo para compatibilizarlo con sus estudios, o parados de larga duración que no encuentran otra forma de trabajar. Repartidores, limpiadores del hogar, cuidadores de niños o ancianos, pintores, camareros para las horas punta, etc., son las ocupaciones en las que más se da el *minijob*. Los empleados en *minijobs*, aunque no lo contemplan como un empleo permanente, suelen encadenar un contrato de este tipo tras otro, generando una situación de estancamiento profesional.

En España, la CEOE defiende estos contratos como una vía de entrada al mercado laboral y una fórmula para flexibilizar el empleo. Para los sindicatos representan una degradación del empleo, ya que fomentan el trabajo precario y de baja calidad; además, dicen, ya existe en España el contrato a tiempo parcial.

- ¿Qué ventajas e inconvenientes tienen estos contratos?

La evolución del mercado de trabajo

Los avances tecnológicos, económicos y sociales influyen directamente en la configuración de los puestos de trabajo y en la cualificación profesional necesaria para adaptarse a ellos. Una consecuencia de este hecho es la aparición de nuevas profesiones y empleos: los llamados **nuevos yacimientos de empleo (NYE)**.

Los principales ámbitos de los nuevos yacimientos de empleo son los siguientes:

a. Vida cotidiana. Aumenta la demanda de trabajos relacionados con la atención a personas dependientes, los servicios a domicilio y tareas del hogar, la ayuda a jóvenes con dificultades de aprendizaje, el cuidado de niños cuyos padres trabajan fuera de casa, y los servicios de mediación y asesoría en la resolución de conflictos familiares, escolares, laborales o judiciales.

b. Nuevas tecnologías. Los nuevos medios de comunicación y de transmisión de la información, el comercio electrónico e internet generan numerosos empleos, además de transformar los ya existentes.

c. Calidad de vida. Cada vez hay más demanda de empleos relacionados con la reforma y el mantenimiento de viviendas, la seguridad ciudadana, los transportes colectivos, la mejora de los espacios públicos urbanos y los comercios de proximidad, la agricultura ecológica y la industria agroalimentaria de carácter artesanal.

d. Cultura y ocio. Crecen las necesidades vinculadas con el tiempo libre. El turismo rural, cultural, de aventura o especializado por temáticas es una importante industria nacional. El sector audiovisual, la rehabilitación del patrimonio monumental y artístico, el desarrollo cultural local (creación y gestión de centros de ocio y cultura) y la práctica de deportes están generando interesantes oportunidades de empleo para gestores y profesionales.

e. Medioambiente y desarrollo sostenible. La sensibilización social y política hacia los problemas medioambientales hace crecer las inversiones y los empleos relacionados con la gestión de las aguas y de los residuos sólidos urbanos, la protección y el mantenimiento de las zonas naturales y el control de la contaminación, la prevención y solución de catástrofes ambientales, las energías alternativas, etc.

Las nuevas formas de ocio, el envejecimiento de la población, la preocupación por el medioambiente y por la salud y el deporte, el desarrollo de las nuevas tecnologías de la información, etc., son algunos factores que están transformando el mercado de trabajo.

Una nueva concepción del trabajo

Existe una nueva concepción del trabajo y de la forma de entender la formación para acceder a él. Lo confirman estas tendencias:

- El empleo es un bien escaso, y se contempla la opción del **reparto del trabajo**. La inestabilidad laboral es habitual y, además, el trabajador desempeña **tareas más flexibles** que requieren una **formación polivalente**.
- El **autoempleo** crece, en particular en el sector de servicios. Cada vez hay más personas que crean su propia empresa, aprovechando las oportunidades de los NYE.
- Se imponen procesos de formación permanente asentados en la capacidad de **aprender a aprender** y **aprender a lo largo de la vida**.

*

Personas dependientes

Las que necesitan ayuda para realizar las actividades básicas de la vida diaria (levantarse, asearse, comer, etc.). Hay tres grados de dependencia en función de la necesidad de cuidados y de la autonomía de cada persona.

Nuevos yacimientos de empleo (NYE)

Son las oportunidades para crear empleo que surgen de las nuevas necesidades sociales. Se trata de sectores que ofrecen ya hoy, y que ofrecerán sobre todo en el futuro, grandes posibilidades de trabajo.

ACTIVIDADES DE APLICACIÓN

1. Identifica en tu entorno cuatro profesiones que pertenezcan a los nuevos yacimientos de empleo, indicando brevemente las tareas que realizan (perfil profesional).
2. En relación con las tendencias que caracterizan la nueva concepción del trabajo, ¿cuáles son sus ventajas e inconvenientes? ¿Qué conclusiones extraes para tu futuro profesional?

ACTIVIDADES

Actividades de síntesis

1. **Elabora un mapa conceptual en el que se relacionen estas ideas básicas.**

1 El bien que se intercambia en el **mercado de trabajo** es la aportación humana a la producción de bienes y servicios: **las personas ofrecen su trabajo** a cambio de un salario, mientras que **las empresas lo demandan** y lo pagan. Para los trabajadores, a mayor salario, más disposición de trabajar. Las empresas comparan el salario que pagan con el rendimiento que obtienen del trabajador.

2 El salario que están dispuestos a pagar los empresarios depende de **la productividad** o rendimiento de los trabajadores. Si la productividad aumenta, aumentará la demanda del factor trabajo y mejorarán los salarios. La mejora de la productividad depende del capital humano, de los bienes de producción y de los avances tecnológicos.

3 En la determinación de los salarios influyen **los sindicatos** y **las empresas** (en sus negociaciones colectivas) y **el Estado** (legislando sobre normativa laboral o fijando el salario mínimo).

4 La **población en paro** o desempleada son las personas que están en edad de trabajar y buscan empleo, pero no lo encuentran. Para cuantificar el paro, en España se emplean la Encuesta de Población Activa y el paro registrado, siendo la primera más fiable.

5 Hay desempleo cuando existen más personas que quieren trabajar que las que los empresarios están dispuestos a contratar (exceso de oferta). Los **economistas discrepan** sobre sus causas. Desde el liberalismo económico, el problema está en las rigideces del mercado de trabajo (su receta: flexibilizar el mercado). Para los keynesianos, se produce porque no hay demanda suficiente (su receta: reactivar la demanda a través del gasto público).

6 Los **colectivos más afectados por el paro** son los jóvenes, las mujeres, los mayores de 45 años y las personas sin cualificación profesional. Y según las causas del desempleo, se distinguen cuatro tipos de paro: friccional o transitorio, estacional o de temporada, cíclico y estructural.

7 La **creación de empleo** y la protección de los desempleados son objetivos prioritarios de los gobiernos. Para conseguirlos, se aplican **distintas medidas**: las que actúan sobre la oferta y la demanda de trabajo; las que inciden en la información y formación de los trabajadores para ajustar la oferta a la demanda, y las que protegen al desempleado (ayudas, prestaciones).

8 Los avances tecnológicos, económicos y sociales influyen directamente en la configuración de los puestos de trabajo y en la cualificación profesional necesaria para adaptarse a ellos. Como consecuencia, han surgido los **nuevos yacimientos de empleo**. La adaptación a estos cambios requiere entender la formación como aprendizaje a lo largo de la vida.

smSaviadigital.com VALORA LO APRENDIDO > Realiza la **autoevaluación**.

Actividades de análisis y problemas

2. **Piensa en personas de tu entorno (familia, amigos, etc.) e identifica el colectivo del cuadro al que pertenecen.**

Personas de 16 años y más	**ACTIVOS**	**OCUPADOS**	▸ Asalariados: – Con contrato indefinido – Con contrato temporal – Con contrato en prácticas o para la formación	▸ Trabajadores por cuenta propia ▸ Otros
		PARADOS	▸ Que buscan su primer empleo	▸ Parados de larga duración
	INACTIVOS		▸ Estudiantes ▸ Dedicados a labores del hogar	▸ Jubilados y pensionistas ▸ Otras situaciones (desanimados, rentistas, etc.)

3. **Sirviéndote de ejemplos, explica qué diferencia hay entre población inactiva y parada. ¿Y entre activa y ocupada?**

4. **A partir de los conceptos de población activa, inactiva, ocupada y desempleada, ¿cómo clasificarías a las siguientes personas?**

a) Isabel, subdirectora de una fábrica de piensos.

b) Pedro, economista y estudiante de oposiciones.

c) Alfonso, después de 3 años sin trabajo, está desanimado y ya no lo busca.

d) María, inmigrante "sin papeles" que trabaja en España.

e) Francisco, tiene una tienda de ropa como trabajador autónomo.

f) Juan, trabaja como voluntario en una residencia de ancianos.

g) Nieves, de 30 años, ganó un premio de lotería y decidió dejar de trabajar.

5. **Lee el texto y realiza las actividades.**

Carlos trabaja en un restaurante de comida rápida. Cuando su salario por hora era de 8 euros, trabajaba 30 horas semanales. Cuando su salario subió a 9 euros, decidió trabajar 40 horas. Pero cuando su salario aumentó hasta 12 euros, decidió trabajar solo 35 horas.

a) Representa gráficamente la curva de oferta de trabajo de Carlos.

b) Explica las posibles razones de su comportamiento.

6. **¿Quién crees que gana más de las siguientes parejas y cuáles son las razones que lo justifican?**

a) Un médico o un auxiliar administrativo de banca.

b) Una cantante de éxito o un trabajador de la construcción.

c) Una cajera o un cajero de un mismo supermercado.

d) Un minero o un camarero.

7. **Con relación al desempleo:**

a) ¿Qué costes económicos y sociales genera?

b) Explica las dos formas de medir el paro en España. ¿Cuál es más fiable?

8. **Un país presenta los siguientes datos sobre el mercado de trabajo:**

- *Población activa: 15 700 000 personas.*
- *Población en edad de trabajar: 31 900 000 personas.*
- *Población parada: 1 800 000 personas.*

a) Calcula las personas que están inactivas y ocupadas.

b) Calcula las tasas de actividad y de paro e interpreta los resultados.

9. **En un pueblo la población total es de 1000 habitantes y está distribuida de la siguiente manera:**

- **De 0 a 15 años: 180 habitantes.**
- **De 16 o más años: 820 habitantes.**
- **De la población de 16 años o más, 80 personas trabajan en el sector primario, 150, en el sector secundario y 270, en el terciario. 70 personas están estudiando y hay 130 que o están jubilados o no buscan empleo. El resto busca empleo pero no lo encuentra. De las personas que buscan empleo un 60 % son mujeres.**

a) ¿Cuál es la distribución de la población entre inactivos, activos, parados y ocupados?

b) Calcula las tasas de actividad y paro.

c) Calcula la tasa de paro de hombres y mujeres.

10. **¿Cuál es el significado del salario mínimo interprofesional y cómo se justifica en nuestra sociedad?**

11. **Los economistas discrepan sobre las causas del paro:**

a) ¿Cómo se explica desde el liberalismo económico? ¿Qué medidas proponen para reducirlo?

b) ¿Cuáles son las razones para los keynesianos? ¿Qué medidas proponen?

12. **Busca en internet los datos de la última Encuesta de Población Activa (EPA) y averigua:**

a) La tasa de paro del total de la población, de las mujeres, de los varones y de los jóvenes.

b) Interpreta y valora los resultados.

c) ¿Cuál ha sido la evolución de la tasa de paro respecto del período anterior?

d) ¿Cuáles son las comunidades autónomas con más y con menos paro?

13. **Lee la viñeta y redacta un breve escrito sobre la situación que refleja.**

14. **Describe brevemente en qué consisten los distintos tipos de desempleo (friccional, estacional, cíclico y estructural) y señala ejemplos de cada uno de ellos.**

15. **Clasifica las siguientes medidas de política de empleo y explica cómo afectan al desempleo.**

a) Ayudas a empresas que contraten a colectivos con dificultades para encontrar empleo.

b) Promulgación de leyes para erradicar las horas extraordinarias y el pluriempleo.

c) Incentivos para la creación de nuevas empresas.

d) Retraso de la edad de jubilación.

e) Aprobación de nuevas inversiones públicas.

f) Aumento de los servicios de información y orientación laboral.

16. **Con relación a las medidas de política de empleo:**

a) Elige las que consideres más eficaces, razonando tu respuesta.

b) ¿Cuáles son a tu juicio las ventajas e inconvenientes de la reducción de la jornada de trabajo a 35 horas semanales? ¿Y las del aumento de los contratos a tiempo parcial y temporal?

17. **De las siguientes profesiones, identifica aquellas que se corresponden con nuevos yacimientos del empleo.**

Agente comercial. Fresador. Fisioterapeuta. Trabajador social. Empleado de banca. Técnico informático. Auxiliar administrativo. Monitor de deportes de riesgo. Agentes de turismo rural.

18. **Lee el siguiente resumen de un estudio sobre conciliación entre vida familiar y trabajo, y contesta a las preguntas que se plantean.**

Cada vez más españoles estarían dispuestos a cobrar menos para tener más tiempo libre. Aunque, en general, los trabajadores están satisfechos con su empleo, tres de cada cuatro trabajadores creen que para lograr una brillante carrera profesional hay que renunciar a parte de la vida personal. Además, una de las acciones que más valoran es que las empresas fomenten medidas que hagan compatible el trabajo y la vida familiar, como los horarios flexibles, los contratos a tiempo parcial y la opción del teletrabajo.

a) ¿Por qué es cada vez más difícil conciliar trabajo y vida familiar? ¿Qué circunstancias han contribuido a esta situación?

b) ¿Qué medidas podrían mejorar la conciliación?

c) La búsqueda del éxito profesional es un objetivo muy valorado en nuestra sociedad. Pero ¿cuáles son los costes de esta búsqueda? ¿Qué otros objetivos deberían valorarse?

19. **Periódicamente, los sindicatos presentan informes en los medios de comunicación sobre la situación laboral de los jóvenes. Este es un extracto.**

Según datos de los sindicatos CC. OO. y UGT, más del 70 % de los trabajadores jóvenes menores de 25 años tiene un contrato temporal, lo que unido a una excesiva rotación en la contratación, hace que sufran una situación de precariedad "insoportable". Estas rotaciones permiten a las empresas contratar sistemáticamente a los mismos trabajadores con contratos temporales para puestos de trabajo que son indefinidos.

El informe señala, además, que la situación laboral de los jóvenes se caracteriza por salarios más bajos, desajustes entre la formación adquirida y el trabajo desempeñado, jornadas abusivas y un índice de siniestralidad mucho mayor que el del conjunto de trabajadores.

a) Explica el significado de las expresiones: "temporalidad en el empleo", "rotación en la contratación" y "precariedad laboral".

b) Una cosa son los hechos y los datos y otra las opiniones. Identifica en el texto ejemplos de cada tipo.

c) Pon un titular al informe y resume la situación laboral de los jóvenes en España.

d) ¿Coinciden los datos del informe con tu idea previa sobre este tema? ¿Qué aspectos te han sorprendido más?

e) Entra en la página web de algún sindicato y averigua las medidas que proponen para mejorar la situación.

20. **Uno de los problemas del primer empleo suele ser el desajuste entre la formación adquirida y el trabajo que después la persona deberá desempeñar.**

FUENTE: Forges, *El País*, 1-5-2007.

a) Observa la imagen y comenta qué ventajas e inconvenientes tiene para los jóvenes que se produzca esa situación.

b) ¿Conoces a alguien que haya vivido una experiencia similar? Descríbela brevemente.

21. **Indica si son verdaderas o falsas las siguientes afirmaciones, razonando tu respuesta.**

a) La población inactiva está formada por las personas que tienen edad de trabajar pero no buscan trabajo.

b) El capital humano está constituido por los bienes materiales que poseen las personas.

c) Si aumentan los salarios, disminuye la demanda de trabajo.

d) El incremento de la productividad de los trabajadores permite elevar los salarios.

e) El desempleo estructural se produce por desajustes en la cualificación entre la oferta y la demanda.

f) Las inversiones públicas son una medida de empleo que actúa sobre la demanda de trabajo.

22. **Comenta estos titulares de noticias en relación con los contenidos de la unidad.**

La Unión Europea recomienda rebajar un 10 % los salarios en España para reducir el paro

La mejora del empleo es solo estacional

Aumenta la movilidad laboral entre regiones

23. **Visita un portal de empleo en internet.**

a) ¿Qué informaciones y recursos ofrecen?

b) ¿Qué puestos de trabajo se demandan más? ¿Qué titulaciones son las más solicitadas?

24. **Interpreta y valora estas afirmaciones extraídas de un portal de empleo.**

Debemos apostar por formaciones técnicas, como ingeniería e informática, y disciplinas transversales que permitan trabajar en un mayor número de sectores –administración y dirección de empresas, matemáticas o física, economía...–. Además, tenemos que ser conscientes de que el empleo como puesto duradero va a desaparecer y la movilidad será un requisito indispensable.

25. **Cada día es más importante aprender a aprender. Para ello, es fundamental estar atento a los recursos de tu entorno.**

a) Busca en internet qué recursos se ofrecen en tu localidad o comunidad autónoma (bolsas de trabajo, cursos, etc.) para fomentar el empleo juvenil. Puedes consultar en los servicios de empleo de tu comunidad o localidad, el Instituto de la Mujer, el Instituto de la Juventud, etc.

b) Comenta los recursos más valiosos.

smSaviadigital.com **PRACTICA** > Analiza la actualidad y **ponte al día.**

Actividades de argumentación y debate › ¿Cómo crear empleo?

26. **Mejorar el empleo es una de las promesas electorales de todos los partidos. Imaginemos un país con un importante problema de desempleo, donde a las próximas elecciones legislativas se presentan dos partidos con planteamientos distintos.**

▸ Partido A

Su análisis se acerca a las tesis del liberalismo económico y está en sintonía con lo que proponen las empresas. Propuestas: reducción de salarios, pensiones y salario mínimo interprofesional; reducción del gasto público y creación de *minijobs*. No hablan de rebaja salarial, sino de devaluación competitiva, ya que esperan que la reducción de salarios haga bajar el precio de los bienes que se producen en el país y, con ello, poder exportar más, lo que mejorará la economía y el empleo.

▸ Partido B

Su análisis parte de las teorías keynesianas y está en sintonía con lo que proponen los sindicatos. Propuestas: subida de salarios, pensiones y salario mínimo en función del aumento del coste de la vida; incremento del gasto público, potenciación de los contratos formativos, etc. De esta forma, pretenden que las familias tengan más dinero y se animen a demandar más bienes y servicios, con lo que las empresas tendrán que aumentar su oferta y contratar a más trabajadores.

Analiza los documentos y debate, por grupos, sobre las medidas contra el desempleo, de acuerdo con este procedimiento:

a) Asignación de roles. Se formarán tres grupos: grupo A, que defenderá los argumentos y medidas del partido A; grupo B, que representará el punto de vista del partido B, y grupo O, constituido por observadores neutrales.

b) Preparación de los argumentos de cada grupo, así como previsión de réplicas a los argumentos del otro grupo, que quedarán reflejados en una ficha que recoja: medidas que se proponen, argumentos propios, posible réplica del otro grupo y contrarréplica.

c) Debate con la presencia de observadores. El grupo A expone los argumentos propios (tres minutos), y en el turno de réplica, el B responde (tres minutos). En el turno de contrarréplica, el grupo A tiene derecho a una intervención (un minuto). Finalizada la intervención del grupo A, el B realiza el mismo procedimiento.

d) Valoración del debate. El grupo de observadores, al que puede unirse el profesor, valorará el trabajo de cada grupo y expondrá su valoración de acuerdo con estos criterios: interés por participar y capacidad para escuchar los argumentos contrarios, así como capacidad de síntesis en las exposiciones, con argumentos razonados y utilizando los conceptos, hechos y datos aprendidos en la unidad.

¿ESTUDIAS O TRABAJAS?

Para muchos profesionales, trabajar significa estrés y rutina, no sentirse dueño de la propia vida. Pero quienes buscan y conectan con su verdadera vocación pueden desarrollar una función útil y creativa que les permita disfrutar y aportar riqueza a la sociedad.

BORJA VILLASECA

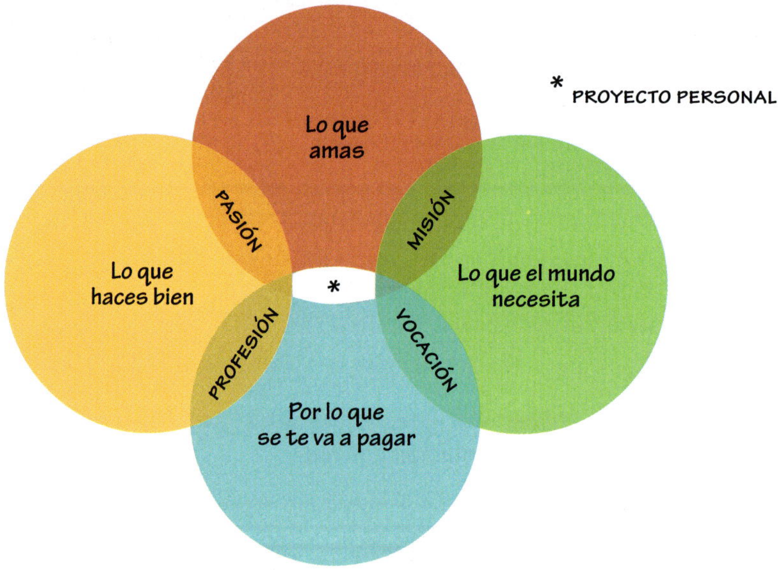

La transición de la juventud al mundo laboral

Terminar los estudios y encontrar un empleo no resulta fácil, sobre todo en tiempos de fuerte desempleo juvenil. ¿Qué consejos dan los expertos? ¿Qué capacidades son las que más se valoran?

De tu expediente académico a tu currículum

Muchos jóvenes en España se levantan cada día con la esperanza de encontrar su primer empleo. Pero ya no basta con acreditar estudios, conocimiento de idiomas o la posesión de un máster. Deberán demostrar habilidades comunicativas, iniciativa, perseverancia, capacidad de organización y trabajo en equipo, etc.

Pero ¿cómo y dónde obtener esas competencias si en el sistema educativo apenas se trabajan? Muchos expertos destacan la falta de adecuación entre la formación y las necesidades de las empresas.

Las grandes carencias entre quienes buscan empleo no están en la parte más técnica, sino en la competencial. En un mundo que cambia tan rápido social, tecnológica y económicamente, los conocimientos técnicos del especialista quedan pronto obsoletos, pero las competencias sobreviven. Por ello, el currículum que se valora ya no es solo tu expediente académico, sino el conjunto de **habilidades y experiencias necesarias actualmente**: saber procesar la información, interpretar datos, razonar y expresar ideas, conocer idiomas, ser creativo en la solución de problemas, trabajar en equipo para el logro de resultados, tener la perspectiva económica de cualquier problema, mostrar iniciativa y capacidad en la toma de decisiones, además de valores de responsabilidad e integridad personal.

La clave para no quedarse fuera de estos cambios pasa por la "versatilidad" profesional, es decir, apostar por unos conocimientos generales amplios que permitan adquirir con más facilidad las competencias de otros campos profesionales. Y sobre todo, entender que el "aprender a aprender" y "aprender a lo largo de la vida" se convierten en una necesidad ineludible. Por ello, la vieja idea de que "los niños juegan, los jóvenes estudian y los adultos trabajan" ha quedado superada. Y a la vieja pregunta de "¿estudias o trabajas?" habrá que empezar a contestar "las dos cosas".

Las habilidades comunicativas

Una habilidad básica que reclaman los empleadores es la capacidad de exponer bien una idea. En cualquier empleo tienes que relacionarte con personas distintas, colaborar en equipos de trabajo, dar o recibir mensajes, etc., y en todo ello las habilidades comunicativas son fundamentales. Sin embargo, las empresas y las agencias de colocación están sorprendidas por la dificultad para comunicarse que tienen muchos jóvenes. "Cuando en una entrevista de trabajo un ejecutivo les pregunta qué esperan sacar de ese encuentro, la mayoría no sabe qué responder".

¿Por qué hablamos tan mal en público?

Los españoles no somos ni mejores ni peores hablando en público. Pero tenemos un gran déficit por la escasa importancia que le da nuestro sistema educativo a la expresión oral. Nadie nace con dotes de oratoria. Así como en Francia, Reino Unido o EE. UU. los exámenes orales o las prácticas de argumentación y debate son fundamentales, la tradición educativa española no les presta mucha atención. Sin embargo, para mejorar las habilidades en expresión, argumentación y debate, el único truco que ofrecen los expertos en comunicación es practicar, practicar y practicar.

Las habilidades comunicativas ayudan tanto para aplicarlas en la vida cotidiana como para hablar en público, presentar una idea, argumentar en debates o superar una entrevista personal. En los cursos en los que se enseña cómo exponer proyectos ante inversores o cómo afrontar una entrevista, se insiste en que las buenas ideas no bastan: hay que saber contarlas.

Cinco claves para una buena comunicación

ANALIZA TU ENTORNO

1. ¿Cuáles son las tareas que más te gusta hacer? ¿Qué aptitudes y actitudes tienes para realizarlas?

2. Sobre las siguientes actividades, responde cómo las afrontarías, eligiendo una de estas cuatro respuestas.
   A. Me siento capaz de hacerlo. **B.** Puedo hacerlo, pero me cuesta. **C.** No sé, pero quiero aprenderlo. **D.** No sé hacerlo.

Actividades	
1. Organizar una fiesta de cumpleaños para 20 personas.	**13.** Mantener toda la atención en la actividad que realizo.
2. Pedir y dar consejos a mis amigos.	**14.** Ser puntual al llegar a clase y en cualquier cita.
3. Decidir qué hacer aunque tenga dudas.	**15.** Telefonear a una empresa para buscar un trabajo.
4. Organizar y ocupar mi tiempo cuando estoy solo/a.	**16.** Ir a un centro de planificación familiar.
5. Contactar con una asociación para participar en sus actividades.	**17.** Elaborar mi *curriculum vitae*.
6. Participar en las tareas de la casa como uno más.	**18.** Responder por escrito a un anuncio.
7. Compartir información y trabajo en tareas en equipo.	**19.** Interpretar una nómina.
8. Participar en actividades artísticas (música, teatro, etc.).	**20.** Ir a una entrevista de trabajo.
9. Ordenar y limpiar solo/a mi habitación.	**21.** Inscribirme en las oficinas del servicio público de empleo.
10. Analizar los pros y los contras de mis decisiones.	**22.** Escuchar lo que piensan otros aunque no esté de acuerdo.
11. Planificar mi trabajo de la semana.	**23.** Responder con argumentos cuando critican mi trabajo.
12. Reparar mi ordenador o mi bicicleta.	**24.** Tener inquietud por aprender cosas nuevas.

3. A partir de lo que has leído y de tus respuestas a este cuestionario, ¿qué conclusiones sacas para tu futuro profesional? ¿Qué medidas consideras que podrían mejorar tu perfil?

4. Elige un mensaje y prepara un breve guion para exponerlo oralmente siguiendo las cinco claves de una buena comunicación. Preséntalo en público en tres minutos.

8 Los indicadores económicos

1 La perspectiva global de la economía

2 La medición del crecimiento de una economía

3 Qué es y cómo se mide el PIB

A partir de esta unidad abordaremos el estudio de la economía desde una perspectiva más global. Ello nos permitirá conocer la relación que existe entre lo que se produce, lo que se gana o lo que se ingresa en un país, o cómo está distribuida la renta entre los ciudadanos. Además, se introducen los problemas globales más significativos que aborda la economía y, especialmente, los derivados de la medición del crecimiento del conjunto de la actividad económica.

¿Por qué nos sentimos tan mal si nos va tan bien?

Le propongo un juego: observe el lenguaje de las personas con las que se encuentra. Tras el saludo inicial, preste atención a lo que responden cuando usted les pregunta: "¿Cómo estás?". Dudo que se alejen del inventario de respuestas que llevo anotando desde hace tiempo, a saber:

"Tirando" (del carro, evidentemente, con lo que la identificación con un animal de tiro es obvia).

"Luchando" (aunque no veo al enemigo, constato la tensión y el cansancio de mi interlocutor).

"Así, así" (que quiere decir: ni fu, ni fa).

"Ya ves" (que posiblemente quiere decir: decídelo tú, porque yo ni me veo).

"Psé..." (a pesar de que esta voz no consta en el diccionario, deduzco que el horno no está para bollos viendo la cara del que responde).

"No muy bien" (quizá mejor expresarlo así que decir, directamente, mal).

"No me puedo quejar" (donde el que responde asume, en un alarde heroico de masoquismo, que aún podría estar peor) [...].

Son pocos los que contestan "¡bien!", y casos aisladísimos los que responden un sincero y convencido "¡muy bien!".

Así que está claro que alguna cosa falla. [...]. Digo esto porque creo que disponemos de muchos indicadores económicos que miden la salud de nuestra "riqueza global", pero son muy pocos los indicadores que utilizamos habitualmente o que son divulgados en los medios de comunicación y que relacionan esa riqueza global con el estado de ánimo de las personas que la construyen y viven en ella [...].

Quizá ya ha llegado el momento de que ampliemos los indicadores del desarrollo económico con otros que nos hablen del estado psicológico de las personas que crean y viven en esa economía.

Hemos llegado a asumir que tenemos una economía sana en la medida que producimos y consumimos de manera creciente. Se mide nuestra riqueza a través de macroindicadores que nos alejan de lo humano, de lo cotidiano [...].

Hoy son las cosas las que miden el éxito del sistema (vehículos matriculados, superficies construidas, toneladas consumidas...), y la persona, reducida a elemento productivo y de consumo, es la que avala tal éxito.

Resumido de ROVIRA, Álex: *El País Semanal*, 6-8-2002.

ANALIZA LA IMAGEN

1. ¿Cómo podríamos saber si la economía del país que se refleja en la imagen va bien o pasa por un mal momento? ¿Por lo que gastan sus habitantes? ¿Por los ingresos que obtienen? ¿Por los bienes que produce el país?

ANALIZA EL TEXTO

- ¿En qué medida influye el bienestar económico en el bienestar general de las personas?
- ¿Crees que hay alguna forma de medir cosas que tienen valor para las personas, pero que, sin embargo no tienen precio?

1 La perspectiva global de la economía

Hasta casi mediado el siglo XX, no existía división entre micro y macroeconomía. Los economistas tendían a pensar a pequeña escala hasta que llegó Keynes, que transformó la visión de la economía con su énfasis en la función del Estado y en el problema del desempleo, creando las bases de la macroeconomía moderna. Para Keynes, las tres cuestiones que deberían preocupar a los economistas son: cómo se puede reducir el desempleo, cómo controlar los precios y cómo crecer económicamente y crear prosperidad.

Hasta ahora nos hemos centrado en la forma en que las familias y las empresas se relacionan entre sí a través de los diferentes tipos de mercados, y en cómo llegan a situaciones de equilibrio o desequilibrio. Esta forma de examinar los asuntos económicos se conoce como **perspectiva microeconómica** (*micro* viene del griego y significa 'pequeño'). Pero para poder conocer cómo funciona la economía en su conjunto es preciso abordar el estudio de los problemas económicos desde una perspectiva más amplia que la del comportamiento individual de los agentes.

¿Qué es la macroeconomía?

La **macroeconomía** (*macro* viene del griego y significa 'grande') analiza los problemas económicos desde esta perspectiva agregada o de conjunto, es decir, no se interesa tanto por analizar cómo se comporta una empresa o qué pasa en un determinado mercado como por interpretar el funcionamiento de la economía de un país.

Estas **dos perspectivas**, macro y microeconomía, no son sino dos maneras de examinar **la misma realidad económica**. De hecho, lo que ocurre en el conjunto de la economía no es sino la suma de los millones de decisiones individuales de las familias y empresas que la forman; así, el crecimiento global de un país depende de las múltiples decisiones de inversión e investigación de los agentes económicos; la tasa de paro es, en parte, el resultado de las decisiones de contratar trabajadores por parte de cada una de las empresas.

En la realidad, las cuestiones analizadas en las unidades anteriores afectan a la totalidad de la economía. Por ejemplo, cuando las empresas de un sector incorporan una tecnología más eficiente pueden mejorar su producción. Este aumento de la productividad hará que mejoren sus beneficios, lo que posiblemente les permitirá aumentar su nivel de empleo y mejorar sus salarios; ello producirá un incremento en los ingresos de sus trabajadores, lo que a su vez permitirá que estos aumenten su gasto en consumo, estimulando así la producción de otras empresas. Además, ese avance tecnológico quizá permita, en conjunto, que la economía, al ser más competitiva, se sitúe en una mejor posición comercial respecto de otros países.

Analicemos otra hipótesis: un conflicto militar en el golfo Pérsico puede generar subidas espectaculares en el precio del petróleo que alterarán el ritmo de crecimiento industrial de muchos países, lo que originará subidas generalizadas en los precios; esto podrá tener consecuencias sobre el endeudamiento de estos países y provocar crisis importantes en el conjunto de la economía. Estas crisis generarán desempleo, caída del consumo por falta de ingresos, quiebras empresariales, etc.

Macroeconomía

Parte de la economía que estudia los problemas económicos prioritarios de un país desde una perspectiva agregada o de conjunto.

La naturaleza de las cuestiones macroeconómicas

La macroeconomía centra su atención en estas reacciones en cadena, que acaban finalmente afectando al conjunto de la economía; es decir, se interesa por las principales cuestiones y problemas económicos que afectan a los ciudadanos. Estas cuestiones, que abordaremos en próximas unidades, se refieren a cómo mejorar la producción y el empleo del país, por qué suben los precios, qué política económica debe llevar a cabo el Gobierno, cómo mejorar las relaciones económicas con otros países, etc.

ACTIVIDADES DE APLICACIÓN

1. Señala ejemplos de cuestiones estudiadas que pertenecen a la microeconomía y a la macroeconomía. ¿En qué se diferencian ambos tipos de cuestiones?
2. Analiza los efectos que puede llegar a tener una huelga indefinida de los transportes de mercancías (materias primas, alimentos, etc.) en la economía de un país.

Los problemas macroeconómicos

Pero ¿qué aporta esta perspectiva más global de la economía?, ¿para qué estudiar la economía en su conjunto? Sencillamente, para comprender mejor los problemas económicos esenciales y, sobre todo, para conocer sus posibles soluciones o cuáles son las alternativas existentes para su mejora.

Cuando escuchamos que las previsiones u objetivos del Gobierno para el próximo año son disminuir el paro en dos puntos o aumentar un 1,8 % el PIB, a la mayoría de los ciudadanos nos gustaría entender algo más sobre lo que hay detrás de esas cifras y por qué se fijan esos objetivos y no otros. Como iremos viendo, la respuesta está en que se trata de los problemas que más afectan a la vida de los ciudadanos y que por ello constituyen las prioridades de los gobiernos.

De forma resumida, estos problemas o cuestiones prioritarias son los siguientes:

- **Empleo.** El desempleo supone el principal problema para un país, tanto por la pérdida de bienestar de las personas que lo padecen como por el despilfarro de capital humano que significa para la sociedad.
- **Crecimiento.** El crecimiento de los bienes que se producen es un tema clave en economía. Al crecer se crea empleo, mejora el nivel de vida de la población, se recaudan más impuestos y, por tanto, el Estado tiene más posibilidades de ofrecer mejores servicios públicos.
- **Estabilidad de precios.** Si los precios suben significativamente (inflación), se producen desequilibrios en la economía y perjuicios para las personas y grupos sociales que sufren sus consecuencias. Por tanto, el análisis de las causas que provocan la inflación, así como las medidas para su contención, es otra cuestión prioritaria.
- **Equilibrio presupuestario.** Cuando en las cuentas del Estado los gastos superan a los ingresos se produce un desequilibrio de las finanzas públicas o déficit que ha de corregirse. El endeudamiento del Estado (deuda pública) u otras medidas correctoras pueden generar, a su vez, otros problemas.
- **Equilibrio exterior.** Si un país compra a otros países (importaciones) más de lo que vende (exportaciones), se produce un desequilibrio, que hay que financiar endeudándose con el exterior. El pago de la deuda externa es uno de los problemas que atenazan a muchos países y que les impiden salir de su situación de pobreza.
- **Equidad.** El libre juego del mercado tiende a provocar desigualdades económicas. Por ello, una de las preocupaciones fundamentales de la política económica debe ser cómo favorecer una redistribución de la renta acorde con los valores de justicia y equidad, que trate de corregir esas desigualdades y elimine la pobreza.
- **Sostenibilidad.** Una preocupación creciente en nuestra sociedad es garantizar que las actividades económicas de las generaciones presentes no pongan en peligro a las generaciones futuras. La sostenibilidad puede ser entendida como equidad intergeneracional.

El crecimiento económico es una cuestión prioritaria para un país. Pero más importante que crecer es mejorar en bienestar social. Para ello, el crecimiento debe ser sostenible, tanto desde un punto de vista social como medioambiental. Si el crecimiento de la producción no se distribuye con equidad, o si pone en peligro el medioambiente y el futuro de los ciudadanos, el país crece, pero empeora la calidad de vida de sus ciudadanos.

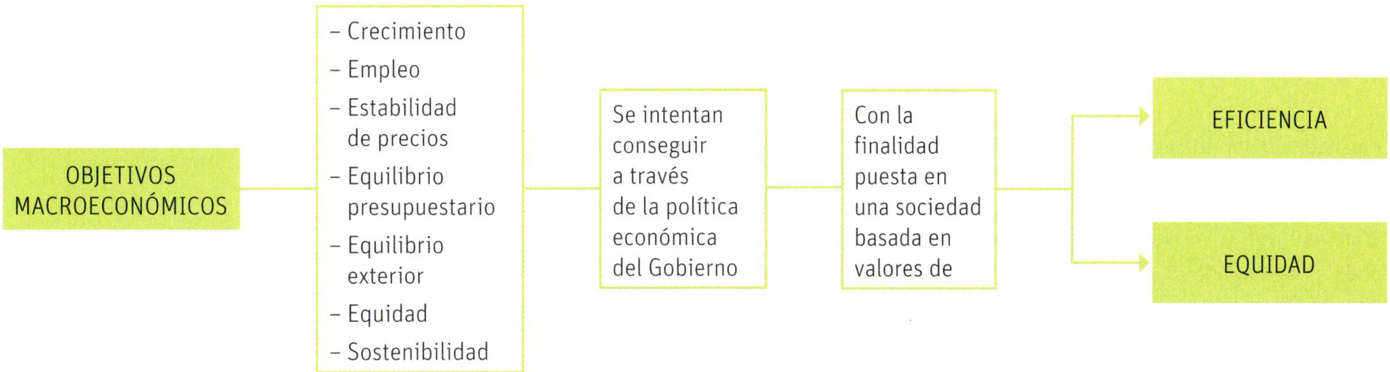

2 La medición del crecimiento de una economía

Los indicadores económicos suelen ser titulares de noticias y a menudo están en la apertura de los informativos. La razón radica en que si crece la economía, baja el paro o suben los precios, todas ellas son noticias que afectan a la vida cotidiana de las personas.

¿Cómo podemos saber si la economía de un país goza de buena salud o está enferma, si empeora o mejora con el tiempo? En economía se utilizan indicadores cuantitativos (resultados económicos) para conocer el estado económico por el que está pasando un país en un determinado período.

Para la elaboración de estos indicadores existe un sistema de recogida y elaboración de datos que constituye la **contabilidad nacional**.

La relación entre producción, renta y gasto

Para conocer la situación económica de un país podemos contabilizar los ingresos que perciben sus habitantes, ver en qué se gastan esos ingresos, o analizar lo que es capaz de producir ese país, todo ello referido al mismo período de tiempo. La actividad económica, en consecuencia, puede medirse de tres maneras distintas, que son, sin embargo, equivalentes.

a. Sumar el valor de todos los **bienes y servicios producidos** en un período de tiempo.

b. Sumar los **gastos realizados** por los agentes económicos para adquirir los bienes producidos en ese período.

c. Sumar los ingresos o **rentas recibidas** por sus habitantes en el período.

En el cálculo final, los resultados de medir la producción del país, los gastos realizados y los ingresos obtenidos (rentas) deben coincidir, ya que todo intercambio genera dos flujos equivalentes de sentido contrario: cada euro de gasto de un comprador es un euro de ingreso de un vendedor.

El flujo circular de la renta en una economía

La relación de estas tres magnitudes (producción, renta y gasto) constituye el flujo circular de la renta. Los factores de producción realizan un esfuerzo productivo mediante el cual se obtiene el **producto nacional** y reciben una remuneración por ese esfuerzo. Estas remuneraciones, que en su conjunto forman la **renta nacional**, se transformarán en **gasto nacional** cuando sus perceptores las utilicen para adquirir los bienes que necesiten.

La **relación entre flujo circular y crecimiento económico** es clara: si aumenta el producto nacional, se incrementará también la remuneración de los que contribuyen a producirlo, es decir, la renta nacional. Y si aumenta esta, habrá más dinero para gastar, con lo que crecerá igualmente el gasto nacional.

*** Contabilidad nacional**

Mide la actividad económica a través del registro sistemático de todas las transacciones realizadas entre los diferentes agentes económicos de un país durante un período de tiempo. Su finalidad es presentar información sintética (indicadores económicos) que permita conocer, analizar e interpretar la realidad económica del país.

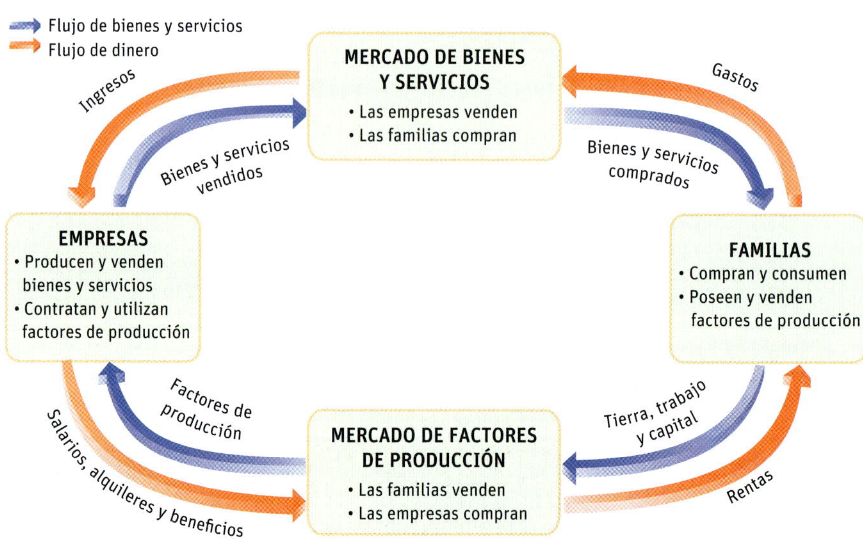

En este esquema simplificado de una economía, sin el sector público y sin el sector exterior, el flujo circular está integrado por dos circuitos: uno monetario (en rojo), o corriente de dinero entre las economías domésticas y las empresas, y otro real (en azul), con los movimientos reales de bienes y servicios y factores de producción entre las empresas y las familias.

3 Qué es y cómo se mide el PIB

De entre los indicadores, el PIB es el más utilizado para conocer de una manera rápida y sencilla el resultado de la actividad económica de un determinado país.

El **producto interior bruto (PIB)** es el valor de mercado de todos los bienes y servicios finales producidos en un país durante un determinado período de tiempo.

Analicemos cada uno de los elementos de esta definición:

"Es el valor de mercado...". Para calcular el PIB se suman bienes heterogéneos, pero esto plantea una duda, ¿cómo se pueden sumar bienes tan diferentes como libros y tomates? El PIB suma tomates con libros utilizando su precio en el mercado, esto es, multiplicando las cantidades por su precio, de tal forma que lo que se suman son unidades monetarias.

"... de todos...". El PIB comprende todos los bienes y servicios que pasan por el mercado. La fruta que compramos en el mercado forma parte del PIB, pero no la fruta que cultivamos en el huerto para nuestro consumo privado.

"... los bienes y servicios...". El PIB incluye tanto los bienes (calzado, ropa, libros) como los servicios (corte de pelo, transporte).

"... finales...". Solo se tienen en cuenta los bienes finales, ya que el valor de los bienes intermedios ya está incluido en el precio de los bienes finales. Si el papel que se utiliza para producir libros se incluyera en el PIB, estaríamos contabilizando dos veces lo mismo, ya que en el precio del libro está incluido el valor del papel utilizado.

"... producidos...". El PIB incluye solo lo producido en el período y no incorpora las transacciones de segunda mano de productos fabricados en el pasado. Cuando una persona vende su moto usada, su valor no se incluye en el PIB de ese año.

"... en un país...". El PIB mide la producción dentro de las fronteras de un país.

"... durante un determinado período de tiempo...". Normalmente, un año.

Otra forma de medir el PIB es a través del valor añadido, que es el valor de lo producido por una empresa menos el valor de las materias primas utilizadas. Así, el PIB puede calcularse como la suma de los valores añadidos de todas las empresas del país durante el año.

España, quinta economía europea (PIB, en miles de millones de euros)

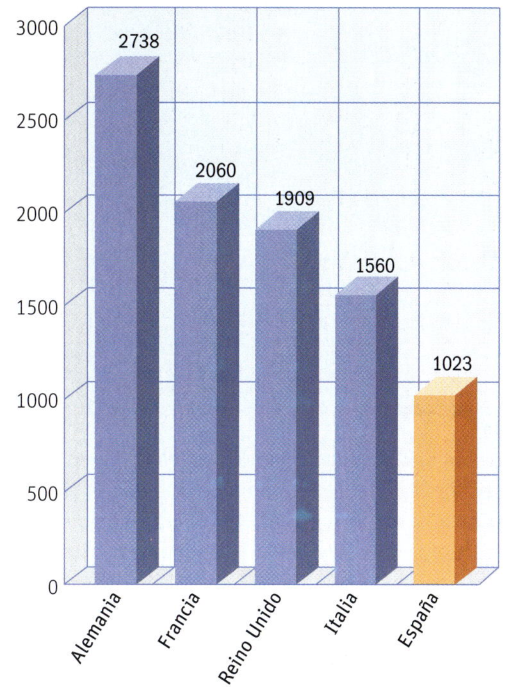

Fuente: Eurostat, 2014

EN LA PRÁCTICA **Cálculo del PIB a través de dos procedimientos**

Una empresa forestal produce madera en bruto por valor de 2000 u. m. (unidades monetarias). Esta madera es comprada por un fabricante de muebles, que los vende después a una tienda por 4000 u. m. Esta última los vende al público por valor de 5000 u. m. Si para valorar la producción de este bien sumáramos el valor de la producción de estas tres empresas (cuadro 1), obtendríamos un valor erróneo (11 000 u. m.), ya que estaríamos contando tres veces el valor de la madera. Para evitar este error de cálculo podemos obtener su valor de la siguiente forma: o bien sumando los valores añadidos de las tres empresas (cuadro 2), o bien teniendo en cuenta solo el valor de los bienes finales (cuadro 3). Ambos caminos conducen al mismo resultado.

Cuadro 1

Valor producción forestal	2000
Valor producción fábrica de muebles	4000
Valor producción del comerciante	5000
Valor de la producción (erróneo)	**11 000**

Cuadro 2

Valor añadido empresa forestal	2000
Valor añadido fábrica de muebles	2000
Valor añadido del comerciante	1000
PIB (suma de valores añadidos)	**5000**

Cuadro 3

PIB (valor bienes finales)	**5000**

- Un agricultor vende sus verduras por valor de 200 euros a un fabricante que las envasa y las vende al comerciante a 300 euros. El comerciante las vende a los consumidores por un valor de 400 euros. Con estos datos, calcula el PIB de esta economía simplificada por dos procedimientos distintos.

4 Magnitudes derivadas del PIB

Los salarios o rentas que obtienen los jóvenes españoles que han emigrado a Europa en los últimos años no forman parte del producto interior español, pero sí del producto nacional de nuestro país.

Del producto interior bruto al producto nacional bruto

El PIB refleja lo producido dentro de las fronteras de un país y el producto nacional bruto (PNB) se refiere a la producción obtenida por los factores de producción de un país, aunque residan fuera del mismo. Para su cálculo se añaden al PIB las rentas que los factores nacionales obtienen en el extranjero (RFN) y se restan las rentas obtenidas por los factores extranjeros en el país (RFE):

PNB = PIB + RFN – RFE

Por ejemplo, en el caso de España, para calcular el PNB habrá que sumar al PIB las rentas de capitales españoles invertidos en el extranjero y restar las rentas que empresas extranjeras obtienen en España.

Del producto bruto al producto neto

Igual que un coche no vale lo mismo nuevo que usado, el capital productivo (maquinaria, instalaciones, etc.) se desgasta a medida que se usa para producir. El PIB no tiene en cuenta ese desgaste o depreciación, y por ello existe otro indicador, el PIN (producto interior neto), que sí lo hace. Se calcula deduciendo del PIB una estimación de esa depreciación, que se conoce como amortización del período.

PIN = PIB – amortización

Amortización

Es la medida de la pérdida de valor o depreciación que sufre el capital productivo por su uso en la producción durante un período determinado.

Del PIB a precios de mercado al PIB al coste de los factores

El precio de mercado (pm) es el precio que paga el consumidor, mientras que el coste de los factores (cf) es el coste de salida de fábrica de los productos. Cuando se valora a precios de mercado, al coste de los factores se le añaden los impuestos indirectos (Ti) y se restan las subvenciones (Sbv) que recibe la empresa.

$\mathbf{PIB}_{pm} = PIB_{cf} + TI - Sbv$ $\mathbf{PIB}_{cf} = PIB_{pm} - TI + Sbv$

Así, si el coste de un producto es de 100 euros, y por él se pagan 16 euros de IVA y existe una subvención de 5 euros por unidad, sus valores serán:

Valor cf = 100 euros Valor pm = 100 + 16 – 5 = 111 euros

Del PIB nominal al PIB real

Al calcular el PIB usamos unos precios de mercado que varían cada año. Por eso, si el PIB aumenta de un año a otro, conviene distinguir qué parte de ese aumento es real y qué parte se debe al incremento de precios. Para que el PIB no se vea afectado por la subida de precios se utiliza un indicador, llamado PIB real, que valora la producción de cada año a unos precios que se mantienen fijos o constantes.

EN LA PRÁCTICA ¿Cómo pasar el PIB nominal al PIB real?

La tabla muestra los datos de una economía simplificada que solo produce un bien, en tres años sucesivos. El PIB nominal del año 2 ha crecido, pero la producción no ha variado y, por ello, el PIB real no aumenta. El PIB, por tanto, se puede expresar en términos nominales (en precios corrientes o de cada año) o reales (en precios constantes o fijos). Para convertir el PIB nominal en real debemos eliminar (descontar) el efecto de la inflación. Por ejemplo, un 5 % de crecimiento nominal del PIB con una inflación de un 3 % significa un crecimiento del PIB real de un 2 %.

Año	Cantidad	Precio	PIB nominal	PIB real
1	100	1 euro	100	100
2	100	1,25 euros	125	100
3	105	1,50 euros	157,50	105

- Si en el año 4 se produjeron 110 unidades y el precio es de 1,60 euros, ¿cuál es el PIB nominal y real de ese año? ¿Crece el PIB real?

5 El PIB desde la perspectiva del gasto nacional

Para comprender cuál es el destino de los bienes y servicios producidos en un país vamos a descomponer el PIB entre los distintos tipos de gasto que suelen darse en una economía, que no es sino otra forma de calcular el PIB.

Una parte importante del gasto de un país lo constituyen sus inversiones en mejorar sus equipos e instalaciones, tanto de sus empresas privadas (I) como del sector público (G).

Los componentes del PIB

a. Una parte de los bienes finales es consumida por las familias y es lo que constituye el **consumo privado (C)** o gasto de los hogares en bienes y servicios. Normalmente es el mayor componente del gasto; en los países desarrollados supone en torno a un 60 % del PIB, siendo mayor en los países pobres.

b. Otra parte es el gasto de las empresas como **inversión (I)** en edificios, maquinaria, instalaciones, equipamiento, etc. El gasto familiar en nueva vivienda también se considera inversión en lugar de consumo. La inversión constituye un componente clave del gasto, ya que sienta las bases para la producción futura. Supone en torno a un 20 % en los países desarrollados.

c. También están los gastos del Estado o **gasto público (G)**, que comprende el gasto en bienes y servicios de las distintas administraciones públicas (carreteras, sueldos de los funcionarios, etc.). El nivel de gasto público, en la mayoría de los países, oscila entre un 10 y un 20 % del PIB, siendo mayor en aquellos que proporcionan más y mejores servicios públicos, como educación y sanidad.

d. Por último, algunos bienes que se producen en el país se venden en el extranjero (exportaciones), pero, al mismo tiempo, algunos de los que consumimos se importan de otros países. Esta cuarta categoría constituye las **exportaciones netas**, y es la diferencia entre las **exportaciones (X)** y las **importaciones (M)**. Las exportaciones tienen signo positivo porque se trata de bienes producidos en nuestro país y que por ello habrá que sumar al PIB. Por el contrario, las importaciones se reflejan con signo negativo porque se trata de bienes no producidos en nuestro país y que habrá que restar.

El PIB, por tanto, puede calcularse como suma de sus cuatro componentes:

$$\textbf{PIB} = C + I + G + (X - M)$$

EN LA PRÁCTICA Cálculo de magnitudes

Conceptos	(Millones de u. m.)
Consumo privado (C)	48 200
Gasto público (G)	12 500
Formación bruta de capital fijo (I)	16 300
Exportaciones (X)	22 100
Importaciones (M)	21 400
Amortización del período	1600
Rentas de factores nacionales obtenidas en el extranjero	800
Rentas de factores extranjeros obtenidas en el país	600

A partir de los datos de la contabilidad nacional de un país recogidos en la tabla, vamos a calcular el **PIB** del período desde el punto de vista del gasto:

PIB = C + I + G + (X – M) = 48 200 + 12 500 + 16 300 + (22 100 – 21 400) = 77 000

Obtenido el PIB, calculamos el **producto nacional**:

PNB = PIB + RFN – RFE = 77 700 + 800 – 600 = 77 900

Ahora obtendremos la **producción nacional en términos netos**:

PNN = PNB – amortización = 77 900 – 1600 = 76 300

El siguiente paso es comprobar cuánto ha crecido la economía del país. Para ello supongamos que el PIB del año anterior fue de 73 500. Comparándolo con el PIB actual, tenemos:

$$\text{Tasa de variación} = \frac{77\,700 - 73\,500}{73\,500} \cdot 100$$

El PIB nominal vemos que ha crecido un 5,7 %, pero ¿y el PIB real? Para saberlo debemos conocer cuánto han subido los precios en el último período. Si se sabe que la inflación ha sido del 2,5 %, el crecimiento real será:

Crecimiento real = tasa de crecimiento nominal – tasa de inflación = 5,7 – 2,5= 3,2 %

- En este país, ¿qué porcentaje respecto del PIB representa cada uno de sus cuatro componentes?
- ¿Qué circunstancia tendría que producirse para que el PIB nominal y el PIB real coincidieran?

6 De la renta nacional a la renta por habitante

Los factores de producción reciben una retribución por su participación en el proceso productivo: salario (factor trabajo), renta o alquileres (tierra), interés (capital) y beneficios (iniciativa empresarial).

La tercera perspectiva para analizar la actividad económica es desde el lado de las rentas que se pagan a los factores de producción. Si pudiéramos seguir la pista del dinero que pagamos cuando compramos un producto, veríamos que del precio de mercado que recibe la empresa, una parte es por el IVA (impuestos indirectos); otra, para renovar los equipos de producción (amortización), y el resto se destina a pagar los salarios de los trabajadores, los intereses de préstamos, las materias primas y los beneficios empresariales. Es decir, si al precio pagado le restamos el IVA y las amortizaciones, lo que queda son las rentas que perciben los factores que han contribuido en la producción (o coste de los factores).

El conjunto de estas rentas o remuneraciones por los servicios prestados de los factores constituye la renta nacional (RN). Es decir, la RN es la suma de: sueldos y salarios de los trabajadores (Ss); alquileres y otras rentas (Alq); intereses de los capitales prestados (Ic); y, beneficios de las empresas (Be).

RN = Ss + Alq + Ic + Be

La relación entre el PIB y la RN

A través de las relaciones con el resto de magnitudes podemos observar que la RN coincide con el producto nacional neto al coste de los factores.

PIB_{pm}
- CONSUMO
- INVERSIÓN
- GASTO PÚBLICO
- EXPORTACIONES NETAS

→ **PIB_{cf}**: PIB_{pm} – Ti + Sbv

→ **PNB_{cf}**: PIB_{cf} + RFN – RFE

→ **PNN_{cf}**: PNB_{cf} – amortización

= **RN**
- SALARIOS
- ALQUILERES
- INTERESES
- BENEFICIOS

La renta personal disponible (RPD)

La RN no coincide con lo que realmente les llega a las familias para su uso. La razón está en que el reparto de la renta pasa por un proceso de ajuste en el que interviene el Estado en su función redistributiva (impuestos, pensiones, ayudas, etc.). Como resultado de este proceso se obtiene la **renta personal o familiar disponible** o renta que recibe realmente el conjunto de las familias del país. Para su cálculo hay que:

a. Descontar de la RN aquellas cantidades que no llegan a las personas:

- Los beneficios no distribuidos por las empresas (Bnd).
- Los impuestos directos que pagan empresas y trabajadores (Td).
- Las contribuciones a la Seguridad Social (Css) de empresas y trabajadores.

b. Añadir las transferencias que las familias reciben del Estado (TE), tales como prestaciones por desempleo, pensiones y otras ayudas sociales. Dado que estas transferencias no se reciben como remuneración por contribuir a la producción, sino por otras razones sociales, no forman parte de la RN, pero sí de la renta que efectivamente reciben las personas.

RPD = RN – (Bnd + Td + Css) + TE

Esta RPD tiene dos posibles usos: consumo o ahorro.

RN
- SALARIOS
- ALQUILERES
- INTERESES
- BENEFICIOS

→ **RPD**: RN – (Bnd + Td + Css) + TE

→ **POSIBLES USOS DE LA RPD**
- CONSUMO
- AHORRO

*

Renta personal disponible

Es la renta que finalmente recibe el conjunto de las familias de un país y que está disponible para consumir o ahorrar.

La renta por habitante

Aunque los datos del PIB, la RN o la RPD informan sobre el conjunto de la actividad económica de un país, interesa saber cómo se traducen esas cifras al nivel de vida de sus ciudadanos. Para ello debe considerarse el número de habitantes de cada país.

Para saber qué parte de la RN le corresponde por término medio a cada ciudadano, dividimos la RN entre el número de habitantes del país y obtenemos la renta por habitante o renta per cápita. De la misma manera, hallaremos el PIB por habitante.

$$\textbf{Renta por habitante} = \frac{RN}{Población} \qquad \textbf{PIB por habitante} = \frac{PIB}{Población}$$

Los indicadores por habitante son más adecuados que la RN o el PIB, tanto para comparar la actividad económica entre países como para conocer la evolución en el tiempo de la economía de un país. Por ejemplo, no tendría sentido comparar el PIB de China (1300 millones de habitantes) con el PIB español, ya que sus poblaciones son muy distintas. Pero sí podemos comparar el PIB per cápita de ambos países (ver gráfico).

De la misma manera, si la RN de un país crece para un período de tiempo y su población también se incrementa, pero a un ritmo mayor, es evidente que la renta que le corresponde a cada persona disminuye. Este problema se corrige utilizando el indicador de renta per cápita, ya que incorpora los cambios de la población de cada año.

PIB por habitante (en dólares internacionales)

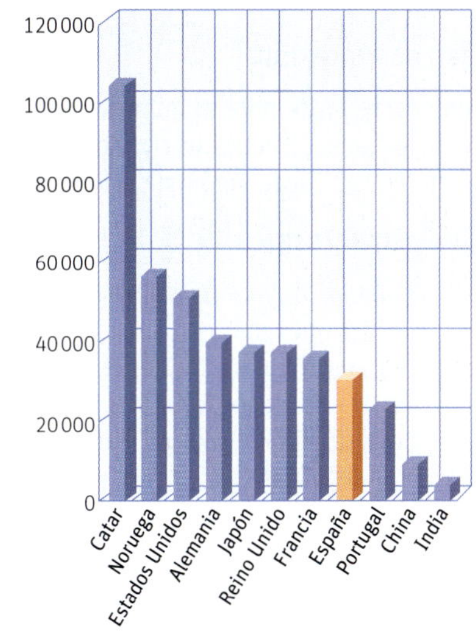

Fuente: FMI, 2013

Al comparar países que tienen distinta moneda, suele utilizarse el dólar como referencia, convirtiendo las distintas monedas a dólares y ajustándolas según el poder adquisitivo de cada país.

EN LA PRÁCTICA Cálculo de la renta nacional

A partir de los siguientes datos de la contabilidad nacional de un país, expresados en millones de unidades monetarias, calculamos la RN, la RPD y la renta por habitante, asumiendo que el país tiene 20 millones de habitantes:

Salarios	1700	Impuestos directos	400
Prestaciones desempleo	60	Beneficios empresariales	250
Ayudas a familias	100	Intereses	150
Pensiones	550	Pagos a la Seguridad Social	150
Alquileres	70	Beneficios no distribuidos	90

RN = Ss + Alq + Ic + Be = 1700 + 70 + 150 + 250 = 2170 millones de u. m.

RPD = RN − (Bnd + Td + Css) + TE = 2170 − (90 + 400 + + 150) + (60 + 550 + 100) = 2240 millones de u. m.

$$\text{Renta por habitante} = \frac{RN}{Población} = \frac{2170}{20} = 118{,}5 \text{ u. m.}$$

Veamos ahora la relación entre la RN y el PIB. Para ello necesitamos conocer nuevos datos:

Consumo	1600	Subvenciones	30
Inversión	500	Impuestos indirectos	180
Gasto público	400	RFN	90
Exportaciones	50	RFE	60
Importaciones	40	Amortización	220

$PIB_{pm} = 1600 + 500 + 400 + (50 - 40) = 2510$

$PIB_{cf} = 2510 - 180 + 30 = 2360$

$PNB_{cf} = 2360 + 90 - 60 = 2390$

$PNN_{cf} = 2390 - 220 = 2170 = RN$

Como vemos, hemos obtenido las magnitudes nacionales de este país a través de dos métodos (rentas y gastos) que nos llevan al mismo resultado.

- A partir de la RN del país, averigua el PIB_{pm} calculando primero el PNB_{cf}, después el PIB_{cf} y luego el PIB_{pm}.
- ¿Qué circunstancias deben producirse en una familia para que perciba más ingresos por transferencias del Estado que por rentas del trabajo?
- En una economía cuya RN ha crecido en el último año en un 2 % y en la que la población se ha mantenido constante, ¿cuál ha sido la tasa de variación de la renta por habitante?
- Justifica la conveniencia de usar el PIB por habitante en lugar del PIB al hacer comparaciones económicas entre distintos países.

7 La distribución de la renta

Fondos de cohesión

Son ayudas de la UE para la financiación de proyectos de los países miembros cuyo nivel de renta no supera el 90 % de la media de la UE.

Fondos estructurales

Son ayudas de la UE para la financiación de proyectos en las regiones más pobres del territorio de la Unión Europea. El más importante de estos fondos es el Fondo Europeo de Desarrollo Regional (FEDER), cuya finalidad es la realización de grandes proyectos de infraestructuras en las zonas más desfavorecidas.

PIB por habitante
(% respecto de la media de la UE-28)

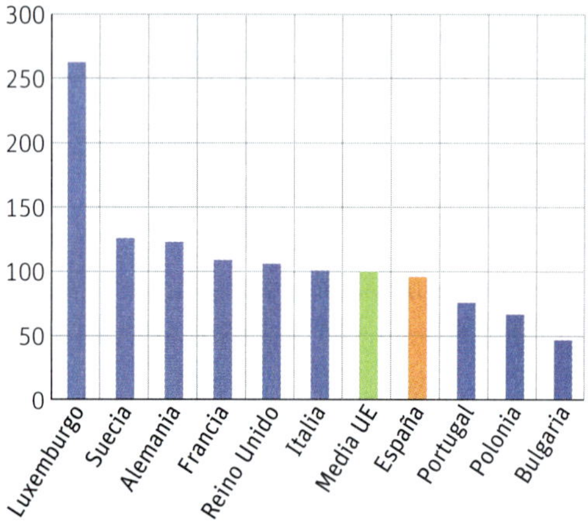

Fuente: INE. *España en cifras*, 2014

PIB por habitante
(% respecto de la media española)

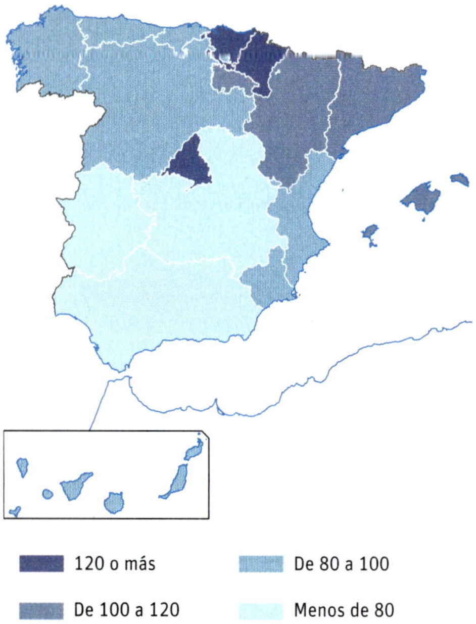

Fuente: INE. *España en cifras*, 2014

La renta por habitante nos da una idea "media" aproximada sobre el nivel de vida de un país. Pero como media estadística que es, no significa que la situación de todos los ciudadanos de ese país sea la misma; de hecho, lo más habitual es que existan grandes diferencias entre distintos colectivos o entre zonas geográficas. Por tanto, el dato de renta por habitante debe complementarse analizando su distribución espacial y por sectores y grupos sociales.

Distribución espacial de la renta

La distribución espacial puede referirse al ámbito internacional, cuando se comparan las diferencias entre la renta de los distintos países, o al ámbito nacional, cuando lo que se compara son las rentas de las distintas comunidades o provincias. El indicador más utilizado en este tipo de comparaciones es el PIB por habitante.

Para España, tiene particular interés la comparación con los países de la Unión Europea. El gráfico del margen nos muestra la situación de algunos países respecto de la media europea, representada por el valor 100. El PIB por habitante de España (96 %) está ligeramente por debajo de la media de la Unión Europea y muy alejado de los países de nuestro entorno más próximo, como Alemania, Reino Unido o Francia.

La incorporación de países como Rumanía y Bulgaria, con una renta *per capita* muy baja (en el entorno del 50 % respecto de la media), ha aumentado la brecha en el interior de la UE, y ha puesto de manifiesto las amplias diferencias de nivel de riqueza existente entre sus habitantes. Los ciudadanos de Luxemburgo, por ejemplo, con una renta equivalente al 271 % de la media comunitaria, son casi seis veces más ricos que los búlgaros.

La importancia de estos datos está en que sirven de base para la distribución de los fondos de cohesión, destinados a compensar las diferencias en el bienestar económico entre los países de la UE, y de los que España se ha favorecido durante décadas, cuando nuestro PIB por habitante estaba muy por debajo de la media europea. Así, en 1986, año de nuestra incorporación a la UE, la renta en España era del 72 % en relación a la media comunitaria, lo que propició la entrada en nuestro país de cuantiosos fondos comunitarios (las mayores ayudas en la historia de la UE), que permitieron el desarrollo de infraestructuras (red ferroviaria de alta velocidad, autovías y autopistas, túneles, etc.), programas de formación y empleo, de desarrollo rural, etc.

A partir de 2007, estas ayudas sufrieron un recorte drástico; la incorporación a la UE de países con menor renta *per capita*, junto con el crecimiento de la renta en España, hicieron que los fondos se desplazaran hacia esos países.

La distribución de la renta en España

La distribución espacial de la renta dentro de un país pone de relieve las diferencias existentes entre las distintas zonas geográficas.

Si observamos el mapa del margen y comparamos el PIB per cápita de las distintas comunidades autónomas respecto de la media nacional, se aprecian importantes diferencias entre comunidades. Así, el País Vasco, Navarra y Madrid (con más del 120 %) están muy alejadas de Castilla-La Mancha, Andalucía o Extremadura (con menos del 80 %). Ello hace que los ciudadanos del País Vasco, por ejemplo, con el PIB *per capita* más alto (134,5 %), tengan una renta que es prácticamente el doble que la de los de Extremadura (69,4 %).

Estos datos constituyen la información por la que se deciden las compensaciones a zonas desfavorecidas a través de los fondos estructurales de la UE o los Fondos de Compensación Interterritorial del Estado español.

Distribución personal de la renta

La distribución personal nos ayuda a entender cómo se reparte la renta nacional entre las personas y los diversos grupos sociales dentro de un país o región. El grado de desigualdad suele representarse por medio de la llamada **curva de Lorenz**, que muestra qué parte de la renta le corresponde a cada grupo de la población. Nos indica, por ejemplo, la proporción de renta que corresponde al 10 % más pobre, o la que va a parar al 10 % de los que más ganan.

Para representar la curva de Lorenz, se divide la población en grupos según la renta que reciben, y se compara el porcentaje que suponen como población con el tanto por ciento de renta que reciben. En el eje horizontal se representa el porcentaje acumulado de personas, y en el eje vertical, el porcentaje acumulado de renta. La curva parte del origen (0,0) y termina en el punto (100,100).

Si la igualdad fuera absoluta, por ejemplo, la curva coincidiría con la línea de 45 grados que parte del origen (gráfico 1), lo que nos indicaría que el 20 % de la población recibe el 20 % de la renta o que el 50 % de la población recibe el 50 % de la renta, y así sucesivamente, con lo que estaríamos ante una distribución perfectamente equitativa.

Si a una minoría le corresponde una gran parte de la renta, y al resto (la mayoría) le corresponde una proporción muy inferior a lo que representa como población, estamos ante una distribución muy concentrada o muy desigual. En este caso, la curva estaría combada, como muestra el gráfico 2. La desigualdad será mayor cuanto más alejada de la diagonal se encuentre la curva.

El gráfico 3 muestra la distribución de la renta de dos países. Una es similar a la que se produce en España, en la que el 20 % de la población de menos ingresos recibe el 5 % de la renta total, mientras que el 20 % de los que más ganan recibe el 50 % de la renta total. La otra se corresponde con la distribución de Suecia. Si las comparamos, comprobamos que en Suecia existe una mayor igualdad.

Gráfico 1

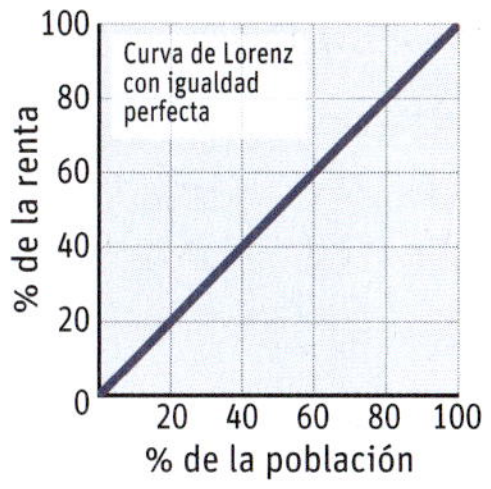

Gráfico 2

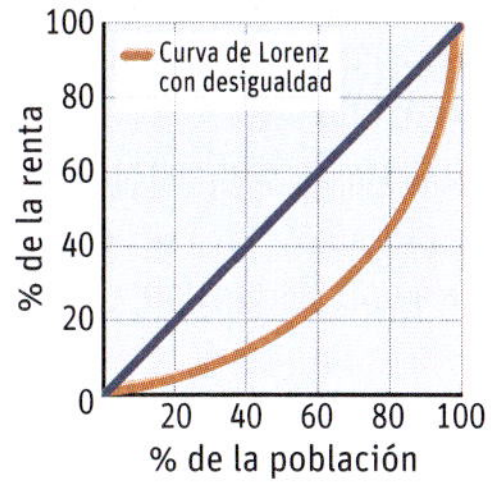

Gráfico 3

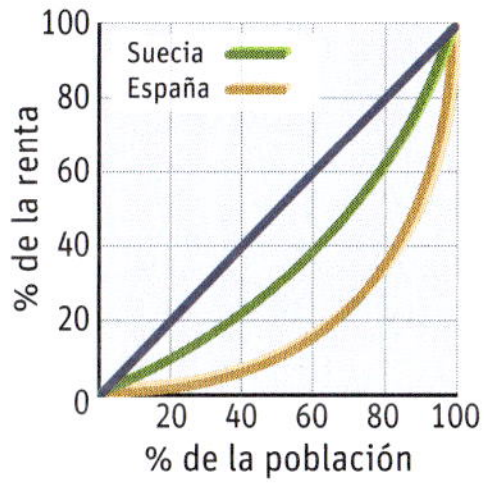

ESTUDIO DE CASOS La pobreza en España

Durante la gran crisis de 2008, el desempleo, la reducción de salarios y los recortes hicieron caer las rentas en España, de modo que la capacidad adquisitiva por español en 2012 –18 500 euros de media– era inferior a la del año 2001. Este hecho afectó principalmente a las rentas más bajas y produjo un ***gran aumento de la pobreza****.*

Se considera que una persona vive en ***pobreza relativa*** *si percibe menos de 7300 euros anuales. Si en la unidad familiar hay más de una persona, por cada adulto que se suma hay que añadir la mitad de esta cantidad (3650 euros), y un 30 % por hijo (2190 euros). Es decir, una pareja con dos hijos está por debajo del umbral de la pobreza si cuenta con menos de 15 330 euros al año (7300 + 3650 + 2190 + 2190).*

Desde la crisis, la pobreza relativa afecta a más de un 20 % de la población española (más de 10 millones de personas).

El aumento de ***pobreza extrema*** *(ingresos inferiores a 3650 euros anuales por persona) es aún más preocupante, ya que esta situación es el peldaño anterior a la exclusión social y, desde 2008, afecta a más del 6,4 % de la población (unos tres millones de personas), frente al 4 % anterior.*

Al mismo tiempo, se ha producido un aumento de la ***desigualdad en la distribución de la renta*** *en España. Desde 2006, la diferencia entre los más ricos (el 20 % de personas con mayores rentas) y los más pobres (el 20 % con menos ingresos) ha aumentado un 30 %.*

- Una pareja con un hijo, cuyo único ingreso es de 800 euros al mes (14 pagas), ¿en qué situación económica se encuentra?
- ¿Qué ajustes deben efectuarse en la RN para obtener la RPD? ¿Cómo deberían ser esos ajustes para favorecer una distribución más equitativa de la renta?
- ¿Qué valores subyacen en un tipo de sistema en el que se producen esos datos? ¿Qué mecanismos introducirías para mejorar esa situación? ¿En qué valores te basarías?

8 Las críticas al PIB como indicador económico

Muchas de las actividades valiosas de una sociedad, como el tiempo de dedicación y esfuerzo del voluntariado, no se contabilizan en el PIB. Poseen un gran valor, pero no tienen precio.

El crecimiento económico es importante porque se supone que a través de él se logra el bienestar de la población. Pero dicho crecimiento se mide a través del PIB, y este no recoge aspectos valiosos del bienestar humano.

Aspectos que no recoge el PIB

Las estadísticas del PIB subestiman el verdadero nivel de la producción de un país, ya que no tienen en cuenta los bienes que no pasan por el mercado.

- Un ejemplo es el del **trabajo doméstico**, ya que cuando uno de los cónyuges realiza las tareas del hogar, ese trabajo no se incluye en el PIB; sin embargo, si contratan a una persona para realizar esas tareas, sí se incluye.
- El **trabajo del voluntariado** y de las asociaciones no lucrativas también son servicios que no pasan por el mercado y quedan fuera del PIB.
- De igual modo, las **operaciones de trueque** y de intercambio de bienes y servicios sin que medie el dinero no se registran en las cifras del PIB.
- Y tampoco las actividades que no se declaran (**economía sumergida**), que pueden llegar a representar el 20 % del PIB en España.

¿Mide el PIB la mejora de la calidad de vida?

Los avances tecnológicos mejoran significativamente la calidad de muchos bienes y servicios actuales (móviles, análisis clínicos, etc.), pero esta mejora no se refleja en las cifras del PIB. Por ejemplo, el avance en prestaciones de los ordenadores ha sido espectacular, pero sus precios han disminuido año tras año. Como el cálculo del PIB se limita a utilizar los precios del mercado, un ordenador actual se contabiliza en el PIB por menos que un ordenador antiguo, aunque sea sensiblemente mejor.

Las cifras del PIB no distinguen entre productos ecológicos y contaminantes, ni valoran la utilización de los recursos no renovables. La tala de un bosque para obtener madera se suma al PIB, sin considerar que con ella se consumen recursos naturales. Tampoco se restan los daños de emisiones o vertidos contaminantes; se ignora que el bienestar futuro depende de los recursos naturales y de la salud de la población.

Además, el PIB no considera el tipo de bienes que se producen. En su cálculo suman igual alimentos, libros, armas o productos nocivos para la salud. Tampoco contempla el mayor tiempo libre del que podemos disfrutar gracias a una mejora tecnológica, ni recoge aspectos que afectan a nuestra calidad de vida pero que no son medibles en términos monetarios, como la mejora de las condiciones laborales, etc.

EN LA PRÁCTICA El índice de desarrollo humano (IDH)

Ante las críticas al PIB, han surgido propuestas de indicadores alternativos, que recogen aspectos de la calidad de vida de las personas que el PIB no contempla, como el llamado índice de desarrollo humano (IDH), que elabora el Programa de Naciones Unidas para el Desarrollo (PNUD).

Este índice estudia diferentes variables del desarrollo humano en cada país: una vida saludable, evaluada según la esperanza de vida; la extensión de la educación, medida por el grado de escolarización, y un nivel de vida digno, valorado según el PIB *per capita* (en dólares). Estas variables se complementan con otros datos como el nivel de desigualdad de ingresos, igualdad de género, salud, etc.

El índice se sitúa entre los valores 0 y 1, indicando el 1 el valor máximo. Los países donde mejor se vive superan el valor 0,950 (suelen ser países nórdicos europeos), y los índices más bajos están en torno a 0,300 (algunos países africanos). Entre unos y otros, por ejemplo, la diferencia en la esperanza de vida es de unos 30 años (80 frente a 50), y la renta per cápita varía en una proporción de 85 a 1 (por cada dólar ganado por los ciudadanos del país africano, los nórdicos ganan 85).

- Consulta el último informe en **www.e-sm.net/sveco1bachud08_01** y observa la posición de España. ¿Qué informaciones y datos componen el IDH español?, ¿qué añade al PIB?

9 Las relaciones entre renta y riqueza nacional

Si pedimos a una persona que nos describa su riqueza, probablemente nos hará una relación de todos los bienes que posee en ese momento. De forma análoga podemos definir la riqueza nacional.

La **riqueza nacional** es el conjunto de bienes, naturales o producidos, capaces de satisfacer necesidades actuales o futuras, que poseen los habitantes de un país en un momento determinado.

Mientras que la riqueza de una persona o de un país viene dada por la suma de los bienes que posee en un momento determinado, para obtener su riqueza neta hay que restar a esos bienes las posibles deudas contraídas.

Componentes de la riqueza

En este conjunto están incluidos cuatro grupos de bienes:

- **Bienes de consumo** (alimentos, ropa, muebles, libros, etc.).
- **Bienes de producción** (fábricas, maquinaria, medios de transporte, infraestructuras, etc.). Este segundo grupo constituye el capital nacional o conjunto de bienes que se utilizan para producir otros bienes.
- **Capital humano**, formado por la población activa de un país y su nivel de cualificación (educación general y formación profesional y experiencia). Así como un país con más población activa que otro es más "rico" porque posee más recursos capaces de producir bienes, un país con una población activa muy cualificada es más "rico" que otro con la misma población activa pero sin cualificación.
- **Recursos naturales** (ríos, minerales, bosques, etc.). Forman parte de la riqueza de un país porque satisfacen necesidades de consumo y/o producción.

Para medir la riqueza, hay que sumar en términos monetarios cada uno de sus componentes, es decir:

Riqueza nacional = bienes de consumo + bienes de producción + + capital humano + recursos naturales

Esta medición presenta numerosos problemas.

a. ¿Cómo sumamos esta heterogeneidad de bienes?

b. Aunque resolviéramos el problema anterior, valorando a precios de mercado, medir el grado de cualificación del capital humano no es tarea fácil.

c. Algunos recursos naturales, como bosques o minas, pueden valorarse por su precio de mercado; sin embargo, otros (ríos o costas) carecen de "precio", ya que no entran en el mecanismo de mercado.

Ante estas dificultades, en la práctica suele medirse la riqueza nacional o patrimonio nacional sumando solo aquellos elementos susceptibles de valoración.

Catar o Emiratos Árabes Unidos están entre los países con mayor renta *per capita* del mundo gracias a la gran riqueza que poseen en reservas de gas y petróleo.

¿Es lo mismo renta que riqueza?

Una vez definidos los conceptos de renta nacional y riqueza nacional, podemos ver la estrecha relación entre ambos. Por una parte, la riqueza nacional es la base del proceso productivo, es decir, constituye los factores de producción disponibles de un país en un momento determinado: recursos naturales, población activa y bienes de producción (tierra, trabajo y capital). Por otra, la renta nacional es el pago a estos factores por su contribución a la producción durante un período. De esas rentas, la parte que se invierte en más y mejores bienes de producción o en bienes de consumo duradero contribuye a incrementar la riqueza del país.

Pero aunque riqueza y renta están muy relacionadas (la una produce la otra), no deben confundirse. La renta de una persona es lo que gana al año; su riqueza o patrimonio es lo que tiene en un momento determinado. Una tierra de labranza es riqueza; su cosecha es su renta. Los conocimientos de un médico son su riqueza (capital humano); los honorarios que recibe, su renta.

ACTIVIDADES

Actividades de síntesis

1. Completa el mapa conceptual con algunos contenidos importantes como distribución de la renta, riqueza nacional o algún otro que eches en falta. Inclúyelos en el mapa en el lugar y con los enlaces que permitan relacionarlos.

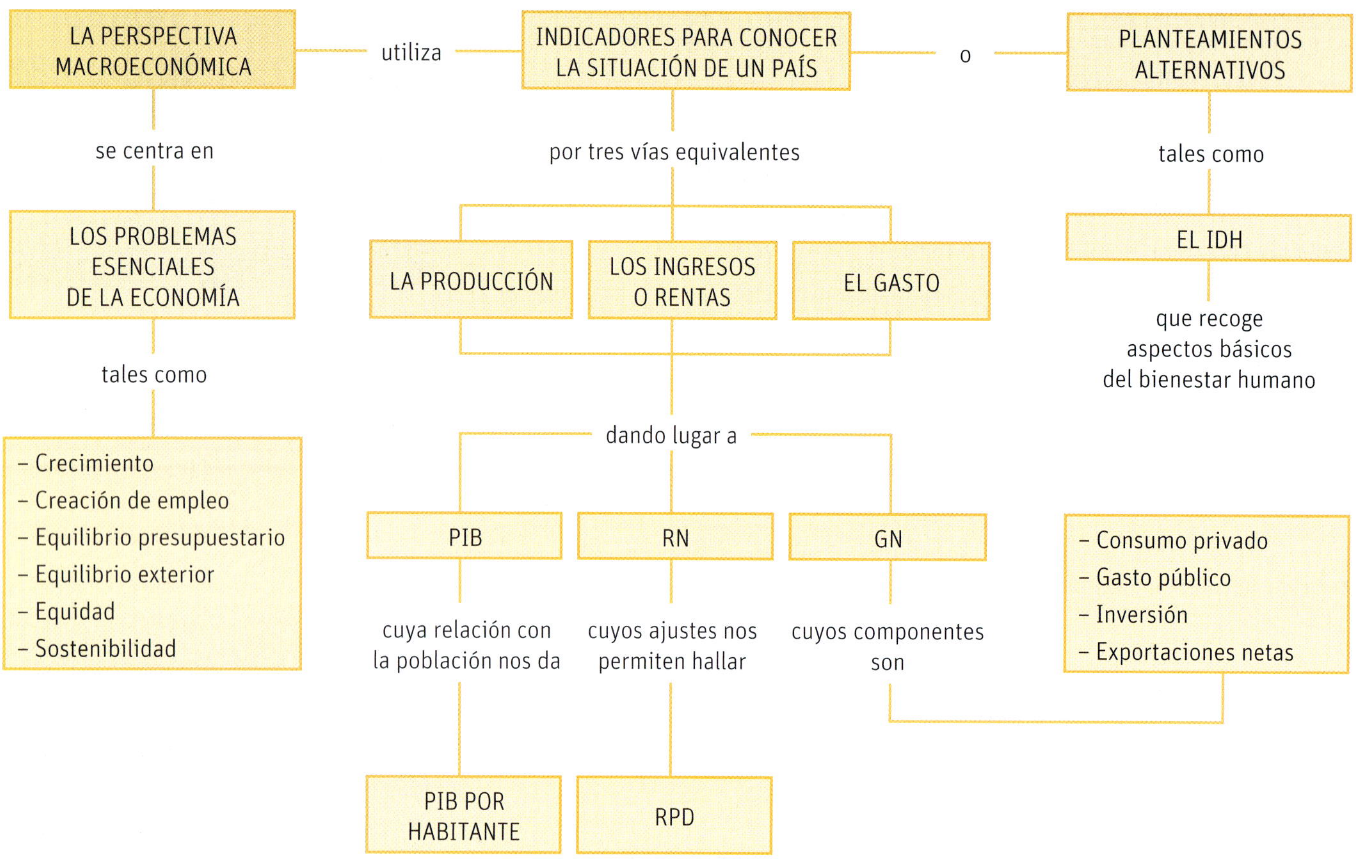

smSaviadigital.com **VALORA LO APRENDIDO** > Realiza la **autoevaluación.**

Actividades de análisis y problemas

2. En relación a la perspectiva macroeconómica:

a) ¿En qué consiste y cuál es su diferencia con la perspectiva microeconómica?

b) ¿Cuáles son los principales problemas macroeconómicos? ¿Por qué son importantes?

3. Explica qué relación existe entre lo que se produce, lo que se gana y lo que se gasta en un país.

4. Define el PIB de una economía comentando cada uno de los elementos de su definición.

5. Calcula el PIB de las operaciones detalladas en este texto, por dos procedimientos distintos.

Un agricultor vende trigo al fabricante de harina por valor de 100 euros. El fabricante vende la harina al panadero a 150 euros. Con esa harina, el panadero produce pan que vende a los consumidores por 200 euros.

6. ¿Cómo se pasa del producto interior al producto nacional? ¿Y del producto bruto al neto? ¿Y del producto a precios de mercado al producto al coste de los factores?

7. Explica el significado de esta afirmación.

Aunque el PIB haya subido nominalmente un 5 %, en términos reales la subida ha sido de un 2 %.

8. Con ejemplos, explica los componentes del producto nacional desde la perspectiva del gasto.

9. ¿A qué componente del PIB afectan estas operaciones?

a) Una familia compra un televisor nuevo.

b) El Gobierno financiará una nueva autovía.

c) Aumenta la venta de coches japoneses en España.

d) Una empresa amplía sus fábricas.

e) La familia de Carlos compra una vivienda nueva.

10. **Lee estos dos titulares y explica qué circunstancias tendrían que producirse para que aparecieran ambas noticias al mismo tiempo.**

La economía española ha crecido este año un 2 %

La pobreza en España ha aumentado durante el último año

11. **En España, más del 20 % de sus habitantes vive por debajo del umbral de la pobreza relativa.**

a) ¿Cómo se define el umbral de pobreza relativa? ¿Y el de pobreza extrema? ¿Qué colectivos crees que están en esas situaciones?

b) Consulta en un buscador de noticias los datos de pobreza en España. ¿Cuál es la situación actual?

12. **Piensa en el dinero que pagaste por un bien, por ejemplo, unas zapatillas, y responde.**

a) Si en distribución y *marketing* se invierte el 50 % y el IVA es del 21 %, ¿qué parte crees que se destina a compensar el trabajo realizado? ¿Y en las materias primas?

b) ¿Qué beneficios le quedan a la empresa?

13. **Calcula el PIB y el PNB a partir de estos datos anuales, dados en millones de unidades monetarias.**

Consumo privado	3250
Exportaciones	475
Inversiones	1200
Importaciones	350
Gasto público	1100
Rentas de factores nacionales en el exterior	210
Rentas de factores extranjeros en el país	170

14. **Razona si son verdaderas o falsas estas frases.**

a) Lo que se produce, lo que se gana y lo que se gasta en un país son magnitudes equivalentes.

b) El valor añadido es el valor de lo producido por una empresa más el valor de las materias empleadas.

c) El producto interior neto es igual al producto interior bruto menos la amortización del período.

d) Si los precios no suben ni bajan, el PIB real coincide con el PIB nominal.

e) La compra de nueva vivienda está incluida en el consumo (C) para calcular el PIB.

f) Las pensiones no forman parte de la renta nacional, pero sí de la renta personal disponible.

g) El producto nacional bruto, valorado al coste de los factores, coincide con la renta nacional.

15. **Si el PIB por habitante de un país es de 25 000 euros:**

a) ¿Significa que a cada uno de sus habitantes le correspondió esa cantidad?

b) ¿Cómo se obtiene ese dato?

c) ¿Cómo explicarías su significado a alguien que no estudie economía?

16. **Lee el texto y contesta a las preguntas.**

Imaginemos un país con una economía muy sencilla y que no tiene relaciones con otros países. Toda la producción se lleva a cabo en una única empresa en la que están empleados todos sus habitantes en edad de trabajar. Toda la producción es comprada por los ciudadanos, excepto la parte de la misma que es utilizada por la propia empresa como materia prima en el proceso de fabricación.

La empresa, después de pagar a sus trabajadores su salario y amortizar su capital productivo, obtiene un beneficio que reparte entre los ciudadanos que son propietarios de la misma. Las familias disponen de unos ingresos que utilizan para comprar los bienes producidos, y a algunos les sobra algo para ahorrar y así consumir más otros años o llegar a ser copropietarios de la empresa.

a) ¿Cómo podría calcularse la producción de este país por tres vías distintas?

b) Representa el flujo circular entre los agentes que intervienen en esta economía, distinguiendo entre flujos reales y monetarios.

c) ¿Cabe distinguir en este país entre producto interior y producto nacional?

d) ¿Y entre producto bruto y producto neto?

e) ¿Y entre renta nacional y renta personal disponible?

f) ¿Cuáles son los componentes del PIB desde el punto de vista del gasto en esta economía?

17. **Calcula la renta personal disponible de tu familia.**

a) Debes partir de las rentas de las personas que trabajan (salarios, beneficios, intereses, etc.).

b) Descuenta los impuestos y los pagos por Seguridad Social. Si es el caso, suma los subsidios por desempleo, pensiones, becas y otras ayudas.

c) Una vez obtenido el resultado, si quisieras comparar la renta de tu familia con la de otras, ¿qué tendrías que hacer? Para responder, piensa que no todas las familias tienen los mismos miembros.

18. **En relación a las críticas que se hacen al PIB:**

a) ¿Qué aspectos no aparecen en el PIB? Señala ejemplos de cada uno de ellos.

b) ¿Por qué se duda del PIB como indicador de la calidad de vida de las personas?

ACTIVIDADES

19. **Comenta el significado de esta viñeta de El Roto.**

Fuente: El Roto, *El País*, 30-4-2007.

20. **Conociendo los siguientes datos anuales de un país (en millones de unidades monetarias), realiza las actividades que se plantean.**

Consumo privado	37 220
Gasto público	10 070
Inversión bruta	12 860
Exportaciones	10 410
Importaciones	12 050
Amortizaciones	6440
Subvenciones (Sbv)	280
Impuestos indirectos (Ti)	1350
Rentas de factores extranjeros en el país	630
Rentas de factores nacionales en el exterior	910

a) Calcula el PIB_{pm}, el PIB_{cf}, el PNB_{cf} y la RN.

b) Si la población del país es de 30 millones de personas, calcula la renta por habitante.

c) Si el PIB_{pm} se ha incrementado respecto del año anterior en un 4 %, ¿la producción ha crecido realmente en ese porcentaje? ¿Qué necesitamos saber para comprobarlo?

21. **Comenta estos titulares relacionándolos con los contenidos de la unidad.**

Aunque el PIB creció un 2 %, el crecimiento real de la economía se sitúa en un 0,8 %

A pesar del descenso del consumo privado, el aumento de las exportaciones sigue tirando del PIB

La renta que llega a las familias disminuye por los recortes sociales

22. **En su tiempo libre, una persona jubilada cultiva verduras y frutas y las regala a su familia, ¿está aumentando el PIB? Razona la respuesta.**

23. **Responde a las cuestiones a partir de estos datos anuales de las cuentas nacionales de un país (en millones de unidades monetarias):**

Salarios	37 220
Impuestos directos	10 070
Beneficios	12 860
Beneficios no repartidos	10 410
Becas y otras ayudas a las familias	12 050
Intereses	6440
Alquileres	280
Cotizaciones a la Seguridad Social	1350
Prestaciones de desempleo	630
Pensiones	910
Población	12 millones de habitantes

a) Calcula la RN, la renta personal disponible y la renta por habitante.

b) ¿Qué tendría que suceder para que la RN coincidiera con la renta personal disponible?

24. **¿Por qué mejorar la educación y la formación profesional de un país aumenta su riqueza?**

25. **Señala ejemplos de riqueza y de renta, ¿qué relaciones hay entre ambas?**

26. **Accede a la publicación anual *España en cifras* del INE. En "Cuentas nacionales" aparecen las cifras más recientes de la economía española. Averigua:**

a) El PIB y el PIB por habitante del último año. ¿Cuál ha sido su crecimiento nacional? ¿Y por habitante? ¿Y por comunidad autónoma?

b) ¿Cómo está nuestra economía respecto a los demás países de la Unión Europea?

27. **¿Cómo interpretas la viñeta de Máximo? ¿Puede la economía ir bien y al mismo tiempo irle mal a las personas? ¿Cómo cambiarías el mensaje para que las personas estuvieran en primer lugar?**

Fuente: Máximo, *El País*, 4-10-1994.

28. **Responde a las preguntas razonadamente.**

a) ¿Existen personas con mucha riqueza pero con poca renta? ¿Y con mucha renta y poca riqueza?

b) ¿Pasa lo mismo con los países?

29. **Lee el texto de la derecha y contesta a las cuestiones.**

a) ¿Por qué razones es difícil cuantificar la riqueza de un país?

b) ¿A qué dones de la naturaleza "que no se incluyen en el inventario" se refiere Marshall?

c) Razona en términos económicos la afirmación: "Lo que abunda vale poco en el mercado".

d) ¿De qué depende el valor del agua? ¿Cómo crees que evolucionará su valor?

El procedimiento seguido ordinariamente para valorar la riqueza de una nación es calcular por separado el valor monetario de todas las cosas que tienen valor monetario y luego sumar unas con otras [...]. Por eso podemos ver que al valorar la riqueza de una nación es fácil que se cometan errores. Primero, porque muchos de los dones que la naturaleza ofrece al hombre no se incluyen de ninguna manera en el inventario y, segundo, porque en este se subestima la importancia de todo lo que, por abundar mucho, tiene un valor muy pequeño en el mercado.

MARSHALL, Alfred: *El agua como parte integrante de la riqueza nacional.*

smSaviadigital.com PRACTICA › Analiza la actualidad y **ponte al día.**

Actividades de argumentación y debate › ¿Hay alternativas al PIB como indicador del bienestar humano?

30. **Muchos cuestionan el PIB como indicador del bienestar de un país. Por ello han surgido otros índices que incorporan el medioambiente, la equidad, la salud o la educación. Pero no todos los economistas los comparten, ya que algunos piensan que estas cuestiones son imposibles de cuantificar.**

▸ La necesidad de indicadores cualitativos

El PIB se olvida de cuestiones esenciales en nuestras vidas. Por ello, cuando este indicador crece, parece que a la economía le va mucho mejor de lo que piensan los ciudadanos. Y es que el PIB no descuenta la degradación del medioambiente y es ciego ante la cultura, la salud y la calidad de vida de las personas. No sirve para captar aspectos con un impacto cada vez mayor en el bienestar de los ciudadanos. Por ejemplo, los atascos de tráfico incrementan el PIB por el mayor consumo de gasolina, pero en nada benefician a la calidad de vida. Tampoco recoge el incremento en la desigualdad: si unos pocos se hacen mucho más ricos, el PIB *per capita* puede subir, pese a que los ingresos de la mayoría estén cayendo. Es evidente que estos aspectos y otros como el arte, la educación o la satisfacción en la vida son más complejos de medir, pero esa no es razón para no tenerlos en cuenta.

▸ Las alternativas al PIB

Además del IDH, hay otras alternativas como el **Better Life Index**, de la Organización para la Cooperación y el Desarrollo Económico (OCDE), elaborado por los premios nobel de Economía Joseph Stiglitz y Amartya Sen. Este índice evalúa el bienestar material y la calidad de vida a través de once áreas: vivienda, ingresos, empleo, comunidad, educación, medioambiente, compromiso cívico, salud, satisfacción ante la vida, seguridad y balance entre vida y trabajo.

Otra experiencia interesante es la de Bután, un pequeño Estado del Himalaya que considera prioritaria la calidad de vida de sus ciudadanos. Para ello, crearon un indicador de **felicidad interior bruta** (FIB) que recoge, por ejemplo, el acceso a la asistencia sanitaria, la conservación de los recursos naturales, la cultura, la salud mental o el tiempo que pueden disfrutar los ciudadanos con su familia.

▸ Los exceptivos

Otros economistas califican de utópica la intención de cuantificar la felicidad, el bienestar o la calidad de vida, ya que son indicadores subjetivos, poco fiables. Por ello consideran que aunque los bienes y servicios producidos en un país no miden su bienestar, el PIB es el menos malo de los indicadores económicos. Aunque tiene sus limitaciones, "hay pruebas suficientes para decir que el crecimiento de la economía está correlacionado con la educación, la sanidad o la esperanza de vida", añaden.

La principal dificultad de los indicadores cualitativos, como el IDH, es la ponderación de sus elementos: ¿es tan importante el nivel de alfabetización como la esperanza de vida? ¿Solo es importante en un 90 %? ¿Cómo deben valorarse 600 euros adicionales de poder adquisitivo respecto al valor de un aumento de la esperanza de vida de dos años? Ante estas cuestiones imposibles de ponderar, los cálculos del PIB parecen sencillos y exentos de juicios de valor.

Analiza los documentos y responde.

a) Muchos aspectos que nos generan satisfacción escapan al cálculo del PIB. ¿Cuáles incluirías en un indicador alternativo? ¿Cómo se podrían medir cosas sin precio?

b) Entra en la web de la OCDE **www.e-sm.net/sveco1bachud08_02** y comprueba la situación española.

c) De los indicadores que conoces, ¿cuál elegirías? Antes de definirte, considera qué argumentos presentarías a favor y en contra del PIB o PIB por habitante y de los indicadores alternativos.

¿CÓMO ESTÁS DE SATISFECHO CON TU VIDA?

The professed object of Dr. Adam Smith's inquiry is the nature and causes of the wealth of nations. There is another inquiry, however, perhaps still more interesting, which he occasionally mixes whith it, I mean an inquiry into the causes which affect the happiness of nations.

THOMAS ROBERT MALTHUS

La economía de la felicidad

Pese a la riqueza acumulada en el mundo, no parece que nos vaya tan bien. La búsqueda de mayores ingresos y de crecimiento continuo no se traduce en mayores niveles de bienestar y de satisfacción vital. En este contexto emerge un campo nuevo, la economía de la felicidad, y gobiernos e investigadores empiezan a preocuparse por la antigua máxima de que "no solo de pan vive el hombre".

Todas las investigaciones en este nuevo campo indagan sobre las relaciones con la familia, los amigos, los vecinos o los compañeros de trabajo. La pregunta estrella suele ser: "¿Cómo está de satisfecho usted con su vida? ¿Mucho? ¿Algo? ¿Poco? ¿Nada?". También se pide a la gente que mida su grado de felicidad en una escala de cero a diez. Pero mucho más interesante que medir la felicidad es investigar qué factores la propician. Entre ellos, el más estudiado es el dinero.

¿Da el dinero la felicidad?

La respuesta es sí, pero hasta cierto punto. Las investigaciones coinciden en que cuanto mayor es la renta *per capita* de un país, mayor es el nivel de bienestar de los ciudadanos, pero esta relación va desapareciendo cuanto más rico es un país. Es decir, que a partir de un nivel de desarrollo, el crecimiento de la riqueza ya no mejora el bienestar de sus ciudadanos.

¿Por qué? Por dos motivos: la adaptación a la nueva situación y el efecto comparativo. Como explican los expertos: "El ser humano se acostumbra muy rápido a sus nuevos niveles de vida, con lo que el gozo por alcanzar una mejor posición social tiene una duración limitada, hasta que uno se acostumbra a ello y eso le conduce a una aspiración de mayores ingresos. Por otra parte, los individuos tienden a medir su felicidad material en comparación con la riqueza de sus vecinos. Si todos ascienden al mismo ritmo, ser más rico tiene menos gracia".

¿Qué papel juegan los valores personales?

La felicidad está muy relacionada con la actitud frente a la vida y con las prioridades de cada persona. En tiempos de bonanza económica, la gente se obsesiona con el dinero. Sin embargo, los tiempos de crisis ofrecen una oportunidad para ver qué es, en verdad, importante en la vida. Si uno llega a entender realmente lo que necesita para vivir, y deja de creer que el éxito se mide solo en términos económicos, se libera de la envidia y de compararse con los demás.

Pero para ello es necesario cambiar. Cuanto menor es nuestra evolución, más egocéntricos, victimistas, ignorantes e inconscientes somos. Y como consecuencia, más sufrimos y más conflicto tenemos con los demás. Por el contrario, cuanto más evolucionamos, más altruistas, responsables, sabios y conscientes somos. Y, como efecto, más felices nos sentimos. Este proceso de cambio es la "madurez". En la medida que aprendemos de nuestros errores, vamos convirtiéndonos en la mejor versión de nosotros mismos.

Fruto de ese aprendizaje, entenderemos que la opción más práctica es tomar el control de nuestras vidas y mostrar iniciativa, lo cual, en sí, con independencia del resultado, genera autoestima y bienestar personal. Seguir estudiando y formándonos para abrir nuevos caminos, montar una pequeña empresa, participar en proyectos comunitarios, etc., satisface más que quedarse en casa a la espera de tiempos mejores. Sin duda, cambiar actitudes y ser positivo no es sencillo en tiempos difíciles, pero intentarlo es fundamental.

¿Qué factores promueven la felicidad?

El dinero hasta cierto punto y, sobre todo, los valores personales son la clave del bienestar subjetivo o de la felicidad de las personas, pero además existen otros condicionantes. Ya lo dijo Aristóteles hace más de 2000 años: "La verdadera felicidad consiste en hacer el bien".

Siete claves para la felicidad

ANALIZA TU ENTORNO

1. ¿Ser optimista influye para conseguir un empleo, o es tener un empleo lo que nos hace ser más optimistas? ¿Qué papel crees que juegan tus valores personales en cómo te va la vida?
2. En una escala del 1 al 10, ¿cuál es tu nivel de satisfacción con la vida? ¿Qué factores crees que influyen en tu respuesta? Haz un listado de ellos y ordénalos según el grado de importancia que les atribuyas.
3. Piensa en tu círculo más cercano, ¿cuentas con, al menos, tres personas a las que acudir en caso de tener problemas? Y tú, ¿cómo participas en la mejora de tu entorno?
4. smSaviadigital.com INVESTIGA > Haz tu propio listado de **ideas para ser feliz**.

9 La intervención del Estado en la economía

1 El papel del Estado en los sistemas de economía mixta

2 Los ciclos económicos

3 Las externalidades

En la mayoría de las economías actuales, el mercado es el principal instrumento para dar respuesta a las cuestiones básicas: qué, cómo y para quién producir. Pero en estas sociedades existe también un importante sector público que está muy presente en la economía, y que asume la responsabilidad de mejorar en unos casos, y de suplir en otros, las situaciones que el mercado no resuelve satisfactoriamente. En esta unidad se estudian cuáles son esas situaciones o fallos del mercado y cómo interviene el Estado para corregirlos.

El Gran Asceta

En tiempos lejanos, Ecolandia era un país muy pequeño que estaba regido por un sabio al que llamaban el Gran Asceta y que todos respetaban. No sabían qué era eso del mercado ni qué era la escasez. Y tampoco necesitaban saberlo. Era una sociedad primitiva pero feliz. Todos los problemas se resolvían con tranquilidad y nada hacía pensar que las cosas fueran a cambiar.

Pero con el tiempo, la población creció y los bienes empezaron a escasear. Como las preferencias eran distintas, los ciudadanos comenzaron a intercambiar unas cosas por otras. Esto era costoso porque para cada intercambio necesitaban encontrar a la persona que quisiera lo que tenían y que, además, tuviera lo que deseaban.

El Gran Asceta pensó en fabricar unos vales para entregar en los intercambios. Los llamó "escudos", porque podían ser una defensa contra el caos y la pérdida de tiempo. Esta idea gustó a todos porque no obligaba a cargar con zapatos cuando se deseaba azúcar. Los vales no pesaban y, además, venían firmados por el Gran Asceta.

Pero pronto empezaron las discusiones. ¿Cuántos vales había que dar por una falda?; ¿y por un loro? Por ello, el Gran Asceta decidió que compradores y vendedores negociaran, y cuando alcanzaran el acuerdo, el valor fijado se denominaría precio.

Aunque todo parecía funcionar según lo previsto, el Gran Asceta comenzó a ver que ya no eran felices todos sus ciudadanos. Unos llevaban mejores vestidos que otros, y algunos hasta acumulaban riquezas... Surgían envidias y recelos. ¿Qué estaba pasando?

Reunidos con el Gran Asceta, uno de ellos contó que su vecino, que fabricaba conservas de tomates, tiraba los desechos al agua del río y ya no se podía beber de ella. Alguien preguntó si era justo que no pudiera curarse por no tener dinero para medicinas. Algunos querían llevar a sus hijos a la escuela, pero no había plazas para todos. Otro se quejaba porque trabajaba mucho y apenas tenía para comer, mientras que otros incluso se permitían lujos.

Después de la reunión, el malestar era evidente y hubo acusaciones de injusticia y favoritismos. El Gran Asceta, preocupado, se retiró a meditar.

Resumido y adaptado de GIMENO, J. A., y GUIROLA, J. M.ª: *Introducción a la economía*. Madrid, McGraw-Hill, 1997.

ANALIZA LA IMAGEN

1. La imagen refleja una biblioteca universitaria. ¿Qué papel crees que juegan la educación y el conocimiento en la economía de un país? ¿Y en la vida de los ciudadanos?
2. ¿Quién debe garantizar que todas las personas tengan las mismas oportunidades educativas?

ANALIZA EL TEXTO

- ¿Por qué Ecolandia pasó de ser "una sociedad primitiva pero feliz" a una en la que "el malestar era evidente"?
- ¿Qué quejas de los ciudadanos de Ecolandia reconoces en nuestra sociedad actual?
- ¿Qué tendría que hacer el Gran Asceta para corregir esos problemas?

1 El papel del Estado en los sistemas de economía mixta

Incluso Adam Smith, fundador del liberalismo económico, pensaba que el Estado tenía que intervenir en la economía en algunas ocasiones. En *La riqueza de las naciones* ya advertía que las empresas que tenían poder de mercado podían reunirse y conspirar para fijar los precios o reducir la competencia. También admitía que el Estado tenía que ayudar a los pobres.

Los sistemas económicos predominantes en la actualidad, también el español, son los de **economía mixta**. Estos sistemas tratan de combinar las ventajas del mercado en la búsqueda de la eficiencia con la mayor preocupación del Estado en la búsqueda de la equidad.

Del Estado-guardián al Estado-protagonista

La intervención del Estado siempre ha estado presente en las economías de mercado, pero su importancia ha variado a través del tiempo. Durante todo el siglo XIX y hasta la Primera Guerra Mundial imperó el liberalismo económico, partidario de la no intervención del Estado y cuya máxima era: "Laissez-faire, laissez-passer; le monde va de lui même" ("Dejad hacer, dejad pasar; el mundo funciona solo"). Pero, incluso en esta época, el Estado jugaba un papel en la economía, porque hasta los liberales más convencidos tenían que reconocer:

- La existencia de **necesidades básicas** que el mercado no satisface y que ha tenido que asumir el Estado; por ejemplo, la asistencia social a los pobres (sanidad, administración de justicia, etc.).
- La existencia de **monopolios naturales** (ferrocarriles, transportes aéreos, suministros de agua, energía, etc.), que estaban controlados por el Estado para evitar que las empresas privadas los utilizaran en su propio beneficio.

A estas circunstancias habría que añadir el papel que se atribuye al Estado de guardián del orden social y de garante de la libertad para realizar contratos, que es básica para que el sistema funcione.

En resumen, la visión que tenían los liberales del papel económico del Estado se corresponde con lo que se ha denominado el Estado-guardián, cuya misión es, principalmente, garantizar el funcionamiento del sistema y paliar algunos de sus fallos más evidentes.

Pero de esta mínima intervención económica estatal se pasó, a partir de la Primera Guerra Mundial, a un creciente protagonismo del Estado en todas las economías de mercado. En este proceso hay que resaltar el impacto que tuvo la Gran Depresión de los años 30 del siglo XX, que puso en duda las bondades del mercado como mecanismo para garantizar el uso eficiente de los recursos.

Esta crisis de confianza en los mercados propició un giro en el pensamiento de los economistas que, inspirados en Keynes, plantearon la necesidad de una mayor intervención estatal en los asuntos económicos. Como resultado, el Estado-guardián dio paso al Estado-protagonista, que asumía, en líneas generales, la dirección y organización de la economía.

Del Estado-protagonista al debate sobre sus funciones

Aunque la influencia de la aportación keynesiana llega hasta nuestros días, desde el último cuarto del siglo XX han resurgido con fuerza las ideas de un nuevo **liberalismo económico** o **neoliberalismo**, que está muy presente en las políticas actuales. De hecho, los economistas debaten hoy si el Estado debe ser más protagonista (neokeynesianos) o bien limitarse a garantizar el funcionamiento del mercado (neoliberales). Y el debate está en la calle, con contradicciones: mucha gente afirma que el Estado es demasiado grande y se queja de que hay que pagar muchos impuestos, y al mismo tiempo exige una mejor sanidad pública, más seguridad o más becas.

Peso del sector público, en % del PIB

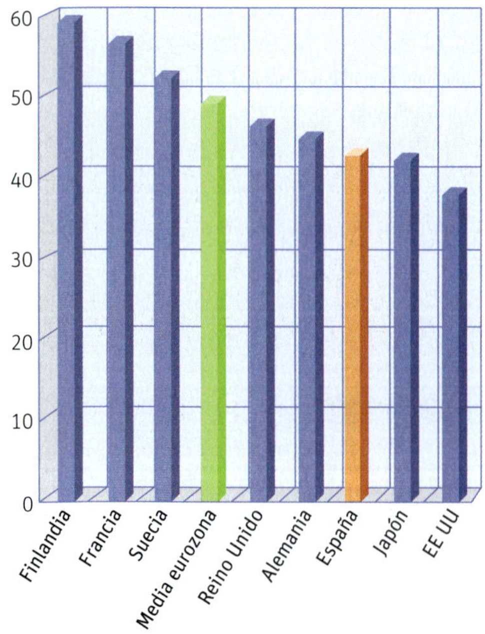

Fuente: OCDE

Como reflejo de esta diferencia de puntos de vista, la proporción o el peso del Estado en las economías actuales varía según los países. Por ejemplo, en Japón o Estados Unidos, el papel del Estado es muy inferior al de países como Francia o Suecia. En nuestro país, como se observa en el gráfico, el peso del sector público está muy por debajo de la media de la zona euro.

El Estado como corrector de los fallos del mercado

El mercado no siempre asegura que las decisiones tomadas desde el punto de vista de los intereses particulares sean las óptimas para la sociedad. Estos límites o fallos del mercado a la hora de responder a las preguntas básicas sobre qué, cómo y para quién producir justifican la intervención del Estado en la economía.

Dicen que el mercado es la libertad, pero a mí me gustaría saber qué libertad tiene en el mercado quien va sin un céntimo. Cuando se habla de la libertad hay que preguntarse: ¿la libertad de quién?

José Luis Sampedro, economista y escritor

Los fallos del mercado

La teoría nos dice que el mercado organiza la producción y distribución de bienes y servicios a través de los precios. Los consumidores y las empresas expresan sus preferencias decidiendo comprar o vender ciertos bienes y servicios a determinados precios. Los posibles desajustes se eliminan variando los precios, hasta alcanzar un equilibrio que responde a los deseos de ambas partes. Así, el mercado constituye un mecanismo eficiente, ya que garantiza que lo producido es lo que quieren los consumidores y, además, que se hace al menor coste posible. Pero en la práctica no siempre es así, y se producen fallos y desajustes, tales como:

a. Los **ciclos económicos**. Se critica al mercado porque no logra mantener un crecimiento económico estable. Las crisis periódicas que sufren las economías de mercado generan inestabilidad y falta de seguridad en el futuro, con graves consecuencias para trabajadores y empresas.

b. Las **externalidades**. Muchas actividades económicas generan efectos sobre la sociedad y el medioambiente que el mercado no controla.

c. Los **bienes públicos**. El mercado responde con eficacia a la demanda de bienes privados, pero no es capaz de proporcionar la cantidad de bienes públicos que la sociedad necesita.

d. La **falta de competencia o de información**. Las situaciones de monopolio u oligopolio, o la falta de información a la hora de tomar decisiones, suelen generar exceso de poder y abusos que perjudican a los consumidores.

e. La **equidad**. El mercado genera una distribución de la renta desigual, quedando desatendidos los más necesitados.

En consecuencia, el Estado asume la responsabilidad de mejorar o de suplir las situaciones que el mercado no resuelve satisfactoriamente.

Fallos de mercado

Situación en la que el mecanismo de mercado da una respuesta ineficiente a las cuestiones sobre qué, cómo y para quién producir.

EN LA PRÁCTICA **La presencia del Estado en nuestras vidas**

Probablemente hemos nacido en un hospital de la Seguridad Social y nos han registrado en un organismo público. Es posible que acudamos a una escuela pública o a una privada financiada con fondos públicos. Si vamos a la universidad, quizá accedamos a una beca del Estado. Si buscamos un empleo, nos registraremos en las oficinas del SEPE, y quién sabe si encontraremos trabajo como funcionario público. En cuanto a consumidores, por cada compra, pagamos una parte al Estado a través del IVA, y el dinero que usamos está emitido y controlado por el Banco Central.

Utilizamos medios de transporte, subvencionados en parte por el Estado, que circulan por carreteras construidas con presupuesto público. Si perdemos el empleo, nos beneficiaremos de las prestaciones por desempleo de la Seguridad Social, a la que previamente habremos pagado nuestras cotizaciones. Y cada año ajustaremos cuentas con la Hacienda Pública presentando nuestra declaración de la renta. Si iniciamos un negocio, necesitamos un préstamo o compramos una vivienda, nos encontraremos con la regulación que hace el Estado de esas operaciones... Y así hasta que nos jubilemos con una pensión pública y asistencia sanitaria garantizada.

- De todas estas actuaciones del sector público, ¿de cuáles tienes experiencia propia?
- Enumera algunos bienes y servicios que proporciona el Ayuntamiento de tu localidad. ¿Cómo crees que se financian?

2 Los ciclos económicos

Uno de los fallos del mercado con peores consecuencias para las personas son las crisis periódicas acompañadas de fuerte desempleo que sufren las economías de mercado.

Es un hecho que estas economías crecen no en forma lineal, sino cíclicamente, con épocas de **expansión** (en las que el PIB crece y aumenta el empleo), seguidas de épocas de **recesión** (en las que una gran parte de los recursos de la economía, sus trabajadores y fábricas, permanecen inactivos), a las que sucede una nueva época de expansión, y así sucesivamente (ver gráfico).

Un episodio muy ilustrativo de la existencia de los ciclos económicos fue la Gran Depresión de los años treinta del siglo XX en Estados Unidos.

Ciclos económicos

Fluctuaciones de la actividad económica, caracterizadas por la expansión o la contracción de la producción y el empleo en la mayoría de los sectores de la economía.

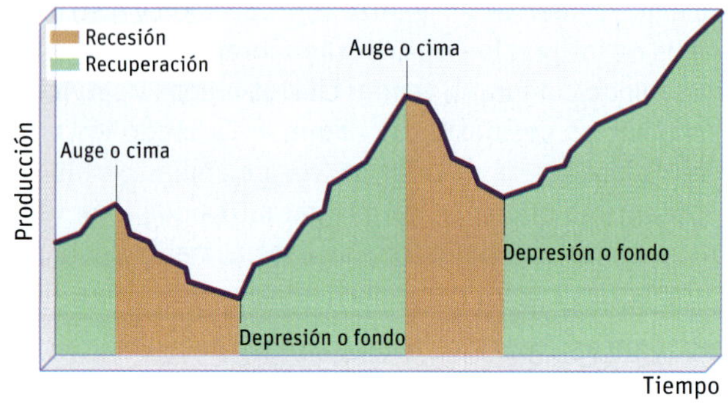

La aportación keynesiana

Keynes escribió en plena Gran Depresión una obra en la que criticaba la postura de muchos de sus colegas, quienes creían que el mercado se bastaría por sí solo para salir de la crisis. Él pensaba que en una situación de desocupación generalizada de la economía, como ocurría entonces, no se podía esperar que los mecanismos naturales del mercado produjeran la recuperación. El Estado debía intervenir gastando o invirtiendo con el fin de empujar con su actuación a los empresarios y consumidores. Su explicación para salir de las crisis y prevenirlas en el futuro pronto fue aceptada por la mayoría de los economistas, que describieron sus aportaciones como la "revolución keynesiana".

Desde entonces, se considera responsabilidad de los gobiernos evitar las fluctuaciones económicas y aplicar políticas que persigan un crecimiento económico más estable.

ESTUDIO DE CASOS **El *New Deal***

Durante los locos años veinte del siglo XX, todo el mundo era optimista con la economía estadounidense. Las fábricas funcionaban a pleno rendimiento y se encontraba trabajo fácilmente. Pero el 24 de octubre de 1929, conocido como el "martes negro", la Bolsa de Nueva York se desplomó (el crac del 29), y en cuestión de horas, el valor de mercado de las empresas se hundió, generando una situación de pánico bursátil jamás vista. La crisis se propagó rápidamente a los bancos, que se declararon en bancarrota, mientras los inversores veían desaparecer sus ahorros o el valor de sus acciones.

Entre 1929 y 1933, la crisis provocó el cierre de numerosas empresas, el desempleo pasó del 4 % al 25 % y la actividad económica se redujo un tercio, con el consiguiente deterioro en el nivel de vida de la población y la aparición de situaciones de pobreza y de miseria. Esta gran crisis se conoce como la Gran Depresión.

Para reanimar la economía y paliar los efectos del paro y la pobreza, entre 1933 y 1937, el presidente Roosevelt adoptó un conjunto de medidas conocido como el New Deal *(Nuevo Trato). Estas políticas supusieron la expansión del gasto público (en inversión pública, para suplir la escasa inversión privada); controles bancarios estrictos para evitar nuevos cracs de la banca; incentivos a la inversión de las empresas privadas (aumento del crédito y reducción del tipo de interés), y la intervención en los mercados mediante la planificación, la regulación y la creación de empresas y agencias públicas. Además, se crearon programas de ayuda social (seguros por desempleo y jubilación), y de asistencia sanitaria y salud pública.*

- ¿Qué semejanzas encuentras entre esta crisis y la gran recesión de 2008? ¿Qué aportó el pensamiento keynesiano al *New Deal*?

3 Las externalidades

Existen **externalidades** cuando la actividad de una empresa o de un consumidor produce efectos externos que afectan a terceros. Estas externalidades a veces son positivas para la sociedad (beneficios sociales) y a veces negativas (costes sociales).

Cuando una persona arroja basura a la calle o si una empresa contamina su entorno, otros sufren las consecuencias. Los causantes de estas **externalidades negativas** no soportan ni pagan las consecuencias.

Los ejemplos de externalidades negativas o costes sociales son muy diversos. Así, la producción de cemento es muy contaminante y perjudica a la población y al entorno. La actividad de algunos bares y discotecas genera ruido, problemas de aparcamiento, etc., que afectan al vecindario. El consumo de tabaco genera problemas de salud que conllevan elevados costes para la sanidad pública.

Como estos efectos externos no repercuten en los costes de las empresas, tampoco se reflejan en los precios de mercado de esos bienes. Se dice entonces que el mercado falla porque informa mal de lo que realmente ocurre, ya que los precios no recogen los costes reales, es decir, los costes privados que tiene la empresa más los costes sociales.

En otro extremo están las **externalidades positivas**. Algunos ejemplos de ellas son los descubrimientos que una empresa consigue a través de la investigación (productos menos contaminantes, materiales más ecológicos, etc.), o los avances para prevenir enfermedades. Aunque ambas actuaciones benefician a la sociedad en su conjunto, tampoco en este caso los precios reflejan los efectos positivos que la empresa se merece.

Cada día, los ciudadanos decidimos cientos de millones de actos de compra, decisiones que sumadas suponen un gran poder colectivo. Si somos conscientes de ello, podemos premiar o castigar las buenas o malas prácticas de las empresas frente al medioambiente. De este modo, cualquier acto cotidiano de consumo puede convertirse en un voto favorable a las empresas respetuosas con la naturaleza; o de rechazo de determinados productos, eligiendo otros más ecológicos.

El Estado como corrector de las externalidades

En los ejemplos anteriores vuelve a estar justificada la actuación estatal con el fin de corregir las externalidades. Para ello, el Estado tiene varios instrumentos:

a. Impuestos y subvenciones. El Estado puede establecer impuestos sobre las actividades que repercuten negativamente en la sociedad, o subvencionar las que resultan beneficiosas. De este modo, el impacto económico de las externalidades afecta directamente a quien las origina y, por tanto, las deberá tener en cuenta en sus decisiones. Así, el aumento de costes por impuestos puede hacer que la empresa busque materiales o procesos de producción menos contaminantes, mejorando su responsabilidad social.

Por otro lado, se subvencionan las inversiones en energías alternativas o materiales ecológicos, o la instalación de paneles solares en viviendas particulares porque benefician a toda la sociedad.

b. Regulación de las actividades. El Estado también puede restringir o regular actuaciones de efectos negativos. Por ejemplo, prohibiendo el ejercicio de actividades peligrosas cerca de núcleos urbanos o espacios protegidos, obligando al cierre de bares y discotecas a partir de cierta hora de la noche, o exigiendo a los fabricantes que utilicen tecnologías específicas para la eliminación de vertidos o residuos tóxicos, etc.

c. Comercio de derechos de emisiones contaminantes. Supone que los gobiernos fijan un límite a la emisión de gases contaminantes en el país y luego asignan permisos o derechos a las empresas para producir cierta cantidad de CO_2 dentro de ese límite. Si una compañía sobrepasa lo permitido, puede comprar sus derechos a otra que contamine menos, y así se controla la cantidad total de emisiones. Con ello, la empresa compradora paga por contaminar más y la vendedora es recompensada por reducir sus emisiones. El problema con esta medida es que la mayoría de las naciones, excepto en la Unión Europea, se resisten a aplicarla.

Cada vez existen más iniciativas relacionadas con la mejora del medioambiente y el desarrollo sostenible. Por ejemplo, el certificado de eficiencia energética de las viviendas es ya un requisito obligatorio.

4 Los bienes públicos

El problema del "consumidor parásito" a veces se observa entre estudiantes cuando realizan una actividad en grupo y alguno elude su responsabilidad en su parte del trabajo, confiando que lo harán los otros miembros. Cuando esto sucede, el trabajo no es realmente cooperativo, y su calidad se resiente.

Otro motivo que justifica la intervención estatal en la economía es que el mecanismo de mercado no garantiza la satisfaccción de determinadas necesidades colectivas. La experiencia demuestra que, de no mediar la intervención estatal, la iniciativa privada produciría una cantidad de bienes públicos inferior a la requerida para satisfacer las necesidades sociales.

La educación o la sanidad son ejemplos que demuestran que la producción privada no es suficiente para satisfacer la demanda social de estos bienes.

Los bienes públicos puros y el "consumidor parásito"

Existe un tipo de bienes públicos (defensa nacional, protección contra incendios, faros en los puertos, etc.) que los economistas llaman **bienes públicos puros** y que por sus características, solo pueden ser ofrecidos a todos o a nadie. Las empresas privadas no están interesadas en producir bienes puros, ya que, por definición, es difícil impedir que cualquier persona los utilice sin pagar.

Un buen ejemplo de este tipo de bienes sería la protección contra incendios que ofrece el servicio de bomberos en una ciudad. Si este servicio se vendiera en el mercado a cambio de un precio, los vecinos de cualquier edificio se plantearían el siguiente dilema: el vecino del tercero preferiría que lo comprara el vecino del cuarto y así se protegería sin coste; es decir, confiaría en secreto en ser un **"consumidor parásito"** del servicio. Pero el vecino del quinto también pensaría lo mismo. En consecuencia, es posible que ninguno de los dos pagase el servicio. Y cuanta más gente decidiera no pagar, más alto sería el precio que cada uno de los compradores tendría que afrontar. Al final, nadie pagaría por el servicio y a la empresa privada no le resultaría rentable producirlo. Por tanto, será el sector público quien garantice que estos bienes estén disponibles, y los financiará con los impuestos que todos pagamos.

Aunque hay unanimidad entre los economistas en que el Estado debe suministrar bienes públicos, la cuestión está en qué tipo de bienes debe proveer y en qué cantidad. Todo lo que hace el sector público tiene su coste de oportunidad. Por tanto, debemos considerar no solo qué debe hacer el Estado, sino también a qué renunciamos para que pueda hacerlo.

Bienes públicos puros

Tipo de bienes cuyo consumo es indivisible y del que no se puede excluir a ninguna persona, por lo cual han de ser ofrecidos por el sector público, ya que ninguna empresa está interesada en producirlos, al no poder cobrar su precio.

ESTUDIO DE CASOS ¿Deben cobrarse los rescates de montañeros?

Cientos de expertos y turistas aventureros se lanzan cada año a explorar la montaña (senderismo, escalada, esquí, etc.). La escasa preparación, el infortunio o las imprudencias acaban, en algunos casos, en llamadas de socorro que ponen en marcha un dispositivo de búsqueda y rescate que, además de vehículos y helicópteros, incluye un gran número de personas que arriesgan su vida para salvar la de otros.

¿Quién debe pagar este servicio? Algunas comunidades autónomas cobran el servicio y otras no, aunque se lo están planteando. Rescatar a un accidentado en alta montaña puede llegar a costar más de 10 000 euros. El coste total depende de la dificultad, de las horas que se inviertan en el salvamento y, sobre todo, de si intervienen medios aéreos.

Las comunidades que cobran los rescates lo justifican cuando las personas accidentadas no han respetado las normas de seguridad, o no llevan el equipo adecuado, o acceden a zonas peligrosas, o desatienden avisos de emergencias meteorológicas, etc. Es decir, cuando las actividades comportan un riesgo evidente o se trata de conductas imprudentes o temerarias.

- Los recursos públicos son limitados y hay que decidir a qué fines se dedican y a cuáles se renuncia; pero esta decisión no siempre es fácil. Debate en grupo la cuestión: ¿crees que la decisión de cobrar por este servicio es justa? ¿En qué casos estaría justificado? Piensa que los recursos destinados al rescate dejan de dedicarse, por ejemplo, a reducir las listas de espera en hospitales o a becas para estudiantes.

5 La competencia imperfecta

Otras quejas contra el mercado tienen que ver con la falta de competencia y con la falta de información en la toma de decisiones.

La falta de competencia y el exceso de poder de mercado

Cuando no hay competencia en el mercado, porque existen monopolios u oligopolios cooperativos, los productores utilizan su poder para imponer unas condiciones que perjudican a los consumidores. A veces, algunas empresas se ponen de acuerdo para restringir la producción con el fin de alterar los precios, o se reparten el mercado en detrimento de otros competidores, o abusan de su posición para influir sobre los precios y conseguir mayores beneficios.

Además, la ausencia de competencia favorece la rutina en los procesos de producción y retrasa la adopción de innovaciones y de mejoras tecnológicas.

Estos efectos negativos preocupan a los ciudadanos, quienes demandan la intervención del Estado para que evite el desequilibrio en las relaciones entre consumidores y productores. De hecho, en la mayoría de los países existen leyes antimonopolio y de defensa de la competencia, que tratan de evitar o de regular estas situaciones para proteger a los consumidores.

La Comisión Nacional de los Mercados y la Competencia en nuestro país y la Comisión Europea en el ámbito comunitario son las instituciones encargadas de vigilar e investigar las prácticas que restringen o falsean la competencia, y de establecer, en su caso, las sanciones correspondientes.

La falta de competencia puede propiciar prácticas abusivas en los precios y en la menor atención hacia los derechos del consumidor. Los sectores de la telefonía móvil y los bancos (ambos oligopolios) encabezan las reclamaciones y quejas de los ciudadanos, que observan en la letra pequeña de los contratos una gran cantidad de cláusulas abusivas donde se resaltan los derechos de las empresas (que quedan libres de toda responsabilidad), mientras que para el consumidor solo existen obligaciones.

La falta de información: la información asimétrica

Cuando hay asimetría en la información (una de las partes de la transacción conoce más que la otra), los mercados tienden a favorecer a la parte que sabe más. Lo que no sabemos puede perjudicarnos porque nos lleva a elegir mal (selección adversa).

Este problema es muy frecuente en el sector bancario, en el de seguros médicos, en el de coches, etc. En el caso de la banca, por ejemplo, son múltiples las quejas de los ciudadanos por cláusulas abusivas en la letra pequeña de los contratos de créditos y préstamos, o por la venta de productos financieros de alto riesgo (participaciones preferentes de algunas entidades, por ejemplo) a personas sin conocimientos financieros, o por la concesión de hipotecas a personas sin recursos (hipotecas *subprime*), etc.

Para contrarrestar esta asimetría, los poderes públicos deben tomar medidas que garanticen más información a la parte débil y mayor transparencia en los contratos.

EN LA PRÁCTICA **La economía de la información**

G. A. Akerlof, M. Spence y J. E. Stiglitz recibieron el Premio Nobel de Economía de 2001 por su trabajo en la economía de la información, que explora los problemas que surgen cuando las personas se ven obligadas a tomar decisiones apoyadas en información incompleta, o cuando existe asimetría en la información.

G. A. Akerlof se sirvió del mercado de coches de segunda mano para explicar sus teorías. En estos mercados, nadie quiere comprar un "trasto", pero es lo que suele suceder. La explicación está en que, aunque cada marca de coches tiene un precio en función de los años de uso, entre estos coches hay joyas y tartanas. Unos están en perfecto estado, y otros tienen defectos y averías ocultos. Si es una joya, se intentará vender más caro. Pero si es una tartana, el comerciante deseará venderlo al precio establecido por marca y año. Este ejemplo revela que el mercado falla cuando una de las partes tiene más información que la otra, ya que algunos vendedores se aprovechan intentando "colar" malos productos a un precio excesivo.

- Investiga en internet qué son las participaciones preferentes y cómo se comercializaron. ¿Son las preferentes un trasto? ¿Qué tendrían que haber hecho las autoridades financieras en estos casos?

6 Mercado y equidad

Equidad

Principio según el cual las personas que se encuentran en circunstancias similares deben pagar unos mismos impuestos y recibir un mismo tipo de prestaciones (equidad horizontal), y las personas que disfrutan de un bienestar mayor, deben pagar más impuestos y recibir menos prestaciones que las que no disfrutan de ese bienestar (equidad vertical).

No todas las personas nacen con las mismas oportunidades ni con la misma riqueza. Por ello, el mecanismo de mercado se asienta en un desigual reparto previo de la renta y la riqueza. Y esa desigualdad determina la capacidad de las personas para participar en el consumo. Sin intervención externa, el mercado reproduce necesariamente la desigualdad. Quienes perciben una renta tan baja que apenas les permite sobrevivir, difícilmente pueden participar en el mercado si no es con ayuda estatal.

El Estado y la redistribución de la renta

El Estado procura reducir las desigualdades redistribuyendo la renta a favor de quienes menos tienen, o proporcionando bienes y servicios a los que no pueden acceder a ellos. Para hacerlo utiliza dos vías:

a. Los impuestos. El Estado puede favorecer la igualdad si los impuestos que recauda están pensados de tal forma que los individuos y empresas que más renta perciben pagan proporcionalmente más que los que reciben rentas menores, es decir, si son **impuestos progresivos**.

b. El gasto público. El Estado contribuye a la equidad mediante transferencias y ayudas a los ciudadanos, tales como prestaciones por desempleo, ayudas sociales, pensiones, etc. O proporcionando servicios como la educación o la sanidad, con los que garantiza la igualdad de oportunidades educativas y una asistencia sanitaria para todos. También subvenciona (paga en parte) el coste de bienes y servicios como el transporte, la enseñanza universitaria (becas) o las viviendas sociales. Esta parte del gasto público se conoce como **gasto social**.

EN LA PRÁCTICA **El termómetro de la desigualdad: el índice de Gini**

El índice de Gini se basa en la curva de Lorenz, que representa cómo se distribuyen los ingresos entre la población. La diagonal representa la igualdad perfecta: el 20 % de la población recibe el 20 % de los ingresos; el 40 % de la población, el 40 % de los ingresos, etc.

Si la curva de Lorenz se aleja de la diagonal, aumenta la desigualdad en la misma proporción en la que ha aumentado el área A. Si la desigualdad es total, el área B desaparece y queda solo el área A. Y al contrario, a medida que mejora la equidad, el área A disminuye y la curva de Lorenz se acerca a la diagonal. Por tanto, para cuantificar la desigualdad, este índice relaciona la proporción existente entre el área de desigualdad (A) y el área total (A + B). Es decir, $G = \frac{A}{(A + B)}$.

Para cada país, el índice de Gini está entre 0 y 1, dándose una mayor igualdad cuanto menor es su valor. En la situación de perfecta igualdad, su valor es 0 (el área A desaparece); a medida que se incrementa la desigualdad, aumenta el área A y el índice se acerca al valor 1. En la curva del gráfico 1, el valor del índice de Gini es 0,48.

Si observamos la evolución de este índice en España (gráfico 2), vemos que la crisis de 2008 agravó la desigualdad, que pasó del 0,306, en 2007, al 0,355, en 2013 (o del 30,6 al 35,5 en valores porcentuales), situando a España como el segundo país con mayor desigualdad de la UE, detrás de Letonia. En cambio, en la UE la desigualdad apenas aumentó.

Entre los motivos están el alto nivel de desempleo en España y las políticas de recortes en gastos sociales, que perjudicaron principalmente a los grupos de menores ingresos. También explican la desigualdad la devaluación salarial (bajada de sueldos) de los trabajadores, que ha afectado más al colectivo con salarios más bajos, o el tipo de empleo que se está creando (temporal y a tiempo parcial).

- Si antes de la crisis, el 20 % de los españoles más ricos ganaba 5,5 veces más que el 20 % más pobre, en 2012 ganaba 7,2 veces más. ¿Qué factores han contribuido a ello? ¿Qué medidas puede tomar el Gobierno para cambiar esa tendencia?

Gráfico 1: Índice de Gini

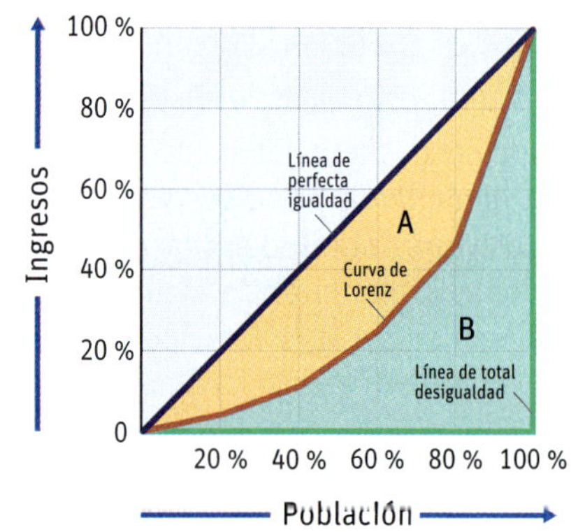

Gráfico 2: Evolución del índice de Gini en España

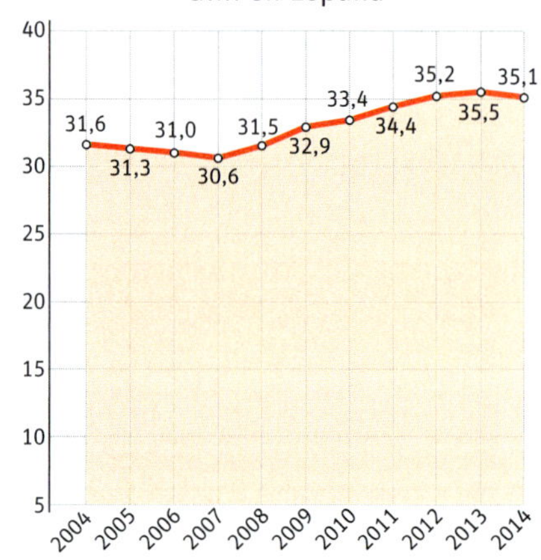

Fuente: Eurostat

7 Las funciones del Estado: la política económica

Las medidas de los gobiernos para dirigir la economía y corregir los fallos del mercado constituyen la política económica de un país. Hay dos tipos de políticas económicas: una, a corto plazo, o **política coyuntural**, dirigida a conseguir objetivos de crecimiento, pleno empleo, estabilidad de precios, etc., y otra, a medio y largo plazo, o **política estructural**, que trata de favorecer las condiciones para el desarrollo económico futuro.

Una función fundamental del sector público es favorecer el desarrollo equilibrado del país, dotándolo de una adecuada red de infraestructuras (carreteras, puertos y aeropuertos, líneas férreas, etc.).

Las políticas coyunturales

- **Política fiscal.** El Estado puede aumentar la actividad económica incrementando el **gasto público** (en obra pública, etc.) o bajando los **impuestos** para que los consumidores tengan más renta para consumir. Por el contrario, también puede frenar la actividad económica, limitando el gasto público o aumentando los impuestos.
- **Política monetaria.** Los bancos centrales regulan la actividad económica fijando los **tipos de interés** o controlando la **cantidad de dinero** en circulación. El Estado puede limitar o favorecer la creación de dinero por parte de los bancos, o modificar las condiciones para obtener créditos, favoreciéndolas o dificultándolas. En la zona euro, es el Banco Central Europeo quien decide la política monetaria.
- **Política exterior.** Desde el Estado también se puede influir en las relaciones exteriores con medidas de **política comercial**, como las restricciones a las importaciones o el fomento de las exportaciones; o fijando el **tipo de cambio**, es decir, estableciendo el precio de la moneda nacional en relación con las monedas extranjeras. En la eurozona, la política exterior es común.
- **Política de rentas** (o de precios y salarios). Cuando los precios se disparan, el Estado puede regular los precios de determinados productos para **controlar la inflación**. En épocas de crisis, también puede congelar los salarios de los funcionarios, o recomendar a empresas y sindicatos que revisen los salarios de los trabajadores por debajo de la subida de precios (devaluación salarial).

Las medidas estructurales

Se trata de decisiones de mayor alcance y por ello necesitan más tiempo para que produzcan los efectos deseados. Son medidas a medio y largo plazo como:

- La **modernización de sectores económicos clave** o el impulso para el **desarrollo de regiones** deprimidas a través de inversiones en infraestructuras, energía, etc.
- La **planificación indicativa**, mediante planes que marcan los objetivos y las prioridades para el futuro, y señalan el camino y las medidas a tomar.
- La **política de nacionalizaciones o de privatizaciones**. El Estado puede controlar la actividad económica de un sector comprando sus empresas o nacionalizándolas; o deshacerse de empresas públicas, privatizándolas.

EN LA PRÁCTICA **La devaluación interna, a debate**

Dentro de la política de rentas, la devaluación salarial o **devaluación interna** es una medida que se ha aplicado en España en los últimos años para salir de la crisis. Consiste básicamente en la reducción de los salarios para que los costes de las empresas disminuyan y, con ello, que los productos españoles sean más baratos y más fáciles de exportar. Sus partidarios pretenden que las exportaciones actúen como motor del crecimiento y de la recuperación económica; y la clave para exportar más es que los productos nacionales sean más competitivos internacionalmente. Sus detractores señalan sus efectos negativos: la pérdida de poder adquisitivo, la reducción del consumo, el aumento de las desigualdades y el empobrecimiento.

- ¿Qué medidas alternativas a la devaluación interna podrían tener el mismo efecto positivo para nuestras exportaciones, sin sus efectos negativos?

8 La política económica y los valores de una sociedad

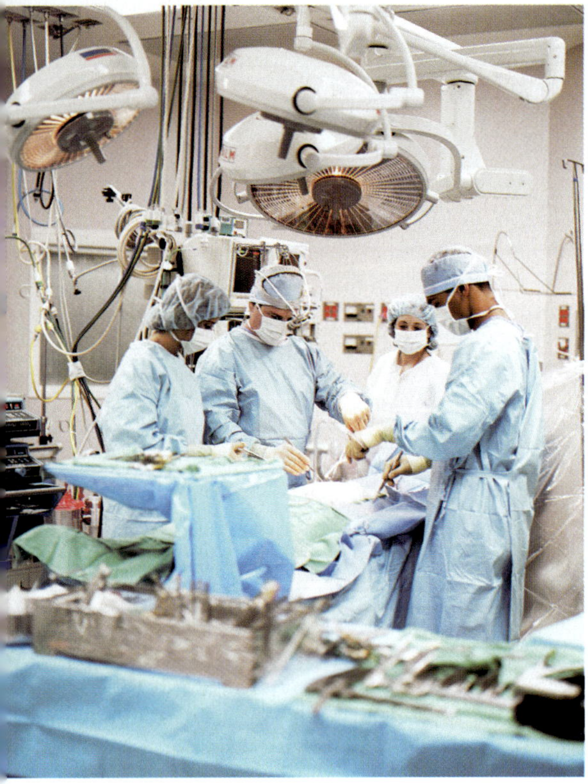

En la política económica, lo que está en juego es elegir entre mejorar las carreteras u ofrecer más becas, más gasto social o más gasto en defensa, más protagonismo del Estado o más iniciativa privada. Por ello, para valorar estas decisiones, se debe tener presente cuáles son las preocupaciones de los ciudadanos, ya que el fin último de la economía debería ser mejorar el bienestar de las personas.

Cuando se pregunta a los economistas por qué se pagan mejores salarios al equipo médico de un hospital que al personal administrativo, se les está pidiendo que describan o expliquen cómo funciona la oferta y la demanda en el mercado de trabajo. Pero a menudo se les consulta sobre qué debería hacer el Gobierno, por ejemplo, para reducir el paro entre los jóvenes. En el primer caso, se trata de explicar el mundo; en el segundo, de mejorarlo, es decir, se trata de recomendaciones de política económica. Al hacer estas recomendaciones están expresando su opinión, en la que, sin duda, influyen sus juicios de valor.

Por tanto, al valorar las proposiciones de los economistas, conviene distinguir cuándo están explicando o describiendo una determinada situación (**economía positiva**) y cuándo están opinando sobre la misma (**economía normativa**). Ello nos ayudará a entender por qué discrepan.

¿Por qué discrepan los economistas?

Los economistas pueden discrepar si parten de teorías económicas distintas. Por ejemplo, liberales y keynesianos tienen ideas diferentes sobre las funciones del mercado y del Estado; y en esas concepciones influyen los distintos juicios de valor sobre cómo mejorar el mundo.

Por ello, cuando se evalúa una medida de política económica, hay que valorar cuáles son los colectivos afectados, tanto los beneficiados como los perjudicados. Si el Gobierno propone que la mejor medida para salir de una recesión es la reducción de los salarios de los trabajadores, sin duda, beneficia a las empresas exportadoras, que reducen sus costes y podrán vender sus productos más baratos, lo que favorece el crecimiento económico. Pero esa medida también puede provocar que la calidad de vida de las familias empeore, al ingresar menos dinero. A algunos economistas, más preocupados por el crecimiento del PIB, les parecerá una buena medida, pero otros se fijarían en los efectos negativos que sufrirán los colectivos perjudicados. En este caso, el motivo de la discrepancia es la diferencia de valores.

Hechos, datos, teorías, previsiones y opiniones

En los debates económicos suelen mezclarse informaciones de distinta naturaleza que conviene distinguir. Por ejemplo, en un informe o debate sobre el paro juvenil suelen aparecer **hechos** (el desempleo es mayor entre los jóvenes) y muchos **datos** (tasa de paro, cifras de parados, etc.) que aportan información cuantitativa. Sobre esos hechos se pueden dar explicaciones basadas en **teorías** sobre la oferta y la demanda del mercado de trabajo.

A menudo interesa interrogarse sobre qué va a ocurrir en el futuro, y para ello se hacen **previsiones** a partir de las estadísticas e informaciones existentes en el momento. Las previsiones económicas siempre tienen un margen de error, ya que representan proyecciones de futuro a partir de las tendencias actuales. Cuando además alguien valora esos hechos, por ejemplo, afirmando que las medidas para favorecer el empleo deben destinarse prioritariamente a los jóvenes, está expresando **opiniones**. Sin duda, otro economista opinará que es mejor favorecer a los parados de larga duración y mayores de 50 años.

*

Economía positiva

Análisis económico que describe cómo es la realidad económica y/o predice cómo podría variar en respuesta a determinados acontecimientos.

Economía normativa

Conjunto de proposiciones, que incluye juicios de valor, sobre la conveniencia de adoptar determinadas medidas para mejorar la realidad económica.

ACTIVIDADES DE APLICACIÓN

1. De las siguientes afirmaciones, identifica las que se refieren a proposiciones positivas o normativas y justifica tu respuesta.
   - a) El descenso del precio de un bien normal aumentará su demanda.
   - b) El Estado tendría que controlar más las externalidades negativas de las empresas.
   - c) Las inversiones en capital humano y en I+D mejoran la productividad.
   - d) Habría que aumentar el gasto de educación en España.

Los valores en economía

Un valor importante en la sociedad es la **eficiencia** u obtención de la máxima producción con los recursos disponibles. Objetivos tan importantes como el crecimiento económico o el pleno empleo derivan de la eficiencia. Pero junto con ella, la sociedad también busca la **equidad** a través de una distribución de la renta que corrija las desigualdades.

Para los preocupados por la eficiencia, lo fundamental es que crezca "la tarta" del PIB, y para los partidarios de la equidad, la clave está en cómo repartir "la tarta" entre los que la han producido. Por ello, eficiencia y equidad son fines que la sociedad debe conjugar, valorándolos por igual. Además de estos dos valores, existen otros como:

- **Seguridad económica.** O protección frente a riesgos tales como el paro o las crisis bancarias para los ahorradores, la desprotección en la vejez, el fracaso en los negocios, etc.
- **Libertad económica.** Para que los consumidores puedan decidir cómo gastar su renta; para que los trabajadores puedan elegir trabajo, pertenecer a un sindicato o ir a la huelga; para que los emprendedores puedan iniciar un negocio, etc.
- **Sostenibilidad.** Para garantizar un crecimiento que satisfaga las necesidades del presente sin comprometer el desarrollo de las futuras generaciones.
- **Solidaridad.** De los que trabajan con los que están en paro o jubilados, de los que más pueden contribuir con los que más lo necesitan, etc.

En las sociedades democráticas, las medidas de política económica adoptadas por los gobiernos deben orientarse a aumentar el bienestar presente y futuro de los ciudadanos, y garantizar la seguridad y la libertad económicas.

Los conflictos entre valores

Todos estos valores deben tomarse como criterios para analizar las decisiones económicas. Cuando se toman medidas económicas, suelen surgir conflictos entre valores, y de ahí la necesidad de encontrar un cierto equilibrio. Abundan los ejemplos: el crecimiento económico suele generar costes medioambientales contrarios a la sostenibilidad; subir los impuestos de quienes obtienen altos salarios mejora la equidad, pero disminuye los incentivos al trabajo y al ahorro, perjudicando la eficiencia, etc.

EN LA PRÁCTICA **El dilema medioambiental**

Desde la segunda mitad del siglo XX, se ha producido un crecimiento económico global sin precedentes, que ha exigido la explotación de grandes cantidades de recursos naturales, en especial, de combustibles fósiles (como el petróleo). Pero este crecimiento ha provocado contaminación que degrada los ecosistemas y amenaza a la biodiversidad, y ha desencadenado un cambio climático de consecuencias impredecibles.

Los científicos sostienen que, para prevenir los efectos catastróficos del cambio climático, en el año 2050, el mundo debería haber reducido a la mitad las emisiones de dióxido de carbono generadas por el uso de combustibles fósiles. El coste de no hacer nada (el potencial desastre climático de mañana) es muy superior al coste de actuar hoy (reducir las emisiones y el crecimiento económico). Como consecuencia, estamos ante un gran dilema: ¿reducimos el consumo de combustibles fósiles y frenamos el crecimiento económico, o confiamos en que futuros avances científicos resuelvan el problema?

Si se agudizan fenómenos naturales como huracanes, olas de calor y sequías, y se eleva el nivel del mar causando inundaciones, el coste de no hacer nada es altísimo. Por el contrario, el coste de combatir el cambio climático estaría en aquello a lo que renunciamos: nuestro alto nivel de consumo. O, dicho en positivo, el coste sería cambiar nuestro modelo de consumo insostenible por otro más razonable.

- En el dilema medioambiental, ¿qué tendrían que hacer los gobiernos para mejorar el problema de la contaminación? ¿Qué tendrían que hacer las personas?
- Señala otros ejemplos de circunstancias en las que los valores económicos entren en conflicto.

9 El Estado de bienestar

El informe Beveridge, de 1941, sienta las bases teóricas del Estado de bienestar. Su autor, William Beveridge, proponía que los servicios públicos básicos debían ser gratuitos y de cobertura universal: para toda la ciudadanía y "de la cuna a la tumba".

Estado de bienestar

Concepción que considera responsabilidad del Estado conseguir el pleno empleo, un sistema de seguridad social para toda la población, la generalización de servicios básicos de educación y sanidad y la garantía de un nivel de vida digno.

Evolución de la tasa de dependencia en España

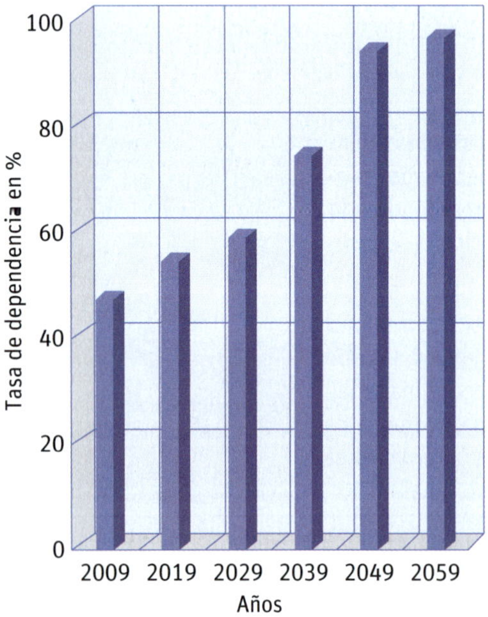

Fuente: INE. Proyecciones de población (2014-2064)

smSaviadigital.com PRACTICA
Analiza la **tasa de dependencia.**

El Estado de bienestar surge en la época de prosperidad que vivieron las economías de Europa occidental después de la Segunda Guerra Mundial. Durante esos años, los gobiernos de esos países tomaron conciencia de la necesidad de garantizar a todos los ciudadanos unas condiciones que les permitieran tener una vida digna.

Pero ¿qué significa una vida digna en el mundo actual? En los países desarrollados, bajo este concepto se engloba una serie de servicios públicos que deben ser ofrecidos gratuitamente a todos los ciudadanos: sanidad, pensiones, educación, prestaciones por desempleo, ayudas a los más desfavorecidos o a personas que se encuentren en situaciones de dependencia, etc.

Los beneficiarios del Estado de bienestar

El **gasto social** tiene tres tipos de destinatarios.

a. En un primer grupo están los gastos por **prestaciones de carácter contributivo**. Sus beneficiarios son quienes han contribuido previamente con sus cotizaciones a la Seguridad Social durante un determinado período de tiempo. Aquí se incluyen las pensiones contributivas o la prestación por desempleo o por incapacidad laboral. En conjunto, suponen más de la mitad del gasto social, debido sobre todo al importante peso de las pensiones.

b. El segundo grupo de gastos lo forman las **prestaciones de carácter universal**, como educación y sanidad, dirigidas a toda la población y que solo requieren que el beneficiario las solicite.

c. El tercer grupo de gastos es el de las **prestaciones de carácter compensatorio** destinadas a los colectivos sin recursos, personas dependientes, etc. Este gasto es el que más incide en la equidad, por sus funciones de asistencia social hacia los sectores menos favorecidos.

Son ejemplos de este tipo de gastos los subsidios para quienes no tienen derecho a la prestación de desempleo, las pensiones no contributivas (ayudas en forma de pensión que reciben las personas aunque no hayan cotizado previamente), las viviendas de promoción pública, las ayudas a familias necesitadas o los servicios sociales para personas dependientes, etc. Sus beneficiarios son, básicamente, quienes están por debajo del umbral de pobreza.

El futuro del Estado de bienestar

El Estado de bienestar se financia con las cotizaciones a la Seguridad Social de empresarios y trabajadores y con los impuestos del sistema tributario. Contando con estos ingresos, algunos economistas plantean la duda sobre la financiación futura del Estado de bienestar. La razón de este cuestionamiento está en el rápido proceso de envejecimiento de la población en los países desarrollados, que se explica por el aumento de la esperanza de vida y la baja tasa de natalidad, y que plantea un doble problema:

a. El primero es el aumento de la **tasa de dependencia**, o cociente entre la población dependiente (mayores de 64 años y menores de 16) y la población en edad de trabajar (entre 16 y 64 años) de la que aquella depende. En España, se estima que la tasa de dependencia pasará del 52,1 %, en 2014, al 59,2 %, en 2029, lo que implica que por cada diez personas en edad de trabajar habrá casi seis dependientes. Y en 2059 será del 97,1 %, es decir, que por cada persona en edad de trabajar habrá otra dependiente. Este incremento de la tasa de dependencia tendrá un claro reflejo en el gasto en pensiones.

b. El segundo problema es el **aumento de las necesidades sanitarias**, porque cuanto más tiempo vivan las personas, más servicios sanitarios y de apoyo a personas dependientes se requerirán.

Las claves del mantenimiento del Estado de bienestar

Un factor determinante para garantizar el Estado de bienestar es el crecimiento económico y la creación de empleo. Pero no solo porque tener trabajo o no tenerlo provoca desigualdad, sino porque el aumento del empleo fortalece el Estado de bienestar, y su disminución lo debilita.

La razón está en que cada nuevo contrato de trabajo genera ingresos para el Estado en forma de impuestos y cotizaciones a la Seguridad Social. Por el contrario, cada nuevo desempleado genera dos consecuencias: una, que no cotiza, y otra, que se convierte en demandante de subsidio de paro. Por tanto, el Estado no solo deja de recibir, sino que además tiene que pagar.

Por ello, el aumento del empleo es una de las claves en el mantenimiento del Estado de bienestar. La otra clave es la solidaridad, desde los que más pueden contribuir hacia los que más lo necesitan, y de los que trabajan hacia los que están en paro o ya se han jubilado. No debemos olvidar que, al proteger a nuestros mayores, asentamos el camino de nuestra protección futura.

Cotizaciones sociales

Pagos que hacen empresas y trabajadores a la Seguridad Social y por los que se adquiere un derecho a percibir determinadas prestaciones (enfermedad o accidentes, desempleo, pensiones, etc.).

ESTUDIO DE CASOS La Seguridad Social en España

La Seguridad Social es como un fondo o seguro que proporciona prestaciones a sus cotizantes. Como en todo seguro, se aportan periódicamente unas cantidades (cotizaciones) que dan derecho a recibir una serie de prestaciones.

En sus orígenes, la Seguridad Social era una especie de seguro para cubrir riesgos en caso de enfermedad o accidente laboral entre trabajadores de una misma profesión. Después de la Segunda Guerra Mundial comenzó a sufrir una gran transformación que llega hasta nuestros días.

Hoy, por medio de la obligatoriedad de todos (empresas y trabajadores) a cotizar, se obtienen cuantiosos fondos que permiten unas prestaciones sociales que no solo atienden a los que cotizan, sino al conjunto de la población. Con ello, la sociedad busca un sistema de compensaciones de las desigualdades entre ciudadanos y de obligar a todos a proveerse de un fondo para su jubilación.

En la Seguridad Social, como en cualquier seguro, unos reciben más de lo que aportan, y otros, menos. Nadie conoce si el próximo mes se quedará sin empleo o tendrá un accidente laboral. Los que no requieren recibir prestaciones están ayudando a otros que sí las necesitan.

La Seguridad Social se financia básicamente por medio de las cotizaciones, que en nuestro país las pagan los empresarios y los trabajadores en una proporción aproximada de 5 a 1.

Por ejemplo, si un trabajador tiene un salario de 20 000 euros al año, la empresa paga a la Seguridad Social, como norma general, el 30 % del sueldo, esto es, 6000 euros. Por su parte, al trabajador, de su nómina le detraen 1280 euros como cotización a la Seguridad Social (el 6,4 % de 20 000).

- En el supuesto de que desapareciera la Seguridad Social, ¿quiénes saldrían perjudicados?, ¿y beneficiados? ¿Qué consecuencias tendría para tu familia y para ti?
- Explica cómo afectarían las siguientes medidas al equilibrio entre cotizaciones y gastos de la Seguridad Social:
  a) aumento de la edad de jubilación;
  b) mejora del empleo.
- Investiga en internet qué son los planes de pensiones privados (o planes de ahorro para la vejez) y comenta cuáles son las diferencias y semejanzas entre el sistema público y el privado de pensiones.

EL DIFÍCIL EQUILIBRIO DE LA SEGURIDAD SOCIAL

Evolución de los ingresos de la Seguridad Social por cotizaciones (en millones de euros)

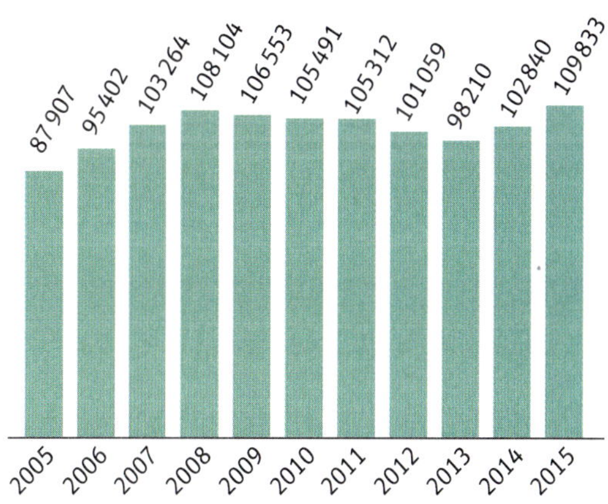

Evolución del gasto en pensiones contributivas

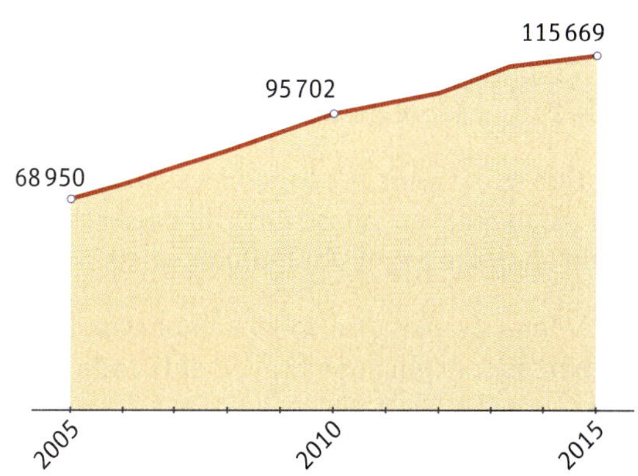

Fuente: Ministerio de Empleo y Seguridad Social, y elaboración propia

ACTIVIDADES

Actividades de síntesis

1. Elabora un mapa conceptual en el que se relacionen estas ideas básicas.

1 La **intervención del Estado** en la economía se justifica porque existen **fallos del mercado** en sus respuestas a qué, cómo y para quién producir. El peso de esta intervención ha variado con el tiempo. Hoy, la presencia del Estado en la economía es diferente en cada país.

2 Uno de los fallos de las economías de mercado son las **crisis periódicas**, que generan desempleo y falta de seguridad en el futuro. Con la intervención del Estado se pretende evitar estas fluctuaciones o paliar sus efectos.

3 Muchas actividades económicas generan **externalidades**, positivas o negativas, que el mercado no controla. El Estado interviene favoreciendo los efectos beneficiosos y regulando los negativos.

4 Los **bienes públicos puros** son los que se disfrutan colectivamente, con independencia de quién los pague. Si todos somos **consumidores parásitos** de estos servicios y no los pagamos, deben ser costeados por el sector público.

5 Las situaciones de **falta de competencia** (monopolio u oligopolio) **o información asimétrica** al tomar decisiones perjudican a los consumidores. El Estado interviene intentando evitar esos perjuicios.

6 El mercado genera gran **desigualdad** en la distribución de la renta y los más necesitados quedan desatendidos. El Estado busca la equidad interviniendo para **redistribuir la renta** con impuestos, transferencias y ayudas.

7 El Estado asume la responsabilidad de corregir los fallos del mercado; para ello utiliza la **política económica** con medidas a corto plazo o de política coyuntural (política fiscal, monetaria, exterior, de rentas, etc.), y otras más estructurales y de mayor alcance, como la creación de infraestructuras, etc.

8 En economía, conviene distinguir cuándo se está describiendo una situación (**economía positiva**) y cuándo se está opinando sobre ella (**economía normativa**). De esta manera entenderemos por qué discrepan los economistas.

9 Detrás de las medidas económicas existen valores sobre cómo mejorar el mundo. Habitualmente surgen conflictos entre valores y es necesario encontrar un **equilibrio**, sobre todo entre **eficiencia y equidad**.

10 En la búsqueda de la equidad, los países desarrollados han configurado un **Estado de bienestar** basado en un sistema público de pensiones, la generalización de servicios básicos de educación y sanidad y la garantía de un nivel de vida digno para los ciudadanos.

smSaviadigital.com VALORA LO APRENDIDO > Realiza la **autoevaluación**.

Actividades de análisis y problemas

2. ¿Qué se entiende por economías mixtas? ¿El peso del Estado es igual en todas ellas? ¿Por qué se pasó de un Estado-guardián a un Estado-protagonista?

3. Ordena de mayor a menor importancia los fallos del mercado, explicando brevemente cada uno de ellos.

4. ¿Qué efectos tiene la información asimétrica en las relaciones de intercambio económico? ¿Quiénes son los perjudicados?

5. ¿Qué son los ciclos económicos? ¿Cuál fue la aportación keynesiana para salir de las crisis?

6. A partir del gráfico, identifica las fases de un ciclo económico: auge, recesión, fondo y recuperación.

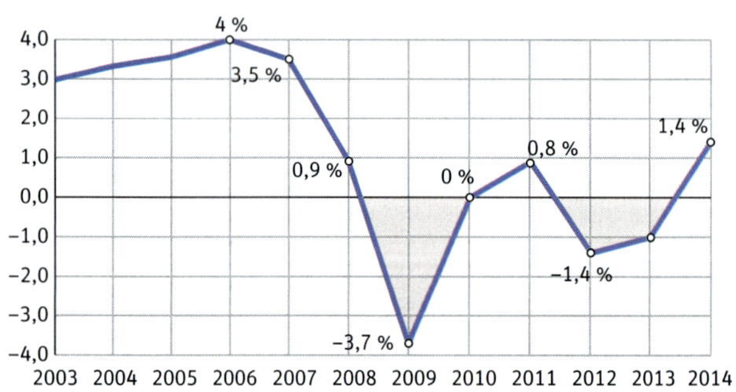

7. **Explica el significado de estas frases con relación a los contenidos de la unidad.**

> *Lo importante para los gobiernos no es hacer las cosas que ya están haciendo los particulares y hacerlas un poco mejor o un poco peor, sino hacer las cosas que en la actualidad no se están haciendo en absoluto.*
>
> J. M. KEYNES

> *La mano invisible del mercado se trata de contrarrestar con la mano visible del Estado.*

8. **A partir de ejemplos actuales, explica:**

a) ¿Qué son las externalidades negativas? ¿Qué hace el Estado para eliminarlas?

b) ¿Qué son las externalidades positivas? ¿Qué hace el Estado para favorecerlas?

9. **Si un Gobierno multa con 100 000 euros a una empresa por contaminar su entorno:**

a) ¿Bajo qué circunstancias la empresa preferiría pagar y seguir contaminando?

b) ¿Qué otras medidas podrían hacer cambiar la actitud de la empresa?

10. **Muchos jóvenes practican acrobacias con monopatín en espacios urbanos. Pero esta actividad genera externalidades negativas que otros soportan (deterioro de mobiliario urbano, molestias a los viandantes, etc.).**

a) ¿Qué valores hay en conflicto?

b) ¿Cuáles son las soluciones de equilibrio?

c) ¿Cómo debe actuar el Ayuntamiento ante estas prácticas?

11. **¿Qué rasgos definen los bienes públicos puros y qué es un consumidor parásito?**

12. **Imagina que un bien público puro, como los bomberos, se privatizara.**

a) ¿Qué problemas se plantearían?

b) ¿Qué ocurriría con la oferta de estos bienes?

13. **¿Cuáles son las prácticas más frecuentes contrarias a la competencia? ¿Por qué crees que la falta de competencia perjudica la innovación tecnológica?**

14. **Lee la noticia y responde.**

> *Ante las denuncias presentadas, la Comisión Europea investiga a Google por usar su sistema operativo Android para monopolizar el mercado de móviles y controlar los datos de los consumidores. La falta de sanciones solo animará a Google a extender sus abusos de dominio a los ordenadores.*

a) ¿Qué pretende Google con esta práctica? ¿A quiénes perjudica?

b) ¿Cómo interviene el Estado para corregirla?

15. **¿Qué fallo del mercado se ilustra en la imagen? ¿Qué medidas existen para evitarlo?**

Fuente: El Roto, *El País*, 17-9-2014.

16. **¿Qué instrumentos tiene el Estado para mejorar la distribución de la riqueza? ¿Cuáles son sus efectos?**

17. **Identifica el fallo del mercado que se pretende corregir con estas actuaciones.**

a) Aumentan las ayudas a familias de rentas bajas.

b) Se aprueban medidas para evitar otra crisis.

c) La Comisión Europea endurece las medidas contra los acuerdos entre empresas para la fijación de precios.

d) Se amplía la red de parques de la ciudad.

e) Suben los impuestos de los coches más contaminantes.

f) Se exige más transparencia en el sector financiero.

18. **¿En qué se diferencian las medidas de política económica coyuntural de las medidas estructurales? Pon ejemplos de ambos tipos de medidas.**

19. **Identifica si estas medidas son de política fiscal, monetaria, exterior o de rentas.**

a) Se congelan los salarios de los funcionarios.

b) Disminuye el tipo de interés.

c) Aumenta el gasto público.

d) Se subvencionan las exportaciones.

20. **Explica con ejemplos las diferencias entre proposiciones positivas y normativas.**

21. **Comenta estos titulares en relación con los contenidos de la unidad.**

a) Paralizado el intento de privatizar la sanidad.

b) Aumenta la población en riesgo de exclusión.

c) Se extienden las manifestaciones contra los recortes en educación.

d) Los economistas no llegan a un acuerdo sobre las medidas para salir de la crisis.

e) Peligra el sistema público de pensiones.

ACTIVIDADES

22. Indica si son verdaderas o falsas estas afirmaciones, razonando tu respuesta.

a) Las externalidades negativas generan costes sociales que el Estado debe tratar de evitar.

b) Los bienes públicos puros son aquellos que benefician a los más necesitados.

c) Las medidas de política económica estructural van dirigidas a mejorar la economía a largo plazo.

d) La tasa de dependencia mide la relación entre la población de más de 65 años y la población total.

e) Solo reciben una pensión contributiva las personas que han cotizado previamente.

23. Con relación a los valores en economía:

a) ¿En qué consisten los valores de eficiencia, equidad, seguridad económica, libertad económica, sostenibilidad y solidaridad?

b) ¿Por qué surgen conflictos entre valores cuando se toman medidas económicas?

c) Señala ejemplos de estos conflictos.

24. Lee el texto y contesta a las preguntas.

Desde hace años hay un debate sobre las prospecciones petrolíferas en las costas de Canarias y Baleares. Los ecologistas temen que cualquier accidente que dañe el medioambiente (externalidad) puede perjudicar el principal recurso de las islas, que es el turismo. Por su parte, el Gobierno alega que las prospecciones son necesarias porque carecemos de petróleo y eso nos hace dependientes del exterior.

a) ¿Qué argumentos justifican cada postura?

b) ¿Cuáles son los valores en conflicto?

c) ¿Qué propondrías tú y en qué valores te basas?

25. ¿Cómo definirías el Estado de bienestar? ¿Qué valores lo inspiran? ¿Quiénes son sus beneficiarios?

26. Piensa en los bienes y servicios que ofrece el Ayuntamiento o la comunidad autónoma donde vives, y contesta a las preguntas.

a) Señala seis servicios que presten a los ciudadanos. De ellos, ¿cuáles son bienes públicos puros?

b) Identifica externalidades positivas y negativas de tu entorno. ¿Qué se hace para corregirlas?

c) Busca ejemplos de pobreza en tu entorno. ¿Cómo se ayuda a las personas afectadas?

d) Entra en la web de tu Ayuntamiento e infórmate sobre: los servicios y ayudas que ofrece para colectivos desfavorecidos y para personas dependientes (rentas de garantía, ayudas sociales, etc.); los programas destinados a mujeres, y las ayudas para jóvenes en materia de vivienda, empleo, formación, etc.

27. Sobre el futuro del Estado de bienestar:

a) ¿Qué es la tasa de dependencia y cuáles son las previsiones para los próximos años en España?

b) ¿Por qué se cuestiona el futuro del Estado de bienestar?

c) ¿Cuáles son a tu juicio las medidas que garantizarían su futuro?

28. Con relación a la Seguridad Social:

a) ¿Cuáles son sus orígenes y cuáles son sus características actuales en España?

b) ¿En qué se distinguen las pensiones contributivas de las no contributivas?

c) ¿Cómo se financia en España y quiénes son sus principales beneficiarios?

d) Se ha retrasado la edad de jubilación de los 65 a los 67 años. ¿Qué efectos tiene esta actuación sobre la caja de la Seguridad Social y qué se pretende con ella? ¿Qué otras medidas con igual resultado se podrían haber tomado?

29. El principio de igualdad de oportunidades económicas señala que:

Todo el mundo debe jugar al juego económico con las mismas reglas y en el mismo campo. Todo el mundo debe tener las mismas posibilidades de acceder a las mejores escuelas, a la mejor formación y a los mejores puestos de trabajo.

a) ¿Te parece un buen principio? ¿En qué valores se inspira?

b) ¿Crees que se cumple en nuestra sociedad?

c) ¿Cómo debería intervenir el Estado para que se cumpla?

30. Observa la imagen y responde a las cuestiones.

a) ¿Qué valores aparecen en la propuesta?

b) ¿Qué mecanismos e instituciones de nuestra sociedad garantizan la protección en la vejez?

31. **Algunos economistas critican la burocracia estatal y ensalzan las virtudes de un mercado que nos hace más libres y más eficientes. Otros, en cambio, piensan que mercado y Estado se necesitan para conseguir una eficiencia más humana y una equidad más razonable.**

El capitalismo de libre mercado

Milton Friedman se hizo célebre al afirmar que, para que el capitalismo prospere, el Estado debe retirarse de toda actividad económica salvo "el Ejército, los tribunales y algunas de las autopistas más importantes".

Este capitalismo de libre mercado parte de la premisa fundamental de que son los individuos y no el Estado quienes toman las mejores decisiones económicas. Por ejemplo, el dueño de un negocio invertirá cuidadosamente con el fin de satisfacer lo mejor posible a sus clientes. Y, por su parte, un trabajador escogerá entre distintos trabajos basándose en el horario, el sueldo y las capacidades que pueda desarrollar.

Según esta teoría, todos los actores económicos buscan las oportunidades más beneficiosas, y, al hacerlo, contribuyen a hacer más próspera la economía.

Por tanto, el papel del Estado en la economía se reduce al de vigilante nocturno, que debe proteger los derechos de la propiedad privada, manteniendo la ley y el orden y defendiendo el sistema de agresiones externas.

Adaptado de MARRON, Donald: *50 teorías económicas sugerentes y desafiantes*. Barcelona, Blume, 2011.

El mercado y el Estado se necesitan mutuamente

El mercado hace bien muchas cosas. En la medida en la que exista competencia, responde bien a las señales transmitidas por consumidores y productores. Permite una gestión descentralizada y fomenta la innovación. Y, sobre todo, los premios del mercado proporcionan los incentivos necesarios para trabajar y producir.

Por esas razones, vitoreo al mercado, pero no podría darle más de dos vítores. La tiranía del dinero como patrón de medida para todo modera mi entusiasmo. Si se le diera la oportunidad, eliminaría todos los demás valores y establecería una sociedad de máquinas tragaperras.

Por eso, los derechos y poderes que el dinero no debe comprar han de protegerse con normas y sanciones y con la concesión de ayudas compensatorias a los más pobres. Y habrá que seguir progresando en cómo diferenciar el reino de los derechos y el reino del dinero. Ciertamente, nunca se resolverá el problema, pues es inevitable que surjan conflictos entre la igualdad y la eficiencia económica, o entre la democracia y el capitalismo. Tal vez por eso se necesitan: para poner un poco de racionalidad en la igualdad y un poco de humanidad en la eficiencia.

STIGLITZ, Joseph: *Economía*. Barcelona, Ariel, 1995.

Análisis visual

Fuente: Forges, *El País*, 7-2-1999.

Análisis audiovisual

El combate del siglo, de John Papola. 2011 (10:09).

En este vídeo, los dos economistas más significativos del siglo XX contraponen sus ideas sobre el papel que deben tener los gobiernos frente a las crisis. Se trata de John Maynard Keynes, el británico que alentó la socialdemocracia, y Friedrich Hayek, el austriaco que impulsó el liberalismo. Puedes ver el vídeo en este enlace: **www.e-sm.net/sveco1bachud09_01**

Analiza los documentos y responde.

a) ¿Cuál debe ser el papel del Estado en la economía? ¿Tendría que intervenir más o menos?

b) Si crees que el Estado debe intervenir más, ¿cuánto más?, ¿para hacer qué? O, si debe intervenir menos, ¿cuánto menos?, ¿qué suprimirías?

Antes de decidirte por una de las dos opciones, deberías formarte una opinión a partir de tus respuestas a las siguientes preguntas:

– ¿Qué conceptos, hechos, datos y opiniones defienden tus argumentos? Piensa, por ejemplo, en la evolución del gasto en pensiones.
– ¿Qué valores son prioritarios para los autores de los textos? ¿De cuáles se olvidan?
– ¿A quiénes se perjudica y a quiénes se beneficia con tu propuesta?
– ¿Cómo te afectaría a ti y a tu familia?

sm**Savia**digital.com **PRACTICA** › Analiza la actualidad y **ponte al día.**

¿ES RENTABLE INVERTIR EN EDUCACIÓN?

La educación es el arma más poderosa que puedes usar para cambiar el mundo.

NELSON MANDELA

La economía de la educación

Invertir en educación es costoso, pero no hacerlo es mucho más caro. Si echamos cuentas, descubriremos, por ejemplo, que no solo es rentable individualmente (cuanta más formación, más sueldo y menos paro), sino que para el conjunto de un país también lo es.

Las personas son, en términos económicos, el capital humano de un país. Y cuidar este capital es imprescindible para mejorar la competitividad de la economía y rentable para las personas y para las arcas públicas.

A más formación, menos paro y mejor salario

Según el estudio anual que hace la OCDE sobre educación, existe una clara relación entre los estudios realizados y la probabilidad de encontrar trabajo. Las tasas de paro más bajas se dan entre los graduados universitarios y de FP de grado superior (14 %). Por contra, las más altas se dan entre quienes no han terminado la ESO (31 %), y en lugar intermedio están los que terminan la postsecundaria, ya sea en Bachillerato o en FP de grado medio (22 %).

El nivel educativo también condiciona el nivel salarial. En España, los graduados universitarios o de FP de grado superior ganan un 41 % más que los que han finalizado la postsecundaria, y un 60 % más que los que no han terminado la ESO. Estudiar, como vemos, es rentable.

¿Gastamos lo suficiente en educación?

A la luz de estos datos, un país debería preguntarse si invierte lo necesario en educación. En España, la respuesta llega por comparación: estamos por debajo del nivel de gasto público de los países desarrollados. Los últimos datos comparables de Eurostat dicen que los países de la UE-28 gastan en educación, de media, el equivalente al 5,25 % del PIB, mientras que en España es del 4,82 %, muy alejado de Dinamarca (8,75 %), Suecia (6,82 %) y Francia (5,68 %). La crisis y los recortes han disminuido nuestra inversión en educación.

Educación, una inversión rentable para el país

Parte de la inversión en capital humano se recupera, especialmente en los niveles posobligatorios. Según el Observatorio sobre Capital Humano del BBVA, los titulados universitarios devuelven 1,50 euros por cada euro que el sector público se gastó en ellos. La recuperación se produce a lo largo de su vida laboral: como tienen salarios más altos, pagan más impuestos, y como tienen menos paro, el gasto en prestaciones por desempleo es menor. Por el contrario, la inversión en personas con fracaso escolar (inversiones fallidas) apenas se recupera. Además de recuperarse gran parte del gasto, la inversión en educación mejora la capacidad de producción del país, ya que las personas más formadas favorecen la productividad: según la OCDE, cada 50 puntos que mejora la nota de un país en las pruebas PISA, aumenta un 1 % su PIB.

¿Cuánto cuesta educar a un alumno?

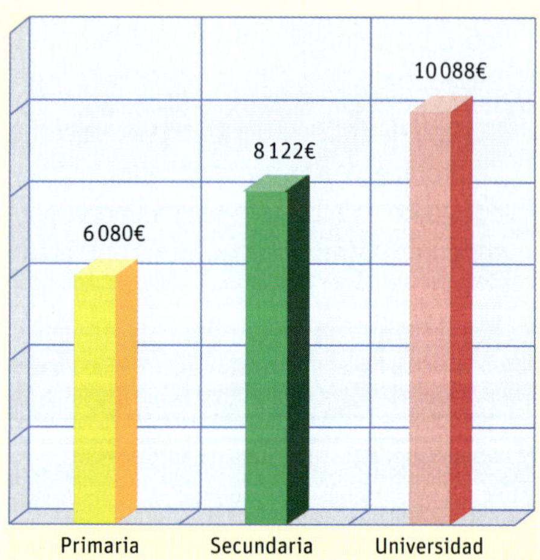

Aspectos manifiestamente mejorables

Es indudable que España necesita mejorar su economía de la educación. Los expertos recomiendan incrementar la inversión, sobre todo en la prevención del fracaso y el abandono escolar, y también nos advierten sobre algunas disfunciones de nuestro sistema educativo. Además, recomiendan a los jóvenes una mayor amplitud de miras y más iniciativa.

Medidas para una juventud con futuro

1. Mejorar la cualificación profesional de los "nini"

Que haya jóvenes que no estudian ni trabajan, además de un drama personal, es un problema económico por el gran potencial desaprovechado. Es un capital humano que hay que recuperar y cuyo reciclaje profesional es tan importante para el país como el rescate bancario. Lograrlo requiere cuantiosos recursos, pero es preferible gastarlos ahora y no después en prestaciones por desempleo o en prisiones.

2. Mejorar el prestigio de la formación profesional (FP)

Alrededor de un 50 % de los estudiantes españoles va a la universidad, un 20 % hace FP y el resto abandona el sistema. Mejorar y hacer más atractiva la FP favorecería nuestro capital humano y ofrecería más incentivos a los estudiantes para esforzarse. En Suiza, que tiene la menor tasa de paro juvenil de Europa, dos de cada tres jóvenes estudian FP.

3. Abrir la mente, ampliar competencias

En el mundo globalizado actual y desde el punto de vista individual, es recomendable que los jóvenes piensen que su mercado laboral ya no es solo España, sino Europa, e incluso el mundo. Siempre es posible volver y resulta interesante para obtener experiencia, aprender idiomas y ganar en autonomía e iniciativa.

4. Experimentar, decidir y madurar

Los jóvenes de hoy son la generación más formada en la historia de España. Dado el alto paro juvenil actual, muchos licenciados que no encuentran trabajo siguen estudiando carreras y másteres y, a los 30 años tienen un gran currículo, ninguna experiencia laboral y una visión deformada del mundo real. Además de estudiar, conviene trabajar, aunque sea temporalmente en un empleo sin relación con la formación recibida, porque también hay que aprender qué significa tener un jefe, ser puntual y asumir responsabilidades. Así se descubre lo que uno quiere y lo que no. Experimentar y tomar decisiones ayuda a madurar.

ANALIZA TU ENTORNO

1. ¿Qué ganas y qué pierdes si abandonas tus estudios?
2. Durante el *boom* inmobiliario en España, muchos jóvenes dejaron de estudiar para trabajar en la construcción y tener un salario, mientras que otros continuaron estudiando. Los primeros no invirtieron en capital humano y probablemente se arrepintieron: tras el estallido de la burbuja inmobiliaria se quedaron en paro y sin demanda para el oficio que habían aprendido, y pasaron a engrosar la generación *nini*.
   Analiza el coste de oportunidad de la decisión de estos jóvenes.
3. Comenta esta frase: *Recortar gastos en educación es una mala inversión, ya que los recortes en educación a la larga se pagan.*
4. El abandono temprano de los estudios en España ronda el 25 %. Señala tres razones por las que crees que ocurre. Indica tres medidas que animarían a continuar estudiando.
5. sm**Savia**digital.com INVESTIGA > Describe el perfil de la **generación *nini*** en un tuit. ¿Qué harías para rescatarlos?
6. ¿Estás de acuerdo en que experimentar y tomar decisiones ayuda a madurar? ¿Por qué?

10 El equilibrio y los cambios en la economía

Lo ideal para cualquier economía sería llegar a una situación de equilibrio en la que se produjera todo lo que la sociedad demanda, sin desempleo y sin subida de precios. Pero esto casi nunca se logra y, con mucha frecuencia, se producen desequilibrios. Para comprender el porqué de estas situaciones de equilibrio y desequilibrio es necesario analizar el comportamiento de las familias y de las empresas, que son los agentes que determinan el consumo y la inversión de un país.

¿Virus en la economía?

Una parte de la explicación de por qué suceden las crisis económicas es que los sistemas económicos transmiten "virus". Un contratiempo o un golpe de buena fortuna inesperada en un sector de la economía generan contratiempos o buena fortuna para otros sectores con los que está relacionado. Un mal mes para las ventas de automóviles, por ejemplo, provocado por unos días poco comunes de frío y nieve, podría causar recortes de producción y despidos en las fábricas de montaje de automóviles, lo que a su vez podría producir una disminución de pedidos en las fábricas de acero especializadas en chapa y reducir el negocio de los almacenes y tiendas que abastecen a los trabajadores de la fábrica de montaje, lo que eventualmente tiene como resultado despidos en las fábricas de acero y los establecimientos minoristas, e inicia así más efectos en la onda.

Los economistas han desarrollado una variedad de modelos y metáforas para describir las vías por las que las perturbaciones iniciales relativamente pequeñas pueden transmitirse a todo el sistema económico para producir unos efectos agregados muy grandes. Muchos de ellos descansan en algún tipo de mecanismo de flujo circular para mostrar cómo un sistema económico puede transformar pequeños acontecimientos en impulsos de crecimiento rápido y violentas interrupciones que han servido para caracterizar el funcionamiento de los sistemas económicos de mercado durante al menos doscientos años. Puesto que el gasto de cada uno se convierte en renta de algún otro, y la renta a su vez determina cuánto podrá gastar la gente, la decisión de gastar un poco más o un poco menos, inspirada quizá por un ligero cambio en la confianza del público sobre el futuro, puede producir un efecto en espiral.

HEYNE, Paul: *Conceptos de Economía. El mundo según los economistas*. Madrid, Prentice Hall, 1997.

ANALIZA LA IMAGEN

1. El consumo es un componente muy importante en la economía, pero ¿de qué factores dirías que depende?
2. ¿Qué efectos tendría una caída brusca del consumo en la economía de un país?
3. En la fotografía de la página izquierda, la persona y el carro de la compra no se separan ni siquiera en la caída. ¿Quién tira de quién? ¿Qué se podría hacer para salvar a la persona en su caída? ¿Por qué?

ANALIZA EL TEXTO

- Según la lógica del virus que se transmite, ¿qué efectos crees que producirían en la economía estos hechos?
  - **a)** Una buena temporada para el sector turístico, con un aumento importante de llegada de turistas.
  - **b)** Una fuerte sequía que destruye gran parte de la cosecha.
- ¿Qué relación crees que existe entre una crisis económica y el flujo circular de la renta?

1 Funcionamiento global de la economía

El conjunto de los objetivos macroeconómicos se puede resumir en: conseguir un nivel de crecimiento de la economía que satisfaga cada vez más necesidades, garantizando el pleno empleo de los recursos y manteniendo los precios estables.

Pero este objetivo no siempre se consigue y lo que suele suceder es que la economía fluctúa de unos años a otros. Existen períodos en los que el PIB aumenta, y este crecimiento permite a los ciudadanos disponer de un mayor bienestar material. Sin embargo, hay épocas de crisis en las que no existe crecimiento o incluso disminuye la producción del país. Las empresas tienen dificultades a la hora de vender los bienes y servicios que ofrecen, por lo que reducen su producción y contratan a menos trabajadores. Como consecuencia, aumenta el desempleo y disminuye la renta de los ciudadanos. Estos períodos se llaman de **recesión** si son relativamente suaves o de **depresión** si son más graves.

Recesión y depresión

Aunque no existe una definición universalmente aceptada de estos términos, se suele entender por recesión la caída o disminución del PIB durante dos trimestres consecutivos o más. Si la recesión se profundiza y adquiere un carácter más grave y permanente, se habla de depresión. Gran parte de los economistas están de acuerdo en que para que una recesión se transforme en depresión deben darse dos situaciones: un declive en el PIB superior al 10 % y que la recesión se prolongue tres años o más.

¿A qué se deben estas fluctuaciones de la actividad económica? ¿De qué depende que se produzcan períodos de crecimiento económico o de recesión?

Una visión de conjunto

En la realidad económica de un país influyen fundamentalmente tres factores que condicionan sus resultados:

- Las **fuerzas internas del mercado** reflejadas en el comportamiento de consumidores y empresas en sus decisiones de consumo e inversión.
- Las **perturbaciones externas** como conflictos políticos y bélicos entre países, las sequías y desastres naturales, etc.
- La **actuación de los gobiernos** para dirigir y controlar la economía a través de la política fiscal, monetaria, exterior, etc.

Suponiendo que no hubiera perturbaciones ni intervención del Estado, los resultados dependerían de las fuerzas del mercado. Hoy, uno de los debates es determinar en qué medida las fuerzas del mercado garantizan por sí solas resultados estables y satisfactorios de crecimiento, empleo y precios, o si se requiere la intervención del Estado para conseguirlos.

Las expectativas y la confianza en el futuro son determinantes en el comportamiento de los agentes económicos.

Las fuerzas internas del mercado

Las fuerzas internas del mercado (comportamiento de consumidores y empresas) se expresan en el juego de la oferta y la demanda. El nivel de producción de un país dependerá de las cantidades que las empresas estén dispuestas a vender y los consumidores a comprar. Por tanto, debemos preguntarnos cuáles son los factores que influyen en la disposición a comprar o vender de estos agentes económicos.

La oferta (capacidad productiva) es difícil de modificar a corto plazo; sin embargo, la demanda depende de las expectativas de los agentes económicos, y estas expectativas cambian con frecuencia. Por ello, es útil empezar conociendo la previsión global de gasto, es decir, cuánto están dispuestos a gastarse los distintos agentes.

La demanda agregada y el PIB

La previsión global del gasto de una economía se conoce como **demanda agregada** (DA), porque es una agregación o suma de la demanda de gasto de todos los sectores de la economía. Es decir, es la suma de las expectativas de gasto de los consumidores o consumo privado (C), de las expectativas de inversión que tienen las empresas (I), de la previsión de gasto público del Gobierno (G) y del saldo que se espera obtener como diferencia de nuestras exportaciones (X) e importaciones (M) con el resto del mundo:

$$\mathbf{DA} = C + I + G + (X - M)$$

Esta fórmula nos permitió definir el PIB desde el punto de vista del gasto de una economía. Es decir, podemos descomponer el PIB en los distintos tipos de gasto que suelen darse en una economía y que constituyen la demanda agregada: el valor total de los bienes finales adquiridos por las familias o consumo privado (C); las inversiones realizadas por las empresas (I); los bienes finales adquiridos por el Estado o gasto público (G), y las exportaciones netas o saldo exterior (X – M).

Cuando hablamos de la demanda agregada nos referimos a expectativa de gasto, mientras que al hablar del PIB lo hacemos como gasto realizado. Ambos conceptos coinciden porque en una economía lo que se demanda es lo que finalmente acaba produciéndose.

Si excluimos las relaciones con el exterior (exportaciones netas), obtenemos la **demanda interna** o **demanda nacional**:

$$\textbf{Demanda interna} = C + I + G$$

Los dos componentes más importantes de la demanda agregada son el consumo y la inversión, pues juntos representan más del 80 % del PIB. El otro 15-20 % viene dado por el gasto público. Por su parte, el saldo exterior sumará o restará al PIB en función de que las exportaciones sean superiores o inferiores a las importaciones.

EN LA PRÁCTICA La cuantificación de los objetivos económicos

Los gobiernos se plantean los objetivos económicos tratando de cuantificar lo que se pretende mejorar en un determinado período para posteriormente comprobar si se han cumplido.

Imaginemos un país en el que sus previsiones de crecimiento son las que se muestran en la tabla.

Como vemos, estos objetivos suelen expresarse en porcentajes de mejora, es decir, como tasas de variación. Las **tasas de variación** expresan la evolución de una variable en un período de tiempo (un año, un trimestre, etc.), y nos indican en qué tanto por ciento aumenta o disminuye su valor en dicho período.

Por ejemplo, si un país ha producido en un año un conjunto de bienes y servicios por valor de 20 000 unidades monetarias (u. m.) y se plantea para el año siguiente incrementar la producción hasta 20 660 u. m., lo expresaremos así:

PREVISIONES DE CRECIMIENTO DE UNA ECONOMÍA (TASA ANUAL)

Operaciones	Año$_1$ (%)	Año$_2$ (%)
Consumo privado (C)	3,3	3,3
Gasto público (G)	3,9	3,8
Inversión empresarial (I)	4,9	4,6
Demanda nacional	**4,1**	**4,0**
Exportaciones (X)	5,6	5,8
Importaciones (M)	6,8	6,7
PIB	**3,3**	**3,3**

$$\text{Tasa de variación} = \frac{\text{Producción año}_2 - \text{Producción año}_1}{\text{Producción año}_1} \cdot 100 = \frac{20\,660 - 20\,000}{20\,000} \cdot 100 = 3{,}3\ \%$$

El objetivo, por tanto, es un crecimiento del PIB de un 3,3 %.

- Si el consumo en ese país fue en el primer año de 12 000 u. m. y creció un 3,3 % en el siguiente, ¿cuánto fue el del segundo año?
- Si la inversión en el primer año fue de 4 000 u. m. y se espera un crecimiento para el año siguiente del 4,6 %, ¿en cuánto se incrementará la inversión del país?

2 El consumo y el ahorro

Las personas, a la hora de decidir cuánto pueden gastar, consideran su renta actual y prevén su posible evolución (renta permanente). Cuando estas decisiones solo tienen en cuenta los ingresos actuales, suelen cometerse imprudencias financieras. Así, si alguien con un contrato de trabajo temporal compra un coche con un crédito a cinco años, puede tener problemas en el futuro: tiene asegurada una deuda que pagar para la que no dispone de unos ingresos asegurados.

Dentro del consumo de una economía se incluye, por ejemplo, la compra de alimentos, coches, electrodomésticos, discos, ir al cine, etc. Este tipo de gastos representa más del 60 % de la demanda agregada de nuestro país.

En macroeconomía, el **consumo** es el gasto total realizado por las familias en bienes y servicios en un determinado período. Incluye bienes duraderos (muebles, automóviles, etc.) y no duraderos (alimentos, viajes, etc.). No incluye la compra de vivienda, que se considera gasto de inversión.

De qué depende el consumo

El consumo depende, entre otros factores, de:

- **La renta disponible de las familias.** El consumo crece en la medida que aumenta la renta. Pero hay que matizar que tan importante como la renta actual es la **renta permanente**, es decir, la renta que se tiene por término medio a lo largo de la vida. Una familia no determina su nivel de consumo en función solo de su renta actual, sino que tiene en cuenta sus ingresos pasados y futuros. Esto explica que, en épocas de menos ingresos, las familias mantengan su gasto, disminuyendo su ahorro o pidiendo prestado.
- **Los tipos de interés y las facilidades para obtener créditos** también influyen en el consumo. Como muchas compras se hacen con préstamos, si bajan los tipos de interés resultará más barato pedir prestado, lo que favorece el consumo. Lo mismo ocurre si los bancos dan más facilidades para obtener el crédito que se necesita.
- **El ciclo vital** de las personas. Los jóvenes y los ancianos son más propensos a gastar que las personas de edades intermedias, quienes quizá estén más preocupadas, entre otras cuestiones, por ahorrar para la jubilación.

El ahorro

Después de efectuados los gastos de consumo, la renta que les queda a las familias es su **ahorro**. Se ahorra por razones diversas como:

- Asegurar la protección ante posibles situaciones de enfermedad, paro, etc.
- Poder llevar a cabo proyectos que requieren desembolsos importantes (comprar una vivienda, iniciar un negocio, etc.).
- Obtener una renta suplementaria al invertir los ahorros.

El ahorro, al igual que sucede con el consumo, aumenta en la medida en la que crece **la renta**. También depende de los incentivos o remuneraciones que se ofrecen por ahorrar, es decir, de los **tipos de interés**. A mayor tipo de interés, mayor estímulo al ahorro.

La propensión marginal a consumir

Aunque el consumo aumenta cuando crece la renta, conviene saber con más precisión en qué cuantía lo hace. La cantidad en la que se incrementa el consumo cuando aumenta la renta disponible en un euro se denomina **propensión marginal a consumir (PMC)**. En los países desarrollados, la PMC oscila entre el 0,9 y 0,97. Si la PMC es de 0,9, significa que si la renta sube 100 euros, el consumo aumentará en 90 euros. Como lo que no se gasta se ahorra, el ahorro aumentará en 10 euros. El aumento del nivel de ahorro derivado de un euro adicional de renta se denomina **propensión marginal a ahorrar (PMA)**. Por tanto:

$$PMC + PMA = 1$$

Tipo de interés

Precio de un préstamo. Suele expresarse en tanto por ciento anual sobre la cantidad prestada.

Propensión marginal a consumir

Cantidad en que aumenta el consumo cuando la renta disponible aumenta en un euro.

Propensión marginal a ahorrar

Cantidad en que aumenta el ahorro cuando la renta disponible aumenta en un euro.

La importancia del consumo en la economía

Que casi dos terceras partes del PIB se destinen al consumo nos da una idea de la importancia de este componente del gasto de una economía. Un aumento de un euro en el gasto en consumo genera un incremento del PIB de más de 0,60 euros. Por ello, su evolución es una preocupación continua de los gobiernos, ya que los cambios en el consumo, al alza o a la baja, pueden producir desequilibrios que afectan al conjunto de la economía.

Los indicadores de la evolución del consumo

Para prever los cambios en el consumo, se recurre a diferentes indicadores económicos, que son utilizados como "termómetros" o "síntomas" de la evolución del consumo y, por tanto, de la economía:

- La **encuesta de presupuestos familiares**. Recoge las expectativas de gasto de las familias y su grado de optimismo o pesimismo.
- Las **matrículas de automóviles**. La compra de automóviles es un indicador muy fiable sobre la evolución del consumo de un país.
- **Otros indicadores** son el consumo de gasolina, la encuesta del comercio al por menor o comercio minorista, las ventas en grandes superficies, las importaciones de bienes de consumo, etc.

Componentes del gasto nacional

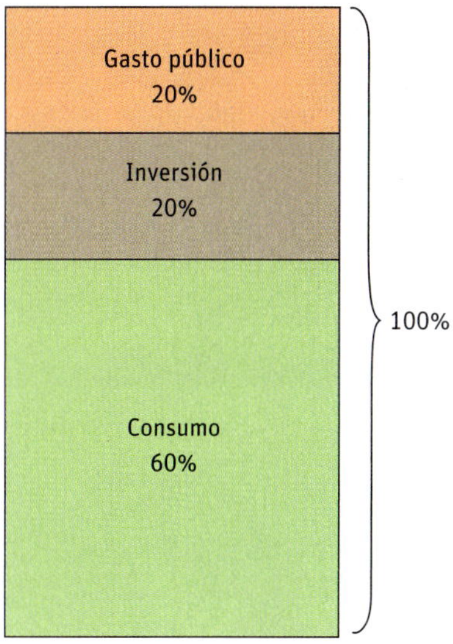

No todos los países tienen la misma estructura de gasto nacional. En los países pobres, tanto el porcentaje de gasto público (gasto social e inversión pública) como el de la inversión privada son muy inferiores al 20 %.

La confianza en el futuro como factor determinante

El **indicador de confianza del consumidor** es un índice muy fiable de las previsiones del consumo. Cuando después se compara este índice con lo que realmente se consume, los datos se aproximan mucho. Si la confianza de los consumidores comienza a disminuir o aumentar, la economía suele hacer lo mismo unos meses más tarde.

Por ello suele ser muy utilizado como instrumento para vislumbrar la tendencia del consumo en el futuro. La explicación está en que el optimismo o el pesimismo se reflejan en la economía. Cuando se confía en que las cosas irán bien en el futuro, hay una mayor tendencia al gasto, y al contrario.

EN LA PRÁCTICA **Las profecías que terminan por autocumplirse**

Los ciudadanos desayunan cada mañana con noticias que pueden teñir el día de optimismo o de pesimismo. Que si el paro crece, que si los pronósticos auguran un mal otoño, que si las familias recortan su gasto... O las contrarias. ¿Cómo afectan estas noticias a la confianza de los consumidores? Expertos en neurociencia y en *marketing* lo han investigado y llegan a interesantes conclusiones.

Si las noticias son positivas y todo parece ir bien, el optimismo invade a los agentes económicos y se produce el "efecto riqueza psicológica": la gente se siente más rica y gasta más. Y como los estados emocionales se transmiten, si los demás tienen ganas de salir de casa, viajar, pasarlo bien y consumir, a uno le apetece hacer lo mismo. Son momentos de euforia económica.

Y si, por el contrario, todo son malas noticias (desempleo, bajada de salarios, etc.), se da el "efecto depresión": "Aunque tenga trabajo, no me hayan bajado el salario y disponga de dinero para irme de puente, me quedo en casa". Adoptamos una posición defensiva, y esto hace que reduzcamos nuestros gastos, ya que creemos que lo mejor es ahorrar por lo que pueda pasar en el futuro. Cuando este miedo se extiende, el efecto es que la economía se contrae aún más de lo que está. Y la profecía de que las cosas iban a empeorar termina cumpliéndose.

- Comenta la frase relacionándola con el texto: *En los momentos de crisis, la falta de confianza de los ciudadanos se convierte en un obstáculo para la recuperación de la economía.*
- ¿Crees que el "efecto riqueza psicológica" y el "efecto depresión" funcionan realmente? ¿Por qué?

3 La inversión

Dentro de las inversiones económicas, el gasto en investigación, desarrollo e innovación (I + D + i) es clave para lograr una economía más competitiva. En España, los sectores que concentran el mayor porcentaje de empresas innovadoras son los de farmacia, automóviles, y productos informáticos, químicos, electrónicos y ópticos.

Las **inversiones económicas** suponen la adquisición de bienes de producción con el fin de producir otros bienes.

Los gastos de inversión son la clave del crecimiento futuro. Las inversiones realizadas en el pasado y que siguen funcionando actualmente (carreteras y puertos, maquinaria y equipos, edificios e instalaciones, elementos de transporte, etc.) constituyen el capital productivo del país. Las inversiones se hacen para incrementar este capital productivo o para renovarlo como consecuencia de su desgaste o depreciación.

En la contabilidad nacional, la inversión está formada, básicamente, por:

a. Las inversiones en planta y equipos.

b. La construcción de viviendas para uso familiar.

La suma de ambos componentes constituye la **formación bruta de capital fijo (FBCF)**, que supone en torno al 20 % del PIB de nuestro país.

Tipos de inversiones económicas

Al hablar de inversión, conviene distinguir las inversiones económicas (tal como han sido definidas) de las inversiones financieras o colocación de ahorros en la compra de acciones, bonos o letras del tesoro.

Dentro de las inversiones económicas, podemos diferenciar entre:

- **Inversión de remplazamiento.** Se hace para sustituir maquinaria y equipos desgastados. Por ejemplo, el cambio de maquinaria por otra similar.
- **Inversión de renovación.** Consiste en cambiar equipos que funcionan, pero que se han quedado desfasados u obsoletos, por otros mejores tecnológicamente.
- **Inversión de extensión o ampliación.** Se realiza cuando se adquieren nuevos equipos con objeto de aumentar la producción.

¿De qué depende la demanda de inversión?

a. De los tipos de interés. Para invertir se necesita financiación. Cuando se paga con dinero prestado, hay que plantearse cuál es el precio del préstamo, es decir, el tipo de interés. Si suben los tipos de interés, los préstamos resultarán más caros y muchas empresas no invertirán.

La comparación de ese interés con el rendimiento o rentabilidad que se espera conseguir de la inversión es la clave de la decisión. Si la rentabilidad es mayor que el tipo de interés, merece la pena endeudarse para invertir. Si invertimos en nuevos equipos que producirán una rentabilidad del 12 % y las cargas por intereses son del 6 %, no cabe duda de que nos interesa la inversión. Por ello, bajar los tipos de interés es una palanca para el crecimiento, puesto que facilita la inversión y, con ello, el que las empresas aumenten su capacidad de producción.

b. De la capacidad realmente utilizada. Si la empresa no utiliza toda su capacidad, no hay razones para invertir. No sería lógico que un hotel que habitualmente está medio vacío realice una inversión para ampliar sus habitaciones. En cambio, si la empresa está utilizando sus instalaciones al 100 %, cualquier aumento de la demanda exigirá nuevas inversiones.

c. De la confianza en el futuro. Las decisiones de inversión son decisiones de futuro que condicionan la vida de la empresa durante años. Por ello, las expectativas sobre la demanda futura, sobre el estado general de la economía, sobre la situación política, etc., son factores determinantes de la inversión. Un estado general de confianza en el futuro anima la inversión. Un estado de duda, desconfianza o incertidumbre genera un clima desfavorable para invertir.

*
Rentabilidad de una inversión

Es la relación, expresada en porcentaje, entre el rendimiento o beneficio económico que proporciona una inversión y el capital invertido.

El efecto multiplicador de la inversión

Toda decisión de inversión provoca **efectos en cadena sobre el resto de la economía**. Por ejemplo, si una empresa invierte en la compra de nuevos equipos de producción, las empresas fabricantes de estos equipos aumentarán su producción y, como consecuencia, pagarán más rentas (salarios, beneficios, etc.). Sus empleados tendrán más dinero para consumir y este mayor consumo beneficiará a los productores y comerciantes de esos bienes de consumo, que verán aumentar sus ventas y podrán pagar más salarios a sus trabajadores, quienes, a su vez, tendrán más renta disponible para consumir. En resumen:

> Las decisiones de inversión producen efectos positivos que se extienden y se multiplican por el conjunto de la economía.

Según esta teoría, cuando la economía va mal, podemos reactivarla con nuevas inversiones. No obstante, conviene aclarar que si los fabricantes de equipos son extranjeros, el efecto multiplicador afectará más a otros países que al nuestro. En una economía globalizada, los efectos de las inversiones se reparten entre los distintos países con los que nos relacionamos.

Efecto multiplicador de la inversión

Aumento total del gasto resultante de realizar una nueva inversión, como consecuencia del efecto en cadena que provoca en otras empresas y sectores de la economía.

Círculo virtuoso de la inversión

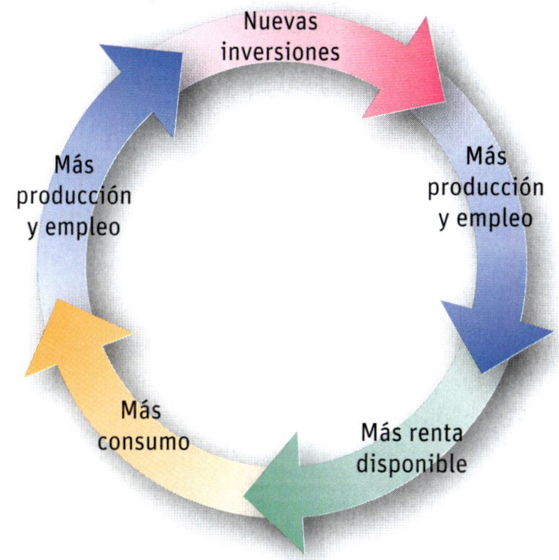

La cuantificación de estos efectos

Supongamos que se produce una inversión de 100 u. m. en nueva maquinaria. Para ello es necesario producir esa maquinaria por ese valor, con lo que habrá que pagar rentas suplementarias (salarios y beneficios) de 100 u. m. Estas rentas irán a manos de las familias que, en el supuesto de que la propensión marginal a consumir sea de 0,9, consumirán 90 u. m. y ahorrarán 10 u. m. El consumo aumentará, pues, en 90 u. m. y hará que otras empresas aumenten su producción otro tanto, con lo que se generarán de nuevo rentas suplementarias por ese mismo valor. Estas rentas provocarán otra vez un consumo suplementario: de esas 90 u. m. se vuelven a gastar 81 u. m. y se ahorran 9 u. m. Y así sucesivamente. En definitiva, la producción habrá aumentado en una cantidad mucho mayor que el valor de la inversión inicial. Este mecanismo se conoce como **efecto multiplicador de la inversión**, cuya fórmula es:

$$\textbf{Incremento total del gasto} = \text{Inversión inicial} \cdot \frac{1}{(1 - \text{PMC})}$$

El efecto total de una inversión dependerá, por tanto, de la propensión marginal al consumo: cuanto mayor sea esta, mayor será el efecto multiplicador de la inversión.

EN LA PRÁCTICA **La clave de las decisiones de la inversión**

Compensa realizar una inversión si la rentabilidad esperada es superior al tipo de interés. Para calcular la rentabilidad, relacionamos el beneficio de la inversión con el capital invertido en un período.

$$\textbf{Rentabilidad} = \frac{\text{Beneficio obtenido}}{\text{Capital invertido}} \cdot 100$$

Veamos un ejemplo: una empresa está pensando ampliar las instalaciones para producir y vender más, con lo que confía en obtener unos beneficios extras de 50 000 euros anuales. Esta inversión supone un gasto de 400 000 euros, que se esperan conseguir mediante un préstamo a un tipo de interés anual del 7 %.

Rentabilidad = $\frac{50\,000}{400\,000} \cdot 100 = 12{,}5\ \%$. Como 12,5 % > 7 %, interesa la inversión: el rendimiento supera el coste de financiación.

- Si invertimos en acciones 2000 euros que se venden pasado un año por 2100 euros, ¿cuál es la rentabilidad anual de esta inversión?
- Si para invertir en esas acciones tuvimos que pedir un préstamo a un tipo de interés del 6 %, ¿mereció la pena la inversión?

4 La demanda y la oferta agregadas

Para comprender qué está pasando en la economía de un país, necesitamos ampliar el campo de observación hacia una perspectiva agregada o de conjunto. Para ello, en lugar de fijarnos en cómo se comporta una empresa o un determinado mercado, agrupamos los comportamientos de los distintos agentes individuales en los diferentes mercados.

Una vez analizados los componentes más importantes de la demanda agregada (consumo e inversión), retomamos la visión de conjunto para ponerla en relación con la oferta agregada de una economía.

De la demanda de un bien a la demanda agregada

Es razonable pensar que en una economía las empresas están dispuestas a producir todos aquellos bienes y servicios que los consumidores están dispuestos a demandar.

Pero ¿cómo podemos saber qué se demanda en el conjunto de una economía? ¿Cómo varía esta demanda cuando cambian los precios?

Para responder a estas cuestiones, utilizaremos los conceptos sobre demanda y oferta de mercado de bienes concretos y que, en macroeconomía, adquieren otra perspectiva.

Cuando hablamos de demanda agregada (DA) existen **dos diferencias** con respecto a la demanda de un bien concreto.

a. El término "agregada" nos informa sobre el conjunto de la economía, es decir, sobre la **demanda colectiva de todos los bienes y servicios** que se producen en una economía (alimentos, carreteras, cortes de pelo, viviendas, etc.).

b. Los precios no se refieren a un único bien, sino al **nivel medio de precios**, es decir, el precio medio de una cesta imaginaria en la que están todos los bienes que se intercambian en una economía.

Demanda agregada

Cantidad total de bienes y servicios que están dispuestos a adquirir los agentes económicos a los distintos niveles de precios.

La curva de demanda agregada

La curva de demanda agregada nos indica la cantidad demandada de bienes y servicios para cada nivel de precios.

La cantidad de producción medida en el eje de abscisas es la suma total de los bienes y servicios producidos en la economía, es decir, el PIB. El eje de ordenadas muestra el nivel general de precios.

Si analizamos los niveles de producción que los consumidores están dispuestos a demandar a medida que cambian los precios, obtenemos la curva de demanda agregada.

Como muestra la figura, **la pendiente es negativa** (decreciente), lo que significa que, manteniéndose todo lo demás constante, un descenso del nivel general de precios de la economía, por ejemplo, de P_1 a P_2, tiende a elevar la cantidad demandada de bienes y servicios de Q_1 a Q_2. Las variaciones en el nivel general de precios llevan, pues, a variaciones en las cantidades demandadas. Son **variaciones a lo largo de la curva**.

Curva de demanda agregada

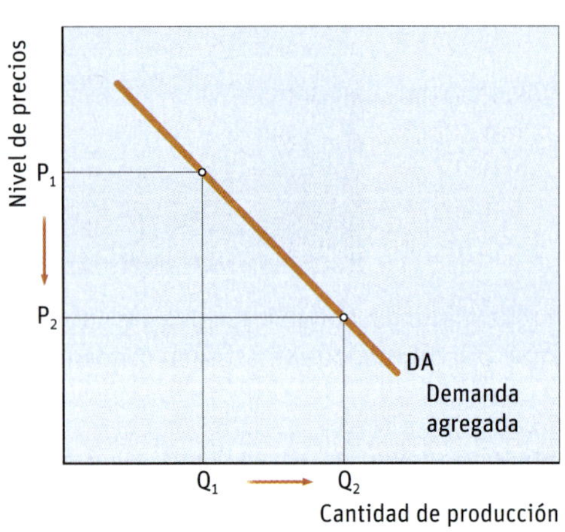

Si los precios bajan, se demandarán más bienes y servicios.

¿Por qué tiene pendiente negativa la curva de demanda agregada? Como vimos, la demanda agregada es la suma del consumo, la inversión, los gastos del Estado y las exportaciones netas. Cada uno de estos cuatro componentes contribuye a la demanda agregada de bienes y servicios.

Suponiendo que el gasto público está fijado en los Presupuestos Generales del Estado y no puede variar, el resto de los componentes depende de la situación económica y, en particular, del nivel de precios. Cuando bajan los precios, manteniéndose fijos la renta y los demás factores, podemos comprar más cosas con el mismo dinero.

Por tanto, un descenso en el nivel general de precios lleva a los consumidores a sentir que tienen más dinero y a gastar más, es decir, demandaremos más bienes y servicios. Si los precios suben, ocurrirá lo contrario: con el mismo dinero podremos comprar (demandar) menos bienes y servicios.

La oferta agregada

La oferta agregada correspondiente a un nivel determinado de precios es la suma de las cantidades ofrecidas por todas las empresas de la economía a ese nivel de precios. Cuando los precios suben, manteniéndose fijos los costes y demás factores, las empresas están dispuestas a ofrecer más. Cuanto mayores son los precios, más beneficios se obtienen y, por tanto, más les interesa producir a las empresas. Si los precios bajan, ocurre lo contrario.

Oferta agregada

Cantidad total de bienes y servicios que las empresas de un país están dispuestas a producir y vender a los distintos precios.

La curva de oferta agregada

Si analizamos los niveles de producción que las empresas están dispuestas a ofrecer a medida que cambian los precios, obtenemos la curva de oferta agregada. La producción o cantidad medida en el eje de abscisas es la suma total de los bienes producidos en la economía, es decir, el PIB. En el eje de ordenadas se representa el nivel general de precios en el mismo sentido que en la demanda agregada.

La pendiente es positiva (creciente) y refleja que las subidas de precios provocan aumentos de la producción. Como se observa en el gráfico, la pendiente de la curva se hace más pronunciada a medida que aumenta la producción. La razón está en que en los niveles de producción bajos, como el punto A, hay capacidad productiva sin utilizar (desempleo de recursos), por lo que una leve subida de precios, por ejemplo, de P_0 a P_1, provoca un gran aumento de la producción, que pasa de Q_0 a Q_1.

Sin embargo, en los niveles de producción muy elevados, como el punto C, la capacidad productiva de las empresas está casi a pleno rendimiento y es difícil producir mucho más, por lo que, aunque aumenten los precios de forma importante de P_2 a P_3, el aumento de la producción es muy pequeño de Q_2 a Q_3.

En Q_{pe} la economía se encuentra al límite de su capacidad, es decir, en su frontera de posibilidades de producción. Por ello, Q_{pe} se conoce como **producción de pleno empleo**: todos los factores están siendo utilizados plena y eficientemente.

Curva de oferta agregada

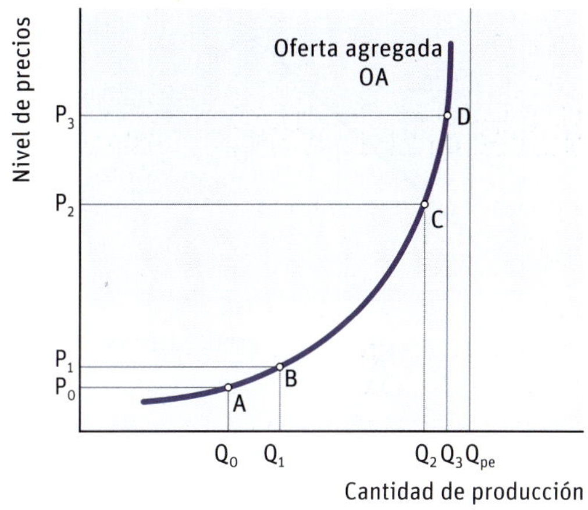

El equilibrio macroeconómico

¿Cuál es el nivel de precios y de producción que satisface a empresas y a consumidores? Al igual que en un mercado concreto, el conjunto de la economía se encuentra en equilibrio en el punto de corte de las curvas de oferta y demanda agregadas: punto E del gráfico. Si el nivel de precios fuera superior a P_e, las empresas estarían dispuestas a ofrecer más bienes que los demandados; habría un **exceso de oferta** y descendería el nivel de precios. Si el nivel de precios fuera inferior a P_e, provocaría **exceso de demanda**, lo que aumentaría el nivel de precios. Ambas circunstancias nos llevan hasta la situación de equilibrio (P_e, Q_e).

Una vez alcanzado el equilibrio, a los economistas les preocupan dos cuestiones:

a. El pleno empleo de los recursos. El equilibrio alcanzado puede estar por debajo del pleno empleo de la economía. De hecho, la producción real de los países suele estar por debajo de su producción potencial. Como se observa en el gráfico, el nivel de producción de equilibrio Q_e es menor que Q_{pe}. Este hecho puede explicarse porque o bien no se están empleando todos los factores productivos (existe paro, tierras sin cultivar o capital infrautilizado), o no se están empleando de forma eficiente, o ambas cosas al mismo tiempo.

b. La estabilidad económica. En el supuesto de que el equilibro alcanzado sea satisfactorio, ¿será estable en el tiempo? Desafortunadamente, no. La economía se caracteriza por épocas de expansión seguidas de recesiones en las que aumenta el paro y las empresas producen por debajo de su capacidad.

Ambas cuestiones justifican la actuación de los gobiernos a través de la política económica para evitar las crisis cíclicas y mejorar el empleo.

Equilibrio macroeconómico

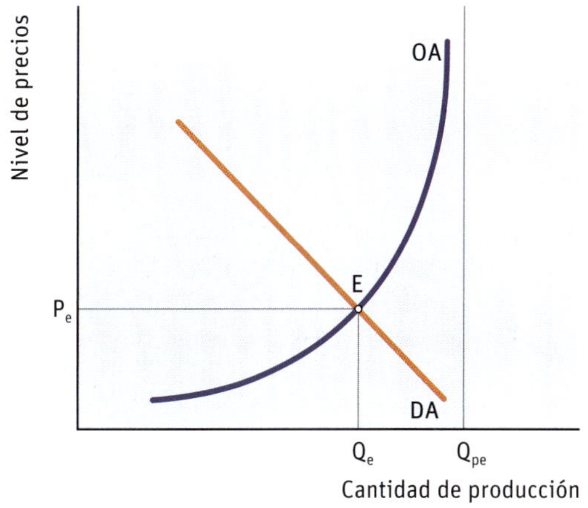

5 Los cambios en el equilibrio: los ciclos económicos

Gráfico 1: Desplazamiento de la demanda agregada

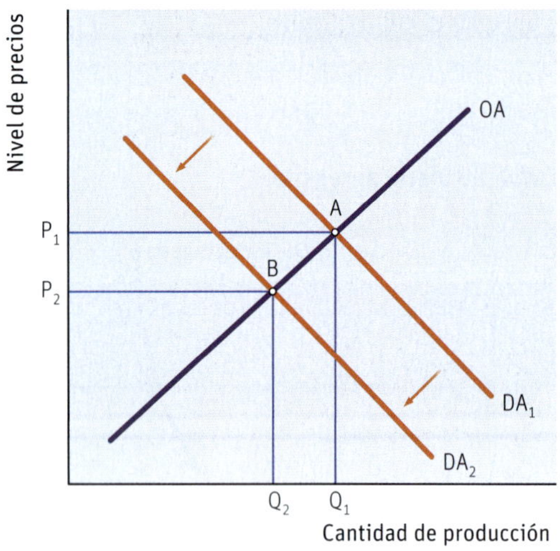

Gráfico 2: Crecimiento de la economía

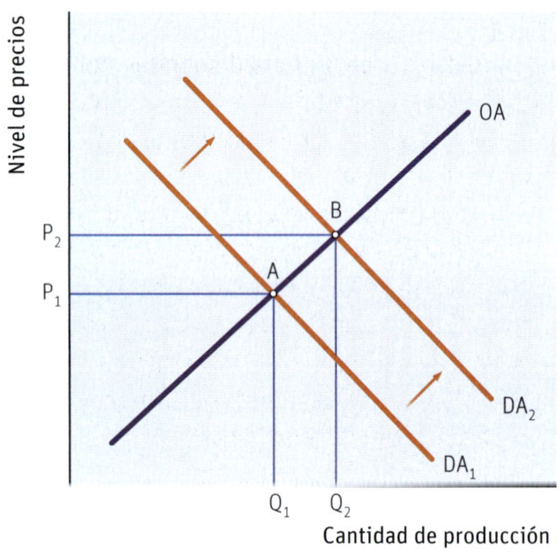

Gráfico 3: Tendencia de la producción en el tiempo

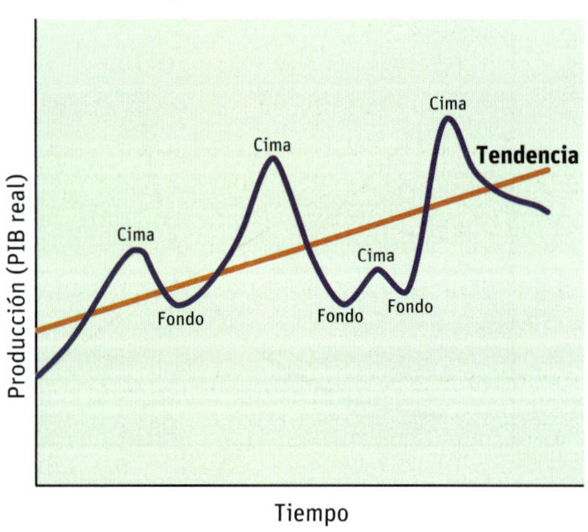

La demanda agregada de una economía depende, sobre todo, del gasto de sus agentes económicos en consumo e inversión. Por tanto, cualquier variación de esos gastos (juntos representan el 80 % del gasto total) incidirá en la demanda agregada, provocando un **desplazamiento de la curva de demanda**. Pero ¿de qué depende que haya más o menos consumo e inversión?

Como hemos visto, consumidores y empresas deciden su gasto actual en función de sus expectativas de ingresos y beneficios. Cuando perciben el futuro de manera optimista, tanto consumidores como empresas aumentan su gasto de consumo o de inversión. Y al contrario, cuando temen por su futuro, las familias contraen su consumo y aumentan el ahorro por precaución, y las empresas posponen sus inversiones.

Hechos como una crisis financiera, una caída de un sector económico importante, una crisis de gobierno, el pinchazo de una burbuja inmobiliaria, etc., pueden provocar efectos en cadena que acaben afectando al conjunto de la economía. Así, una mala temporada del sector turístico (por el mal tiempo, conflictos en la zona, etc.), en un país en el que esta actividad es importante, hace que las empresas del sector reduzcan su actividad, pospongan sus inversiones y despidan o dejen de contratar trabajadores. Estos trabajadores, al tener menos renta disponible, retraerán su consumo provocando que otras empresas (las que producen los bienes que ya no se compran) reduzcan su producción y el empleo, etc. Y lo que empezó como una caída de actividad en un sector acaba contagiando a otros sectores y provocando una recesión.

¿Cómo afectan estas decisiones a la demanda agregada? El gráfico 1 muestra que la curva se desplaza a la izquierda, de DA_1 a DA_2. Es decir, dado un nivel cualquiera de precios, las familias y las empresas demandan menos que antes. El descenso de la demanda agregada provoca un desequilibrio que hace que la actividad económica se reduzca (se traslada del punto A al B), por lo que la producción disminuye de Q_1 a Q_2 y el nivel de precios desciende de P_1 a P_2. El descenso del nivel de producción nos indica que la economía se halla en una recesión, con la consiguiente reducción de empleo.

Si las circunstancias mejoran, se producirá el movimiento contrario. Una subida de la renta de los consumidores, con el consiguiente aumento de sus gastos, o una mejora de las expectativas empresariales que haga incrementar sus inversiones, generarán un clima de optimismo y de confianza en el futuro, y se traducirá en un desplazamiento de la demanda agregada a la derecha (ver gráfico 2). Las empresas responderán a esta mayor demanda aumentando su producción, con el consiguiente efecto positivo sobre la actividad económica y el empleo.

Los ciclos económicos

Un desplazamiento de la curva de demanda agregada hacia la izquierda nos informa de una **recesión**, que provoca un descenso en el nivel de producción y una subida del paro. Un desplazamiento posterior hacia la derecha señala una recuperación o **expansión** de la economía, con el consiguiente aumento de la producción y el empleo.

Estas fases de recesión-expansión pueden representarse en su evolución temporal y en su secuencia completa como ciclos económicos. Si en el eje vertical colocamos el nivel de producción (PIB real) y en el horizontal el tiempo, podemos observar la evolución cíclica de la economía. Los ciclos económicos se suceden unos a otros, pero son distintos entre sí, tanto en duración como en intensidad.

En cada ciclo hay cuatro fases: recesión, fondo, expansión y cima. El **fondo** (o depresión) y la **cima** (o auge) son períodos en los que el ciclo cambia de tendencia a corto plazo. La tendencia a largo plazo (línea roja) nos informa de la evolución de la economía independientemente de las fluctuaciones cíclicas.

EN LA PRÁCTICA De la euforia a la depresión en la economía española

Evolución del PIB en España, 1974-2014 (tasa crecimiento anual en %)

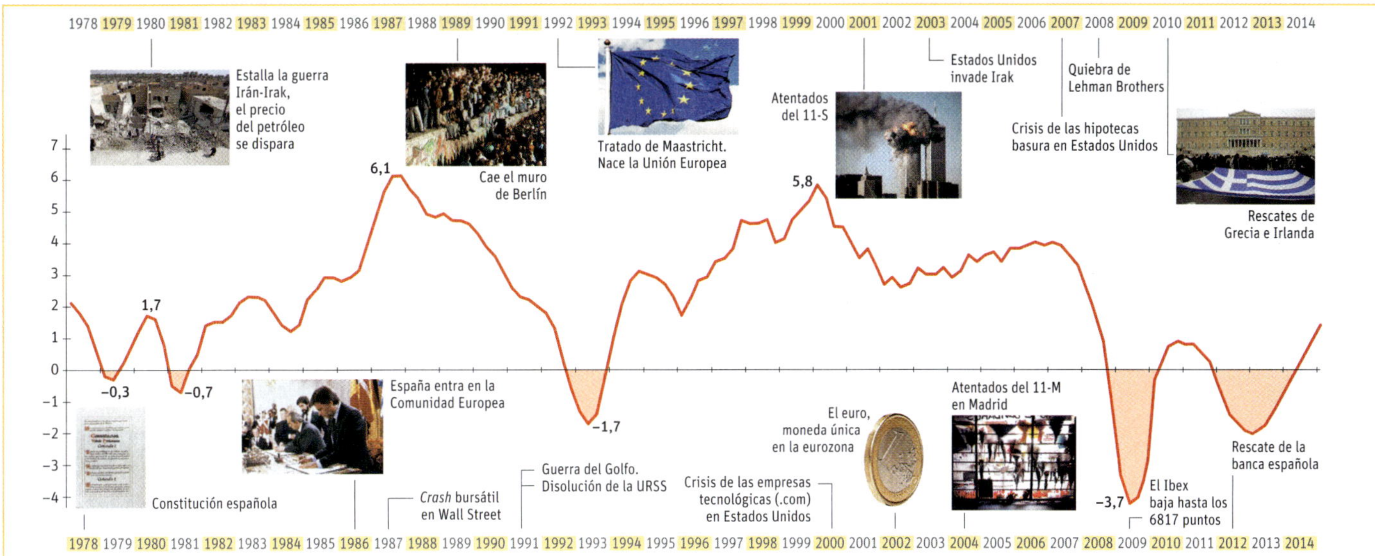

Fuente: http://www.e-sm.net/sveco1bachud10_1

La crisis financiera, iniciada en 2007 en Estados Unidos, afectó después a Europa y, particularmente, a España. Las crisis afectan más a los países que presentan alguna debilidad, y en el nuestro coincidía con la explosión de una burbuja inmobiliaria que duró más de una década: entre los años 1997 y 2007.

En 1994, los españoles salían de una recesión (crisis de 1992-1993) en la que se perdió casi un millón de puestos de trabajo. Entre 1994 y 2007, España vivió su fase expansiva más prolongada, con un crecimiento continuo de la economía, y en la que el número de trabajadores pasó de 12 a 19,3 millones. En contraste, desde el inicio de la crisis financiera de 2007 hasta principios de 2013, en España se perdieron más de tres millones de empleos, lo que da una idea de la importancia de la crisis.

La larga década de crecimiento

Aunque el ciclo expansivo se inició en 1994, la euforia comenzó al final de la década con los preparativos de la entrada de España en el euro, los tipos de interés bajaron bruscamente y los bancos españoles tuvieron acceso fácil al crédito en los mercados internacionales. Esta abundancia de crédito barato se dirigió principalmente al sector de la construcción (promotores, constructores y familias), generando un *boom* inmobiliario extraordinario y una deuda descomunal.

En esos años, el número de viviendas aumentó en 5,7 millones, casi el 30 % del total existente. La construcción se convirtió en un gran motor de creación de puestos de trabajo, aunque de escasa cualificación. Más de cinco millones de inmigrantes llegaron a España en busca de esos empleos. Esta entrada masiva retroalimentó el *boom* inmobiliario, ya que muchos de ellos demandaban su propia vivienda.

El crédito fácil y barato, junto con la mayor renta disponible por el aumento del empleo, hicieron que nuestra demanda interna (consumo e inversión) creciera año tras año, al mismo tiempo que aumentaba nuestro endeudamiento hipotecario. Endeudamiento en el que el país entero participó. Pisos en propiedad para todos, segundas residencias en la playa o la montaña, cambio de coche, vacaciones de lujo, etc. Muchos, además, se hipotecaron para especular: como los precios subían y subían, se compraban viviendas pensando en venderlas más caras en el futuro. Endeudarse no es ni bueno ni malo, depende de en qué se invierte el dinero, y si se puede devolver (o refinanciar fácilmente) la deuda.

El pinchazo de la burbuja

Con la crisis financiera mundial de 2008 subieron los tipos de interés y el grifo del crédito se cerró. Promotores, constructores, bancos y familias quedaron atrapados en una crisis de deuda. La construcción cayó bruscamente –llevando a la quiebra a muchos negocios relacionados, con millones de viviendas sin vender o sin terminar de construir, crisis bancaria (con algunos bancos rescatados), fuerte pérdida de empleo y reducción del consumo y de la inversión– y arrastró a otros sectores económicos. En resumen, fue el estallido de una burbuja inmobiliaria impresionante y se pasó de la euforia a la depresión.

- El estallido de la burbuja afectó a distintos colectivos (promotores-constructores, familias, bancos, especuladores y Gobierno). ¿En qué medida había contribuido cada uno de ellos a crearla?
- La abundancia de empleo y de renta disponible se percibió psicológicamente como permanentes, favoreciendo que la euforia creciera. ¿Dónde está el error de esta apreciación?
- ¿Qué tendríamos que aprender de las burbujas económicas?

6 La economía sumergida

La nueva normativa de la UE obliga a que una parte de la economía ilegal (prostitución, tráfico de drogas y contrabando) sea incluida en el cálculo del PIB. Si ya es complejo estimar la economía sumergida, lo es aún más la estimación de estas actividades, por lo que las cifras obtenidas ofrecen muchas dudas. En el caso español, en 2014 se estimaba que estas actividades representaban el 0,87 % del PIB.

La fabricación de calzado es uno de los sectores con más empleo ilegal en España, con talleres en garajes y bajos de viviendas, en los que los trabajadores utilizan productos químicos para fabricar y pegar el calzado, como colas, disolventes y tinturas (todos ellos altamente tóxicos e inflamables), sin las mínimas medidas higiénico-sanitarias, y con el peligro que ello supone para la propia salud de los empleados.

Las cifras de producción, consumo e inversión comentadas hasta ahora son las cifras oficiales de la contabilidad nacional. Pero las estadísticas del PIB subestiman el verdadero nivel de la producción de un país, ya que no tienen en cuenta, entre otras cosas, las actividades que se realizan de forma clandestina y que constituyen la economía sumergida, informal u oculta de un país.

Podemos definir la **economía sumergida** como aquella parte de la actividad económica de un país que no se declara a las autoridades públicas y que, por tanto, no forma parte del PIB.

Las razones para no declarar las actividades económicas son diversas: evitar impuestos, eludir el pago a la Seguridad Social o la reglamentación laboral, o sencillamente porque son actividades ilegales como el tráfico de drogas, la prostitución, el comercio de objetos robados, etc. Aquí centraremos la atención en las actividades no declaradas a efectos fiscales o laborales, excluyendo las actividades ilegales.

Desde este punto de vista, algunos **ejemplos de actividad sumergida** son: las empresas que tienen empleados sin contrato de trabajo; los empresarios que solo declaran una parte de su actividad; los trabajadores no dados de alta en la Seguridad Social; los parados que cobran la prestación al mismo tiempo que realizan actividades sin declararlas; los trabajadores autónomos y empresas que no cobran el IVA por sus trabajos, la venta callejera no legal, etc.

También hay que incluir las tretas contables de muchas empresas multinacionales, que transfieren sus beneficios a sus filiales en países donde pagan muchos menos impuestos (paraísos fiscales).

¿Cuál es su dimensión y en qué sectores se produce?

Sobre las dimensiones de la economía sumergida solo existen cifras aproximadas, dada la dificultad de cuantificar un fenómeno que, por su propia naturaleza, trata de ocultarse a las estadísticas oficiales. Algunos informes de la Comisión Europea estiman que la economía sumergida en nuestro país se ha estabilizado en torno al 20 % del PIB, un nivel algo superior a la media de la Unión Europea (18 %). Entre los países de la UE, España se sitúa muy por encima de las estimaciones de Francia (10 %) o Reino Unido (10 %) y a bastante distancia de las mayores concentraciones de economía sumergida, que se dan en países del Este, como Bulgaria (31 %) o Rumanía (28 %). Estas cifras no incluyen actividades ilegales.

En nuestro país, la agricultura, la hostelería, la construcción, el textil y el calzado, junto con el trabajo doméstico y el cuidado de personas dependientes, son los sectores donde más prolifera la economía sumergida.

En algunos sectores es frecuente la conexión entre la economía oficial y la sumergida a través de la subcontratación de pequeñas empresas irregulares por parte de las grandes industrias. Un caso típico es el del calzado. Algunas empresas de la economía "oficial" sumergen parte de su actividad para disminuir sus costes, limitándose a poner cordones al calzado, etiquetar o empaquetar. El resto del trabajo se realiza en talleres sumergidos y es difícil delimitar qué parte de los zapatos que compramos es clandestina y qué parte se declara.

Los trabajadores de la economía sumergida

Existe la creencia de que los trabajadores de la economía sumergida son los parados de la economía oficial. Pero los estudios no confirman esta creencia. Más bien, señalan que las actividades irregulares las realizan personas no contabilizadas como paradas: o bien son activos ocupados que ejercen un pluriempleo o solo declaran una parte de su actividad, o bien son personas inactivas, o inmigrantes no regularizados que, en cualquier caso, no forman parte de la población inscrita en el paro.

Los problemas derivados de la economía sumergida

Además de la competencia desleal que supone la economía sumergida para los empresarios que declaran sus actividades, existen otros efectos negativos:

a. La **reducción de ingresos públicos** (impuestos y cotizaciones a la Seguridad Social) repercute en los servicios que el Estado puede ofrecer. El aumento del trabajo oculto hace que el Estado ingrese menos, mientras que los gastos no disminuyen, sino que crecen. Los trabajadores irregulares usan los servicios de la sanidad o la enseñanza públicas sin contribuir a su financiación. Las consecuencias son preocupantes para el mantenimiento del Estado de bienestar: cuanta más economía sumergida hay, más suben los impuestos para compensar la pérdida de ingresos públicos.

b. La economía sumergida genera un **empleo muy precario**, en el que los trabajadores no disfrutan de los derechos derivados de un contrato de trabajo (salario según convenio, prestación por desempleo, prevención de riesgos laborales, formación, etc.). Además, cuando se trata de talleres clandestinos o de empresas subcontratadas por otras sin ningún tipo de control, las condiciones de seguridad e higiene suelen ser muy deficientes, y los trabajadores corren graves riesgos de siniestralidad laboral y de explotación abusiva por parte de los empleadores.

c. Cuando los empleados son activos ocupados que ejercen pluriempleo, están **impidiendo el trabajo a otras personas** que lo buscan.

d. No existen controles oficiales de calidad y medioambientales, con el consiguiente **riesgo para la seguridad y la salud colectiva**.

Por todo ello, la economía sumergida es un problema que nos afecta a todos y sobre el que todos tenemos algo que opinar.

En el empleo doméstico y en el cuidado de personas dependientes existe un porcentaje importante de trabajo irregular por el que no se cotiza a la Seguridad Social.

ESTUDIO DE CASOS **Gato por liebre**

Las falsificaciones se han dado siempre, pero hasta el siglo XX eran un fenómeno limitado a billetes, obras de arte, etc., y de alcance reducido. Hoy, la situación es la contraria. Los piratas del siglo XXI trabajan a la luz del día en grandes plantas de fabricación. Según datos de la OCDE, desde 2001 las falsificaciones en el comercio internacional se han multiplicado por seis. La OCDE estima que el 70 % de estas falsificaciones proviene de China, donde, aunque existe una legislación parecida a la occidental, la sensación es de impunidad.

El abanico de productos pirata va mucho más allá de artículos como los bolsos, las deportivas o los relojes de marca, la música y el cine, etc. También se falsifican medicamentos, equipamiento médico, componentes de automóvil, móviles, televisores, etc. Y ya es habitual que una canción pirateada o la falsificación de la última versión de un móvil lleguen al mercado antes del lanzamiento de los productos auténticos.

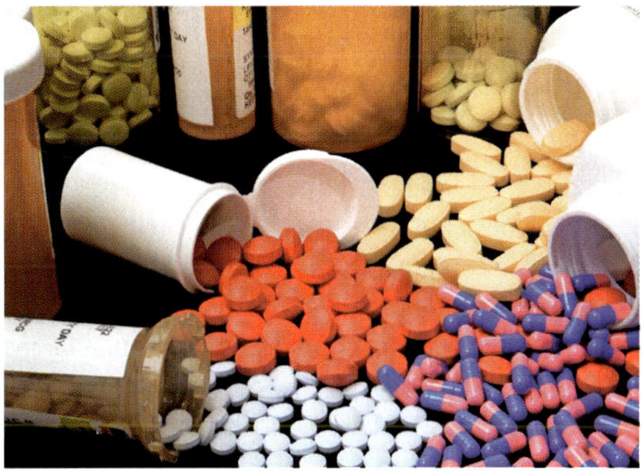

La digitalización de la información e internet han favorecido la piratería. Se piratean y envían por internet desde planos de productos o diseños industriales hasta detalles de piezas para maquinaria, obteniendo copias casi perfectas. ¿Cómo, si no, alguien puede falsificar algo tan complejo como un iPhone?

El problema es que si una empresa crea un nuevo producto y cualquiera puede falsificarlo, no tendrá incentivos para seguir invirtiendo en I+D e innovando. Por ello, las leyes garantizan, mediante la concesión de derechos de propiedad industrial (patentes, marcas y diseños), el uso exclusivo de sus creaciones durante un tiempo. Este derecho permite que los inventores puedan recuperar sus inversiones en investigación tecnológica. Sin esta protección no se habrían producido las extraordinarias innovaciones de las que hoy disfrutamos.

- ¿Quiénes se benefician con la piratería? ¿Y quiénes salen perjudicados?
- Los colectivos implicados en el problema de la piratería son: fabricantes piratas, empresas que crean nuevos productos, consumidores de productos piratas, ciudadanos y Estado. Ponte en el lugar de cada uno y señala los argumentos de defensa de sus posiciones. Después, menciona tus contrargumentos.
- ¿Cuál es tu valoración del problema y qué soluciones propones?

ACTIVIDADES

Actividades de síntesis

1. Elabora un mapa conceptual en el que se relacionen estas ideas básicas.

1

Los principales **objetivos económicos** son el crecimiento, el pleno empleo, la estabilidad de los precios y el equilibrio exterior. Para conseguirlos existen tres **factores condicionantes**: las perturbaciones externas, la política económica de los gobiernos y las fuerzas internas del mercado.

2

Las **fuerzas internas del mercado** se expresan en el comportamiento de consumidores y empresas. Para conocer estos comportamientos es útil prever el gasto global de los distintos agentes económicos, o demanda agregada (DA), que viene determinado por el consumo privado (C), la inversión empresarial (I), el gasto público (G) y la diferencia entre exportaciones (X) e importaciones (M). Es decir: DA = C + I + G + (X – M).

3

El principal componente de la DA es **el consumo**, que es el gasto total realizado por las familias en bienes y servicios durante un período dado. Incluye tanto bienes duraderos como no duraderos, y no incluye la vivienda, que se considera gasto de inversión. El consumo privado depende básicamente de la renta disponible, de los tipos de interés y del ciclo vital de las personas. Después de consumir, la renta que les queda a las familias es su **ahorro**. Se ahorra por protección ante el futuro y para afrontar proyectos importantes.

4

El segundo elemento de la demanda agregada es la **inversión privada**. Las inversiones económicas de un país suponen la adquisición de bienes de producción con la finalidad de fabricar otros bienes. Y dependen de los tipos de interés, de la capacidad utilizada y de la confianza en el futuro. Toda decisión de inversión produce efectos en cadena que se extienden al conjunto de la economía.

5

Para comprender cómo funciona la economía en su conjunto se utiliza el **modelo de oferta y demanda agregadas**. En él se ponen en relación los objetivos económicos de producción, empleo y precios con los factores que los condicionan. Al igual que en un mercado concreto, el conjunto de la economía se encuentra en el nivel de producción y precios que satisface a consumidores y empresas. Este nivel de equilibrio no supone el pleno empleo ni tiene un carácter estable.

6

El equilibrio económico se altera por las **variaciones de los componentes de la demanda agregada**. Estas variaciones se representan por medio del desplazamiento de la curva de demanda agregada, que nos lleva a una nueva situación de equilibrio. Si el desplazamiento es hacia la derecha (aumento de la DA), estamos ante una **expansión** de la economía. Si es hacia la izquierda (disminución de la DA), nos informa de una contracción o **recesión** de la economía.

7

En paralelo a la economía oficial se desarrolla la **economía sumergida**, constituida por aquella parte de la actividad económica de un país que no se declara fiscal o laboralmente y que, por tanto, no forma parte del PIB. En España representa en torno al 20 % del PIB y se concentra en la agricultura, la hostelería, la construcción, el textil, el calzado y el trabajo doméstico.

smSaviadigital.com VALORA LO APRENDIDO > Realiza la **autoevaluación**.

Actividades de análisis y problemas

2. A partir de un esquema, explica cuáles son los objetivos básicos de la economía de un país y qué factores condicionan el que se consigan.

3. En relación a la demanda agregada:
   a) ¿Cuáles son sus cuatro componentes y cuál es su peso en el PIB?
   b) ¿En qué se diferencia de la demanda interna?
   c) ¿Por qué coinciden las cifras de la demanda agregada y del PIB?

4. Define qué se entiende por consumo agregado de una economía y señala qué tipo de bienes se incluyen y cuáles no.

5. Sobre el consumo en una economía:
   a) ¿De qué factores depende el consumo de una familia?
   b) ¿Cómo explicarías el concepto de renta permanente?

6. Conociendo la proporción que representa el consumo privado respecto del PIB en España, un aumento de los gastos de consumo en un 3 %, ¿en cuánto hará que se incremente el PIB?

7. **Menciona las razones por las que ahorran las personas y explica las circunstancias que pueden hacer aumentar o disminuir el ahorro.**

8. **Observa en el gráfico la tendencia del indicador de confianza del consumidor (ICC) en España durante la crisis y contesta a las cuestiones.**

Evolución del ICC, 2007-2014

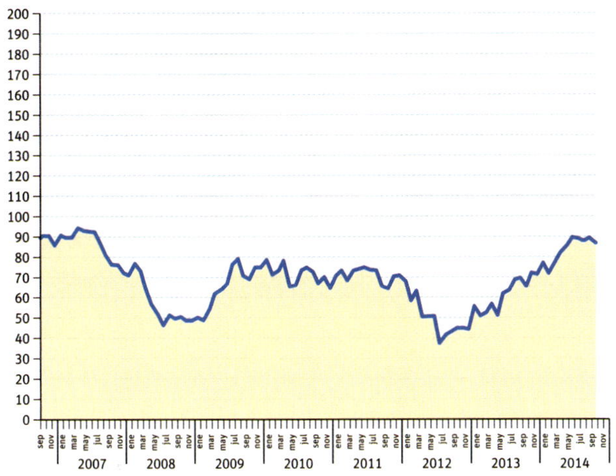

Fuente: CIS

a) Si los valores del ICC oscilan entre 0 y 200, y por encima de 100 reflejan una percepción positiva, y por debajo de 100, una negativa, ¿cómo ha ido cambiando la confianza de los consumidores?

b) Consulta el último informe del CIS (**www.e-sm.net/sveco1bachud10_01**) para actualizar la tendencia. ¿Qué indican los datos actuales sobre el futuro económico?

c) Además del ICC, ¿qué otros indicadores se utilizan para prever el consumo global de una economía?

9. **Sabiendo que el 75 % de las ventas de coches se hace a crédito:**

a) ¿Qué ventajas e inconvenientes tiene esta forma de compra frente al pago al contado?

b) En la decisión de comprar un coche a crédito, ¿qué debe tenerse en cuenta, la renta actual o la renta permanente? Justifica tu respuesta.

c) Si las ventas de automóviles suben durante tres meses consecutivos, ¿qué nos indica este hecho sobre la evolución de la economía?

10. **Responde a estas cuestiones en relación con la inversión de un país.**

a) ¿Qué se entiende por inversión económica? ¿De qué factores depende?

b) ¿Cómo explicarías el efecto multiplicador de la inversión a alguien que no sabe nada de economía?

c) Si se produce una inversión inicial de 20 000 u. m. en un país con una propensión marginal a consumir de 0,95, ¿qué efecto final tendrá esa inversión sobre la economía?

11. **Una persona está considerando realizar una inversión financiada mediante un préstamo a un tipo de interés del 5 %. ¿Cuál es la condición para considerar que merece la pena realizarla?**

12. **En el supuesto de que suba el tipo de interés, comenta el carácter verdadero o falso de las siguientes afirmaciones.**

a) Si tienes un crédito hipotecario a interés variable, pagarás más al mes.

b) Las inversiones que requieran ser financiadas crecerán.

c) Si estás pensando en comprar un coche y necesitas financiación, deberás pensártelo mejor.

d) Las familias tendrán menos motivos para ahorrar.

13. **¿Por qué se dice que bajar los tipos de interés es una palanca para el crecimiento?**

14. **Lee el texto y responde a las cuestiones.**

Una empresa está considerando realizar una inversión de ampliación de sus instalaciones de la que espera obtener unos beneficios extras de 80 000 euros anuales. Los gastos de la inversión suponen 500 000 euros, y para hacer frente a los mismos tendrá que pedir un préstamo a un tipo de interés anual del 8 %.

a) ¿Crees que le interesa realizar esta inversión?

b) Razona tu respuesta.

15. **Comenta las diferencias entre la demanda y la oferta de un bien y la demanda y la oferta agregadas.**

16. **La oferta y la demanda agregadas constituyen un modelo sencillo que nos transmite información sobre las principales cuestiones macroeconómicas.**

a) ¿Qué refleja el punto de corte de las curvas de oferta y demanda agregadas?

b) ¿Qué circunstancias indicarían que el nivel de equilibrio no es satisfactorio?

c) ¿Cuáles son las distintas fases de un ciclo económico?

d) ¿Cómo explicarías la tendencia a largo plazo de la economía?

17. **Analiza cómo afectarían estas noticias al consumo, el ahorro y la inversión.**

El Banco Central aprueba un descenso en el tipo de interés

Crece el optimismo de empresas y familias frente al futuro económico

La reducción del IVA aumenta la renta de las familias

Se cuestiona la seguridad en el cobro futuro de las pensiones

18. **Lee el texto y responde a las preguntas.**

La clave de la inversión es la confianza en el futuro. Ni la confianza ni el gusto por el riesgo se imponen por decreto. Dependen de numerosos factores económicos, sociales, políticos, etc. Es mucho más fácil perder confianza que restablecerla.

Estas observaciones permiten comprender por qué es tan difícil salir de una crisis. Cuando cae la actividad económica, el capital instalado (fábricas, máquinas, etc.) sigue estando ahí. Aparecen capacidades no utilizadas y se hace innecesario invertir. La inversión disminuye, lo que agrava aún más la caída de la actividad. Además, los beneficios decaen, ya que se vende menos. Finalmente, los empresarios aceptan menos riesgos en tanto que no se aclare el horizonte y se restablezca la confianza. Todos estos comportamientos actúan como freno de la recuperación económica. Es más fácil entrar en una crisis que salir de ella.

Adaptado de DIDIER, Michel: *Economía: las reglas del juego*. Bilbao, Deusto, 1991.

a) Señala ejemplos de circunstancias que puedan mejorar o empeorar la confianza en el futuro.

b) ¿Por qué crees que al disminuir la inversión se agrava aún más la caída de la actividad?

c) ¿Cuál es la relación entre riesgo y confianza? ¿Por qué es más fácil entrar que salir de una crisis?

19. **Observa la viñeta y realiza los ejercicios.**

Fuente: Forges, *El País*, 13-2-2012.

a) Haz un gráfico de los ciclos económicos e identifica las épocas de vacas gordas y flacas.

b) ¿A qué se refiere Forges con la época de *vacas lineales*? Sitúa esta época en el gráfico.

20. **En la curva de oferta agregada, conforme nos acercamos a la producción de pleno empleo, cambia la influencia de los precios sobre la cantidad que las empresas están dispuestas a ofrecer. Ayudándote de un gráfico, explica las razones de ese proceso.**

21. **Como se ve en la viñeta, cada colectivo percibe el crecimiento económico de forma distinta.**

Fuente: El Roto, *El País*, 23-11-2005.

a) ¿A qué colectivo crees que representan las figuras pequeñas? ¿Y la grande?

b) ¿Qué explicaciones darías para que se entendiera el reproche que se hace? Continúa el diálogo entre ambas partes.

22. **Con relación a la economía sumergida:**

a) Explica en qué consiste y señala ejemplos.

b) ¿Cuál es su peso en España? ¿En qué sectores es más frecuente?

c) ¿Cuáles son sus principales problemas? ¿A quién beneficia y a quién perjudica y por qué?

d) ¿Conoces algún caso en tu ambiente? ¿Por qué razones crees que se produce? ¿La gente acepta esa situación?

23. **Imagina que en un país que atraviesa una situación de estancamiento económico, uno de sus sectores importantes (el automovilístico, por ejemplo) tiene una buena temporada de ventas en el exterior (exportaciones), con el consiguiente aumento de producción, mayor empleo, etc., lo cual anima al resto de la economía.**

a) ¿Cómo explicarías el efecto contagio al resto de la economía?

b) ¿Cómo se reflejaría en la curva de demanda agregada y en el equilibrio económico?

c) Con un gráfico, explica cómo afecta el cambio a la producción, el empleo y los precios.

24. **En una situación de equilibrio macroeconómico, si toda la economía sumergida aflorara y se convirtiera en economía oficial:**

a) ¿Cómo repercutiría en la demanda y la oferta agregadas?

b) ¿De qué manera representarías en un gráfico este cambio en las curvas de demanda y oferta agregadas? ¿Cómo repercutiría en la situación de equilibrio?

c) ¿Qué efectos positivos se darían y quiénes se beneficiarían con este hecho?

25. **En la tabla se muestran los datos anuales de los componentes del gasto de una economía. Calcula su PIB. Si el PIB del año siguiente aumentara en un 3,5 % y el consumo privado en un 3,2 %, ¿cuáles serían las cifras del PIB y del consumo del próximo año?**

Conceptos	(Millones de u. m.)
Consumo privado (C)	57 600
Gasto público (G)	16 500
Inversión empresarial (I)	18 300
Exportaciones (X)	12 100
Importaciones (M)	11 400

26. **Comenta estos titulares con relación a los contenidos de la unidad.**

Con la crisis, los ciudadanos han aprendido economía de golpe y sin estudiar

La lucha contra el fraude hace aflorar parte de la economía sumergida

La debilidad del consumo hace dudar de las previsiones de crecimiento

El buen comportamiento de las exportaciones explica el mayor crecimiento económico

27. **Indica si son verdaderas o falsas estas afirmaciones razonando tu respuesta.**

a) La demanda interna se obtiene restando a la demanda agregada el saldo neto de las exportaciones.

b) Al crecer la renta de las personas, aumentan el consumo y el ahorro en la misma proporción.

c) La renta permanente es la que se obtiene cuando las personas se jubilan.

d) Una inversión es conveniente si el tipo de interés es superior a la rentabilidad de la inversión.

e) Si sube el nivel de precios de una economía, las empresas están dispuestas a producir más.

f) En una situación de equilibrio macroeconómico está garantizado el pleno empleo.

28. **Señala cómo afectan estos hechos a la demanda agregada, especificando en qué sentido se desplaza la curva de demanda.**

a) Disminuyen las ventas de viviendas.

b) Las empresas exportadoras incrementan sus ventas en el exterior.

c) Crece la confianza entre consumidores y empresas sobre el futuro inmediato.

smSaviadigital.com PRACTICA › Analiza la actualidad y **ponte al día.**

Actividades de argumentación y debate › ¿Deben evitarse las crisis?

29. **Según algunos economistas, los gobiernos no deberían prevenir las recesiones; piensan que las crisis son positivas a largo plazo porque limpian la economía de empresas ineficientes. Para otros economistas, en cambio, sí hay que tratar de evitarlas o, al menos, de minimizar sus efectos negativos.**

▸ La ley de destrucción creativa

Según esta ley, una recesión en la que aumenta el paro y las compañías caen puede ser positiva para la economía a largo plazo, por paradójico que parezca. Su mayor defensor, Joseph Schumpeter, afirmaba que de las cenizas de una crisis económica puede surgir una economía más fuerte y saludable. Schumpeter sostenía que en épocas de bonanza, las empresas obtienen beneficios fácilmente, ya que los consumidores gastan más y piden más créditos. Como resultado, aparecen empresas ineficientes que en tiempos menos favorables no sobrevivirían. Por el contrario, si la economía se contrae y la gente gasta menos, las compañías ineficientes caen primero. Aunque esto es doloroso a corto plazo, obliga a los inversores a mover su dinero hacia los sectores más productivos, estimulando un crecimiento futuro más sólido. Por ello, los gobiernos deben dejar que quienes hicieron inversiones improductivas paguen sus errores. De no ser así, se repetirán en el futuro.

▸ Las crisis hay que combatirlas

John M. Keynes sostenía que las crisis causan daños tan importantes en términos de paro y pérdida de confianza, que los gobiernos deben combatirlas con todos los instrumentos, desde bajar los tipos de interés para incentivar a las empresas hasta aumentar el gasto público para estimular la economía.

Para los keynesianos, los efectos de la destrucción creativa se pusieron en evidencia durante la Gran Depresión de la década de 1930, cuando el Gobierno estadounidense permitió que cientos de bancos y miles de empresas se derrumbaran con la esperanza de asistir a una recuperación más sólida. El resultado de esta destrucción creativa fue que la economía perdió una tercera parte de su riqueza y la plena recuperación tardó decenios en realizarse.

Analiza los documentos y responde.

a) ¿Quiénes son los principales perjudicados por las crisis económicas?

b) Repasa el caso "De la euforia a la depresión". ¿Crees que algunos bancos y empresas que propiciaron la burbuja inmobiliaria por las malas prácticas o la ineficiencia deberían pagar sus errores, o habría que ayudarles en su recuperación? ¿Qué ventajas e inconvenientes tienen ambas opciones?

¿DE DÓNDE VENIMOS? ¿HACIA DÓNDE VAMOS?

Cuando la Gran Recesión de 2008 se instaló en España y otros países europeos, despertamos de un sueño de prosperidad que había durado 12 años. Desde la perspectiva actual, aquella etapa se revela como una época de excesos y desequilibrios, origen de muchos de los males actuales. Comprender qué ocurrió nos debe servir para evitar cometer los mismos errores en el futuro.

Las enseñanzas de la crisis

La década prodigiosa

Entre 1996 y 2007, España parecía ir bien y se cantaban maravillas del milagro económico español: un largo ciclo de "vacas gordas".

El motor del crecimiento fue el sector de la construcción, al que se dedicaron grandes inversiones. Si la inversión privada nos llevó a la burbuja inmobiliaria y a su estallido posterior, las inversiones públicas y las ayudas europeas se orientaron a desarrollar infraestructuras de todo tipo, algunas de dudosa utilidad. La crisis ha puesto al descubierto las debilidades de ese modelo productivo, excesivamente dependiente del "ladrillo". Y aunque generó empleo en su día, ahora España es el país con más kilómetros de autovía y de alta velocidad ferroviaria y con más aeropuertos por habitante, y es también el de mayor tasa de paro.

Gran parte de aquella inmensa inversión podría haberse dedicado a hacer más competitiva la industria, base de las economías más prósperas. Pero como no se hizo, hoy seguimos siendo un país muy dependiente tecnológicamente.

Mirando al futuro

Entre los retos a los que nos enfrentamos están el desempleo y la desigualdad. Y junto a ellos, la adaptación de nuestro sistema productivo a la revolución digital del siglo XXI. Es imprescindible fortalecer el crecimiento a largo plazo, y que este crecimiento favorezca la igualdad. Para ello necesitamos nuevos motores económicos.

¿Qué proyecto hay para España?

Se puede apostar por hacer productos más baratos o por hacer mejores productos. Lo primero es lo que se ha llevado a cabo para salir de la crisis (devaluación salarial, austeridad, etc.); lo segundo requiere acumular el capital humano necesario para no quedar descolgados de los países que están construyendo la economía del conocimiento. El proyecto puede resumirse en I+D+educación.

Investigación y desarrollo

El gasto en I+D ha retrocedido durante los años de crisis en más de un 30 %. Como se ve en el gráfico, España está por debajo de la media de la UE-27, que es el 2,3 %.

Es vital impulsar la I+D para conseguir una economía centrada en el conocimiento. El gasto en I+D debería comprometerse en un presupuesto vinculante, enmarcado en un plan a largo plazo cuyo objetivo fuera alcanzar el 3 % del PIB propuesto por la Unión Europea.

Educación

Es más importante estudiar que acumular carreteras y máquinas. Esta es la conclusión del último informe sobre capital humano del BBVA Research, que demuestra que el capital humano presenta más correlación con el PIB que el capital físico o tecnológico. Por tanto, se necesita hacer con el capital humano un esfuerzo similar al que se hizo en España con el capital físico y, más concretamente, con la infraestructura del transporte entre 1987 y 2007. Este gran esfuerzo nos proporcionó una de las mejores redes de transporte del mundo. La mejora del capital humano habría que planificarla también a largo plazo y dotarla de recursos importantes.

A su vez, la educación debería enfocarse en favorecer la innovación y el talento, haciendo la enseñanza menos informativa y más analítica, menos memorística y más creativa y práctica.

Gasto en I + D en España, 2002-2012

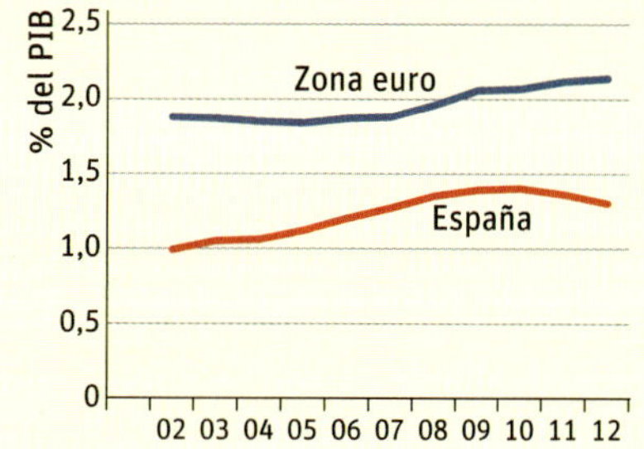

Fuente: INE

De la economía industrial a la economía del conocimiento

Desde principios de siglo, con la revolución digital y la globalización se abren paso nuevos modelos económicos impulsados por el talento, la tecnología y la innovación, y que comportan nuevas formas de vivir y de trabajar. Es el paso de una economía industrial a una economía del conocimiento, basada en las ideas y el talento. Es un cambio estructural, sin vuelta atrás. Los países, las empresas y las personas que lo entiendan –y se reinventen– saldrán adelante con éxito; los que no lo hagan quedarán descolgados.

Cuatro cuestiones sobre el talento

ANALIZA TU ENTORNO

1. Comenta la frase: "Los medios de producción ya no son ni el capital, ni los recursos naturales, ni la mano de obra; son y serán el conocimiento" (Peter Druker).

2. En la sociedad del conocimiento, el talento se ha convertido en la verdadera riqueza de las naciones. ¿Cómo definirías el talento? ¿Cómo se desarrolla? ¿Cuál es su requisito básico?

3. smSaviadigital.com INVESTIGA > ¿Qué te gusta? ¿Qué haces bien? ¿Cómo podrías llegar a convertir tus gustos y habilidades en un conocimiento valioso que resuelva problemas a los demás? Piénsalo, elabora un plan a medio plazo y convierte lo que te gusta en **una profesión útil y rentable**.

11 Las cuentas públicas y la política fiscal

1 La estructura del sector público

El sector público necesita recursos para poder ofrecer los bienes y servicios que la sociedad reclama. La previsión de estos recursos y de los gastos públicos que se estiman para un año constituye los presupuestos públicos. Su descripción, a través de los capítulos de gastos más importantes, así como de los tributos que se recaudan y de otros ingresos públicos, centra la atención de esta unidad; en ella también se abordan los impuestos más significativos de nuestro sistema tributario, así como la intervención del Estado en la economía a través de la política fiscal.

¿Qué es mejor, ser rico y tener que pagar impuestos, o ser pobre para no tener que pagarlos?

En 1971, el filósofo John Rawls publicó *Una teoría de la justicia*, que fue el intento más famoso hasta la fecha de desarrollar una teoría de la justicia económica. Rawls pedía a los lectores que se imaginaran tomando decisiones económicas y sociales tras un "velo de ignorancia" respecto de su propia identidad. Es decir, suponga que usted sabe que va a ser un ser humano, pero no sabe si va a ser rico o pobre, sano o enfermo, etc. ¿Qué tipo de políticas desearía?

Rawls respondía que probablemente usted habría elegido políticas que beneficiaran a los miembros más desfavorecidos de la sociedad: después de todo, podría ocurrir que usted acabara siendo uno de ellos. [...] Tener algo más de dinero le vendría muy bien si usted fuera pobre, mientras que tener algo menos de dinero no le perjudicaría demasiado si usted fuera rico.

Aunque ninguna nación ha tomado esta teoría como base para su política económica, argumentos similares a los de Rawls sí juegan un papel importante en el debate sobre política económica y social. Por ejemplo, cuando el Congreso estadounidense debatió un plan para reducir el impuesto sobre las grandes fortunas (más de 1,3 millones de dólares) desde el 55 % que tenían en el año 2000, Bill Gates, padre del multimillonario dueño de Microsoft, defendió que se mantuviera el tipo impositivo existente basándose en una visión de justicia similar a la de Rawls. Elaboró su argumento pidiendo a la gente que se imaginara viajando hacia atrás hasta el momento de su nacimiento. En ese punto, usted podría decidir, a cambio de un precio, dónde nacer: en los inmensamente ricos Estados Unidos o en la tremendamente pobre Etiopía. El precio de elegir Etiopía es cero; el precio de elegir Estados Unidos es el 55 % del valor de su fortuna si esta excede de 1,3 millones de dólares cuando usted muera. O dicho de otro modo, imagine que el precio de nacer en Estados Unidos en lugar de en Etiopía es que se compromete a pagar el nivel actual del impuesto estadounidense sobre grandes fortunas. ¿Qué elegiría usted?

Adaptado de: KRUGMAN, P., y WELLS, R.: *Introducción a la economía. Microeconomía.* Barcelona, Reverté, 2006.

ANALIZA LA IMAGEN

1. Cada año, los ciudadanos declaran sus rentas a Hacienda y pagan sus impuestos, como muestra la imagen. ¿Crees que pagamos muchos impuestos en España?
2. ¿Pagan más los que más tienen en nuestro país?

ANALIZA EL TEXTO

- ¿Qué responderías a la pregunta de Rawls?
- Y ante el dilema que plantea Bill Gates, ¿qué elegirías?

1 La estructura del sector público

> **Impuestos**
>
> Son pagos que se exigen por ley, sin que el contribuyente reciba un beneficio directo a cambio, ya que su finalidad es financiar el conjunto de los bienes y servicios que ofrece el sector público.
>
> **Cotizaciones sociales**
>
> Pagos que se hacen a la Seguridad Social y por los que se adquiere un derecho a percibir determinadas prestaciones.

Los componentes del sector público

El sector público nacional lo integran:

- Las **Administraciones públicas**. Entre ellas se distinguen: la **Administración central**, formada por el Estado y los organismos autónomos (INE, Museo del Prado, etc.), y que controla el grueso de los ingresos públicos; las **Administraciones territoriales**, constituidas por las comunidades autónomas y las corporaciones locales (ayuntamientos y diputaciones provinciales), y la **Seguridad Social**.

  Las Administraciones públicas se financian principalmente a través de los **impuestos**, y el Estado es el recaudador más importante (después, desde esta instancia se transfiere dinero hacia las restantes Administraciones para que estas mantengan sus actividades). Por su parte, la Seguridad Social se financia, sobre todo, con las **cotizaciones sociales** que aportan trabajadores y empresas.
- Las **empresas públicas**. Desde su participación en los mercados, tienen como misión conseguir objetivos fundamentales para la economía del país, como el control de los sectores productivos estratégicos (energía, transportes, etc.) o el fomento y desarrollo de zonas deprimidas.
- Las **instituciones de la Unión Europea**. Afectan a España, como Estado miembro, tanto en el terreno de las regulaciones (normativa comunitaria) como en el de la financiación (fondos comunitarios).

Estructura y flujos entre la Administración del Estado, sus organismos autónomos y la Seguridad Social

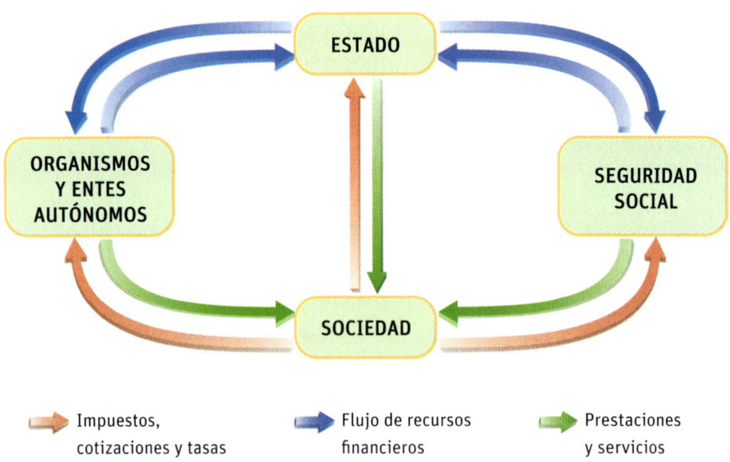

Estructura y flujos entre la Administración del Estado, las Administraciones territoriales y la UE

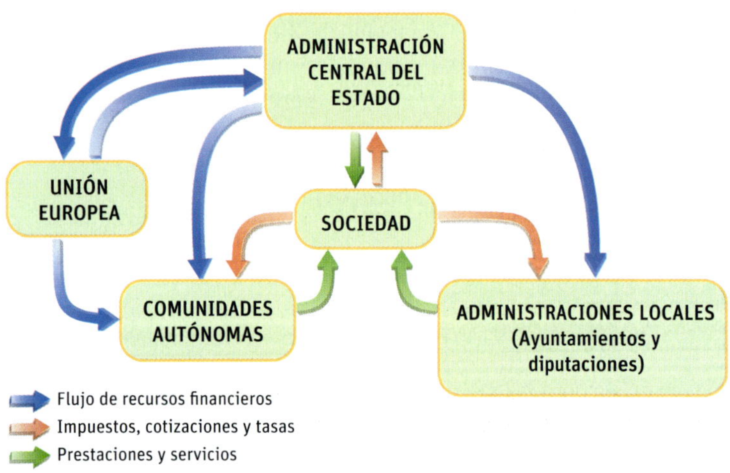

La descentralización de la Administración

Uno de los grandes cambios organizativos recientes en el sector público español es la descentralización y traspaso de competencias hacia las Administraciones territoriales.

En la descentralización administrativa española destaca el creciente peso de las comunidades autónomas como instituciones intermedias entre la Administración central y la local. Este crecimiento ha sido paralelo al mayor protagonismo de las **comunidades autónomas**, tanto en la gestión del gasto público como en la administración de los impuestos, manteniéndose la importancia relativa de las Administraciones locales.

Hoy, las comunidades autónomas gestionan la tercera parte del gasto público. Si a ello se suman las entidades locales (10 %), resulta que casi la mitad del gasto público lo llevan a cabo las Administraciones territoriales. La Administración central apenas controla el 22 %, y el 35 % restante corresponde a la Seguridad Social.

Las Administraciones autonómicas y locales son responsables principalmente de la vivienda y los servicios comunitarios, la educación, la sanidad, etc. El Estado se encarga de la defensa nacional, de las grandes infraestructuras (obras públicas nacionales) y de las relaciones exteriores, mientras que las prestaciones sociales son gestionadas mayoritariamente por los organismos de la Seguridad Social.

Existen áreas de responsabilidad compartida como las inversiones públicas (obras públicas locales o regionales), la protección policial, la defensa del medioambiente, la investigación y el desarrollo (I+D), o las actividades culturales.

2 Los presupuestos públicos

Las Administraciones públicas determinan anualmente cuánto gastarán el año siguiente y en qué, y deben prever los ingresos necesarios para financiar ese gasto. Dicho de otro modo, calculan los recursos económicos que precisan para financiar los bienes y servicios que necesitan los ciudadanos. Estos cálculos sobre ingresos y gastos constituyen los **presupuestos públicos**:

- El Gobierno elabora anualmente los **Presupuestos Generales del Estado (PGE)**, que incluyen los gastos e ingresos del sector público estatal.
- Las comunidades autónomas y los ayuntamientos proponen también cada año los **presupuestos autonómicos** y **municipales**, respectivamente.

El equilibrio presupuestario

Los presupuestos están equilibrados cuando los ingresos son iguales a los gastos. Cuando los ingresos no son suficientes para cubrir los gastos, se produce **déficit** público. Existe **superávit** en caso contrario.

El **déficit** es **cíclico** cuando la economía está en recesión. Se trata, por tanto, de un déficit temporal y se produce como consecuencia de la caída de la actividad económica, que hace que disminuya la recaudación de impuestos y que aumenten los gastos por prestaciones de desempleo. Este tipo de déficit, al mejorar la economía, tiende a desaparecer. Si el déficit se mantiene año tras año, incluso cuando la economía va bien, estamos ante un **déficit estructural** o permanente.

Cuando existe déficit, el Estado puede o bien aumentar los impuestos o bien recurrir al endeudamiento, es decir, pide a los particulares que inviertan sus ahorros en préstamos al sector público. Estos préstamos se materializan en títulos que reciben el nombre genérico de **deuda pública** (bonos del Estado, letras del Tesoro, etc.), por los que el Estado se compromete a devolver en su día las cantidades recibidas, además de pagar los intereses correspondientes. Por ello, el mantenimiento del déficit año tras año (déficit estructural) añade problemas al país: la deuda se acumula y aumentan los gastos de intereses de los próximos años.

*

Presupuestos Generales del Estado

Documento aprobado por ley cada año en el que se determina la cantidad que el Estado puede gastar y en qué ha de gastarla, y se prevén los ingresos necesarios para financiar ese gasto. Si se refiere a ayuntamientos o comunidades autónomas, se conoce genéricamente como presupuesto público.

Déficit público

Indica que los gastos públicos superan los ingresos públicos en un período determinado. Es la situación contraria a la de superávit.

Deuda pública

Saldo que refleja qué debe el Estado en un momento determinado como consecuencia del déficit de años anteriores. También se refiere a una forma de obtener financiación, por parte de los poderes públicos, mediante la emisión de títulos valores.

EN LA PRÁCTICA **No es lo mismo deuda que déficit**

El déficit se refiere al exceso de gastos sobre ingresos de un año determinado. Al igual que una familia, si un año tras otro los gastos son superiores a los ingresos, la deuda se acumula. Por tanto, la deuda del Estado es lo que se debe en un momento determinado como consecuencia de los déficits del pasado. En España, los años de crisis posteriores a 2008 han generado fuertes déficits que han hecho crecer la deuda pública hasta alcanzar casi el 100 % del PIB.

La brecha presupuestaria (% del PIB)

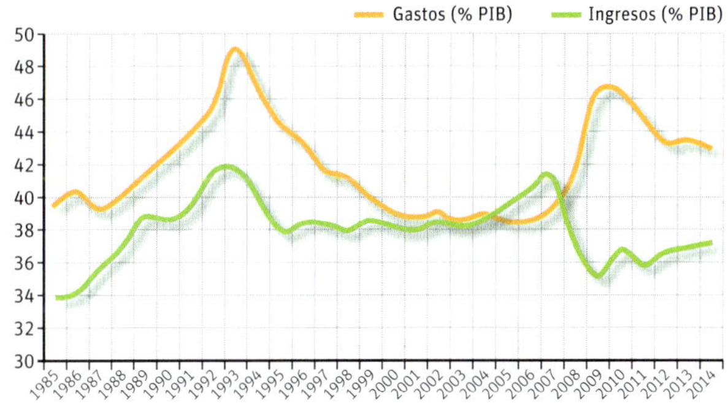

El problema de la deuda pública es que el Estado deberá pagarla en el futuro junto con sus intereses, lo que significa que el compromiso se traslada a las siguientes generaciones. Dicho de otro modo, el gasto público actual que no podemos financiar con nuestros impuestos lo soportarán con los suyos las próximas generaciones, limitando así sus posibilidades de gasto futuras. No obstante, endeudarse puede estar justificado si es para invertir en mejorar el capital productivo del país (I+D, capital humano, infraestructuras, etc.), ya que esta mejora aumentará la capacidad futura para generar la riqueza suficiente para devolver la deuda, sin condicionar el gasto de las generaciones venideras.

- Observa el gráfico y comenta la evolución de los ingresos y gastos públicos en España en las últimas décadas. ¿Qué tipo de déficit se ha mantenido y cuáles son sus efectos?
- Con la Gran Recesión de 2008, la economía española alcanzó los mayores niveles de déficit de su historia reciente. En esos años la deuda pública aumentó significativamente. ¿Cómo se genera esa deuda y qué efectos posteriores tiene?

3 El gasto público

Distribución funcional del gasto público

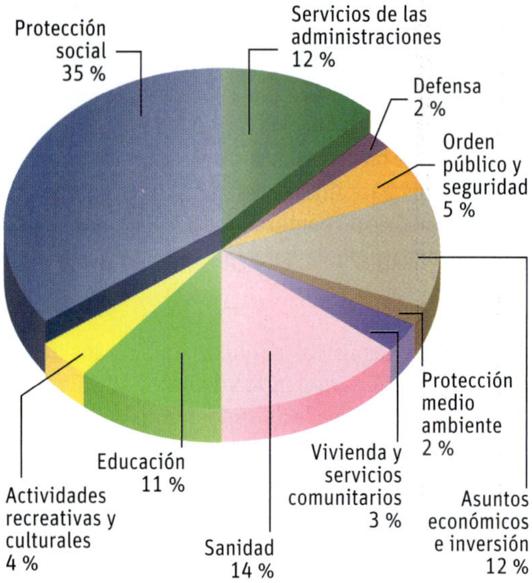

Fuente: Intervención General de la Administración del Estado y elaboración propia

Las cifras de gasto público del gráfico incluyen lo que se gastan el Gobierno (registrado en los PGE), las comunidades autónomas y los ayuntamientos.

El gasto público en cultura creció significativamente en la primera década del siglo XXI, hasta la llegada de la crisis de 2008, en la que España se situó como el país europeo que más recortes hizo en este tipo de gastos.

El conjunto de todos los gastos realizados por las Administraciones públicas (central, autonómicas y locales) se denomina **gasto público**. Bajo este concepto se recoge una gran variedad de actuaciones.

¿Para qué se gasta?

Si se clasifican los gastos públicos con un criterio funcional, es decir, según el destino al que se dedican, sumando los gastos de todas las Administraciones públicas, y sin tener en cuenta la deuda pública, podemos observar que de cada 100 euros gastados:

- El 35 % se dedica a **protección social**; es el gasto más cuantioso y está originado por el pago de las pensiones, subsidios por desempleo y otras prestaciones y ayudas de carácter social.
- El 14 % es **gasto sanitario**: construcción y mantenimiento de hospitales y centros de salud; adquisición de aparatos médicos y medicamentos; salarios del personal sanitario, etc.
- Un 12 % se destina a **servicios generales** (gestión de los servicios públicos, pago de funcionarios, etc.).
- Los **asuntos económicos y de inversión** se llevan otro 12 % del gasto. Dentro de él se incluyen las políticas para dinamizar los sectores productivos de la economía española (agricultura, industria y energía, comercio y turismo, etc.), así como las inversiones en infraestructuras (carreteras, ferrocarriles, puertos y aeropuertos, etc.) y en I+D.
- El **gasto educativo** es de un 11 % (se emplea en construcción de centros escolares o compra de material didáctico, equipos informáticos o mobiliario, salarios de profesores, etc.).
- Un 5 % es gasto en **orden público y seguridad ciudadana**, para financiar la policía, los bomberos, la justicia y los servicios de protección civil en general.
- El 4 % son **gastos culturales y recreativos**, para construir, equipar y mantener museos, bibliotecas, parques, jardines, instalaciones deportivas, etc.
- El 3 % del gasto se destina a programas de promoción para la **vivienda y servicios comunitarios**, como el suministro de agua, la recogida de basuras, el transporte público municipal, etc.
- Un 2 % es para gastos de **defensa**, sobre todo para el mantenimiento de las Fuerzas Armadas.
- Finalmente, otro 2 % es para programas de **protección del medioambiente**.

¿Cómo se gasta?

En función de criterios económicos, hay que distinguir entre:

a. Gastos corrientes o de consumo (pagos a funcionarios, compra de bienes y servicios, intereses de la deuda, etc.).

b. Gastos de capital o de inversión, dirigidos a mantener y mejorar las infraestructuras del país: autovías, puertos y aeropuertos, hospitales y centros educativos, AVE, etc.

c. Gastos de transferencia. Casi la mitad del gasto público son transferencias en efectivo que paga el Estado a las familias y empresas (pensiones, subsidios de desempleo, becas, subvenciones a las empresas, etc.) para que sean ellas las que dispongan de esos ingresos. Por tanto, en estos casos el sector público actúa de intermediario detrayendo impuestos o cotizaciones a unos y transfiriendo ese dinero a otros sin exigirles ninguna contrapartida.

Gastos reales y de transferencia

- Los **gastos reales** son la suma de los gastos corrientes más los de inversión. Los realiza el Estado con la finalidad de que los ciudadanos recibamos un servicio. Cuando se compra mobiliario para los institutos, se paga a un funcionario o se construye un nuevo hospital, el Estado paga por el servicio que se ofrece a los ciudadanos.
- Los **gastos de transferencia** solo redistribuyen el dinero (prestaciones, subvenciones, etc.); el Estado los realiza sin recibir nada a cambio; por ejemplo, los pagos a pensionistas, las ayudas a familias, etc.

Si de la cifra de gastos de los PGE excluimos los de transferencia, la parte que queda es sobre la que el sector público tiene capacidad de gasto, es decir, sobre la que puede decidir si se emplea en consumo o inversión pública. En definitiva, es el gasto público real (G), como componente de la demanda agregada.

DA = C + I + G + (X − M)

C + I = consumo e inversión privada **G** = consumo e inversión pública

Evolución del gasto público

El desarrollo del sector público español es, en comparación con otros países de nuestro entorno europeo, relativamente reciente. Hasta la década de 1970, el sector público tenía una dimensión reducida que apenas llegaba al 25 % del PIB. A partir de esa década se produjo un cambio radical.

Como se observa en el gráfico, en la etapa 1977-1993 el gasto público creció hasta situarse, en 1993, en torno al 47 % del PIB. Es decir, en poco más de 15 años el sector público español duplicó su tamaño. Las causas de esta expansión obedecen, sobre todo, a las demandas sociales, que dieron lugar al nacimiento y posterior ampliación y mejora del Estado de bienestar (educación, sanidad y prestaciones sociales), así como a los costes financieros (intereses de la deuda) del creciente endeudamiento público como consecuencia de los déficits de todos esos años.

A partir de 1994 cambia la tendencia expansiva del gasto público. La entrada de España en la Unión Económica y Monetaria europea (UEM) exigía un esfuerzo de equilibrio presupuestario para cumplir los requisitos de convergencia, que condujo a la contención del gasto público. La reducción del gasto público se mantuvo en los años siguientes, alcanzándose desde 2002 el equilibrio presupuestario, y entre 2005 y 2007, un superávit presupuestario.

A partir de 2008, con el comienzo de la Gran Recesión, la tendencia se invirtió. La caída de la actividad redujo los ingresos (impuestos y cotizaciones), mientras que los gastos aumentaron debido al crecimiento de las prestaciones por desempleo y ayudas sociales. Como consecuencia, se alcanzó el mayor déficit de nuestra historia reciente, y se produjo un crecimiento de la deuda pública que aún estamos arrastrando.

Evolución de gastos e ingresos públicos, 1964-2015 (% del PIB)

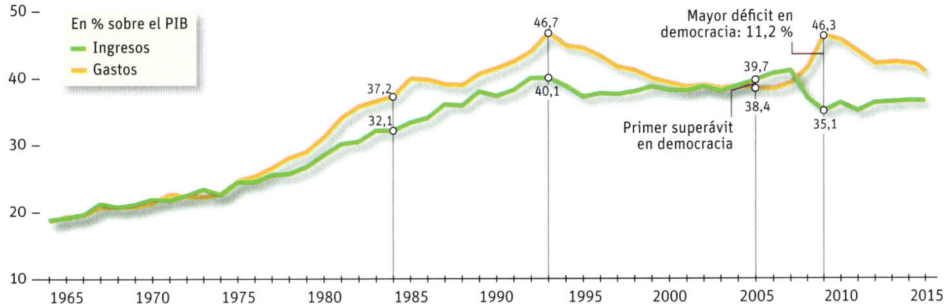

Fuente: *Cinco Días*.

CRITERIOS DE CLASIFICACIÓN DEL GASTO PÚBLICO

- para qué se gasta
  - PROTECCIÓN SOCIAL
  - ASUNTOS ECONÓMICOS E INVERSIÓN
  - SANIDAD, EDUCACIÓN
  - OTROS
- quién gasta
  - ESTADO
  - SEGURIDAD SOCIAL
  - COMUNIDADES AUTÓNOMAS
  - AYUNTAMIENTOS
- cómo se gasta
  - GASTOS REALES corrientes y de inversión
  - TRANSFERENCIAS

4 Los ingresos públicos

Finalidad de los impuestos

a. Financiar los bienes y servicios que ofrece el sector público.

b. Redistribuir la renta y la riqueza.

c. Restringir o desviar determinados gastos o consumos que se estiman perjudiciales para la salud de las personas o para la sociedad, tales como los impuestos especiales sobre el tabaco y el alcohol o los impuestos ecológicos.

Impuestos directos

Se aplican sobre una manifestación directa de la capacidad económica de los contribuyentes, como la obtención de una renta o la posesión de un patrimonio.

Impuestos indirectos

Recaen sobre una manifestación indirecta de la capacidad económica de los contribuyentes, como son sus actos de consumo.

Ingresos públicos del Estado (media de los últimos años)

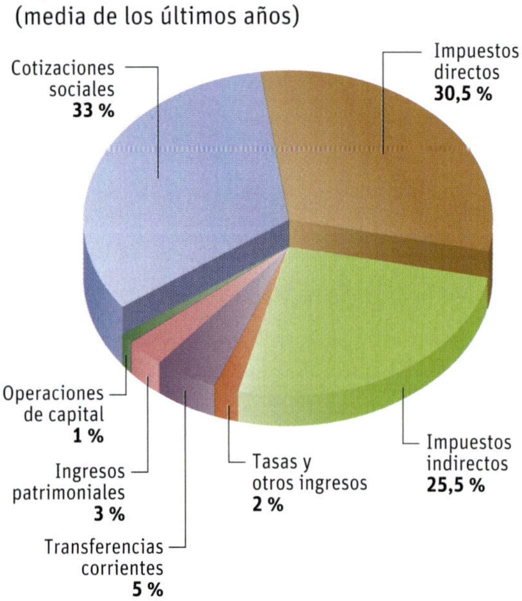

Fuente: PGE y elaboración propia

Casi el 90 % de los recursos del sector público procede de cotizaciones y de impuestos directos e indirectos.

El sector público necesita recursos suficientes para poder financiar los gastos públicos. Estos recursos constituyen los **ingresos públicos** y se obtienen mediante las cotizaciones sociales, los tributos y otras fuentes de ingresos.

Cotizaciones sociales

Son los pagos que se hacen a la Seguridad Social y por los que se adquiere un derecho a percibir determinadas prestaciones. En España, las cotizaciones se calculan tomando como base el salario de los trabajadores, y las pagan tanto las empresas como los trabajadores.

Tributos

Se clasifican en tres grandes apartados: impuestos, tasas y contribuciones especiales.

a. Los impuestos. Son pagos que se exigen por ley, sin que el contribuyente reciba un beneficio específico a cambio. Representan más de la mitad de los ingresos públicos. Dentro de los impuestos, se distinguen los siguientes:

- **Impuestos directos.** Gravan la renta o la riqueza de las personas y empresas en función de sus circunstancias económicas y familiares; permiten, por tanto, que quienes ganan o tienen más dinero paguen más que quienes tienen menos ingresos o riqueza. Los más importantes son:
  - Impuesto sobre la renta de las personas físicas.
  - Impuesto sobre sociedades. Recae sobre el beneficio neto que obtienen las empresas (sociedades). Se aplica un tipo general del 25 % sobre los beneficios obtenidos.
  - Impuesto sobre el patrimonio. Recae sobre el conjunto de bienes que posee una persona.
- **Impuestos indirectos.** Gravan hechos concretos (el consumo, por ejemplo), independientemente de la identidad y de las circunstancias de la persona que los realiza. Afectan a todo el mundo por igual, se gane o se tenga más o menos dinero. El principal es el impuesto sobre el valor añadido (IVA), que pagamos cada vez que compramos un producto o contratamos un servicio. También están los impuestos especiales, que se pagan por consumir determinados productos como el alcohol, el tabaco o la gasolina.

Los impuestos directos gravan la obtención de renta o la posesión de riqueza, mientras que los indirectos gravan la utilización de esa renta o riqueza.

b. Tasas. Son tributos por el uso de un bien o servicio ofrecido por la Administración. Se pagan tasas por la recogida de basura, el alcantarillado, el permiso de conducir, los estudios académicos, etc.

c. Contribuciones especiales. Son tributos que pagan quienes se benefician de una obra o servicio público; por ejemplo, la pavimentación de una calle o la construcción de una acera, que beneficia especialmente a los vecinos que la habitan.

Otros ingresos

Por último, existen otras fuentes de ingresos, como las **transferencias corrientes** (que obtiene el Estado mediante, por ejemplo, loterías y apuestas); los **ingresos patrimoniales** (como los beneficios de las empresa públicas) o las **operaciones de capital**, que incluyen tanto la enajenación de inversiones reales (por ejemplo, la venta de empresas públicas) como las transferencias de capital (por ejemplo, fondos estructurales que provienen de la Unión Europea para financiar proyectos de inversión).

¿Quién paga y cómo se pagan los impuestos?

Toda sociedad tiene unas necesidades comunes que deben ser financiadas mediante las aportaciones de sus miembros.

Los **impuestos** son pagos que los ciudadanos están obligados a hacer por ley para que el Estado y el resto de Administraciones públicas dispongan de los recursos suficientes con los que financiar los gastos públicos.

El artículo 31 de la Constitución española señala: "Todos contribuirán al sostenimiento de los gastos públicos de acuerdo con su capacidad económica mediante un sistema tributario justo inspirado en los principios de igualdad y progresividad [...]".

Esto significa que todos los ciudadanos tienen las mismas obligaciones, entre ellas, contribuir a los gastos comunes pagando tributos (**principio de justicia**). Pero los impuestos no son una cuota fija, igual para todos. Según sea la situación económica y familiar de los ciudadanos, así es la cantidad que tienen que pagar por impuestos. Por eso, aunque todos los ciudadanos deben contribuir, no siempre lo hacen en la misma proporción, porque no todos disponen de los mismos recursos económicos (**principio de capacidad económica**).

Todo el mundo quiere tener más y mejores servicios públicos, pero a nadie le gusta pagar más impuestos. Sería deseable que hubiera más jueces para que la justicia funcionara mejor, menos listas de espera en los hospitales, o centros educativos mejor dotados de nuevas tecnologías. Pero debemos entender que todas esas mejoras hay que financiarlas con impuestos.

La capacidad económica y sus manifestaciones

La **capacidad económica** de una persona se manifiesta a través de sus ingresos (**renta**), a través de su riqueza (**patrimonio**) o a través de sus gastos (**consumo**).

Es decir, la capacidad económica, en sus distintas formas, es un indicador de la capacidad contributiva, porque revela o demuestra lo que un ciudadano puede y debe pagar en concepto de impuestos. El que tiene mayor capacidad económica, tiene mayor capacidad contributiva y, por ello, abonará más impuestos..

Solidaridad e igualdad

Los impuestos son el "precio" que se paga por los bienes y servicios públicos. Pero además, los impuestos permiten que exista una mayor igualdad entre los ciudadanos. Para ello, el sistema tributario español está inspirado en el **principio de progresividad**, es decir, se grava con más impuestos a quienes más tienen y con menos a los que tienen menos. Todo esto significa tratar de manera distinta las situaciones que son diferentes, de tal forma que los impuestos cumplan una función redistributiva.

Los impuestos también permiten redistribuir la renta y la riqueza por la vía de los gastos públicos. Con el dinero de los impuestos, el sector público proporciona a todos los ciudadanos los bienes y servicios más básicos y necesarios (sanidad, pensiones, becas, etc.), independientemente de que hayan pagado más o menos impuestos. Existe, por tanto, una transferencia de recursos de los que más capacidad económica tienen a los que menos. Desde este punto de vista, el pago de los impuestos tiene un sentido ético y solidario mucho más amplio que el simple acatamiento de una obligación legal. Si unos han contribuido con más impuestos que otros, porque tienen mayor capacidad económica, están aplicando el **valor de la solidaridad**, que es fundamental para vivir en sociedad.

*

Sistema tributario español

Conjunto de impuestos y demás tributos existentes en España, establecidos y regulados por ley conforme a los principios enunciados en la Constitución.

ACTIVIDADES DE APLICACIÓN

1. ¿Qué ventajas e inconvenientes tiene vivir en comunidad? ¿Están relacionadas las ventajas e inconvenientes con los derechos y responsabilidades?
2. Señala ejemplos concretos de indicadores de la capacidad económica de las personas.

5 Los impuestos que pagamos los españoles: el IRPF

Los impuestos en España

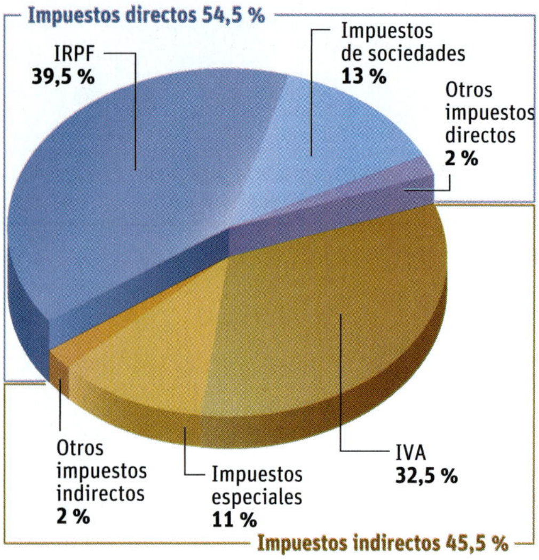

Fuente: PGE y elaboración propia

El **IRPF** es un impuesto directo que grava la obtención de renta de los ciudadanos. Del conjunto de los impuestos, el IRPF aporta al Estado más de un tercio de lo que se recauda. A través de él se busca la aplicación de los principios de capacidad económica, progresividad y equidad.

El carácter progresivo del IRPF

Para entender la progresividad, conviene saber que los impuestos se pueden calcular según distintos criterios:

- **Impuestos regresivos.** Gravan a todas las personas por igual, con independencia de su capacidad económica, lo que significa que quienes tienen más pagan lo mismo que los que tienen menos, con lo que aumenta la desigualdad entre las personas.
- **Impuestos proporcionales.** Gravan de manera proporcional a la capacidad económica de las personas; si, por ejemplo, se fijan en un 10 %, el que tenga más pagará más, pero solo en esa proporción.
- **Impuestos progresivos.** Gravan más que proporcionalmente a la capacidad económica de las personas. Para ello se aplica una tarifa progresiva: por ejemplo, quien tiene una renta de 30 000 euros paga el 10 % por los primeros 10 000, el 15 % por los segundos 10 000, el 20 % por los terceros 10 000, etc. Significa que se distribuye el dinero que se gana en tramos, y el porcentaje que se aplica (**tipo impositivo**) es mayor según va ascendiendo el tramo de renta. Estos impuestos tienen un mayor efecto redistributivo.

Veamos con un ejemplo la diferencia entre proporcionalidad y progresividad. Si todos los ciudadanos pagan, por ejemplo, el 10 % de lo que ganan, quien gana 10 000 euros pagará 1000, y el que gana 20 000 pagará 2000. Esto significaría pagar de forma proporcional. En cambio, con la progresividad, el que gana 10 000 euros paga el 10 % de esos 10 000 euros, y quien gana 20 000 euros paga el 10 % de los primeros 10 000 euros, pero el 15 % de los segundos 10 000, es decir, en total, 2500 euros.

Declaración tributaria

Documento que se presenta a la Hacienda Pública por el que se manifiesta o declara la renta que se tiene, el patrimonio que se posee, la herencia que se recibe, la venta que se hace, etc. La declaración sirve para calcular el tributo que, según la ley, hay que pagar en cada caso.

Personalización del IRPF

El IRPF tiene en cuenta las circunstancias personales y familiares de los ciudadanos para conocer su verdadera capacidad económica. Para ello se establecen **exenciones, reducciones y deducciones**.

En primer lugar, hay una cantidad exenta que es el mínimo personal y familiar necesario para poder vivir. Además, existen "descuentos" (reducciones y deducciones) que contemplan otros gastos que deben hacer las personas; por ejemplo, hay descuentos por trabajar fuera de casa y tener hijos pequeños, o por la compra de la vivienda habitual, o por invertir en planes de pensiones (ahorro para la jubilación), etc.

Cada año, millones de contribuyentes saldan cuentas con Hacienda a través del pago del IRPF.

Los pagos a cuenta del IRPF: las retenciones

El contribuyente declara y autoliquida el IRPF de un año en los meses de mayo y junio del año siguiente. Pero este impuesto no hay que pagarlo de golpe en estos dos meses, sino que se abona poco a poco. Las empresas retienen una parte del sueldo que pagan a sus empleados cada mes a cuenta del impuesto, es decir, el IRPF se va pagando mes a mes a lo largo del año mediante las cantidades que se retienen de la nómina. Por eso, en el momento de la declaración tributaria hay que restar todo lo que se ha ido pagando durante el año anterior. Si tras esa resta resulta una cantidad positiva, hay que abonarla, pero si hemos contribuido de más, Hacienda nos devuelve el exceso.

Pasos para hacer la declaración del IRPF

a. Cálculo de la renta del contribuyente. El **hecho imponible** del impuesto es la obtención de rentas. Para cuantificarlo hay que sumar todos los **ingresos obtenidos durante el año**:

- Del trabajo y de las actividades económicas (salarios y rendimientos de los profesionales independientes).
- Del capital mobiliario (intereses bancarios, ganancias por venta de acciones, etc.).
- Del capital inmobiliario (alquileres de pisos arrendados, ganancias por la venta de viviendas, etc.).

b. A estos ingresos se restan los gastos necesarios para su obtención (Seguridad Social, etc.) para hallar la **base imponible**.

Base imponible = ingresos – gastos necesarios

c. A la base imponible se le aplican unas **reducciones** para obtener la **base liquidable**. Estas reducciones las fija el Gobierno en función de las circunstancias que quiera favorecer; por ejemplo, reducciones por rendimientos del trabajo, por cada hijo menor de tres años, por estar al cargo de personas mayores o discapacitadas, o por aportaciones a planes de pensiones. Además, existe un mínimo exento (mínimo personal o familiar), o cantidad necesaria para poder vivir, que también hay que restar.

d. A la base liquidable se le aplica un porcentaje que varía según una tarifa progresiva, más alto cuanto mayor sea la cantidad, y así se obtiene la **cuota íntegra**.

e. A esta cuota íntegra se le restan unas **deducciones** en función de las circunstancias del declarante, por ejemplo: compra o rehabilitación de vivienda habitual, trabajadores con niños menores de tres años, donativos solidarios, inversiones en bienes de interés cultural, etc. La cantidad resultante o **cuota líquida** sería lo que tendríamos que pagar a Hacienda.

f. Por último, como durante todo el año se retiene de la nómina una cantidad a cuenta del impuesto, pueden darse dos situaciones: si lo que hemos adelantado es menos de lo que nos toca pagar, la declaración es positiva y habrá que **ingresar** la diferencia; si, por el contrario, hemos adelantado más de la cuenta, la declaración es negativa y Hacienda debe **devolver** la diferencia.

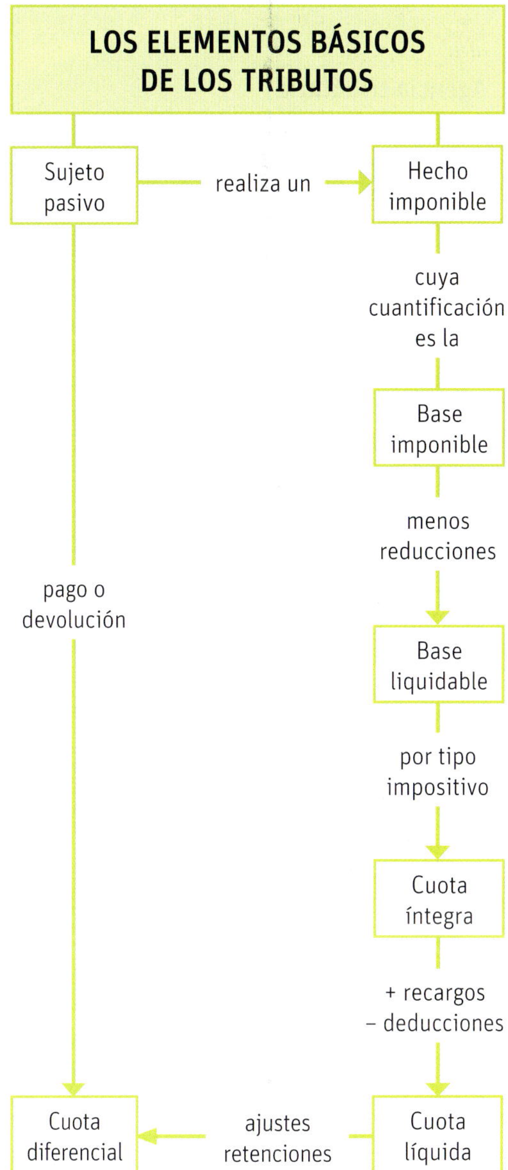

EN LA PRÁCTICA — Los cálculos del IRPF

Una persona recibe un salario anual de 31 000 euros de los que le han retenido, a cuenta del impuesto, 4050, y ha cotizado a la Seguridad Social por 1550 euros. Ha recibido intereses bancarios por 200 euros (el banco le ha retenido, a cuenta del impuesto, 36 euros) y ha vendido un garaje, por 14 000 euros, que le había costado 12 000. El mínimo personal es de 3400 euros y la reducción por rendimientos del trabajo es de 2400 euros. Además, tiene derecho a una deducción por compra de vivienda de 450 euros y por aportaciones a Cruz Roja de 100 euros. Veamos cuánto pagará por el IRPF según la tarifa progresiva de la tabla.

Tramos de renta	Tipo
Entre 1 y 10 000 euros	10 %
Entre 10 001 y 20 000 euros	15 %
Entre 20 001 y 30 000 euros	20 %
Entre 30 001 y 40 000 euros	25 %

Base imponible = (31 000 + 200 + 2000) – 1550 = 31 650

Base liquidable = 31 650 – 2400 – 3400 = 25 850

Cuota íntegra = (10 % de 10 000) + (15 % de 10 000) + (20 % de 5850) =
= 1000 + 1500 + 1170 = 3670

Cuota líquida = 3670 – (450 + 100) = 3120

Resultado declaración = cuota líquida – retenciones = 3120 – (4050 + 36) =
= 3120 – 4086 = – 966. Esto es, Hacienda debe devolverle 966 euros.

- Si la tarifa progresiva del impuesto fuera la establecida en la tabla de abajo, ¿cuál sería el resultado de la declaración?

Tramos de renta	Tipo
Entre 1 y 20 000 euros	18 %
Entre 20 001 y 40 000 euros	25 %

6 La presión fiscal en España

Agencia tributaria

Organismo público encargado de la gestión del sistema tributario estatal. Facilita a los ciudadanos el cumplimiento de sus obligaciones fiscales ofreciendo diversos servicios de asistencia, tanto personales como telemáticos. Su página web alberga un portal de educación cívico-tributaria, cuya función es la divulgación pedagógica del sistema tributario español (explicaciones sencillas sobre cuáles son, a dónde van y para qué sirven nuestros impuestos):

http://www.e-sm.net/sveco1bachud11_00

La presión fiscal de la UE (2002-2012)

Ingresos por impuestos (en porcentaje del PIB)

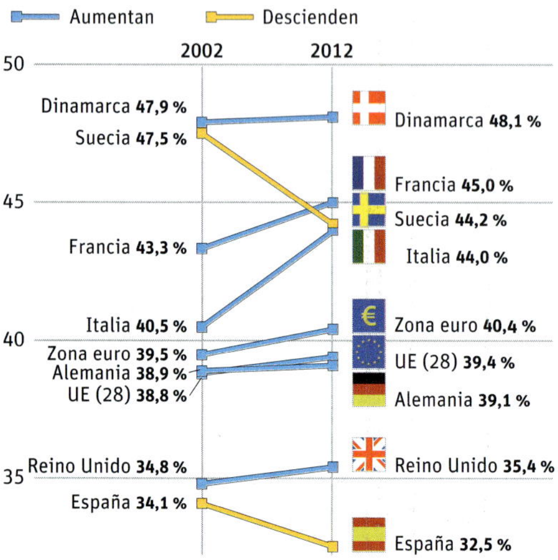

Fuente: Eurostat

Existe la creencia de que en España se pagan muchos impuestos. Así, se produce una curiosa paradoja: la demanda creciente de mayor gasto público para financiar más y mejores servicios públicos va acompañada de una fuerte resistencia a asumir más impuestos. Olvidamos que todo servicio público, aunque no lo paguemos directamente, tiene un coste que habrá que financiar de alguna manera. Como nos parecen "gratuitos", no somos conscientes de que por cada puesto de maestro o enfermera es necesario recaudar impuestos que permitan pagar el salario de estos profesionales.

Según los estudios sobre opinión pública y política fiscal, realizados por el Centro de Investigaciones Sociológicas (CIS) los últimos años, la mayoría de los españoles cree que paga "mucho" a Hacienda. Sin embargo, tal como veremos, en España no tenemos excesivos impuestos en relación a otros países de nuestro entorno.

Además, en las encuestas, el rechazo a una subida de impuestos para mejorar los servicios públicos y las prestaciones sociales es bastante general; y si la pregunta se plantea a la inversa, es decir, si se pueden bajar los impuestos y mantener las prestaciones y servicios públicos, el porcentaje de quienes responden afirmativamente supera el 50 %.

¿Pagamos muchos impuestos?

Los datos no parecen confirmar la impresión de los ciudadanos. Para medir la incidencia global que tienen los impuestos en un país se recurre al concepto de **presión fiscal**, que se define como el cociente entre el total de ingresos fiscales y el PIB, y expresa, por tanto, la proporción del PIB que los contribuyentes dedican al pago de impuestos.

Presión fiscal = ingresos por impuestos y cotizaciones sociales / PIB

En el numerador se incluyen los pagos por cotizaciones a la Seguridad Social y todos los impuestos que constituyen los ingresos fiscales de un país, tanto a escala nacional como autonómica y municipal.

Los últimos informes de presión fiscal en la Unión Europea resultan bastante orientativos en cuanto a comparaciones entre países. Dinamarca está a la cabeza de la carga fiscal, con los impuestos más altos (48,1 % del PIB), seguida de países como Francia, Suecia o Italia, que están en torno al 45 %.

Del examen de estos datos no puede deducirse que la presión fiscal en España, con un 32,5 %, sea alta: estamos siete puntos por debajo de la media europea, que está en torno al 40 % (ver gráfico). Esta menor presión fiscal hace que las arcas públicas españolas sean las más débiles de la Europa desarrollada.

Esta debilidad se explica porque los años de crisis han deprimido los ingresos fiscales en España en mayor medida que en el conjunto de la Unión Europea. Pero también obedece a que el fraude fiscal y la economía sumergida en nuestro país están por encima de la media europea.

Las contrapartidas de la presión fiscal

La presión fiscal no puede analizarse sin hacer referencia a las contrapartidas que se reciben, es decir, los bienes y servicios que nos ofrece el sector público.

Un ciudadano danés que de cada 100 euros de renta paga, por término medio, casi 50 euros en impuestos y cotizaciones, sin duda esperará tener mejores infraestructuras públicas, mayor protección social y una ciudad más cuidada, entre otras cosas, que un ciudadano español o irlandés, que paga bastante menos.

Por tanto, a la hora de valorar qué nos ofrece el sector público, habrá que tener en cuenta cuál es nuestra contribución a su sostenimiento.

Los principales impuestos

Junto con las cotizaciones sociales, el IRPF, el IVA o los impuestos especiales, hay otros muchos tributos que gravan determinados bienes, ciertas operaciones o hechos concretos. Por ejemplo, el propietario de una casa, cada año ha de pagar a su Ayuntamiento el impuesto sobre bienes inmuebles (IBI), las tasas de alcantarillado, de recogida de basuras, etc. Además, abonará más impuestos si hace alguna reforma en su casa, o si la vende. Y si decide comprar un coche nuevo, pagará el impuesto de matriculación y, después, cada año, el de circulación. Y cuando herede, tendrá que hacer frente al impuesto sobre sucesiones y donaciones, etc.

Además de estos tributos, existen tasas de matrícula por estudios, por utilizar un aeropuerto, por obtener el DNI o el pasaporte, etc.

El impuesto sobre el valor añadido (IVA)

El IVA es un impuesto indirecto que se paga al comprar un producto o contratar un servicio. A diferencia del IRPF, en el IVA no se contemplan las circunstancias personales y familiares del contribuyente, de modo que todos pagamos igual cantidad por el mismo bien o servicio. Después del IRPF, el IVA es el tributo más importante, con el que se recauda casi un tercio del total de los impuestos.

El tipo impositivo del IVA no siempre es el mismo. Existe un IVA general del 21 % que se aplica a la mayoría de los productos de consumo. Hay un IVA reducido del 10 % para los artículos de uso corriente, como alimentos en general, vivienda, restaurantes, espectáculos o transporte. Y, finalmente, el IVA superreducido, que es del 4 %, grava los bienes más necesarios, como pan, leche, frutas, huevos, medicinas, libros, etc. Además, hay bienes que por su importancia no pagan IVA, es decir, están exentos (servicios sanitarios, educativos o de asistencia social, etc.).

Aunque la estadística nos diga que la probabilidad de obtener un premio importante en la lotería es ridícula, somos el país que más contribuye al conocido como "impuesto de los tontos". Calificativos más duros utilizaron economistas como William Petty, que dijo que los jugadores de loterías eran "tontos autocomplacientes", o el mismo Adam Smith, quien concluyó que esta forma de recaudar impuestos se basaba en un "autoengaño" de la población.

EN LA PRÁCTICA **La presión fiscal del ciudadano medio**

Analicemos el caso de un trabajador medio, Juan Contribuyente, con un salario bruto anual de 30 000 euros. De ellos, paga 1500 euros por su cotización a la Seguridad Social. Por retenciones a cuenta del IRPF le descuentan 4000 euros al año de su nómina, con lo que su salario neto anual es de 24 500 euros. De esta cantidad, si al hacer la declaración de la renta le sale a pagar 500 euros, tendrá una renta disponible de 24 000 euros. Supongamos que de su renta disponible consigue ahorrar 3000 euros. El resto (21 000) lo dedica al consumo. De esta manera, tendrá que pagar por IVA (haciendo una media del 10 %) unos 2100 euros.

Si nos olvidamos de las tasas, impuestos especiales y otros hechos imponibles, y hacemos cuentas sobre lo que le corresponde pagar a este ciudadano de los 30 000 euros de su salario, nos salen:

1500 + 4000 + 500 + 2100 = 8100 euros, es decir, la presión fiscal de este ciudadano es de un 27 % de su salario.

- ¿Cómo se calcula la presión fiscal de un país?
- Un ciudadano con un salario bruto anual de 28 000 euros, cuya retención en nómina por el IRPF y cotizaciones a la Seguridad Social ascienden a 4000 y 1500 euros, respectivamente, al hacer la declaración de la renta debe pagar 300 euros. Sabiendo que no ahorra nada, describe los pasos y efectúa los cálculos correspondientes para calcular la presión fiscal que tiene.

7 La política fiscal

En épocas de recesión, el Gobierno puede estimular la economía aumentando el gasto en obras públicas. Con ello se crea trabajo para las empresas de construcción, cuyos empleados gastarán sus salarios en la compra de bienes y servicios, lo que influirá en otras empresas y generará efectos en cadena positivos para la economía. Así, el gasto extra del Gobierno actúa de palanca para levantar la economía, y por ello la política fiscal también se conoce como de palanca fiscal.

Los efectos de la política fiscal expansiva

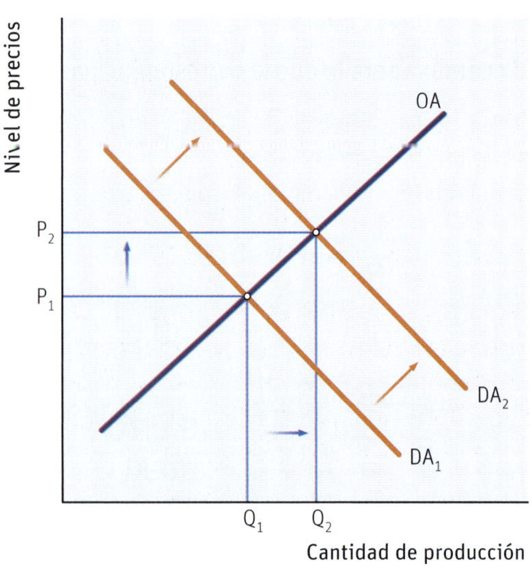

Como vemos en el gráfico, el aumento del gasto o la reducción de impuestos incrementan la demanda agregada, desplazándola a la derecha (DA_1 a DA_2). Este crecimiento de la demanda mejora la producción y el empleo, pero también puede elevar los precios, con el consiguiente riesgo de inflación.

El Estado no solo ofrece bienes y servicios y redistribuye la renta; también influye en la actividad económica a través de la política fiscal.

La naturaleza de la política fiscal

El equilibrio de una economía exige que la producción (oferta) coincida con la cantidad demandada de bienes y servicios por parte de los agentes económicos. Una demanda escasa provocará desempleo; un exceso de demanda, subida de precios. ¿Cómo alcanzar el equilibrio? Como sabemos, la demanda agregada (DA) es la suma del consumo (C), la inversión (I), el gasto público (G) y las exportaciones netas (X – M). Por ello, el reto está en conseguir que decisiones independientes de consumidores e inversores generen una cantidad de demanda suficiente para obtener el pleno empleo y la estabilidad de los precios.

Dada la dificultad de alcanzar esa coincidencia, ¿por qué no utilizar el gasto público o los impuestos para ajustar la demanda agregada? Los impuestos detraen dinero de las familias y de las empresas, condicionando el consumo y la inversión del país, mientras que con el gasto público se genera actividad y empleo.

La **política fiscal** está constituida por las medidas que los gobiernos llevan a cabo sobre el gasto público y los impuestos con objeto de facilitar el crecimiento económico y el empleo, la estabilidad de los precios y el control del déficit público.

La política fiscal expansiva

Cuando la demanda agregada es escasa y caen la actividad económica y el empleo, el Gobierno tiene dos instrumentos para **estimular la economía**:

- **El aumento del gasto público.** Si la demanda es escasa, el Estado puede aumentar sus gastos en obras públicas (carreteras, hospitales, etc.), en compra de bienes y servicios públicos a las empresas, y en gastos de transferencias (subsidio de desempleo, pensiones, subvenciones a empresas, etc.). Estas medidas influyen directamente en la actividad económica aumentando la demanda agregada. Para responder a esta mayor demanda, las empresas incrementarán su producción y contratarán más trabajadores.
- **La reducción de los impuestos.** Al bajar los impuestos, aumenta la renta disponible de las familias, que tendrán más dinero para poder consumir. A su vez, la reducción de los impuestos supondrá menores costes para las empresas, lo que las animará a invertir. El crecimiento del consumo y la inversión supondrá un aumento de la demanda agregada, que llevará a las empresas a incrementar la producción y el empleo.

Política fiscal expansiva

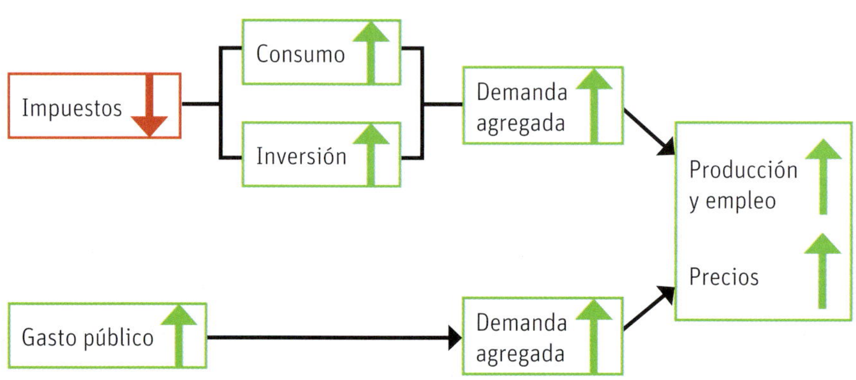

La política fiscal contractiva o restrictiva

Cuando hay un exceso de demanda y existe riesgo de subida de precios, el Gobierno puede contraer la demanda utilizando los mismos instrumentos (gasto público e impuestos), pero en sentido inverso.

- **La reducción del gasto público.** Si el Estado gasta menos en programas de obras públicas, por ejemplo, disminuye la demanda agregada.
- **La subida de impuestos.** Al subir los impuestos, cae la renta disponible de las familias, lo que reduce su consumo. Y unos mayores impuestos suponen más costes para las empresas, que disminuyen su inversión. La reducción del consumo y la inversión se traducirá en un descenso de la demanda agregada.

Los efectos de la política fiscal contractiva

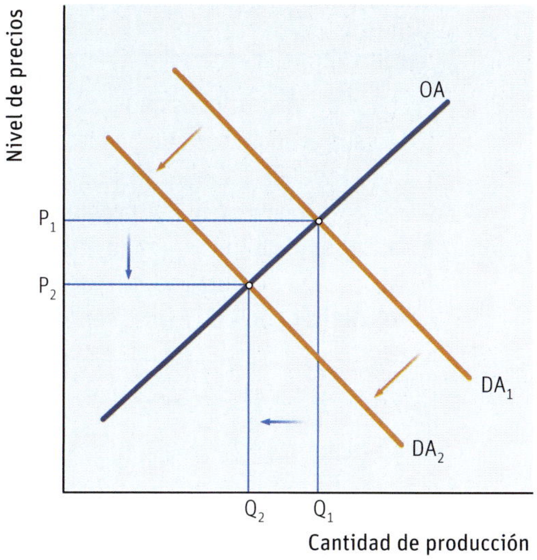

El efecto de una reducción del gasto público o el aumento de los impuestos se traduce en un desplazamiento de la curva de demanda agregada a la izquierda, con el consiguiente descenso de producción, empleo y precios.

La polémica sobre el déficit público

¿La política fiscal expansiva es un buen remedio para salir de las crisis? Aumentar el gasto público o reducir impuestos llevan al déficit público y al crecimiento de la deuda del Estado, cuyos intereses serán nuevos gastos de próximos años. Por ello, los economistas **monetaristas** entienden que la política del Gobierno debe buscar el equilibrio presupuestario. Si hay recesión, la economía de mercado tiene mecanismos autocorrectores suficientes para restablecer el equilibrio, por lo que la intervención del Gobierno es innecesaria y debe limitarse a contener el gasto.

Los **keynesianos**, por el contrario, plantean que cuando una economía está en recesión y crece el paro, el Gobierno debe intervenir aumentando el gasto para reactivar la economía y generar empleo, aunque se incurra en déficit. Este déficit debe equilibrarse, pero a lo largo de todo el ciclo, compensando la deuda originada en la fase recesiva con el superávit derivado de la mejora de la economía.

EN LA PRÁCTICA **Déficit y deuda pública en España**

Si en 2007 la deuda pública española era del 36 % del PIB, siete años más tarde rondaba el 100 % (más de un billón de euros). Los años de crisis generaron fuertes déficits que explican este espectacular crecimiento de la deuda pública. Pero ¿cómo reducirla? Sin duda, es tarea difícil mientras continúe alimentándose de déficits públicos.

No hay fórmulas milagrosas para reducir la deuda. La vía más eficaz es el **crecimiento** de la economía y del empleo. Esto permite incrementar los ingresos por impuestos, tanto de las rentas del trabajo y beneficios empresariales como por el aumento del IVA del consumo. A su vez, la creación de empleo aumenta los ingresos por cotizaciones y reduce los gastos en prestaciones por desempleo.

Evolución de la deuda pública (% del PIB)

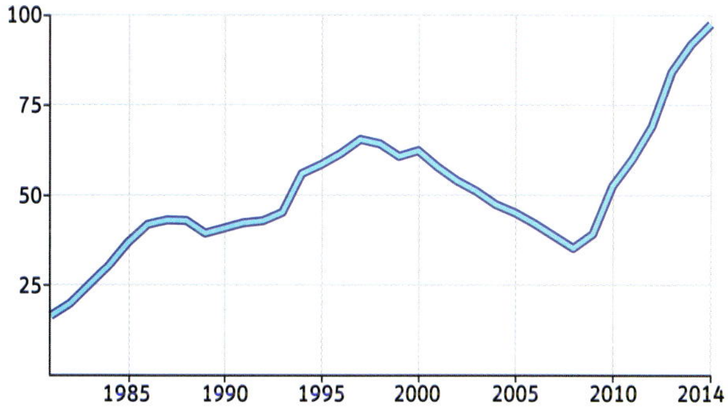

Fuente: http://www.e-sm.net/sveco1bachud11_03

Una segunda vía sería introducir cambios en los gastos e ingresos. En los gastos ya se han hecho recortes, en algunos casos excesivos y contraproducentes (sanidad, educación e I+D). Por ello, lo más razonable es aumentar los ingresos elevando la presión fiscal, que es muy baja en nuestro país en relación con la media europea (32,5 % frente al 40 % de la UE). **Aumentar la presión fiscal** supone subir los impuestos de las rentas más altas o sobre el patrimonio de los más ricos; y sobre todo, combatir el fraude fiscal y la economía sumergida, dedicando más recursos (inspección y control) a esta tarea. Estas medidas permiten aumentar los ingresos y corregir la creciente desigualdad en nuestro país.

Cuando las vías anteriores fracasan y un Estado no puede asumir su deuda, la última opción sería la **restructuración de la deuda**, entendida como un acuerdo con los acreedores para reducir los tipos de interés, alargar los plazos para pagarla, perdonar parte de la deuda (quita), o una mezcla de las tres modalidades. Las consecuencias suelen ser negativas para el país que se ve obligado a hacerlo, ya que pierde la confianza internacional y tendrá dificultades para volver a financiarse en el futuro.

- Comenta la frase: “No podemos aspirar a tener un Estado de bienestar que cuesta más del 40 % del PIB, con una recaudación que no llega al 35 % del PIB”. ¿Cómo lo equilibrarías tú, renunciando a parte de ese 40 % de Estado de bienestar o aumentando los impuestos?
- Entra en www.e-sm.net/sveco1bachud11_01 y comprueba el nivel de deuda actual.

ACTIVIDADES

Actividades de síntesis

1. Elabora un mapa conceptual en el que se relacionen estas ideas básicas.

1

Las Administraciones públicas calculan cada año los recursos económicos que precisan para financiar los bienes y servicios públicos. Estos cálculos sobre ingresos y gastos constituyen los **presupuestos públicos**, que están equilibrados si los ingresos son iguales a los gastos. Cuando los ingresos no cubren los gastos, se produce **déficit** público. Y si los superan, existe **superávit**.

2

El **gasto público** total se puede clasificar con distintos criterios. Según su destino, se diferencian gastos en protección social, educación, sanidad, orden público, inversión, etc. Según cómo se gasta, se distinguen los gastos corrientes (como los sueldos de los funcionarios) de los gastos de capital o de inversión, y los gastos de transferencias. En estos últimos, el sector público actúa como intermediario (pensiones, prestaciones y ayudas, etc.) ante los beneficiarios.

3

El sector público necesita recursos para financiar los gastos públicos. Estos recursos constituyen los **ingresos públicos** y se obtienen de las cotizaciones sociales y los tributos (impuestos, tasas y contribuciones especiales). Los **impuestos** son pagos que se exigen por ley, sin que el contribuyente reciba un beneficio específico a cambio.

4

Dentro de los impuestos, se distinguen los **directos**, que gravan la renta o la riqueza de las personas y empresas en función de sus circunstancias económicas y familiares, y los **indirectos**, que gravan hechos concretos (el consumo, por ejemplo), sin tener en cuenta las circunstancias de la persona.

5

Del conjunto de los impuestos que pagamos los españoles, el **IRPF** es el principal, pues aporta al Estado más de un tercio del total recaudado. Es un impuesto directo que grava la obtención de renta de los ciudadanos. A través de él se busca la aplicación de los **principios de capacidad económica, progresividad y equidad**.

6

Para saber si en un país se pagan muchos o pocos impuestos se utiliza el concepto de **presión fiscal**, que se define como el cociente entre el total de ingresos fiscales y el PIB. Por tanto, expresa la proporción del PIB que los contribuyentes dedican al pago de impuestos y cotizaciones sociales. La presión fiscal en España es muy inferior a la media europea.

7

La **política fiscal** está constituida por las medidas que los gobiernos llevan a cabo sobre el gasto público y los impuestos con objeto de facilitar el crecimiento económico y el empleo, la estabilidad de los precios y el control del déficit público. Esta política puede ser de estímulo (política **expansiva**), tratando de favorecer el consumo y la inversión, o de freno (política **contractiva**), tratando de contraer la demanda agregada para controlar los precios.

smSaviadigital.com VALORA LO APRENDIDO > Realiza la **autoevaluación**.

Actividades de análisis y problemas

2. Identifica las Administraciones públicas con las que estás relacionado, de mayor a menor proximidad.

3. Piensa en las actividades cotidianas de una familia y señala ejemplos de bienes y servicios públicos que utiliza en estos apartados:

a) Educativos.

b) Sanitarios.

c) Orden público y seguridad ciudadana.

d) Culturales y recreativos.

e) Vivienda y servicios comunitarios.

f) Protección social.

4. ¿Qué diferencia existe entre una pensión y un subsidio por desempleo? ¿Cómo se adquiere el derecho a tener una pensión o un subsidio por desempleo?

5. Con relación al equilibrio presupuestario:

a) ¿Qué nos indica la existencia de déficit público y qué debe hacer el sector público para compensarlo?

b) Cuando el déficit es estructural o permanente, ¿cuáles son las consecuencias para el país?

6. ¿En qué se distinguen los gastos reales de los gastos de transferencia? Identifica si los gastos públicos siguientes son reales o de transferencia:

a) Compras de nuevos coches para la policía.

b) Construcción de obras públicas.

c) Subvenciones a empresas en crisis.

d) Pago de pensiones.

e) Gastos de material sanitario.

f) Contratación de funcionarios.

7. **En relación con los impuestos:**

a) Explica qué son y qué finalidades tienen.

b) Imagina que no hubiera impuestos: ¿cómo y quién proporcionaría los bienes y servicios públicos? ¿Quiénes serían los beneficiados y quiénes los perjudicados por esta situación?

8. **Identifica los impuestos que paga tu familia y clasifícalos en directos e indirectos. ¿En qué se diferencian los directos de los indirectos?**

9. **Explica con ejemplos las diferencias entre impuestos, tasas y contribuciones.**

10. **Elabora un breve informe sobre el sector público español en el que abordes los puntos que se mencionan a continuación.**

a) Evolución del gasto público en las últimas décadas y factores que la han condicionado.

b) Evolución del déficit o superávit.

c) Ilustra el informe con dos gráficos de barras: uno con los cuatro impuestos más importantes y otro con los cuatro tipos de gasto público mayores, a partir de los porcentajes que representan respecto del total.

11. **Los impuestos pueden aumentar o disminuir las diferencias entre las rentas de las personas. ¿Qué características deben reunir para que produzcan una cosa u otra? Señala ejemplos en ambos casos.**

12. **En relación con el IRPF:**

a) ¿En qué consiste y cuáles son sus características?

b) ¿Qué son las retenciones a cuenta y qué ventajas tienen para el contribuyente?

c) A través del IRPF se busca aplicar los principios de justicia, equidad y redistribución de la riqueza. ¿Qué fórmulas y procedimientos se usan para ello?

13. **De las siguientes circunstancias de una familia, identifica cuáles suman y cuáles restan en el IRPF.**

a) Los padres cobran sueldos mensuales, de los que les retienen una parte todos los meses para el impuesto, además de las cotizaciones sociales.

b) Tienen dos hijos (de 9 años y 1 año).

c) Viven en una casa que todavía están pagando.

d) Reciben intereses de una cuenta de ahorro.

e) Hacen aportaciones a un plan de pensiones.

f) Venden un solar por encima de lo que costó.

g) Aportan donativos a una ONG.

h) Reciben rentas del alquiler de un apartamento.

14. **Una persona gana 24 000 euros al año y otra gana el doble. Teniendo ambas las mismas circunstancias personales y familiares, ¿pagará la segunda persona el doble que la primera por el IRPF? Razona tu respuesta.**

15. **En tu cuaderno, señala el tipo impositivo de IVA que tienen estos bienes o si están exentos, y contesta a las preguntas.**

Producto	Tipo impositivo / Exento
Leche y pan	•••
Carne y pescado	•••
Pasteles	•••
Ir al dentista	•••
Recarga de móvil	•••
Libros	•••
Compra de ropa	•••
Comer en un restaurante	•••
Ir al cine	•••
Medicinas	•••

a) ¿Por qué crees que unos bienes tienen que pagar más o menos IVA que otros, o no pagar nada?

b) ¿En qué bienes rebajarías o eliminarías el IVA y por qué?

16. **El balance entre lo que pagamos en impuestos y lo que recibimos en bienes y servicios públicos no es igual para todos. Explica qué factores justifican esa situación y qué mecanismos se utilizan para ello. En tu explicación, apóyate en los principios de justicia, equidad y solidaridad.**

17. **Cuando crece la economía y aumentan la producción y el empleo, la recaudación por impuestos, ¿sube o baja? Razona tu respuesta.**

18. **Los presupuestos de una comunidad de vecinos tienen algo en común con los presupuestos públicos. Lee el texto y responde.**

Imagina que eres el presidente de una comunidad y presides una reunión para decidir los gastos del próximo año y la cuota que tendrá que pagar cada vecino. En ella, una vecina opina que se paga demasiado. Otra dice que deberían hacerse ciertas obras y habría que pagar más. Algunos no están de acuerdo con pagar en función del tamaño de cada piso y se quejan de que los pisos pequeños pagan menos y usan los espacios comunes por igual. Unos quieren poner piscina y reformar el portal, pero otros prefieren arreglar el ascensor, las tuberías y el tejado. El vecino del 1.º A se niega a pagar el ascensor o las goteras. Por último, hay algunos que no van a las reuniones pero critican los acuerdos adoptados.

A partir de estos hechos, mediante una dramatización con juego de roles, responde como presidente a los comentarios de los asistentes. Emplea argumentos de justicia, eficacia, equidad y solidaridad.

19. **Lee el texto, analiza la viñeta y responde a la cuestión.**

Principio de igualdad de oportunidades: Todo el mundo debe jugar al juego económico con las mismas reglas y en el mismo campo. Todo el mundo debe tener las mismas posibilidades de acceder a las mejores escuelas, a la mejor formación y a los mejores puestos de trabajo.

Fuente: El Roto, *El País*, 14-7-1999.

¿Qué diferencias observas entre el principio de igualdad de oportunidades y la propuesta de este principio que se refleja en la imagen?

20. **Comenta estos titulares relacionándolos con los contenidos de la unidad.**

La Comisión Europea insiste en la reducción del déficit público

Francia aprueba un impuesto sobre las grandes fortunas

La presión fiscal sube un punto y se acerca a la media europea

Los analistas alertan sobre el frenazo al consumo por el aumento de impuestos

21. **Indica si son verdaderas o falsas estas afirmaciones, razonando tu respuesta.**

a) La deuda pública es la diferencia entre los ingresos y los gastos públicos de un período.

b) Los impuestos indirectos no tienen en cuenta las circunstancias económicas y familiares.

c) La presión fiscal es la proporción del PIB que los ciudadanos pagan en impuestos y cotizaciones.

d) El aumento del gasto público forma parte de la política fiscal expansiva.

e) Si aumentan los impuestos, el consumo y la inversión disminuyen.

f) Los keynesianos son partidarios del equilibrio presupuestario incluso en épocas de crisis.

22. **Si aumentan los impuestos:**

a) Explica cómo afecta esta decisión a los distintos componentes de la demanda agregada.

b) Representa gráficamente sus efectos sobre la demanda y la oferta agregadas, el empleo y la inflación.

23. **Responde a las cuestiones, si el Gobierno aumenta el gasto público.**

a) Explica qué efectos en cadena se producen en el conjunto de la economía.

b) ¿De qué tipo de política se trata?

c) Elabora un esquema con las relaciones causa-efecto que se producen sobre los distintos componentes de la demanda agregada, la producción, el empleo y la inflación.

d) Representa gráficamente sus efectos sobre la oferta y la demanda agregadas.

24. **Averigua qué pagarían por el impuesto sobre la renta dos ciudadanos que tienen unos ingresos de 20 000 y 50 000 euros anuales, respectivamente, en un país donde:**

a) Todos pagan lo mismo: 5000 euros.

b) Todos pagan en proporción a su renta: el 20 %.

c) Existe una tarifa progresiva, que grava los primeros 20 000 euros con el 15 %, los segundos 20 000 con el 20 %, y para cantidades superiores, con el 30 %.

d) Explica en cada caso cuáles son los efectos del impuesto sobre la redistribución de la renta.

25. **Diseña tu propio presupuesto.**

Gastos	%	% de tu propuesta	Justificación
Servicios de Administraciones	12	•••	•••
Defensa	2	•••	•••
Orden público y seguridad	5	•••	•••
Asuntos económicos e inversión	12	•••	•••
Protección del medioambiente	2	•••	•••
Vivienda y servicios comunitarios	3	•••	•••
Sanidad	14	•••	•••
Educación	11	•••	•••
Actividades recreativas y culturales	4	•••	•••
Protección social	35	•••	•••
TOTAL	100	•••	•••

26. **Muchos ayuntamientos muestran en su web los presupuestos municipales y los servicios que ofrecen. Busca la web del tuyo.**

a) ¿Qué servicios ofrece en estos ámbitos?: educación, cultura, juventud y deporte; empleo; programas para mujeres; servicios sociales.

b) ¿Cuáles son los proyectos más importantes de tu Ayuntamiento? ¿Qué carencias observas?

27. **Observa la viñeta y responde.**

a) ¿Cómo se genera esa deuda y qué efectos tiene? ¿Qué condición debe darse para que el déficit actual no afecte a las generaciones futuras?

b) ¿Cómo cambiarías esta frase del presidente estadounidense Herbert Hoover?: "Bienaventurados los jóvenes, porque ellos heredarán la deuda nacional".

Fuente: Forges, *El País*, 4-7-2014.

smSaviadigital.com PRACTICA > Analiza la actualidad y **ponte al día.**

Actividades de argumentación y debate › ¿Deben pagar más impuestos los más ricos?

28. **Los impuestos son una de las cuestiones más polémicas entre los ciudadanos y entre los economistas. Para unos se paga demasiado y ello supone un incentivo negativo al trabajo y a la inversión; para otros, el Estado de bienestar solo es posible con un sistema impositivo fuerte, eficaz y solidario.**

Hay que bajar los impuestos

A finales de la década de 1970, economistas como Robert Mundell y Arthur Laffer plantearon que la clave del crecimiento económico estaba en actuar sobre la oferta agregada (en lugar de sobre la demanda agregada) y crearon la "economía de la oferta", con un planteamiento muy ligado al pensamiento neoliberal. Criticaban así el excesivo gasto del Estado de bienestar y plantearon como alternativa bajar los impuestos a todos, sobre todo a las rentas altas y a las rentas del capital.

Para estos economistas, la subida de impuestos no solo no aumenta la recaudación fiscal, sino que la disminuye, porque si los tributos son muy altos, muchos prefieren no ganar tanto u ocultar su dinero en paraísos fiscales. Sin embargo, si bajasen los impuestos, los inversores obtendrían mayores beneficios y tendrían más incentivos para invertir; también saldrían beneficiados los asalariados, ya que una rebaja de impuestos aumentaría su sueldo neto y tendrían más incentivos para trabajar. Como resultado de todo ello, mejoraría la productividad y se producirían más bienes, lo que conllevaría un mayor crecimiento.

Hay que subir los impuestos

El problema de la economía española no es que el Estado gaste mucho, sino que recauda poco (muy por debajo de la media europea), porque muchos ciudadanos y empresas no pagan impuestos o pagan menos de lo que deberían. Los tributos en España los asumen fundamentalmente las clases medias, mientras que las altas buscan todos los resquicios posibles para escaparse del fisco.

De la recaudación española, el 90 % procede de las rentas del trabajo medias y bajas (vía IRPF, cotizaciones sociales, IVA e impuestos especiales) y el 10 % restante lo aportan los contribuyentes más ricos, las rentas de capital y las empresas. En consecuencia, en España, el 10 % más rico acumula un patrimonio 135 veces más elevado que el 20 % más pobre.

Este 10 % más rico tiene dos formas para no pagar impuestos: una legal, a través de la ingeniería fiscal que utilizan las grandes multinacionales, declarando sus beneficios en aquellos países donde se tributa menos (paraísos fiscales); y otra ilegal, haciendo fraude fiscal. Por ello, para aumentar la recaudación en España, los más ricos tienen que pagar más, con un sistema fiscal más eficaz y más justo.

Análisis audiovisual

Robin Hood, de Ridley Scott. 2010 (131 min).

Esta última versión del clásico de la literatura inglesa presenta un Robin más sensato que piensa no solo en robar a los ricos para dar a los pobres, sino en redistribuir la riqueza para que todos salgan beneficiados.

Analiza los documentos, define tu posición y formula tus argumentos: por qué (hechos, datos y valores en los que te apoyas); para qué (en qué y quiénes repercutiría); cómo (qué impuestos cambiarían). Después participa en un debate entre estas dos posturas:

a) Se deben subir los impuestos para favorecer la igualdad y mejorar el Estado de bienestar.

b) Hay que bajarlos porque así todos tendríamos más dinero disponible y habría menos fraude.
Antes de definirte, piensa en tus argumentos.

¿DÓNDE SE ESCONDE EL DINERO?

Ugland House es un pequeño edificio en las islas Caimán, famoso por ser el domicilio social de 18 000 empresas. Y es que por muy pequeños que sean los paraísos fiscales, albergan en su territorio un desorbitado número de compañías. Otro ejemplo es Liechtenstein, con menos de 30 000 habitantes y más de 40 000 empresas.

Los paraísos fiscales

1. ¿Qué son?

Un **paraíso fiscal** (en inglés, *tax haven*, 'refugio fiscal') es un territorio o Estado que aplica unos impuestos muy reducidos a los ciudadanos y empresas no residentes, y que cuenta con leyes de secreto bancario y de protección de datos personales.

2. ¿Cuándo surgieron?

Aunque los paraísos fiscales proceden de tiempo atrás, se consolidaron en la década de 1980. A ello contribuyó el auge de las ideas neoliberales que gobiernan la economía mundial desde entonces y que suponen una menor intervención estatal en la economía y la liberalización de los movimientos de capitales.

3. ¿Dónde están?

La ONU tiene censados 74 territorios como paraísos fiscales. Muchos son islas paradisiacas en el Caribe, como Bahamas, Caimán, Aruba, las Vírgenes británicas o las Antillas holandesas; pero también lo son los estados de Delaware o Miami en Estados Unidos, o países europeos como Suiza y Luxemburgo, y otros territorios en Asia.

4. ¿Cuánta riqueza esconden?

Aunque las cifras bailan según la fuente, el estudio más fiable es el de la organización sin ánimo de lucro Tax Justice Network, que calcula en 24 billones de euros (24 veces el PIB de España) los flujos de dinero en paraísos fiscales. Por otro lado, la OCDE estima que una décima parte de la economía mundial fluye hacia estas guaridas. Y en los próximos años se prevé que los paraísos fiscales aumenten un 30 %, en especial los asiáticos, como Singapur y Hong Kong.

5. ¿Qué ventajas ofrecen?

Las grandes empresas reducen su factura fiscal a través de la creación de filiales en territorios de baja tributación. Para los particulares (ahorradores, inversores, grandes fortunas), los paraísos fiscales ofrecen una vía para ocultar su dinero al fisco de sus países de origen. Las fórmulas más habituales son las cuentas bancarias secretas y las llamadas "empresas pantalla", que se constituyen en solo 48 horas y con la máxima confidencialidad.

Abrir una empresa en uno de estos paraísos o tener el dinero en el extranjero es legal. En España y en la UE rige la libre circulación de capitales, y cualquiera puede trasladar su dinero a donde desee. Solo debe comunicarlo a partir de determinados importes. Lo ilegal es hacerlo para evadir impuestos y, sobre todo, si el origen de ese dinero es ilícito.

6. ¿Qué bancos operan en ellos?

Los grandes bancos mundiales tienen filiales en estos refugios fiscales. Por medio de ellas, y según el Consorcio Internacional de Periodistas de Investigación, entidades como UBS, Deutsche Bank o Credit Suisse ayudan a sus clientes a crear sociedades pantalla. Esta práctica de banca en la sombra permite realizar operaciones financieras desde la City (Londres), Hong Kong o Wall Street en paraísos fiscales.

7. Los efectos

Esta gran evasión de impuestos significa disponer de menos recursos para servicios públicos y prestaciones sociales. También crea injusticias, porque unos tienen que costear lo que dejan de pagar otros, además de la desmotivación que supone para quienes cumplen con sus obligaciones fiscales. A su vez, aumenta la desigualdad entre ricos y pobres, ya que las grandes fortunas y las multinacionales son las que más escapan del control fiscal.

8. ¿Qué se hace para evitarlos?

Gracias a las presiones recientes de la OCDE y la Unión Europea, se ha conseguido que muchos paraísos fiscales firmen acuerdos de intercambio de información, aunque en la práctica siguen poniendo trabas para facilitarla. Entre las últimas propuestas, destacan los acuerdos de intercambio automático de información, que obligan a las compañías a presentar sus cuentas globalmente, en todos los países donde operan, y no por fragmentos. Así se puede comprobar si transfieren beneficios a países con ventajas fiscales. Por su parte, la UE aprobó suprimir el secreto bancario, desde 2017, en los dos únicos Estados miembros que aún lo mantenían (Luxemburgo y Austria).

¿Cómo funcionan los paraísos fiscales?

Con menos de 700 euros se puede crear una empresa con una cuenta bancaria en cualquiera de los cerca de 80 paraísos fiscales existentes. A través de esta empresa pantalla, basta un clic de ratón para operar en cualquier rincón del mundo sin revelar la identidad del titular de estas empresas, o evadir impuestos y ocultar patrimonio.

Las tres fórmulas paradisiacas

1. La elusión fiscal. Supone actuar al límite de la legalidad con el fin de evitar impuestos a través de la "ingeniería fiscal". Eludir es legal, aunque contradice el espíritu de la ley, ya que significa pagar menos impuestos de los que corresponderían según la capacidad económica. Las empresas multinacionales buscan resquicios legales para rebajar su factura fiscal, transfiriendo los beneficios a sus filiales en países donde tributen menos, y los gastos a aquellos países donde se puedan desgravar más. Una treta contable por la cual una empresa traslada sus gastos o ingresos a una filial u otra, en función de su conveniencia fiscal. Compañías tecnológicas como Google, Microsoft, Apple, Facebook o Amazon tienen sucursales en paraísos fiscales y utilizan estas técnicas.

2. La evasión fiscal o fraude fiscal. Se define como un comportamiento del contribuyente que oculta, disfraza o manipula su capacidad económica para no pagar los impuestos que le corresponden, actuando al margen de la ley. Son ejemplos falsificar facturas, no declarar ingresos o riqueza, ocultar cuentas, etc. Si se superan los 120 000 euros es delito penal, y si no, es una infracción administrativa, y conlleva multa.

3. La fuga de dinero negro o blanqueo de capitales. Aunque la mayor parte del dinero que llega a los paraísos fiscales es para evadir impuestos, hay una parte que procede de la corrupción, el narcotráfico, venta de armas, etc. Con ello se trata de legalizar o "blanquear" dinero negro obtenido de actividades delictivas, integrándolo en el circuito financiero para disimular su origen.

ANALIZA TU ENTORNO

1. ¿Es lo mismo fraude fiscal y blanqueo de capitales? ¿Y elusión y fraude fiscal?
2. Los que defraudan, ¿a quién engañan, al Estado o a todos los ciudadanos?
3. ¿Qué valores están detrás del fraude? ¿Qué valores animan la actitud antifraude?
4. smSaviadigital.com INVESTIGA > Muchos dudan de la eficacia de las medidas de la OCDE o la UE para **evitar el fraude** y la elusión fiscal. ¿En qué se ha avanzado y cuál es la situación actual?
5. Haz una propuesta de tuit como eslogan para luchar contra el fraude fiscal. Piensa que este eslogan es parte de una campaña de publicidad. Elige el medio (televisión, redes sociales, etc.), las imágenes y música que utilizarías para la campaña.

12 El dinero y la política monetaria

El dinero es un invento extraordinario que facilita los intercambios y evita los inconvenientes del trueque. Pero ¿qué es el dinero y por qué confiamos en él? ¿Cómo se crea? ¿Qué hacen los bancos con nuestros ahorros? ¿Y por qué suben los precios continuamente? Las respuestas a estas cuestiones nos permitirán entender por qué el dinero juega un papel fundamental en la economía moderna.

Pero el dinero no solo es un medio que facilita los intercambios o que nos permite ahorrar, también se usa como instrumento para mover la economía a través de la política monetaria. Cuando se cambia su precio (tipo de interés), o se altera la cantidad de dinero que circula en la economía, se está condicionando el comportamiento del consumo y la inversión y, como consecuencia, del conjunto de la actividad económica.

La cooperativa de canguros

Un problema frecuente entre las parejas con hijos pequeños es encontrar un canguro de confianza para salir de noche. Para resolverlo, varias parejas de unas oficinas de Washington se organizaron en una cooperativa de canguros, de modo que si una pareja salía a cenar o al cine, alguien de la oficina cuidaba de sus hijos y, a la semana siguiente, los que hicieron de canguro salían y los otros se quedaban con los niños. La idea tuvo un éxito rotundo y pronto muchos trabajadores se apuntaron a la cooperativa.

Pero al ser tantos, establecer turnos fue complicado, así que idearon un sencillo mecanismo de cupones que valían por una noche de canguro. La cooperativa imprimió cupones y los repartió a partes iguales entre sus miembros. Con ellos, la pareja que salía daba un cupón a la persona que cuidaba de sus hijos, y otra noche, esta persona utilizaba su cupón para salir.

El sistema funcionaba: había una gran demanda (parejas que quieren salir), oferta (personas dispuestas a hacer de canguro) y lo más importante, dinero (los cupones).

Pero algo inesperado sucedió. Empezó a hacer mal tiempo y la gente dejó de salir, así que nadie solicitaba canguros. Al haber pocas oportunidades para hacer de canguro, las parejas con pocos cupones se asustaron y decidieron no salir durante algún tiempo hasta que pudieran acumular unos cuantos. Pero, lamentablemente, esas oportunidades no llegaban. Incluso las que tenían más cupones, al percatarse de que nadie solicitaba canguros, decidieron no gastarlos: "Si usamos los que tenemos, no podremos recuperarlos", pensaron.

Como los que tenían pocos cupones no los gastaban y los que poseían muchos tenían miedo a gastarlos, desapareció la demanda de canguros. Y la ausencia de demanda creó la sensación de que no había cupones en circulación y reafirmó la decisión de que era mejor no salir por la noche.

¿Cómo se solucionó la crisis? En cuanto la dirección de la cooperativa detectó el problema, imprimió más cupones y regaló veinte a cada pareja. La sensación de riqueza aumentó y el temor a gastar desapareció. Poco a poco apareció en el tablón una petición, que animó a la siguiente, que animó a más personas a gastar sus cupones, hasta que se restableció la normalidad.

Adaptado de KRUGMAN, P.: *El retorno de la economía de la depresión*. Barcelona, Crítica, 2000.

ANALIZA LA IMAGEN

1. Además del dinero papel que se observa en la foto, ¿qué otros tipos de dinero conoces?
2. ¿Quién crea este dinero? ¿Cómo se podría calcular el total de dinero que hay en un país?

ANALIZA EL TEXTO

- ¿Cuáles fueron las causas de la crisis en esta economía comunitaria?
- ¿Crees que imprimiendo más dinero se resuelven los problemas económicos? ¿Por qué?

1 El dinero y sus funciones

Si no existiera el dinero, tendríamos que intercambiar bienes u ofrecer favores o servicios para obtener lo que queremos. Del mismo modo en que la comunicación resulta enormemente más fácil cuando los participantes tienen un idioma común, el dinero proporciona un medio de intercambio sencillo sin el cual toda transacción resultaría insoportablemente complicada. Sería el equivalente a tener que hacernos entender con gestos.

Imaginemos que el dinero no existiera. Si quisiéramos desayunar tostadas y no pudiéramos elaborar el pan, deberíamos acudir al panadero y dedicarnos al **trueque**. Pero solo conseguiríamos nuestro objetivo si el panadero estuviera interesado en los bienes que le ofreciéramos a cambio del pan (doble coincidencia de deseos) y, además, si los dos llegáramos a un acuerdo sobre la equivalencia del intercambio. Lo mismo nos ocurriría con la mermelada, el café, la leche, etc.

La utilización de dinero, por tanto, simplifica extraordinariamente los intercambios. Es mucho más sencillo intercambiar dinero por pan en la tienda que tener que buscar a nuestro compañero de trueque para cada uno de los múltiples bienes que necesitamos a diario. El comerciante nos acepta el dinero porque sabe que podrá utilizarlo para pagar a sus dependientes y comprar los bienes que necesita.

Con la aparición del dinero, el intercambio bienes-bienes del trueque se convierte en bienes-dinero-bienes. De esta forma, el dinero se ha transformado en un invento extraordinario para hacer rápida y cómodamente lo que de otro modo se haría con lentitud y dificultad.

Podemos definir el **dinero** como todo medio de cambio y de pago generalmente aceptado por la sociedad.

El dinero mercancía

El dinero ha tenido diferentes formas a lo largo de la historia. La más primitiva es la de **mercancía**, esto es, un bien que, además de tener su propio valor de uso, se emplea como medio de pago. Algunos ejemplos son el ganado, las conchas, los metales preciosos, etc. Pero para que una mercancía pueda ser usada como dinero, debe ser fácilmente transportable, duradera, divisible en partes, homogénea y escasa (para garantizar su valor).

Los bienes que mejor cumplen estas características son los metales, que pronto pasaron a ser el medio de pago más habitual. La incomodidad de pesar el oro en cada intercambio dio origen a la acuñación de **monedas**, respaldadas por una autoridad que garantizaba la fiabilidad de su peso. El valor de cada moneda venía determinado por la cantidad de metal que contenía. El oro, la plata y el bronce fueron los más utilizados.

El dinero papel

La aparición del **dinero papel** durante la Edad Media supuso un gran avance. Se produjo entre los orfebres que custodiaban metales preciosos y objetos de valor.

Los depositantes entregaban el oro o las joyas a los orfebres y estos les expedían unos certificados (recibo de papel) que les garantizaban su devolución en cualquier momento. Con el tiempo, se fue generalizando la costumbre de pagar las compras con estos cómodos recibos en lugar de transportar el oro de un lugar a otro.

En el siglo XVII, los primeros bancos europeos sustituyeron a los orfebres en su función de custodiar el oro. Los recibos que entregaban a cambio del oro depositado se convirtieron en los primeros **billetes de banco**. Por su comodidad, la mayoría de las compras se hacían con estos billetes, y pocas veces se solicitaba su conversión en oro.

Por esta razón, los bancos empezaron a emitir más billetes que el oro que tenían en su poder (con el consiguiente riesgo para los depositantes), lo que provocó que el Estado concediese la exclusiva de emisión de billetes a un solo banco. Con ello nacieron los **bancos centrales**.

*

Dinero mercancía

Un bien que, además de tener un valor por sí mismo (valor de uso), se usa como medio de cambio por los miembros de una sociedad.

Dinero papel

Certificado emitido por una entidad bancaria o por un orfebre, para dar constancia de que una persona ha realizado un depósito de oro, y que puede ser recuperado cuando su propietario lo exija.

Dinero fiduciario

Dinero que basa su valor en el crédito y la confianza que merece quien lo emite. *Fiducia* significa 'confianza' en latín.

El dinero fiduciario

Si el dinero es un instrumento tan importante para la vida económica, ¿por qué no lo crea el Gobierno y obliga por ley a que todos los ciudadanos lo acepten? Ello permitiría que la cantidad de dinero existente pudiera controlarse desde una única autoridad. Estas ideas dieron lugar, en la primera mitad del siglo XX, al dinero fiduciario, utilizado hoy en todas las economías.

Actualmente el dinero ya no tiene valor como mercancía ni es convertible en oro. Lo crea la autoridad monetaria o banco central y su aceptación está establecida por ley. Su uso se basa en la **confianza** (fiducia) de que va a ser aceptado por todos los miembros de una sociedad, dado el crédito que merece la autoridad que lo emite. Este es el dinero que crea el Banco Central Europeo al emitir euros, o la Reserva Federal (dólares) o el Banco de Inglaterra (libras esterlinas), etc.

Formas de dinero a través de la historia

Funciones del dinero

Para comprender cuáles son los motivos por los que el dinero es necesario, debemos estudiar sus funciones. Ya hemos visto que la principal es la de servir de medio de cambio. Sin embargo, no es esta la única función que cumple.

a. Medio de cambio o de pago. El dinero es, sobre todo, un medio de cambio, un **intermediario que facilita el comercio y la especialización** en la producción. Para cumplir esta función, el dinero debe ser generalmente aceptado: todo el mundo lo admite porque sabe que los demás lo aceptarán en el intercambio.

b. Depósito de valor. El comerciante que acepta nuestro dinero a cambio de pan no tiene que gastarlo inmediatamente, sino que puede guardarlo para cuando lo necesite. Por tanto, el dinero también es un útil depósito de valor, es decir, un medio **para mantener la riqueza** y que nos **permite ahorrar**.

El requisito para que el dinero cumpla esta función es que tenga un valor estable o, dicho de otra forma, que los precios no suban. Si alguien acepta hoy un dinero que no va a gastar todavía, debe tener la certeza de que la cantidad de bienes que podrá comprar en el futuro con ese dinero será similar a la de hoy.

c. Unidad de cuenta o de medida. Del mismo modo que utilizamos el metro para medir la longitud de los objetos, el dinero nos **permite medir el valor de los bienes y servicios**. Todo se valora en dinero, lo que permite comparar el valor de bienes diferentes o contabilizar el PIB de un país, al poder agregar bienes o servicios heterogéneos (sumar vestidos con arroz, por ejemplo). El requisito es que admita múltiplos y divisores; múltiplos para poder valorar los objetos muy valiosos y divisores para los de muy poco valor.

EN LA PRÁCTICA **El dinero como depósito de valor y los precios**

En una economía hipotética se intercambian cuatro tipos de bienes, cuyos precios en unidades monetarias (u. m.) son los presentados en la tabla.

En esta economía, con 100 unidades monetarias se puede comprar el conjunto de los cuatro bienes.

Supongamos que un año más tarde, los precios han variado y lo que antes se adquiría por 100 u. m. se adquiere ahora por 200 u. m.

- Qué ha ocurrido con el valor del dinero?
- ¿Qué función del dinero no se está cumpliendo en esta economía y cómo crees que afectará al uso que se haga del mismo?

	Precios hoy	Precios dentro de un año
Alimentos	25	45
Ropa	15	35
Ocio	10	20
Gastos vivienda	50	100
Total gastos	**100**	**200**

2 La oferta y la demanda monetaria

Milton Friedman (1912-2006) fue premio nobel de economía en 1976 por sus teorías monetarias. Junto con estas teorías, propuso medidas radicales a favor del libre mercado, entre ellas introducir el cheque escolar, privatizar la seguridad social, la libre circulación de capitales o dar mayor facilidad empresarial para contratar y despedir personal.

Liquidez de un activo

Facilidad con la que puede ser convertido en dinero disponible. El dinero en efectivo es el activo líquido por excelencia; a continuación tendríamos, y por este orden, el dinero depositado en cuentas corrientes o de ahorro, depósitos a plazo, letras del Tesoro, bonos, acciones, etc.

Aunque nos parezcan iguales, las tarjetas de crédito y de débito son muy diferentes. Cuando compramos ropa con una tarjeta de crédito no es necesario tener dinero en el banco: en ese momento, el banco paga a la tienda la cantidad debida, es decir, nos hace un préstamo que pagaremos (quizá con intereses) a final de mes. Sin embargo, al usar la tarjeta de débito nos retiran el dinero automáticamente de nuestra cuenta bancaria, es decir, debe haber dinero en ella para poder utilizar la tarjeta.

En una economía debe crearse una cantidad de dinero (oferta monetaria) que sea suficiente para satisfacer las necesidades de efectivo (demanda monetaria) que tienen los agentes económicos. Controlar que la cantidad de dinero existente es la adecuada para intercambiar el conjunto de bienes y servicios que se producen es una decisión clave en una economía: si hay más dinero que los bienes que se producen, los precios suben; si hay menos, la demanda se resiente.

La demanda de dinero

La demanda monetaria refleja la necesidad que tienen los agentes económicos de poseer dinero en efectivo para llevar a cabo sus **transacciones** habituales, o para poder hacer frente a gastos imprevistos (motivo **precaución**), o para aprovechar oportunidades interesantes de inversión (motivo **especulación**).

La demanda de dinero depende sobre todo del nivel de renta y de los tipos de interés. Un aumento de la renta genera un aumento del nivel de gasto, y para gastar más necesitaremos (demandaremos) más dinero. La demanda de dinero tiene una relación inversa con el tipo de interés. Si el tipo de interés es bajo, no nos importará disponer de más dinero en efectivo; en cambio, si el interés sube, será más atractivo tener el dinero invertido en bonos o acciones.

La oferta monetaria

La oferta monetaria es la cantidad de dinero existente en una economía. Para su medición tendremos que contabilizar las distintas formas de dinero que se utilizan en las economías modernas, y que básicamente son:

- **El efectivo en manos del público.** Son los billetes y monedas que tenemos en casa o en el bolsillo. Es una pequeña parte del dinero disponible.
- **El dinero depositado en bancos.** Por comodidad o seguridad, las personas guardamos la mayoría del dinero en depósitos bancarios como:
  - **Depósitos a la vista** (cuentas corrientes y de ahorro). Tienen una disponibilidad inmediata, al permitir pagar nuestras compras usando una tarjeta de débito, o por medio de cheques si es una cuenta corriente.
  - **Depósitos a plazo fijo.** El depositante se compromete a no retirar el dinero durante un período de tiempo, y si lo hace, pierde intereses.
- **El cuasidinero.** Se trata de inversiones en pagarés, bonos, letras del Tesoro o títulos similares, recuperables a corto plazo y con reducido riesgo.

Inicialmente, la **oferta monetaria** o cantidad de dinero que circula en una economía comprende el efectivo en manos del público (billetes y monedas) y los depósitos a la vista. Es el dinero inmediatamente disponible.

$$\mathbf{M_1} = \text{dinero en efectivo + depósitos a la vista}$$

En la actualidad, esta definición de oferta monetaria se ha quedado corta. Por ejemplo, hoy se puede disponer de manera casi inmediata de un depósito a plazo, simplemente con un preaviso. Además, otros activos financieros son convertibles en dinero a corto plazo y con muy poco riesgo (cuasidinero). Por ello, las autoridades monetarias han ampliado la definición de oferta monetaria, de tal modo que refleje realmente la variedad de medios de pago que circulan, dando lugar a:

$$\mathbf{M_2} = M_1 + \text{depósitos a plazo (hasta dos años)}$$

$$\mathbf{M_3} = M_2 + \text{cuasidinero}$$

M_3 es el concepto de oferta monetaria utilizado por el Banco Central Europeo y muchos otros bancos centrales. La idea es que no hay que controlar solo lo que ya es dinero, sino también lo que puede llegar a serlo a corto plazo.

3 El precio del dinero: el tipo de interés

Cuando alguien tiene dinero ahorrado que no piensa utilizar durante un tiempo, puede mantenerlo en su poder o prestárselo a alguien para que lo utilice durante ese tiempo. La persona o entidad que recibe el dinero paga una especie de alquiler por el derecho de usarlo que se denomina **tipo de interés**. El tipo de interés supone, por tanto, un coste para quien solicita dinero y un ingreso para quien lo presta.

Quien presta dinero exige una compensación en forma de intereses por diversas razones:

- Por **renunciar al derecho que tiene a su uso** (consumo) durante la duración del préstamo.
- Por **asumir un riesgo**, ya que siempre existe la posibilidad de no recuperar el dinero prestado.
- Por la **posible pérdida de valor del dinero** producida por la subida de los precios durante el período de duración del préstamo.

El tipo de interés suele expresarse en tanto por ciento anual sobre la cantidad prestada. Así, un préstamo de 10 000 euros a un tipo de interés del 5 %, para devolver en un año, significa que deberemos reintegrar el dinero recibido en ese plazo y pagar 500 euros de intereses.

El **tipo de interés** se define como el precio de un préstamo, expresado en tanto por ciento. Es, en definitiva, **el precio del dinero**.

Existe una gran variedad de tipos de interés en el mercado según la clase de préstamo: préstamo joven, al consumo, hipotecario, tipo fijo o variable, etc. Todos por encima del tipo de interés oficial que marca el Banco Central Europeo.

¿Cómo se fija y quién determina el tipo de interés?

Si el mercado de capitales funcionara como el de cualquier otro bien, el tipo de interés se fijaría por el libre juego de la oferta y la demanda. Sin embargo, el mercado del dinero está en parte intervenido, ya que las autoridades monetarias utilizan el tipo de interés como uno de los instrumentos de la política monetaria.

El tipo de interés a corto plazo en la zona euro lo fija el Banco Central Europeo. Este **tipo básico de interés** es el que cobra el Banco Central cuando presta dinero a las entidades bancarias para cubrir sus necesidades de liquidez. La importancia de este tipo básico es que se convierte en el **precio oficial del dinero** y en la referencia del mercado monetario, ya que cuando las entidades bancarias prestan a las familias y empresas, fijan un tipo de interés por encima del tipo básico.

En consecuencia, las entidades bancarias cobran un tipo de interés superior al que ellas pagan al Banco Central y que, además, depende de las circunstancias concretas de cada préstamo. De hecho, en cada operación de préstamo se determina el tipo de interés en función del plazo de duración del préstamo, del riesgo que entrañe y del grado de liquidez de la operación:

- **Plazo:** cuanto más largo sea el período en el que se devolverá el dinero, mayor tipo de interés se exigirá.
- **Riesgo:** en la medida en que haya más riesgo de que el dinero prestado no se recupere por impago o retraso, se exigirá un tipo de interés más alto.
- **Liquidez:** cuanto más fácil sea recuperar el dinero prestado, menor tipo de interés se exigirá.

En función de estas circunstancias, un crédito hipotecario, por ejemplo, es más barato que un crédito al consumo, ya que la garantía del primero (la vivienda) supone menos riesgo para el banco. De la misma forma, cuando depositemos (prestemos) nuestros ahorros, el banco nos ofrecerá un tipo de interés más alto cuanto mayor sea el plazo para recuperarlos, y será más bajo por una cuenta a la vista que por una a plazo fijo, por su mayor liquidez.

Evolución de los tipos de interés oficiales (%)

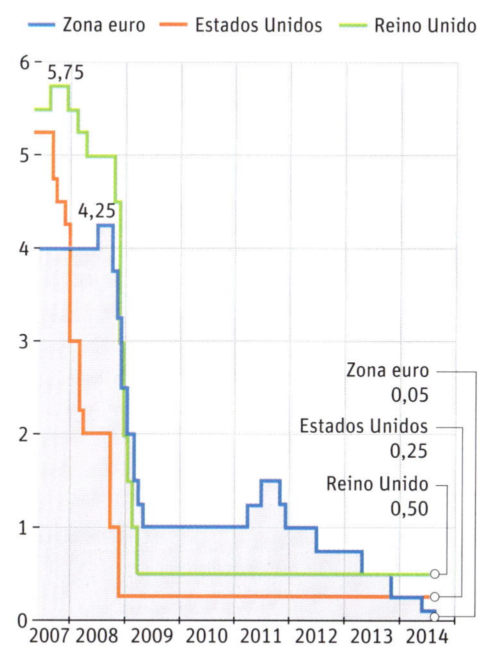

Durante los años de crisis, los tipos oficiales bajaron casi a cero con objeto de facilitar el crédito y reanimar la economía.

4 La creación de dinero bancario

*****

Préstamos

Fondos que conceden las entidades bancarias a familias o empresas. Estas se comprometen a devolverlo en un plazo determinado y a pagar un interés por su utilización. Los que conceden el préstamo son los prestamistas, y los que lo reciben, los prestatarios.

Coeficiente de caja

Porcentaje de los depósitos que los bancos deben tener legalmente como reservas para atender las peticiones de dinero que pueden realizar sus clientes.

Cheque

Es una orden dirigida a nuestro banco para que pague una cantidad con cargo a nuestra cuenta.

En España, los billetes y monedas de curso legal los emite el Banco de España por delegación del Banco Central Europeo. Pero además existe otro tipo de dinero, el **dinero bancario**, creado por los bancos a través de los préstamos que realizan con el dinero depositado por sus clientes.

Una gran parte del ahorro de las personas se deposita en las entidades bancarias. La función básica de la banca consiste precisamente en captar estos depósitos pagando un interés, y conceder préstamos cobrando un interés más alto que el pagado por los depósitos.

Pero los ahorradores no retiran sus depósitos de una sola vez ni todos al mismo tiempo. Además, las retiradas suelen compensarse con nuevos ingresos de depósitos. Por ello, para hacer frente a las posibles peticiones de dinero por parte de sus clientes, en los bancos solo se necesita mantener una pequeña parte de sus depósitos en forma de reservas.

Para nuestra seguridad, el Banco Central obliga a los bancos a mantener un porcentaje mínimo de reservas, llamado **coeficiente de caja o coeficiente legal de reservas** (actualmente es el 1 % en la zona euro). El resto del dinero, el banco lo mueve creando el llamado dinero bancario.

EN LA PRÁCTICA El proceso de creación de dinero bancario

Supongamos que hemos ahorrado 1000 euros y los depositamos en el Banco A. El Banco A no guarda el dinero para nuestra comodidad, sino para obtener beneficios, concediendo préstamos a aquellas personas que estén dispuestas a pagarle intereses por utilizar el dinero.

Si el coeficiente de caja es del 10 %, el Banco A podrá prestar 900 euros como máximo, ya que debe mantener como reservas 100 euros (10 % de nuestro depósito).

Supongamos que el Banco A presta los 900 euros a Juan para comprarse una moto. A través de este procedimiento, el Banco A está creando dinero, ya que, una vez concedido el préstamo, nosotros seguimos teniendo 1000 euros disponibles en nuestra cuenta para gastar y, a su vez, Juan puede disponer de sus 900 euros para comprarse la moto.

Los bancos, por tanto, no imprimen billetes, pero conceden préstamos que tienen el mismo efecto.

¿Qué ocurrirá con el dinero entregado por Juan? La tienda que le vende la moto lo recibirá y lo depositará en la cuenta que tiene en el Banco B. El Banco B tendrá entonces un nuevo depósito de 900 euros, de los cuales deberá mantener 90 euros como reserva, con lo que le quedan 810 euros para conceder préstamos. Cuando los conceda, el Banco B habrá añadido más dinero al sistema.

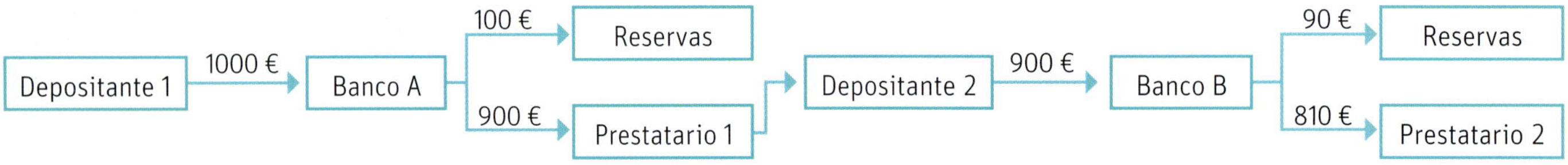

De hecho, físicamente solo existen 1000 euros (esta cantidad es la base monetaria), pero con este dinero que el depositante 1 sigue teniendo en propiedad, el prestatario 1 ha podido comprar por valor de 900, el prestatario 2 por valor de 810, y así uno tras otro están usando un dinero que pertenece a los depositantes.

- En un país en el que el coeficiente de caja es del 4 %, ¿cuánto dinero bancario se crearía a partir de un depósito inicial de 15 000 euros? ¿En cuánto aumentaría la oferta monetaria?
- Registra las tres primeras etapas del proceso de creación de dinero.

El multiplicador del dinero

El proceso de creación de dinero continúa mientras el dinero pasa por diferentes bancos en forma de depósitos y préstamos sucesivos, aumentando el dinero existente con cada movimiento, de tal forma que el valor total del dinero acumulado puede calcularse así:

$$\textbf{Dinero total creado} = \text{depósito inicial} \cdot \frac{1}{\text{coeficiente de caja}}$$

En el ejemplo de la página anterior, esto sería: $1000 \cdot \frac{1}{0{,}1} = 10\,000$ euros.

La proporción en la que se crea el dinero viene determinada por el multiplicador bancario:

$$\textbf{Multiplicador bancario} = \frac{1}{\text{coeficiente de caja}}$$

Que en nuestro caso sería: $\frac{1}{0{,}1} = 10$.

La variación acumulada del dinero creado acabaría siendo igual a 10 000 euros y, por tanto, la oferta monetaria aumentaría en la misma cuantía.

El que se pueda generar más o menos dinero por este procedimiento depende de dos factores. En primer lugar, del dinero que deben mantener los bancos como reservas, es decir, del coeficiente de caja. Cuanto mayor sea este, menos dinero se creará. En segundo lugar, de la confianza de los ahorradores en el sistema bancario y en la seguridad de sus depósitos. Si desconfían y no depositan su dinero en los bancos, el proceso de creación de dinero se bloquea.

En las economías desarrolladas actuales, las personas suelen confiar en los bancos y, de hecho, tienen la mayor parte de su dinero depositado en ellos. La experiencia de la crisis financiera de 2008 ha demostrado que los gobiernos harán cuanto sea necesario para garantizar que los bancos no quiebren, ya sea interviniendo para nacionalizarlos (como ocurrió con Bankia, en nuestro país) o creando **fondos de garantía de depósitos** para asegurar que los ahorradores puedan recuperar su dinero en caso de quiebra bancaria.

Antiguamente, si un banco quebraba, los clientes perdían sus ahorros. Para evitar esta situación de inseguridad, los gobiernos han creado planes para garantizar los depósitos de los ahorradores. En España, si un banco sufre una crisis que le impide afrontar sus compromisos con los clientes, estos pueden recuperar hasta 100 000 euros por depositante a través del Fondo de Garantía de Depósitos, del que todos los bancos forman parte y contribuyen a financiar.

ESTUDIO DE CASOS Los pánicos bancarios

Los pánicos bancarios se producen cuando los clientes sospechan que un banco puede quebrar y corren asustados a retirar sus ahorros.

Como un banco solamente tiene una parte de sus depósitos en reservas, no posee suficiente efectivo a mano para satisfacer las peticiones de retirada de dinero de todos los depositantes. Cuando se produce un pánico bancario, el banco se ve obligado a cerrar hasta que recupera algunos préstamos o hasta que el Banco Central le facilita el efectivo que necesita.

El mayor pánico bancario de la historia ocurrió tras el desplome de la Bolsa de Nueva York en 1929. Miles de ahorradores acudieron a retirar sus depósitos y se produjeron numerosos cierres de bancos. Se inició una de las mayores crisis económicas contemporáneas: la Gran Depresión de la década de 1930. Las familias retiraron su dinero de los bancos al preferir tenerlo en efectivo. Esta decisión invirtió el proceso de creación de dinero, ya que los banqueros respondieron a la disminución de las reservas reduciendo sus préstamos. Al mismo tiempo, aumentaron su coeficiente de caja para disponer de suficiente efectivo a mano para satisfacer las demandas de sus depositantes. El aumento del coeficiente de caja redujo el multiplicador del dinero, lo que también hizo disminuir la oferta monetaria.

Resumido y adaptado de MANKIW, Gregory: *Principios de Economía*. 6.ª ed, Madrid, Paraninfo, 2012.

- ¿Por qué la retirada de depósitos invierte el proceso de creación de dinero bancario?
- ¿Cuáles son las consecuencias de un pánico bancario sobre la demanda y la oferta monetaria y sobre la economía del país?

5 La inflación: causas y efectos

Valor del dinero

Es su capacidad adquisitiva, es decir, el conjunto de bienes y servicios que pueden comprarse con él. Si los precios suben (inflación), el valor del dinero disminuye en la misma proporción.

El valor del dinero depende de lo que podamos adquirir con él. Si nos permite ir al cine y comprarnos un libro, ese es nuestro poder adquisitivo, es decir, lo que vale nuestro dinero. Pero es probable que dentro de un año con ese mismo dinero no podamos conseguir ambas cosas, porque serán más caras. El dinero habrá perdido valor porque los precios aumentan o, como dicen los economistas, porque hay inflación en la economía.

La **inflación** se define como una subida continuada y generalizada de los precios de una economía. Su principal consecuencia es que el valor del dinero baja, ya que podemos comprar menos bienes con el mismo dinero. El proceso contrario es la **deflación**, que se produce cuando desciende el nivel general de precios.

Atendiendo a la intensidad de la inflación, se distingue entre **inflación moderada**, si el aumento de los precios es leve (inferior al 2 o 3 %), **inflación galopante**, si sobrepasan el 10 % anual, e **hiperinflación**, cuando suben más del 100 % en un año, lo que supone la pérdida del control de los precios y la quiebra del sistema monetario, ya que el dinero apenas tiene valor. En este último caso, la población desconfía de la moneda nacional y se refugia en el trueque o en la utilización de una moneda extranjera más fuerte.

Inflación de la demanda

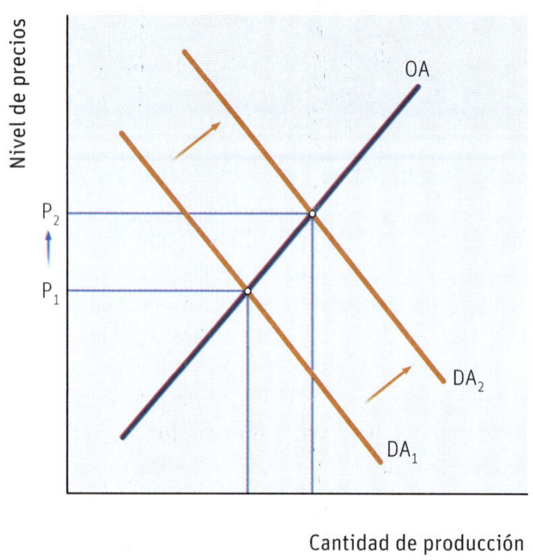

La mayor demanda (desplazamiento de DA_1 a DA_2) provoca un aumento del nivel de precios (de P_1 a P_2).

Causas de la inflación

Las teorías principales que explican las **causas de la inflación** son dos:

a. Inflación de demanda. Como se observa en el gráfico, si demandamos más bienes y servicios de los que las empresas pueden producir, se produce una situación de **exceso de demanda** (escasez), que provoca un aumento de los precios. Este exceso de demanda se interpreta de dos formas:

- Según los **monetaristas** (Milton Friedman), la inflación de demanda se debe a la excesiva creación de dinero por parte de las autoridades monetarias. Si el dinero crece más deprisa que los bienes producidos, las personas tienen más dinero para comprarlos, por lo que pagarán precios mayores por ellos.
- Para los **keynesianos**, la inflación de demanda solo se da si la economía tiene plenamente utilizados sus factores y no se pueden producir más bienes. Cuando esto ocurre, el exceso de demanda provoca que los consumidores terminen pagando precios más altos por esos bienes. Pero si hay factores de producción desempleados, el aumento de la demanda originará un aumento del nivel de producción (oferta), y no tienen por qué subir los precios.

b. Inflación de costes. Otra explicación de la inflación es el **aumento de los costes de producción** de las empresas (salarios, materias primas y energía, etc.). Por ejemplo, la subida del precio del petróleo puede afectar de forma significativa a los precios en aquellos países que necesitan importarlo del exterior, como es el caso de España. Las empresas suelen trasladar al precio de venta de sus productos estas subidas de sus costes, alimentando de esta forma la inflación.

ESTUDIO DE CASOS **Un ejemplo espectacular del aumento de los precios**

En Alemania, entre enero de 1922 y noviembre de 1923, los precios aumentaron de 1 a 10 000 millones. Los trabajadores recogían la paga en maletas y corrían a comprar todo lo posible, pues los precios crecían continuamente, duplicándose cada dos días. En noviembre de 1923 se adquiría con diez mil millones de marcos lo que dieciséis meses antes valía uno, y las fábricas de dinero no producían billetes de decenas o centenas de miles de millones cada uno con la rapidez suficiente para evitar que hubiera que llevar grandes bolsas llenas de billetes, casi sin valor, pues no representaban más que millones de marcos cada uno.

Adaptado de LANCASTER, Kelvin: *Economía moderna I*. Madrid, Alianza, 1977.

- ¿Qué pasaría con tu dinero si los precios se duplicaran cada dos días? ¿Cómo afectaría a la economía de un país? ¿Cómo reaccionarían las personas?

Efectos de la inflación

Los **efectos de la inflación** dependen de la intensidad de la subida de los precios y de que se puedan prever o no estos incrementos. Si los precios aumentan de forma moderada y prevista, sus efectos no serán importantes, pero si las subidas son persistentes e imprevistas, los efectos pueden ser muy negativos.

Los precios son señales que transmiten una información muy necesaria para que las empresas puedan prever sus ingresos y costes futuros, y para que las familias puedan planificar su consumo o su ahorro. Cuando los precios cambian continuamente, dejan de cumplir su función informativa y generan **incertidumbre sobre el futuro de la economía**. Esto hace que las familias desconfíen del dinero como depósito de valor y disminuyan su ahorro, y que las empresas reduzcan sus inversiones a largo plazo, lo que afecta **negativamente al crecimiento económico y al empleo** del país.

Además, si el crecimiento de los precios en un país es muy superior al de los países con los que comercia, **disminuye su competitividad internacional**. Lógicamente, cuanto mayores sean los precios, más difícil será que los productos nacionales puedan ser exportables a otros países.

Colectivos perjudicados y beneficiados por la inflación

- **Los ahorradores y prestamistas** se ven perjudicados. Los ahorradores ven cómo su dinero pierde valor a medida que los precios suben. Y los prestamistas (acreedores), cuando recuperan su dinero, observan que tiene menos valor que cuando lo prestaron. Por ello, en épocas de inflación los préstamos suelen pactarse a un tipo de interés variable que se va ajustando con la inflación.
- **Los colectivos más débiles** o con menor poder de negociación (pensionistas, funcionarios, etc.) también suelen salir perjudicados, cuando no logran que sus salarios o pensiones aumenten en la misma proporción que los precios.
- **Los prestatarios o deudores** se benefician, ya que al devolver un préstamo tendrán que pagar, en términos reales, una cantidad menor que la recibida.
- **Los poseedores de bienes patrimoniales** (terrenos, viviendas, obras de arte, etc.) también se benefician, ya que con la inflación sus bienes se revalorizan. En época de fuerte inflación, las inversiones más seguras y rentables suelen ser las de carácter especulativo (joyas, obras de arte, inmuebles, etc.), porque actúan como depósito seguro de valor.

INFLACIÓN

- Genera incertidumbre
  - Reduce el ahorro y la inversión
  - Disminuye el crecimiento económico
- Produce un empeoramiento de la competitividad internacional
- Colectivos perjudicados
  - Ahorradores
  - Prestamistas
  - Pensionistas y funcionarios
- Colectivos beneficiados
  - Deudores
  - Propietarios de bienes inmuebles, obras de arte, etc.

EN LA PRÁCTICA **Inflación y salarios**

Cuando hay inflación, conviene distinguir entre **valores nominales y reales**. Los valores nominales no tienen en cuenta los efectos de la inflación. Sin embargo, los valores reales son aquellos en los que los efectos de la inflación han sido descontados o eliminados. Por ejemplo, si un trabajador gana 2000 euros mensuales y su sueldo aumenta un 3 % anual, percibirá 2060 euros. Pero si los precios suben un 2 % en el mismo período, el incremento real de su salario será del 1 % (3 % – 2 %). Aunque su salario nominal sea de 2060 euros, su capacidad adquisitiva (cantidad de bienes que puede adquirir) o salario real solo es de 2020.

Por ello, empresas y sindicatos negocian cada año los salarios de los trabajadores de acuerdo con la inflación prevista. Por ejemplo, si se prevé que la inflación del próximo año será del 2 %, los salarios tenderán a incrementarse en este porcentaje. Como la realidad no siempre coincide con las previsiones, los sindicatos tratan de incorporar en sus acuerdos las **cláusulas de revisión**, cuya finalidad es que si, al final de año, la inflación real supera a la prevista, se revisan los salarios y se abona la diferencia.

- En un país con una inflación prevista del 3 % anual se suben los salarios en ese porcentaje. Si un trabajador ganaba mensualmente 1500 euros, ¿cuánto gana nominalmente tras la subida? ¿En cuánto ha mejorado su capacidad adquisitiva? Si, al final, la inflación fue del 4 %, ¿cuál ha sido la subida real?

6 ¿Cómo se mide la inflación?

Los doce componentes de la cesta de la compra

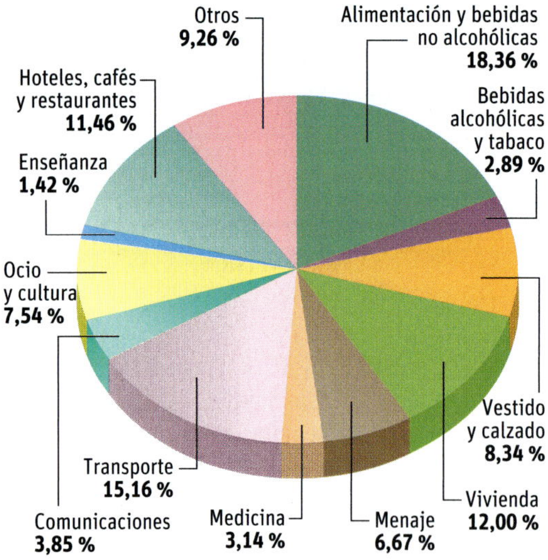

Cada mes, el INE recoge los precios de 484 productos que conforman el carro o cesta de la compra de los españoles. Estos precios se toman de unos 30 000 establecimientos distribuidos en 177 municipios. Si se analiza la composición de esta cesta a lo largo del tiempo, se observa la pérdida progresiva de importancia del gasto en alimentación y el aumento de los gastos diversos (transporte, ocio y cultura, hoteles y restaurantes, etc.) y de los gastos de la vivienda (gas, electricidad, etc.).

Evolución de la inflación en España (%)

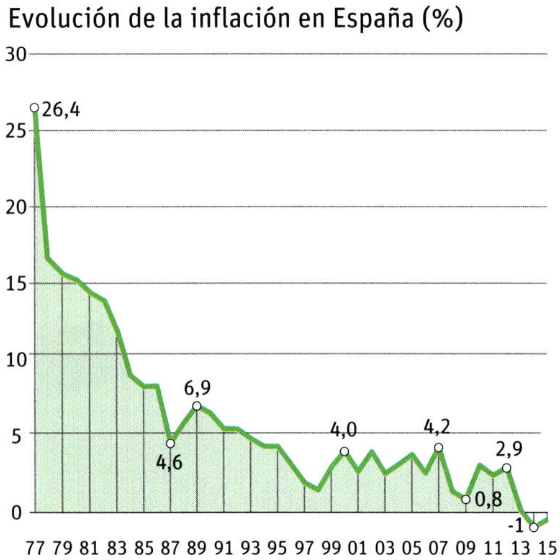

La crisis del petróleo de la década de 1970 marcó máximos históricos de inflación (más del 26 % anual). Desde entonces, la inflación se ha ido moderando hasta situarse en el entorno del 2 % (objetivo marcado por el BCE), incluso con períodos de leve deflación como el de 2014 (–1 %).

Si oímos que "los precios han aumentado en España en un 2,6 %", ¿cómo se obtiene este dato? ¿Cómo se puede determinar con tanta precisión?

Para medir la inflación, los economistas utilizan **índices de precios al consumo (IPC)**, que, a través de una cifra, expresan el crecimiento medio de los precios de los bienes durante un período de tiempo.

Cuando existe inflación, no debe deducirse que todos los precios suben en la misma cuantía. Si, por ejemplo, en un año la inflación fue de un 2,7 %, los precios de algunos bienes pudieron subir más de esa cifra, y los de otros, menos, incluso algunos pudieron bajar, ya que se trata de una media estadística.

Elaboración del IPC

En España, el Instituto Nacional de Estadística (INE) elabora el IPC de esta forma:

a. Los ciudadanos tienen pautas de consumo diferentes; unos gastan más en transporte; otros, más en ocio, otros en alimentación, etc. Para averiguar el gasto medio de las familias en los bienes que consumen, el INE realiza la **Encuesta de Presupuestos Familiares.**

Con esta información, se elabora una hipotética **cesta de la compra** de bienes y servicios representativa del país. Dada la imposibilidad de recoger todos los bienes y servicios que consumimos, el INE selecciona los representativos del consumidor medio. Y como con el tiempo cambian las pautas de consumo, también varía la cesta de la compra (así, en los últimos años se han añadido novedades tecnológicas, como las tabletas).

b. Tras delimitar la composición de la cesta de la compra, se **pondera cada uno de los bienes** que la configuran, según la importancia que tienen en el gasto de las familias, es decir, según la proporción de la renta gastada en cada bien. Así se obtiene el porcentaje o peso de cada grupo de productos en relación al total.

c. Después **se observan en un momento del tiempo** (año base) los precios de los bienes de la cesta de la compra y se les atribuye el valor 100 para que puedan percibirse sus cambios de forma más sencilla (por ejemplo, a algo que valga 25 euros se le atribuye el valor de cien), de tal forma que el IPC de este año es: $\mathbf{IPC_0 = 100}$.

d. Transcurrido un período, **se comprueba cómo han evolucionado los precios** y se calcula su variación en el tiempo, obteniendo el nuevo índice: IPC_1.

e. Una vez que se ha calculado el IPC de dos fechas diferentes, ya podemos estudiar la evolución de los precios a través de la **tasa de variación**, que indica la variación del IPC en ese período, señalando la inflación o la deflación ocurrida en la economía.

El IPC se elabora mensualmente, pero la tasa de inflación usada por los economistas es la **tasa de inflación interanual**, que mide el crecimiento de los precios en los últimos doce meses:

$$\textbf{Tasa de inflación}_{\text{año 1}} = \frac{(IPC_1 - IPC_0)}{IPC_0} \cdot 100$$

El índice armonizado de precios al consumo

En los países de la zona euro se usa el **índice armonizado de precios al consumo (IAPC)**, cuyo objetivo es proporcionar un índice común de la evolución de los precios y la inflación. Este instrumento nos permite realizar comparaciones entre los distintos países de la Unión Europea. Lo elabora Eurostat, que es la agencia estadística de la Comisión Europea.

EN LA PRÁCTICA **Cálculo del IPC**

Supongamos que, en un hipotético año 1, los consumidores compran tres tipos de bienes: alimentos, gastos de vivienda y ropa. Según una encuesta, sabemos que los consumidores gastan el 20 % de su presupuesto en alimentos, el 50 % en vivienda y el 30 % en ropa.

Partiendo del año 1 como año base de cálculo, al ser el IPC un índice, fijamos el precio de cada bien en 100, por lo que el IPC inicial también es 100, pues si multiplicamos 100 por cada uno de los porcentajes de ponderación que representan los bienes y servicios señalados, el resultado es:

$$IPC_1 = (0{,}20 \cdot 100) + (0{,}50 \cdot 100) + (0{,}30 \cdot 100) = 100$$

Al año siguiente (año 2), los alimentos suben un 2 %, pasando de 100 a 102; los gastos de la vivienda suben un 6 %, de 100 a 106, y la ropa sube un 10 %, de 100 a 110. Como los consumidores gastan más en unos bienes que en otros, para calcular la evolución del IPC en el año 2 hay que tener en cuenta tanto el porcentaje dedicado a cada tipo de gasto (ponderaciones) como la evolución de los precios de cada tipo de bienes:

$$IPC_2 = (0{,}20 \cdot 102) + (0{,}50 \cdot 106) + (0{,}30 \cdot 110) = 106{,}4$$

Ello significa que los bienes que nos costaban 100 euros en el año 1 nos cuestan 106,40 euros en el año 2.

En cuanto a la tasa de inflación del año 2, la obtenemos aplicando la fórmula:

$$\text{Tasa de inflación}_{\text{año 2}} = \frac{(106{,}4 - 100)}{100} \cdot 100 = 6{,}4\ \%\ \text{anual}$$

- En el siguiente ejemplo, la cesta de la compra representativa del gasto anual de un joven está compuesta de bocadillos, en los que se gasta el 30 % de su presupuesto; de refrescos, en los que emplea el 20 %, y de diversas actividades de ocio a las que dedica el 50 %.

	Ponderación	Precio año$_1$ (P_1)	Precio año$_2$ (P_2)	Precio año$_3$ (P_3)
Bocadillos	30 %	100 €	●●●	●●●
Refrescos	20 %	100 €	●●●	●●●
Actividades de ocio	50 %	100 €	●●●	●●●
Índice de precios	●●●	100	●●●	●●●

En el cuadro, el año 1 es el período base; por eso, sean cuales sean los precios de los diferentes bienes, los hemos valorado en 100 €. En consecuencia, el índice de precios del año 1 es 100. En el año 2, el precio de los bocadillos se ha incrementado en un 10 %, y los refrescos y actividades de ocio han subido un 5 %. En el año 3, el aumento de precio de estos bienes ha sido de un 3, un 4 y un 2 %, respectivamente.

a) Halla el índice de precios de los años 2 y 3 y las tasas de inflación correspondientes.

b) ¿Qué pasará con el poder adquisitivo del joven, si en estos años no le aumentan la paga? ¿Cuánto tendrían que haberle subido la paga para mantener su poder adquisitivo?

- Entra en la página **www.e-sm.net/sveco1bachud12_01**

a) Elabora una tabla de datos con el IPC de la economía española de los últimos cinco años.

b) ¿En qué porcentaje han variado los precios y cuál es la tendencia?

7 La política monetaria

Unión Económica y Monetaria

Grupo de países de la Unión Europea que comparten una única moneda y una sola política monetaria.

Eurosistema

Institución integrada por el BCE y los bancos centrales nacionales (BCN) de los Estados que han adoptado el euro como moneda.

Sistema Europeo de Bancos Centrales (SEBC)

Institución integrada por el Banco Central Europeo y los BCN de los 28 miembros de la Unión Europea.

Aunque el BCE y la Reserva Federal de Estados Unidos (FED) tienen funciones similares como bancos centrales, existen diferencias significativas entre ellos: mientras que la meta principal del BCE es la estabilidad de los precios, la FED tiene el doble objetivo de vigilar la estabilidad de precios y garantizar el crecimiento económico y el empleo, priorizando este segundo objetivo en épocas de crisis y fuerte desempleo.

El banco central de cada país emite el dinero legal y controla la cantidad de dinero en circulación (oferta monetaria). Cuando se crea más dinero del necesario, los precios tienden a subir, por lo que es fundamental controlar la oferta monetaria para mantener estable el nivel de precios.

Por su parte, los cambios en el tipo de interés influyen en el gasto total de una economía, ya que tanto el consumo como la inversión dependen de la capacidad de los agentes económicos para obtener préstamos y del precio que pagan por ellos.

La **política monetaria** consiste en las decisiones que la autoridad monetaria lleva a cabo sobre el tipo de interés y la oferta monetaria (dinero en circulación), con el objeto de facilitar el crecimiento económico y el empleo, así como la estabilidad de los precios.

La política monetaria de la zona euro

En los países de la Unión Económica y Monetaria (UEM), la autoridad responsable de esta política monetaria es el **Eurosistema**, que es una institución integrada por el Banco Central Europeo (BCE) y los bancos centrales nacionales (el Banco de España, en nuestro país). El BCE adopta las decisiones y los bancos centrales nacionales las ejecutan.

Las **funciones básicas del Eurosistema** son:

- Definir y ejecutar la política monetaria para la zona euro.
- Gestionar las reservas oficiales de divisas de la UEM.
- Emitir los billetes de curso legal.
- Garantizar la estabilidad del sistema financiero y el buen funcionamiento del sistema de pagos.

El **objetivo prioritario** de la política monetaria de la UEM es la **estabilidad de los precios**. El BCE considera cumplido este fin si la subida anual de precios es cercana, pero inferior, al 2 %. Para ello, se controla diariamente el crecimiento de la oferta monetaria, ya que se estima que existe riesgo de inflación cuando la cantidad de dinero disponible es superior a la necesaria para adquirir los bienes y servicios producidos (PIB).

Los instrumentos de la política monetaria en la UEM

Cuando el BCE considera que hay que reactivar la economía o estabilizar los precios, lo hace a través de los siguientes instrumentos:

a. Las operaciones de mercado abierto. Constituyen la principal herramienta para controlar la cantidad de dinero en circulación y los tipos de interés. Las más importantes son las subastas semanales, que consisten en préstamos a una semana que concede el BCE a las entidades bancarias a través de los bancos centrales nacionales. El tipo de interés que fija el BCE para estos préstamos se convierte en el tipo oficial de referencia para el conjunto de la economía, de tal forma que cuando los bancos comerciales prestan el dinero a sus clientes, exigen un tipo de interés por encima del que les cobra a ellos el BCE.

b. El coeficiente legal de reservas o coeficiente de caja. Si aumenta este coeficiente, los bancos deberán tener más reservas, lo que disminuye su capacidad de prestar y, por tanto, se reduce la oferta monetaria. Si el coeficiente de caja desciende, ocurre lo contrario. Actualmente está fijado en el 1 %.

c. Las facilidades permanentes. Las entidades bancarias pueden pedir dinero diariamente al BCE si necesitan liquidez, o depositar dinero si tienen exceso. De esta manera los bancos pueden ajustar su coeficiente de caja continuamente.

Tipos de política monetaria

- **Política monetaria expansiva.** Su objetivo es fomentar el crecimiento económico y la creación de empleo. Si el BCE considera que hay que reactivar la economía, puede **prestar más dinero en las subastas semanales o bajar el tipo de interés**. Aunque no suele hacerse, también podría disminuir el coeficiente de caja (por ejemplo, en 2012 bajó del 2 al 1 %).

  Cuando el BCE presta más a las entidades bancarias, estas tienen más dinero para prestar a particulares y empresas. Si los bancos conceden más préstamos, aumenta la oferta monetaria, es decir, la cantidad de dinero existente para comprar automóviles, viviendas, equipos para las empresas y otros productos. Asimismo, si el BCE baja el tipo de interés, las empresas tienen más incentivos para invertir en sus negocios y los consumidores para comprar bienes, porque les resulta más barato pedir prestado.

  Ambas medidas favorecen el consumo y la inversión, lo que supone un **aumento de la demanda agregada**, que influye positivamente sobre la producción y el empleo. En este proceso, los precios tenderán a subir, por lo que la autoridad monetaria deberá tener presente su objetivo de **inflación**.

Política monetaria expansiva

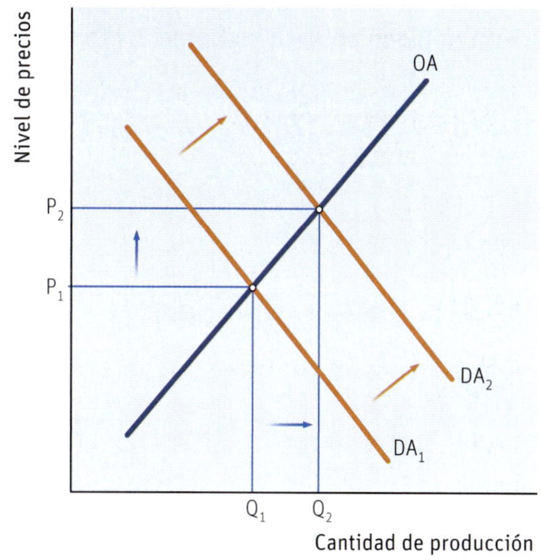

Política monetaria expansiva

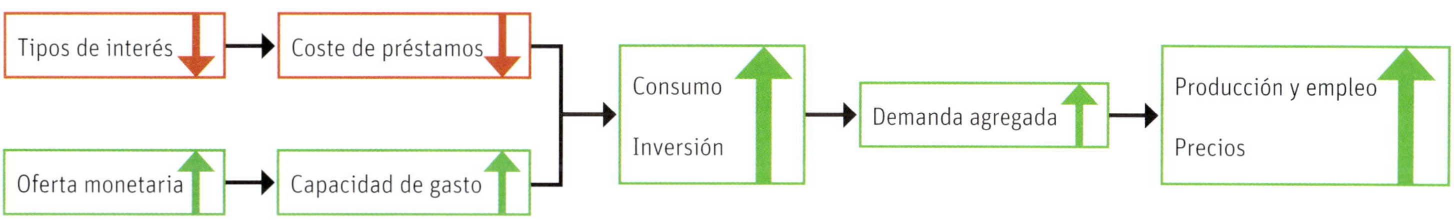

Política monetaria restrictiva. Si los precios están subiendo más de lo previsto, el BCE puede **prestar menos dinero** a los bancos, **subir el tipo de interés** o **aumentar el coeficiente de caja**. Así, los consumidores y empresas no pueden conseguir los préstamos que necesitan y se reduce su capacidad de gasto (consumo e inversión) y, como consecuencia, se controlan los precios, aunque con efectos negativos sobre la producción y el empleo. La representación gráfica de estos movimientos sería la contraria de la mostrada para la política expansiva.

EN LA PRÁCTICA La política monetaria en épocas de crisis

En épocas de recesión, la principal herramienta para actuar sobre la economía son los tipos de interés. Sin embargo, cuando estos están próximos a cero y, al mismo tiempo, la inflación está muy baja o es negativa (deflación), es necesario recurrir a políticas menos convencionales como imprimir más dinero.

Esto ocurrió durante la crisis de 2008, cuando los bancos centrales compraron títulos de deuda pública o privada para inyectar dinero en la economía a través de un proceso denominado **expansión monetaria cuantitativa (QE)**. Si el banco central compra bonos del Estado, por ejemplo, ya sea a particulares o a los bancos que los poseen, está retirando títulos del mercado a cambio de entregar dinero a los poseedores de esos títulos; esa inyección de dinero expande la oferta monetaria y así se favorecen el consumo y la inversión.

La crisis de 2008 también forzó a los bancos centrales a actuar, excepcionalmente, como **prestamistas de último recurso** para rescatar a los bancos afectados. El BCE, la FED o el Banco de Inglaterra prestaron efectivo directamente a bancos en crisis porque peligraba su supervivencia.

- Durante la crisis, la FED tomó enseguida medidas de expansión monetaria (QE), pero el BCE retrasó su aplicación hasta 2015. ¿Qué consecuencias tuvieron esas medidas?
- El rescate de bancos genera controversia. Señala dos razones a favor y otras dos en contra de estas medidas.

ACTIVIDADES

Actividades de síntesis

1. Observa el mapa conceptual y piensa en algunos contenidos importantes como trueque, IPC, efectos de la inflación, tipos de política monetaria, etc. Añádelos al mapa con los enlaces que permitan relacionarlos.

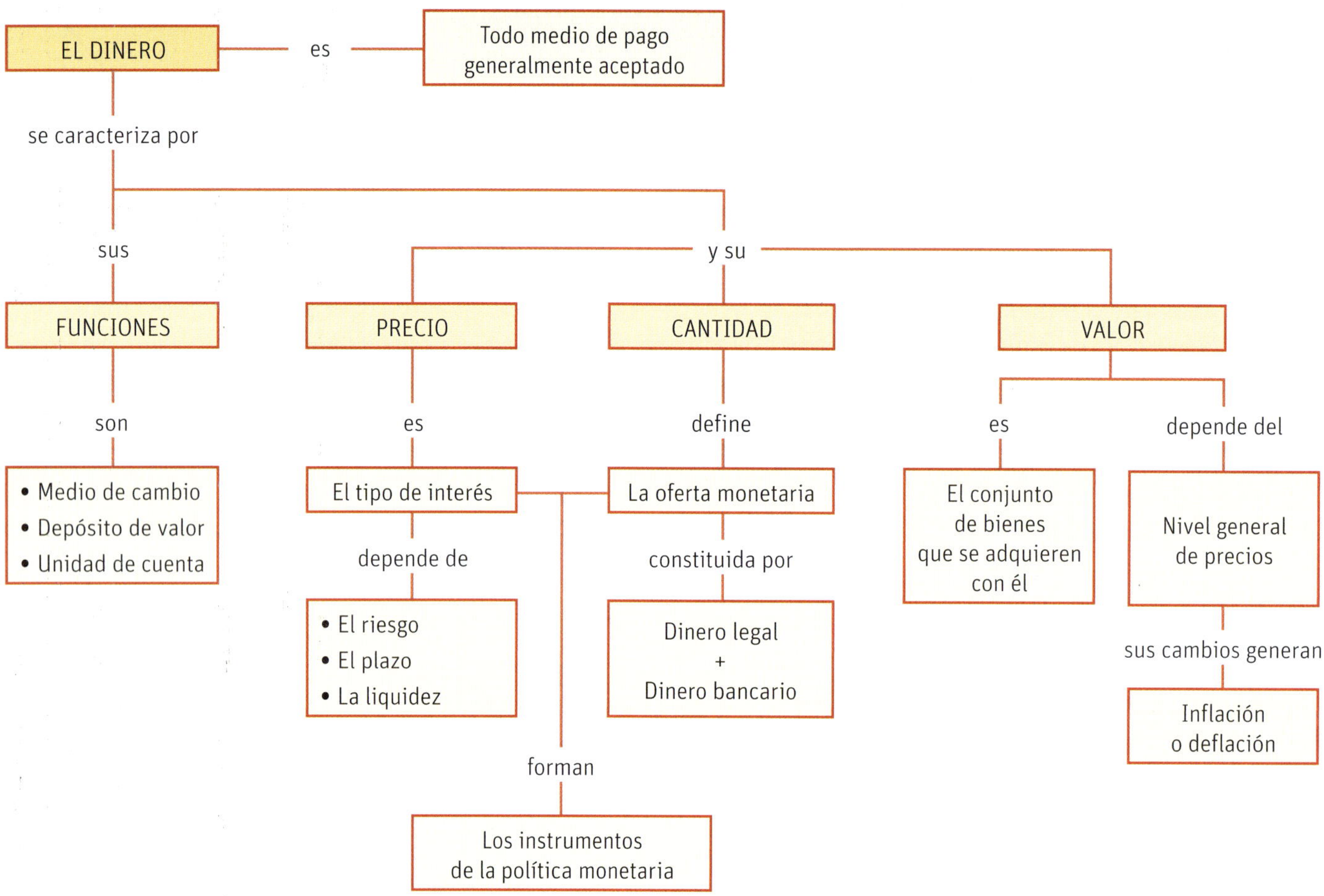

smSaviadigital.com **VALORA LO APRENDIDO** > Realiza la **autoevaluación**.

Actividades de análisis y problemas

2. Describe alguna situación en la que hayas intercambiado bienes sin usar dinero. ¿Qué criterio de valoración utilizaste?

3. ¿Por qué las piedras de un río no pueden utilizarse como dinero? Y el agua, ¿podría servir como dinero en el desierto?

4. ¿Qué requisitos debe cumplir una mercancía para que sea utilizada como medio de cambio? ¿Y como depósito de valor?

5. ¿Cuáles son las tres funciones del dinero en la economía? ¿Cómo afecta la inflación a la función de depósito de valor del dinero?

6. Si alguien te preguntara por la cantidad de dinero que tiene tu familia para gastar inmediatamente, ¿cómo la calcularías?

7. Razona si es posible el ahorro en un sistema de trueque.

8. Lee el texto y responde a las preguntas.

   María, Cristina, Carlos y Lucas viven en una isla perdida donde no existe el dinero. María fabrica yogur, pero prefiere desayunar naranjas. Cristina es panadera y le encanta el queso. Carlos cultiva naranjos, pero lo que más le gusta es el pan, y Lucas produce quesos y solo los cambia por yogur.

   a) ¿Cuántos intercambios deberá hacer María para conseguir las naranjas de su desayuno?

   b) Imagina que los cuatro pueden vender sus productos a cambio de monedas. Si todos poseen una pequeña suma de ellas, ¿cuántas transacciones realizará cada uno para adquirir lo que le gusta?

   c) Explica las limitaciones del trueque y las ventajas que supuso la aparición del dinero.

9. **En relación con el dinero fiduciario:**

a) ¿Qué autoridad convierte el papel en dinero?

b) ¿Los dólares son dinero en España? ¿Por qué?

c) ¿Por qué en algunos países admiten gratamente el euro o el dólar aunque no sean sus monedas oficiales? ¿Qué circunstancias deben darse para que la gente de un país no acepte su propia moneda como forma de pago y acepte pagar con otra? ¿Qué indica esto acerca de la autoridad monetaria de ese país?

10. **En un país en el que el coeficiente legal de reservas o coeficiente de caja es del 5 %:**

a) ¿Cuánto dinero bancario se crearía a partir de un depósito inicial de 25 000 euros? ¿En cuánto aumentaría la oferta monetaria?

b) Registra las tres primeras etapas del efecto multiplicador.

c) Si el coeficiente de caja aumenta al 6 %, ¿cómo repercutirá en la cantidad de dinero creado?

d) ¿Qué requisitos tienen que darse para que los bancos puedan crear dinero?

11. **Los folletos de publicidad de un gran establecimiento comercial dicen: "Compre hoy y empiece a pagar dentro de un año". Y: "Pague en cómodos plazos y sin intereses".**

a) ¿Qué están ofreciendo a sus clientes? ¿En qué se diferencian estos créditos de los que concede el sistema bancario?

b) ¿Cómo influyen estos créditos en la oferta monetaria?

12. **Una persona presta 12 000 euros a un tipo de interés anual del 5 %, para devolver en dos años.**

a) ¿Qué razones justifican que se exijan intereses por prestar dinero?

b) ¿Cuánto recibe de intereses cada año?

c) Si la inflación del primer año fue del 2 % y la del segundo del 4 %, ¿cuál es el interés real recibido?

d) ¿Podría haber previsto esta persona alguna compensación de la inflación?

13. **Un trabajador ganaba el año pasado 2000 euros al mes y este año gana 2100. Si el IPC ha subido un 4 %, ¿ha mejorado su poder adquisitivo? Razona la respuesta.**

14. **Un producto que hoy cuesta 300 euros valía hace un año 250 euros.**

a) ¿En qué tanto por ciento ha subido el precio?

b) ¿Cuánto valdrá dentro de un año si se prevé un incremento en el mismo porcentaje?

15. **Calcula la tasa de inflación correspondiente al año 6, sabiendo que el año 1 (base) = 100 y que el IPC de los años 5 y 6 es:**

IPC año$_5$ = 113,63 IPC año$_6$ = 117,62

16. **En la economía española, ¿cuáles de estos productos son dinero y cuáles no?**

a) Un cheque bancario.

b) Un billete de 50 libras.

c) Una tarjeta de débito.

d) Una acción de una empresa española.

17. **¿Qué ocurriría si un Gobierno intentara solucionar la pobreza del país emitiendo más dinero y regalándolo a los necesitados?**

18. **Si un país tenía una inflación prevista para el último año del 3 %, pero los precios subieron un 5 %, ¿cómo afectó el aumento de la inflación a los siguientes colectivos?**

a) Al deudor de un crédito hipotecario a interés fijo.

b) Al banco que le prestó el dinero al anterior.

c) A los ahorradores que tenían su dinero en depósitos bancarios.

d) A una persona que invirtió en bonos del Estado al 3 %.

e) A los trabajadores que firmaron un convenio sin cláusula de revisión salarial.

19. **Lee la tira cómica de Quino y responde:**

a) ¿Qué valores transmiten los dos personajes? ¿Qué responderías tú a Mafalda? ¿Qué es un cheque y para qué sirve?

b) En la literatura suele haber juicios de valor negativos sobre el dinero: "El dinero es el peor de los males de la tierra" o "La codicia y el dinero son la fuente de todas las desgracias". Estas frases, ¿se refieren al instrumento que facilita el intercambio o a otros aspectos asociados al dinero? ¿A cuáles?

ACTIVIDADES

20. **En la siguiente tabla se presentan los datos sobre el dinero que un joven recibe mensualmente de sus padres para sus gastos, y las tasas de inflación de cinco años consecutivos.**

	Año 1	Año 2	Año 3	Año 4	Año 5
Asignación mensual en €	40	44	50	55	60
Tasa de inflación	6 %	5 %	4 %	3 %	3 %

a) Explica lo que ha sucedido con el valor del dinero durante estos años. ¿Cuál ha sido la variación acumulada en los cinco años?

b) ¿En qué año el joven ha conseguido un mayor incremento de su capacidad adquisitiva?

c) Presenta los ingresos de este joven en una tabla de números índice, tomando como base el año 3.

d) Compara los cambios en el valor del dinero con los de los ingresos de este joven. ¿En qué sentido ha cambiado su poder adquisitivo?

21. **En un país con una inflación muy alta y con riesgo de seguir subiendo, ¿qué medidas se deberían adoptar y cuáles serían sus consecuencias? Razona tu respuesta.**

22. **Lee el texto y responde a las preguntas que se plantean a continuación.**

Una entidad bancaria cuenta con 300 millones de euros en depósitos de sus clientes, de los cuales mantiene unas reservas de 6 millones, ya que el coeficiente legal de reservas es del 2 %.

a) ¿Qué es el coeficiente legal de reservas?

b) Si el mayor depositante de este banco retira 3 millones de su cuenta, ¿qué medidas se podrían tomar para cumplir con la exigencia legal de reservas?

23. **En relación con la política monetaria:**

a) En el supuesto de que la autoridad monetaria decida aumentar la oferta monetaria, ¿qué instrumentos tiene a su alcance y qué razones debe tener para llevar a cabo esta medida?

b) Explica las razones que hacen que una subida del tipo de interés altere los distintos componentes de la demanda agregada.

c) Representa gráficamente los efectos de la subida del tipo de interés sobre la oferta y la demanda agregadas, el empleo y la inflación.

d) ¿En qué consisten las medidas de expansión monetaria cuantitativa?, ¿cuándo son aconsejables?

24. **Si se introdujeran en España una gran cantidad de billetes falsos de 50 euros, ¿cómo afectaría a la oferta monetaria y a la inflación? Explica tu respuesta.**

25. **Comenta la viñeta. ¿Con qué medida de política monetaria no convencional identificas esta imagen?**

Fuente: El Roto, *El País*, 23-12-2009.

26. **Indica si son verdaderas (V) o falsas (F) las siguientes afirmaciones, razonando tu respuesta.**

a) El dinero fiduciario lo crea el banco central y su aceptación está establecida por ley.

b) La inflación perjudica a los prestatarios, ya que deben pagar más de lo que recibieron.

c) El valor del dinero es independiente del nivel general de precios.

d) Una elevación del coeficiente de caja permite una mayor creación del dinero bancario.

e) Una subida del tipo de interés estimula el consumo de una economía.

f) Cuando el BCE presta más a las entidades bancarias, la oferta monetaria aumenta.

g) Si la inflación está subiendo, la política monetaria más adecuada es la expansiva.

27. **Comenta estos titulares de noticias relacionándolos con los contenidos de la unidad.**

El Tesoro público español emite bonos a un tipo de interés ligado a la inflación

Las autoridades monetarias alertan de los peligros del bitcoin

El Banco Central Europeo (BCE) rebajó el tipo de interés un cuarto de punto

smSaviadigital.com **PRACTICA** > Analiza la actualidad y **ponte al día.**

28. **Dos grandes teóricos de la economía moderna enfrentaron sus ideas sobre cómo salir de una crisis, durante la segunda mitad del siglo XX, en un debate que llega hasta hoy: Friedman y los monetaristas contra Keynes y los keynesianos. Y el debate no es solo teórico; también se da entre los países y sus distintas políticas económicas.**

▸ El debate en el contexto actual

Cuando surgió la Gran Recesión de 2008, en Estados Unidos y en Europa parecía que la única forma de salir de la crisis era inyectar dinero público en el sistema para no llegar a una situación similar a la que se produjo durante la Gran Depresión de 1930.

Pero a partir de 2010, las posiciones cambiaron: mientras que Estados Unidos continuó con una política de expansión monetaria cuantitativa y de aumento del gasto público para impulsar el crecimiento y detener el paro masivo, Europa implantó las políticas de austeridad y de equilibrio presupuestario frente a cualquier otra prioridad.

El debate entre monetaristas y keynesianos se trasladó al interior de los países de la eurozona:

- Por un lado, la posición del BCE (con el respaldo de Alemania), que, fiel a su principal misión de control de la inflación, parecía adoptar la visión de Friedman: la creación de dinero fácil para salir de la crisis solo produce inflación.
- Por otro, la postura de los países más afectados por la crisis (Francia, Italia, España, Portugal, Grecia), que pedían políticas de impulso al crecimiento económico similares a las tomadas en Estados Unidos.

El resultado fue que la economía de Estados Unidos creció y se recuperó el empleo perdido durante la crisis. Por el contrario, la eurozona se mantuvo estancada, con riesgo de deflación y con una tasa de paro del 11,5 % (doble que en Estados Unidos) que, aunque en Alemania era del 6,5 %, en Grecia y España superaba el 20 %. Finalmente, el BCE inició en 2015 la senda de Estados Unidos, adoptando medidas de expansión monetaria y programas de inversión pública.

▸ Análisis visual

En esta viñeta se aborda el reflejo de la política de austeridad en el empleo de los jóvenes.

Fuente: Forges, *El País*, 9-6-2014.

▸ Keynes *versus* Friedman

EL ENFOQUE	Keynes consideraba que el problema era el desempleo y que había que combatirlo estimulando la demanda agregada con inversión pública. En cambio, para Friedman el problema era siempre monetario: de inflación por exceso de dinero en la economía o, a la inversa, de deflación por falta de liquidez.
¿QUIÉN CONDUCE LA ECONOMÍA?	Según Keynes, el Gobierno debería conducir la economía a través de la política fiscal. Por el contrario, Friedman opinaba que esa función la ejercerían mejor los bancos centrales independientes.
¿POLÍTICA MONETARIA O FISCAL?	Friedman propugnaba que para que la economía crezca y los precios sean estables, es necesario controlar la cantidad de dinero que imprimen los bancos centrales. Un aumento de la oferta monetaria, si no se acompaña de un incremento de la producción, genera inflación. Y en una recesión hay que prevenir la deflación inyectando más dinero en el sistema, incluso "tirando dinero desde un helicóptero" si hiciese falta. Para Keynes lo importante no era la política monetaria, sino mantener estable la suma de gasto público y privado. Si cae el gasto privado (consumo e inversión), un aumento del gasto público (contratación de trabajadores, impulso de la obra pública, etc.) pone en movimiento una "bola de nieve" que actúa de palanca para la reactivación económica.
ÉPOCAS DE INFLUENCIA	Tras la Gran Depresión y hasta 1970, predominó la visión keynesiana. La economía iba bien: crecimiento económico y niveles bajos de paro e inflación. Pero con la crisis del petróleo, en 1973, el mundo occidental se enfrentó a la estanflación (estancamiento económico, paro e inflación), para la que Keynes no parecía tener respuesta, lo que allanó el camino a las teorías de Friedman, que había previsto esa situación y cuyas tesis se impusieron entre 1980 y 2008.

Analiza los documentos y responde.

a) Sitúate en el lado monetarista y elige sus argumentos y propuestas más convincentes. Haz lo mismo desde el lado keynesiano. ¿Cuál te convence más y por qué?

b) Señala los paralelismos entre el debate Friedman-Keynes y el que se dio entre la eurozona y Estados Unidos sobre cómo salir de la crisis.

¿CÓMO SOBREVIVIR EN TIEMPOS DE CRISIS?

La economía colaborativa o compartida crea nuevas formas de emprender y también un concepto de la propiedad distinto. En opinión de Rachel Botsman, autora del libro *Lo mío es tuyo*, en esta peculiar noción de la propiedad es más importante tener acceso a los bienes que poseerlos, lo cual representa un cambio sin precedentes en las relaciones sociales y económicas.

La economía compartida

Una respuesta a la ineficiencia y a la desigualdad

La economía compartida (*sharing economy*) consiste en compartir en lugar de poseer.

Carlota viajaba sola con frecuencia de Madrid a Granada en su coche, hasta que un día decidió compartir trayecto y gastos, y contactó con dos compañeras de viaje a través de internet. Así redujo sus gastos de viaje y para sus compañeras resultó más barato y cómodo que cualquier otra opción, pues las dejó en la puerta de su dirección de destino. Todo ventajas. Desde entonces, siempre viaja acompañada.

Esta forma alternativa de consumir es fruto de la digitalización, pero, sobre todo, es una respuesta a la inequidad y la ineficiencia: el 40 % de los alimentos del planeta se desperdicia; los coches pasan el 95 % del tiempo parados o circulando en busca de aparcamiento; la maquinaria de bricolaje apenas se usa 30 minutos en toda su vida útil, etc. ¿Podemos consentir ese despilfarro?

Complemento de la economía oficial

La crisis económica ha propiciado que surjan miles de webs y *apps* de intercambio colaborativo en las que compartir, donar, prestar, alquilar, etc., todo tipo de bienes y servicios: intercambio de ropa, coches compartidos, alojamiento de viajeros, trueque de comida, *crowdfunding*, etc.

La Unión Europea es consciente de sus repercusiones: "El consumo colaborativo representa un complemento innovador, económico y ecológico de la economía de la producción por la economía del consumo. Además, supone una solución a la crisis económica en la medida que posibilita el intercambio en casos de necesidad". Y aunque quedan tareas pendientes, como regular ciertas actividades para evitar que engorden la economía sumergida y la evasión de impuestos, la economía compartida se impone como una actividad necesaria.

Una clave: la confianza

Para conseguir que la gente comparta la casa, el coche o la comida con desconocidos, las plataformas colaborativas se han esmerado en fabricar confianza. En la construcción de esta confianza, el papel de internet es crucial: allí cada ciudadano construye su "reputación virtual" con las opiniones de otros internautas.

En la economía compartida, el anonimato no existe. "Cuando eliminas el anonimato recuperas lo mejor de la gente", dicen estos nuevos emprendedores. Si con las redes sociales ya se ha logrado que las personas estén cómodas conectando con extraños en el mundo virtual, el reto es hacer lo mismo en el mundo real. Uno de los atractivos de la economía compartida es que devuelve el contacto físico en los intercambios: dos personas dan su palabra en un encuentro cara a cara y eso es suficiente.

Generación pionera: los *millennials*

La generación *millennials* o generación del milenio, los nacidos entre 1981 y 1995 (ocho millones en España), son los primeros que han aprendido que el trabajo estable escasea y abundan los minitrabajos para "ir tirando".

Tienen la capacidad de ser a la vez trabajadores y microempresarios que alquilan los activos que poseen.

La economía compartida les permite aprovechar sus habilidades o sus propiedades para conseguir un dinero extra que a veces es su ingreso fundamental.

Veamos el caso de José, un cámara profesional; perdió su empleo y se le vino el mundo encima: acababa de invertir 20 000 euros en renovar su equipo y, además, debía pagar un coche y mantener dos hijos, con un mercado laboral deprimido. "Una vez pasado el *shock*, miré lo que tenía: un equipo profesional de alta gama, la casa donde vivía y un coche. Tendría que sacarles partido". Alquiló su cámara para rodar anuncios, y colgó la buhardilla de su casa en Airbnb. Entre ambas cosas obtiene unos 700 euros al mes. Un año más tarde encontró un "trabajillo de lo suyo" que le permite redondear los 1200 euros.

Diversidad de tendencias

Además de estas plataformas colaborativas, en la economía compartida existen otras experiencias que tienen en común hacer sentir a las personas que las forman que son parte de una comunidad y que funcionan bajo principios de la solidaridad, la convivencia y el desarrollo personal y social. Algunos ejemplos son las cooperativas de intercambio, los huertos comunitarios, los bancos del tiempo, etc. De entre ellas, los bancos del tiempo ejemplifican un singular proceso de intercambio, en el que el dinero surge de la imaginación de los participantes.

Los bancos del tiempo

ANALIZA TU ENTORNO

1. En los bancos del tiempo, donde las "horas de trabajo" funcionan como dinero, ¿en qué medida se cumplen las tres funciones del dinero? ¿Crees que se podría renunciar al dinero en una sociedad con nuestro nivel de complejidad económica?

2. Elabora un cuadro comparativo entre la economía convencional y la economía compartida, con sus ventajas e inconvenientes y los valores que están detrás de una y otra.

3. smSaviadigital.com INVESTIGA > Imagina que te encuentras sin dinero en una ciudad distinta a la tuya, donde no tienes familia ni amigos, pero en la que existe un banco del tiempo. ¿Qué **recursos y habilidades** posees que podrían ser útiles a los demás? ¿Cómo puedes subsistir durante una semana sin dinero? Haz una tabla en la que indiques qué necesitarás y qué puedes dar a cambio.

QUÉ VOY A NECESITAR	QUÉ PUEDO DAR A CAMBIO

13 El sistema financiero

El sistema financiero cumple la función fundamental de canalizar todo el ahorro de un país hacia la inversión. Pero ¿cómo se coordinan las personas que deciden cuánto van a ahorrar y las que deciden cuánto van a invertir para que todo cuadre? La respuesta está en los intermediarios financieros, que toman el ahorro de unos y lo dirigen hacia la inversión de otros, de tal forma que se asegura que todo el ahorro del país esté a disposición de la inversión.

Estos intermediarios y los mercados en los que actúan constituyen el sistema financiero. De él forman parte las entidades bancarias y los mercados de valores, como la Bolsa, elementos imprescindibles en la economía actual y que constituyen el sistema nervioso central de las finanzas mundiales. Por ello, cuando fallan paralizan la economía, como en la crisis financiera de 2007.

La trampa de la liquidez

En los años posteriores a la crisis circuló por las redes sociales esta curiosa historia sobre cómo terminar con las deudas de una manera sencilla (aunque la fórmula, como veremos, tenía truco):

Es un día tranquilo en un pequeño pueblecito de la costa española. Los tiempos son duros, todo el mundo tiene deudas y vive del crédito. Esa mañana, un rico turista árabe llega al pueblo y se detiene en el único hotel con la intención de comprobar si reúne las condiciones idóneas para celebrar en él una gran fiesta familiar y reservar todas las habitaciones durante una semana.

El adinerado visitante pide a la dueña del establecimiento que le muestre las habitaciones y salones del hotel, a lo que la gerente accede gustosa, dándole las llaves de varias suites *e invitando a tan buen cliente a visitar con tranquilidad todas las instalaciones, pero pidiéndole un depósito de 500 euros en concepto de reserva. El turista árabe deja el dinero en el mostrador y procede a inspeccionar todas las instalaciones.*

Aprovechando que iba a ausentarse un rato, la dueña del hotel coge el billete y corre al local de al lado para pagar sus deudas a la carnicera. La carnicera, tras recibir el billete de 500 euros, va calle abajo para saldar su deuda con el ganadero que le suministra el género. El ganadero sale a toda prisa para pagar su deuda con el fabricante de piensos. Y este último también parte inmediatamente, billete en mano y camino del hotel, para pagar la factura que debía por el alojamiento de unos familiares.

Una vez en el hotel, deja los 500 euros encima del mostrador, justo cuando el rico turista bajaba las escaleras de acceso a las habitaciones mientras le comentaba a la dueña: "La verdad es que las habitaciones no me convencen". Y recogió sus 500 euros del mostrador y desapareció.

En resumen, nadie ha producido nada ni nadie ha obtenido beneficios, pero todos los protagonistas de este relato han pagado sus deudas y la economía del pueblo mira al futuro con confianza, mientras el rico turista mantiene en su bolsillo sus 500 euros.

La historia intenta mostrar que el problema de la deuda es un problema de falta de liquidez y que si se inyecta dinero en la economía, todo se soluciona. Pero el truco está en que todos debían 500 euros, y también a todos ellos les debían lo mismo. Y la realidad no es así. Hay personas que solo tienen deudas y otras que no deben a nadie.

Inspirado en:
www.e-sm.net/sveco1bachud13

ANALIZA LA IMAGEN

1. En las Bolsas de Fráncfort o Madrid, ¿qué se compra y se vende? ¿Cómo se fijan los precios?
2. ¿Qué es el Ibex 35 o el Dow Jones? ¿Por qué sus subidas o bajadas son noticias que generan tanta expectación?

ANALIZA EL TEXTO

- Si la dueña de la carnicería no tuviera deudas, ¿cómo transcurrirían las secuencias posteriores del cuento?
- Imagina que el turista rico es un banco y que presta los 500 euros al propietario del hotel. ¿Cambiaría en algo la situación?

1 El sistema financiero y sus intermediarios

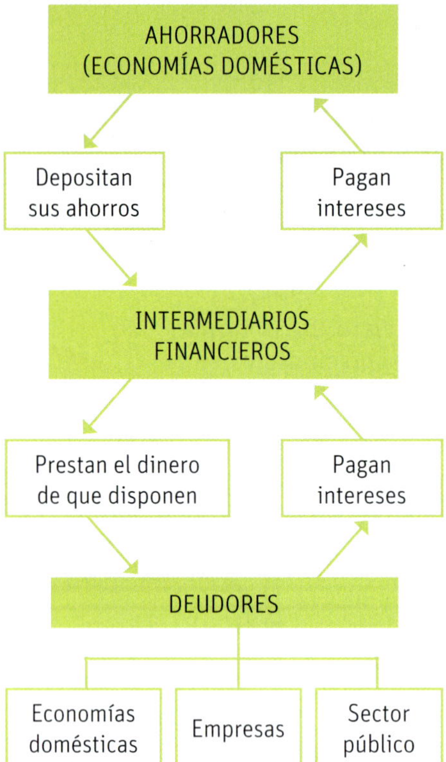

Hay personas que ahorran y otras que necesitan dinero para adquirir una vivienda, poner en marcha un negocio o pagarse unos estudios. Los ahorradores estarán dispuestos a prestar su dinero si tienen la seguridad de que podrán recuperarlo con intereses cuando lo necesiten. Los que precisan dinero tienen que encontrar quien les financie en unas condiciones de plazos y garantías que puedan cumplir, sabiendo que tendrán que devolverlo con intereses en el tiempo fijado.

Los **intermediarios financieros** facilitan esta labor, ofreciendo garantías para ambas partes. Se sitúan entre los ahorradores y los prestatarios para tomar el dinero de unos y prestárselo a otros, en las condiciones pactadas.

Los intermediarios financieros y los mercados en los que actúan conforman el **sistema financiero**. Su función es poner en contacto y coordinar a los que ofrecen financiación con los que la demandan.

El sistema financiero se estudia desde tres perspectivas: la de los intermediarios, la de los activos intercambiados y la de los mercados.

Los intermediarios financieros

- **El banco central.** Es la máxima autoridad pública que regula y supervisa el sistema financiero y aplica la política monetaria. En nuestro país, el **Banco de España** realiza estas funciones, por delegación del Banco Central Europeo.
- **Los intermediarios financieros bancarios.** Son entidades que captan el dinero de los ahorradores para prestárselo a familias y a empresas, creando de esta forma dinero bancario. Pagan un tipo de interés a los ahorradores por sus depósitos y cobran a los prestatarios un tipo más alto por sus préstamos. La diferencia entre ambos tipos de interés es la principal fuente de sus beneficios.

  Los **bancos, cajas de ahorro y cooperativas de crédito** conforman el sector bancario en España. En la última década y debido a la crisis, la mayor parte de las cajas de ahorro se transformaron o fueron absorbidas por los grandes bancos; por ello, hoy su peso en el sistema es menor que en el pasado. Las cooperativas de crédito también ocupan un modesto lugar.
- **Los intermediarios financieros no bancarios.** Captan el ahorro de las familias y empresas y, en lugar de dedicarlo a conceder préstamos, lo utilizan para otros fines, como invertir colectivamente, asegurar la vejez de los ahorradores, cubrir riesgos (compañías de seguros), etc.

*

Préstamos y créditos

Conviene distinguir estas dos formas de financiación. Quien obtiene un préstamo, recibe la cantidad solicitada de inmediato, por lo que paga intereses por la totalidad de los fondos recibidos. Sin embargo, el crédito supone que el banco pone a disposición del solicitante una cantidad (límite del crédito) que podrá gastar según lo necesite, pagando intereses solo por las cantidades realmente utilizadas.

EN LA PRÁCTICA **Los servicios de las entidades bancarias**

Además de captar el ahorro y ofrecer préstamos, los bancos están involucrados directa o indirectamente en casi todas las transacciones que realizamos:

- **Domiciliación de recibos** (teléfono, electricidad, impuestos, facturas, etc.). Es una autorización al banco para que los pague y nos lo adeude posteriormente en nuestra cuenta.
- **Domiciliación de nóminas.** Las empresas ingresan directamente el salario de los trabajadores en sus cuentas bancarias.
- **Instrumentos de pago y de crédito.** Como tarjetas de crédito o de débito, monederos electrónicos, cheques, etc.
- **Transferencias bancarias.** Permiten pagar a alguien ordenando a nuestro banco traspasar el dinero de nuestra cuenta a la del banco de la otra persona.
- **Otras.** Cambio de divisas (moneda extranjera), cheques de viaje, asesoramiento financiero, etc.

- ¿Qué diferencias hay entre un cheque y una transferencia? ¿Y entre una tarjeta de débito y una de crédito?
- ¿Qué ventajas tiene domiciliar la nómina en un banco? ¿Y domiciliar recibos e impuestos?

Intermediarios financieros no bancarios

Como no son entidades bancarias, no pueden prestar y, por tanto, **no crean dinero bancario**. La mayoría de estos intermediarios actúan a través de los grandes bancos, e incluyen instituciones muy diversas y especializadas como:

- **Los fondos de inversión.** Son sociedades de inversión colectiva cuya función es la creación de un fondo patrimonial a partir de las aportaciones realizadas por los ahorradores (partícipes). El fondo creado se invierte en una selección o **cartera** de distintos tipos de acciones, bonos y otros productos financieros. Los partícipes aceptan todo el riesgo y el rendimiento que conlleva la cartera: si se revaloriza el fondo, se benefician; si baja su valor, pierden.

  Su principal ventaja es permitir a los pequeños ahorradores diversificar el riesgo, es decir, "no apostar todo a una carta". Para un pequeño inversor, es más arriesgado comprar un único tipo de acciones o de bonos que una cartera diversa de acciones y bonos en la que solo se tiene una pequeña participación de cada empresa.

- **Los fondos de pensiones.** Se constituyen con el dinero aportado por trabajadores a lo largo de su vida activa, y el fondo creado se invierte para obtener beneficios. Cuando el beneficiario se jubila, le pagan una cantidad fija o una pensión periódica acorde a las aportaciones realizadas en su vida activa y a los rendimientos obtenidos de la actividad inversora del fondo.
- **Las compañías aseguradoras.** Cubren económicamente a sus clientes (asegurados) de todo tipo de riesgos (incendio, robo, accidente, muerte, etc.), a cambio del pago de una cuota o prima anual.
- **Entidades *leasing*.** Financian a las empresas que necesitan bienes de equipo, en forma de alquiler con derecho final de compra.
- **Entidades *factoring*.** Cobran las facturas pendientes o los créditos que tengan las empresas sobre terceros, a cambio de una comisión.
- **Entidades de capital riesgo.** Aportan capital temporalmente a empresas de sectores dinámicos de la economía, de los que se espera un crecimiento superior a la media. El objetivo es que, con la ayuda del capital riesgo, la empresa aumente su valor; una vez conseguido, el capital se retira, obteniendo el beneficio correspondiente.

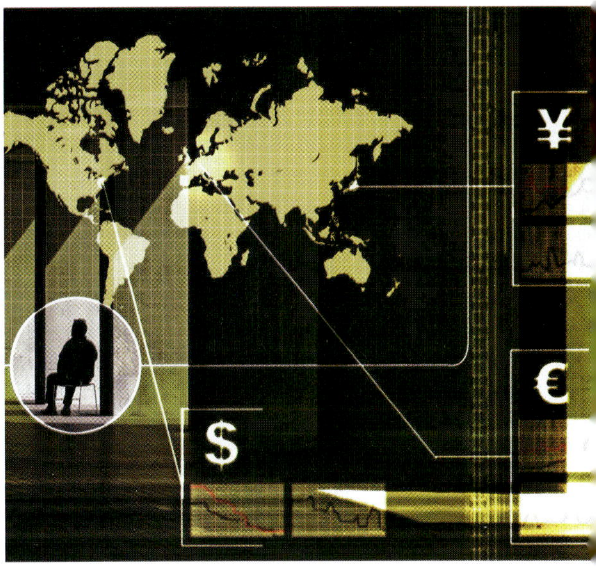

Los **fondos de inversión** agregan a millones de pequeños inversores, lo que los convierte en la mayor fuerza inversora del mundo: manejan alrededor de 18 billones de euros (18 veces el PIB español). Son sobre todo ahorradores anglosajones: el 55 % del dinero invertido en fondos procede de Estados Unidos; el 32 % de Europa, y el 13 %, del resto del mundo. La mayor gestora del mundo es Blackrock, que maneja una suma de dinero equivalente a tres veces el PIB de España. Tras los fondos de inversión, los siguientes protagonistas son los **fondos de pensiones**, que manejan 14 billones de euros.

EN LA PRÁCTICA **Los inversores institucionales**

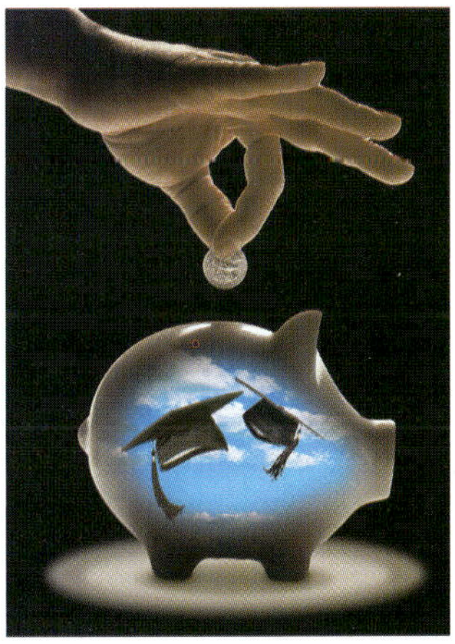

En el mundo existen varios cientos de millones de familias que tratan de generar un ahorro con el que poder financiar su vivienda, los estudios de sus hijos o una ayuda extra en su jubilación. Las opciones financieras del inversor particular son, aparte de invertir en su propio negocio o depositar su dinero en un banco, comprar directamente acciones o bonos del Estado, o confiar sus ahorros a los inversores institucionales.

El porcentaje de los inversores que invierten por sí mismos es pequeño, y la mayoría lo hace a través de los inversores institucionales, entre los que destacan los fondos de pensiones y los fondos de inversión. Estos fondos aportan a los inversores particulares la posibilidad de participar de una forma colectiva en "paquetes" o carteras de inversión que van desde muy arriesgados hasta muy seguros, en renta fija o variable, nacionales o internacionales, etc.

Estas **instituciones de ahorro colectivo** se forman con el dinero aportado por cada uno de sus inversores partícipes. El fondo constituido lo administra una sociedad gestora, que cobra una comisión por ello y da cuenta a los partícipes de la evolución de las inversiones. El objetivo de los fondos es lograr la mayor rentabilidad posible, y para alcanzarlo, la sociedad gestora elige la combinación de proyectos con mejores expectativas de beneficios, ya sea de acciones de empresas nacionales o internacionales, de deuda pública nacional o de otros países, etc.

- Señala las ventajas e inconvenientes de invertir como particular, frente a invertir colectivamente a través de inversores institucionales.

2 ¿Qué son los activos financieros?

Títulos de deuda pública española

Las letras del Tesoro, los bonos y las obligaciones del Estado son títulos emitidos por el Tesoro Público español, y representan, por tanto deuda pública. Las letras del Tesoro son a corto plazo (3, 6, 12 o 18 meses), los bonos del Estado a medio (2, 3 o 5 años), y las obligaciones del Estado, a largo (10, 15 o 30 años). En el argot financiero, se utiliza el término **bonos** para referirse a todos los activos de deuda, sea cual sea su plazo de vencimiento.

El dinero es el instrumento financiero con el que estamos más familiarizados, pero también existen otros instrumentos financieros de uso muy extendido.

Hoy día es frecuente gastar por encima del dinero disponible. Esto es posible gracias a los **instrumentos financieros de crédito**. Su funcionamiento es sencillo: cuando alguien necesita financiación, emite unos documentos (títulos) a modo de recibos o promesas de pago, que entrega a quien le preste el dinero que necesita. Para quien presta, estos títulos representan un **activo** (derecho de cobro), mientras que para quien los emite suponen un **pasivo** (una obligación de pago).

Los **activos financieros** son títulos valor que constituyen el reconocimiento de una deuda por parte de quien los emite y que dan a su poseedor el derecho a su cobro.

Los activos financieros los emiten aquellos agentes que necesitan financiación (Administraciones públicas y empresas). Existe una gran variedad de activos financieros según su emisor, rentabilidad, duración, etc. Estos son los principales:

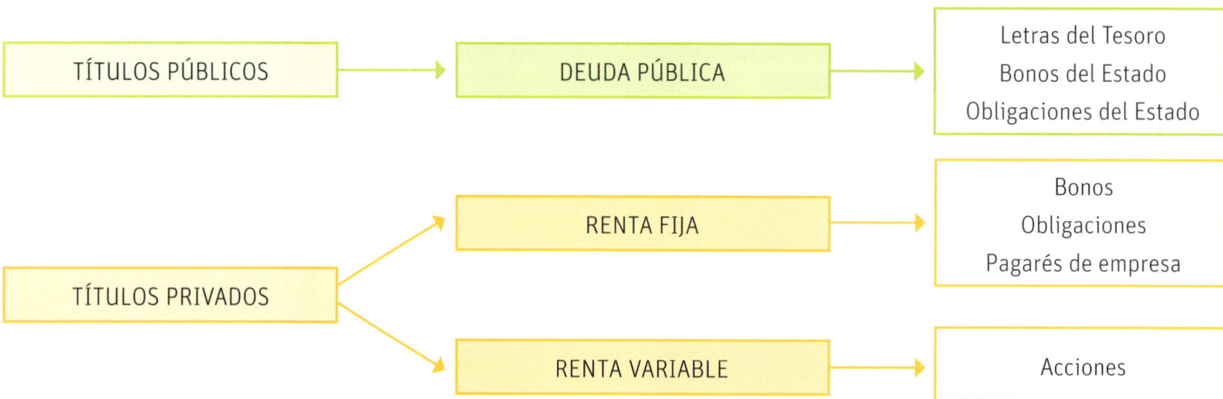

Aunque en su origen los activos financieros eran títulos con soporte físico (documentos tangibles) a modo de certificado que acreditaba la posesión de los mismos, con el desarrollo de las tecnologías de la información, tales activos pasaron a ser meras anotaciones en cuenta, es decir, simples apuntes informáticos.

Características de los activos financieros

- La **rentabilidad** de un activo es el rendimiento que el inversor obtendrá de él. Cuando alguien invierte en un activo financiero, presta su dinero al que lo emite, por lo que le exigirá una recompensa o rentabilidad. Cuando el rendimiento es conocido *a priori*, se trata de un título de **renta fija** (como los bonos). Si el rendimiento depende de los resultados de la empresa, el activo es de **renta variable**.
- El **riesgo** de un activo depende del plazo de devolución y de las garantías del emisor para hacer frente a la deuda a su vencimiento. El riesgo, por tanto, será tanto menor cuanto mayor sea la seguridad de recuperar la cantidad prestada. Así, invertir en bonos del Estado tiene menos riesgo que comprar una obligación de una empresa privada. A su vez, un bono de un Estado muy solvente, como Alemania, tiene menos riesgo que el de otro en dificultades financieras, como Grecia.
- Por último, el grado de **liquidez** de un activo depende de la mayor o menor facilidad para convertirse en dinero efectivo sin costes significativos. Un activo será más líquido cuanto más fácil y rápido sea transformarlo en dinero (venderlo) sin pérdidas. El dinero es el activo líquido por excelencia; después, y por este orden, están: los depósitos bancarios, los fondos públicos, las obligaciones de empresas, las acciones, etc.

En general, un activo es más rentable cuanto mayor es su riesgo y menor su liquidez; por tanto, cuanto más difícil sea recuperar el dinero, más elevado será el tipo de interés que se exija. Al contrario, las inversiones con menos riesgo y más líquidas, como, por ejemplo, depositar el dinero en un banco, son las que menos rentabilidad generan.

La emisión de obligaciones y acciones

Cuando las empresas necesitan cantidades importantes de dinero, disponen de dos vías privilegiadas de financiación: la emisión de acciones y la emisión de obligaciones o bonos.

a. Emisión de acciones. Permite a las sociedades anónimas (S. A.) reunir grandes cantidades a través de las aportaciones de muchos inversores. La empresa divide la totalidad del capital que necesita en pequeñas cantidades iguales, emite títulos por ese valor y los pone a la venta. Estos títulos son las acciones y las personas que las compran se convierten en socios accionistas.

Las **acciones** representan la propiedad de una parte de la empresa. Por ejemplo, si una empresa necesita 2 000 000 de euros y decide emitir acciones por un valor nominal de 20 euros, deberá vender un total de 100 000 acciones; cada una de estas acciones representa la propiedad de 1/100 000 del negocio. Estas sociedades pueden ampliar su capital tantas veces como lo necesiten mediante la emisión de nuevas acciones. El incentivo para los accionistas es la participación en los beneficios de la empresa según el número de acciones compradas. Dado que los beneficios varían de unos años a otros, **las acciones son títulos de renta variable**.

b. Emisión de obligaciones. Las empresas y el sector público pueden obtener fondos a través de la venta de bonos u obligaciones. La empresa divide la totalidad del dinero que necesita en pequeñas cantidades iguales y emite títulos por ese valor. Estos títulos se denominan bonos u obligaciones, y el conjunto de las obligaciones emitidas se conoce como **empréstito**.

El comprador de una obligación entrega su dinero a la empresa a cambio de una promesa de recibir intereses y la devolución de la cantidad prestada. Una **obligación** es, por tanto, el certificado de una deuda, en el que se especifica la fecha o vencimiento en que se devolverá el préstamo y el tipo de interés que se pagará periódicamente. Como el tipo de interés viene ya fijado desde que se emiten, **las obligaciones son títulos de renta fija**.

Hay obligaciones de distinto tipo según plazo, riesgo de impago, etc. Las obligaciones a largo plazo son más arriesgadas porque cuesta más tiempo recuperar el dinero; en compensación, sus tipos de interés son superiores. Sobre el riesgo de impago, a menor riesgo, más bajo será el tipo de interés. Como el Estado se considera más fiable que una empresa, el tipo de interés de sus bonos suele ser inferior.

Las acciones y obligaciones, aunque tienen algunas semejanzas, son muy diferentes. El accionista es propietario de una parte de la empresa; el tenedor de una obligación es un acreedor de la empresa. Si la empresa obtiene beneficios, los accionistas participan de los mismos, mientras que los titulares de obligaciones solo cobran el interés pactado. Y si la empresa atraviesa dificultades, los titulares de obligaciones recibirán sus intereses, mientras que los accionistas no obtendrán nada. Las acciones tienen más riesgo y, potencialmente, más rentabilidad.

Una forma muy criticada de obtener financiación por parte de algunas empresas y entidades financieras han sido las participaciones preferentes, que son bonos de deuda a plazo perpetuo. Su comprador solo recibe los intereses si la entidad emisora obtiene beneficios. Y si quiere recuperar la inversión, debe vender el título en un mercado interno –controlado por la propia entidad emisora–, ya que como el plazo es perpetuo, la entidad no tiene obligación de reembolso. Las críticas vienen sobre todo porque se trata de un producto que se vendía a un público que, en muchos casos, carecía de la formación suficiente para entender sus características.

*

Acciones

Títulos de renta variable que representan cada una de las partes iguales en que se divide el capital de una sociedad anónima y que dan a su poseedor la condición de socio accionista y el derecho a participar en la gestión de la empresa y en sus beneficios.

Obligaciones y bonos

Títulos de renta fija que representan cada una de las partes iguales en que se divide un préstamo. Se emiten tanto por empresas como por el sector público.

ACTIVIDADES DE APLICACIÓN

Una empresa se creó con un capital social de un millón de euros, distribuido en acciones de 20 euros de valor nominal. A partir de esta información, contesta razonadamente:

1. ¿Cuántas acciones se emitieron para constituir su capital inicial? ¿Qué representa cada una de las acciones? Si alguien compró 40 acciones, ¿cuánto pagó? ¿Cuál es su relación con la empresa y qué derechos adquirió?
2. Años más tarde, la empresa necesita financiación y emite un empréstito por valor de 5 millones de euros, dividido en 50 000 obligaciones a un tipo de interés anual del 4 %. ¿Qué representan cada una de las obligaciones y cuál es su valor de emisión? Si alguien compra 20 obligaciones, ¿cuál es su relación con la empresa y cuánto recibirá cada año en concepto de intereses?

3 El mercado de valores y la Bolsa

La mayor parte de las sociedades anónimas españolas no cotiza en Bolsa y sus acciones no se pueden adquirir en el mercado abierto. Suelen ser compañías pequeñas o medianas, cuyas acciones normalmente pertenecen a sus directores y quizá a la familia del fundador o fundadores, y de los inversores originales.

El **mercado de valores** es un mercado especializado en la compraventa de toda clase de títulos (acciones, bonos, obligaciones, etc.) y cuya función es canalizar el ahorro hacia la inversión.

En este mercado, la **oferta** está constituida por las **empresas** y los **organismos públicos** que buscan financiación a través de la emisión y venta de activos financieros; a su vez, la **demanda** la forman los **ahorradores-inversores** interesados en comprar esos activos. En el mercado de valores hay que distinguir:

- Los **mercados primarios o de emisión**. En ellos se venden los títulos por primera vez; por tanto, los activos son de nueva creación. Esta venta se denomina **colocación de títulos** y se realiza a través de los intermediarios financieros.
- Los **mercados secundarios**. En ellos se negocian títulos ya existentes. Una vez colocados los títulos en el mercado de emisión, al ser transferibles, pueden venderse en el mercado secundario tantas veces como lo deseen sus poseedores; se trata, por tanto, de mercados "de segunda mano". La Bolsa es el mercado secundario más importante y mejor organizado.

Ambos mercados se encuentran estrechamente relacionados. Cuanto más desarrollado esté el mercado secundario (y, por tanto, más fácil sea para un inversor vender sus títulos), mejor funcionará el mercado de emisión. Es decir, el mercado secundario potencia el mercado primario, dándole liquidez y facilitando la relación entre inversores que quieren desprenderse de sus activos e inversores que desean adquirirlos. Si no existiera el mercado secundario, alguien que compra hoy acciones (o bonos) en el mercado primario no podría venderlas cuando necesitara dinero. Por tanto, la existencia de mercados secundarios permite transformar los activos en dinero, en cualquier momento, al inversor que lo necesita.

Mercado continuo de acciones

Sistema de contratación de acciones que funciona de manera ininterrumpida por medios informáticos. Los inversores introducen sus órdenes de compra y de venta, y el sistema asocia de forma automática las que tengan iguales condiciones y confirma la operación. La mayor parte de la contratación de acciones se realiza a través de este sistema.

Las Bolsas de valores

En los mercados secundarios, los inversores disponen de diversas alternativas según el riesgo que deseen asumir, la rentabilidad que pretendan obtener y la liquidez que necesiten. Por su parte, las empresas que cotizan en Bolsa deben cumplir unas condiciones que garanticen que los inversores conozcan la situación de la empresa y puedan decidir con una buena información dónde invierten su dinero. Para garantizar el buen funcionamiento de estos mercados, en España existe la **Comisión Nacional del Mercado de Valores (CNMV)**, organismo público que supervisa la transparencia del mercado, la correcta formación de los precios de los activos que se negocian y la protección de los inversores que intervienen.

ESTUDIO DE CASOS **Los locos años veinte**

Un suceso traumático ha ensombrecido las Bolsas de valores durante décadas: el pánico y la crisis de 1929. [...] Los locos años veinte fueron testigos de un fabuloso auge de los mercados de valores, en el que todo el mundo compraba y vendía acciones. La mayoría de las compras que se efectuaban en este loco mercado alcista era con margen, lo que significa que el comprador de acciones por valor de 10 000 dólares solo entregaba una parte del precio en efectivo y obtenía prestada la diferencia contra la garantía de sus acciones recién compradas. ¿Qué importaba tener que pagar al corredor [de Bolsa] el 6, el 10 o el 15 por ciento anual por los préstamos si el valor de las acciones [...] podía subir un 10 % de la noche a la mañana?

El gran auge de la Bolsa de los años veinte fue una clásica burbuja especulativa, en la que los precios subieron como consecuencia de esperanzas y sueños y no porque estuvieran aumentando los beneficios y los dividendos de las compañías.

SAMUELSON, P. A., y NORDHAUS, W. D.: *Economía*. Madrid, McGraw-Hill, 2010.

- ¿En qué se basan los autores para definir la crisis de 1929 como una clásica burbuja especulativa?
- ¿Qué consecuencias podía tener una súbita caída del valor de las acciones para quienes compraban acciones con préstamos? ¿Y para los bancos que les habían prestado el dinero?

¿Cómo funciona la Bolsa?

Cuando se adquiere una acción o un bono directamente en el mercado primario, el precio pagado es el valor de emisión estipulado. Pero cuando se compra en el mercado secundario, el juego de la oferta y la demanda determina los **precios de los títulos o cotización en Bolsa**.

El **papel de las expectativas** es muy importante en la evolución de los precios. Cuando los inversores se muestran optimistas sobre la buena marcha de una empresa y su futura rentabilidad, muchos desean adquirir acciones de la misma y los que las tienen no quieren venderlas. El exceso de demanda hace subir el precio de estas acciones. En cambio, cuando los resultados son malos o existen dudas sobre el futuro de la empresa, todos procuran vender sus acciones, nadie desea comprarlas y el precio baja.

Además de estos factores propios de las empresas, existen otros más generales que influyen en la Bolsa. Así, las cotizaciones suben o bajan dependiendo de las medidas fiscales del Gobierno sobre el ahorro y la inversión, de los tipos de interés, de la evolución de la economía nacional e internacional, de los cambios en el precio del petróleo o del estallido de conflictos en zonas estratégicas.

La imagen tradicional de la Bolsa es un lugar bullicioso donde unos agresivos corredores de Bolsa se reúnen en esquinas o círculos (corros), y allí, cara a cara, gritan todo el tiempo "compro" o "vendo". Pero hoy cada vez hay menos mercados de corros en el mundo (los más importantes son la Bolsa de Metales de Londres y la Bolsa Mercantil de Chicago): se han sustituido por sistemas informáticos que permiten negociar directamente desde cualquier parte del mundo.

¿Cómo influyen los tipos de interés en la Bolsa?

Si baja el tipo de interés, disminuye la rentabilidad que los ahorradores reciben en depósitos bancarios o en títulos de renta fija, por lo que muchos inversores estarán dispuestos a arriesgarse invirtiendo en renta variable. Esto incrementará las peticiones de compra de acciones y hará que aumente su demanda y su precio.

Si el tipo de interés sube, sucede lo contrario: los agentes huyen hacia inversiones más seguras y bien remuneradas, lo que provoca que crezca la venta de acciones y que sus precios bajen.

EN LA PRÁCTICA ¿Qué son los *hedge funds*?

Los **fondos de alto riesgo** o *hedge funds* (fondos de cobertura) son los fondos de inversión más especulativos; se distinguen del resto de fondos de inversión colectiva por su agresividad y por su mayor riesgo. Por un lado, tienen menos limitaciones regulatorias y, por otro, suelen mantener un fuerte **apalancamiento**. Esto significa que funcionan en gran parte con dinero prestado, lo que hace más arriesgadas sus operaciones.

Estos fondos nacieron en 1949 en Estados Unidos, pero su expansión no se produjo hasta la década de 1990. En la actualidad influyen mucho en los mercados financieros, quizá porque se les permite realizar operaciones de ingeniería financiera muy controvertidas, como **apostar por la caída de los activos** (**posiciones cortas** o apuestas bajistas).

Mientras que en las posiciones largas (las inversiones normales) se compra un activo esperando que su precio suba para venderlo en el futuro con un beneficio, en las posiciones cortas se gana si el precio de los activos baja. La operativa es esta: ante la expectativa de que las acciones de una compañía bajen (a partir de un precio, por ejemplo, de cien dólares), el *hedge fund* pide prestadas acciones (a otro fondo de inversión o a un banco) para venderlas en el mercado. La finalidad es transmitir una señal de "venta masiva" y causar el pánico entre los accionistas de la empresa. Si la estrategia funciona, y muchos accionistas optan por vender, el precio de la acción caerá. Si cae (por ejemplo, a sesenta dólares), el mismo fondo las recompra a ese precio más bajo y se las devuelve a su prestamista, logrando así un beneficio de 40 dólares por cada acción.

Muchos analistas son muy críticos con estas estrategias de los *hedge founds* y consideran que fueron la chispa que prendió la crisis financiera en 2007. Por ello, la Unión Europea y la CNMV han tomado medidas para restringirlas (en algunos momentos han estado prohibidas) o para hacerlas más transparentes (qué fondos están detrás de estas apuestas bajistas y con qué objetivo).

- ¿Qué justifica estas apuestas bajistas? ¿Quién gana y quién pierde con ellas?

4 Los índices bursátiles

Un índice especialmente relevante de la Bolsa de Nueva York es el Nasdaq, vinculado a empresas de alta tecnología, y en el que cotizan Twitter o Facebook. Pero el índice más importante es el Dow Jones, que se calcula desde 1896 y se basa en los precios de las acciones de las principales compañías estadounidenses, como General Motors, General Electric, Coca-Cola, IBM, etc.

En los informativos diarios aparecen noticias sobre las subidas o bajadas de la Bolsa en la jornada y de sus índices bursátiles (el IBEX 35, el Dow Jones de la Bolsa de Nueva York o el Nikkei de la de Tokio). Pero ¿qué son los índices bursátiles?

Los **índices bursátiles** reflejan la evolución en el tiempo de los precios de los valores que cotizan en Bolsa. En España, el índice más importante es el **IBEX 35**, que recoge la evolución diaria de las acciones de las 35 empresas más importantes del país.

Para su elaboración, en el índice se pondera cada empresa según su importancia (peso relativo). Después se observa la variación que ha tenido el precio de cada una de las acciones a lo largo del día y, por último, se calcula una media ponderada para determinar el valor del índice en esa jornada.

El índice nos mostrará, al final de cada sesión, si ha habido más compras que ventas de acciones, o viceversa. En el primer caso aumentará el índice (sube la Bolsa), y en el segundo disminuirá (baja la Bolsa). Como hay unos pocos valores (Banco Santander, Telefónica, BBVA, Endesa, Iberdrola y Repsol YPF) cuyo peso en el IBEX 35 es superior al 60 %, la caída o la subida de sus acciones provoca cambios importantes en el índice.

La información diaria del IBEX 35 que aparece en los medios de comunicación suele destacar el valor del índice al final de la sesión, con su variación en el día y la acumulada en el año. Si al final de una sesión el titular es *El IBEX 35 cerró con una caída del 1,47 %, que lo situó en los 11 014 puntos*, quiere decir que la Bolsa ha perdido un 1,47 % respecto del día anterior. Esto no significa que todas las acciones de la Bolsa española hayan bajado en ese porcentaje; unas habrán perdido más y otras menos, y algunas habrán ganado (subido), ya que se trata de un indicador medio de un conjunto de acciones.

Los accionistas prestan especial atención a estos indicadores y a la cotización de sus acciones, ya que además del aliciente que supone participar en los beneficios de la empresa (dividendos), hay otro tipo de rentabilidad, la **rentabilidad extraordinaria o plusvalía**, que se produce en caso de venta de las acciones por un precio superior al de compra. Si ocurre al revés, su poseedor deberá asumir las pérdidas.

smSaviadigital.com PRACTICA

Interpreta la información del **IBEX 35**.

Los índices y el futuro de la economía

Todos los factores que se piensa que pueden afectar a la marcha de las empresas (resultados esperados, estrategias previstas, expectativas del sector, etc.) se encuentran ya, en cierto modo, reflejados en el precio de las acciones.

Al mercado no le importa el pasado, que es inamovible, sino el futuro. Por eso reacciona con anticipación y sensibilidad ante cualquier noticia que pueda afectar al futuro: evolución de los tipos de interés, perspectivas económicas, rumores empresariales, etc.

Esa rapidez que se respira en este mercado no es más que la consecuencia de revisar constantemente la opinión sobre las empresas, en función de los nuevos acontecimientos. En este sentido, la Bolsa suele anticiparse a los ciclos económicos. Si cae, es porque se considera que vienen malos tiempos. Si sube, es porque las perspectivas son optimistas y se apuesta por el crecimiento económico. Por ello, la Bolsa se considera el "barómetro de la salud" de la economía, dado que los precios que alcanzan sus acciones reflejan la opinión colectiva del mercado sobre la evolución futura de las empresas y, por tanto, de la economía del país.

Si observamos el gráfico, la evolución del índice durante 2011 y hasta el verano de 2012 (descendiendo a la mitad) estaba reflejando la tormenta financiera que se gestaba sobre la zona euro, y que afectó a España en 2012.

Evolución del IBEX 35 2010-2015

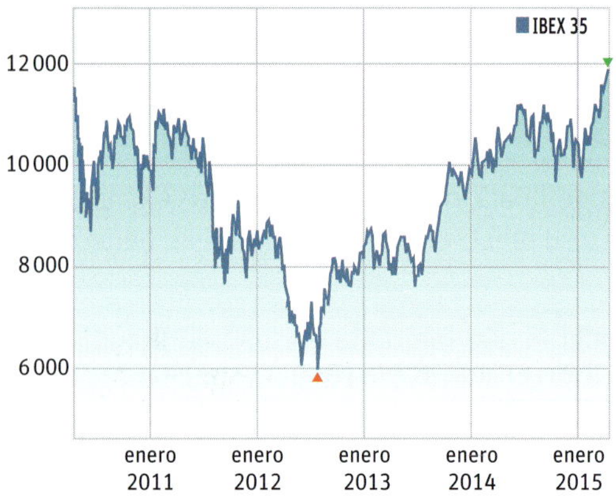

Fuente: Bolsa de Madrid

5 Los mercados de bonos

Los mercados de bonos soberanos, o bonos del Estado, son menos conocidos que los mercados de acciones, pese a que son mucho más importantes e influyentes. Al determinar si un país puede conseguir financiación o no, estos mercados pueden originar su quiebra; y al señalar a qué precio debe pagar para financiarse, pueden condicionar la vida económica de ese país: cuanto más alto sea el tipo de interés, más gasto público tendrá que dedicarse a pagar los intereses.

Los bonos del Estado nacieron en la Italia medieval, donde las ciudades-estado, que a menudo estaban en guerra entre sí, obligaban a sus ciudadanos más ricos a prestarles dinero a cambio del pago regular de un interés. En la actualidad, los principales inversores en los mercados de bonos son los fondos de pensiones y los fondos de inversión; es decir, quienes hoy día prestan dinero a los Estados son los millones de pequeños ahorradores y pensionistas de todo el mundo.

La clave está en los tipos de interés

Una vez que los bonos han sido emitidos, se pueden volver a comprar o vender en los mercados internacionales. En estos mercados secundarios, los tipos de interés que realmente se pagan para el bono suelen ser muy diferentes de los que se fijaron inicialmente. Por ejemplo, si un país emite bonos por un valor de 1000 euros por título, a un tipo de interés del 4 %, durante su vida (ya sea de 10 o 30 años) pagará anualmente a su propietario 40 euros por cada bono. Para quien compró el bono al precio inicial, su rentabilidad es del 4 %. Pero como lo habitual es que el comprador original lo venda a otros inversores, y estos a otros en sucesivas operaciones, la rentabilidad varía en función de la demanda.

Si los inversores observan que el país está en crisis y existe riesgo de impago, tenderán a vender sus bonos, lo que provocará que baje su precio. Supongamos que el precio cae a 800 euros. En principio, ese país seguirá abonando 40 euros al poseedor del título; sin embargo, un nuevo comprador ya no obtendrá una rentabilidad del 4 %, sino del 5 %, porque percibirá intereses de 40 euros por un título que le costó 800 (40/800 = 0,05).

El problema para el país es que, cuando vuelva a emitir bonos en el mercado primario, los inversores no aceptarán una rentabilidad inferior al 5 %. Esto significa que si un país quiere encontrar compradores para los miles de bonos que emite regularmente, debe ofrecerlos como mínimo al tipo de interés que el mercado paga por los bonos ya existentes. Y cuanto más alto sea este tipo de interés, más caro le resultará financiarse y mayores serán los recortes en otros gastos públicos. Y al contrario: cuanto más bajo sea, más recursos podrá destinar a otros gastos.

¿Qué es la prima de riesgo?

La rentabilidad de los bonos revela la solvencia de un país. Así, el interés exigido por prestar a un Estado en crisis será mucho mayor que el que se pide a otro que crece y es solvente. Esa diferencia entre los tipos de interés es la prima de riesgo. En Europa, la prima de riesgo de un país se mide comparando el tipo de interés de sus bonos a 10 años con el bono alemán a 10 años, porque Alemania es el país más fiable de la zona, según las agencias de calificación. Si el bono alemán paga un 0,25 % y el bono español un 1,25 %, la prima de riesgo es la diferencia entre ambos: 1 punto porcentual o 100 puntos básicos, que es como se suele expresar.

Prima de riesgo

Es el sobreprecio en rentabilidad que exigen los inversores de la zona euro por comprar bonos a 10 años de un país frente al bono alemán, cuyo precio es el que se utiliza como referencia de solvencia.

EN LA PRÁCTICA **Las agencias de calificación de riesgos**

Agencias como Standard & Poor's, Moody's o Fitch valoran todos los títulos que se negocian, ya sea bonos del Estado o acciones, en función de la seguridad de la inversión. Para ello, estudian el historial de pago de los emisores de estos títulos, su situación actual (deuda y déficit público, inflación, etc.) y las perspectivas de crecimiento económico, estabilidad política, etc.

En el caso de los bonos del Estado, la posibilidad de impago es clave para los inversores, que se guían por estas agencias en sus decisiones. Las calificaciones van desde la AAA (mayor seguridad y confianza) hasta la C (total desconfianza). Los bonos con calificación BBB o superior se consideran "grado de inversión", mientras que los situados por debajo son los "bonos basura".

- ¿Por qué los tipos de interés de los bonos basura son los más altos?

6 Los mercados de futuros: los derivados financieros

Las operaciones especulativas de la economía actual resultan muy rentables porque son inciertas y muy arriesgadas. Como se realizan a partir de expectativas de subidas de precios, suelen contribuir a crear burbujas y crisis financieras, o a encarecer bienes básicos, como los alimentos, que agravan el problema del hambre en el mundo.

El comercio de futuros ha existido desde hace siglos, pero su auge se produjo en el siglo XIX, en la Bolsa Mercantil de Chicago, donde algunas materias primas solían comprarse y venderse al por mayor a unos precios acordados previamente.

Cuando hay fluctuaciones de precios, los agentes económicos tratan de evitar riesgos planeando con antelación sus operaciones. Un fabricante de zumo de naranja, por ejemplo, a comienzos de año no sabe cómo será la cosecha. Si es escasa, el precio de las naranjas subirá; en cambio, si es abundante, los precios caerán debido al aumento de la oferta de naranjas. Ante esta incertidumbre, puede decidir no correr riesgos y firmar un contrato para comprar naranjas a un precio fijo en una fecha futura. Renuncia a ganar dinero si la cosecha es buena, o a perderlo si es mala, a cambio de la seguridad de pagar el precio pactado. El acuerdo también beneficia al agricultor, que habrá garantizado sus ingresos.

Aunque el comercio de futuros se desarrolló en el siglo XIX muy ligado a los productos agrícolas y ganaderos, en la actualidad, en estos mercados las empresas e inversores especulan sobre lo que esperan que ocurra con los precios de todo tipo de productos, ya sean materias primas como el petróleo o el cacao, o productos financieros como las acciones, los bonos, las divisas, etc.

Un futuro es un contrato para comprar materias primas o productos financieros a un precio determinado en un momento futuro o fecha de entrega.

Las bolsas de futuros

Los contratos de futuros no se acuerdan directamente entre el comprador y el vendedor, sino a través de una bolsa de futuros, que actúa como intermediaria. A medida que cambian las expectativas acerca del precio probable de un producto, desde el trigo hasta las acciones de Google, cambia también el precio de los futuros asociados a ella.

Mientras que una parte de los participantes en los mercados de futuros busca evitar riesgos, el resto está tratando de ganar dinero especulando sobre los cambios en los precios. Estos inversores especulativos, que tienen sus propias expectativas sobre la evolución de los precios, suelen ser inversores institucionales (grandes fondos de inversión, *hedge funds*, fondos de pensiones, etc.) o grandes inversores privados.

Los productos derivados

La "ingeniería" que hay detrás de estas operaciones especulativas es fácil de entender. Primero se firma un contrato para adquirir un bien en una fecha futura a un precio determinado; por ejemplo, petróleo en febrero de 2022, a 85 dólares barril. Pero el contrato no se guarda esperando a la fecha, sino que "se le pone la etiqueta" de vendible y se transforma en un producto financiero cuyo valor depende de la evolución del precio del bien que subyace en la operación (en este caso, el petróleo es el **bien subyacente**). Y de esta manera nacen los productos derivados, llamados así porque se crean derivándose unos de otros.

Si un inversor piensa que el precio del petróleo (de una divisa o de un bono) va a subir, tratará de comprar los contratos que haya sobre ellos porque, si efectivamente sube el precio, valdrán más y podrá venderlos más caros. Cuando ese inversor dispone del contrato de compra, puede ofrecerlo en la bolsa de futuros, en la que hay cientos de inversores, o especuladores, dispuestos a comprarlos porque saben que si los compran, los podrán vender de nuevo a otros especuladores, y así sucesivamente.

En consecuencia, los mercados de futuros, también conocidos como mercados de derivados, son quizá los más arriesgados y lucrativos. La razón está en que en ellos **se comercia**, precisamente, **con el riesgo**. Los inversores cuyas expectativas en la evolución de los precios se cumplen ganan millones; pero de la misma forma, otros pierden esas mismas cantidades porque fallan en sus pronósticos. La razón está en que los contratos de futuros son **un juego de suma cero**: por cada ganador hay alguien que ha perdido en una magnitud similar.

El divorcio entre la economía real y la economía financiera

El fabricante de zumo de naranjas compra por adelantado (contrata un futuro) para protegerse de una mala cosecha. Quien adquiere moneda extranjera (divisas) lo hace para importar mercancías o para ir de turismo. En ambos casos son inversiones ligadas a la actividad productiva, es decir, a la economía real.

Siempre ha sido así: los mercados financieros nacieron cuando los agentes económicos necesitaron financiar sus actividades. La Bolsa apareció en el siglo XVII, cuando las grandes compañías holandesas buscaron dinero para sus expediciones transoceánicas; el mercado de bonos surgió porque las ciudades-estado del norte de la Italia medieval necesitaron financiar sus costosas guerras, y el mercado de futuros nació como protección ante la incertidumbre de las cosechas en los mercados agrícolas.

Es decir, lo que justifica la existencia de los mercados financieros es su utilidad para proporcionar financiación a los agentes económicos en sus actividades de producción, distribución y consumo (economía real). Cuando un país ahorra una parte importante de su renta, el sistema financiero canaliza esos recursos hacia la inversión en bienes de capital, y este aumento de su capital eleva su productividad y su potencial de crecimiento. Sin embargo, en las últimas décadas, gran parte del ahorro se dedica a la inversión especulativa, a adquirir contratos (cereales, acciones, bonos, divisas, etc.) a partir de expectativas de aumento de los precios.

La expansión de la economía financiera

La economía especulativa atrae a los inversores porque proporciona un beneficio mayor y más rápido que comprar bonos o acciones, o poner en marcha una empresa. En consecuencia, los recursos financieros se han desvinculado cada vez más de la producción de bienes y servicios y de la creación de empleo. ¿Quién dedicará sus recursos y esfuerzo en la economía real pudiendo ganar mucho más dinero y de una manera más fácil con la inversión financiera?

Para hacernos una idea de la magnitud de la desvinculación creciente, baste con saber que mientras que la economía real, es decir, la suma de todos los bienes y servicios que se produjeron en el mundo en 2011 ascendió a 70 billones de dólares (el PIB mundial), la dimensión del sector financiero global alcanzó los 672 billones de dólares en ese año. Es decir, casi 10 veces el PIB mundial (ver gráfico).

Economía real y economía financiera

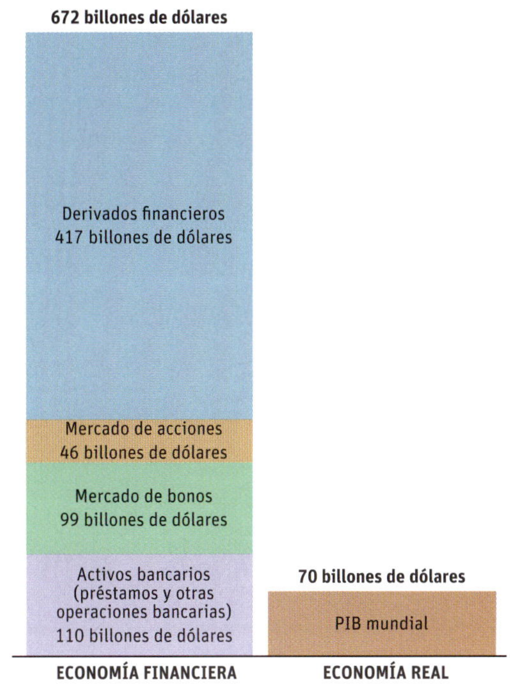

Fuente: Banco Mundial y consultora Accenture

Los contratos sobre futuros mueven billones de euros en las finanzas internacionales, sin que apenas haya riqueza productiva detrás. Los grandes inversores institucionales los compran para venderlos después, sin ninguna relación con la economía real.

EN LA PRÁCTICA **Las manos que mecen los mercados**

Las expresiones "la presión de los mercados" o "la amenaza de los mercados" aluden a aquellos inversores capaces de condicionar el precio de los activos financieros. Pero ¿quiénes son? Uno muy conocido es George Soros, que gana millones de dólares jugando con el precio de las acciones, las divisas, etc., y que en 1992 usó su *hedge fund* para especular contra la libra esterlina.

Primero, Soros pidió prestados 15 000 millones de libras con el objetivo de apostar a que perderían valor. Después preparó un ruidoso ataque: convocó a la prensa y anunció a bombo y platillo que caería la libra. Luego, vendió masivamente sus libras prestadas, lanzando una señal al mercado de que la libra caía de verdad, y cundió el pánico entre el resto de tenedores de libras, que se apresuraron a vender. Aunque el Gobierno británico respondió gastándose más de 50 000 millones para defender su divisa, al final se rindió y permitió que la libra cayera y saliera del Sistema Monetario Europeo. Con la libra depreciada, Soros compró 15 000 millones de libras (que ya valían mucho menos) y las devolvió (era un préstamo).

Y hay ejemplos más cercanos. En 2010, un grupo de grandes fondos de inversión se coordinaron para provocar un ataque similar al de Soros. Al observar la fragilidad de las cuentas públicas griegas, presionaron de tal forma a su deuda pública que la prima de riesgo se disparó forzando el rescate de Grecia por parte de la Unión Europea (no podían financiarse de otra forma en los mercados). El mismo esquema se repitió en el caso irlandés y posteriormente, con desigual éxito, en España y Portugal.

- Investiga en internet sobre la evolución de la prima de riesgo en los países del sur de Europa.

7 Claves para entender las crisis financieras

La crisis comenzaba con las hipotecas locas: ¿cómo llamar, si no, a una hipoteca que se le concedía a un trabajador temporal, que ganaba 20 000 dólares al año, para que comprase una casa de 300 000 dólares, y luego juntar esa hipoteca con otras cien en "paquetes", que las agencias de calificación de riesgos valoraban con la triple A, para vendérselos a fondos de inversión y de pensiones de todo el mundo?

La legislación estadounidense difiere de la española en el impago de hipotecas. En España, si una hipoteca deja de pagarse, el banco subasta la vivienda, y si no recupera el total de la deuda hipotecaria, puede embargar otros bienes del prestatario original. En Estados Unidos, sin embargo, cuando una persona no paga la hipoteca, la entidad financiera solo puede subastar la vivienda.

En 2007, lo que empezó en Estados Unidos siendo una crisis con las hipotecas *subprime* desembocó en la Gran Recesión de 2008. Esta crisis, la más profunda y larga desde la Gran Depresión, ha atravesado diversas fases: crisis financiera, hundimiento de la economía real y fuerte desempleo, crisis de la zona euro y explosión de la deuda pública europea, y después, crisis social y de empleo. La desregulación financiera y las prácticas arriesgadas de la banca, junto con los fallos en los sistemas de supervisión, son algunas claves que la explican.

La titulización de hipotecas

Tradicionalmente, los bancos obtenían sus ganancias al utilizar el dinero depositado por sus clientes prestándoselo a otros clientes para comprar su vivienda o para emprender un negocio, manteniendo siempre un porcentaje legal de reservas como seguridad para los depositantes. Esto significaba, por un lado, que los bancos tenían una relación directa y personal con sus clientes. Por otro, que existían límites que establecían cuánto dinero podían prestar en relación al coeficiente legal de reservas, su tamaño, etc.

Sin embargo, desde la década de 1980 se permitieron nuevas fórmulas para que los bancos aumentaran sus créditos. En lugar de prestar dinero y guardar el contrato, empezaron a "empaquetar" las hipotecas que emitían para venderlas a otros inversores. El proceso se conoce como titulización, porque convierte los derechos de cobro sobre préstamos hipotecarios en títulos vendibles en el mercado, como los contratos de futuros o los bonos.

Si un banco concede a Juan una hipoteca, para devolverla en 20 años, el contrato representa un "derecho de cobro" que el banco posee. Si Juan no paga, el banco pierde el dinero y se queda con la casa. Ahora bien, si el banco "vende" o "cede" ese derecho de cobro a un tercero, elimina el riesgo y obtiene dinero líquido para conceder más hipotecas.

El ascenso de la ingeniería financiera

Con el comienzo del nuevo milenio, los tipos de interés bajaron en Estados Unidos del 6,5 al 1 % para reactivar la economía. Esa decisión animó el mercado inmobiliario y muchas familias se endeudaron para comprar su vivienda. Los precios subieron y se fue creando una burbuja inmobiliaria.

Con tipos de interés bajos, los bancos obtenían menos rentabilidad de sus créditos y, en su búsqueda de mayores beneficios, multiplicaron su oferta de préstamos hipotecarios, concediéndolos a familias con muy pocos recursos económicos, a cambio de tipos de interés más altos. Así se extendieron las llamadas hipotecas *subprime* (en 2006 eran el 20 % del total), que se concedían a personas de mínima solvencia económica y con un alto riesgo de impago.

Obtener préstamos era fácil y barato, y los bancos los daban sin ningún problema porque sabían que después podían trasladar el riesgo a otros mediante la titulización. Con el paso del tiempo, los bancos se volvieron cada vez más sofisticados a la hora de crear estos títulos. No solo reunían las hipotecas en paquetes, sino que además las clasificaban en buenas (*prime*) y malas (*subprime*) para mezclarlas y volverlas a empaquetar en versiones aún más complejas de ingeniería financiera. Los inversores de todo el mundo compraban estos títulos, seducidos por la alta rentabilidad que prometían.

Antes de la titulización, si alguien no pagaba su hipoteca, el principal afectado era el banco; con la titulización se difundía el riesgo a través del sistema financiero. Pero quienes compraban estos paquetes de deuda tan complejos (un inversor japonés o un fondo de pensiones europeo) no sabían, en realidad, la dimensión del riesgo que estaban corriendo: confiaban plenamente en las agencias de calificación de riesgos, que aseguraban que eran inversiones fiables.

La importancia de los mercados interbancarios

La compleja ingeniería financiera permitió que los bancos prestaran muchísimo más dinero del que tenían en depósito. Mientras la cadena funcionó no hubo problema (concesión de crédito > titulización > nueva liquidez > más créditos). Los desajustes momentáneos se solucionaban en el mercado interbancario, en el que los bancos se prestan entre sí. Esta posibilidad de prestarse dinero rápidamente es esencial para atender necesidades de liquidez inmediata de sus depositantes.

Los mercados interbancarios son el sistema nervioso central de las finanzas mundiales y cuando fallan (como pasó en 2007), o cuando se dispara el tipo de interés interbancario (euríbor, en la zona euro), pueden paralizar la economía.

Los desencadenantes de la crisis

Mientras el *boom* inmobiliario se mantuvo y las familias pagaban las hipotecas, todo fue bien, pero la situación cambió cuando la burbuja empezó a desinflarse: comenzaron los retrasos en los pagos y los consiguientes desahucios, e, inmediatamente, estalló la burbuja inmobiliaria y los precios de las viviendas bajaron. Los títulos financieros en posesión de los bancos perdieron su valor con rapidez porque sus activos subyacentes (las hipotecas) se convirtieron en activos tóxicos. En 2007, un gran banco de inversión de Estados Unidos, Bearn Stearns, anunció la quiebra de dos de sus *hedge funds* que tenían grandes cantidades de hipotecas *subprime*.

Ante esas circunstancias, las compras de hipotecas titulizadas se paralizaron en todo el mundo. Los inversores dejaron de adquirir títulos, es decir, dejaron de dar dinero a los bancos. Al mismo tiempo, a ambos lados del Atlántico, muchos bancos descubrieron que no podían financiarse en el mercado interbancario, donde los tipos de interés se habían disparado ante el temor de los bancos a prestarse unos a otros. Esto evidenció un agujero gigantesco en los balances de los bancos, que ya no podían tapar prestándose entre ellos, y el pánico se desató. Los bancos centrales se vieron obligados a inyectar dinero directamente en los bancos, actuando como prestamistas de última instancia, aunque no fue suficiente para evitar la quiebra de uno de los grandes bancos (Lehman Brothers) en septiembre de 2008.

Al cerrarse el grifo de la financiación, **la crisis llegó a la economía real** (a la inversión empresarial, a la producción de bienes y servicios, y a la creación de empleo): si los bancos no prestan, las empresas y las familias tienen dificultades, se invierte menos, se vende menos y se producen pérdidas y despidos.

*

Euríbor (European Interbank Offer Rate)

Es el tipo de interés al que las entidades financieras se prestan dinero unas a otras en la zona euro, y que fija diariamente la Federación Europea Bancaria. Según la duración del préstamo, se usan distintos tipos: euríbor a una semana, a un mes o a un año. El euríbor a un año es una referencia clave, ya que afecta, entre otras cosas, a los créditos hipotecarios y otros préstamos bancarios.

Créditos dudosos

Un préstamo se convierte en un crédito dudoso cuando se dejan de pagar las cuotas de tres meses seguidos.

Activos tóxicos

Expresión popularizada a raíz de la crisis de las hipotecas *subprime*, y que identifica precisamente ese tipo de activos de mala calidad, es decir, con mucho riesgo en cuanto a la probabilidad de recuperar su valor.

EN LA PRÁCTICA **El futuro del capitalismo financiero**

Preocupados por la crisis, en 2008, los líderes del G-20 declaraban: "Deberíamos replantear el sistema financiero desde cero, como en Bretton Woods". Pero desde entonces se ha avanzado poco. Para saber qué debería hacerse, hay que acudir a **Hyman Minsky** (1919-1996), economista que centró sus estudios en las crisis financieras. Para Minsky, en tiempos de crecimiento se desarrolla una euforia especulativa ligada al aumento del volumen de crédito, hasta que el beneficio producido desciende y no se pueden pagar los créditos. Estos impagos provocan una reducción del crédito, disminuyendo la solvencia de los deudores, y las economías entran en crisis.

Minsky, economista keynesiano, apoyaba la intervención gubernamental en los mercados financieros, y fue una de las voces más críticas con el liberalismo radical de Milton Friedman y con los cambios regulatorios (ingeniería financiera) de la década de 1980. Minsky argumentaba que los ciclos de expansión y contracción del crédito son inevitables en una economía de mercado, salvo que los Gobiernos tomen medidas para corregir los excesos de crédito y las posteriores contracciones, a través de los bancos centrales, que son los reguladores y supervisores de los mercados financieros.

- En 1974, Minsky advirtió que la economía podía caer al abismo si los Gobiernos no construían sólidas defensas para la estabilidad financiera. Señala tres medidas para crear esas defensas.

ACTIVIDADES

Actividades de síntesis

1. Elabora un mapa conceptual en el que se relacionen estas ideas básicas.

1 Los intermediarios financieros y los mercados en los que actúan conforman el **sistema financiero**. Su función es poner en contacto y coordinar a los que ofrecen financiación con los que la demandan, canalizando así el ahorro hacia la inversión del país.

2 Los **intermediarios financieros bancarios** captan el dinero de los ahorradores para prestárselo a familias y empresas, mientras que los **intermediarios no bancarios** captan el ahorro de la economía y lo utilizan para finalidades como invertir colectivamente (fondos de inversión), asegurar la vejez (fondos de pensiones) o cubrir riesgos (compañías de seguros).

3 Los **activos financieros** son títulos valor que constituyen el reconocimiento de una deuda por parte de quien los emite y que dan a su poseedor el derecho a cobrarla. Ofrecen una rentabilidad (fija o variable), suponen un determinado riesgo y tienen mayor o menor liquidez. Cuando las grandes empresas necesitan financiación, disponen de dos vías: emitir **acciones** (renta variable) y emitir obligaciones o **bonos** (renta fija).

4 El **mercado de valores** es un mercado especializado en la compraventa de títulos (acciones, bonos, obligaciones, etc.). Estos títulos se emiten y se colocan (se venden) en el **mercado primario** o de emisión; una vez adquiridos, pueden venderse de nuevo en los **mercados secundarios**. La Bolsa es el mercado secundario más importante y mejor organizado.

5 El juego de la oferta y la demanda determina los precios de los títulos o **cotización en Bolsa**. En este juego influyen la situación concreta de la empresa, la evolución económica del país y los cambios en los tipos de interés. Los **índices bursátiles** reflejan diariamente la evolución de los precios de un conjunto de acciones de empresas representativas de un país o zona.

6 Los **mercados de bonos** del Estado determinan si un país puede conseguir o no financiación, y qué precio debe pagar por ella. Ambas cuestiones condicionan la vida económica del país: la primera porque puede llevarle a la quiebra, y la segunda porque cuanto más alto sea el tipo de interés, más gasto público tendrá que dedicarse a pagar los intereses.

7 Un futuro es un contrato para comprar materias primas o productos financieros a un precio determinado en un momento posterior. En los **mercados de futuros**, mientras algunos inversores buscan protegerse, otros especulan con apuestas sobre cambios en los precios sin ninguna finalidad productiva, desvinculando recursos de la economía real, esto es, de la producción de bienes y servicios y de la creación de empleo.

8 La **desregulación financiera** (que permite la titulación de hipotecas y el exceso de crédito), las **prácticas arriesgadas** de la banca (hipotecas *subprime*) y los **fallos de supervisión** son algunas claves que explican la crisis financiera de 2007. A ellas se añade que, cuando empezó la tormenta, los **mercados interbancarios** no funcionaron y se paralizó el crédito. Y la crisis llegó a la economía real.

smSaviadigital.com VALORA LO APRENDIDO > Realiza la **autoevaluación.**

Actividades de análisis y problemas

2. En relación con los intermediarios financieros:

a) ¿Cuál es su función?

b) ¿En qué se diferencian los intermediarios financieros bancarios de los no bancarios?

3. Explica con ejemplos los distintos servicios que ofrecen las entidades bancarias.

4. ¿En qué consisten los fondos de inversión y cómo funcionan? ¿Qué ventajas ofrecen al pequeño inversor?

5. Sobre las compañías de seguros:

a) Explica brevemente cómo funcionan.

b) ¿Qué tipo de seguros son más utilizados?

c) ¿Qué riesgos cubren estos seguros?

6. **Sobre los activos financieros:**

a) ¿Qué son y cómo funcionan?

b) Explica sus características de rentabilidad, riesgo y liquidez. ¿Qué relación existe entre ellas?

c) ¿Qué diferencia hay entre renta fija y variable?

7. **¿Qué título de renta fija crees que tiene una rentabilidad más alta? Razona tu respuesta.**

a) Un bono del Estado español o un bono de un Estado sudafricano.

b) Un bono que vence en 2020 u otro con vencimiento en 2030.

c) Un bono del Estado español o un bono de una empresa española.

8. **Comenta las características de rentabilidad, riesgo y liquidez de estas inversiones.**

a) Participación en un fondo de inversión de renta fija.

b) Compra de acciones de Telefónica.

c) Depósito a plazo fijo en una entidad bancaria.

d) Compra de acciones de una nueva empresa japonesa que crece rápidamente.

e) Compra de letras del Tesoro español.

f) Participación en un fondo de inversión de renta variable.

9. **Elabora un esquema con las formas de financiación empresarial (emisión de acciones, emisión de obligaciones, préstamos, créditos, *leasing*, *factoring*, etc.), especificando en qué consiste cada una y cuáles son sus ventajas.**

10. **Lee el supuesto y contesta a las cuestiones.**

Una empresa está considerando construir una nueva fábrica y baraja dos alternativas para obtener los 3 000 000 de euros que necesita: ampliar su capital emitiendo acciones de 25 euros de valor nominal o emitir obligaciones o bonos de 100 euros de valor nominal a un tipo de interés del 4 % anual.

a) ¿Cuántos títulos deberá vender en cada caso para obtener la cantidad prevista?

b) Quien invierta 20 000 euros en esta empresa, ¿cuántos títulos podrá comprar en cada caso?

c) Ayudándote de un cuadro como este, señala las diferencias entre acciones y obligaciones.

	Acciones	Obligaciones
Qué representan	•••	•••
Rentabilidad	•••	•••
Relación del inversor con la empresa	•••	•••
Derechos que se adquieren	•••	•••

11. **Explica las diferencias entre mercado de valores primario y secundario. ¿Cómo se relacionan ambos mercados?**

12. **¿Qué tipo de mercado (competencia perfecta, monopolio, oligopolio y competencia monopolística) se asemeja más al mercado de acciones? Razona tu respuesta.**

13. **Con relación a la Bolsa:**

a) ¿Cómo se forman los precios o cotización de las acciones?

b) Señala factores, tanto específicos de una empresa como de la situación económica general, que influyan positiva o negativamente en la cotización de sus acciones en Bolsa.

c) ¿Cómo afectan los cambios en el tipo de interés a los índices bursátiles?

d) Las acciones se venden en Bolsa, esto es, se pueden cambiar por dinero. ¿Son tan líquidas como el dinero? Razona tu respuesta.

14. **Observa la viñeta y responde a las cuestiones.**

Fuente: Máximo, *El País*, 4-12-2000.

a) ¿Qué tipos de informaciones buscan los inversores en bolsa antes de invertir?

b) ¿Por qué crees que algunos buscan asesoramiento en el tarot?

15. **Un inversor tiene una parte de sus ahorros en acciones (50 %), otra en depósitos a plazo fijo y títulos de renta fija (40 %) y otra en dinero en efectivo (10 %). Si el tipo de interés sube de forma importante, ¿cómo le aconsejarías que cambiara esta distribución y por qué?**

16. **Hace 3 años, una persona heredó un dinero y lo invirtió en bonos del Estado a 10 años, a un interés del 2 % anual. Explica las diferencias entre esa opción y otras como:**

a) Invertir en acciones de una gran empresa.

b) Invertir en un fondo de alto riesgo.

c) Invertir en futuros.

d) ¿En qué habrías invertido tú? ¿Por qué?

ACTIVIDADES

17. ¿Qué relación hay entre el ahorro, la inversión y el crecimiento económico de un país?

18. Lee el texto y responde a las cuestiones.

> *El principal interés del inversor especulador es anticiparse y sacar provecho de las fluctuaciones del mercado.*
> *El principal interés del inversor con ética es aunar el deseo de rentabilidad con los valores personales de quien desea invertir en un mundo más justo.*

a) ¿Qué valores subyacen a cada tipo de inversor?

b) ¿Qué consecuencias económicas y sociales generan ambos comportamientos?

19. Si el IBEX 35 cierra la sesión con una fuerte subida:

a) ¿Todas las acciones de ese índice han subido?

b) ¿Qué representa un índice bursátil?

c) Las bajadas y subidas de la Bolsa se interpretan como anticipo del futuro económico. ¿Por qué?

20. Observa la viñeta y explica su significado en relación con la economía financiera.

Fuente: El Roto, *El País*, 28-2-2015.

21. Indica si estas afirmaciones son verdaderas o falsas razonando tu respuesta.

a) En general, cuanto mayor liquidez tengan los activos, más rentabilidad se les supone.

b) Las obligaciones y bonos son títulos que constituyen el reconocimiento de una deuda.

c) Las acciones dan a su poseedor la condición de acreedor de la empresa.

d) Cuando un accionista quiere vender sus acciones, debe acudir al mercado primario.

e) El mercado interbancario sirve para que se financien mutuamente los bancos.

22. Con relación a los mercados de futuros:

a) ¿Qué se comercia en ellos y cómo han evolucionado?

b) ¿Qué factores han influido en el divorcio entre la economía real y la economía financiera?

23. Observa la imagen y contesta.

Forges, *El País*, 14-5-2012.

a) ¿Qué son las hipotecas *subprime*?

b) ¿A qué colectivo representa la persona de la imagen? ¿Te parece razonable su propuesta?

c) ¿A quién representa la persona de la imagen?

d) Investiga en internet sobre la "dación en pago" y cuál es su situación actual en España.

24. Comenta estos titulares de noticias relacionándolos con los contenidos de la unidad.

> *El Tesoro español consigue colocar sus títulos a 5 años a un tipo de interés mínimo*

> *El IBEX 35 cerró con una subida del 1,25 %, que lo sitúa cerca de los 11 100 puntos*

> *El euríbor da un respiro a las familias*

> *Los analistas alertan sobre los peligros de las operaciones a corto*

25. Un bono de un país a 10 años se emitió a un 3 % de interés anual y hoy se compra con una rentabilidad del 5 %.

a) ¿Cómo se explica el cambio de rentabilidad?

b) ¿Qué consecuencias tiene para ese país?

c) ¿Qué es la prima de riesgo y cómo se calcula?

d) ¿Por qué se temen tanto sus subidas?

26. Los mercados interbancarios son fundamentales en el sistema financiero.

a) ¿Cuál fue su influencia en la crisis financiera de 2007?

b) ¿Qué es el euríbor?

c) ¿Qué funciones cumple el euríbor?

27. En relación con la crisis de 2007:

a) Explica sus causas y realiza una valoración personal y una propuesta de medidas correctoras.

b) Comenta esta parodia sobre ellas: **www.e-sm.net/sveco1bachud13_01.**

28. **Lee el texto y contesta a las cuestiones.**

> *Las bancarrotas y las ciénagas macroeconómicas que sufre hoy el mundo tienen relación directa con los chanchullos de ingeniería financiera que el aparato oficial aprobó e incluso estimuló durante la era de Bush.*
>
> PAUL SAMUELSON, premio nobel de Economía.

a) ¿A qué se refiere Samuelson con *chanchullos de ingeniería financiera*?

b) ¿Cuáles fueron las consecuencias de estos chanchullos? ¿Quiénes son los responsables?

c) Según el economista Hyman Minsky, ¿qué medidas deberían adoptarse para evitar estas situaciones en el futuro?

smSaviadigital.com **INVESTIGA** > Sé un experto y **juega en la Bolsa.**

Actividades de argumentación y debate › ¿Hay alternativas a la banca tradicional?

29. **Para algunos, los bancos son imprescindibles en una sociedad tan compleja como la actual. Pero otros coinciden con el escritor Mark Twain: *Un banquero es un señor que nos presta un paraguas cuando hace sol y nos lo exige cuando empieza a llover*.**

▸ Los bancos son imprescindibles

Imagina un día sin bancos. Seguramente no puedes porque los bancos están involucrados directa o indirectamente en casi cualquier transacción que hagamos: pagamos muchas compras con tarjeta, transferencias o cheques, y las entidades financieras no solo guardan nuestros ahorros y nos prestan efectivo cuando lo necesitamos, sino que funcionan como un sistema arterial por el que el dinero circula hasta el lugar en que se necesita. Lo más sorprendente es lo bien que el sistema cumple con su función, dada la gran cantidad de operaciones ejecutadas, su diversidad y su complejidad. Gracias a los avances en la tecnología de la información, estamos ante un sistema financiero radial que forma parte de nuestro día a día, igual que llega la luz a casa porque hay un tendido eléctrico, o la leche al supermercado por la red de distribución comercial.

▸ La financiación colectiva o *crowdfunding*

Es una alternativa a la banca que permite obtener financiación para iniciar proyectos. Una persona o grupo presenta su propuesta (un disco, un libro, una investigación, un producto, etc.) y solicita a quien quiera apoyarlo una aportación económica a cambio de alguna compensación. Estas recompensas pueden consistir en un reconocimiento o derecho de uso privilegiado, en recibir el producto realizado, en la participación empresarial en el proyecto o en la satisfacción de contribuir a un proyecto útil a la sociedad.

Con este sistema se consigue el capital necesario para iniciar el proyecto y la complicidad del colectivo de financiadores, que se convierten en sus primeros usuarios y embajadores. Esto garantiza a los promotores un círculo de confianza y de apoyo que aumenta el valor del proyecto, facilitando la financiación adicional para su crecimiento.

▸ Los microcréditos

En 1983, Muhammad Yunus, profesor de Economía, creó en Bangladesh una alternativa a la banca que ha influido mucho en otros países. Premio nobel de la paz en 2006, Yunus llegó al convencimiento de que "los bancos ejercen un *apartheid* financiero para los que no son solventes". *Un día encontré una mujer que hacía taburetes de bambú para ganar dos centavos. Como no tenía dinero para comprar el bambú, lo recibía prestado de un usurero que la obligaba a venderle el taburete a bajo precio. Así, la mujer trabajaba prácticamente como esclava del prestamista. Descubrimos muchos casos similares y decidimos prestarles los 30 dólares que necesitaban para liberarse de los usureros con la única exigencia previa de su honor y su palabra de personas de que devolverían el dinero.*

Así creó el banco Grameen para ofrecer pequeñas cantidades de dinero, "microcréditos", a colectivos excluidos de la banca tradicional. Sus principios eran basarse en un sistema de confianza, no en contratos legales, y ofrecer la máxima flexibilidad y los mínimos tipos de interés. El incumplimiento en los préstamos es inferior al 1,5 %, la envidia de cualquier banco.

▸ Análisis audiovisual

Qué bello es vivir, de Frank Capra. 1946 (min. 1:24:50 a 1:27:50 y min. 01:53:30 a 01:55:38).

Retrata una época en la que los bancos tenían un vínculo personal con sus clientes. El protagonista, George Bailey, aterrorizado por la quiebra de su pequeño banco familiar, se plantea el suicidio. Al final le sorprende una campaña de *crowdfunding* en la que participan todos a los que George ayudó alguna vez.

Analiza los documentos y responde.

a) Existen ONG solidarias, ayuntamientos, asociaciones de mujeres, bancos, etc., que facilitan microcréditos o fórmulas similares en España. Busca en internet sus condiciones.

b) Haz un cuadro comparativo con las condiciones financieras del sistema de microcréditos y las de la banca tradicional. ¿Qué diferencias hay? ¿Qué valores subyacen a ambas prácticas?

c) Un directivo de un banco importante declaró en plena crisis que *la banca debe redefinir su papel social y su relación con sus clientes*. ¿Cómo la redefinirías tú? Debate con tus compañeros cuál debería ser el modelo ideal de banca.

¿CÓMO SE PASA DE LA CODICIA AL MIEDO?

¿Qué tienen en común los tulipanes, Wall Street en 1929, internet o Lehman Brothers?

Todos ellos están relacionados con algunas de las burbujas especulativas más graves de la historia, y que han llevado a la quiebra a algunas naciones y han provocado la ruina de millones de familias.

Las burbujas especulativas

¿Qué es una burbuja económica?

Las burbujas se producen cuando los inversores creen que la subida de precios de un determinado bien va a ser permanente. Se han producido siempre: desde la Holanda del siglo XVII, cuando los inversores se lanzaron a comprar tulipanes, hasta las fiebres inmobiliarias de los siglos XX y XXI. Y siempre terminan igual: estallando.

Mientras la burbuja crece, se obtienen beneficios rápidos, lo que atrae a nuevos inversores. Pero la burbuja acaba estallando porque no hay nada real que mueva los precios al alza, solo la creencia de los inversores en que subirán constantemente.

La locura de los tulipanes

A principios del siglo XVII, los holandeses enloquecieron por su flor más famosa: los tulipanes. En la década de 1630, su precio no paraba de aumentar, se compraban y vendían revalorizándose continuamente. Pero en 1637, la gente detectó que algunos especulaban revendiendo las flores, dejó de comprar y el mercado se paralizó. El pánico se extendió: todo el mundo puso sus flores a la venta. Y cuanta más oferta había, más bajaba el precio. La burbuja estalló y miles de holandeses se arruinaron, llevando al país a la quiebra.

Las burbujas recientes

En los últimos cien años, los mercados de valores han alimentado importantes burbujas, como la quiebra de Wall Street, en 1929, que terminó con el cierre de bancos y arrastrando al mundo a una grave crisis económica.

A finales de 1990 se creó otra burbuja alrededor de las empresas "puntocom", impulsada por las expectativas que generó internet. La excitación en torno a su auge empujó a las personas a comprar acciones de las empresas tecnológicas. El resultado fue que su precio se disparó; después, cuando empezaron a correr rumores de que estaban sobrevaloradas, los índices bursátiles se desplomaron y los mercados del mundo entero sufrieron importantes caídas entre 2000 y 2002.

Y más recientemente, la crisis financiera de 2007 se produjo tras el estallido de las burbujas inmobiliarias en Estados Unidos, España y otros países.

En todas ellas, los inversores actúan animados por una mezcla de miedo y codicia. Al principio, la codicia supera al miedo, y provoca la burbuja; luego, el miedo supera a la codicia, lo que conduce al desplome de los precios.

¿Son evitables?

Algunos sostienen que los gobiernos no deberían contener las burbujas aumentando los tipos de interés o con una regulación más estricta, porque esas medidas producirían daños colaterales en otras partes de la economía. Además, argumentan que la explosión de una burbuja provoca el cierre de los negocios menos eficientes a través de un proceso de destrucción creativa. Y muchos están convencidos de que las burbujas son un elemento permanente de la vida económica porque los seres humanos somos irracionales.

Sin embargo, tales argumentos son cuestionables cuando una economía acaba de sufrir el estallido de una burbuja; los bancos cierran el grifo del crédito y la recesión que se produce es muy dañina. Basta ver lo ocurrido en la Gran Recesión de 2008 para comprender sus efectos. Por ello, los gobiernos deben informar a los ciudadanos de sus riesgos, e indicar qué medidas se adoptarán para prevenirla. También deben regular los bancos para garantizar que no presten con tanta generosidad en los buenos tiempos y que luego, tras el estallido de la burbuja, no corten el crédito.

Las etapas de la burbuja

Entender cómo un mercado financiero pasa de la codicia al miedo es fundamental para comprender el funcionamiento de la economía moderna. Para el economista Hyman Minsky, las burbujas pasan por cinco etapas, que van de la codicia al pánico, aunque los detalles difieren. Como se trata de un comportamiento irracional, la teoría económica convencional apenas se ocupa de ello ni tiene instrumentos para su diagnóstico.

Las cinco etapas de las burbujas

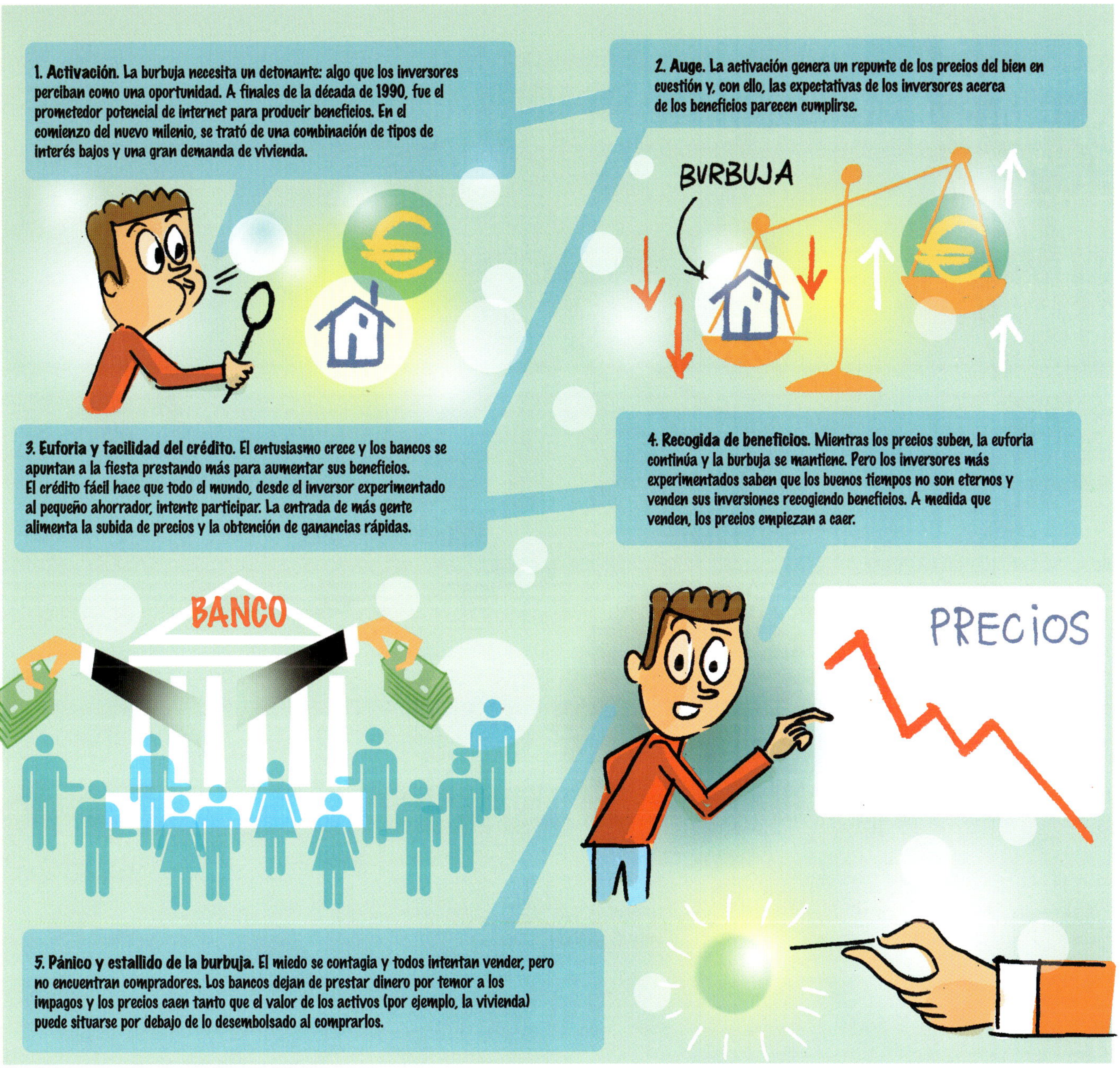

ANALIZA TU ENTORNO

1. La teoría económica nos dice que siempre habrá demanda cuando el precio baja hasta situarse en un nivel atractivo. ¿Por qué crees que esta idea no se cumple en los momentos de pánico?
2. De las cinco etapas de una burbuja, ¿en cuáles y cómo debería intervenir el Gobierno para frenarla y evitar sus consecuencias negativas?
3. smSaviadigital.com INVESTIGA > Una de las consecuencias de la burbuja inmobiliaria son los **desahucios** de vivienda. ¿Qué proponen los movimientos antidesahucio? ¿Con qué argumentos?

14 El comercio internacional y la balanza de pagos

1 Las razones del comercio internacional

El comercio internacional permite a cualquier país conseguir bienes y servicios de los que carece, o cuya producción es más barata fuera que dentro de sus fronteras. De la misma manera, posibilita la venta en el extranjero de aquellos productos en los que cada país está especializado. Todas estas compras o ventas internacionales generan tanto flujos físicos de bienes y servicios como flujos monetarios por el pago de esas operaciones.

Pero ¿cómo se pagan todos estos intercambios si cada país tiene su propia moneda? ¿Cómo se contabiliza esta diversidad de operaciones de entrada y salida del país? ¿Debe haber un equilibrio entre lo que se exporta y lo que se importa? ¿Qué consecuencias tiene el comercio internacional en la salud de la economía del país? Estas y otras cuestiones constituyen los problemas económicos derivados de pasar de una economía cerrada a una economía abierta al exterior.

¿Vale lo mismo una hamburguesa en Madrid que en Pekín?

¿Qué valdría un euro en dólares o en libras esterlinas en un mundo sin fronteras, o, como dicen los economistas, en un mundo en el que los tipos de cambio no estuvieran distorsionados artificialmente? En un mundo así, todo costaría lo mismo, independientemente de que vivieras en Madrid, en Nueva York o en Londres. Y esto se reflejaría en los tipos de cambio de las distintas monedas. Si el mismo televisor costase 1000 dólares en Nueva York y 800 euros en Madrid, un dólar equivaldría a 0,80 euros.

Pero los mercados de divisas no funcionan así, y los tipos de cambio no reflejan el poder adquisitivo de los distintos países. De modo que, siguiendo con el ejemplo anterior, si en el mercado de divisas el tipo de cambio es de 1 dólar por 0,70 euros, entonces el dólar está subvalorado o depreciado, y el euro, sobrevalorado o apreciado. Por ello, la revista *The Economist* ha propuesto un patrón para poder comparar el poder adquisitivo de las distintas monedas. Se trata del célebre índice Big Mac, que compara el precio en dólares de esta hamburguesa en todo el mundo.

En 2015, el precio de un Big Mac en Noruega era de 6,30 dólares, mientras que en China era solo de 2,77 dólares al tipo de cambio de mercado. Gracias a este índice podemos decir que, en ese momento, el yuan estaba depreciado con relación al dólar en un 41 % .

Como podemos ver, si desaparecieran las fronteras y los tipos de cambio fueran perfectos, la hamburguesa costaría lo mismo en todas partes. Si no es así, es porque los gobiernos juegan con los tipos de cambio para favorecer sus intereses.

Entre los problemas de este curioso índice están, en primer lugar, que presupone un mundo ideal sin fronteras, y en segundo, que compara economías en las que la demanda y el consumo de hamburguesas son totalmente distintos.

El lado positivo es que proporciona una referencia para comparar el valor de distintas monedas.

Adaptado de MARRON, Donald: *50 teorías económicas sugerentes y desafiantes*. Barcelona, Blume, 2010.

ANALIZA LA IMAGEN

1. Como se refleja en la imagen, unos países abren sus economías e intercambian sus bienes y servicios con otros países, mientras otros cierran sus fronteras con el exterior. ¿Qué ventajas e inconvenientes tienen ambas opciones?
2. A diario, los productos y los capitales entran y salen de los países con los orígenes y destinos más diversos. ¿Cómo crees que se registran todas esas transacciones? ¿Cómo se pagan esos intercambios si los países tienen monedas distintas?

ANALIZA EL TEXTO

- Entra en esta página: www.e-sm.net/sveco1bachud14_01, y busca los últimos datos del índice Big Mac.
- ¿Cuántos dólares vale la hamburguesa en España, en la India y en Estados Unidos?
- Compara esos valores, ¿cómo están el euro y la rupia respecto al dólar, sobrevalorados o subvalorados?
- ¿Qué ventajas e inconvenientes tiene el índice Big Mac?

1 Las razones del comercio internacional

Un hito en el comercio internacional lo constituyen las rutas comerciales transcontinentales que surgieron durante la Edad Media para suplir la alta demanda europea. Entre las más famosas destaca la Ruta de la Seda.

El comercio internacional forma parte de lo cotidiano en cualquier lugar del mundo. Si observamos las etiquetas de los bienes que consumimos a diario, comprobaremos que una gran parte de ellos se ha producido en otros países. En el desayuno tomamos un café cultivado en Colombia; usamos ropa fabricada en Bangladesh con algodón indio y diseñada en otro lugar; nos comunicamos con un móvil hecho en China, pero cuyos componentes y aplicaciones proceden de los más diversos lugares.

La existencia del comercio internacional se debe a la misma razón que explica el comercio interior: las ventajas de la división del trabajo y la especialización también se producen en el ámbito internacional.

En efecto, los países tienen diferentes recursos naturales, climas, desarrollo tecnológico o capital humano. Estas diferencias explican que se especialicen en aquellos bienes para los que están comparativamente mejor dotados, de forma que puedan producirlos a un coste más bajo o con más calidad que otros países. Por ejemplo, España tiene unas condiciones climáticas, unas infraestructuras hoteleras y unos recursos culturales que permiten ofrecer un servicio de calidad a los turistas internacionales.

El **comercio internacional** está constituido por los bienes, servicios y capitales que intercambia un país con el resto del mundo.

Las ventajas del comercio internacional

Los partidarios del libre comercio proponen que los países tengan una **economía abierta** al exterior. Entre los **argumentos** que emplean para apoyar su posición destacamos los siguientes:

a. Si cada país se especializa en producir aquellos bienes que mejor sabe hacer y posteriormente los intercambia en el comercio internacional, se logra una **mayor eficiencia** en la asignación de los recursos y un mayor bienestar económico del conjunto de países que comercian. El comercio internacional, por tanto, permite que cada país intercambie con el resto del mundo los bienes en los que se ha especializado, obteniendo a cambio aquellos bienes que otros países producen más eficientemente.

b. Cuando los países comercian entre sí, pueden adquirir en el exterior (es decir, importar) aquellos bienes de los que carecen, lo que **aumenta la variedad y cantidad de productos** disponibles de cada país, y ello incrementa sus posibilidades de consumo.

c. El comercio internacional permite que los bienes y servicios producidos en un país lleguen a los mercados de otros países (exportar), lo que facilita que las empresas nacionales aumenten su producción y se beneficien de las **economías de escala** (que suponen la disminución del coste medio a medida que aumenta la producción).

d. El libre comercio permite que haya más empresas en los mercados, lo que **aumenta la competencia** entre ellas, mejorando precios y calidades, y, por tanto, beneficiando a los consumidores. Esta mayor presencia de las empresas en el mundo también favorece la difusión de los avances tecnológicos.

*

Economía abierta

Economía que se relaciona libremente con otras economías del mundo.

Economía cerrada o autarquía

Economía que no se relaciona con otras economías del mundo, dando lugar a una situación de autosuficiencia económica. A veces, la autarquía es transitoria; en España, el período que va de 1939 a 1959 se caracterizó por una autarquía económica.

ACTIVIDADES DE APLICACIÓN

1. Imagina que no hubiera comercio internacional. Piensa en tus actividades cotidianas (artículos que consumes, películas que ves, redes sociales en las que participas, etc.) y explica cómo sería tu vida en esa circunstancia.

El principio de la ventaja absoluta

¿Por qué Japón es un excelente fabricante de automóviles y España lo es en la producción de calzado? Según **Adam Smith**, cada país se especializa en aquellos bienes que produce más barato, es decir, en los que tiene ventaja absoluta en sus costes. Un país tiene ventaja absoluta sobre otros países en la producción de un bien cuando, utilizando los mismos recursos, puede obtenerlo con un menor coste. Según esta teoría, cada país producirá aquellos bienes en los que tiene ventaja absoluta, y comprará el resto en el exterior.

Es obvio que dos países ganan comerciando si cada uno de ellos sabe hacer algo mejor que el otro. Pero ¿qué ocurre cuando un país no es especialmente bueno en ninguna actividad? Otro economista, **David Ricardo**, demostró que también es beneficioso el comercio para esos países, argumentando que lo importante no es la ventaja absoluta, sino la ventaja relativa o comparativa.

El principio de la ventaja comparativa

La ventaja comparativa se entiende observando los intercambios en nuestra vida cotidiana. Imaginemos que Juan es un informático que se financió sus estudios pintando casas. Ahora que su negocio de informática va muy bien, ¿debería pintarse su propia oficina o contratar a un pintor? Supongamos que Juan es más rápido que un pintor profesional, es decir, tiene ventaja absoluta en pintura; si eso fuese lo fundamental, debería pintarla él. Pero esto no le conviene porque aunque él pueda pintar su oficina en una hora, mientras un profesional tardaría dos, preferirá dedicar esa hora a su profesión, por la que cobra 100 euros. Con ese dinero podrá pagar dos horas de trabajo de un buen pintor que cobre a 25 euros la hora, y ganará 50 euros. Es decir, el coste de oportunidad de hacer de pintor durante una hora es muy alto (renunciaría a 100 euros).

El pintor también se beneficia contratando a Juan si se le estropea su ordenador, aunque tenga que trabajar cuatro horas para pagar una hora de sus servicios. Le llevaría más tiempo aprender a arreglarlo él mismo y nunca lo haría tan bien como Juan; es decir, su coste de oportunidad de hacer de informático es muy alto. Juan tiene ventaja absoluta en ambas actividades, y el pintor, en ninguna. Pero ambos ganan si se dedican a lo que mejor saben hacer (su especialidad) e intercambian sus servicios. Ejerciendo su especialidad, su coste de oportunidad es menor (deben renunciar a menos).

Un país tiene **ventaja comparativa** en la producción de un bien si el coste de oportunidad de producir ese bien es menor para ese país que para el resto.

Supongamos que dos hombres fabrican sombreros y zapatos, y que uno de ellos es superior al otro en ambas cosas, pero al fabricar sombreros, solo supera a su competidor en una quinta parte, mientras que haciendo zapatos lo aventaja en una tercera parte; ¿no les interesará a ambos que el mejor de los dos fabrique solo zapatos, y que el menos bueno haga los sombreros?

DAVID RICARDO (1772-1823), economista inglés de la escuela clásica, que formuló la teoría de la ventaja comparativa y fue un gran defensor del comercio internacional.

EN LA PRÁCTICA **¿Debe Messi cortar su propio césped?**

Supongamos que Messi, jugador de fútbol, tiene una casa con jardín. Él mismo podría cortar el césped en dos horas. En este tiempo, también podría grabar un anuncio y ganar 10 000 euros. En cambio, su vecina Elena, que hace trabajos diversos, puede cortar el césped en cuatro horas o bien podría trabajar cuatro horas en una cafetería y ganar 50 euros.

El coste de oportunidad de cortar el césped es de 10 000 euros para el jugador y de 50 euros para su vecina. Messi tiene ventaja absoluta en cortar el césped, pero Elena tiene ventaja comparativa porque su coste de oportunidad es menor (renuncia a menos). En este caso, las ventajas del comercio son claras: si Messi contrata a Elena para cortar el césped y le paga más de 50 euros y menos de 10 000, ambos saldrán ganando.

Adaptado de MANKIW, G.: *Principios de Economía*. Madrid, Ediciones Paraninfo, 2012.

- Si una jefa es más rápida que su asistente tecleando informes, ¿quién debería hacerlos? ¿Por qué?

2 Los factores de la ventaja comparativa

Parte del comercio se debe a la diferencia de estaciones entre los hemisferios norte y sur: los países sudamericanos y africanos proveen de frutas y vegetales de verano a América del Norte y Europa cuando es invierno en el hemisferio norte.

La ventaja comparativa es útil para comprender las causas del comercio internacional. Pero ¿de qué depende que un país tenga esa ventaja?

a. Diferencias climáticas. El clima es fundamental en la obtención de determinados productos. Por ejemplo, los países tropicales reúnen unas condiciones naturales que permiten producir café, azúcar o frutas autóctonas mucho más barato que en otros lugares, en los que sería necesario el uso de invernaderos y otros medios artificiales para mantener el calor y la humedad que requieren estos cultivos. Por su parte, los países con un clima templado reúnen las mejores condiciones para cultivar trigo o maíz. Y los países con sol y playas y temperaturas suaves cuentan con los recursos más adecuados para ofrecer turismo.

b. Diferencias en la dotación de factores. Los factores productivos son distintos en cada país. Canadá o Brasil son dos grandes exportadores de productos forestales (maderas y productos derivados como pasta y papel) porque la extensión de sus bosques es muy superior a la de otros países. Y Arabia Saudí exporta petróleo porque tiene grandes reservas del mismo.

Los países se especializan en aquellos bienes y servicios que se producen utilizando los **factores más abundantes en su territorio**. Así, un país que disponga de mucho capital optará por industrias que requieren mucha inversión, como las refinerías de petróleo, la industria aeronáutica, etc., y un país que cuente con una gran cantidad de trabajadores se decantará por las industrias que requieran mucha mano de obra, como ocurre con la fabricación de ropa en China y Bangladesh, donde el trabajo es muy abundante y los salarios son bajos.

c. Diferencias en la tecnología. Desde hace décadas, Japón es uno de los mayores exportadores de automóviles. Su ventaja comparativa se debe fundamentalmente a que los fabricantes japoneses desarrollaron mejores técnicas de producción de vehículos que sus competidores europeos o norteamericanos.

Las diferencias en tecnología proceden, en ocasiones, de las inversiones en investigación y desarrollo (como sucede en la potente industria farmacéutica norteamericana). También se pueden derivar del conocimiento acumulado a través de la experiencia (así ocurre con la tecnología alemana de electrodomésticos o la suiza de relojería). Otras veces son el resultado de un conjunto de innovaciones producidas en lugares como Silicon Valley (California), en los que talento e iniciativa emprendedora se unen originando empresas como Google, Apple, Facebook, etc.

El poder económico de las empresas multinacionales les permite controlar los mercados e influir sobre los gobiernos de los países en los que actúan, lo que suele generar reacciones críticas y de exigencia de un comportamiento más responsable hacia esos países.

Otras claves del comercio internacional en la actualidad

Dos rasgos adicionales nos permiten entender el comercio internacional actual.

a. La división entre países ricos y pobres. La actual estructura económica mundial consagra una división del comercio internacional entre dos tipos de países: por una parte, los industrializados y más ricos, especializados en **productos de alto valor tecnológico**, que son los que exportan las mercancías más valiosas y los que obtienen mayores beneficios, y por otra, los países más pobres, especializados en **productos del sector primario**, quienes fundamentalmente exportan materias primas o productos de escaso valor añadido, que les proporcionan insuficientes ingresos.

b. El protagonismo de las empresas multinacionales. Las multinacionales son empresas que, aunque tengan la sede en su país de origen, producen y venden en mercados cada vez más amplios y globales, beneficiándose de fuertes **economías de escala**. A medida que estas empresas han ido creciendo, se han convertido en poderosos instrumentos de influencia sobre los países en los que actúan, protagonizando una parte cada vez más importante del comercio internacional. Tal es su protagonismo, que algunos economistas consideran que el comercio internacional se ha convertido más en un asunto entre empresas que entre países.

3 El proteccionismo

Aunque el comercio internacional es ventajoso para los países, también genera inconvenientes, pues algunos sectores salen perjudicados. Por ejemplo, al importar productos más baratos de China, los consumidores españoles salen beneficiados, pero los fabricantes de esos productos en España se ven amenazados. Por eso son frecuentes las presiones para limitar el libre comercio con **argumentos** como:

a. Evitar la dependencia exterior, protegiendo las industrias estratégicas para el desarrollo o para la seguridad del país (energía, transportes o defensa).

b. Favorecer la industria nacional y el empleo, protegiendo las empresas nacionales de la competencia exterior para garantizar el empleo y, en especial, aquellas empresas que están empezando.

c. Corregir desequilibrios. Si un país importa (paga) más de lo que exporta (ingresa), tiene un saldo negativo en su comercio exterior que deberá compensar reduciendo sus importaciones o aumentando sus exportaciones.

d. Recaudar. Los impuestos que gravan las importaciones constituyen una importante fuente de ingresos para el país.

Estados Unidos y la UE han perfeccionado el arte de abogar por el libre comercio al mismo tiempo que buscan acuerdos comerciales que los protejan de las importaciones procedentes de los países en vías de desarrollo.

JOSEPH STIGLITZ,
premio nobel de Economía en 2001

Las medidas proteccionistas

Los instrumentos de política comercial más comunes son:

a. Los aranceles. Son impuestos que incrementan el precio del producto extranjero, protegiendo así el producto nacional de la competencia exterior. Si el precio internacional es de 80 euros y el nacional es de 95, y se establece un arancel del 20 %, el precio internacional sube a 96 euros. Con ello desaparecen las ventajas de comprar fuera y se orienta la demanda hacia el producto nacional, reduciendo así las importaciones.

b. Las cuotas o contingentes a la importación. Limitan las importaciones que pueden realizarse durante un período de tiempo.

c. Otras barreras. Son regulaciones administrativas y trámites burocráticos que obstaculizan la entrada de productos extranjeros a un país. Por ejemplo, el establecimiento de requisitos aduaneros complejos y costosos o los controles estrictos en materia de sanidad, seguridad o calidad.

d. Ayudas y subvenciones a la producción nacional. Su finalidad es doble: por un lado, abaratar artificialmente los productos nacionales para **reducir las importaciones**; por otro, **favorecer las exportaciones** a través de subvenciones a las empresas exportadoras para que puedan competir con ventaja en el mercado internacional. El ***dumping*** se produce cuando estas subvenciones hacen que se pueda vender un producto en el extranjero por debajo de su coste o del precio del mercado nacional.

Dumping

Se produce cuando las empresas venden en el extranjero por debajo del coste de producción o del precio del mercado nacional. Su origen suele estar en las subvenciones públicas a la exportación que permiten vender por debajo del coste.

EN LA PRÁCTICA **La doble moral en el proteccionismo**

Por cada euro que el Norte envía al Sur como ayuda, los países pobres pierden dos, porque sus productos tienen que pagar aranceles gravosos para acceder al mercado de la UE y EE. UU.; en cambio, desde el mundo más desarrollado se exige que el Sur elimine toda barrera para los productos del Norte. Son conclusiones de la ONG Intermón Oxfam, que lanzó hace unos años la campaña *Comercio con justicia* para denunciar el doble rasero y la hipocresía de las políticas comerciales del mundo rico.

- ¿Qué intereses económicos están detrás de esta contradicción? ¿Cómo valoras este doble rasero?
- Busca más información sobre este tema en la página web: **www.e-sm.net/sveco1bachud14_02**

4 La balanza de pagos

Exportaciones

Bienes y servicios que se producen en el interior del país y se venden en el extranjero.

Importaciones

Bienes y servicios que se producen en el extranjero y se venden en el interior del país.

Exportaciones netas

Valor de las exportaciones de un país menos el valor de sus importaciones.

Superávit comercial

Exceso de las exportaciones sobre las importaciones.

Déficit comercial

Exceso de las importaciones sobre las exportaciones.

Saldo de la balanza por cuenta corriente

Representa un concepto similar al de las exportaciones netas (X – M) como componente del PIB en la contabilidad nacional:

$$PIB = C + I + G + \mathbf{(X - M)}$$

El comercio internacional genera tanto compras y ventas de bienes y servicios a otros países, como inversiones en el exterior, préstamos internacionales, concesión de subvenciones o donativos entre países y organismos internacionales, etc. La valoración de todas estas operaciones se recoge de forma sistemática y con una técnica contable en la balanza de pagos de cada país.

La **balanza de pagos** es un documento contable en el que se registran todos los intercambios económicos y financieros que tiene un país con el resto del mundo en un período de tiempo. Su estructura es la misma para todos los países del mundo y en ella se distinguen tres cuentas básicas: la cuenta corriente, la cuenta de capital y la cuenta financiera.

Cuenta corriente

Refleja básicamente los intercambios de bienes y servicios entre un país y el resto del mundo. Se divide en cuatro subbalanzas:

1. Bienes (balanza comercial). En ella se recogen las importaciones y exportaciones de bienes que realiza un país (comercio visible). Las **importaciones** son compras a otros países que suponen **pagos** (salida de divisas); las **exportaciones** son ventas que generan **ingresos** (entrada de divisas). La diferencia entre el valor de las exportaciones y el de las importaciones muestra si la economía del país presenta o no desequilibrios en su comercio exterior. Si los pagos superan a los ingresos, la economía presenta un déficit comercial; en caso contrario se habla de superávit.

2. Servicios. Recoge la contratación internacional de servicios de transporte, bancarios, de seguros, o de turismo y viajes, etc. (comercio invisible). Estos últimos tienen mucha importancia en España, que es un receptor neto de ingresos por turismo. Si la diferencia entre los ingresos por los servicios exportados y los pagos por los servicios importados es positiva, esta balanza presenta un superávit, que permitirá compensar el posible déficit comercial del país. Si la diferencia es negativa, la balanza de servicios tendrá un saldo deficitario.

3. Rentas primarias. Incluye las rentas procedentes de préstamos e inversiones en el exterior (intereses y dividendos), así como las rentas del trabajo (salarios) de trabajadores fronterizos, temporeros, etc.

4. Rentas secundarias (o de transferencias corrientes). Registra las transferencias o entregas de dinero que se realizan sin contrapartida (sin exigir nada a cambio). Algunos ejemplos son las remesas de emigrantes a sus países de origen, o las ayudas a paises en vías de desarrollo. En España se incluyen la aportación española al presupuesto de la Unión Europea o las subvenciones de la Unión Europea a los agricultores españoles para gastos corrientes.

BALANZA DE PAGOS

	Ingresos (I)	Pagos (P)	Saldo (I – P)
Cuenta corriente			
– Bienes	Exportaciones	Importaciones	
– Servicios	Exportaciones	Importaciones	
– Rentas primarias	Entradas	Salidas	
– Rentas secundarias	Entradas	Salidas	
Cuenta de capital	Entradas	Salidas	
Cuenta corriente + capital	Suma de ingresos	Suma de pagos	I – P

Cuenta de capital

En ella se recogen las transferencias de capital cuya finalidad es realizar inversiones en el país receptor, como las ayudas de la Unión Europea al desarrollo de infraestructuras de los países miembros, o las condonaciones de deuda entre países, etc. Su peso en el conjunto de la balanza es pequeño.

La tabla de la izquierda resume la estructura de esta parte de la balanza de pagos (cuenta corriente y de capital). Caben tres situaciones: que los ingresos sean superiores a los pagos (superávit); que los ingresos sean inferiores a los pagos (déficit); que se dé una situación de equilibrio.

Cuenta financiera

Si una familia se gasta más de lo que ingresa, deberá utilizar sus ahorros o pedir prestado. De igual forma, si un país tiene déficit en su cuenta corriente, debe utilizar sus ahorros (reservas de divisas) o acudir al mercado financiero internacional porque **necesita financiación**. Por el contrario, un país con superávit tiene **capacidad de financiación**, que puede utilizarla para invertir o realizar préstamos en el exterior, o para aumentar sus ahorros o reservas. Estas operaciones se contabilizan en la cuenta financiera, que recoge los flujos financieros entre los residentes de un país y los del resto del mundo. En las **operaciones de esta cuenta** se distinguen:

a. Las inversiones directas. Son inversiones en otros países para conseguir una rentabilidad permanente y un control significativo en la gestión de la empresa, por ejemplo, la apertura de una nueva tienda de Mango en Japón.

b. Las inversiones en cartera. Se dan cuando alguien adquiere acciones o bonos en otro país para obtener rentabilidad (beneficios o intereses), por ejemplo, si un inversor español compra acciones de una empresa suiza.

c. Otras inversiones. Se componen de préstamos y depósitos internacionales, por ejemplo, un préstamo del BBVA a una empresa chilena.

Las variaciones de activos y pasivos

Las operaciones de la cuenta corriente y las de la cuenta financiera son muy diferentes, ya que afectan al futuro de forma muy distinta. Cuando una empresa española exporta naranjas o vino a otro país, la transacción termina en el momento en que se paga. Pero **las operaciones financieras**, como una compra de bonos o un préstamo, **se mantienen en el tiempo**; cuando un extranjero compra un bono de Telefónica, se crea un pasivo para Telefónica, que tendrá que pagar unos intereses periódicos y deberá devolver el capital en el futuro. Por tanto, cuando otros países invierten en España, se generan **pasivos** (obligaciones de pago para España). Y cuando España invierte en el exterior financiando a otros países, está creando **activos** (derechos de cobro para España). Desde que se originan estas operaciones (ya sean activos o pasivos) es preciso registrar en la cuenta financiera sus variaciones año tras año. Por ello, en la cuenta financiera se recogen estas variaciones en tres columnas:

a. Variación neta de activos (VNA). Registra las **inversiones de España en el exterior** anotadas en términos netos (nuevas inversiones menos desinversiones anteriores). Un signo positivo implica un aumento de activos y, por tanto, una salida neta de capitales de nuestro país para financiar a otros países. Si el Banco Santander compra parte de un banco inglés por valor de 5000, será una inversión directa que supondrá un aumento de activos; la compra de un ciudadano español de acciones de una empresa estadounidense por valor de 500 será una inversión en cartera y también supondrá un aumento de activos (ver tabla).

b. Variación neta de pasivos (VNP). Registra las **inversiones del exterior en España** en términos netos. Un signo positivo implica un aumento de pasivos y, en consecuencia, una entrada neta de capitales en nuestro país (recibimos financiación). Por ejemplo, si recibimos un nuevo préstamo por 20 000, y de otro anterior se devuelven 5000, lo contabilizaremos en *Otras inversiones* por un valor neto de 15 000 como variación de pasivos, porque supone una entrada neta de capitales (ver tabla).

c. Saldo. Es la diferencia entre VNA y VNP. Un saldo positivo representa una salida neta de capitales (los activos superan a los pasivos), y un saldo negativo supone una entrada neta de capitales. En el ejemplo de la tabla, hay una entrada neta de de 9500.

	Variación neta de activos (VNA)	**Variación neta de pasivos (VNP)**	**Saldo (VNA – VNP)**
Cuenta financiera			**–9500**
– Inversiones directas	5000		5000
– Inversiones en cartera	500		500
– Otras inversiones		15 000	–15 000

5 El equilibrio de la balanza de pagos

	Ingresos (I)	Pagos (P)	Saldo (I – P)
Cuenta corriente	**10 000**	**15 000**	**–5000**

	VNA	VNP	Saldo (VNA – VNP)
Cuenta financiera			**–4500**
– Inversiones directas		1800	–1800
– Inversiones en cartera		1200	–1200
– Otras inversiones		1500	–1500
Reservas			**–500**
Errores y omisiones			**–**

Si un país tiene un déficit en su cuenta corriente, ha de equilibrarlo con una entrada de capitales en su cuenta financiera (de ahí el nombre de balanza). Supongamos que un país importa bienes por 15 000 millones, mientras que sus exportaciones son de 10 000 (ver tabla). Si no existen más operaciones por cuenta corriente o de capital, este país necesita financiación internacional, ya que tiene un déficit (–5000) en su cuenta corriente.

Imaginemos que consigue atraer capitales de empresas extranjeras que se instalan en el país por 1800 millones, inversiones por compra de bonos y acciones por un valor de 1200, y además recibe un préstamo internacional de 1500. El país ha compensado en parte su déficit, pero endeudándose. En los años siguientes deberá pagar intereses y beneficios, e ir devolviendo el préstamo. Además, los capitales que entran por compra de acciones o bonos pueden salir (desinversiones) y las empresas instaladas pueden emigrar (deslocalización).

Por su parte, los países con importantes **superávits en su cuenta corriente** son los grandes exportadores, como Alemania, Japón o China, cuyos superávits los convierten en los grandes financiadores del mundo.

La cuenta de reservas

El saldo total de la balanza de pagos siempre será estará en equilibrio. Ello es posible gracias a la cuenta de reservas, que actúa como partida de ajuste para compensar posibles déficits o superávits del período. Si la suma de los saldos de las cuentas corriente, de capital y financiera presenta un superávit, las reservas de divisas del país aumentan. Y si presenta déficit, las reservas disminuyen. En el ejemplo anterior, como hemos recibido financiación por 4500 para tapar un déficit de la cuenta corriente de 5000, el país tiene que usar sus reservas (–500) para compensarlo. Si un país incurre en déficits reiterados e importantes, puede quedarse sin reservas de divisas y caer en una crisis de balanza de pagos o de quiebra en el ámbito internacional.

Finalmente, **errores y omisiones** es una cuenta formal para compensar operaciones no declaradas, desfases temporales o errores de registro.

Reservas

Divisas (monedas extranjeras) y otros activos que un país posee para atender sus operaciones exteriores.

ESTUDIO DE CASOS **Catar, un diminuto país con inversiones en medio mundo**

Los países que tienen grandes superávits en su comercio internacional disponen de enormes reservas de divisas para realizar inversiones en el exterior. Un ejemplo curioso es Catar, un país pequeño del golfo Pérsico que hasta hace poco vivía de la pesca y de la recolección de perlas, y que a principios del siglo XXI empezó a comercializar sus enormes reservas de gas y petróleo. Hoy su renta per capita *anual es de 75.000 euros, el doble de la de Estados Unidos.*

Catar aprovecha las enormes ganancias obtenidas de sus recursos energéticos para invertir en Europa, Estados Unidos y Asia. En Europa participa en la Bolsa de Londres, o en bancos como Barclays y Credit Suisse, o en el grupo alemán Volkswagen, o en la española Iberdrola. O adquiere edificios emblemáticos en grandes ciudades, como los almacenes Harrods de Londres, o la joyería Tiffany's de Nueva York, etc. Pero Catar es conocido sobre todo por el fútbol. Clubes como el Barcelona lucen publicidad de Catar a cambio de millones de euros, y el París Saint-Germain, en Francia, fue adquirido con dinero catarí. Además, ha sido elegido para celebrar el Mundial de 2022. El mundo habla de Catar por el fútbol y por otros deportes: son su escaparate publicitario. Con todo ello, Catar diversifica su economía para anticiparse a un futuro en el que sus recursos naturales no sean suficientes para un país que importa el 93 % de sus alimentos.

- Resume en una frase la estrategia de Catar para diversificar su economía. ¿Cómo valoras esta estrategia?

EN LA PRÁCTICA La balanza de pagos española

Nuestra balanza de pagos tiene unos rasgos estructurales que reflejan la evolución de la economía española a lo largo del tiempo. Veamos como ejemplo la balanza de 2014 (en la tabla de abajo), elaborada según la normativa del FMI, en vigor desde 2014.

1. La cuenta corriente. Dentro de esta cuenta, la **balanza comercial suele ser deficitaria**, es decir, en ella los pagos superan a los ingresos (–21,4 miles de millones en 2014), ya que España suele importar más bienes que los que exporta.

Por el contrario, la **balanza de servicios es siempre positiva** debido, sobre todo, al sector turístico, que representa una fuente muy importante de ingresos de divisas (35,4 miles de millones en 2014),y que permite compensar el déficit comercial).

La **balanza de rentas primarias** suele tener un resultado **negativo**, sobre todo porque los intereses y beneficios que se pagan a otros países por las inversiones que recibimos superan lo ingresado por nuestras inversiones en el exterior.

El saldo de la **balanza de rentas secundarias (transferencias corrientes)** es **negativo**, sobre todo porque desde comienzos de siglo, España se convirtió en un país de inmigración y crecieron las remesas enviadas por los inmigrantes a sus países.

2. La cuenta de capital. Su **saldo positivo** se mantiene desde nuestra entrada a la Unión Europea porque somos receptores de ayudas (fondos estructurales para desarrollo rural e infraestructuras), aunque su cuantía se está reduciendo cada año debido a las mayores necesidades de otros países.

3. La cuenta financiera. Tradicionalmente, España ha mantenido **déficits continuados en su cuenta corriente**, que originaban la constante **necesidad de financiación internacional**, con el consiguiente **endeudamiento del país**. Sin embargo, en 2014, si sumamos la cuenta corriente más la de capital, el resultado es un superávit de 12,9 miles de millones, lo que ha invertido la tendencia: de necesitar financiación hemos pasado a tener capacidad para financiar.

Ello se refleja en la cuenta financiera, en la que el saldo representa una salida neta de capitales (8,2 miles de millones), o lo que es lo mismo, las inversiones españolas en el exterior han sido superiores a las del exterior en España.

Y como la balanza tiene que cuadrar, esa salida de capitales más la partida del Banco de España (incluyendo la variación de reservas) equivale al superávit por cuenta corriente más el ajuste de errores y omisiones: 8,2 + 24,3 = 12,9 + 19,6.

- Busca los datos de la balanza de pagos española en la publicación *España en cifras* (INE). ¿Cuál es el saldo de la cuenta corriente y de sus componentes? ¿Se mantienen los rasgos de 2014?
- ¿Qué tipos de bienes exportamos e importamos más? ¿Con qué países tenemos mayores intercambios económicos?

BALANZA ESPAÑOLA 2014 (miles de millones de euros)	Ingresos (I)	Pagos (P)	Saldo (I – P)
CUENTA CORRIENTE	**398,1**	**389,6**	**8,5**
▸ Balanza comercial	238,8	260,3	–21,4
▸ Servicios	101,4	52,7	48,7
– Turismo y viajes	49,1	13,7	35,4
– Otros servicios	52,3	39,0	13,3
▸ Rentas primarias	45,0	51,2	–6,2
▸ Rentas secundarias (transferencias)	13,0	25,5	–12,6
CUENTA DE CAPITAL	**5,1**	**0,7**	**4,5**
CUENTA CORRIENTE + CUENTA DE CAPITAL	**403,2**	**390,3**	**12,9**

	VARIACIÓN NETA DE ACTIVOS (VNA)	VARIACIÓN NETA DE PASIVOS (VNP)	SALDO (VNA – VNP)
CUENTA FINANCIERA (sin Banco de España)			**8,2**
▸ Inversiones directas	23,1	17,3	5,9
▸ Inversiones en cartera	51,4	43,4	8,1
▸ Otras inversiones	0,4	7,7	–7,3
▸ Derivados financieros			1,6
Banco de España (reservas y activos netos frente al EUROSISTEMA)			**24,3**
ERRORES Y OMISIONES			**19,6**

6 Tipo de cambio y mercado de divisas

Los mercados de divisas, también conocidos como Forex (*foreign exchange*), son el lugar en el que los comerciantes e inversores compran y venden monedas. Los de Londres, Nueva York y Tokio intervienen en más del 50 % de las operaciones, seguidos de los de Singapur, Hong Kong y Suiza.

Gráfico 1. Mercado de euros

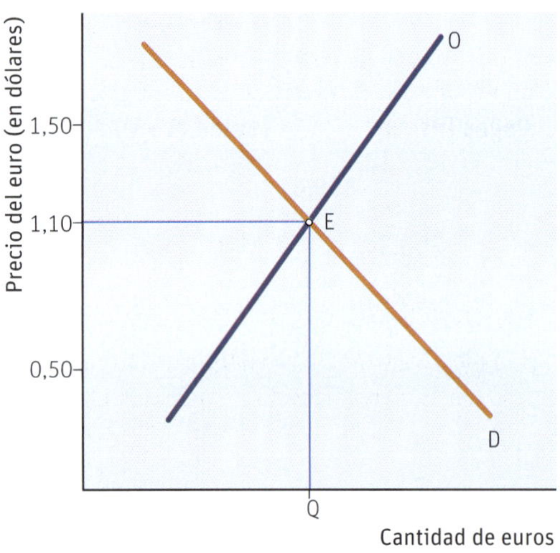

Gráfico 2. Desplazamiento de la curva de demanda de euros

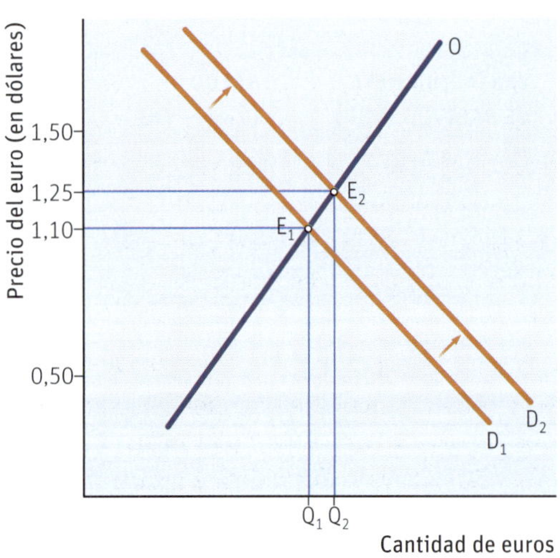

El comercio internacional tiene un rasgo particular: los agentes que participan en él utilizan monedas distintas. Si quisiéramos viajar a Londres, necesitaríamos cambiar nuestros euros por libras. Y si un importador estadounidense compra calzado a una empresa española, debe cambiar su moneda (dólar) por euros para poder pagar su compra. Se precisa, pues, un sistema o fórmula que convierta unas monedas en otras. Esa fórmula se denomina tipo de cambio.

El **tipo de cambio** se expresa como el número de unidades de moneda nacional que hay que dar a cambio de una unidad de moneda extranjera. Es, por tanto, el precio de una moneda en términos de otra.

El tipo de cambio puede verse desde dos perspectivas: el precio en dólares de un euro o el precio en euros de un dólar. Por ejemplo, si hoy el tipo de cambio del euro con respecto al dólar es de 1 euro = 1,2616 dólares, ello indica que 1 dólar = 0,7926 euros.

En España, el valor de las otras monedas suele expresarse en euros, es decir, cuántos euros vale un dólar, o una libra o una corona sueca.

El mercado de divisas

Los bienes y servicios producidos en un país o las inversiones que se realizan en él han de pagarse en la moneda de ese país. Los productos españoles se pagan en euros, y los productos japoneses, en yenes. Por tanto, las transacciones internacionales requieren que haya un mercado, el mercado de divisas, en el que se intercambien unas monedas por otras.

Las **divisas** son el dinero extranjero que permite a un país realizar transacciones con otro. Por ejemplo, el dólar o el yen son divisas cuando están en posesión de un residente español.

En el mercado de divisas, como en todo mercado, la oferta y la demanda determinan el precio o tipo de cambio.

Supongamos, para simplificar, que solo existen relaciones comerciales entre España y Estados Unidos. Bajo este supuesto, el gráfico 1 representa el mercado de euros. En el lado de **la demanda** se encuentran todas las personas que necesitan euros (que, a su vez, ofrecerán dólares a cambio), por ejemplo, los estadounidenses que viajan de turismo a España, o los que importan productos españoles, o quieren comprar acciones y bonos o adquirir empresas españolas, ya que tendrán que pagar en euros estas transacciones. Cuanto más barato es el euro, mayor es la cantidad demandada de euros.

En el lado de **la oferta** de euros estarán los españoles que visitan Estados Unidos o compran productos estadounidenses, o aquellos compatriotas que realizan inversiones en ese país. Como tendrán que pagar en dólares esas operaciones, ofrecen euros a cambio de dólares. Cuanto más alto es el precio del euro, más euros están dispuestos a ofrecer.

El punto de corte de las curvas de oferta y de demanda del gráfico 1 establece el precio de equilibrio del euro o tipo de cambio con el dólar. Pero, del mismo modo que otros precios, **los tipos de cambio varían** cuando la oferta o la demanda se desplazan. Si los productos españoles se pusieran de moda entre la población estadounidense y esta decidiera incrementar sus compras, la demanda de euros aumentaría. Este desplazamiento de la curva de demanda de euros hacia la derecha provocaría una subida del euro, como muestra el gráfico 2. Esa apreciación aumentaría el precio de los productos españoles, pero haría que fuera más barato para los estudiantes españoles ir a Estados Unidos en verano para aprender inglés.

Apreciación y depreciación de una moneda

Como cualquier otro bien, una moneda puede encarecerse (apreciarse) o abaratarse (depreciarse). **El euro se aprecia** frente al dólar si hay que dar menos euros por cada unidad de dólar. Por ejemplo, si hoy 1 $ = 0,80 € y mañana 1 $ = 0,75 €, ello perjudica las exportaciones españolas, pues nuestros productos se encarecen para los estadounidenses, pero favorece nuestras importaciones de productos de Estados Unidos, ya que nos resultan más baratos. Por otro lado, invertir en España saldrá más caro, por lo que quizá entren menos capitales en nuestro país.

El euro se deprecia respecto del dólar si hay que dar más euros por cada unidad de dólar. Ello favorece las exportaciones españolas, pues nuestros productos son ahora más baratos, pero encarece nuestras importaciones. Por otro lado, las inversiones de Estados Unidos en España se favorecen.

¿De qué depende que el valor de una moneda suba o baje?

Aunque hay diversas razones que influyen en ello (inflación, nivel de renta del país, etc.), existen dos especialmente importantes en la actualidad:

a. El crecimiento y poder económico del país. El valor de una moneda tiende a variar en función de la percepción mundial de la economía del país que la emite. Si es de fortaleza, el valor de la moneda aumenta, y si es de debilidad, disminuye. Esta percepción se basa en las expectativas de crecimiento económico, en la estabilidad política, financiera, etc.

b. Los tipos de interés. Los inversores internacionales buscan la mejor rentabilidad. Si un país tiene unos tipos de interés más altos que otros, significa que los bonos del gobierno y las oportunidades de inversión que ofrece tienen un rendimiento mayor. Los inversores acudirán a ese país, y como resultado de la mayor demanda, el valor de la moneda nacional subirá. En cambio, si los tipos de interés son bajos, no resultará muy atractivo invertir y muchos abandonarán sus inversiones en esa moneda, lo que hará que se deprecie.

En los últimos años, estos dos factores son cada vez más determinantes de los tipos de cambio. La razón se halla en que los movimientos de capitales (inversiones) son cada día más importantes en relación a los movimientos de bienes y servicios (comercio), y los objetivos de los inversores internacionales son dos: seguridad y garantías (fortaleza del país), junto con rendimiento (tipos de interés). Invertirán en países fuertes buscando la seguridad, y si existen dudas sobre la seguridad, exigirán altos rendimientos. Ello explica que Estados Unidos o Alemania no tengan problemas para obtener financiación de otros países (seguridad y oportunidades de inversión), o que a Grecia o Portugal les cueste tanto conseguirla.

La apreciación de la moneda nacional favorece unos aspectos de la economía y la depreciación favorece otros. Así, una apreciación o una depreciación, en sí mismas, no son ni positivas ni negativas. Dependerá de que existan o no desequilibrios importantes en la balanza de pagos como consecuencia de que la moneda se esté apreciando o depreciando en exceso. En caso de desequilibrio, las autoridades monetarias, como el Banco Central Europeo, pueden intervenir para corregir la cotización de su moneda.

*

Apreciación

Una moneda se aprecia cuando gana valor. Es decir, cuando con menor cantidad de la misma se puede adquirir una cuantía similar de divisas.

Depreciación

Una moneda se deprecia cuando pierde valor. Es decir, cuando se necesita mayor cantidad de la misma para adquirir una cuantía similar de divisas.

EN LA PRÁCTICA **La influencia del tipo de cambio en el mercado internacional**

Supongamos que España exporta calzado a Estados Unidos e importa tabletas de ese país. Los precios de los dos bienes en ambos mercados, con un tipo de cambio de 0,90 € = 1 $, se reflejan en la primera fila de la tabla siguiente.

En España	Tipo de cambio	En Estados Unidos
– Zapatos: 50 € – Tableta: 900 €	0,90 € = 1 $	– Zapatos: 55,50 $ – Tableta: 1000 $
– Zapatos: 50 € – Tableta: 800 €	**Apreciación del €** 0,80 € = 1 $	– Zapatos: 62,50 $ – Tableta: 1000 $
– Zapatos: 50 € – Tableta: 1000 €	**Depreciación del €** 1 € = 1 $	– Zapatos: 50 $ – Tableta: 1000 $

Si el euro se aprecia, nuestro calzado se encarece (pasa a valer 62,50 $) y las exportaciones se resentirán. Por el contrario, nuestras compras de tabletas salen beneficiadas, ya que pagaremos 800 €. Con una depreciación del euro, nuestras exportaciones de zapatos mejoran, pues estos salen más baratos (50 $), mientras que empeoran nuestras importaciones, ya que nos cuesta más cada tableta.

- Si el tipo de cambio actual es de 0,80 € = 1 $ y el euro se aprecia, ¿qué ocurrirá con un inversor español que quiere comprar acciones de Google? ¿Y con un estadounidense que quiere invertir en España? ¿Cómo afectará al turismo estadounidense en España?

7 Sistemas de tipos de cambio

Los británicos recuerdan el miércoles 16 de septiembre de 1992 como el "miércoles negro". Ese día, el multimillonario estadounidense George Soros convirtió 10 000 millones de libras esterlinas a marcos para luego venderlos y ganar 1000 millones de dólares en la operación, forzando la devaluación de la libra. Mientras fraguaba la operación, anunció públicamente que la libra perdería valor, una legión de inversores le emuló y, efectivamente, la moneda británica se hundió.

Con la evolución del comercio internacional se han desarrollado diferentes criterios para determinar los tipos de cambio.

Tipos de cambio flexibles

En este sistema, el tipo de cambio se determina libremente por las fuerzas de la oferta y la demanda de divisas.

La **ventaja** de los tipos de cambio flexibles es que permiten corregir los déficits o superávits de la balanza de pagos. Por ejemplo, si aumentan nuestras importaciones procedentes de Estados Unidos (la balanza española tendrá un déficit comercial frente a la estadounidense), aumentará la demanda de dólares para poder pagar a las empresas norteamericanas. Esta mayor demanda de dólares hará que el dólar se aprecie frente al euro (lo que supondrá una depreciación del euro). En la medida en la que el euro caiga, las exportaciones españolas se abaratarán y aumentarán; al mismo tiempo, se encarecerán las importaciones, lo que provocará que se reduzcan. De esta manera, la flexibilidad del tipo de cambio permite equilibrar el déficit inicial.

El principal **inconveniente** de los tipos de cambio flexibles es la **incertidumbre** que generan sus continuas variaciones. La gran cantidad de operaciones diarias de compraventa de divisas y la rapidez con la que se realizan generan oscilaciones constantes de los tipos de cambio, que hacen que los agentes económicos desconozcan el precio final de sus transacciones.

Esta **inestabilidad** incentiva la **especulación financiera**. Existen especuladores que compran una moneda cuando suponen que su valor va a subir, y la venden cuando esperan que baje. Estas operaciones especulativas producen fluctuaciones artificiales de la moneda y añaden incertidumbre al comercio internacional.

Por esta razón, las autoridades monetarias tratan de evitar que los tipos de cambio fluctúen libremente e intervienen en los mercados para controlarlos. Es lo que se conoce como **sistema de flotación sucia**. Esta intervención del banco central en el mercado de divisas puede hacerse comprando o vendiendo la moneda del país. Si la moneda nacional se está apreciando en exceso, el banco central actúa como oferente vendiéndola en el mercado; esto aumenta su oferta y baja su cotización. Si considera que está muy depreciada, la compra, y así suben la demanda y el tipo de cambio.

***** **Especulación financiera**

Se produce cuando se utilizan los mercados financieros con el único objetivo de obtener beneficios vendiendo y comprando divisas, sin ningún propósito de utilizarlas para actividades productivas o comerciales.

EN LA PRÁCTICA La especulación financiera

Los inversores compran y venden cada año divisas por valor de billones de dólares, euros o libras. Unas veces esos inversores son empresas que necesitan planear con antelación sus importaciones; si hay expectativas de apreciación de la divisa que van a necesitar, compran ahora para protegerse de riesgos futuros. Pero otras veces se trata de inversores especulativos que compran divisas cuando piensan que van a subir, para venderlas con posterioridad y obtener beneficios.

La cantidad y velocidad con que se producen estas operaciones generan continuos cambios en las cotizaciones. Aunque las fluctuaciones sean pequeñas, al comprar en grandes cantidades se obtienen importantes beneficios con un clic de ratón desde cualquier lugar del mundo.

De esta manera se altera la función natural del mercado de servir de instrumento del comercio internacional (adquirir divisas cuando se necesitan para importar o invertir en el exterior), generando incertidumbre. Por ello, estas conductas provocan rechazo social y se exigen medidas de mayor regulación de los movimientos de capitales, así como la imposición de tasas que graven estos movimientos.

- Investiga en internet en qué consiste la tasa Tobin y qué se pretende con ella.
- Averigua los últimos acuerdos de los países de la Unión Europea para aplicarla en su entorno.

Tipos de cambio fijos

Con este sistema, un país se compromete a mantener un tipo de cambio fijo de su moneda respecto a otra moneda más fuerte y estable (el dólar, por ejemplo). Al contrario que los tipos de cambio flexibles, los tipos fijos son más estables a corto plazo, pero el país que fija el valor de su moneda con respecto a otra pierde parte del control de su economía.

Una vez establecido el tipo de cambio oficial, el banco central debe contrarrestar los movimientos del mercado para que ese tipo de cambio no fluctúe; para ello, interviene comprando o vendiendo la moneda. En ocasiones, los Estados que siguen este sistema no consiguen mantener el tipo de cambio fijado y se ven obligados a reajustarlo, devaluando o revaluando la moneda, es decir, fijando un nuevo tipo de cambio oficial. Si el cambio es a la baja, se denomina **devaluación** (en lugar de depreciación), y si es al alza, **revaluación** (en vez de apreciación).

Los **tipos de cambio semifijos o ajustables** combinan los tipos de cambio flexibles y fijos: permiten cierta flexibilidad dentro de unos límites o banda de fluctuación. La moneda puede apreciarse o depreciarse respecto al tipo de cambio oficial, pero sin superar los límites fijados. Si el tipo de cambio está dentro de los márgenes, funciona según las fuerzas de la oferta y la demanda; cuando sobrepasa esos límites (por encima o por debajo), el banco central interviene comprando o vendiendo la moneda nacional para ajustarlo a los márgenes establecidos.

En la actualidad, los tipos de cambio no son ni totalmente flexibles ni totalmente fijos, sino que en ambos sistemas se permite que las autoridades monetarias, como la Reserva Federal de Estados Unidos, intervengan si creen que su moneda se ha apreciado o depreciado en exceso.

Evolución de los tipos de cambio

Actualmente, los tipos de cambio flexibles son la norma, pero durante gran parte de los siglos XIX y XX lo habitual era mantenerlos fijos. Cuando se utilizaba el **patrón oro**, la cotización de cada moneda estaba en función de la cantidad de oro en reservas de cada país. Ese sistema mejoró el comercio mundial, porque no había que preocuparse por las subidas o bajadas de las monedas, ya que el oro era una moneda universal, con igual valor en todo el mundo. El problema surgió cuando las reservas de oro no crecían al mismo ritmo que el comercio, convirtiéndose en una limitación importante, por lo que los países fueron abandonando el sistema en el período de entreguerras.

Tras la Segunda Guerra Mundial, en los **Acuerdos de Bretton Woods**, los países occidentales se comprometieron a **vincular su moneda al dólar** y a garantizar que el tipo de cambio se mantuviera fijo, aunque con unos márgenes de fluctuación. Se eligió el dólar estadounidense porque Estados Unidos era la principal potencia económica y tenía una moneda estable cuyo valor estaba fijado con relación al oro. En la década de 1970, cuando la economía de este país empeoró y sus reservas de oro cayeron, el sistema se debilitó, dando paso a un sistema de tipos de cambio flexibles.

EN LA PRÁCTICA **¿Se manipulan los tipos de cambio?**

China lleva tiempo manteniendo su moneda barata para aumentar sus exportaciones. Al mantener bajo el precio del yuan en dólares, reduce el precio de sus exportaciones y sube el de sus importaciones. Así consigue enormes superávits en su balanza comercial. Esta práctica es una nueva forma de proteccionismo muy criticada en los países que compiten con unos productos chinos artificialmente baratos. En respuesta a las presiones políticas de Estados Unidos, China aumentó en 2005 el valor del yuan, y abandonó el tipo de cambio fijo que mantenía con el dólar, vinculándolo a una cesta de monedas de todo el mundo. Entre 2005 y 2013 lo ha revaluado en un 20 % más, pero se estima que sigue artificialmente depreciado entre un 15 y un 40 %.

- ¿Qué hace China para mantener depreciado el yuan?
- En el caso de que el yuan se apreciase más, ¿qué consecuencias supondría para el comercio internacional?

ACTIVIDADES

Actividades de síntesis

1. Elabora un mapa conceptual en el que se relacionen estas ideas básicas.

1 El comercio internacional tiene claras **ventajas** para los países participantes: mayor eficiencia en la asignación de los recursos; aumento de la calidad y variedad de los bienes disponibles; economías de escala para sus empresas y aumento de la competencia de los mercados.

2 Los países se especializan en producir bienes en los que tienen **ventaja comparativa**, es decir, en los que el coste de oportunidad de producir un determinado bien es menor para ese país que para el resto de los países.

3 Entre las **razones que explican la ventaja comparativa** de un país están las diferencias climáticas, la distinta dotación de factores productivos o las diversas capacidades tecnológicas. Además, existen **otras claves** explicativas como la asimetría comercial entre países ricos y pobres y el gran protagonismo adquirido por las empresas multinacionales.

4 Los argumentos para justificar el **proteccionismo** son: la seguridad nacional y la protección del empleo o de las nuevas empresas. Entre las medidas proteccionistas están los aranceles, las cuotas o contingentes a la importación y las subvenciones a la producción nacional.

5 En la **balanza de pagos** se registran todos los intercambios económicos y financieros que tiene un país con el resto del mundo durante un período de tiempo. En su estructura se distinguen tres cuentas básicas: cuenta corriente, cuenta de capital y cuenta financiera.

6 En la **cuenta corriente** se recogen los intercambios de bienes y servicios y sus pagos e ingresos correspondientes, y en la **cuenta financiera** se registran los flujos financieros, ya sean inversiones directas en empresas, compras de acciones y bonos o préstamos internacionales.

7 La balanza de pagos siempre está en **equilibrio**. Si hay un déficit en la cuenta corriente, debe compensarse con un superávit en la cuenta financiera, y viceversa. Si el resultado global de la balanza es de déficit, las reservas del país disminuirán, y si es de superávit, aumentarán.

8 Los países que comercian utilizan monedas distintas, por lo que se precisa un mercado donde intercambiarlas, el **mercado de divisas**, y una fórmula que convierta unas monedas en otras. Esta fórmula es el **tipo de cambio**, que representa el precio de una moneda en términos de otra.

9 Una moneda puede encarecerse (apreciarse) o abaratarse (depreciarse). Con la **apreciación**, las exportaciones del país de esa moneda se ven perjudicadas, mientras se favorecen sus importaciones. Sucede al contrario con la depreciación de la moneda.

10 Los tipos de cambio pueden fijarse según distintos sistemas. Los **tipos de cambio flexibles** se determinan libremente por las fuerzas de la oferta y la demanda. En los **tipos de cambio fijos**, el país se compromete a mantener el valor de su moneda en relación a otra moneda más fuerte y estable.

smSaviadigital.com VALORA LO APRENDIDO > Realiza la **autoevaluación**.

Actividades de análisis y problemas

2. Sigue la pista de los productos que consumes de forma habitual y de otros bienes que compra tu familia (ropa, alimentación, libros, productos de limpieza, materiales audiovisuales, etc.).
   a) ¿Qué porcentaje estimas que se ha producido fuera de España?
   b) ¿Cómo ha cambiado la situación respecto de la que vivieron tus padres o tus abuelos?

3. ¿Qué ventajas obtiene un país del comercio internacional? ¿Cuáles de ellas te afectan a ti más directamente?

4. Con relación a la especialización:
   a) ¿Por qué unos países se especializan en producir determinados bienes?
   b) ¿Cómo explica este hecho Adam Smith?
   c) ¿Qué demuestra David Ricardo y en qué se basa?

5. **Con relación a la ventaja comparativa de un país:**

a) Explica los tres factores de los que depende.

b) Señala ejemplos de países y zonas del mundo en los que se concreta esa ventaja para determinados productos.

c) ¿Qué otras circunstancias explican el comercio internacional en la actualidad?

6. **¿Por qué algunos economistas consideran que el comercio internacional se ha convertido más en un asunto entre empresas que entre países?**

7. **Realiza un análisis comparativo entre los argumentos de los defensores del libre comercio y de los defensores del proteccionismo. Haz una síntesis con tus conclusiones.**

8. **Observa la viñeta y responde.**

a) ¿Qué razones económicas motivan la decisión del personaje de la viñeta?

b) ¿Cuánto debe pagar esta persona para que tanto ella como el nuevo empleado salgan ganando?

9. **Explica las distintas medidas que se adoptan para proteger la producción nacional de la competencia extranjera y señala ejemplos de cada una de ellas.**

10. **Analiza estos argumentos desde el punto de vista de la ventaja comparativa y reelabora el discurso con tu punto de vista.**

¿Por qué tiene que ser la vida tan complicada? ¿Por qué no puede producir cada país simplemente para su propio consumo y así no tener que preocuparse de la competencia extranjera? ¿Por qué no producir internamente todo el café que consumimos? El suelo español, el clima y la geografía no son tan adecuados para las plantaciones de café como en Brasil y Colombia. Pero pensemos en todos los puestos de trabajo que podríamos crear construyendo y empleando gigantescos invernaderos para proporcionar las favorables condiciones climáticas de aquellos países.

11. **En relación con los aranceles:**

a) ¿Cuáles son los efectos prácticos de los aranceles, tanto para el país que los impone como para sus competidores extranjeros?

b) ¿Qué efectos tienen en los ingresos del Estado y en los consumidores? Justifica tu respuesta sirviéndote de un ejemplo.

12. **Entre las formas de proteger una economía están las subvenciones a los productos nacionales.**

a) ¿Qué finalidades persiguen estas ayudas?

b) ¿Qué es el *dumping*?

13. **¿Es mejor para un país exportar más bienes y servicios de los que importa? ¿Por qué?**

14. **¿Qué indica un déficit en cuenta corriente? ¿Cómo se compensa y cuáles son sus consecuencias para el país?**

15. **Lee esta cita y realiza las actividades.**

A través de datos y de historias personales, entendemos que tomar un café, comprar una camisa o encender el ordenador nos vinculan a un mundo globalizado donde se impone la liberalización a los pobres, pero los ricos se protegen.

ANTONIO MUÑOZ MOLINA, escritor

a) Comenta la cita en relación con lo estudiado en esta unidad didáctica.

b) Busca los 10 principios internacionales con los que se reconoce el comercio justo. Puedes encontrar información en esta página web: www.e-sm.net/bachud14_03

16. **En relación con la balanza de pagos:**

a) ¿Qué función cumple?

b) ¿Cuál es su estructura y qué se recoge en cada una de sus cuentas?

c) Elabora una tabla colocando en las filas los diferentes apartados de la balanza, y en las columnas, los ingresos y pagos o variaciones de activos y pasivos.

d) Señala ejemplos de operaciones internacionales e identifica en qué lugar de la tabla anterior se registran y cómo afectan a la balanza.

17. **China se considera la "fábrica del mundo" debido a la ingente cantidad de bienes que produce y que exporta a todas partes.**

a) A partir de este hecho, comenta los principales rasgos que presentará la cuenta corriente.

b) Haz lo mismo con la cuenta financiera de su balanza de pagos.

c) Por último, analiza la situación de las reservas de divisas que tiene este país.

ACTIVIDADES

18. **Con relación a la balanza de pagos española, ¿en qué subbalanza se contabilizarían las siguientes operaciones y con qué signo?**

a) Empresas españolas importan ropa de India.

b) Turistas rusos visitan España.

c) España recibe fondos de la UE para mejorar las comunicaciones en Galicia.

d) Un inversor español compra acciones de Sony en la Bolsa de Japón.

e) SEAT vende automóviles a Marruecos.

f) Telefónica paga dividendos a un estadounidense propietario de acciones.

g) Un emigrante ecuatoriano que trabaja en España manda sus ahorros a su país.

h) Calzados Camper amplía sus tiendas en París.

i) España realiza una donación a un país en vías de desarrollo.

j) Un banco inglés concede un préstamo a una empresa española.

19. **Si existiera una única moneda en el mundo, ¿cómo afectaría al comercio internacional? ¿Qué problemas evitaría y cuáles se mantendrían?**

20. **A partir de estas ilustraciones, responde.**

①

②

③

a) Busca en internet cuánto valen hoy en euros los billetes que aparecen en estas imágenes.

b) Averigua los mismos valores una semana más tarde y determina si se han apreciado o depreciado con respecto al euro.

21. **En relación con los mercados de divisas:**

a) ¿Qué se entiende por divisas?

b) ¿Qué son los tipos de cambio flexibles? ¿Cómo se determinan?

c) ¿Qué significa que una moneda se aprecie o se deprecie?

22. **En un mercado de divisas simplificado en el que solo existan relaciones entre España y Reino Unido:**

a) ¿Quiénes son los demandantes y oferentes de euros y cómo se determina su cotización?

b) Comenta y representa gráficamente un hecho que haga que la demanda de euros disminuya.

c) ¿Cuál sería el efecto sobre el euro y cómo afectaría a los intercambios comerciales entre los dos países?

23. **Supón que el precio en Estados Unidos de un determinado modelo de ordenador es de 800 $, y el tipo de cambio es de 1 $ = 0,75 €.**

a) ¿Cuál será su precio en España?

b) Y si el tipo de cambio pasa a ser de 1 $ = 0,80 €, ¿qué ha pasado con el euro y qué efecto tendrá en nuestras importaciones de ordenadores?

24. **Piensa en las personas que invierten sus ahorros en el exterior.**

a) ¿Qué criterios crees que siguen para elegir el destino de sus inversiones?

b) Asesora a un inversor japonés que está dudando entre comprar bonos a 10 años del Estado portugués o bonos del Gobierno alemán. ¿Qué ventajas e inconvenientes tienen ambas opciones?

25. **Razonando tu respuesta, ¿cómo crees que les sentará la noticia de una apreciación del euro a cada uno de los grupos siguientes?**

a) Jóvenes españoles que van a estudiar inglés en verano al Reino Unido.

b) La industria textil española.

c) Inversores internacionales que piensan adquirir deuda pública española.

26. **Responde a las siguientes cuestiones.**

a) ¿Qué son y cómo se determinan los tipos de cambio fijos?

b) ¿Qué se entiende por devaluación y revaluación de una moneda?

c) ¿Cuál ha sido la evolución de los tipos de cambio?

27. **Indica si son verdaderas o falsas las siguientes afirmaciones, razonando tu respuesta.**

a) Un país tiene ventaja comparativa produciendo un bien si lo produce más barato que el resto de países.

b) Los aranceles disminuyen el precio del producto nacional para protegerlo de la competencia exterior.

c) Si un país exporta más bienes de los que importa, tiene superávit comercial.

28. **Comenta estos titulares de noticias relacionándolos con los contenidos de la unidad.**

Los agricultores andaluces protestan ante la entrada de productos de Marruecos

La balanza comercial española ha tenido este año superávit, después de muchos años de déficit

La empresa española FCC construirá tres líneas de metro en Arabia Saudí

Sigue la guerra de divisas entre China y Estados Unidos por la valoración del yuan

Las reservas de petróleo de algunos países se convierten en reservas de divisas

29. **Observa la viñeta y responde a las cuestiones que se plantean a continuación.**

a) ¿En qué se basaba el patrón oro y por qué desapareció?

b) ¿Qué relación encuentras entre la imagen y el texto inicial de la unidad?

Fuente: El Roto, *El País*, 7-3-2001.

Actividades de argumentación y debate › Las tasas sobre transacciones financieras: pros y contras

30. **Hasta la década de 1980, los países tenían el control de cambios en sus mercados de divisas, pero con la libre circulación de capitales aparecieron las transacciones especulativas. Con ellas, el dinero va y viene, sin comprar ni vender nada, y pone contra las cuerdas a gobiernos y países.**
El tema es complejo, y mientras unos están a favor de restringir estas operaciones, para otros no hay que interferir en el mercado.

▶ La visión reguladora

Las operaciones especulativas han alcanzado tal volumen en las últimas décadas que son capaces de modificar artificialmente el tipo de cambio de un país o agravar una crisis financiera como la Gran Recesión de 2008.

Cuando había medidas de control de capitales, las crisis financieras apenas existían. Pero con su libre circulación, las crisis han aumentado y son más graves. Por ello, hay muchos economistas que proponen medidas que dificulten estas transacciones.

Una propuesta en esta línea es la que formuló el premio nobel James Tobin, que ideó un impuesto entre el 0,1 y el 0,5 % sobre estas operaciones. Este impuesto, o tasa Tobin, actuaría como freno para la circulación del "dinero caliente", es decir, dificultaría las operaciones especulativas y con plazos inferiores a una semana. Al tratarse de un impuesto de cuantía reducida, apenas afectaría a las inversiones a largo plazo y vinculadas con la economía real, pero sería un freno importante para las realizadas a corto plazo y con carácter especulativo.

Eso sí, la implantación de la tasa Tobin exige que sea universal y que los principales países se tomen en serio la lucha contra los paraísos fiscales.

▶ La visión neoliberal

Los detractores de la tasa Tobin argumentan que los mercados son libres y los agentes económicos invierten en aquellos productos y países donde consideran que van a obtener mayor rentabilidad. El movimiento de capitales es, por tanto, una consecuencia lógica del libre juego del mercado, que garantiza una asignación eficiente de los recursos. Añaden que las restricciones a las transacciones, tales como límites o impuestos, solo perjudicarían a los países más débiles, ya que tendrían menos posibilidades para financiar proyectos en ellos. También alegan problemas técnicos, pues ven imposible que se aplique en todo el mundo: si no es universal, estas transacciones cambiarían de destino y evitarían el impuesto.

▶ Análisis audiovisual

Inside job, de Charles Ferguson. 2010 (min. 00:21:56 a 00:29:44).

Película documental, premiada con un Oscar, sobre las causas de la crisis financiera de 2008, que cuenta con el testimonio de inversores, economistas y afectados.

Analiza los documentos y responde.

a) ¿En qué se diferencian las transacciones reales de las especulativas? ¿Cómo repercuten estas transacciones en el mercado de divisas?

b) Sitúate en el rol de un inversor y haz una síntesis de los argumentos contrarios a la tasa Tobin. Ahora, adopta el rol de asesor de un país afectado por una crisis financiera y señala tres razones a favor de su implantación. ¿Con qué rol te sientes más identificado?

¿CUÁNTO PUEDE ENDEUDARSE UN PAÍS?

Una vez superada la economía de subsistencia y conquistadas las comodidades básicas, en nuestro primer mundo muchos pensaron que el crecimiento era ilimitado y que la mejor manera de impulsar la economía, incluyendo la propia, era vivir a crédito. Ese mismo que ahora nos niegan y que ha puesto a España en la picota de especuladores.

FRANCESC MIRALLES (2012)

Las crisis de deuda y la prima de riesgo

Cuando un país necesita financiarse, pide dinero prestado emitiendo unos títulos, como los bonos del Estado o las letras del Tesoro. Así se crea la deuda pública o deuda soberana. Estos títulos son contratos de préstamo, por los que el Estado se compromete a pagar a su poseedor unos intereses y a devolver el capital prestado al vencimiento. Cualquier inversor puede comprar deuda pública, ya sea directamente o, lo que es más habitual, a través de fondos de inversión o de pensiones, etc. Si los inversores son del país, la deuda pública es interna, y si se trata de inversores internacionales, la deuda es externa.

¿Qué ocurre si un país no paga sus deudas?

Quien compra estos títulos lo hace pensando que el Estado es seguro y confía en recuperar su dinero. Esta confianza, sin embargo, no siempre concuerda con los hechos, ya que desde hace siglos, los Estados de todo el mundo han tenido casos de impago o *default*. Cuando un Estado no puede hacer frente a sus deudas, sus acreedores se ven forzados a negociar para tratar de no perder todo. Como resultado, puede perdonarse parte de la deuda (quita), alargarse los plazos, etc. Las consecuencias de un impago son muy negativas para el país, ya que nadie querrá prestarle, o si lo hace, le exigirá altísimos intereses. Solo con el paso del tiempo, los países pueden recuperar su credibilidad internacional.

¿Qué mide la prima de riesgo?

El interés exigido por prestar a un país en crisis será mucho mayor que el que se pide a un país que crece y es solvente; es decir, los inversores pedirán un tipo de interés mayor a un país poco fiable que a uno muy fiable. Esa diferencia entre los intereses es, precisamente, la prima de riesgo. En Europa la prima de riesgo de un país se mide comparando el interés de sus bonos a 10 años con el bono alemán a 10 años, porque Alemania es el país más fiable de la zona, según las agencias de calificación crediticia.

Si el bono alemán a 10 años paga un 1,5 % y el bono español un 4,5 %, la prima de riesgo es la diferencia entre ambos: 3 puntos porcentuales o 300 puntos básicos, que es como se suele expresar. A mayor diferencia, más desconfianza.

Así, la prima de riesgo es un termómetro de la confianza en un país; por eso influyen en ella la perspectiva de crecimiento económico de ese Estado, su nivel de endeudamiento, la estabilidad política, etc.

Desde la adopción del euro, la prima de riesgo adquiere un significado especial entre los países de la eurozona. La razón está en que antes del euro había un indicador de la situación particular de cada país, que era el tipo de cambio; la opinión sobre la fortaleza o debilidad de un país se basaba en la cotización de su divisa con respecto al marco alemán, que era la moneda más estable. Con el euro, los tipos de cambio ya no existen para esos países y, por tanto, la prima de riesgo es ahora el único indicador que refleja la opinión sobre la confianza en una economía y en sus posibilidades de pagar su deuda.

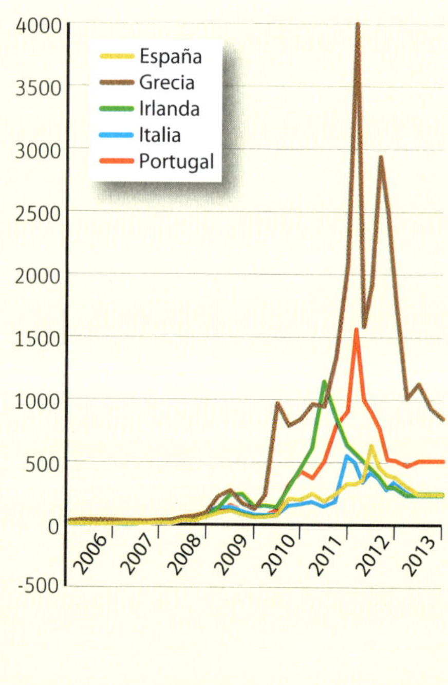

Del *boom* inmobiliario a la prima de riesgo

Si bien la deuda pública española y la prima de riesgo han sido portada de noticias durante la última crisis económica, buena parte de los problemas de España vienen del endeudamiento privado de familias y empresas. Es más, precisamente este endeudamiento hizo que la crisis fuera muy diferente de otras del pasado. Pero ¿cómo se gestó este endeudamiento?

Breve historia de una prima disparatada

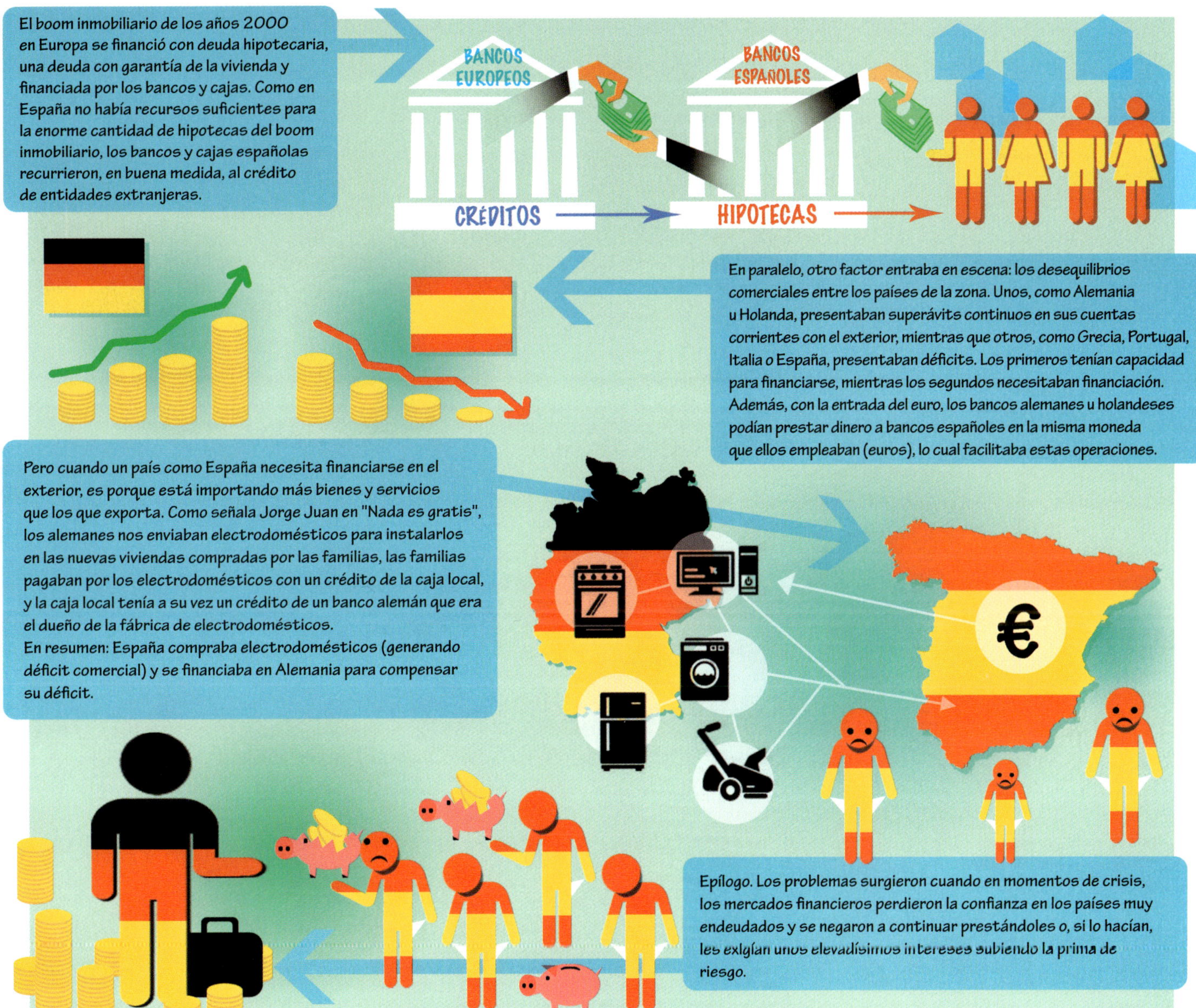

ANALIZA TU ENTORNO

1. Explica los siguientes términos: deuda pública externa e interna, *default*, quita, bono a 10 años, desequilibrio comercial.
2. Averigua en internet cuál es la prima de riesgo actual de Grecia, Francia y España. ¿Cuál es el significado de esos datos y qué reflejan de dichos países? Compara la situación española actual con la de 2012 e interpreta la diferencia.
3. Como se observa en el gráfico, el punto más alto de la prima de riesgo española fue de 638 puntos superior a la alemana, un coste muy alto y difícil de asumir, aunque lejos del "riesgo país" de Estados rescatados como Portugal o Grecia. Explica brevemente las causas que ocasionaron la crisis de deuda española de 2012. ¿Qué debemos aprender de esa crisis para el futuro?
4. smSaviadigital.com INVESTIGA > Averigua qué **casos de impago** de deuda pública han existido y cómo se resolvieron.

15 Integración y globalización de la economía

1 Cooperación internacional frente a proteccionismo

Los procesos de integración económica y de globalización de la economía adquieren cada día mayor fuerza. Muchas naciones han tomado conciencia de que es mejor cooperar que vivir enfrentadas, y una consecuencia de la cooperación es el libre comercio, en lugar del proteccionismo. El mayor ejemplo de ello es la Unión Europea.

Además, desde hace algunas décadas existe una tendencia constante hacia una mayor interdependencia e integración de las economías mundiales en un solo mercado, que está transformando el mundo en una "aldea global", a la que muchos dan la bienvenida, pero que otros critican. Junto a la globalización, se están produciendo cambios importantes en el escenario económico mundial: los países emergentes, con China e India a la cabeza, parecen tomar el relevo de Estados Unidos en el poder económico.

El móvil, un producto global

El teléfono móvil simboliza lo que muchos llaman globalización. Niños y adolescentes, jóvenes y adultos de todo el mundo se comunican a diario con él y utilizan cada vez más aplicaciones. Muchas personas no conciben su vida sin móvil y se ha generado en ellas una sensación de dependencia de este aparato.

La dimensión mundial de la telefonía móvil no solo se observa en su consumo, sino también en el proceso de producción . Si pudieras seguir la pista a los pasos que ha dado tu móvil desde que lo diseñaron hasta que llegó a tus manos, te sorprenderías. Este pequeño aparato está compuesto por múltiples piezas diseñadas, fabricadas y ensambladas en distintas partes del mundo. Para producir sus circuitos electrónicos hace falta emplear coltán, un mineral que se extrae en países del centro de África o en Brasil. Pero también se precisa estaño y cobre, exportados por países como Bolivia o Chile. Los plásticos de la carcasa proceden del petróleo, obtenido quizá en Arabia. Su tecnología puede haber sido desarrollada por ingenieros en California o Finlandia. En China se encargan de la producción de sus componentes, pero gran parte de esa producción se subcontrata a fábricas y talleres de otros países asiáticos, y, con probabilidad, el montaje final de sus componentes se ha realizado en Indonesia. Una vez terminado, hay que almacenarlo para, por fin, transportarlo hasta la tienda donde tú lo compraste.

Un móvil te conecta con cualquier lugar del mundo, pero previamente a la primera conexión realizada desde él, durante su producción ya ha conectado a los técnicos que extraen el petróleo en Arabia con los mineros chilenos, los ingenieros estadounidenses, los obreros chinos e indonesios, los otros miles de trabajadores que intervinieron en alguna fase de su producción y hasta con el empleado que te atendió en la tienda que lo compraste. Y tu móvil es solo un ejemplo. Casi todo lo que usas ha sido fabricado muy lejos de donde vives, desde los cereales del desayuno hasta la camiseta que vistes, pasando por las zapatillas que calzas o el portátil con el que estudias; y han viajado miles de kilómetros hasta llegar a nosotros, conectando entre sí a personas diversas y de lugares muy distintos y alejados.

ANALIZA LA IMAGEN

1. La impresionante imagen de Shanghái es el reflejo del milagro económico chino, que dura más de tres décadas y que, de continuar así, va a convertir China en la primera potencia económica mundial. ¿Cuáles crees que son las claves de este crecimiento espectacular? ¿Qué inconvenientes están detrás de este fenómeno?

2. El sureste asiático, lugar donde se ha tomado la imagen, se ha convertido en el gran taller del mundo. ¿Qué condiciones reúne la zona para haber llegado a esta situación?

ANALIZA EL TEXTO

- ¿Cómo se ponen de acuerdo y se coordinan todas las personas que intervienen en la producción de un teléfono móvil para que esté disponible en la tienda?
- ¿Qué ventajas e inconvenientes tiene la globalización económica?
- ¿Cómo te afecta la globalización en tu vida diaria?
- Investiga en internet qué es el coltán y cuáles son sus efectos sobre el medioambiente.

1 Cooperación internacional frente a proteccionismo

Aunque la liberalización del comercio impulsa el crecimiento económico, hay muchas voces discrepantes. Los grupos ecologistas dudan de la conveniencia de que la economía siga creciendo, pues les preocupa el agotamiento de recursos o la contaminación ambiental. Los sindicatos temen que la competencia mundial cause la reducción de los salarios y así empeoren las condiciones de trabajo. Y a los países pobres les molesta que les exijan eliminar sus barreras comerciales mientras los ricos las mantienen.

Desde un punto de vista económico, la teoría de **la ventaja comparativa** nos muestra que si cada país se especializa en producir aquellos bienes en los que tiene ventaja y posteriormente los intercambia en el comercio internacional, se logra una **mayor eficiencia** y un mayor crecimiento económico de los Estados que comercian. Por ello, los economistas suelen ser partidarios del libre comercio y nos advierten de que el proteccionismo (mediante aranceles y otras barreras) empobrece a los países a largo plazo.

Sin embargo, desde un **punto de vista social** la cuestión es más compleja. Supongamos, por ejemplo, que una empresa o un sector productivo español que emplea a una gran cantidad de trabajadores está a punto de cerrar porque sus competidores extranjeros producen el mismo bien a un precio más barato. Desde un punto de vista económico, se argumentaría que si la empresa no puede competir internacionalmente es porque no emplea con eficiencia sus recursos y, por tanto, la mejor opción es cerrar. Desde un punto de vista social, en cambio, sindicatos y trabajadores tratarían de presionar al Gobierno para que aumentase los aranceles de esos bienes o concediese subvenciones al sector con el fin de **salvar empleos**.

De este modo, aunque vivimos en una economía global, el proteccionismo sigue siendo una fuerza poderosa. Sus argumentos son conocidos: salvar empleos, aumentar la recaudación fiscal, garantizar la independencia del país en la producción de energía, transportes, bienes culturales, etc. Sin embargo, las experiencias históricas nos enseñan que, a largo plazo, proteger las empresas nacionales de sus competidores extranjeros genera una economía menos competitiva, con menos incentivos para reducir costes y mejorar su eficiencia. No obstante, puede estar justificado en casos como la protección de ciertos bienes culturales (cine, música, etc.) o estratégicos.

¿Qué nos enseña el proteccionismo?

En la década de 1930, en medio de la Gran Depresión, muchos países levantaron barreras comerciales con el argumento de que así se salvarían empleos y se ayudaría a la economía nacional a salir de la crisis. Pero el efecto fue el contrario: el comercio mundial fue paralizándose, y los países que dependían de él empeoraron su situación. Todo ello generó tensiones y deterioró las relaciones internacionales, contribuyendo a que se desencadenara la Segunda Guerra Mundial.

Terminada la guerra, se tomó conciencia de la necesidad del comercio y de la cooperación internacional para garantizar el crecimiento económico. El principio de la ventaja comparativa volvió al primer plano y se vio la necesidad de crear instituciones y llegar a acuerdos que favorecieran las relaciones internacionales. Cuando las barreras empezaron a derribarse, el comercio internacional mejoró, dando lugar a un período de crecimiento económico espectacular a lo largo de las décadas de 1950 y 1960.

*

Cooperación internacional

Significa colaboración y acuerdos entre los distintos países cuando se trata de tomar decisiones importantes, en lugar de actuar en solitario.

ESTUDIO DE CASOS **¿Debe protegerse el cine español frente a Hollywood?**

El sector audiovisual y cinematográfico europeo representa una "excepción cultural" y está protegido frente a la potente industria de Hollywood. En cada negociación bilateral, Estados Unidos presiona para que su producción entre sin barreras en Europa. Los países europeos, defensores de la excepción cultural, mantienen que los libros, las canciones y las películas se deben tratar de forma diferente que la pesca o los tornillos. Cineastas y profesionales del sector audiovisual europeo argumentan que la cultura es más importante que la economía, y solicitan que se mantenga la protección actual.

- Si se liberalizara este sector, ¿quiénes se beneficiarían y quiénes saldrían perjudicados? Señala dos razones a favor de la liberalización y otras dos a favor del proteccionismo.

Las organizaciones para la cooperación

Tuvieron que pasar dos guerras mundiales y la Gran Depresión para que las naciones tomaran conciencia de los beneficios de trabajar juntas y cooperar. Como fruto de esta toma de conciencia surgieron los **acuerdos de Bretton Woods**.

En la conferencia de Bretton Woods (Estados Unidos), celebrada en 1944 en el marco de Naciones Unidas, los líderes políticos de los países más industrializados acordaron una nueva arquitectura financiera y económica para el mundo. Allí se crearon dos instituciones: el Fondo Monetario Internacional (FMI) y el Banco Internacional de Reconstrucción y Desarrollo (actual Banco Mundial). También se diseñó el Acuerdo General sobre Aranceles y Comercio (GATT), que entró en vigor en 1948 y que se convirtió en la Organización Mundial del Comercio (OMC) en 1994. Estas organizaciones, de las que son miembros casi todos los países del mundo, aún gobiernan las relaciones económicas internacionales.

Después, en 1960 se creó la **Organización para la Cooperación y el Desarrollo Económico (OCDE)** como foro consultivo y de coordinación.

La OCDE está compuesta por 34 Estados cuyo objetivo es coordinar sus políticas económicas. Conocida como *el club de los países ricos*, agrupa países que proporcionan más del 50 % del PIB mundial. Funciona como órgano de coordinación y asesoramiento, y son destacables sus informes sobre la economía mundial. Entre otros, elabora los famosos informes PISA sobre educación.

El Fondo Monetario Internacional y el Banco Mundial

El **FMI** es una institución de Naciones Unidas creada para velar por el buen funcionamiento del sistema monetario internacional. Sus funciones son la regulación y supervisión del sistema financiero internacional, la ayuda financiera a aquellos países miembros que la necesitan, etc. Con las cuotas que paga cada miembro (188 naciones en la actualidad) en función de la renta del país, se constituye un fondo para ayudar a los países con dificultades financieras. Dentro del FMI, el poder de decisión es proporcional a la cuota que se paga; por ello, los cinco países con más poder en el FMI son EE. UU., Alemania, Japón, Francia y Reino Unido.

El **Banco Mundial** (BM) nació con la función de ayudar a los países pobres. Al prestar o donar dinero a los países con problemas, facilita que la economía mundial sea más equilibrada y estable.

En las últimas décadas, el FMI y el Banco Mundial han prestado ayuda financiera a países en dificultades a cambio de que reorienten sus economías siguiendo las recetas neoliberales: disminución del déficit público y liberalización del mercado interno. Por tanto, son préstamos que van ligados al compromiso del país de tomar medidas para reducir su déficit público (subidas de impuestos, privatización de empresas públicas, recortes de gastos sociales, etc.). Pero estas políticas, además de que no siempre mejoran la situación del país, suelen provocar el rechazo de los ciudadanos por la pérdida de Estado del bienestar que suponen.

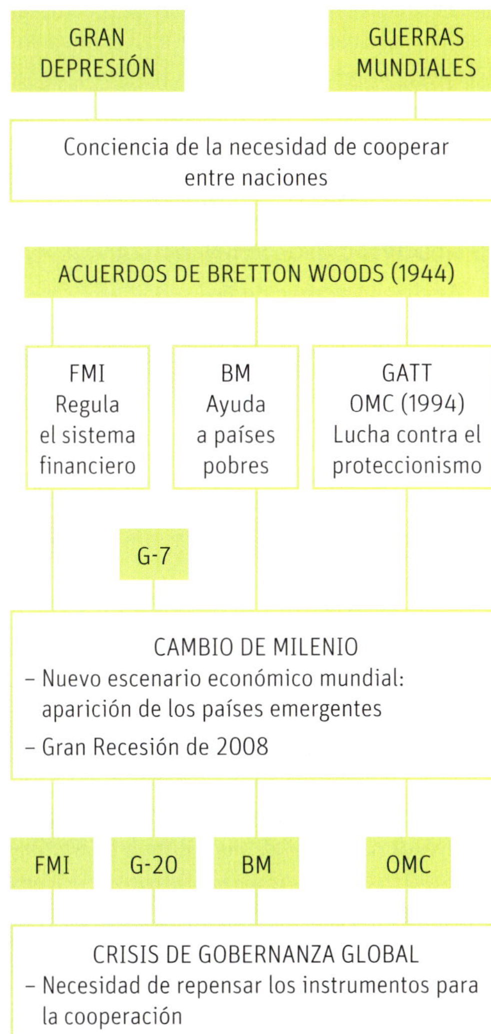

La Organización Mundial del Comercio (OMC)

Es la institución encargada de luchar contra el proteccionismo. Su misión principal consiste en reunir a los países integrantes periódicamente con el fin de fomentar la liberalización del comercio internacional. Funciona como un foro en el que los miembros acuerdan derribar barreras comerciales, y como un árbitro al que acudir cuando un país sospecha que otro está imponiendo aranceles o barreras a sus productos.

Pese a que la OMC ha conseguido reducir el proteccionismo, es objeto de serias **críticas** porque, aunque todos los países integrantes tienen los mismos derechos, las naciones ricas (y las multinacionales que influyen en sus gobiernos) suelen imponer políticas en defensa de sus intereses. La Unión Europea y Estados Unidos, por ejemplo, ponen trabas al libre comercio desde hace años sin que la OMC adopte medidas efectivas para evitarlo.

2 Cambios en la economía mundial

Cambios en la composición del PIB mundial, proyección (2011-2060)

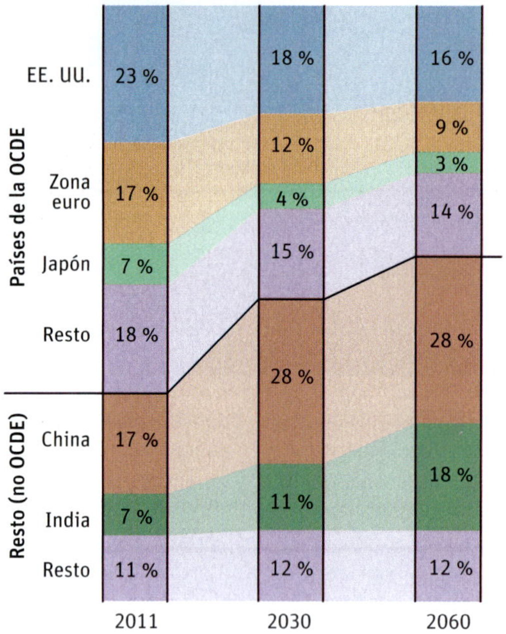

El centro de gravedad de la economía mundial se está moviendo hacia el Este. Según las previsiones de la OCDE, China e India acapararán casi la mitad del PIB mundial en 2060. Y al igual que la europea, la economía española perderá peso en el PIB mundial: solo crecerá un 1,7 % anual, frente al 3 % de media mundial.

smSaviadigital.com PRACTICA

Analiza el gráfico de la composición del **PIB mundial.**

A las críticas expuestas a las organizaciones para la cooperación se añaden las de su falta de eficacia a la hora de impedir las crisis económicas en distintas partes del mundo, que se han acentuado con la última crisis financiera de 2008. También se critica que estas instituciones no son representativas del nuevo escenario económico mundial, en el que han surgido nuevos países con gran peso en el mismo que no están suficientemente representados en ellas.

Del G-7 al G-20

En respuesta a estas carencias, han surgido nuevos instrumentos para afrontar las crisis internacionales. Es el caso de las **cumbres del G-7** o reuniones de las siete grandes economías (Estados Unidos, Japón, Alemania, Reino Unido, Francia, Italia y Canadá). Entre las décadas de 1970 y 1990, este grupo de países era representativo de las potencias económicas mundiales.

Sin embargo, en 2008, en la cumbre sobre la crisis financiera, resultó evidente la necesidad de incluir a los países emergentes como China, Brasil, Sudáfrica, Rusia, India, etc. De modo que **se remplazó el G-7 por el G-20**, un grupo mucho más amplio y representativo de las economías más importantes (19 países más la Unión Europea). En esa reunión de 2008, los líderes del G-20 reconocieron que la crisis tenía su origen en unas políticas contradictorias y mal coordinadas, y entre sus conclusiones se incluyó una profunda reforma del FMI, que aún está pendiente.

El nuevo escenario económico mundial

Con el cambio de milenio se están produciendo transformaciones importantes en la economía mundial. Al tiempo que surge un nuevo grupo de países emergentes con fuerte crecimiento económico (encabezado por China y la India), Estados Unidos, Japón o la Unión Europea mantienen un crecimiento moderado.

Este ritmo desigual de crecimiento provocará un cambio radical en el equilibrio mundial. Según la OCDE (ver gráfico), el PIB conjunto de China e India superará al conjunto de las economías de la OCDE en 2060. India pasará de representar el 7 % del total al 18 % en 2060, y China, del 17 al 28 %, y será la economía más importante del mundo en 2030. La eurozona representa hoy alrededor del 17 % de la economía global, pero dentro de 50 años supondrá solo el 9 %. Por su parte, Estados Unidos, que representa el 23 % mundial, reducirá su peso al 16 % en 2060.

Curiosamente, el futuro orden económico mundial es un reflejo del pasado. Asia concentró alrededor de la mitad de la riqueza global durante 18 de los últimos 20 siglos. Todo cambió hace 200 años, tras la revolución industrial, cuando se abrió un abismo enorme entre los países industrializados y los países pobres.

ESTUDIO DE CASOS El modelo chino de expansión económica

El crecimiento de China es espectacular. Además de exportar cada día mercancías por valor de cientos de millones de dólares, llama la atención su modelo de expansión económica en los países occidentales. Solo hay que pasear por nuestras ciudades o polígonos industriales para ver empresas chinas, que emplean trabajadores chinos y que solo venden productos chinos. Los beneficios de estas empresas se envían a China a través de bancos chinos, aumentando de esta forma la enorme cantidad de reservas de divisas que el país posee como consecuencia de sus exportaciones.

Este excedente de divisas hace que China esté en disposición de comprar el mundo. De hecho, está adquiriendo empresas que controlan las materias primas estratégicas que necesita para su producción, en África y América Latina, además de financiar sectores y empresas o deuda pública en los países occidentales.

- Las tiendas chinas en España suelen ser negocios familiares, con horarios de apertura y condiciones de trabajo que no cumplen los convenios laborales. ¿Qué ventajas e inconvenientes tiene esto para los consumidores? ¿Y para las pequeñas empresas españolas que compiten con ellas?

3 Procesos de integración económica

El incremento de la cooperación económica a escala internacional se ha producido en paralelo a otros procesos más localizados en áreas geográficas: los procesos de integración regional que, a mayor o menor escala, se han dado en las diversas partes del mundo.

Estos procesos de integración crean espacios o áreas de comercio en los que los países miembros acuerdan mantener unas relaciones económicas privilegiadas. Sus **objetivos** son:

- Conseguir mercados más amplios y sin barreras comerciales.
- Mejorar la estabilidad política de la zona geográfica.
- Tener un mayor poder como bloque en las negociaciones internacionales.

Estos procesos de acercamiento y acuerdo entre países se materializan en la creación de bloques económicos, que eliminan entre ellos las barreras comerciales para aprovechar así las ventajas del comercio internacional. Sin embargo, estos bloques no rebajan las barreras comerciales con terceros países, por lo que suponen, de hecho, una nueva forma de proteccionismo frente a las naciones que no pertenecen al bloque.

Según el nivel de compromiso, existen diversos **grados de integración**:

a. Área de libre comercio. Está formada por un grupo de países que deciden eliminar las barreras al comercio entre ellos (aranceles, cuotas, etc.), pero manteniendo cada uno sus propios aranceles (y con tarifas distintas) para el resto del mundo, como, por ejemplo, el Tratado de Libre Comercio de América del Norte (NAFTA) entre Estados Unidos, Canadá y México.

b. Unión aduanera. Se produce cuando un área de libre comercio establece un arancel exterior común. Las barreras fronterizas desaparecen para los productos, pero permanecen para el resto de los factores. Un ejemplo es el Mercado Común del Sur (Mercosur) entre Argentina, Paraguay, Uruguay y Brasil.

c. Mercado común. Es una unión aduanera en la que, además de los productos, se permite la libre circulación de factores productivos (capitales y trabajadores) dentro de los países miembros. La Comunidad Económica Europea (CEE), antecedente de la Unión Europea, fue un ejemplo de mercado común.

d. Unión económica. Se produce cuando los países que han formado un mercado común dan un paso más y deciden coordinar sus políticas económicas. La UE, con sus 28 miembros, es un ejemplo de unión económica, y la zona euro es un ejemplo de **unión económica y monetaria**, en la que se ha unificado la política monetaria. Se produce aquí una mayor cesión de soberanía, ya que, al dotarse de un sistema monetario único, cada país se somete a una autoridad y una disciplina monetaria.

e. Integración económica plena. Implica una política económica común y la aparición de una autoridad supranacional que adoptará las decisiones de política fiscal y monetaria.

Ventajas de la integración

- **Incremento del comercio.** Surgen nuevos flujos comerciales entre los países miembros; además, el comercio con terceros se desvía hacia los socios.
- **Economías de escala.** La ampliación del mercado permite que las empresas puedan aumentar su producción y beneficiarse de las economías de escala.
- **Incremento de la competencia.** La desaparición de las fronteras reduce los costes burocráticos del comercio y favorece la competencia entre empresas de los distintos países participantes en la integración.
- **Mayor poder de negociación.** Negociando como bloque se tiene más poder frente a otras potencias que si cada país negocia individualmente.

La forma más elemental de integración la constituyen los acuerdos comerciales preferenciales, que suponen la concesión por parte de un país de determinadas ventajas comerciales a ciertos productos procedentes de otro país o grupo de países.

La escala de integración

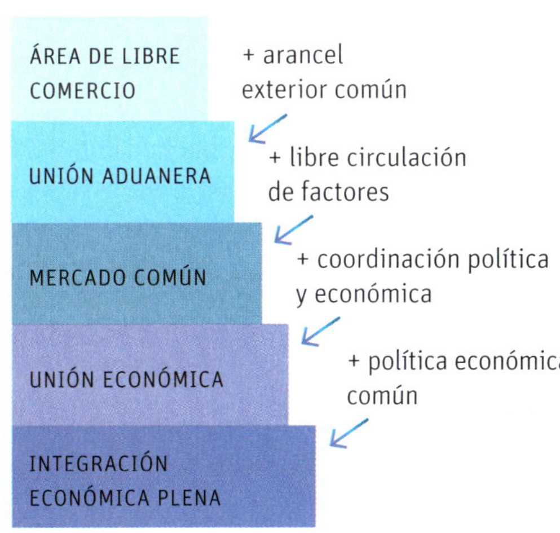

4 La Unión Europea

Los ciudadanos de la Unión pueden viajar por el territorio comunitario sin fronteras; pueden vivir, trabajar y estudiar en otro país de la UE si lo desean. La política de reconocimiento de cualificaciones académicas y profesionales entre los Estados permite que las personas circulen libremente para trabajar.

La Unión Europea (UE) es el ejemplo más importante de los procesos de integración. Se inició en 1957, cuando los seis países fundadores (Alemania, Bélgica, Francia, Italia, Luxemburgo y Países Bajos) crearon la **Comunidad Económica Europea (CEE)** por medio del **Tratado de Roma**. Sus objetivos eran la creación de un mercado común europeo y el fomento de la cooperación entre los países, con el horizonte puesto en una Europa unida. En 1968 desaparecieron los aranceles entre los países de la CEE y comenzó un largo proceso, en el que destacan dos acuerdos importantes:

a. El **Acta Única Europea (1986)**. En ella se acordó suprimir los obstáculos que frenaran la libre circulación de personas, mercancías y capitales entre los países europeos. El objetivo se consiguió cuando, en 1993, nació el **Mercado Único Europeo**.

b. El **Tratado de Maastricht (1992)**, por el que se creó la Unión Europea, sustituyendo a la CEE. En él se establecieron políticas comunes sobre relaciones exteriores, seguridad, justicia e interior, y se propuso la creación de la **Unión Económica y Monetaria (UEM)**, que implicaba la coordinación de las políticas económicas y una moneda única para todos los países que la adoptaran.

La UE, algo más que un mercado común

Hoy, la UE integra 28 países y más de 500 millones de personas, y se ocupa de muchas cuestiones que afectan a la vida de los ciudadanos: la agricultura, el medioambiente, la pesca, la energía, los transportes, la justicia, la seguridad, la defensa de la competencia, la protección de los consumidores, la cohesión y la solidaridad entre territorios, etc. En muchos de estos temas se han establecido **políticas comunes**.

El núcleo de la UE es un **mercado común** que ha propiciado una mayor competencia entre las empresas de los distintos países, con el consiguiente aumento de la calidad y variedad de los productos, mejores precios y más posibilidades de elección para el consumidor. A su vez, las empresas nacionales tienen acceso a 500 millones de consumidores, lo que les permite conseguir economías de escala y mayores posibilidades de crecimiento para poder competir en los mercados globalizados actuales.

Pero además de un mercado común, la UE es el proyecto de un conjunto de países democráticos que se unieron para progresar juntos en aras de la paz y la prosperidad. Estos países, aunque tienen culturas, tradiciones y lenguas diferentes, comparten valores como la democracia, la libertad y la justicia social. La UE, comprometida con estos valores, promueve la cooperación y la solidaridad entre los países europeos dentro del respeto a su diversidad.

ACTIVIDADES DE APLICACIÓN

Los Estados de la UE han creado una serie de instituciones comunes en las que delegan parte de su soberanía con la finalidad de que se puedan tomar decisiones sobre cuestiones de interés común.

1. Observa el organigrama, consulta la página web de la UE (**www.e-sm.net/sveco1bachud15_01**) y averigua, en la sección de instituciones y organismos, cuáles son las funciones de estas instituciones.
2. Si la UE elabora una normativa que afecta a todos los países miembros, ¿cuál es el papel de cada una de estas instituciones hasta su aprobación y ejecución?
3. ¿Qué son las directivas europeas?

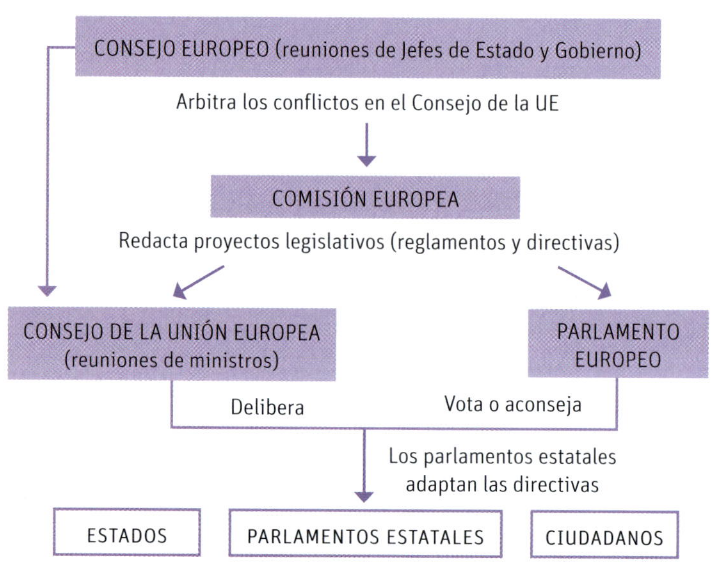

La Política Agraria Común (PAC)

Es uno de los pilares de la UE y **absorbe gran parte del presupuesto comunitario**. Tiene como objetivos: asegurar unos ingresos dignos a agricultores y ganaderos, garantizar el abastecimiento a unos precios razonables para los consumidores, modernizar las infraestructuras y controlar los excedentes de producción para estabilizar los mercados. Para esto último, subvenciona la producción u obstaculiza la importación de productos no comunitarios, lo que suele generar quejas de los agricultores de los países más pobres que compiten con los de la UE.

Las últimas reformas han sustituido las subvenciones a la producción por pagos directos a los agricultores, independientemente de la producción que obtengan. Con ello se pretende reducir los excedentes de producción, incentivar a los agricultores para mejorar la calidad y la seguridad de los alimentos, contribuir a una agricultura sostenible y preservar el entorno rural. La PAC se financia a través del **Fondo Europeo Agrícola de Garantía (FEAGA)**, que incluye las ayudas a los agricultores, y el **Fondo Europeo Agrícola para el Desarrollo Rural (FEADER)**, destinado a financiar el desarrollo rural de las zonas más desfavorecidas.

Un ejemplo de proteccionismo es el de la Política Agraria Común de la Unión Europea, con sus ayudas a los agricultores europeos. Estas ayudas son muy criticadas por los países más pobres porque les impiden competir con los productos europeos, cuyos precios son artificialmente baratos por las subvenciones que reciben.

La política regional y de cohesión

Su finalidad es **reducir las desigualdades** entre las regiones más pobres y las más ricas. Así, se transfieren fondos a las regiones más atrasadas para crear o modernizar infraestructuras, reconvertir zonas industriales en declive, dar asistencia al desempleo de larga duración y a la inserción profesional de los jóvenes, etc.

La financiación de estas ayudas (un tercio del presupuesto de la UE) se realiza mediante **fondos estructurales**, como el Fondo Europeo de Desarrollo Regional (FEDER) y el Fondo Social Europeo (FSE), y los llamados **fondos de cohesión**, que se utilizan para financiar los proyectos medioambientales y de infraestructuras de transporte en aquellos países de la Unión cuya renta *per capita* es inferior al 90 % de la media de la UE.

Otras políticas comunes

Cabe destacar la **política pesquera común**, cuyo objetivo es mantener las explotaciones pesqueras europeas y evitar la sobrexplotación de los recursos. Las ayudas se destinan a financiar la renovación de la flota y el desarrollo sostenible del sector. Otra política importante es la relativa a la **competencia**, con la que la UE trata de impedir comportamientos monopolistas de las empresas que perjudiquen a los consumidores. Un ejemplo es la liberalización de los sectores protegidos, como las telecomunicaciones, la electricidad o el gas. También son significativas la **política social**, para favorecer el empleo y la protección social de los ciudadanos, o la **política de medioambiente**, para garantizar el desarrollo sostenible.

Los presupuestos de la UE

La UE obtiene sus **ingresos**, fundamentalmente, de:

a. Las aportaciones de sus miembros. Cada país aporta una cantidad en función de su producto nacional bruto (PNB). Representan casi el 70 % del presupuesto.

b. El impuesto sobre el valor añadido (IVA). El 2 % de la recaudación por IVA de cada país se destina a la UE.

c. Los derechos de aduana sobre importaciones y los aranceles sobre productos agrícolas importados.

Entre sus **gastos**, destacan los destinados a las políticas agraria y de igualdad entre las regiones: casi las tres cuartas partes del presupuesto se destinan a financiar los fondos estructurales y los de cohesión.

PRESUPUESTO UE (2014-2020)

¿Cómo se financia la UE?

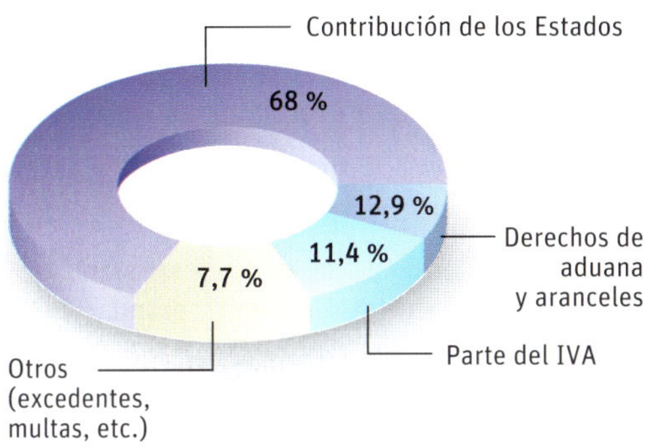

¿En qué gasta la UE?

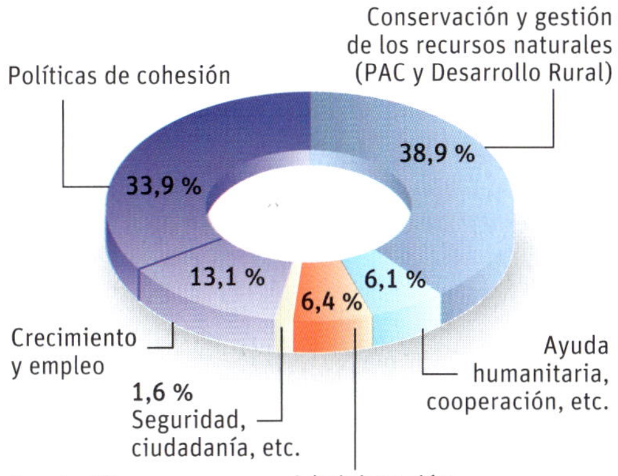

Fuente: UE

5 La Unión Económica y Monetaria (UEM)

A los países que adoptaron el euro en el momento de su creación (todos menos Reino Unido, Suecia y Dinamarca), se han ido añadiendo otros nuevos con cada ampliación de la UE.

La unión monetaria se produce cuando los miembros de una unión económica dan un paso más en su integración y adoptan una moneda única. Ese paso lo dio la UE con la creación del euro, que entró en vigor en 2002. Además de la desaparición de las antiguas monedas, la adopción del euro tuvo otras consecuencias:

a. La política monetaria de los distintos países es común y la dirige el Banco Central Europeo. Por tanto, el tipo de interés es único.

b. Al desaparecer las monedas de cada país, desaparecieron los tipos de cambio entre ellas y, por tanto, la política de tipos de cambio para la zona euro es común. Una apreciación o depreciación del euro afecta a todos los países de la UEM.

El proceso de implantación del euro

En el **Tratado de Maastricht** (1992) se establecieron las bases para la creación de la UEM. Con ellas se pretendía que las distintas economías de la futura eurozona tuvieran un período de acercamiento previo a la integración. Por ello, antes de crear el euro fue necesario tomar medidas como:

- Eliminar obstáculos a los movimientos de capitales entre los países de la zona.
- Crear el Banco Central Europeo y el Sistema Europeo de Bancos Centrales.
- Hacer converger las economías de todos los países, ya que si iban a compartir moneda, política monetaria, tipo de cambio y tipo de interés, sus economías debían ser lo más homogéneas posible. La razón es sencilla: si se iban a adoptar las mismas medidas para todos, los problemas económicos deberían ser similares.

Esta última tarea fue la más compleja, dado que los distintos países partían de economías diferentes. Fue necesario establecer un **plan de convergencia** o de ajuste de sus economías para hacerlas más homogéneas. En este sentido, se fijaron unos **criterios de convergencia**, que cada país debía cumplir.

Tras la entrada en vigor del euro, los países miembros comparten una política monetaria, pero no siguen una misma política fiscal. Por ello se vio necesario establecer un **Pacto de Estabilidad y Crecimiento** mediante el que los países se comprometen a mantener la estabilidad presupuestaria (déficit público inferior al 3 % del PIB), para no comprometer la estabilidad del euro. Con el fin de reforzar este objetivo, después de la crisis de la eurozona de 2010, los líderes europeos suscribieron en 2012 un **Pacto Fiscal Europeo** incluyendo el compromiso de cada país, de introducir una regla de oro presupuestaria en sus constituciones.

*

Criterios de convergencia de la UEM

a. Déficit público inferior al 3 % del PIB y deuda pública no superior al 60 % del PIB.

b. Tasa de inflación y tipos de interés cercanos a la media de los tres países con menor inflación.

c. Tipos de cambio estables de sus antiguas monedas nacionales.

Regla de oro o límite constitucional del déficit

Limita la posibilidad de un Gobierno de gastar más de lo que recauda, con el objetivo de garantizar unas finanzas públicas saneadas a largo plazo. En 2011, aunque con gran controversia, se introdujo una regla de oro presupuestaria en la Constitución española, limitando al 0,40 % el déficit estructural anual del Estado (central, autonómico y municipal) a partir de 2020.

Ventajas e inconvenientes de la implantación del euro

La principal **ventaja** es que se facilita el comercio, los flujos financieros y la movilidad de las personas. La razón es doble: elimina los costes del cambio de moneda (comisiones, tiempo, gestiones, etc.) y desaparecen la incertidumbre y el riesgo de las oscilaciones del tipo de cambio. El principal **inconveniente** es que los países pierden autonomía en política monetaria y de tipos de cambio, y no pueden tomar sus propias decisiones en función de sus intereses. Esto es bueno si las economías de los países son similares, pero se convierte en un problema cuando son diferentes.

Y lo cierto es que las **economías son muy distintas**. Alemania, por ejemplo, tiene una gran capacidad exportadora (superávit comercial) y por eso no le afecta mucho que el euro esté apreciado. Por el contrario, España suele tener déficit comercial y necesita exportaciones e ingresos turísticos. Cuanto más apreciado esté el euro, peor para España y mejor para Alemania. Si lo que es bueno para unos es malo para otros, el problema es que aumentan las desigualdades entre países. Esa situación solo se compensa si existiera una política fiscal redistributiva capaz de transferir fondos a los países que lo necesiten. El problema es que esas políticas requieren un presupuesto importante y en la Unión Europea es solo del 1 % del PIB total.

La crisis de la zona euro de 2010

Desde 2008, en paralelo a la Gran Recesión mundial, creció el miedo a una crisis europea por el aumento de los niveles de deuda privada y pública de algunos Estados europeos. Pronto se instaló la percepción de que el problema era de la zona en su conjunto, lo que causó especulaciones constantes sobre la posibilidad de la quiebra del euro. La preocupación creció en 2010, conduciendo a los líderes europeos a crear un **fondo de rescate** para prevenir el colapso de alguno de sus miembros.

Los tres países más afectados, Grecia, Irlanda y Portugal, solo sumaban el 6 % del PIB de la eurozona. Pero en 2012, también España e Italia fueron objeto de preocupación cuando el aumento de la prima de riesgo comenzó a afectar su capacidad de obtener financiación. Entre las medidas adoptadas, destacan la quita de parte de la deuda griega, controles más estrictos de supervisión bancaria, además de las ayudas (rescates) a Grecia, Portugal, Irlanda y Chipre, y de un programa de ayuda financiera a entidades bancarias en España.

A su vez, los países con problemas de desequilibrio presupuestario se vieron obligados a llevar a cabo **políticas de austeridad** (recortes de gasto) para reducir los déficits y los niveles de deuda. Este tipo de políticas fueron criticadas por muchos economistas, que planteaban que la estrategia más eficaz para salir de la crisis debía basarse en el crecimiento a través del aumento de la inversión pública y de un papel más protagonista del Banco Central Europeo (BCE).

La crisis del euro se convirtió también en una grave crisis social en los países más afectados, con niveles de paro cercanos al 27 % en España y en Grecia, en 2013. Las políticas de austeridad conllevaron fuertes recortes en educación, sanidad y otros gastos sociales, acentuando la espectacular desigualdad creada en las últimas décadas y que constituye la nueva enfermedad económica del siglo XXI.

De la austeridad a los estímulos

Las políticas de austeridad aplicadas durante más de un lustro llevaron la economía europea a un débil crecimiento, altas cifras de paro y de desigualdad, y no sirvieron para reducir el elevado nivel de deuda de muchos países. El "miedo a una década perdida" hizo reaccionar a la Comisión Europea y al BCE, que pusieron en marcha medidas para reanimar la economía de la eurozona.

La primera fue un **plan de inversiones** en infraestructuras, a través del Banco Europeo de Inversiones, con el objetivo de incentivar el crecimiento y la creación de empleo. La segunda, una mayor flexibilidad fiscal, que significa más tiempo para cumplir con el objetivo de déficit público inferior al 3 % del PIB. La tercera fue un programa del BCE de **compra de deuda pública de los Estados miembros**, iniciado en 2015, para inyectar liquidez en la economía.

Esto último supuso un giro en la política monetaria del BCE, al cambiar su objetivo prioritario desde el control de la inflación, al crecimiento y el empleo. Si el BCE compra bonos de los Estados, ya sea a particulares o a los bancos que los poseen, está retirando títulos del mercado a cambio de entregar dinero a los poseedores de esos títulos; con esa inyección de dinero se pretende que los bancos abran el grifo del crédito a familias y empresas, favoreciendo de esta forma el consumo y la inversión y, como consecuencia, el crecimiento y el empleo.

EN LA PRÁCTICA ¿Cuándo conviene tener una moneda común?

¿Cómo saber si a los países de una región les conviene tener la misma moneda? Robert Mundell obtuvo el Premio Nobel de Economía, en 1999, por responder a esta cuestión con su teoría del área monetaria óptima. Según Mundell, si los países no reaccionan igual ante las perturbaciones externas, cada uno debería mantener su propia moneda y su tipo de cambio, para utilizarlos como amortiguadores de esas perturbaciones. Solo deberían adoptar una moneda común si cumplen estos cuatro criterios: movilidad de los trabajadores (sin barreras legales, culturales o idiomáticas); libertad de movimiento de capitales; ciclos económicos de crecimiento y recesión similares en todos los países; existencia de un sistema fiscal capaz de transferir dinero de un país a otro cuando sea necesario.

- ¿Hay barreras a la movilidad laboral entre Alemania y España? ¿Existe algún mecanismo fiscal para transferir dinero de los países ricos a los pobres? ¿Cumple la UEM los criterios de área monetaria óptima?

6 Globalización económica

Las ciudades globales se reconocen como los centros de las finanzas y de los negocios. Pero además son ciudades con influencia global y que ejercen un gran efecto de atracción sobre empresas líderes, flujos migratorios o nuevas tendencias culturales. Entre las más conocidas destacan Londres, Nueva York, Tokio, Fráncfort, Bombay o Hong Kong (en la imagen).

El término *globalización* hace referencia al proceso de cambio, producido en las últimas décadas, hacia una mayor interdependencia e integración de las economías mundiales. El concepto no es nuevo. Los años anteriores a la Primera Guerra Mundial fueron un período álgido para el comercio y las inversiones internacionales. Y un auge similar se vivió después de la Segunda Guerra Mundial. Pero estos impulsos anteriores no tuvieron la escala, velocidad e intensidad de la globalización actual. Sin duda, el nuevo factor que ha amplificado el fenómeno es el gran avance tecnológico en las telecomunicaciones, los ordenadores e internet.

El economista Theodore Levitt señaló en 1983, cuando aún no existía internet, que la tecnología estaba conduciendo al mundo hacia una comunidad única y convergente, y que estaban surgiendo mercados globales para los productos de consumo a una escala inimaginable en el pasado. Su visión premonitoria le llevó a ser el primero en usar el término *globalización* para referirse a esta **creciente integración, interdependencia y conexión** general de todo el planeta.

La globalización también está afectando a otros ámbitos, desde las relaciones personales y los modelos de consumo hasta la forma en que se organizan las empresas, se comercializan los productos o se configuran las ciudades. La comunicación directa e inmediata con cualquier parte del mundo, el aumento de los movimientos migratorios y los avances en los transportes han propiciado una creciente similitud de los estilos de vida, las costumbres y las tendencias sociales. Por tanto, se trata de un proceso de integración económica, social y cultural que implica una apertura cada vez mayor entre los países del mundo.

La **globalización económica** es el proceso de ampliación y profundización de los flujos internacionales de comercio, finanzas e información en un solo mercado mundial integrado.

EN LA PRÁCTICA ¿La Tierra es plana?

Para Thomas Friedman, autor de *La Tierra es plana* (2005), el mundo globalizado del siglo XXI se explica porque la red ha allanado la Tierra y por otros 10 grandes niveladores:

1. **La caída del muro de Berlín (1989).** Significó la apertura de los países comunistas al libre comercio.
2. **Internet (1995).** Netscape crea el primer navegador comercial.
3. ***Software* de flujo de trabajo.** Facilitó la colaboración en línea de trabajadores alejados entre sí.
4. **Desarrollo del *software* libre.** Las comunidades autoorganizadas (como Linux) generaron una cultura de colaboración que ha llegado a nuestros móviles con Android.
5. **Subcontratación.** Gracias a internet, muchos servicios se contratan al proveedor más eficiente en otros países, ahorrando costes.
6. **Deslocalización.** La apertura de China al libre mercado ha convertido ese país en el "taller del mundo".
7. **Gestión de la cadena de suministro.** Todo está conectado: la cajera del supermercado escanea un producto y se emite una orden para crear uno idéntico y tenerlo a tiempo en los expositores.
8. **Nuevos recursos logísticos.** Las grandes empresas de mensajería entregan cada día millones de paquetes en cualquier lugar del mundo, y han asumido el control del suministro a clientes y empresas.
9. **In-formar.** Los buscadores permiten utilizar internet como medio de información y formación personal.
10. **Comunicación inalámbrica.** Potenció las comunicaciones y todas las anteriores formas de colaboración.

Adaptado de RUSSELL-WALLING, Edward: *50 cosas que hay que saber sobre management*. Barcelona, Ariel, 2011.

- Ordena los distintos niveladores según el grado de importancia. ¿Cuál crees que ha afectado más a tu vida y por qué?

7 Factores de la globalización

Las **causas** que han impulsado el **proceso globalizador** han sido fundamentalmente los avances en los transportes y las comunicaciones, la liberalización de los mercados mundiales y la unificación jurídica y normativa.

Los avances en transportes y comunicaciones

Dos grandes revoluciones han favorecido los intercambios y las transacciones de mercancías, capitales e información:

a. El progreso de los medios de transporte, que ha reducido los costes y el tiempo de los envíos, facilitando los flujos de mercancías y personas.

b. El desarrollo de las nuevas tecnologías de la información y de la comunicación (informática, internet, telecomunicaciones, etc.), que ha generado una red global de superautopistas de la información mediante una conexión a internet rápida y barata. Esto ha favorecido la organización de la producción a escala mundial, o la posibilidad de mover los capitales de un punto a otro del planeta con un clic, o que decisiones como la compra de mercancías, acciones o divisas se tomen en un país y se apliquen en otro al mismo tiempo.

La eliminación de restricciones que limitaban las exportaciones de China a principios de la década de 1990 provocó una llegada masiva a los países ricos de productos "made in China" muy baratos y de una calidad razonable.

La liberalización de los mercados mundiales

Los avances tecnológicos no habrían tenido el impacto actual si no hubieran venido acompañados de la voluntad de la mayoría de los gobiernos del mundo de derribar las barreras comerciales. Dos ejemplos claros fueron la transición de los países del bloque comunista a economías de libre mercado (con la caída del muro de Berlín) o la apertura comercial de China y otros países vecinos, en la década de 1990. Estos acontecimientos abrieron nuevas posibilidades de expansión e integración en un único mercado global, que permitió a las compañías occidentales entrar en esos nuevos mercados y que los productos chinos llegaran a todas partes.

La liberalización de los mercados también se ha visto favorecida por el **auge de las ideas neoliberales**. Las ideas económicas han cambiado a lo largo del siglo XX, con períodos en los que han predominado las ideas keynesianas, de mayor regulación e intervención estatal en la economía, seguidos de etapas más liberales, de confianza sin límites en los mercados.

Durante las últimas décadas, las ideas neoliberales, defensoras del mercado como el mejor sistema de asignación de recursos, han impregnado las políticas de los gobiernos nacionales y de las organizaciones internacionales (OMC, FMI, OCDE). Esto ha supuesto la liberalización de los movimientos de capitales sin ningún tipo de control, la mayor flexibilidad del mercado laboral o la reducción del peso del sector público en la economía.

La unificación jurídica y normativa

El aparato tecnológico más sofisticado y el tornillo más simple están fabricados según unas normas que son comunes para todos los países. Ello se debe a un **proceso de normalización mundial**, es decir, a la existencia de normas internacionales sobre las características técnicas y la calidad que deben exigirse a los productos. De esta forma se facilita la globalización, porque los productos pueden comercializarse en cualquier país sin necesidad de adaptaciones.

La normalización del comercio también se da en otros sectores como las finanzas (bolsas y mercados de divisas), el correo o las telecomunicaciones, que permiten que el sistema funcione con las mismas reglas en todos los lugares. Además se han homogeneizado las leyes sobre derechos de propiedad y propiedad intelectual, de modo que, por ejemplo, una patente presentada en Estados Unidos tenga reconocimiento en China y viceversa.

AENOR

Producto Certificado

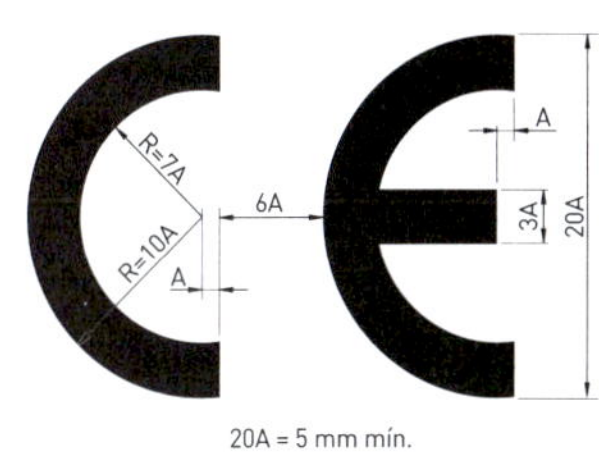

La Asociación Española de Normalización y Certificación (AENOR) es una entidad dedicada al desarrollo de la normalización y certificación de todos los productos y servicios. AENOR pertenece a la Organización Internacional de Normalización (ISO).

Puedes encontrar más información sobre sus funciones en:
www.e-sm.net/sveco1bachud15_08
www.e-sm.net/sveco1bachud15_09

8 Dimensiones y efectos de la globalización

Exportaciones mundiales de mercancías y servicios, en relación al PIB mundial

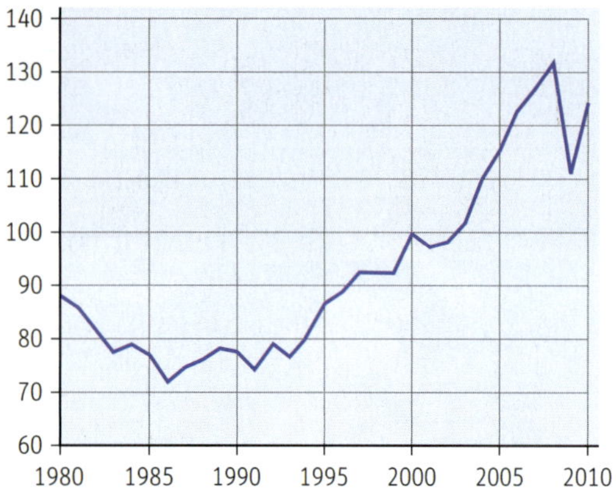

Índice, año 2000 = 100
Fuente: OMC.

La creciente globalización ha transformado tanto las relaciones comerciales, financieras y productivas de los países como sus aspectos sociales y culturales.

La globalización comercial

En los mercados podemos encontrar hoy frutas fuera de temporada, o zapatillas y ropa de marcas conocidas, o dispositivos tecnológicos de última generación. La rapidez y amplitud de la red de transportes permiten disponer de estos productos casi en cualquier lugar del mundo. Esto solo refleja el gran **crecimiento de los intercambios a escala mundial**, de modo que, cada vez más, la producción de un país se destina al comercio internacional. Como vemos en el gráfico, el crecimiento de las exportaciones desde 1990 ha sido espectacular y solo se ha interrumpido en los años de la Gran Recesión.

El aumento del comercio favorece a las empresas, que pueden vender sus productos en cualquier mercado del mundo, y a los consumidores, que tienen más posibilidades de encontrar la relación calidad-precio que buscan, debido al incremento de la competencia.

La globalización financiera

La liberalización de los movimientos de capital ha generado un aumento exponencial de los flujos financieros internacionales, muy por encima del comercio de bienes y servicios. Este aumento se explica, en primer lugar, porque han crecido las inversiones directas de capital en el exterior, así como las operaciones para financiar la expansión de empresas en otros países, etc.

En segundo lugar, internet facilita que las operaciones financieras se puedan ejecutar en tiempo real y desde cualquier lugar, lo que incrementa significativamente las inversiones financieras y crea una cultura inversora de rentabilidad fácil y rápida, que incentiva las operaciones especulativas. Por esta razón, las crisis financieras actuales son globales y se expanden rápidamente.

Las modas, las formas de actuar y de pensar, etc., adquieren dimensiones y presencia globales. Las tendencias occidentales se difunden por todo el planeta, y se adoptan en países tan distintos como Japón, Brasil, Egipto, Malasia, Bolivia o India. En la actualidad, en cualquier parte del mundo se pueden ver camisetas de fútbol de equipos europeos, o las marcas más conocidas de zapatillas o películas occidentales.

La globalización empresarial y productiva

En las primeras etapas de la internacionalización de las empresas, estas solo pretendían estar cerca de sus posibles clientes o de las materias primas que necesitaban para su proceso productivo. Hoy, las grandes empresas multinacionales han modificado su estrategia y externalizan su producción, de modo que cada parte del proceso de fabricación se hace en un lugar distinto.

Las empresas sitúan cada fase de la producción en la zona del mundo que les permite reducir sus costes. Si en un primer momento, las multinacionales occidentales localizaban sus funciones más sencillas e intensivas en mano de obra en países como China, India, Corea del Sur o Taiwán, más recientemente son las multinacionales de estos últimos países las que subcontratan la parte de la producción que requiere menos cualificación a otros países como Filipinas, Pakistán, Bangladesh, Indonesia, etc., donde los costes laborales son más bajos.

La globalización sociocultural

Para que funcione un único mercado global es necesario también que los **gustos** de los consumidores sean **similares**. La gran influencia de los medios de comunicación y de la publicidad, junto con la evolución de los transportes, ha posibilitado un acercamiento entre los distintos pueblos del mundo. De este modo, se han homogeneizado los gustos y los comportamientos, lo que lleva a que la manera de vestir o los hábitos alimenticios sean similares en muchos países del mundo. El cine o la música son también buenos ejemplos de ello, pues en los lugares más diversos y alejados se disfruta con las mismas canciones o películas.

Los efectos positivos de la globalización

- En las últimas décadas, el PIB de la economía mundial ha crecido significativamente, lo que ha producido un **aumento de la riqueza mundial**.
- Las economías de Brasil, India, China y otros países asiáticos han tenido un aumento espectacular de sus exportaciones, lo que permite a los consumidores disponer de una **oferta más amplia y a precios más bajos**.
- Los avances en las comunicaciones y el **acceso fácil a internet** han generado nuevas oportunidades de información y formación, y formas de trabajo, comunicación y ocio, etc., inimaginables hasta hace poco.

Las críticas a la globalización

- **Económicas.** La globalización ha aumentado la riqueza mundial, pero esa riqueza **se reparte de forma poco equitativa** debido a la **asimetría comercial**. Los principales beneficiarios del incremento del comercio mundial son los países ricos y emergentes, que aumentan sus exportaciones, mientras las regiones pobres como África o algunas zonas de América del Sur apenas participan (ver gráfico) ni reciben inversiones. Salvo los países del sureste asiático y alguna otra excepción, los países pobres no atraen capitales y solo obtienen donaciones y ayudas internacionales. Así, los países más pobres siguen en la extrema pobreza.
- **Sociales.** Al mismo tiempo que se liberalizan los movimientos de productos y capitales, se ponen **trabas a la libre circulación de personas**, sobre todo si proceden de países pobres y quieren trabajar en los países ricos. También se cuestiona que los grandes fabricantes (de ropa, etc.) localicen sus fábricas y talleres en países con salarios muy bajos y **condiciones laborales infrahumanas**.
- **Culturales.** La creciente influencia de las empresas multinacionales y el dominio cada vez mayor de las marcas occidentales hacen más difícil para las culturas locales mantener sus identidades, o que sobrevivan las pequeñas empresas y los productos locales. La globalización cultural impone las costumbres, la lengua y la forma de vida de los países dominantes.
- **Políticas.** Algunas grandes empresas globales disponen de recursos financieros superiores a los de muchos Estados. Sus objetivos están por encima de las fronteras, por lo que entran o abandonan un país en función de sus intereses económicos. Así, mientras crece el poder de estas empresas, los **Estados nacionales van perdiendo atribuciones**. Ello deja en manos de estos agentes internacionales (multinacionales, grandes fondos de inversión, etc.) **decisiones que afectan al bienestar social de los ciudadanos**.

Peso del comercio exterior, por regiones

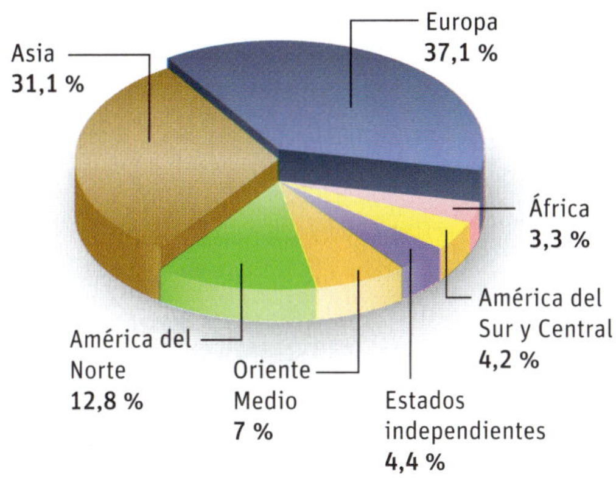

Fuente: OMC

Los principales flujos comerciales tienen su origen en Estados Unidos, la Unión Europea, China, Japón y la región del sureste asiático. Fuera de esas zonas, los flujos comerciales son mucho más reducidos.

EN LA PRÁCTICA **Los movimientos antiglobalización**

Globalización es el nombre dado a la moderna forma del mercado mundial. El sistema en el que se ha liberalizado al máximo la circulación de capitales y se restringen los desplazamientos de los trabajadores. Esa libertad financiera fomenta las operaciones especulativas por cuantías muy superiores al valor total de las mercancías intercambiadas mundialmente. El objetivo de estas operaciones no es tanto incrementar la producción de bienes para elevar el nivel de vida colectivo como multiplicar sus beneficios. En ocasiones, se llega incluso a provocar desestabilizaciones y crisis con auténticos ataques especulativos, que los gobiernos afectados no pueden atajar porque han venido abdicando cada vez más de su capacidad de legislar contra tales operaciones.

Adaptado de SAMPEDRO, José Luis: *El mercado y la globalización*. Destino, Madrid, 2002.

- Las reuniones de la OMC, el G-20 o el FMI atraen a manifestantes antiglobalización. Busca en internet información sobre estos grupos, ¿cuáles son sus críticas y qué alternativas plantean?

ACTIVIDADES

Actividades de síntesis

1. Elabora un mapa conceptual en el que se relacionen estas ideas básicas.

1 A pesar de las ventajas del libre comercio, el proteccionismo sigue presente en el comercio internacional. Tras dos guerras mundiales, las naciones tomaron conciencia de que la mejor vía para el crecimiento está en el comercio y la cooperación internacional, y crearon las **organizaciones para la cooperación (FMI, BM y OMC)**.

2 **Entre los cambios recientes en la economía mundial** destacan especialmente la creación de nuevos instrumentos para mejorar las organizaciones de cooperación (G-7, G-20), y el fuerte crecimiento de los llamados países emergentes, como China e India, que provoca cambios de poder en el equilibrio mundial a favor de estas nuevas potencias.

3 La **Unión Europea** ha pasado por distintas fases y hoy integra 28 países y más de 500 millones de personas. Además de un mercado común, hay políticas comunes en agricultura, cohesión regional, medioambiente, pesca, energía, justicia, competencia, etc. Para poder financiarlas, la UE dispone de un presupuesto cuyos ingresos provienen, en su mayor parte, de la aportación de los países socios.

4 Con la **Unión Económica y Monetaria** se adoptó el euro. Para poder implantar la moneda única fue necesario seguir un proceso de convergencia de las distintas economías. Los países del euro siguen una misma política monetaria y tienen fuertes compromisos de estabilidad presupuestaria.

5 **El euro ha facilitado el comercio** en la eurozona, pero las crisis recientes evidenciaron que las economías de estos países no eran homogéneas, al no existir una política fiscal común. Los mecanismos de solidaridad para compensar los desequilibrios se han mostrado insuficientes.

6 La **globalización** económica es el proceso de ampliación y profundización de los flujos internacionales de comercio, finanzas e información en un solo mercado mundial integrado. En la globalización son fundamentales las innovaciones tecnológicas en telecomunicaciones, los ordenadores e internet.

7 Entre los **factores que han impulsado la globalización** destacan los avances en transportes y comunicaciones, la liberalización de los mercados mundiales y el proceso de normalización mundial de los productos y las leyes, que facilitan los intercambios y la homogeneización.

8 Las **dimensiones de la globalización** se manifiestan en el fuerte incremento de los flujos comerciales y financieros, en el proceso de internacionalización de las empresas y en la homogeneización de los aspectos sociales y culturales.

9 La globalización ha aumentado la riqueza mundial, y hay una oferta más amplia y diversa de productos para los consumidores. Junto con esas **ventajas**, algunos de sus **inconvenientes** son las desigualdades o las condiciones de trabajo en algunos territorios, la pérdida de poder de los Estados o la pérdida de identidad cultural.

smSaviadigital.com VALORA LO APRENDIDO > Realiza la **autoevaluación.**

Actividades de análisis y problemas

2. Frente a las ventajas del libre comercio:

a) ¿Qué razones justifican el proteccionismo?

b) ¿Qué nos enseñan las experiencias proteccionistas?

3. En relación con el Fondo Monetario Internacional y el Banco Mundial:

a) ¿Qué motivó la creación de estas instituciones y cuáles son sus funciones?

b) ¿Por qué son objeto de críticas?

4. Piensa en la Organización Mundial de Comercio.

a) ¿Cuáles son sus objetivos y cómo funciona?

b) ¿Por qué se critica a esta institución?

c) Busca en su web (**www.e-sm.net/sveco1bachud15_02**) y, desde la sección de documentos y recursos, entra en "Estadísticas del comercio internacional" del último año. Accede a "Economías en función del volumen de mercancías": ¿qué zonas concentran el mayor volumen de comercio mundial? ¿Cuáles están descolgadas de ese comercio?

5. **Lee el caso y responde a las preguntas que se plantean a continuación.**

Si un país rico abre sus fronteras al libre comercio agrícola, sus consumidores podrán elegir el tipo de productos que desean comprar. Imaginemos que prefieren los producidos en un país del tercer mundo porque son de mejor calidad o más baratos. El país del tercer mundo podrá vender ahora en un mercado mayor, y eso generará ocupación y riqueza en su territorio. Parte de esa riqueza podrá ser empleada para comprar productos de otros países.

a) ¿Quiénes son los beneficiados con la medida que se menciona en el texto?

b) ¿Quiénes salen perjudicados?

c) ¿Qué deberían hacer los productores del país rico? a) Aprender a producir mejor o más barato. b) Cambiar de actividad. c) Presionar al Gobierno para poner barreras al comercio agrícola. Razona tu respuesta.

6. **El FMI presta dinero a países con problemas financieros a cambio de aplicar "planes de ajuste estructural" que suponen una reducción del déficit público, a través de un incremento de los impuestos y una reducción del gasto público.**

a) ¿Qué se pretende con esas medidas?

b) ¿Por qué las rechazan los ciudadanos?

c) Con una política fiscal contractiva se frena el crecimiento económico. ¿Crees que es la mejor política para que un país mejore su situación financiera y pueda pagar sus deudas?

7. **¿Por qué surgen las cumbres del G-7 y cuál es su finalidad? ¿Cómo se pasó del G-7 al G-20? Busca en internet noticias sobre la última cumbre del G-20 y comenta los temas tratados y sus conclusiones.**

8. **Los BRICS son los países con más potencial de crecimiento económico del mundo. Albergan al 40 % de la población mundial y tienen más del 40 % de las reservas de divisas mundiales.**

a) ¿Cómo han llegado a acumular esas reservas?

b) Comenta los rasgos del futuro orden económico mundial a partir de las previsiones de la OCDE.

c) ¿En qué medida este cambio de orden económico es una vuelta al pasado?

9. **Con relación a los procesos de integración regional:**

a) Explica en qué consisten.

b) Señala cuáles son sus distintos grados y menciona sus diferencias.

c) ¿Qué ventajas tiene la integración económica?

d) ¿En qué medida la integración regional es una forma nueva de proteccionismo?

e) ¿En qué se diferencia el NAFTA de la UE?

10. **Busca en internet cuál es el grado de integración regional y qué países participan en estas asociaciones: ASEAN, SACU, ANCERTA y CARICOM.**

11. **Elabora un esquema con las distintas fases del proceso de integración de la UE, incluyendo sus hitos más significativos hasta llegar a la UEM.**

12. **¿Qué ventajas ha supuesto la UE para sus consumidores? ¿Y para sus empresas?**

13. **¿Qué funciones cumple la PAC? ¿Por qué otros países critican las ayudas que concede?**

14. **¿Cuáles son las ventajas e inconvenientes de una moneda única? ¿Crees que la perciben igual los ciudadanos alemanes que los griegos?**

15. **Con relación a la eurozona:**

a) Si los ciudadanos europeos pueden legalmente buscar trabajo en cualquier país de la zona euro, ¿por qué hay tan poca movilidad?

b) ¿Por qué las políticas de cohesión y solidaridad ayudan a la integración de los países de una unión monetaria?

c) ¿Qué es una zona monetaria óptima? ¿Lo era la eurozona?

16. **Este mapa muestra el PIB por habitante en cada región de la UE, en % con respecto a la media, en 2015.**

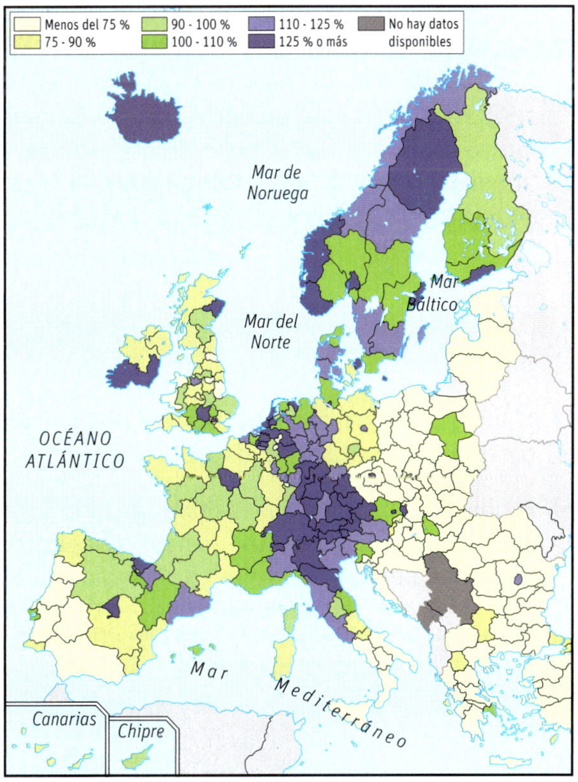

a) ¿Dónde se concentran las regiones más ricas? ¿Y las más pobres?

b) ¿Cuál es la situación de España respecto de la media? ¿Y la de sus comunidades autónomas?

c) ¿Qué funciones cumple la política regional y de cohesión de la UE?

ACTIVIDADES

17. **¿De dónde proceden los ingresos de la UE? ¿En qué se gastan fundamentalmente? ¿Por qué España ha perdido muchas ayudas que recibía de la UE al principio?**

18. **Entra en la web oficial de la Unión Europea: www.e-sm.net/sveco1bachud15_03.**

a) Amplía información sobre el proceso de creación de la UE, su funcionamiento y sus distintas políticas.

b) En la sección "El rincón del profesor" (**www.e-sm.net/sveco1bachud15_04**) hay datos interesantes sobre la vida en la UE y los derechos de los ciudadanos europeos, o consejos prácticos para jóvenes de la UE. Elige los que te resulten más útiles y comenta por qué.

19. **En relación con la Unión Económica y Monetaria:**

a) ¿En qué consiste esa unión y cuáles son las consecuencias para los países miembros?

b) Describe su proceso de implantación. ¿Qué países están dentro de la eurozona?

c) ¿Cuáles fueron los criterios de convergencia y cuál era su función?

d) ¿Por qué fueron necesarios el Pacto de Estabilidad y Crecimiento y el Pacto Fiscal Europeo?

20. **¿Qué se entiende por globalización económica? ¿En qué se diferencia de otros períodos álgidos del comercio internacional?**

21. **Se calcula que durante la Edad Media, en Europa, un 95 % de los bienes y servicios que consumía una persona en su vida eran productos de proximidad, es decir, se producían en un radio de diez kilómetros a su alrededor y con materiales originarios de la zona.**

a) Observa los bienes que os rodean a tu familia y a ti. ¿Qué porcentaje de productos de proximidad consumes? ¿Cuál es el radio de procedencia de la mayor parte de los productos que consumes?

b) ¿De dónde proceden mayoritariamente?

22. **¿Qué es la normalización o estandarización? ¿Cómo repercute en la calidad de los productos?**

23. **Explica las distintas dimensiones de la globalización. ¿Cómo están relacionadas? Señala ejemplos de tu entorno que ilustren que vives en un mundo global.**

24. **Indica si son verdaderas o falsas las siguientes afirmaciones, razonando tu respuesta.**

a) La función principal del Fondo Monetario Internacional es la lucha contra el proteccionismo.

b) La unión aduanera es un área de libre comercio, pero con un arancel exterior común.

c) La UEM es una unión monetaria, pero no fiscal.

d) La normalización mundial de los productos consiste en igualar sus precios en todos los países.

e) La globalización afecta a todos los países por igual.

25. **Comenta estos titulares de noticias relacionándolos con los contenidos de la unidad.**

Si la economía del siglo XX estuvo dominada por el G-7, la del XXI estará dominada por los BRICS

En nuestro mundo tiene más libertad el dinero que las personas

Los críticos de la globalización etiquetan a sus defensores como neoliberales

26. **En relación a la globalización empresarial:**

a) ¿Cuál es la estrategia de localización y subcontratación de las multinacionales actuales?

b) Comenta esta frase: *Los mercaderes no tienen patria. El lugar donde residen no constituye un vínculo tan fuerte como aquel del que obtienen sus ganancias.* THOMAS JEFFERSON, 1814.

27. **Observa la imagen y responde a las preguntas.**

a) Comenta la imagen en relación con los contenidos de la unidad.

b) Lee la noticia y comenta la frase: *Lo "bueno, bonito y barato" tiene sus costes ocultos.*

Las grandes marcas textiles internacionales anunciaron que firmarán un acuerdo vinculante para mejorar las penosas condiciones de seguridad de los talleres de Bangladesh, después del último y grave accidente.

c) Entra en **www.e-sm.net/sveco1bachud15_05** y amplía información sobre las propuestas de mejora planteadas.

28. **Piensa en algún ejemplo de la globalización cultural en tu vida cotidiana. ¿Crees que tiene relación con la globalización empresarial?**

29. **Lee el siguiente texto y contesta a las preguntas.**

> *Si en Nueva York o en Londres surge una determinada moda musical, en el resto del mundo la tendencia seguirá esos pasos. ¿Cómo y dónde se crean esas tendencias que determinan la cultura global? Las empresas líderes contratan servicios del* coolhunter *o cazador de tendencias, que se encarga de identificar lo que serán futuras tendencias en el diseño, la moda, la comunicación, etc. Un* coolhunter *busca indicios de tendencias a pie de calle, en ciudades globales e influyentes como Londres o Tokio, o en internet, observando los últimos eventos mediáticos o en las redes sociales. Después se hacen eco de esas tendencias personajes mediáticos,* trendsetters *y otros prescriptores que actúan como pantalla para el gran público.*

a) ¿Eliges tú tu estilo de vida o te inducen a elegirlo?

b) Piensa en tu entorno social. ¿Crees que las tendencias de la moda siguen las pautas del texto?

c) ¿Hay alternativas?

30. **Explica y relaciona las distintas fuerzas o factores que han impulsado la globalización actual.**

31. **Señala tres aspectos positivos de la globalización. Elige y comenta el que más te afecta personalmente.**

32. **Los países pobres apenas participan en la economía mundial. Describe la asimetría existente en el comercio internacional. ¿Qué tipo de ayudas reciben? ¿Qué tipo de ayudas necesitarían estas economías?**

smSaviadigital.com **PRACTICA** › Analiza la actualidad y **ponte al día.**

Actividades de argumentación y debate › Ventajas e inconvenientes de la globalización

33. **La globalización es un proceso complejo y con dimensiones distintas. Aunque muchos reconocen su importancia, no todos coinciden a la hora de valorarla.**

El malestar en la globalización

Para millones de personas, la globalización no ha funcionado. Su situación empeoró y sus empleos fueron destruidos: sus vidas se han vuelto más inseguras. Han visto debilitadas sus democracias y erosionadas sus culturas. Si la globalización sigue como hasta ahora, si no aprendemos de nuestros errores, no solo fracasará en promover el desarrollo, sino que seguirá generando pobreza e inestabilidad. Si no hay reformas, el malestar ante la globalización aumentará. Pero si las reformas se toman en serio, habrá esperanza de que una globalización más humana constituya una poderosa fuerza para el bien, y que una amplia mayoría se beneficie.

Adaptado de STIGLITZ, Joseph: *El malestar en la globalización.* Madrid, Taurus, 2002.

La visión optimista

Es cierto que existen millones de pobres en el mundo. Pero ¿es la globalización la responsable de esas desgracias? Si entendemos la globalización como el libre movimiento internacional del capital, el trabajo, las tecnologías y el comercio, nos daremos cuenta de que es difícil que esta sea la causa de la pobreza del mundo. Entre otras cosas, porque la globalización no ha llegado al tercer mundo; ni los ciudadanos africanos pueden emigrar en libertad, ni pueden exportar sus bienes agrícolas a Europa, ni el capital de los países ricos se invierte en África, ni las nuevas tecnologías son accesibles allí. Es decir, ninguna de las condiciones se da en África. Y si la globalización no ha llegado a esos países, ¿cómo puede ser responsable de su pobreza? Por tanto, en vez de detenerla, hay que luchar por llevarla a África y a las zonas pobres de Asia y América Latina.

Adaptado de: SALA I MARTÍN, Xavier: *Economía liberal para no economistas y no liberales.* Barcelona, Debolsillo, 2005.

Dos formas de entender la globalización cultural

a. La globalización cultural permite que se extiendan, además de los gustos y las modas, los logros de la democracia y de los derechos humanos. Si las personas del mundo comparten una serie de valores comunes, surgirá una cultura universal de la que todos formaremos parte. Este proceso favorecerá la comprensión y el diálogo basados en el respeto a esos valores comunes.

b. La globalización cultural no es más que la expansión de la cultura occidental a expensas de otras culturas, a las que impone las costumbres, la lengua y la forma de vivir de los países dominantes. Con ello, las culturas locales y las lenguas minoritarias están en riesgo de desaparición. Se trata de un proceso que extiende una lógica individualista y mercantil por todo el mundo.

Análisis visual

Fuente: Forges, *El País*, 19-4-2008.

Analiza los documentos y responde.

a) ¿Cuál es tu balance sobre la globalización?

b) ¿Debe cambiar el sentido actual de la globalización, o solo debe extenderse más y llegar a todos los rincones?

c) ¿Cómo debería cambiar el planteamiento actual de la globalización para solucionar los problemas que genera?

d) ¿Qué ventajas y desventajas tendría una única cultura global?

¿HACIA DÓNDE VA LA EUROPA DEL EURO?

Europa no se hará de una vez ni en una obra de conjunto: se hará gracias a realizaciones concretas, que creen, en primer lugar, una solidaridad de hecho.

ROBERT SCHUMANN

Fortalezas y debilidades de la UEM

La Unión Europea es la tercera aglomeración de población más grande del mundo, produce cerca del 20 % del PIB mundial, es la mayor área de paz, libertad y seguridad del planeta, y reúne un alto potencial de capital humano, además de ser una de las zonas más comprometidas con el medioambiente, los derechos humanos o la igualdad entre hombres y mujeres. Al mismo tiempo, en gran parte de Europa existe un Estado de bienestar que se toma como modelo para el mundo.

Pero junto con esas fortalezas, la UEM nació con una gran debilidad: los arquitectos del euro ignoraron las dificultades que una moneda única se encontraría en épocas de turbulencia. El proyecto partía de la base de que la progresiva integración económica conllevaría la integración política. Sin embargo, el tiempo ha demostrado que tal progresión promovía solo los aspectos comerciales y financieros, y apenas impulsaba los sociales, laborales y fiscales. Y aún menos, la integración política.

Se pensaba que con el euro desaparecerían las crisis monetarias y convergerían las economías. Pero, de hecho, la implantación de la moneda única terminó aumentando las diferencias económicas entre los países de la zona euro como consecuencia del desigual potencial industrial, de riqueza y de balanzas comerciales. Con estas desigualdades, en una zona integrada donde apenas existe movilidad de los trabajadores (principalmente por las barreras lingüísticas), las dos vías para lograr la cohesión interna son: o bien una política industrial dotada de grandes medios para compensar las diferencias territoriales, o bien un sistema de transferencias hacia los países más débiles. La UE carece de ambas, ya que el presupuesto comunitario es solo el 1 % del PIB.

Austeridad y devaluación interna

Frente a las dificultades, las políticas de la UE para los países con problemas fueron imponer la austeridad para reducir la deuda y el déficit, y reducir los salarios con la esperanza de mejorar la economía con el impulso de las exportaciones (un proceso conocido como devaluación interna). Pero estas políticas ni han reducido la deuda de algunos países, ni han mejorado el desempleo. Más bien han contribuido a agravar las desigualdades y a reducir el Estado de bienestar. ¿Cuánto tiempo se tardará en recuperar el terreno perdido?

¿Es posible otra Europa?

Para muchos economistas, necesitamos "otra Europa" en política económica y social, basada en cuatro pilares:

1. Hacer del Banco Central Europeo un banco capaz de salir al rescate de las economías en crisis, y que actúe como único supervisor de la banca en el marco de la unión bancaria europea.
2. La solidaridad entre las deudas públicas europeas a través de unos bonos comunes (eurobonos). Serían bonos emitidos y garantizados por la Unión Europea a petición del país que lo necesitara. Esto ayudaría a financiarse a las economías con problemas, evitando la desconfianza y los altos tipos de interés.
3. Una unión fiscal, que posibilite un presupuesto comunitario similar al de cualquier Estado moderno.
4. Un gobierno económico de la UE capaz de impulsar las anteriores medidas.

Pero esta "otra Europa" implica cambios institucionales y de cesión de soberanía, sobre los que, de momento, no parece que haya consenso. Como prueba, cuando algunos líderes europeos propusieron los "eurobonos", se desató una tormenta, ya que esos bonos podrían exponer a unos países a las deudas de otros. El resultado fue que los países más fuertes se negaron a compartir riesgos con los más débiles. Por ello, lo que hay que preguntarse es si resulta posible una unión monetaria sin una unión política.

¿En qué se parecen el estado de Nevada y España?

Dejando a un lado el clima, el paisaje y la historia, España y el estado de Nevada tienen mucho en común. Ambas fueron economías en expansión durante la mayor parte de la década pasada. Ambas padecieron enormes burbujas inmobiliarias, que estallaron y causaron mucho dolor, y ahora sufren un paro importante. Ambas son miembros de grandes uniones monetarias: España forma parte de la zona euro, y Nevada, de la zona dólar. Y en ambas, los presupuestos han sufrido un duro golpe por culpa de la crisis.

Pero la situación de Nevada es muy distinta a la de España, porque gran parte del dinero que se gasta en los habitantes de Nevada proviene de programas federales. Estados Unidos, como sabemos, tiene una unión monetaria que funciona, y también sabemos por qué funciona: porque coincide con un país que posee un Gobierno central fuerte, un idioma común y una cultura compartida. Europa no tiene ninguna de estas cosas, y por ello las perspectivas de una moneda única han sido inciertas desde el principio.

Cuatro diferencias que marcan distancias

Fuente: Adaptado de KRUGMAN, Paul: ¿Tiene salvación Europa?, *El País*, 19-11-2011.

ANALIZA TU ENTORNO

1. ¿Qué es la devaluación interna de una economía y qué se pretende con ella?
2. ¿En qué consisten los eurobonos? ¿Quiénes serían los beneficiados y quiénes se verían perjudicados?
3. Si España fuera un estado de Europa, en una Europa federal, ¿en qué lo notaríamos y cuáles serían sus ventajas e inconvenientes?
4. smSaviadigital.com INVESTIGA > El recorrido de la **Unión Europea** hasta nuestros días tiene luces y sombras. Elabora un breve diagnóstico con sus debilidades y con una propuesta de futuro a partir de sus fortalezas.

16 Los grandes retos de la economía actual

1 Los problemas globales de la economía

2 Economía y medioambiente

En la economía global actual perviven viejos problemas como la pobreza y la desigualdad, y aparecen otros nuevos como el cambio climático o el exceso de poder de los grandes grupos económicos y financieros que mueven los hilos de la economía. Son grandes desafíos globales cuya solución requiere respuestas globales desde autoridades supranacionales o, en su ausencia, acuerdos internacionales de cooperación que permitan forjar alianzas mundiales fuertes, en las que han de participar gobiernos, instituciones internacionales, fundaciones y ONG, y la ciudadanía global.

¿Qué es lo verdaderamente importante en tu vida?

Un anciano empresario regaló a su nieto el juego del Monopoly por su decimoctavo aniversario. Era verano y el joven disfrutaba de sus vacaciones antes de comenzar la carrera de Económicas. Era un chico ambicioso. Quería superar la fortuna acumulada por su abuelo. Por las tardes, los dos se sentaban junto al tablero y pasaban horas jugando. Pese a la frustración de su nieto, el empresario seguía ganándole todas las partidas, pues conocía perfectamente las leyes que regían aquel juego.

Una mañana, el joven por fin comprendió que el Monopoly consistía en arruinar al contrincante y quedarse con todo. Y hacia el final del verano, ganó finalmente su primera partida. Tras quedarse con la última posesión de su mentor, se enorgulleció de ver al anciano derrotado. *Soy mejor que tú, abuelo. Ya no tienes nada que enseñarme,* farfulló, acunando en sus brazos el botín acumulado.

Sonriente, el empresario le contestó: *Te felicito, has ganado la partida. Pero ahora devuelve todo lo que tienes en tus manos a la caja. Todos esos billetes, casas y hoteles. Todos los ferrocarriles y compañías de servicios públicos. Todas esas propiedades y todo ese dinero... Ahora, todo lo que has ganado vuelve a la caja del Monopoly.* Al escuchar sus palabras, el joven perdió la compostura.

Y el abuelo, con un tono cariñoso, añadió: *Nada de esto fue realmente tuyo. Tan solo te emocionaste por un rato. Todas estas fichas estaban aquí mucho antes de que te sentaras a jugar, y seguirán ahí después de que te hayas ido. El juego de la vida es exactamente el mismo. Los jugadores vienen y se van. Interactúan en el mismo tablero en el que lo hacemos tú y yo. Pero recuerda: tu dinero, tu casa, tu coche, tu televisión... Nada de eso te pertenece. Todo lo que tienes. Todo lo que posees. Y todo lo que acumules. Tarde o temprano, todo lo que crees que es tuyo irá a parar nuevamente a la caja. Y te quedarás sin nada.*

El joven escuchaba cada vez con más atención. Y al captar su interés, el anciano empresario compartió con él una última lección: *Te voy a decir lo que me habría gustado que alguien me hubiera dicho cuando tenía tu edad. Piénsalo con detenimiento. ¿Qué sucederá cuando consigas el ascenso profesional definitivo? ¿Cuando hayas comprado todo lo que deseas? ¿Cuando tengas suficiente seguridad financiera? ¿Cuando hayas subido la escalera del éxito hasta el peldaño más alto? ¿Qué pasará cuando la excitación desaparezca? Y créeme, desaparecerá. Entonces, ¿qué? ¿Cuántos pasos tienes que caminar por esta senda antes de que veas adónde conduce? Nada de lo que tengas va a ser nunca suficiente. Así que hazte a ti mismo una sola pregunta: ¿qué es lo verdaderamente importante en la vida?*

Adaptado de VILASECA, Borja: *¿Qué harías si no tuvieras miedo?* Barcelona, Conecta, 2013.

ANALIZA LA IMAGEN

1. Observa la fotografía. ¿Qué actividades económicas se pueden ver en ella? ¿Cuál es su relación con el medioambiente?
2. Imagina ese mismo escenario en 2050. ¿Cómo crees que será? ¿Cómo te gustaría que fuera y qué tendría que cambiar para ello?

ANALIZA EL TEXTO

- Frente a la cultura dominante del bien-tener hay otra cultura basada en el bien-estar. ¿Qué valores y estilos de vida representan ambas culturas?
- Hay juegos en los que unos ganan y otros pierden, y hay juegos donde todos ganan. ¿A qué juego se parece la economía actual? ¿Cómo cambiarías sus reglas?

1 Los problemas globales de la economía

Las viejas instituciones internacionales que nacieron en Bretton Woods (1944) y la forma de gobernanza global apenas han variado en lo básico desde entonces. Pero el mundo de hoy es muy diferente y una nueva realidad económica y geopolítica se ha impuesto. Al no reconocer el peso de los países emergentes ni sus necesidades concretas, estas instituciones internacionales han perdido protagonismo y eficacia.

En una economía global, los fallos de los mercados provocan problemas a escala planetaria. Entre estos problemas, hay cuatro que destacan sobre los demás: el incremento de la desigualdad, el deterioro del medioambiente, los excesos de poder económico y financiero y la necesidad de una gobernanza global que regule y corrija los fallos y los excesos de los mercados.

Las desigualdades

De las grandes cuestiones que se plantea la economía –qué, cómo y para quién–, se han resuelto, básicamente, las dos primeras. Pero *para quién* está lejos de resolverse. La globalización, junto con los avances tecnológicos, está "solucionando" el problema de la escasez. De hecho, la tarta de la riqueza es cada vez más grande y sería suficiente para satisfacer las necesidades básicas actuales de la humanidad. Pero la distribución de esa riqueza sigue generando desigualdad.

La desigualdad es el mayor desafío de nuestro tiempo. Y no solo la referida a las diferencias de vida entre países ricos y pobres del mundo; la brecha económica y social se ha extendido también en el interior de los países desarrollados, tanto en Estados Unidos como en Europa, donde se ha disparado la pobreza.

Los problemas medioambientales

En el mundo actual, los problemas ambientales ya no son únicamente nacionales, sino globales. Las emisiones de gases contaminantes en Estados Unidos no solo afectan a sus habitantes; sus efectos en la degradación ambiental y en el cambio climático los padecemos todos, también los más pobres. Sin embargo, son los más ricos quienes tienen un mayor impacto sobre los recursos del planeta. Así, el 7 % más rico de la población mundial (500 millones de personas) es responsable del 50 % de las emisiones mundiales de CO_2, mientras que el 50 % más pobre produce solo el 7 % de la contaminación.

El poder del mercado

Algunas de las empresas globales disponen de unos recursos muy superiores al presupuesto de muchos Estados. Los objetivos de estas compañías están por encima de las fronteras, por lo que entran o abandonan un país en función de sus intereses económicos.

Así, mientras estas grandes empresas se configuran a escala planetaria y su poder aumenta continuamente, los **gobiernos nacionales van perdiendo atribuciones** para controlar sus economías. Esta falta de poder de las autoridades nacionales deja en manos de los agentes internacionales (multinacionales y grandes grupos financieros) **decisiones que afectan al bienestar social de los ciudadanos**.

Vivimos en un mundo lleno de desigualdades sociales y económicas. Un mundo que ha olvidado la solidaridad y ha sustituido a los ciudadanos por consumidores. Y en el que, además, parece que no seamos conscientes de que el planeta Tierra es el lugar en el que vivimos y en el que vivirán las próximas generaciones.

¿Quién gobierna la economía mundial?

Ningún Estado es ya capaz de resolver por sí solo los grandes problemas planteados. La coordinación mundial encomendada en su día a las organizaciones para la cooperación (FMI, OMC y Banco Mundial) resulta hoy anticuada e insuficiente. Anticuada porque las grandes economías de los países emergentes no se sienten representadas en esas instituciones; insuficiente porque no han sido eficaces para prever o corregir las recientes crisis internacionales. Por su parte, el **G-20**, el grupo de las principales economías, representa otro modelo de gobierno global, pero hasta ahora no ha resultado eficaz en asuntos importantes.

Teniendo en cuenta estas carencias, parece evidente la **necesidad de una autoridad supranacional** con capacidad ejecutiva para abordar retos de alcance global como la erradicación de la pobreza, la defensa del medioambiente, la regulación del sector financiero internacional o la lucha contra los paraísos fiscales.

2 Economía y medioambiente

La actividad económica se desarrolla en un entorno natural, dando lugar a múltiples interacciones entre economía y medioambiente. Aunque esta relación es más visible en el caso de la agricultura, la minería o la pesca, resulta difícil imaginar una actividad económica que no esté vinculada, directa o indirectamente, con el medio natural.

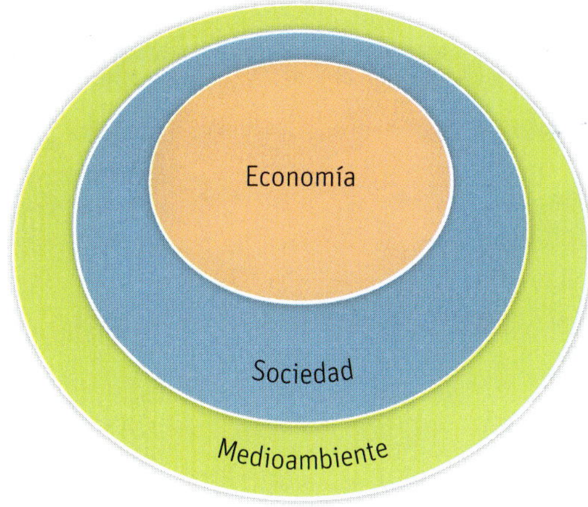

Funciones económicas del medioambiente

El medioambiente es proveedor de recursos, receptor de desechos o sumidero de residuos, y generador de servicios a la colectividad.

- **Proveedor de recursos.** El medioambiente tiene un papel esencial como fuente de recursos, tanto para producir bienes (energía, minerales y otras materias primas, etc.) como para el consumo directo de las personas (agua y alimentos).
- **Receptor de residuos o función sumidero.** Dentro de unos límites, la naturaleza tiene capacidad de absorber los desechos que se generan en las actividades productivas y de consumo, sobre todo si son materiales orgánicos. Son ejemplos la dispersión de residuos líquidos (en ríos, mares y suelos) o de emisiones gaseosas (en la atmósfera) y la degradación de residuos sólidos (en los suelos o en las aguas). Pero este potencial asimilativo tiene un límite, de manera que si se sobrepasa, el efecto es la contaminación.
- **Prestar servicios a la comunidad.** El medioambiente presta importantes servicios a los seres humanos, desde los más visibles, como ofrecer el atractivo turístico de un entorno natural o suministrar material para la investigación científica, hasta ser el sustento básico de la vida en el planeta a través de la estabilización de los ecosistemas y de la regulación del clima.

Las causas de los problemas ambientales

La actividad económica depende de un desarrollo equilibrado de las tres funciones ambientales, de tal forma que los excesos o un uso inadecuado en cualquiera de ellas suele generar problemas ambientales.

Entre los más importantes están:

- **El agotamiento de los recursos naturales.** El alto nivel de consumo de la economía del mundo actual está mermando las reservas de los recursos naturales, no solo de los no renovables (combustibles fósiles y otras materias primas), sino también de los renovables, que se están reduciendo de forma creciente; es el caso de la eliminación de la masa forestal, la desaparición de especies marinas, la desertización, etc.
- **La contaminación.** Se produce porque la naturaleza no consigue absorber totalmente la gran cantidad de residuos y desechos generados por la actividad humana. Los efectos más relevantes de esta contaminación son el impacto en la salud de las personas, el desequilibrio de los ecosistemas, el cambio climático, el estrechamiento de la capa de ozono, la lluvia ácida, etc. Por ejemplo, la contaminación marina y fluvial, así como el agotamiento de los acuíferos, amenazan uno de los principales elementos que cubren las necesidades más básicas de la humanidad: el agua.
- **Impacto en los servicios medioambientales.** La reducción de los recursos naturales, junto con la contaminación, influye negativamente en los servicios que es capaz de ofrecernos el medioambiente. Por ejemplo, el disfrute de los hábitats naturales se pierde cuando estos se deterioran o desaparecen; la pérdida de biodiversidad reduce el material que se necesita para elaborar las medicinas o los alimentos; las emisiones de dióxido de carbono provocan el calentamiento del planeta y el desajuste en la regulación del clima; la destrucción de los bosques disminuye el grado de absorción de dichas emisiones y también acelera el cambio climático.

El mercado nos confunde

El sistema de mercado, como en el que vivimos hoy, es lo que más daño hace al planeta, porque todo tiene un precio, pero nada tiene valor. Como el largo plazo no tiene precio en el mercado actual, el destino de las futuras generaciones no se tiene en cuenta en la ecuación económica. No solo estamos destruyendo la diversidad de las especies que se fueron formando a lo largo de milenios, sino que estamos liquidando el futuro por el beneficio rápido.

COMANDANTE COUSTEAU

3 Crecimiento económico y medioambiente

El Grupo Intergubernamental del Cambio Climático (IPCC), creado por Naciones Unidas, en el que participan expertos de 85 países, advierte que los daños causados hasta ahora por las emisiones –subida del nivel del mar, acidificación de los mares o derretimiento de los glaciares– aumentarán si no se toman ya medidas drásticas: *Todavía podemos prevenir los peores efectos del cambio climático y dejar a nuestros hijos y sus hijos un planeta decente. Hay que comenzar lo más rápido posible una senda hacia la energía renovable, proteger los bosques, los océanos y los recursos hídricos de los que depende la economía.*

Desde la segunda mitad del siglo XX, la producción mundial de bienes y servicios (PIB) aumentó desde unos cinco billones de dólares en 1950 hasta 75 billones en 2014, es decir, se multiplicó por 15. Se trata de un crecimiento económico exponencial, que se ha acelerado en el siglo XXI, en particular en los países emergentes (China, India...), donde vive más de la mitad de la población mundial.

Este extraordinario crecimiento ha exigido la explotación de grandes cantidades de los recursos naturales de la Tierra, en especial, de carbón, petróleo y gas natural. Resulta difícil imaginar qué nivel de riqueza y bienestar tendrían las economías occidentales sin el uso de esos combustibles fósiles. Pero es evidente que, junto con esos aspectos positivos, el desarrollo económico ha tenido un coste: una contaminación sin fronteras y un cambio climático que degradan los ecosistemas y amenazan la biodiversidad y la propia supervivencia de la especie humana. Y todos los estudios demuestran el vínculo entre el consumo de combustibles fósiles y el calentamiento global.

Por esta razón, los científicos plantean que, para prevenir los efectos catastróficos del cambio climático, en el año 2050 el mundo debería reducir a la mitad sus emisiones de dióxido de carbono, generadas por el uso de combustibles fósiles. También han pedido que se tomen medidas para combatir la deforestación, fenómeno que reduce la capacidad del planeta para absorber dióxido de carbono y transformarlo en oxígeno.

Los conflictos de intereses

Aunque el medioambiente nos concierne a todos, no todos los protagonistas lo ven de la misma forma. Estados Unidos y otros países, como Australia o Japón, son reacios a comprometerse en los acuerdos mundiales de reducción de emisiones por temor a perjudicar sus economías con un menor crecimiento.

Por su parte, los países emergentes como China, Brasil o India se quejan por tener que reducir sus emisiones porque consideran que el cambio climático es en gran medida resultado de la contaminación generada por los países ricos: ¿por qué deben pagar ellos los daños causados por otros? En medio están los países más pobres, en particular, los situados en los trópicos, que son los que menos emisiones producen y los que probablemente hoy estén más afectados por el cambio climático; además, no disponen de los medios para combatirlo o atenuarlo.

EN LA PRÁCTICA La huella ecológica

La actividad económica ejerce una presión tal sobre las funciones naturales de la Tierra, que pone en peligro el sustento de las generaciones futuras. Un concepto que nos puede ayudar a entender y cuantificar esta situación es la huella ecológica, que se define como el área de territorio necesaria para producir los recursos utilizados y para asimilar los residuos producidos por una población dada.

En la actualidad, la huella ecológica media por habitante es de 2,8 hectáreas, lo que multiplicado por los más de 7000 millones de población mundial, supera con mucho la superficie ecológicamente productiva o **biocapacidad** de la Tierra (incluyendo los ecosistemas marinos), que es de 1,7 hectáreas por habitante. Es decir, en términos globales, consumimos más recursos y generamos más residuos de los que el planeta puede admitir. El **déficit ecológico** es la diferencia entre huella ecológica y biocapacidad.

Al medir la huella ecológica de una persona, una ciudad, un país o toda la humanidad, se identifica la presión ejercida sobre el planeta, algo que debe ayudar a tomar medidas para impulsar un mundo donde la humanidad viva dentro de los límites de la Tierra.

- Consulta esta web: **www.e-sm.net/sveco1bachud16_01**. ¿Cuál es la huella ecológica media por habitante?
- Averigua cuál es la huella que genera tu estilo de vida y cuántos recursos se consumen para mantenerlo. Puedes usar la aplicación **www.e-sm.net/sveco1bachud16_02**. Valora si debes modificar tus hábitos y, si quieres, márcate objetivos de mejora.

El dilema medioambiental

El potencial desastre climático nos plantea un dilema crucial: ¿debemos reducir el actual consumo de combustibles fósiles para combatir el cambio climático, aunque eso implique un menor crecimiento económico, o, por el contrario, debemos esperar confiando en que los futuros avances científicos reviertan el cambio climático? La mayoría de la comunidad científica piensa que el coste de no hacer nada es enormemente mayor que el de actuar hoy. Según los expertos, los costes finales asociados con el cambio climático podrían ascender a cerca del 20 % del PIB global, en comparación con el 1 % que supondría hacer frente al problema ahora.

Desde el punto de vista humano, si aumentan fenómenos naturales como los huracanes, las olas de calor y las sequías extremas, la desertización, la elevación del nivel del mar o las inundaciones, el coste de no hacer nada es altísimo. Por el contrario, el precio de combatir el cambio climático estaría en aquello a lo que renunciamos: nuestro alto nivel de consumo. O, dicho en positivo, el coste sería cambiar nuestro modelo de consumo insostenible por otro más razonable.

Las medidas

Veinte años después de la cumbre histórica de Naciones Unidas en Río de Janeiro sobre desarrollo sostenible, que tuvo lugar en 1992, la Cumbre de la Tierra de Río+20 planteó en 2012 la urgente necesidad de una transición hacia una **economía verde** (frente a la **economía marrón** actual), que haga un uso responsable de los recursos y que asegure bajas emisiones de CO_2. Esta evolución hacia sociedades sostenibles exige cambios en el mundo empresarial (en su responsabilidad social), en la acción de los gobiernos (compromisos de reducción de emisiones) y en todos nosotros (cambios en nuestro modelo de consumo).

El camino hacia una economía sostenible requiere tres tipos de medidas. La primera es una mayor **eficiencia energética**, lo que significa utilizar mucha menos energía para lograr el mismo nivel de bienestar (ecoeficiencia). Por ejemplo, podemos diseñar nuestros edificios de modo que aprovechen la luz solar, y con un mejor aislamiento, con lo que se ahorrará energía al calentarlos y al refrescarlos.

En segundo lugar, se necesita reducir el uso de **fuentes de energía** que emiten carbono (carbón, petróleo y gas), sustituyéndolas por otras como la eólica, la solar, la hidroeléctrica, la geotérmica, etc.

Por último, mientras dependamos de los combustibles fósiles debe reforzarse el principio de 'quien contamina paga', con mayores **impuestos ecológicos**, regulando las actividades contaminantes (comercio de derechos de emisión). También es importante mejorar las instalaciones para la captura de emisiones de CO_2 en las centrales eléctricas y evitar la deforestación.

Las pruebas de la gravedad de los riesgos de no actuar o hacerlo a destiempo son en la actualidad abrumadoras. Nos arriesgamos a un daño de una dimensión superior al causado por las dos guerras mundiales del último siglo. El problema es mundial y la respuesta debe ser una colaboración a escala global.

NICHOLAS STERN,
economista británico y autor de los primeros informes sobre el dilema medioambiental.

EN LA PRÁCTICA **Por un consumo responsable**

Cada día generamos millones de actos de compra, decisiones que sumadas suponen un gran potencial de transformación. Si la elección que hacemos es responsable, puede ser también un premio o un castigo a las buenas o malas prácticas de las empresas frente al medioambiente. Cada pequeña decisión diaria se convierte así en una fuente de enorme poder colectivo de la que a menudo no somos conscientes.

De este modo, un acto cotidiano de consumo llega a ser un voto orientado a fomentar actividades respetuosas con la naturaleza. Podemos, por ejemplo, rechazar determinados productos, eligiendo otros más ecológicos; o evitar las compras por impulso de cosas innecesarias; o recordar que una relación respetuosa con el medioambiente debe basarse en las tres erres: reducir, reutilizar y reciclar.

- Haz una lista de las actividades que realizas habitualmente y reflexiona sobre qué podrías hacer por un consumo responsable (por ejemplo, separar los distintos tipos de basura, o usar tus dispositivos electrónicos con eficacia energética, etc.).

4 Las desigualdades y la pobreza en el mundo

Proporción de personas que viven con menos de 1,25 dólares al día, 1990 y 2010 (en %)

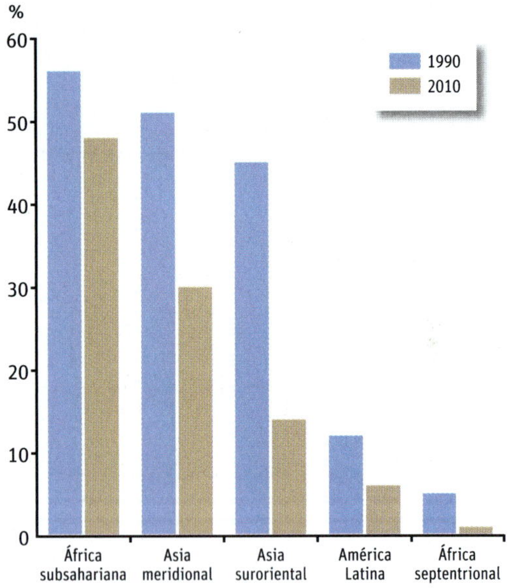

Fuente: Informe ODM, 2013

En el año 2000, Naciones Unidas fijó la erradicación de la pobreza para 2015 entre los Objetivos del Milenio. Desde entonces, las tasas de pobreza se han reducido a la mitad. En 2010 había 700 millones de personas menos viviendo en extrema pobreza, en comparación con las que había en 1990. El objetivo para 2030 es que hagan lo mismo los más de mil millones (16 % de la población) que hay aún en el pozo del hambre.

Aunque las desigualdades económicas mundiales siguen siendo importantes, algo ha cambiado en las últimas décadas. El crecimiento económico de países como China, India y gran parte del este asiático, junto con el de otros países emergentes como Brasil, Sudáfrica, etc., ha sacado a millones de personas de la extrema pobreza, que sufren quienes viven con apenas un euro al día (ver gráfico). Con ello, la división entre una quinta parte de países ricos y cuatro quintas partes de países pobres ha variado y ahora el mundo se compone de:

- Una quinta parte de economías ricas, o países desarrollados.
- Tres quintas partes de economías en transición, o países emergentes que están industrializándose y avanzando con rapidez.
- Otra quinta parte de economías pobres o países subdesarrollados.

En este cambio hay un claro protagonista, China, que ha reducido significativamente su pobreza; y hay un antagonista, el mundo occidental, donde sucede algo bien distinto: aumenta la pobreza y sobre todo las desigualdades.

Y si bien la pobreza extrema ha disminuido en parte del mundo, quedan más de mil millones de personas atrapadas en ella. La mayoría son africanos, pero también se da en Bolivia, Camboya, Haití, Laos, Yemen, etc. No obstante, cuando se habla de pobreza comparando a países ricos y pobres hay que entender la aritmética del hambre: el umbral de la pobreza que fija Naciones Unidas para los países pobres no llega al euro diario, mientras que es de 24 euros en Estados Unidos y algo más de 10 euros en España. Es decir, también entre los pobres hay distinciones, lo que refleja la desproporcionada distribución de la riqueza que existe en el mundo.

Las causas del subdesarrollo

Hay diversas teorías sobre por qué ciertos países permanecen atrapados en la miseria. Algunas se centran en el clima y la topografía del país, dos factores que pueden dificultar las cosechas y el desarrollo agrícola; otras destacan el fracaso de las instituciones políticas y sociales y los continuos conflictos y guerras civiles; y otras ponen el acento en la dominación de los países ricos, que perpetúa la relación de dependencia y de explotación iniciada en épocas coloniales.

Una explicación más integradora es la que considera que los países más pobres se encuentran inmersos en un **círculo vicioso de pobreza** que no pueden romper solos. Hay muchos factores que frenan el desarrollo en esos países: el medio físico (como algunos Estados del África ecuatorial, con escasez de agua, suelos pobres y enfermedades epidémicas), los sistemas políticos corruptos e ineficientes, los bajos niveles educativos, y la propia pobreza, que impide el ahorro y la inversión. Cada uno de esos obstáculos, tomado aisladamente, no es infranqueable: es la combinación de barreras lo que resulta difícil de superar impidiéndoles salir adelante.

EN LA PRÁCTICA **El agua como factor de desarrollo**

Sin agua no hay salud. Ni educación. Ni igualdad de género. Puede que alguna de estas relaciones no sea obvia, pero todas existen. La primera es quizá la más clara: la Organización Mundial de la Salud (OMS) calcula que por cada dólar invertido en suministro de agua potable se ahorran entre 3 y 34 en sanidad. Las horas que pasan los menores transportando este líquido en lugar de ir a la escuela explican la segunda. El hecho de que sean las mujeres las que suelen cargar con el peso de proveer a sus comunidades tras interminables recorridos en busca de pozos o ríos aclara la tercera. Y son solo tres ejemplos de estrecha relación con el agua. Sin ella no hay desarrollo ni salida de la pobreza.

OMS y UNICEF: *Los problemas del agua en el mundo.* 2013.

- Agricultura, energía, nutrición y mortalidad infantil son otros ejemplos relacionados con el agua. Explica la relación causa-efecto.

El subdesarrollo

¿Cómo es esa quinta parte de países del mundo que continúa en la pobreza? O, dicho de otra forma, ¿cómo viven los más de mil millones más pobres del planeta? Si viajásemos a estos países, comprobaríamos inmediatamente que su forma de vida, sus técnicas de trabajo, su sanidad o su educación continúan anclados en el pasado.

Características de los países pobres

- **Renta *per capita* muy baja.** En estos países la gran mayoría de la población vive en la extrema pobreza, con menos de 1,25 dólares (1 euro) diarios.
- **Grandes desigualdades sociales.** No existe una clase media, y una minoría rica convive con una mayoría que vive en la pobreza.
- **Fuertes carencias sanitarias.** Lo que genera una mortalidad infantil muy alta y una esperanza de vida muy baja.
- **Escaso nivel de formación.** Existe un alto índice de analfabetismo.
- **Carencia de infraestructuras.** El capital productivo necesario para el crecimiento (carreteras, puertos, fábricas, redes de suministro, etc.) apenas existe.
- **Baja productividad.** Las carencias de formación y tecnología, la malnutrición y una salud precaria son factores que explican esta baja productividad.
- **Dependencia del sector primario y de la ayuda exterior.** Estas economías sobreviven de la producción agrícola, ganadera y minera, y de las ayudas al desarrollo que reciben del exterior. Sus exportaciones de materias primas (más baratas) apenas les permiten importar la maquinaria y la tecnología (más caras) que necesitan para su desarrollo. Por ello suelen tener una elevada deuda externa.
- **Mercados poco desarrollados.** Los mercados de estos países, tanto de bienes como financieros, son limitados e ineficientes.
- **Instituciones sociales y políticas ineficientes y corruptas.** A menudo, el poder político y las instituciones están al servicio de la minoría rica e influyente.

La pobreza no se define exclusivamente en términos económicos, también significa malnutrición, reducción de la esperanza de vida, falta de acceso al agua potable y condiciones de insalubridad, enfermedades, analfabetismo, imposibilidad de acceder a la escuela, a la cultura, a la asistencia sanitaria, al crédito o a otros bienes básicos.

ESTUDIO DE CASOS **Rogelia**

Hay cientos de millones de niños en el mundo con unas vidas muy difíciles. Por ejemplo, Rogelia, una boliviana de ocho años que vive en Santa Rosalía, una remota comunidad rural a la que se llega por un caminejo sin asfaltar que queda convertido en un lodazal en cuanto caen dos gotas. La casa es una choza de suelo de tierra que también sirve de almacén para los pocos alimentos que producen y que son su único sustento: patata, maíz, trigo y haba. No tienen luz y, para conseguir agua, el padre de Rogelia, Pedro, tiene que caminar hora y media cada día con un cántaro a la espalda. Mientras tanto, Rogelia y su hermana mayor se ocupan de la comida (cocinan en un pequeño horno de adobe fuera de la vivienda) y de los animales, ya que la madre de Rogelia murió hace unos años.

Y, a pesar de todo, Rogelia tiene suerte. En primer lugar, por vivir cerca de la escuela, lo que le permite estudiar más fácilmente (muchos de sus compañeros tienen que caminar dos horas hasta llegar a clase), y en segundo lugar, porque su padre desea que la niña estudie, cosa que no es normal. Muy pocos niños de estas comunidades rurales cursan secundaria; las escuelas locales solo dan primaria y las familias no pueden permitirse enviar a los niños a la ciudad a seguir estudiando. Pero Pedro sueña con costearle estudios a Rogelia para que llegue a ser funcionaria pública. Esa ambición, que a nosotros nos puede parecer menor, es para ellos casi tan difícil como llegar a Marte.

Adaptado de MONTERO, Rosa: "Rogelia y los otros niños", *El País Semanal*, 5-1-2004.

- ¿Qué características de los países menos desarrollados se ven reflejadas en este caso? ¿Qué diferencias encuentras entre tu vida y la de Rogelia en apoyos y oportunidades?

5 ¿Cómo salir de la pobreza?

La eliminación de la pobreza no es un gesto de caridad. Es un acto de justicia. La pobreza, como la esclavitud o el apartheid, *no es algo natural, sino una creación humana, y, como tal, puede ser erradicada por las acciones de los seres humanos. En ocasiones, el peso de ser grande recae sobre los hombros de una generación. Ustedes pueden ser esa gran generación. Dejen que su grandeza florezca.*

NELSON MANDELA

¿Cómo es posible que tanta gente siga siendo tan pobre a pesar del crecimiento económico sin precedentes vivido en las últimas décadas?, ¿cuáles son las claves para cambiar su destino? Sin duda, es importante tener un diagnóstico correcto para saber qué instrumentos son los más adecuados para salir de la situación. Entre las medidas que deberían adoptarse están:

a. Las ayudas al desarrollo. Comprenden préstamos, donaciones y asistencia técnica de los gobiernos o de instituciones internacionales como el Banco Mundial o Naciones Unidas. Además de esta Ayuda oficial al desarrollo (AOD), existen muchas ONG e instituciones privadas que colaboran en la lucha contra la pobreza.

El enfoque de las ayudas ha cambiado con el paso del tiempo. En el pasado, los países y las instituciones solían hacer donaciones a los países en dificultades, pero, con frecuencia, los gobernantes de esos países desviaban ilícitamente el dinero a sus propias cuentas, en lugar de invertirlo en salud y educación. En la actualidad, las organizaciones de ayuda gastan el dinero directamente en el terreno o condicionan sus donativos a que se empleen en proyectos concretos: construir escuelas, carreteras y puentes; suministro de agua, etc.

b. Favorecer sus intercambios comerciales con un comercio justo. El problema de las donaciones es su escasa incidencia para dar el salto de la pobreza a la industrialización. Aunque las ayudas son importantes, lo son aún más las políticas comerciales justas, es decir, las que eliminan el proteccionismo de los países occidentales sobre los productos del tercer mundo. Una palanca para salir de la pobreza es permitir que estos países comercien con las naciones ricas sin pagar aranceles sobre sus exportaciones.

c. La seguridad y el buen gobierno son los instrumentos más eficaces. Los países más pobres deben reducir su dependencia de la ayuda internacional y ser ellos mismos, desde dentro, los que emprendan las reformas económicas necesarias y exijan gobiernos mucho mejores. Para conseguirlo, es importante un cambio de la política occidental hacia los países más pobres, que cuente con el apoyo firme del G-20, el FMI, la OMC, las ONG para el desarrollo, etc. Los países más pobres requieren un trato preferente a sus exportaciones, leyes contra la corrupción y normas internacionales que faciliten su integración en la economía mundial. Para alcanzar este objetivo, sería importante que la opinión pública de los países ricos presione a sus gobernantes demandando un compromiso serio.

ESTUDIO DE CASOS Promover la autonomía, la mejor ayuda

"Dale un pez a un hombre, y comerá hoy. Dale una caña y enséñale a pescar, y comerá el resto de su vida". Así reza un antiguo proverbio chino que cobra todo su sentido en el caso de Kolaghat, una cooperativa enclavada en Calcuta (India) dedicada a la elaboración de productos de seda y bordados. Allí han visto cómo sus medios de vida, sus salarios, han mejorado hasta convertirse en dignos, o cómo las mujeres trabajan en una comunidad muy reacia a ello. Además, el trabajo infantil ha sido totalmente erradicado.

A ello han contribuido las ONG Intermón-Oxfam y Copade, organizaciones internacionales de desarrollo que promueven cooperativas económicas para grupos desfavorecidos de países en vías de desarrollo, y cuyos productos importan para ser distribuidos en tiendas de comercio justo en España y otros países.

En sus visitas frecuentes a estas cooperativas de Calcuta, Delhi, etc. comprueban que las reglas de comercio justo se están cumpliendo, hacen campañas de sensibilización contra la discriminación y el trabajo infantil o forman a los miembros de las cooperativas. Copade, por ejemplo, ofrece cursos a los productores con los que trabaja en Honduras (unas 35 cooperativas que emplean a unas 20 000 personas) sobre contabilidad, administración, informática, además de producción en serie o maquinaria. "La formación les permite acceder a créditos. Con ese dinero compran maquinaria que les permite contratar a más gente y pagar mejores salarios", explican desde Copade.

- ¿Cuáles son las características del comercio justo?

6 La desigualdad en los países desarrollados

Mientras que el mundo centraba los esfuerzos en reducir la pobreza en los países subdesarrollados, la desigualdad se extendía en el mundo desarrollado. Una de las explicaciones de este incremento de la desigualdad en el mundo rico la da el economista francés Thomas Piketty, que demuestra que el **1 % de la población es cada día más rico**, y que el 0,1 % es aún más rico, y aventura que si no se realizan ajustes importantes, la tendencia continuará en ascenso haciendo que el siglo XXI se parezca al siglo XIX, cuando las élites económicas vivían de la riqueza heredada.

Para llegar a estas conclusiones, Piketty realiza una extensa investigación sobre la distribución de los ingresos y la riqueza en los últimos 200 años en 20 países. En ella utiliza una definición amplia del capital incluyendo todo tipo de riqueza: fábricas, inmuebles, tierras, acciones, cuentas bancarias, etc. A partir de ella, divide la sociedad entre los dueños de esos recursos (los capitalistas) y quienes trabajan para ganarse la vida (los trabajadores).

En su argumentación, compara **r**, que es la tasa de rendimiento del capital (beneficios, intereses y rentas de la tierra) con **g**, que es la tasa de crecimiento económico del país. Durante gran parte de la historia moderna, la tasa de rendimiento del capital (entre el 4 y el 5 %) ha sido superior a la tasa de crecimiento económico (entre el 1 y el 2 %). **Si r > g, se incrementa la desigualdad.** Si la tarta crece menos que la parte que se quedan los propietarios del capital, cada vez queda menos tarta para repartir entre los demás, a no ser que haya mecanismos correctores.

Durante el siglo XIX, parte del XX y lo que llevamos del XXI, esto ha sido así, y la única interrupción de esta tendencia se produjo durante los años de la revolución keynesiana, de las políticas del New Deal contra la Gran Depresión, y del nacimiento del Estado de bienestar. Esta notable excepción al reinado de r > g, entre 1945 y 1970, se conoce como **edad de oro del capitalismo**, en la que las economías de Europa y Estados Unidos se expandieron y la desigualdad se redujo. Los impuestos progresivos a los ricos para pagar el esfuerzo de la guerra y el desarrollo del Estado de bienestar favorecieron la convergencia entre las clases altas y bajas. Pero en las últimas décadas, el auge de las ideas neoliberales y de la desregulación financiera ha hecho crecer la divergencia.

Para Piketty, la desigualdad es tan enorme que para combatirla, habrá que realizar un esfuerzo mundial coordinado y aplicar **impuestos progresivos** a los más ricos –de hasta el 80 % de su riqueza–, además de hacer políticas redistributivas públicas a través del gasto, que favorezcan las fuerzas de la convergencia: la **educación** y la extensión del **conocimiento**.

Los países en los que r > g constituyen gran parte del mundo desarrollado de hoy. En Estados Unidos, el 10 % más rico se queda con más del 50 % del ingreso del país, con lo que la desigualdad aumenta a un ritmo que, a la larga, resultará insostenible. Para Piketty, la concentración extrema de la riqueza amenaza los valores de la meritocracia (es decir, de la economía de mercado) y de la justicia, y la cohesión social, pilares de las democracias: "La justicia como virtud de las instituciones sociales debe prevalecer sobre la eficacia o la estabilidad".

EN LA PRÁCTICA La desigualdad en España

La desigualdad empezó a agravarse en 2008 y se disparó entre 2010 y 2014, por la crisis económica y los recortes sociales, pero llevaba años instalada en España, escondida tras la bonanza económica, la burbuja inmobiliaria y el consumo a crédito. Cáritas, Intermón-Oxfam o Cruz Roja la hacen visible en sus informes.

En cuanto al reparto de la riqueza, como se ve en el gráfico, el 1 % de la población española tiene el 27 % de la riqueza, y el 10 % acapara más del 55 %.

Esta desigualdad se agudiza en el mercado laboral. Según el BBVA Research, la magnitud del paro y la precariedad laboral ha creado dos tipos de colectivos: los **insiders** del sistema, que son los que tienen un contrato indefinido, los funcionarios y los pensionistas, que afrontan las crisis con ciertas garantías, y los **outsiders**, un amplio grupo formado por los parados, los empleados temporales y los precarios. Este segundo grupo ha crecido espectacularmente en los últimos años, formando una masa de pobreza que tardará años en reducirse.

- Busca en internet los últimos informes sobre España de Cáritas, Intermón-Oxfam o Cruz Roja, y consulta los datos de población infantil que vive por debajo del umbral de pobreza, o de personas que están en riesgo de exclusión severa. ¿Cuál es la evolución?

Reparto de la riqueza en España

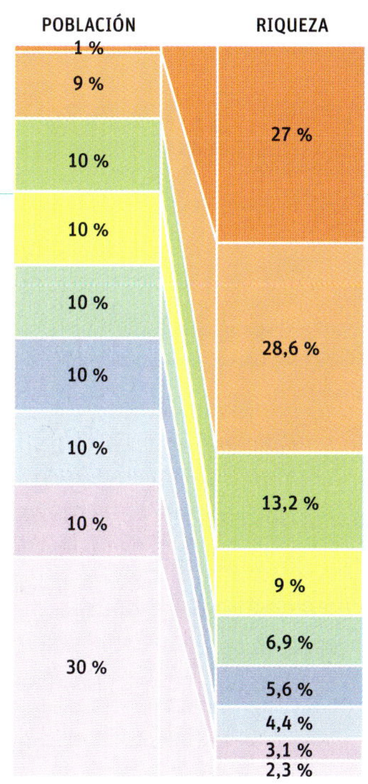

Fuente: *Global wealth report 2014*, Credit Suisse

7 Crecimiento económico y desarrollo

Tradicionalmente, el crecimiento económico se contempla como la expansión del ingreso nacional o de la producción total del país. El desarrollo humano, sin embargo, no se preocupa tanto por los bienes que se producen, sino por el tipo de vida que tiene la gente. Cuánto tiempo vive, qué tan bien viven, si son pobres, analfabetos... Toma en cuenta los ingresos, pero como uno de muchos factores. Y se preocupa no solo por los valores agregados de una nación, sino por cómo esos agregados se reflejan en la vida de los individuos.

AMARTYA SEN, premio nobel de economía en 1998

- El **crecimiento económico** se refiere al aumento de la producción real de un país. Se mide a través del PIB, o del PIB por habitante (PIB/población).
- El **desarrollo** se da cuando, además de crecimiento económico, se producen cambios estructurales que mejoran las condiciones económicas y sociales de un país y que aumentan la calidad de vida de sus habitantes. Desarrollarse es, por tanto, crecer, pero también **progresar y mejorar**. Una sociedad que se desarrolla es aquella que no solo crece, sino que también evoluciona en una determinada dirección, que se considera mejor que la de partida.

La diferencia entre crecimiento y desarrollo la podemos observar con el actual crecimiento económico. La economía mundial crece, pero falla a la hora de velar por que este crecimiento sea medioambientalmente sostenible y por que la prosperidad se comparta equitativamente. En consecuencia, está dejando atrás a muchas personas, también en los países más ricos, mientras que el propio planeta padece una amenaza sin precedentes por el cambio climático.

Objetivos e indicadores del desarrollo humano

Los objetivos básicos que deberían guiar la actuación de los gobiernos para garantizar a sus ciudadanos un desarrollo humano son los siguientes:

a. Debe ser un **proceso universal y no excluyente** que beneficie a todos los países y que no margine a nadie, mediante una justa distribución de la riqueza.

b. Debe ser un **desarrollo sostenible** que resuelva las necesidades presentes sin comprometer la capacidad de las generaciones futuras para satisfacer las suyas.

Para concretar estos grandes objetivos en indicadores para el desarrollo, necesitamos ampliar el concepto de pobreza y que contemple también la que se sufre en las economías avanzadas. Considerar que la pobreza es vivir con menos de 1,25 dólares al día sitúa el problema solo en países pobres, pero no en Europa, Rusia o Estados Unidos, donde también existe.

Un enfoque amplio de **pobreza** es el del premio nobel Amartya Sen, que entiende la pobreza no como resultado (ser pobre en el sentido de no disponer de ingresos suficientes), sino **como la falta de capacidad para desarrollar el potencial productivo y vital de las personas**, es decir, como privación de oportunidades y derechos básicos.

Esta concepción de pobreza es la que utiliza el Programa de Naciones Unidas para el Desarrollo (PNUD), para elaborar el **Índice de Desarrollo Humano (IDH)**, a través de tres indicadores: esperanza de vida, nivel educativo y PIB por habitante. El problema de estos **indicadores** es que, si bien son fáciles de medir, dejan fuera otros componentes esenciales del desarrollo como un empleo digno, los derechos democráticos o la igualdad de género.

EN LA PRÁCTICA La igualdad de género como indicador de desarrollo

La desigualdad de género es una de las formas más extendidas (y antiguas) de desigualdad. Ellas todavía se enfrentan a salarios más bajos que los hombres por un mismo trabajo, tienen mayores dificultades para acceder a puestos de responsabilidad y se ven forzadas, en muchos casos, a abandonar sus empleos cuando son madres por falta de políticas coherentes de conciliación familiar.

Todo esto, en los países desarrollados. Porque nacer mujer en otros puntos del mapa significa estar condenada a sufrir abusos, que mutilen sus genitales, ser obligada a contraer matrimonio, aún de niña, y no poder acceder por falta de medios y apoyo familiar a la educación y estar abocada a realizar las labores domésticas de por vida.

Informe: *Iguales*. Oxfam Intermón, 2014.

- ¿A través de qué indicadores se podría medir esta desigualdad? ¿En qué medida la desigualdad de género es también desigualdad económica?

Los objetivos de desarrollo sostenible (ODS)

Son la nueva apuesta de Naciones Unidas para el período 2015-2030 y sustituyen a los objetivos de desarrollo del milenio (2000-2015). En esta nueva agenda internacional, en la que han participado ONG, gobiernos, empresas y ciudadanos, el principal reto es reducir la desigualdad entre países y dentro de ellos.

El mundo es muy distinto al que intentaban mejorar los objetivos del milenio del año 2000. Las desigualdades se han profundizado, la degradación ambiental se ha incrementado y la gente demanda en todo el mundo gobiernos más responsables y más derechos. Los desafíos de la migración han crecido y la gente joven de muchos países se enfrenta a un panorama desolador de empleo decente y oportunidades.

Con el fin de responder a estos nuevos retos, para 2030 se plantean **cinco pilares básicos**: acabar con la pobreza extrema; dar un papel central al desarrollo sostenible; transformar las economías para lograr empleos decentes y un crecimiento inclusivo; construir sociedades pacíficas y una gobernanza abierta, transparente y que rinda cuentas, y forjar una nueva **alianza mundial para el desarrollo**, en la que participen gobiernos, instituciones internacionales, fundaciones y ONG y la ciudadanía global.

Como objetivos, los cinco primeros se refieren a la erradicación de la pobreza en todas sus formas y lugares: acabar con el hambre, asegurar vidas sanas, impulsar una educación de calidad inclusiva y equitativa y promover el aprendizaje a lo largo de toda la vida; conseguir la igualdad de género y empoderar a las mujeres y a las niñas. Es la piedra clave sobre la que descansan todas las demás: **la erradicación de la pobreza para abrir "el derecho a tener derechos"**.

Seis elementos esenciales para alcanzar los objetivos de desarrollo sostenible

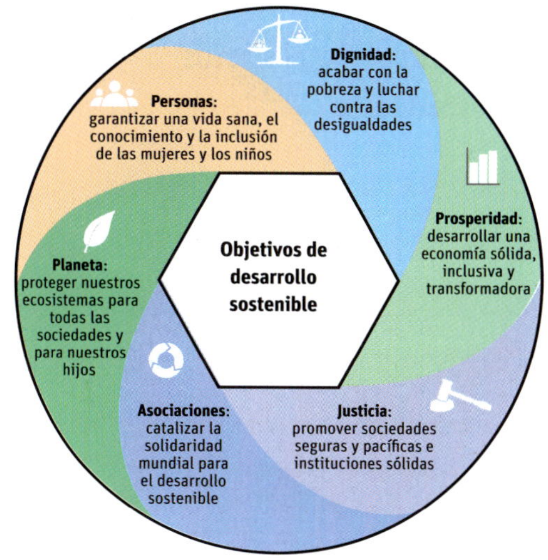

Fuente: ONU. *El camino hacia la dignidad para 2030*

EN LA PRÁCTICA **La política económica y el desarrollo**

Según Jeffrey Sachs, asesor del Proyecto del Milenio de Naciones Unidas, ni neoliberales ni keynesianos entienden bien qué papel debe jugar la inversión pública para afrontar los retos actuales. Los defensores del libre mercado, porque piensan que los Estados no deben hacer inversiones productivas. Tampoco los keynesianos reflexionan lo suficiente sobre qué tipo de inversiones públicas son necesarias hoy. Sin embargo, la inversión empresarial actual depende de la inversión pública y requiere que los gobiernos inviertan inteligentemente.

Inteligentemente significa tener claro las seis formas de capital necesarias: el capital empresarial, las infraestructuras públicas, el capital humano, el capital intelectual, el capital natural y el capital social. El **capital empresarial** abarca las fábricas, las máquinas y los equipos de transporte de las empresas. Las **infraestructuras** comprenden las carreteras, los ferrocarriles, los sistemas eléctricos e hídricos, la fibra óptica, los gasoductos, los aeropuertos y puertos, etc. El **capital humano** es la educación, las aptitudes y la salud de la fuerza laboral. El **capital intelectual** abarca los conocimientos científicos y tecnológicos. El **capital natural** lo forman los ecosistemas y los recursos primarios de la agricultura, la salud y las ciudades. Y el **capital social** es la confianza comunitaria que hace posible un comercio, unas finanzas y una gestión de los asuntos públicos eficientes.

Estas seis formas de capital se necesitan mutuamente. La inversión empresarial sin infraestructuras y capital humano no es rentable. Los mercados financieros no funcionan si el capital social (la confianza) se agota. Sin capital natural (un clima predecible, suelos productivos, agua disponible, control de inundaciones, etc.), los otros tipos de capital se pueden perder fácilmente, y si no hay acceso para todos a las inversiones públicas en capital humano, las sociedades caen en desigualdades de renta y riqueza.

Por tanto, los gobiernos deben liderar estos procesos de inversión a largo plazo: en infraestructuras sostenibles, en formar a los jóvenes para que obtengan puestos de trabajo decentes, en capital intelectual para resolver problemas de salud pública, cambio climático, gestión de sistemas de información, etc., y en crear capital social en una época en la que hay poca confianza y una gran corrupción. Es decir, deben apostar por una economía de desarrollo sostenible.

- ¿Cómo están relacionadas las seis formas de capital? ¿Cuál es la palanca para ponerlas en marcha?

ACTIVIDADES

Actividades de síntesis

1. Enriquece este mapa conceptual añadiendo otras medidas para resolver los grandes retos actuales.

LOS GRANDES RETOS ACTUALES — exigen — Soluciones globales — mediante — **Fórmulas de gobernanza global**

- Erradicar la pobreza — a través de —
  - Ayuda al desarrollo
  - Comercio justo
  - Mejores gobiernos
- Reducir desigualdades — con —
  - Más Estado de bienestar
  - Impuestos progresivos sobre la riqueza
  - Más educación
- Combatir el cambio climático — mediante —
  - Eficiencia energética
  - Energías alternativas
  - Impuestos ecológicos
- Evitar el exceso de poder de los grandes grupos económicos y financieros — con —
  - Regulación y control del sistema financiero
  - Lucha contra paraísos fiscales

Objetivos de desarrollo sostenible 2030: poner la economía al servicio de las personas

smSaviadigital.com VALORA LO APRENDIDO > Realiza la **autoevaluación**.

Actividades de análisis y problemas

2. Comenta y ordena los grandes problemas económicos actuales según la importancia que tienen para ti. ¿Cómo sería el mundo sin ellos?

3. ¿Cómo vivían tus padres y tus abuelos a tu edad? ¿Ha mejorado tu nivel de vida respecto al de ellos? Para contestar, copia y rellena esta tabla.

Indicadores	Mis abuelos	Mis padres	Actualmente
Trabajo e ingresos	●●●	●●●	●●●
Alimentación y ropa	●●●	●●●	●●●
Vivienda y bienes en el hogar	●●●	●●●	●●●
Educación	●●●	●●●	●●●
Sanidad	●●●	●●●	●●●
Posibilidades de ocio	●●●	●●●	●●●
Tecnología	●●●	●●●	●●●
Relación con medioambiente	●●●	●●●	●●●

4. ¿Qué significa *nivel de vida* para ti? ¿Qué indicadores suelen utilizarse para medirlo? ¿Qué elementos importantes omiten esos indicadores?

5. Observa la viñeta y responde a las preguntas.
   a) ¿A quién representan las personas que hablan desde arriba? ¿Quién regula su comportamiento?
   b) ¿Cómo podría regularse a escala global?

Fuente: El Roto, *El País*, 13-2-2015.

6. En relación a las funciones económicas del medioambiente:
   a) Explica cuáles son y pon ejemplos.
   b) Apoyándote en ellas, explica por qué surgen los problemas medioambientales y señala ejemplos.

7. ¿Qué relación existe entre el crecimiento de la población y los problemas medioambientales? ¿Y entre el crecimiento económico y el deterioro del medioambiente, la contaminación y el agotamiento de los recursos naturales?

8. Explica los conceptos de huella ecológica y déficit ecológico. ¿Qué nos muestran estos indicadores sobre el futuro del planeta? Señala tres medidas que reduzcan tu huella y otras tres que la aumenten.

9. Aplica el concepto de huella ecológica para explicar esta afirmación.

> Si el nivel de consumo de los españoles se extendiera a toda la humanidad, se necesitarían los recursos de dos Tierras y media para mantenerlo.

10. En relación con el cambio climático:

a) Señala en qué consiste. ¿Qué dicen los expertos sobre sus causas?

b) Comenta la frase: *unos países provocan el cambio climático y otros sufren sus consecuencias*.

c) ¿Cuál es el dilema medioambiental? Explica cómo lo percibes tú.

d) ¿Qué medidas permitirían compatibilizar el crecimiento económico y el medioambiente?

e) Señala ejemplos de actuaciones de los gobiernos, de las empresas y de los ciudadanos que contribuyan a combatir el cambio climático.

11. Sobre la pobreza en el mundo subdesarrollado:

a) Explica las teorías por las que los países pobres están atrapados en su situación. ¿Qué significa el círculo vicioso de pobreza?

b) ¿Qué características tienen los países pobres?

c) ¿Qué medidas son eficaces para salir de ella?

12. ¿Por qué se afirma que las relaciones comerciales de los países pobres están basadas en un intercambio desigual? ¿Qué es el comercio justo y a quiénes beneficia? ¿Qué es la ayuda oficial al desarrollo?

13. Comenta estos titulares de noticias relacionándolos con los contenidos de la unidad.

> *Por fin Estados Unidos y China pactan un acuerdo para reducir sus emisiones de CO_2*

> *Francia aprueba un impuesto sobre las grandes fortunas*

> *Un crecimiento sostenible solo es posible si es equitativo*

> *Tanto Cáritas como Cruz Roja alertan sobre la pobreza infantil en España*

14. Copia y completa esta tabla con las características diferenciales de los países.

	Países pobres	Países emergentes	Países desarrollados
Indicador de pobreza absoluta	•••	•••	•••
Desigualdad	•••	•••	•••
Sanidad y esperanza de vida	•••	•••	•••
Capital humano	•••	•••	•••
Tecnología	•••	•••	•••
Infraestructuras	•••	•••	•••
Sectores productivos	•••	•••	•••
Instituciones sociales y políticas	•••	•••	•••

15. Comenta esta frase.

> *La Tierra tiene suficientes recursos para satisfacer las necesidades de los hombres, pero no para saciar su codicia.*
>
> MAHATMA GANDHI

16. En el mundo hay muchas brechas: la salarial, la de género, la social, la económica o la digital. Todas ellas significan y generan inequidad.

a) Explica el significado de cada una de ellas.

b) ¿Qué relaciones existen entre ellas?

17. Lee el texto y contesta a las cuestiones.

> En 1754, la Academia de Dijon planteó una pregunta y ofreció un premio para la mejor respuesta: **¿Cuál es el origen de la desigualdad entre los hombres?** El filósofo francés **Jean-Jacques Rousseau** respondió con su obra *Sobre el origen de la desigualdad entre los hombres*. Para Rousseau, la desigualdad social no es natural, no deriva de una voluntad divina ni es una consecuencia de la desigualdad natural entre los hombres. Por el contrario, su origen es el resultado de la propiedad privada y de los abusos de aquellos que se apropian para sí de la riqueza del mundo y de los beneficios que obtienen de esa apropiación.

a) ¿En qué se parecen la respuesta de Rousseau y la de Piketty? ¿Qué conclusiones y soluciones da Piketty?

b) En el último siglo, la desigualdad en los países ricos ha ido variando. ¿A qué atribuye Piketty esas variaciones?

ACTIVIDADES

18. **Observa la viñeta, lee el texto y responde.**

Fuente: Máximo, *El País*, 18-7-1999.

Las 85 personas más ricas del mundo acumulan tanta riqueza como la mitad más pobre del planeta (alrededor de 3600 millones de personas). Necesitarían varias vidas para gastarse su fortuna a razón de un millón de dólares al día. Al mismo tiempo, se estima que el coste de lograr el acceso universal a la enseñanza y sanidad básicas, alimentación suficiente y agua limpia y saneamiento para todos es aproximadamente de 50 000 millones de dólares por año. Esto es inferior al 4 % de la riqueza conjunta de las 85 personas más ricas.

a) Pon un titular a la noticia y coméntala.

b) Responde a la pregunta de la viñeta con las causas que, a tu juicio, explican esa situación.

c) Si fueras asesor económico de Naciones Unidas y preparases un plan para reducir las desigualdades reflejadas en la información, ¿qué objetivos principales propondrías? ¿Qué acciones recomendarías para conseguirlos?

19. **Indica si son verdaderas o falsas estas afirmaciones, razonando tu respuesta.**

a) Los recursos renovables nunca se agotarán.

b) Combatir el cambio climático hoy es rentable para la humanidad.

c) La desigualdad es una característica propia de los países desarrollados.

d) Las exportaciones de los países más pobres suelen centrarse en productos primarios.

e) La seguridad y el buen gobierno es la medida más eficaz para salir de la pobreza.

20. **Comenta la frase relacionándola con los contenidos de la unidad.**

Hay dos clases de economistas: los que quieren hacer más ricos a los ricos y los que queremos hacer menos pobres a los pobres.

José Luis Sampedro

21. **Lee la información y responde a las cuestiones.**

En 1970, Naciones Unidas propuso como objetivo que los países desarrollados destinaran un 0,7 % de su PNB a ayuda oficial al desarrollo (AOD) a los países pobres. Casi medio siglo después, la media de la AOD está en un 0,29 % de sus PNB (solo Luxemburgo, Suecia, Noruega, Dinamarca y Holanda superan el 0,7 %). España aporta el 0,15 %, después de alcanzar su máximo en 2008 (el 0,5 %) y, desde entonces, ha bajado un 70 %.

¿En qué consiste la AOD? ¿Cómo debe ser para que resulte eficaz?

a) ¿Qué otras medidas de ayuda pueden tomar los países desarrollados?

b) Además de la AOD está la ayuda no oficial. ¿Cómo ha cambiado el enfoque de estas ayudas con el tiempo?

22. **¿Cuáles son los pilares básicos de la estrategia de Naciones Unidas para alcanzar un desarrollo sostenible (ODS) para 2030? ¿En qué objetivos se concretan?**

23. **Entra en la página del Programa de Naciones Unidas para el Desarrollo www.e-sm.net/sveco1bachud16_03, accede a los objetivos de desarrollo sostenible (ODS) para 2030 y contesta a las cuestiones.**

a) ¿Cuál es el balance actual sobre el grado de cumplimiento de los objetivos?

b) ¿Cuáles están siendo más difíciles de lograr y por qué?

c) ¿Qué propuestas de futuro se plantean para alcanzarlos?

24. **Observa la viñeta y responde.**

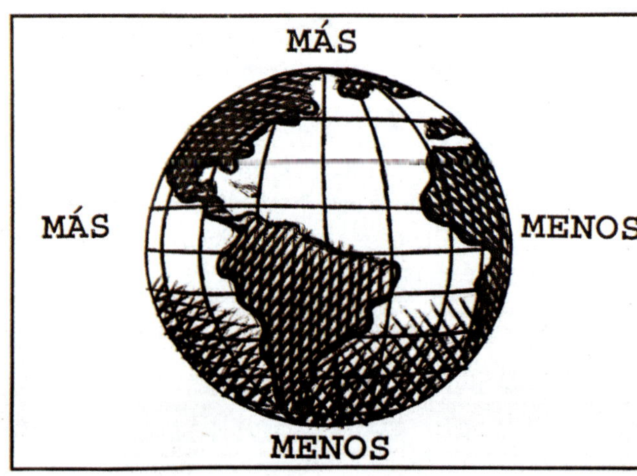

Fuente: El Roto, *El País*, 2-12-2002 .

a) La división entre un mundo rico (las economías occidentales del norte) y el resto del mundo pobre ha cambiado. ¿Cómo lo reflejarías en el mapa?

b) Si sigue la tendencia, ¿cómo será el mapa de 2050?

25. ¿Qué diferencias existen entre crecimiento económico y desarrollo? ¿Qué objetivos básicos deben orientar el desarrollo humano?

26. ¿Cuál es la concepción de pobreza que se utiliza para elaborar el Índice de Desarrollo Humano del PNUD?

27. Los grandes desafíos actuales de la economía mundial son la pobreza, las desigualdades, los problemas ambientales o el excesivo poder de algunos grupos sobre los mercados. ¿Qué relaciones hay entre ellos? Razona tu respuesta y aporta datos que la ilustren.

Actividades de argumentación y debate › Las medidas contra la desigualdad

28. Mientras unos economistas creen que la mejor medida contra la desigualdad es promover el crecimiento, otros dudan de la receta y piensan que son mejores las medidas redistributivas y la educación. Para otros, la desigualdad es inevitable porque somos desiguales.

▶ Análisis audiovisual

Desigualdad para todos (*Inequality for All*), de Jacob Kornblut. 2012 (min. 01:21:48 a 01:25:00).

En este oportuno y entretenido documental, el experto en política económica Robert Reich nos cuenta la creciente desigualdad de ingresos, y aborda la cuestión de los efectos que tiene esta brecha cada vez mayor en nuestra economía y nuestra democracia.

▶ Análisis audiovisual

Discurso de José Mujica. Conferencia de las Naciones Unidas sobre el desarrollo sostenible, Río de Janeiro, 2012.

En este discurso, el expresidente de Uruguay, José Mujica, reflexiona sobre el medioambiente y la felicidad. Puedes verlo en **www.e-sm.net/sveco1bachud16_04.**

▶ La desigualdad es inevitable

Algunos economistas sostienen que, dado que las personas somos diferentes en términos de habilidades y capacidades, cierto nivel de desigualdad es inevitable en cualquier economía. Estos economistas argumentan que los intentos de redistribuir la riqueza tienen consecuencias imprevistas perversas. Unos impuestos muy altos pueden fomentar la emigración de los miembros más productivos de una sociedad, o desalentar el trabajo duro, lo que reduce la cantidad de riqueza total de la sociedad en cuestión.

▶ Primero crecer, después repartir

Otros mantienen la teoría de que la mejor forma de luchar contra el paro, la pobreza y la desigualdad es recuperar el crecimiento económico. Si la economía crece se necesitan más puestos de trabajo, disminuye el paro y se reduce la brecha de la desigualdad. Robert Solow, uno de los principales expertos en modelos de crecimiento, empleó el término "convergencia" para mostrar que el desarrollo económico aboliría la desigualdad. Por tanto, es mejor centrarse en el crecimiento económico que en la redistribución y corrección de las desigualdades, porque si se fomenta el aumento de la riqueza desde arriba, antes o después llegará a todos los estratos sociales.

▶ Las teorías de Piketty

Para este economista, la desigualdad es una tendencia estructural en las sociedades capitalistas derivada de lo que denomina "su fuerza fundamental de divergencia". Cuando el rendimiento del capital es mayor que el propio crecimiento de la economía, la riqueza heredada crece más rápidamente que la producción y la renta, y, por tanto, aumenta la desigualdad. Y para solucionarlo propone una drástica reforma fiscal con altos tipos marginales para los ricos, tanto en el impuesto sobre la renta como en el de patrimonio.

▶ La desigualdad también está en los salarios

Para otros, la desigualdad actual no solo proviene de la riqueza acumulada por unos pocos, sino de los salarios disparatados que se pagan a algunos ejecutivos en algunos sectores, como el financiero. Según un informe elaborado por los sindicatos de Estados Unidos, el sueldo de un alto ejecutivo es 331 veces mayor que el de la media de sus empleados y 774 veces la de quienes menos cobran. Y se pone un ejemplo muy ilustrativo: los trabajadores más humildes de la cadena de supermercados Walmart deben trabajar durante ocho meses y medio, en jornadas de 40 horas semanales, para embolsarse lo mismo que un alto ejecutivo del grupo en una hora. La inequidad salarial es el principal factor explicativo de la desigualdad, según estos críticos. Por tanto, la solución es reducir la brecha salarial, aumentando el salario mínimo y sobre todo reduciendo de forma significativa los grandes salarios.

Analiza los documentos y responde.

a) Estados Unidos, que crece económicamente y ha llegado prácticamente al pleno empleo (5,6 % de tasa de paro), es uno de los países con mayor desigualdad del mundo. ¿Qué explicaciones de la desigualdad cuestionan estos datos?

b) ¿Qué explicación sobre la desigualdad y sobre las medidas para reducirla te convencen más y por qué? Piensa en los argumentos, hechos y datos que utilizarías para defenderla en público.

c) ¿Cuál te resulta menos convincente y por qué? Piensa en los argumentos, hechos y datos que utilizarías para hacer su crítica en público.

¿BIEN-TENER O BIEN-ESTAR?

... he aprendido la mejor lección: disminuir las necesidades para disminuir las fatigas que cuesta satisfacerlas. Y así he llegado a necesitar muy pocas cosas, y esas pocas, muy poco. Porque la verdadera felicidad no está en tener, amigo mío, sino en ser y en no necesitar.

ANTONIO GALA

Por una economía consciente

Las crisis pueden ayudarnos a identificar qué queremos realmente. La última, por ejemplo, nos enseña que estamos atrapados en una espiral de consumo, que nos obliga a trabajar en proyectos en los que no creemos para pagar las facturas.

La economía de los materiales

¿De dónde salen las cosas que consumimos? ¿Qué hay detrás de este modelo de crecimiento? Para responder, veremos las fases de la **economía de los materiales**.

La primera es la **extracción** de los recursos naturales, unos no son renovables, y otros se consumen más rápido de lo que se regeneran.

La segunda fase es la **producción**. Aquí no solo se producen "bienes", sino también "males", como los residuos tóxicos. Y la práctica empresarial de trasladar las fábricas a países emergentes exporta la insostenibilidad, utilizando el medioambiente ajeno como fuente de recursos o sumidero de residuos.

La tercera fase es la **distribución**, cuyo objetivo es llevar los productos a cualquier lugar del mundo lo más deprisa posible. La creciente globalización y la deslocalización de la producción convierten la distribución en uno de los procesos más contaminantes.

La cuarta fase es el **consumo**, que es la rueda que mueve la economía. Para incrementar sus ventas, las grandes empresas diseñan y fabrican sus productos para que dejen de funcionar coincidiendo con el período de garantía. Si se nos estropea la impresora, no es un accidente; es la denominada **obsolescencia programada**, que hace que los productos de hoy, a pesar de los avances tecnológicos, duren menos que los fabricados hace cincuenta años.

Las empresas refuerzan esta estrategia por medio del *marketing*, motivando a la sociedad a desechar y remplazar sus bienes a un ritmo cada vez más acelerado. El objetivo es que deseemos la última novedad y desechemos objetos útiles. Es la **obsolescencia percibida**, que nos hace desear lo que no tenemos, impidiéndonos valorar y disfrutar lo que poseemos.

La quinta y última fase es la **eliminación**. De los productos que consumimos, solo el 1 % sigue en uso seis meses después de su compra. Es decir, que el 99 % restante se transforma en toneladas de basura que sobrepasan la capacidad de absorción que tiene el medio. Y aunque reciclamos algo más, todavía estamos lejos de lo deseable.

Las consecuencias

La economía de los materiales refleja insostenibilidad e ineficiencia. Hemos convertido la economía en un tablero de juego, donde el juego es solo un negocio orientado al beneficio de las empresas, sin importar los efectos que su exceso de codicia ocasiona sobre la gente y el planeta. El resultado es paradójico: somos más ricos que nunca, pero también mucho más pobres e infelices.

Las alternativas

Frente a esta "economía insostenible" está la "economía consciente", cuyo objetivo es lograr un bienestar social y económico eficiente, sostenible y justo.

El primer reto de la economía consciente es la **responsabilidad social corporativa**, que consiste en hacer compatible el beneficio empresarial con el respeto por el medioambiente y por las relaciones comerciales más igualitarias entre productores y consumidores (comercio justo) y más equitativas entre empresas y trabajadores.

El segundo es que esta transformación de las empresas exige un **cambio de actitud de los ciudadanos**, ya que somos nosotros los que validamos sus actuaciones al consumir sus productos. El consumo consciente invita a comprar lo necesario, sustituyendo la cultura dominante del bien-tener por la del bien-estar, y a que con nuestras compras apoyemos a aquellas empresas que respetan el medioambiente.

Finalmente, a los Estados y organizaciones internacionales les corresponde **reorientar el crecimiento** económico hacia un desarrollo sostenible, promoviendo políticas basadas en el ahorro de energía y recursos, y que erradiquen la pobreza en todas sus formas y lugares. En definitiva, que sitúen la economía al servicio de las personas, tanto de las actuales generaciones como de las futuras.

Keynes, un precursor de la economía consciente

Keynes impartió una conferencia en Madrid, en 1930, con el título *Las posibilidades económicas de nuestros nietos*, en la que hacía un diagnóstico de la economía de su época y preveía el futuro (nuestro presente). Extraemos de ella algunos fragmentos.

La humanidad está resolviendo su problema económico. El nivel de vida en las naciones desarrolladas, dentro de un siglo, será entre cuatro y ocho veces más alto que el de hoy. Y no sería disparatado contemplar la posibilidad de un progreso todavía mayor.

El problema económico puede resolverse o, por lo menos, tener perspectivas de solución dentro de cien años. Esto significa que el problema económico no es –si miramos hacia el futuro– el problema permanente del género humano.

Así, por primera vez desde su creación, el hombre se enfrentará con su problema real y permanente: cómo usar su libertad respecto de los afanes económicos acuciantes, cómo ocupar el ocio que la ciencia y la economía le habrán ganado, para vivir sabia y agradablemente bien.

Sin embargo, no hay país ni persona, creo, que pueda considerar la era del ocio y de la abundancia sin temor... A juzgar por la conducta y los logros de las clases ricas en cualquier lugar del mundo, la imagen es muy deprimente. Pues estas son, por así decirlo, nuestras avanzadillas... En mi opinión, la mayoría de ellos han fracasado desastrosamente en sus intentos de resolver el problema que se les ha planteado.

En el futuro podremos permitirnos el atrevimiento de dar al motivo monetario su verdadero valor. El amor al dinero como posesión –a diferencia del amor al dinero como un medio para gozar de los placeres y realidades de la vida– será reconocido por lo que es, una morbosidad, algo repugnante, una de esas desviaciones patológicas que se ponen en manos de los psicólogos. Y todas las costumbres sociales y prácticas económicas actuales que promueven la acumulación de capital serán desechadas por fin porque entonces seremos libres de hacerlo.

Textos extraídos de KEYNES, John Maynard: *Ensayos de persuasión*. Barcelona, Crítica, 1988.

ANALIZA TU ENTORNO

1. Piensa en uno de los objetos que usas y recorre su economía de los materiales. ¿Qué aspectos nuevos te ayuda a descubrir?
2. Del retrato que hace Keynes de la economía de su época, ¿qué similitudes y qué diferencias observas con la situación actual?
3. smSaviadigital.com INVESTIGA > Busca más información sobre **Keynes**. ¿Qué aspectos de la propuesta de futuro de Keynes están presentes en ella?
4. Comenta y valora la propuesta de economía consciente. ¿Te parecen alcanzables los retos que propone?

GLOSARIO

a

Acciones: Títulos de renta variable que representan cada una de las partes iguales en que se divide el capital de una sociedad anónima y que dan a su poseedor la condición de socio accionista y el derecho a participar en la gestión de la empresa y en sus beneficios.

Activos financieros: Son títulos valor que constituyen el reconocimiento de una deuda por parte de quien los emite y que dan a su poseedor el derecho a su cobro.

Ahorro nacional: Es la parte de la renta nacional que queda en una economía después de pagar el consumo privado y el gasto público.

Amortización: Es la medida de la pérdida de valor o depreciación que sufre el capital productivo por su participación en la producción durante un período determinado.

Análisis marginal: Según este principio, las personas toman sus decisiones sopesando los beneficios adicionales frente a los costes adicionales en el momento en el que se toma la decisión.

Apreciación o revaluación: Una moneda se aprecia o revalúa cuando su valor aumenta, por lo que son necesarias más divisas para adquirirla (la moneda se encarece).

b

Balanza de pagos: Documento contable anual en el que se reflejan todos los movimientos económicos internacionales que tiene un país.

Barreras de entrada a una actividad económica: Obstáculos que impiden o dificultan la entrada al mercado de nuevos competidores. Pueden ser económicas, cuando la actividad precisa de una inversión inicial muy elevada, o legales, cuando se exigen unos requisitos normativos especiales o cuando el Estado limita el número de empresas en el mercado.

Beneficios: Diferencia entre los ingresos y los costes de producción de una empresa, referidos a un determinado período de tiempo.

Bienes complementarios: Son aquellos que es necesario consumir conjuntamente para satisfacer nuestras necesidades (lavadora y detergente, coche y gasolina, etc.).

Bienes de consumo: Sirven para satisfacer directamente una necesidad (muebles, alimentos, juguetes, etc.).

Bienes de producción o de capital: No proporcionan una satisfacción inmediata, pero sirven para producir otros bienes (máquinas, herramientas, etc.).

Bienes intermedios: Son los que requieren una transformación para llegar a ser bienes finales o aptos para el consumo. Por ejemplo, la madera (bien intermedio) que se transforma en papel (bien intermedio) con el que se produce el libro (bien final).

Bienes públicos puros: Tipo de bienes cuyo consumo es indivisible y del que no se puede excluir a ninguna persona de su consumo. En consecuencia, han de ser ofrecidos por el sector público, ya que ninguna empresa está interesada en producirlos, al no poder cobrar su precio.

Bienes sustitutivos: Son aquellos que satisfacen una misma necesidad (avión y AVE, peras y manzanas, etc.).

Bienes y servicios: Todas aquellas cosas que se consideran adecuadas para satisfacer las necesidades humanas.

c

Capital: Factor de producción que engloba todos aquellos bienes producidos por las personas que no están destinados a su uso y disfrute, sino a la producción de otros bienes y servicios.

Capital humano: Está constituido por la formación y experiencia de una persona o de los trabajadores de una empresa o un país.

Cartel: Acuerdo formal que realizan varias empresas que trabajan en un mercado oligopolista para lograr mayores beneficios gracias a la fijación conjunta de precios, la distribución geográfica o funcional del mercado o la limitación de la producción global.

Cheque: Es una orden dirigida a nuestro banco para que pague una cantidad con cargo a nuestra cuenta.

Ciclos económicos: Fluctuaciones de la actividad económica, caracterizadas por la expansión o la contracción de la producción y el empleo en la mayoría de los sectores de la economía.

Coeficiente de caja: Porcentaje de los depósitos que los bancos deben tener legalmente como reservas para atender las peticiones de dinero que pueden realizar sus clientes.

Comercio internacional: Es la compraventa de bienes y servicios que son producidos por nacionales de una nación y adquiridos por otra diferente.

Competencia: Rivalidad entre varias empresas que pretenden vender la misma clase de bienes o servicios a los demandantes de ese mercado.

Competencia imperfecta: Tipo de mercado en el que una o varias empresas son suficientemente poderosas como para poder influir en el precio y las cantidades de los bienes y servicios que se ofrecen.

Competencia perfecta: Tipo de mercado en el que existen muchas pequeñas empresas que producen un único producto no diferenciado, de modo que ninguno de los productores puede influir sobre el precio al que vende su producto.

Consumo: Es el gasto total realizado por las familias en bienes y servicios en un período dado. Incluye tanto bienes duraderos (muebles, automóviles, etc.) como no duraderos (alimentos, viajes, etc.). No incluye la compra de vivienda, que se considera gasto de inversión.

Contrato de trabajo: Es un acuerdo de voluntades mediante el que una persona (trabajador) se obliga a realizar personal y voluntariamente un trabajo bajo la organización y dirección de otra (empresario) y a cambio de una remuneración.

Coste de oportunidad: Es la cantidad de un bien al que se debe renunciar para poder incrementar la producción de otro.

Coste medio (CMe): Es lo que cuesta por término medio producir una unidad de producto. Se obtiene dividiendo el coste total entre la cantidad producida en un determinado período: CMe = CT / Q.

Coste total de producción (CT): Es la suma de todos los costes en los que incurre la empresa para poder llevar a cabo su actividad durante un determinado período. Incluye tanto los costes fijos (seguros y alquileres, amortización de equipos, etc.) como los costes variables (materias primas, energía, etc.).

Cotizaciones sociales: Pagos que hacen empresas y trabajadores a la Seguridad Social y por los que se adquiere un derecho a percibir determinadas prestaciones (enfermedad o accidentes, desempleo, pensiones, etc.).

Creación de comercio: Fenómeno que aparece entre los países participantes en la integración de flujos de comercio que no existían con antelación.

Crecimiento empobrecedor: Proceso por el cual un país incrementa la producción y las exportaciones de unos bienes, a pesar de lo cual los ingresos reales que generan estas ventas son cada vez menores. Esto es debido a que los precios de estos bienes crecen menos que la media mundial, o bien a que estos decrecen.

Crecimiento vegetativo: Crecimiento de la población de un territorio en un año. Se calcula restando al número de nacimientos el número de fallecimientos.

Cuota de mercado: Parte de la producción global de un sector que le corresponde a una empresa, a un producto o a una marca.

d

Demanda agregada: Cantidad total de bienes y servicios que están dispuestos a adquirir los agentes económicos de un país a los distintos niveles de precios en un determinado período de tiempo.

Demanda, función de: Modelo económico que indica la cantidad de un bien o servicio que estarían dispuestos a comprar los consumidores a cada nivel de precios, considerando constantes el resto de factores que afectan a este deseo: los precios de otros bienes, los gustos y la moda, y la renta de los consumidores.

Depreciación o devaluación: Una moneda se deprecia o devalúa cuando su valor disminuye, por lo que son necesarias menos divisas para adquirirla (la moneda se abarata).

Derechos sobre la propiedad intelectual: Son los derechos de explotación económica que tienen los inventores de bienes intelectuales que son copiados fácilmente: libros, discos, diseños industriales, inventos, marcas comerciales, etc.

Deslocalización industrial: Proceso histórico que sigue dándose en la actualidad por el que determinadas actividades industriales cambian su ubicación tradicional para dirigirse a países en los que los salarios son menores.

Deuda pública: Saldo que refleja lo que en un momento determinado debe el Estado como consecuencia de déficits de años anteriores. También se usa para referirse a una forma de obtener financiación por parte del Estado u otros poderes públicos mediante la emisión de títulos valores, tales como bonos y obligaciones del Estado o letras del Tesoro.

Dinero: Todo medio de cambio y de pago generalmente aceptado por la sociedad.

Dinero fiduciario: Dinero que basa su valor en el crédito y la confianza que merece quien lo emite.

Dinero mercancía: Un bien que, además de tener un valor por sí mismo (valor de uso), es utilizado como medio de cambio por los miembros de una sociedad.

Dinero papel: Certificado emitido por una entidad bancaria o por un orfebre, para dar constancia de que una persona ha realizado un depósito de oro y que puede ser cambiado por este metal cuando su propietario lo exija.

Divisa: Cualquier moneda que no sea la propia utilizada en el interior de un país.

División técnica del trabajo: Método de organizar la producción mediante el cual cada trabajador se especializa en una fase o tarea pequeña del proceso, consiguiendo con ello un incremento de la producción.

e

Economía: Ciencia que estudia el modo en que la sociedad gestiona sus recursos escasos para lograr el bienestar material de sus miembros.

Economías de escala: Se obtienen al disminuir los costes medios a medida que crece la empresa y aumenta la cantidad de producción.

Economías domésticas: Agentes económicos formados por personas solas o agrupadas en familias, cuya función básica es la de satisfacer sus necesidades mediante el consumo de bienes y servicios.

Economía normativa: Conjunto de proposiciones sobre la conveniencia de adoptar determinadas medidas para mejorar la realidad económica y en las que se incluyen los juicios de valor.

Economía positiva: Análisis económico que describe cómo es la realidad económica y predice cómo podría variar en respuesta a determinados acontecimientos.

Economía sumergida: Parte de la actividad económica que no se declara fiscal o laboralmente y que, por tanto, no forma parte del PIB.

Eficiencia: Utilización de los recursos disponibles con unos niveles tecnológicos dados, por la que se consigue el máximo de producción posible.

Eficiencia económica: Cuando se obtiene la máxima producción con el mínimo coste posible.

Eficiencia técnica: Cuando se obtiene la máxima producción con unos recursos dados.

Elasticidad cruzada: Analiza las consecuencias de los cambios de los precios de diversos bienes sobre la demanda de otro bien.

Elasticidad precio de la demanda: Describe cómo va a reaccionar la cantidad demandada de un bien o servicio cuando cambian sus precios.

Elasticidad renta: Analiza cuáles son los cambios en la demanda cuando se modifica la renta de los demandantes.

Empresas: Son los agentes económicos cuya función básica es la de producir los bienes y servicios que demanda la sociedad.

Empresas multinacionales (EM): Son compañías formadas por una empresa matriz que cuenta con una serie de filiales que operan en diferentes países del mundo y que comparten unos mismos objetivos; la matriz es la empresa originaria del Estado donde inició su actividad y donde radica la gestión de la compañía.

Equidad: Principio según el cual las personas que se encuentran en circunstancias similares deben pagar unos mismos impuestos y recibir un mismo tipo de prestaciones (equidad horizontal), y las personas que disfrutan de un bienestar mayor deben pagar más impuestos y recibir menos prestaciones que las que no disfrutan de ese bienestar (equidad vertical).

Equilibrio de mercado: Precio y cantidad en los que coinciden los deseos de los demandantes y de los oferentes. Representa los intercambios que se van a realizar y el precio que se va a pagar en ellos.

Equilibrio presupuestario: Los presupuestos están equilibrados cuando los ingresos son iguales a los gastos. Cuando los ingresos no son suficientes para cubrir los gastos se produce déficit presupuestario. Existe superávit en caso contrario.

Escasez: Carácter limitado de los recursos de una sociedad.

Estado de bienestar: Concepción que considera que es responsabilidad del Estado conseguir el pleno empleo, un sistema de seguridad social que cubra a la totalidad de la población, la generalización de servicios básicos de educación y sanidad para todos, y la garantía de un nivel de vida mínimo incluso para los más desfavorecidos.

Euríbor (*European Interbank Offer Rate*): Es el tipo de interés aplicado a los préstamos entre bancos de la zona euro. En función de la duración del préstamo, se usan distintos tipos: euríbor a una semana, a un mes o a un año. El euríbor a un año es una referencia muy importante del mercado financiero, ya que afecta, entre otras cosas, a los créditos hipotecarios y otros préstamos bancarios. Su valor se actualiza diariamente.

Exceso de demanda o escasez: Situación que se da cuando el precio está por debajo del de equilibrio, en cuyo caso la cantidad que quieren comprar los demandantes es mucho mayor que la que desean vender los oferentes, por lo que se agotan las existencias antes de que los demandantes hayan adquirido todo lo que deseaban.

Exceso de oferta o excedentes: Situación que se da cuando el precio está por encima del de equilibrio, en cuyo caso la cantidad que quieren vender los oferentes es mucho mayor que la que desean adquirir los demandantes, por lo que se quedan productos sin vender.

Externalidades: Se generan cuando la actividad de una empresa o de un consumidor produce efectos externos que afectan a terceros. Estas externalidades a veces son positivas para la sociedad (beneficios sociales) y a veces negativas (costes sociales).

f

Factores de producción: Son los recursos necesarios para producir bienes y servicios. Se agrupan en tres conceptos: tierra (recursos naturales y materias primas), trabajo (actividad humana) y capital (bienes que se utilizan para producir otros bienes y servicios).

Fallos del mercado: Situación en la que el mecanismo de mercado no hace un uso eficiente de los recursos disponibles.

Flujo circular de la renta: Está constituido, por un lado, por la corriente de bienes y servicios y factores entre las familias, las empresas y el sector público, y, por otro, por sus correspondientes pagos en dinero.

Fondos de cohesión: Son ayudas de la UE para la financiación de proyectos de los países miembros cuyo nivel de renta no supera el 90 % de la media de la UE.

Fondos estructurales: Son ayudas de la UE para la financiación de proyectos en las regiones más pobres del territorio de la Unión Europea. El más importante de estos fondos es el Fondo Europeo de Desarrollo Regional (FEDER), cuya finalidad es la realización de grandes proyectos de infraestructuras en las zonas más desfavorecidas.

Función de producción: Analiza qué ocurre con la cantidad producida cuando incrementamos alguno de los factores productivos, manteniendo constantes los demás factores.

g

Gasto público: Es el conjunto de todos los gastos realizados por las Administraciones públicas (central, autonómica y local) durante un período determinado.

Globalización: Proceso por el que los países se integran cada vez más en una realidad común, de modo que todo aquello que hacen influye en el entorno internacional en el que nos encontramos inmersos y a la vez se ve influido por el mismo.

i

Impuestos: Son pagos que los ciudadanos están obligados a efectuar por ley para que el Estado y el resto de Administraciones públicas dispongan de los recursos suficientes con los que financiar los gastos públicos.

Impuestos directos: Recaen sobre una manifestación directa de la capacidad económica de los contribuyentes, como la obtención de una renta o la posesión de un patrimonio.

Impuestos indirectos: Recaen sobre una manifestación indirecta de la capacidad económica de los contribuyentes, como son sus actos de consumo o de transmisión.

Impuestos progresivos: Son un sistema de redistribución de la renta que cobra un mayor porcentaje de impuestos a aquellos que son más ricos y un menor porcentaje a aquellos que son más pobres.

Índices bursátiles: Reflejan la evolución en el tiempo de los precios de los valores que cotizan en Bolsa. Además de los cuatro índices correspondientes a las cuatro Bolsas españolas, el índice más importante en España es el IBEX 35, que recoge la evolución diaria de las acciones de las 35 empresas que más dinero mueven en el mercado continuo.

INE (Instituto Nacional de Estadística): Es el organismo público español que desde 1945 tiene como misión la elaboración de las estadísticas demográficas, económicas y sociales de España, tales como la tasa de paro, el crecimiento de población o el índice de precios al consumo.

INEM (Instituto Nacional de Empleo): Es el organismo público español, adscrito al Ministerio de Trabajo, que se ocupa de los programas de ocupación, oficinas de colocación, estadísticas de paro registrado, etc.

Inflación: Subida continuada y generalizada de los precios de una economía. Para su cálculo se utilizan las tasas de inflación, que miden la variación de los precios en un determinado período.

Ingresos públicos: Son los recursos que obtiene el sector público para poder financiar los gastos públicos. Estos recursos se obtienen por tres vías diferentes: las cotizaciones sociales, los tributos y otras fuentes de ingresos.

Integración regional: Proceso por el que varios países cercanos geográficamente deciden eliminar sus respectivas barreras al comercio para mejorar e incrementar sus relaciones económicas.

Intermediarios financieros: Instituciones dedicadas a captar el dinero que ahorran las familias para prestárselo a quien lo necesita, garantizando que todo el ahorro de la economía se convierta en inversión.

Inversiones económicas: Suponen la adquisición de bienes de producción (carreteras y puertos, maquinaria y equipos, edificios e instalaciones, elementos de transporte, etc.) con el fin de producir otros bienes. etc.

l

Libre comercio: Ausencia de trabas al comercio de mercancías y servicios entre países.

Liquidez de un activo: Facilidad con la que un activo puede ser convertido en dinero disponible. El dinero en efectivo es el activo líquido por excelencia; a continuación tendríamos, y por este orden, el dinero depositado en cuentas corrientes o de ahorro, depósitos a plazo, letras del Tesoro, acciones, etc.

m

Macroeconomía: Parte de la economía que estudia los problemas económicos prioritarios de un país desde una perspectiva agregada o de conjunto.

Mercado: Lugar, institución o medio por el cual se ponen en contacto personas o colectivos que desean adquirir un determinado bien con otros que desean venderlo.

Mercado común: Se da cuando una unión aduanera decide dar un paso más y liberalizar no solo los movimientos de mercancías en el interior del área, sino también permitir la libre circulación, entre los países miembros, de los factores de producción: trabajadores y capital.

Mercado de factores: En él se intercambian los recursos utilizados en el proceso productivo (trabajo, tierra y capital) a cambio de un precio o renta en forma de salarios, alquileres, intereses y beneficios.

Mercado de productos: En él se realizan los intercambios de bienes y servicios que satisfacen alguna necesidad a cambio de un determinado precio.

Mercado de valores: Es un mercado especializado en la compraventa de toda clase de títulos (acciones, bonos, obligaciones, etc.) y cuya función es canalizar el ahorro hacia la inversión.

Modelos económicos: Son simplificaciones de la realidad que nos permiten comprender el mundo económico más fácilmente. Para establecerlos se seleccionan unos pocos factores (normalmente dos) y los demás se supone que permanecen constantes.

Monopolio: Es un mercado en el que una empresa controla toda o casi toda la oferta de un producto.

Multiplicador de la inversión: Aumento total del gasto resultante de realizar una nueva inversión, como consecuencia del efecto en cadena que dicha inversión provoca en la economía.

n

Nuevos yacimientos de empleo (NYE): Se refiere a las oportunidades para crear empleo que surgen de las nuevas necesidades sociales. Se trata de sectores que ofrecen ya hoy, y que ofrecerán sobre todo en el futuro, grandes posibilidades de trabajo.

o

Obligaciones y bonos: Son títulos de renta fija que representan cada una de las partes iguales en que se divide un préstamo. Se emiten tanto por empresas como por el sector público.

Oferta agregada: Cantidad total de bienes y servicios que las empresas de un país están dispuestas a producir y vender a los distintos precios en un determinado período de tiempo dentro de un país.

Oferta, función de: Modelo económico que nos indica qué cantidad de un bien o servicio estarían dispuestos a vender los productores a cada nivel de precios, considerando constantes el resto de factores que afectan a este deseo: la productividad, los precios de los factores de producción y los impuestos para las empresas.

Oferta monetaria: Cantidad de dinero que circula en una economía. En su cálculo se tiene en cuenta tanto la suma del efectivo en manos del público (billetes y monedas) como los depósitos bancarios.

Oligopolio: Mercado en el que hay un número reducido de oferentes que producen un bien similar. Las decisiones y acciones que realiza una de estas empresas influyen decididamente en la estrategia que van a realizar sus competidoras.

Organización Económica Internacional: Modo en el que los distintos países del mundo organizan sus relaciones económicas.

p

Paridad del poder adquisitivo (PPA): Medida que se utiliza a escala internacional para comparar el valor en dólares del PIB considerando que la capacidad de compra de un dólar es diferente según el país en el que nos encontramos. El valor nominal en dólares se ajusta según el nivel de precios. Los países con unos niveles de precios altos tienen un PIB en PPA menor que el PIB nominal; en las naciones con unos precios bajos sucede lo contrario. Con esto, las diferencias de renta quedan algo suavizadas.

Patronal: Colectivo de empresarios que se organizan para defender los intereses del grupo. En España, la Confederación Española de Organizaciones Empresariales (CEOE) actúa de portavoz y negociador de la patronal en relación con los sindicatos y con el Gobierno.

Población activa: Está formada por las personas en edad de trabajar (16 años o más) y que quieren trabajar. Incluye, por tanto, a los que tienen trabajo (población ocupada) y a los que no (población parada).

Población desempleada o parada: Son las personas activas que buscan trabajo pero no lo consiguen.

Población inactiva: La integran aquellos que tienen edad para trabajar (16 años o más) y que por diferentes motivos no buscan trabajo: estudiantes, los que padecen alguna incapacidad laboral, los que se dedican a las labores del hogar, jubilados, etc.

Población ocupada: Está formada por las personas activas que tienen un trabajo por cuenta ajena o por cuenta propia.

Política fiscal: Está constituida por las medidas que los gobiernos llevan a cabo sobre el gasto público y los impuestos con objeto de facilitar el crecimiento económico y el empleo, la estabilidad de los precios y el control del déficit público.

Política monetaria: Está constituida por las decisiones que la autoridad monetaria lleva a cabo sobre el tipo de interés y la oferta monetaria (dinero en circulación) con objeto de facilitar el crecimiento económico y el empleo, y la estabilidad de los precios. En la zona euro, la autoridad monetaria es el Eurosistema, institución integrada por el Banco Central Europeo y los bancos centrales nacionales (BCN) de los Estados que han adoptado el euro como moneda.

Precio: Valor de una mercancía o un servicio fijado en la moneda que sea de curso legal en el país en el que se realiza la transacción.

Presión fiscal: Se define como el cociente entre el total de ingresos fiscales y el PIB y expresa, por tanto, la proporción del PIB que los contribuyentes dedican al pago de impuestos y cotizaciones en un determinado país.

Préstamos: Fondos que conceden las entidades bancarias a familias o empresas. Estas se comprometen a devolver el dinero en un plazo determinado y a pagar un interés por su utilización. Los que conceden el préstamo son los prestamistas, y los que lo reciben, los prestatarios.

Presupuestos Generales del Estado: Documento aprobado por ley cada año en el que se determina la cantidad que el Estado puede gastar y en qué ha de gastarlo, y se prevén los ingresos necesarios para financiar ese gasto. Cuando el documento se refiere a otras entidades públicas, como ayuntamientos o comunidades autónomas, se conoce genéricamente como presupuesto público.

Producción potencial: Máximo de bienes y servicios que se puede elaborar en una sociedad en un período de tiempo determinado, con una cantidad de factores de producción y un nivel de conocimientos tecnológicos dados.

Productividad: Relación que se establece entre los bienes y servicios producidos y los factores utilizados en su obtención.

Productividad marginal del trabajo: Incremento que se obtiene en la producción como consecuencia de la incorporación de un trabajador más, manteniendo constantes los demás factores.

Producto interior bruto (PIB): Es el valor de mercado de todos los bienes y servicios finales producidos en un país durante un determinado período de tiempo.

Propensión marginal a ahorrar: Cantidad en que aumenta el ahorro cuando la renta disponible aumenta en un euro.

Propensión marginal a consumir: Cantidad en que aumenta el consumo cuando la renta disponible aumenta en un euro.

Proteccionismo: Pensamiento económico que considera que lo mejor para la industria de un país es protegerla de la competencia extranjera, con lo que articula medidas para evitar la importación de productos en igualdad de condiciones con los nacionales.

Pymes: Son las pequeñas y medianas empresas, es decir, todas aquellas que tienen menos de 250 trabajadores.

r

Recursos naturales: Todo aquello que se extrae directa o indirectamente de la naturaleza: productos mineros, agrícolas, ganaderos, pesqueros, silvícolas, etc. Pueden ser renovables (aquellos que no se agotan por su extracción), no renovables (aquellos que se agotan) y mixtos (aquellos cuya explotación razonable y sostenible permite disponer de ellos sin límite de tiempo).

Renta nacional (RN): Está constituida por la suma de las rentas o remuneraciones que reciben los factores productivos por su contribución a la producción nacional. Es decir, la RN es la suma de los sueldos y salarios de los trabajadores (Ss), los alquileres y otras rentas (Alq), los intereses de los capitales prestados (Ic) y los beneficios de las empresas (Be): RN = Ss + Alq + Ic + Be.

Renta nacional por habitante o renta *per capita*: Representa la parte de la RN que le corresponde por término medio a cada habitante. Se obtiene dividiendo la renta nacional entre el número de habitantes del país. De la misma manera, obtendremos el PIB por habitante.

Renta personal disponible: Es la renta que recibe realmente el conjunto de las familias del país. Para su cálculo, por una parte hay que descontar de la RN aquellas cantidades que no llegan a las personas, como los beneficios no distribuidos por las empresas (Bnd), los impuestos directos (Td) y las contribuciones a la Seguridad Social (Css), y por otra, añadir las transferencias que las familias reciben del Estado (TE), tales como prestaciones por desempleo, pensiones y otras ayudas sociales: RPD = RN – (Bnd + Td + Css) + TE.

Rentabilidad de una inversión: Es la relación, expresada en porcentaje, entre el rendimiento o beneficio económico que proporciona una inversión y el capital invertido: Rentabilidad = beneficio obtenido / capital invertido · 100.

Reservas: Son los ahorros que tiene un país o una unión monetaria en forma de divisas. La mayor parte de ellas se encuentra en manos del Banco Central.

Responsabilidad social de las empresas: Forma de actuar empresarial que trata de cuidar los efectos sociales y medioambientales de sus acciones, evitando los efectos negativos (costes sociales) y favoreciendo los efectos positivos (beneficios sociales).

Riqueza nacional: Es el conjunto de bienes, naturales o producidos, capaces de satisfacer necesidades actuales o futuras, que poseen los habitantes de un país en un momento determinado: Riqueza nacional = bienes de consumo + bienes de producción + capital humano + recursos naturales.

s

Salario mínimo interprofesional (SMI): Es una cantidad que el Gobierno fija (previa consulta a sindicatos y patronal) como el mínimo salario que un trabajador debe percibir, cualquiera que sea su trabajo o sector de actividad (por eso se llama interprofesional). Se revisa anualmente, teniendo en cuenta la subida de los precios, la coyuntura económica, etc.

Sector público: Es el ámbito de una economía que está directamente controlado por el poder político. Está compuesto tanto por las Administraciones (central, autonómica y local) y organismos públicos como por empresas en las que participa el Estado.

SEPE (Servicio Público de Empleo Estatal): Es el organismo público español, adscrito al Ministerio de Trabajo, que se ocupa de los programas de ocupación, oficinas de colocación, estadísticas de paro registrado, etc.

Sindicatos: Organizaciones de trabajadores que tratan de mejorar las condiciones laborales de sus miembros. Actúan de portavoces y negociadores de los trabajadores en relación con la patronal y con el Gobierno.

Sistema de economía de mercado: Forma de organización económica en la que las decisiones se toman por las empresas y los consumidores a través del sistema de precios. La intervención del Estado se reduce a garantizar el libre funcionamiento del mercado.

Sistema de economía mixta: Forma de organización económica que combina las virtudes del mercado y su eficiencia con la intervención del Estado como corrector de sus fallos.

Sistema de planificación central: Forma de organización económica en la que se sustituyen las decisiones del mercado por las establecidas en un plan fijado por el Estado, que es el que dirige el funcionamiento de la economía y controla su poder.

Sistema económico: Es la forma en que una sociedad se organiza para resolver sus problemas económicos básicos: qué producir, cómo y para quién.

Sistema tributario español: Conjunto de impuestos y demás tributos existentes en España, establecidos y regulados por ley conforme a los principios enunciados en la Constitución.

Subempleo: Trabajos con los que no se logran unos ingresos mínimos que permitan una vida digna.

t

Tasa de actividad: Es la proporción o porcentaje de población activa con respecto a la población total en edad de trabajar. Se halla dividiendo la población activa (PA) entre la población total de 16 o más años (PT): TA = (PA / PT) · 100.

Tasa de dependencia: Cociente entre la población mayor de 65 años y la población entre 15 y 64 años de un determinado país.

Tasa de paro: Es la proporción o porcentaje de personas paradas con respecto a la población activa. Se halla dividiendo la población parada (PP) entre la población activa (PA): TP = (PP / PA) · 100.

Teoría de juegos: Teoría que estudia el comportamiento de agentes económicos en situaciones de interdependencia.

Tipo de cambio: Precio de una moneda respecto a otra.

Tipo de interés: Se define como el precio de un préstamo. Es, en definitiva, el precio del dinero, y suele expresarse en tanto por ciento anual sobre la cantidad prestada.

Trabajo: Toda intervención humana (física o intelectual) que tenga como objetivo la producción de bienes o servicios.

Trueque: Sistema por el cual se intercambian bienes y servicios sin que intervengan los precios o el dinero.

u

Unión aduanera: Agrupación de países en la que, además de suprimir los aranceles para todos los intercambios que se realizan entre las naciones integrantes, se pone un único arancel para todos aquellos productos procedentes de terceros países.

Unión Económica y Monetaria (UEM): Grupo de países de la Unión Europea que comparten una única moneda y una sola política monetaria.

Unión monetaria: Agrupación formada por países que deciden dotarse de una moneda única, lo que implica una única política monetaria con un banco central para toda la zona.

Utilidad de los bienes: Capacidad que tienen los bienes para satisfacer las necesidades humanas.

v

Valor añadido de una empresa: Diferencia entre el valor de los bienes producidos y el coste de las materias primas que se utilizan para su producción.

z

Zonas de libre comercio: Aquellas en las que se reducen las barreras entre los países integrantes, pero cada uno mantiene sus aranceles con respecto a terceros países.

El libro **Economía para 1.º de Bachillerato** forma parte del Proyecto Editorial de Educación Secundaria de SM. En su realización ha participado el siguiente equipo:

Autoría
Andrés Cabrera Bautista

Edición
Sara Navas y Marta Pereda

Corrección
Ricardo Ramírez

Ilustración
ARCHIVO SM; Daniel Jiménez de la Fuente; Jacinto Rodriguez Montoro; José Manuel Pedrosa Pérez; Guillermo Díez Celaya; Nicolás Fernández Prímola

Fotografía
Juan Baraja, Sebastián Álvaro, José Vicente Resino Ramos, José Manuel Navia, Montse Fontich, Matías Costa Marchisio, Sergio Cuesta / ARCHIVO SM; Guillermo Carrión López, Pedro Carrión Juárez, Andrés Hernández Zuazo, Siro López, Sergio Cuesta; Doug Menuez, Don Farrall / PHOTODISC; Ricardo Azoury / Keydisc; Vitaliy Pakhnyushchyy / Dreamstime; Artimagos; CONTACTO; EFE; FIRO FOTO; G TRES ON LINE; LATINSTOCK; DIGITAL VISION; CORBIS; SPAINSTOCK; PHOVOIR; JUPITER IMAGES; SIPA-PRESS; INGIMAGE; THINKSTOCK; Orangestock; CORDON PRESS; 123RF; SHUTTERSTOCK; iStock; GETTY IMAGES; ILLUSTRATED LONDON NEWS; MUSEO DEL PRADO; AGE FOTOSTOCK; ALBUM

Edición gráfica
Sergio Cuesta

Diseño de cubierta e interiores
Estudio SM

Responsable del proyecto
Sara Navas

Coordinación de contenidos digitales
Mara Mañas

Coordinación editorial de Economía
Josefina Arévalo

Dirección de Arte del proyecto
Mario Dequel

Dirección editorial
Aída Moya

Todas las actividades contenidas en este libro han de ser realizadas en un cuaderno aparte, nunca en el propio libro.
Los espacios incluidos son meramente indicativos y su finalidad es puramente didáctica.

Gestión de las direcciones electrónicas
Debido a la naturaleza dinámica de internet, Ediciones SM no puede responsabilizarse de los cambios o las modificaciones en las direcciones y los contenidos de los sitios web a los que remite en este libro.

Con el objeto de garantizar la adecuación de las direcciones electrónicas de esta publicación, SM emplea un sistema de gestión que redirecciona las URL que con fines educativos aparecen en la misma hacia diversas páginas web; entre otras de uso frecuente: http://es.wikipedia.org, www.youtube.es. SM declina cualquier responsabilidad por los contenidos o la información que pudieran albergar, sin perjuicio de adoptar de forma inmediata las medidas necesarias para evitar el acceso desde las URL de esta publicación a dichas páginas web en cuanto tenga constancia de que pudieran alojar contenidos ilícitos o inapropiados. Para garantizar este sistema de control es recomendable que el profesorado compruebe con antelación las direcciones relacionadas y que comunique a la editorial cualquier incidencia a través del correo electrónico ediciones@grupo-sm.com.

ISBN: 978-84-675-7654-2
Depósito legal: M-05.098-2015
Impreso en la UE / *Printed in EU*

Este libro está impreso en papel procedente de bosques gestionados de manera sostenible.